巴蜀文化通史

《巴蜀文化通史》学术委员会

章玉钧　隗瀛涛　李绍明　林　向　胡昭曦　贾大泉
谭继和　万本根　陈玉屏　罗　鸣　沈伯俊　彭邦本

主　编
章玉钧　谭继和

副主编
罗　鸣　彭邦本

编辑部
主　任　侯水平　向宝云
副主任　万本根　李　庆

"十二五"国家重点图书出版规划项目
四川建设西部文化强省重点项目

章玉钧　谭继和　主编

巴蜀文化通史
巴蜀文化大事记【一】

张　彦　陈德言　王　林　彭东焕　编著

四川人民出版社

编者的话

巴蜀文化通史

编者的话

《巴蜀文化通史》编撰工程是中共四川省委批准、省委宣传部直接组织和领导，由四川省繁荣发展哲学社会科学协调小组立项、四川省社会科学院牵头的四川省西部文化强省建设重点支持项目，也是"十二五"国家重点图书出版物出版专项规划及国家出版基金（2016年度）资助项目。一直关心四川文化传承创新的省老领导杨超、杨析综、何郝炬、冯元蔚、廖伯康、聂荣贵、李永寿等同志率先向省委、省政府倡议启动编撰工作。在编撰研究过程中，得到了陶武先、柯尊平、王少雄、甘霖等历届省领导的大力支持和亲切指导，我们谨致衷心的敬意和感谢。

本书编撰委员会于2006年设立，编撰工作由此启动，至2020年全面完稿，历时十五年。编撰委员会名誉主任陶武先，主任王少雄、柯尊平，副主任殷建中、贾松青、侯水平、隗瀛涛、李绍明；顾问蔡美彪、李学勤、张海鹏；编委会成员有章玉钧、林向、胡昭曦、贾大泉、谭继和、万本根、陈玉屏、罗鸣、沈伯俊、彭邦本、向宝云、王素、舒大刚、邓经武、赵振铎、龙晦、龙显昭、刘平斋、吴野、钱来忠、曹顺庆、陈德述、任新建、李明泉、张忠仁、王毅、王庭科、冉光荣、杜肯堂、李学明、孙锦泉、陈廷湘、刘复生、佘正松、李健、李刚、李诚、江玉祥、江章华、蒋维明、李富政、高大伦、段志洪、侯德础、谢元鲁、甘绍成、张明富、张凤琦等。编委中，有些作为学术委员会成员，自始至终参与本书研讨和审定；有的承担了分卷的撰著；有的在本书酝酿和编撰的相关会议上提供了不少宝贵意见；有的应邀对有关书稿审阅并提出有益的建议。总而言之，编委们都为本书编撰出版做出了各自的贡献。另还专门请宗性（中国佛学院）审读了《宗教文化卷》。

编撰工作具体依托四川省社会科学院进行，院历届领导贾松青、侯水平、李后强、向宝云、高中伟等都给予大力支持、督促和帮助，多次召开院党委或院办公会议，听取编辑部汇报，决定有关事项并检查落实。编辑部成员张彦、彭东焕、印国玲在具体组织协调、制订规范规则、联系作者、学术讨论记录（含录音）、编写简报等方面做了大量工作。

《巴蜀文化通史》是集思聚智的学术成果，撰著参与者及分工情况详见于各卷后记。以下谨按卷次列出主要撰著者名单，共同见证这部著作的出版：

《通论卷》　　　　　　　谭继和著
《农业与水利文化卷》　　彭邦本编著
《工商文化卷》　　　　　张学君著
《城市文化卷》　　　　　何一民等著
《建筑文化卷》　　　　　庄裕光著
《交通文化卷》　　　　　蓝勇等著
《民族文化卷》　　　　　赵心愚、杨铭等著
《宗族与会社卷》　　　　张力著
《移民文化卷》　　　　　陈世松著
《方言卷》　　　　　　　李国太、黄尚军、袁雪梅、曾为志著
《民俗文化卷》　　　　　徐学书、喇明英、况红玲等著
《哲学思想卷》　　　　　蔡方鹿、刘俊哲、金生杨著
《史学卷》　　　　　　　粟品孝、周鼎、李晓宇著
《宗教文化卷》　　　　　李远国、向世山等著
《教育卷》　　　　　　　徐辉、徐仲林等著
《文学卷》　　　　　　　邓经武著
《艺术卷》　　　　　　　苏宁、沈博、幸晓峰著
《科技文化卷》　　　　　查有梁、王迎川、周世祥等著

《传播文化卷》　　　　　　赵志立著
《文献要览卷》　　　　　　舒大刚、李冬梅等著
《巴蜀文化大事记》　　　　张彦、陈德言、王林、彭东焕编著
《巴蜀文化研究论著索引》　李敬洵编

　　由于多领域的地域文化通史尚属首创，不同门类各有其文脉演变、内在逻辑与历史进程，故未对各卷涉及本领域涵盖的时间起止及个别体例做统一的要求。编著者虽务求如清人顾炎武所说"庶几采山之铜"，而力避"买旧钱""废铜以充铸"，但因见闻学识所限，书中疏漏不足之处，尚祈望读者正之。

　　最后要说的是，全书从编撰到出版来之不易，还得益于四川人民出版社历任社长罗韵希、解伟、黄立新，副社长骆晓平，总编辑刘周远的关心和支持。特别是谢雪编审从中协调、统筹以及众多编辑"为他人作嫁衣裳"的辛勤付出。巴蜀文化界学术界的领军人物、尊敬的马识途先生在2018年一百零四岁时为本通史题写书名。在此，我们表示深深的谢意。

章玉钧　谭继和　罗鸣　彭邦本
2021年11月

总 序

◎ 章玉钧

呈献在读者面前的这部多卷本《巴蜀文化通史》，是国家重点图书出版物出版专项规划项目、国家出版基金资助项目和四川省西部文化强省建设重点支持项目的学术成果。这个项目由中共四川省委宣传部直接组织和领导，四川省社会科学院牵头，川渝合作，组织和邀约四川省、重庆市七十多位巴蜀文化研究专家参加，得到四川省委、重庆市委和国家有关部门的重视和支持，获得国家和省文化产业经费的资助。全书二十二卷二十八册，约一千六百万字。编撰出版工作历时十五年终告完成。参加本书编修的专家学者们团结协同、切磋琢磨、集思聚智、甘苦备尝，贡献了创造性的劳动。四川人民出版社和各卷责任编辑认真敬业，严谨审慎，做出了辛勤奉献。在此，谨就编撰《巴蜀文化通史》的缘起与旨归、定位与特色、架构与方法、集成与出新，作一概括的介绍，以助读者对全书先有个总体的了解。

缘起与旨归

编修《巴蜀文化通史》之议，酝酿已久。20世纪80年代至90年代，巴蜀文化和蜀学研究在四川逐步升温，在选编出版徐中舒、蒙文通、顾颉刚、任乃强、邓少琴、冯汉骥等大师关于巴蜀文化的论著[①]后，陆续编写出版了《巴蜀文化图典》[②]《巴蜀文化研究丛书》[③]《巴蜀文化系列丛书》[④]。大家既为"地域文化热"的兴起而振奋，又在同地域文化研究先行地区的比较中，看到我们的差距，深感传承、整合和弘扬巴蜀文化，要抓牵头的东西，抓具有基础性、全局性和带动性的项目。2001年，一直关注文化的四川省老领导杨超、杨析综率先提出编撰《巴蜀文化通史》的倡议，杨超还构想系统整理自古以来的巴蜀文献，编成《巴蜀全书》。他们登高一呼，高屋建瓴，对学界有很大的启发和鼓舞。经过反复酝酿，省里八位老同志[⑤]于2005年10月联名致信四川省委、省政府，建议启动《巴蜀文化通史》的编撰工程。在组织四川高校和研究机构数十位专家学者进行论证，并征得重庆市有关领导和专家学者的赞同后，省委批准立项，审定了全书的框架设计。2006年7月，《巴蜀文化通史》多卷本编撰工程正式开展。

大家渴望编撰《巴蜀文化通史》并积极付诸行动，是基于这样的共识：民族文化是一个民族的根、脉、魂，是民族精神的载体，是支撑民族生存和发展的脊梁。全球文明古国各具优长，唯有中华文明几千年来一脉贯通地连续发展至今，重要原因是有由甲骨文、金文发展而来的形、音、义相结合的汉字为重要载体和文化纽带，用其写成的文史典籍代代承传，从未间断，起到全民族凝心聚力的巨大作用，激励中华民族历经磨难而不衰，直至迎来民族走向伟大复兴的盛世。巴蜀文化是多源汇成一脉、多元聚为一体的中华文

---

① 徐中舒《论巴蜀文化》、蒙文通《巴蜀古史论述》、顾颉刚《论巴蜀与中原的关系》、任乃强《四川上古史新探》、邓少琴《巴蜀史迹探索》，均由四川巴蜀史研究会编辑，由四川人民出版社于20世纪80年代出版。此后还有《冯汉骥考古学论文集》1985年由文物出版社出版，另有《缪钺全集》2004年由河北教育出版社出版。
② 该图典由川渝合作编成，刘茂才、滕久明任编委会主任，万本根、俞荣根任主编，四川人民出版社1999年出版。
③ 该丛书由杨超、杨析综任编委会主任，首批六册。李绍明《巴蜀民族史论集》、隗瀛涛《巴蜀近代史论集》、林向《巴蜀考古论集》、胡昭曦《宋代蜀学论集》、谭继和《巴蜀文化辨思集》、徐南洲《古巴蜀与〈山海经〉》，均由四川人民出版社2004年出版。
④ 该丛书由杨超、杨析综任编委会主任，谭洛非、邓星盈、万本根任主编，共十册，四川人民出版社2001年出版。
⑤ 八位老同志是杨超、杨析综、何郝炬、冯元蔚、廖伯康、聂荣贵、李永寿、章玉钧。

化中一个重要的区域文化,是博大精深的中华文明的一枝奇葩,在中华民族文化谱系中占有独特的地位。她绚丽多彩、大器包容,在与兄弟地域文化交流互益、吞吐融会中发展繁荣,形成并展示出独特的神韵和魅力,使哺育她的中华文化更添灿烂辉光。对于川渝地区各族同胞而言,巴蜀文化就是我们世代生存之根、承传之脉、发展之魂。

巴蜀大地钟灵毓秀、文脉悠长,堪称多种人类遗产荟萃的聚宝盆。巴蜀文化有许多独具的特色和亮点,足以令我们为先辈的创造感恩并自豪。茂县营盘山、成都平原从宝墩到三星堆、金沙以及长江三峡、宣汉罗家坝等处文化遗址的多次惊世发现,结合古文献资料,无可辩驳地证实了巴蜀作为长江上游的上古文明中心,丰富了中华文明的基因,显示出古蜀古巴文化永恒的魅力。周秦以来,中华思想文化素以儒学、道学为主干;佛学西来后,更以儒释道交融互补为特色。蜀地仙道发源很早,成为天师道的创教地;儒学从西汉起就在此代代传承,文翁石室、周公礼殿、孟蜀石经彪炳千秋;在佛教中国化的进程中,巴蜀出了许多大德高僧,尤其是禅学大师,成为中国禅学中心之一。作为中国重要地域学术文化的蜀学,富有哲思传统和文史之长,"易学在蜀""史学莫隆于蜀""文宗自古出巴蜀""自古诗人例到蜀"等赞语,无不彰显历代巴蜀学术文化的璀璨夺目,成就非凡。巴蜀的音乐、舞蹈、碑刻、石窟、书法、绘画、诗词歌赋、戏剧、织锦、酿酒、制茶、肴馔等享有盛誉,非物质文化遗存丰赡多彩。巴蜀悠久的农耕文化与繁盛的工商文化相得益彰,并曾在水利开发、天然气开采、钻井术、天文、数学、医药等科技领域独占鳌头,纸币"交子"首发领先全球。巴蜀是中国历史上一个典型的移民区域,又长期是汉族和许多少数民族相聚和融合的地区,开拓了对外交往的条条蜀道,形成了连通中亚、南亚的南方丝绸之路和藏羌彝民族走廊。移民文化与原生文化、汉文化与少数民族文化、本土文化与外来文化在这里交融互动,使巴蜀文化具有很强的开放性、包容性、创新性和辐射性,这些特性被学者喻为"水库效应"。巴蜀儿女自古敢为天下先,尤其是百余年来向现代化转型时期,巴蜀文化哺育和造就了众多的杰出人物和文化精英，红色文化光耀史册，三线建设举国之重，"改革之乡"①闻名遐迩。在2008年"5·12"汶川特大地震等自然灾害的救援和重建过程中，四川人民表现出的英勇、睿智、大爱、感恩，也都凝聚着巴蜀文化浴火重生的精神。

当今中国正处于世界百年未有之大变局，建设社会主义文化强国，着力提升文化软实力，关系到"两个一百年"奋斗目标和中华民族伟大复兴中国梦的实现。身为当代学人，要在马克思主义指导下，树立高度的文化自觉和自信，十分珍视本土优秀的传统文化，处理好传统文化与现代化、本土文化与外来文化的关系，立大志愿，开大视野，用大手笔来发掘和系统梳理传统文化资源，传承、整合、弘扬巴蜀文化，致力于培根铸魂、固本延脉，使我们优秀的文化基因永续传承，与当代社会相协调，让富有恒久魅力、具有当代价值的巴蜀文化在提高全民精神素质，推进文化强省强国，铸牢中华民族共同体意识和助推构建人类命运共同体的进程中发挥应有的作用。

编撰多卷本的《巴蜀文化通史》，具有深远宏大的文化价值、学术价值和应用价值。一是对巴蜀文化几千年的发展轨迹及其创造、积累的宝贵文化财富，作出系统梳理和规律性总结，可以回应巴蜀民众了解"我是谁""我从哪里来"的文化寻根需求，丰富人们的精神世界，尤其是在道德规范和价值取向上得到涵养和化育。二是可以较全面地展示巴蜀文化的神韵和亮点，系统阐扬蜀史、蜀学、蜀文、蜀艺，构筑宽阔的学术研究平台，为巴蜀人文社会科学走向繁荣，促进传统文化的创造性转化和创新性发展，发挥立其大本、凝聚人心、导向助推的作用。三是同兄弟地域文化的研究成果相互呼应、相得益彰，有助于深入了解中华文化，传承中华文脉，为我们的母亲文化增光添彩，一起来展示她的独特魅力，进而与世界多元文化中不同民族文化平等交流互鉴，为建设新时代中国特色社会主义文化，增强我国的文化竞争力和软实力添砖垒瓦。四是更进一步促进川渝文化合作，可以为繁荣、丰富当代巴蜀先进文化建设，尤其是推进文化创意产业和康乐旅游产业，发掘深层次的文化内涵，提供坚实的学术依据，从而开启思路、激发灵感，以文塑旅，以旅彰文，把潜在文化资源（包括物质文化遗产和非物质文化遗产）

---

① 邓小平1982年对家乡四川的深情赞语。

转化为现实的生产力和文化软实力。五是有助于改变四川高校和研究机构在巴蜀文化和蜀学研究上各自为政、力量分散的状况，使之汇聚并形成有较高水平的老中青结合的研究队伍。与《巴蜀文化通史》珠联璧合的《巴蜀全书》，作为四川有史以来最大规模的古籍文献整理工程，经由四川大学古籍整理研究所提出并担纲，在四川省社会科学院和兄弟高等院校协力下，2012年以来，已出版阶段性成果两百余种，就是蜀学研究正在形成合力的又一明证。

定位与特色

为了实现前述宗旨，参与编撰的同仁都力求使《巴蜀文化通史》既是文化集成，又是学术创新，努力做到观点有一定创新性，知识含量丰富，资料翔实，文笔流畅，总体上进入巴蜀文化研究的学术前沿，在科学性、系统性、创新性、前瞻性、可读性等方面力争成为当代巴蜀学人可以"预流"——预于时代学术潮流的成果，成为在巴蜀文化研究上服务于现实并可继往开来的学术著作。但我们悬鹄虽高而未必力所能逮，故难免"取法乎上，仅得乎中"之憾。

这部书的研究对象是巴蜀文化，性质是通中寓专、通专结合的文化通史，角度是把地域史学与文化学及相关学科契合起来，贯穿全书的编撰理念是"三通"，即纵通、横通与会通。这里就分别说一说本书的"文化"本位、"巴蜀"立位和"三通"定位。

（一）"文化"本位

世界上对"文化"的定义已经有好几百种。我们以唯物史观为指导，本着天人合一、以人为本的中华人文精神[①]来解读文化。"惟天地万物父母，

[①] 天人合一、以人为本，打破天道与性命的隔阂，既避免把天人合一引向神学化，也避免陷入人类中心主义，而把敬畏、顺应自然与发挥人的主体能动性相统一，蕴含天人相依相待、互动互益的张力。

惟人万物之灵。"①人作为自然演化的产儿，受惠于天地万物，在群体劳动实践中成为地球上的万物灵长，既能创制工具，又能用语言交流，进而创制文字，由此有了文化及其积累、传承，于是便创造了"人化的自然界"。同时，在法天、法地、法万物的进程中，人也改变和提升着自身。汉字的"文"，原意是文身、文饰、纹理，以文来显示，以文来变化，讲规矩、礼貌，与禽兽区别开来。这是外在的，更是内在的。文的外化于行与内化于心，开物成务与锻塑成人，乃是人类与自然进行精神与物质相互变换中联袂互动的双重效应。自然力所为乃造化，人类心力所创是文化。文化从何而来？由人化文；文化落脚何方？以文化人。荀子讲"化性起伪"，"伪"就是人为的东西。要改变自身才能更好地改变世界。文化就是这样"人化"与"化人"（或曰"人为"与"为人"、人性的外化与内化）相统一，在双向建构中螺旋式上升，推动着人居世界的演进。人，既是创造文化的能动主体，又是文化所创造的价值主体。这与古语"人文化成"②的解读可以相通，也跟西方"文化"一词兼容"耕作、栽培"（外化）和"养育、教化"（内化）的语义相衔接。《中庸》讲至诚尽性，内外交修："惟天下至诚，为能尽其性。能尽其性，则能尽人之性；能尽人之性，则能尽物之性；能尽物之性，则可以赞天地之化育；可以赞天地之化育，则可以与天地参矣。"③这段话，恰可理解作为内化与外化相统一的文化的功能。

这样的广义文化，它对外与天地万物相成相济，内结构则包含着精神文化、语文符号、规范体系（行为习俗和法律）、社会制度和社会组织、物质产品等要素。④这些文化要素，大体可划分为相互联结、相互渗透的三个层面：外层是作为基础的物态文化，即经过人的劳动形成的"人化"自然或器物层面，体现人与自然的互动关系及其物质成果；中层是语文符号、制度文化和行为习俗文化等，可称为"交往文化"，体现出人与人的互动关系即社会关系，也是精神文化的外在表现；内层则是以价值观为核心的精神文化，

---

① 《尚书·周书·泰誓上》，《十三经注疏》上册，中华书局1979年影印本，第180页。
② 《易·贲卦·彖辞》："观乎天文以察时变，观乎人文以化成天下。"
③ 《礼记·中庸》，《十三经注疏》下册，中华书局1979年影印本，第1632页。
④ 《中国大百科全书·社会学卷》，中国大百科全书出版社1991年版，第409页。

体现出人的心灵世界在真、善、美、圣（科学、道德、艺术、哲学、宗教）诸多领域与境界的创造。清代龚自珍说过："圣人之道，本天人之际，胪幽明之序，始乎饮食，中乎制作，终乎闻性与天道。"①文化的上述三个层面，既如血脉相通，总体上联动互进，在变迁时序上又往往呈现有速有缓、或前或后的不平衡发展状态。这种总体性与异步性的统一，是在研究和描述文化史时需要仔细琢磨和体现的。

综上所述，文化是在天人相合相分、互动互益进程中人的生命存在及其取得的全部成果，或简单地说，文化就是人类独有的生存方式。人们总是生活在世代传承而又不断积累、不断丰富的文化之中。这文化如水，滋润万物；若风，吹拂人间；又好比血液，灌注循环于特定民族或地区人群的心灵深处，产生凝聚力和认同感，积淀、凝结为人们稳定的生存方式。因此，人类的文化既有共通性，又有民族性、地域性和时代性，是多元的、多样的，而不是单一的、无差别的。不同民族、不同地域、不同时代产生的文化模式，形成的文化精神各有不同。伴随着时代的风云变幻，当不同文化相遇、相会时，从价值观念、思维方式、生活样态到社会习俗，就会产生交流、交融、交锋，出现文化选择和互融，进而导致文化的转型。通观世界历史，文化转型曾有过各种不同的类式。中华文化的现代转型是守正创新，把马克思主义基本原理同中华优秀传统文化相结合的自主式；而不是聚合多种移民文化、喧宾夺主的复合式；更不是那种特定场合下原有文化解体，被另一文化取代的断崖式。

"文化"和"文明"是两个意义相近又有区别的概念。文化侧重于文的功能，文明侧重于文的成就。人猿揖别，就出现文化；到告别蒙昧、野蛮，才进入文明时代。文明是个褒义词，囊括人类创造的积极成果之总和，用以指称人类社会的进步程度和开化状态。②当今多以文化标示民族性差异和地域性特色，而以文明标示人类的普遍行为和多元成就。文明因交流而互鉴，因互鉴而发展。在经济和科技全球化进程中，许多物态文化和一部分行为习

---

① 《五经大义终始论》，《龚自珍全集》，上海人民出版社1975年版，第41页。
② 《易·乾·文言》："见龙在田，天下文明。"《尚书·舜典》："睿哲文明。"孔疏："经天纬地曰文，照临四方曰明。"

俗文化在逐步趋于同质化，而具有不同基因的制度文化、语言文字，特别是精神文化，则终会呈现和保持多样化。这一部地域文化通史，本着文化的多元性和相通性来立论，各卷都力图写出浓郁的地域文化味，体现出"人化"与"化人"的统一。

（二）"巴蜀"立位

广袤的中华大地因地壳碰撞形成了自西向东、由高到低三个落差很大的阶梯，巴蜀处于高阶到中阶的内陆腹地，连通祖国的南北西东。巴蜀西部为青藏高原东南缘及横断山区北段，东部为群山环抱的四川盆地，总体地势西高东低，地形地貌独特丰富，集雄、奇、险、秀于一体，自然禀赋得天独厚，是万物生灵的洞天福地。巴和蜀是上古以来巴人、蜀人及其他族群先民活动的地域，二者相连乃至交错，文化复合共生，自成一个地域文化区系。在中华文明满天星斗式的起源中，这里是相对独立肇兴的长江上游文明起源中心，有巫山人、资阳人为代表的文化根系，有万年以上的文明起步，上古巴蜀地域文明形成和发展中的不少谜团还有待地下发掘来破解。三千多年前巴蜀文明就与中原文明血脉交融，与吴越、荆楚等文明紧密互动，也与南亚、中亚文明交流互鉴。公元前316年，秦并巴蜀后则更紧密全面地融入中华文明共同体，成为它重要的组成部分之一，东汉时即享有"天府之国"的美誉。巴与蜀同源同囿，文化具有同质性和内聚力，而自然人文环境又同中有异，形成了刚柔相济的复合型文化共同体。蜀人慕文好乐，精敏健雄，浪漫诙谐；巴人质直尚勇，豁达豪爽，吃苦耐劳。所谓"巴出将、蜀入相"，大致道出了两者文化性格的差异。巴蜀的地域范围历代有涨有缩，行政区划迭有变迁（包括1997年以后川渝分治），而长期历史形成的巴蜀文化区虽没有截然划定的边界，却是相对稳定的整体，并未因行政区划变动而忽合忽分。巴蜀文化区的范围是涵盖今四川省和重庆市地域，兼及周边风俗略同地区的民族文化共同体。它以史源悠久、流传有绪的巴文化、蜀文化为主轴，既包括四川盆地以汉族为主体、辐射四周的文化，也包括盆地周边各以藏、彝、羌、苗和土家等世居少数民族为主体、各民族和谐共融的文化，是这一地区从古至今多民族地域文化的总汇。这部书论述的地域以今四川省和重庆市为主，对不同历史时期曾纳入巴蜀行政区划或与其文化关联密切的地域也有涉及。

巴蜀虽地处祖国内陆，不靠边、不濒海，却衔接南北，连通西东。在编撰这部书时，我们力求处理好巴蜀文化与其母文化——中华文化的关系，重视巴蜀文化与兄弟地域文化之间的交集和互动，着眼于巴蜀文化的特性、个性，寓共性于个性之中，寓统一性于多样性之中。我们也重视巴蜀文化与域外文化之间的交集和互动，注意巴蜀文化在中外文化交流中所起的作用。在巴蜀文化内部，我们力求处理好蜀文化与巴文化相互之间的关系，巴蜀汉民族文化与各世居少数民族文化的关系，尽可能都给以充分的关注，反映它们之间的共性与个性、互联与互动，力避顾此失彼，详略失当。为涵盖并展示少数民族文化多姿多彩的众多领域和方面，这部书除单独设置《民族文化卷》外，各有关专题卷都力图把相关领域的少数民族特色文化摆在重要位置进行阐述和概括。

（三）"三通"定位

"三通"是贯穿全书的重要编撰理念。史著价值在于信，通史灵气在于通。司马迁"究天人之际，通古今之变，成一家之言"①是我们心向往之、孜孜以求的目标。史学前辈范文澜等曾提出"三通"（"直通""旁通""会通"），我们根据编撰《巴蜀文化通史》的要求，把历时态的"纵通"、共时态的"横通"与跨文化、跨学科的"会通"，合在一起作一些新的阐释。世界是通的，大历史是通的，大文化是通的。文化史的发展，本来就涵盖着纵向的全过程、横向的多层面、跨文化的多领域。通向历史本真，揭示历史本体，是"三通"追求的目标。尤其是作为通中寓专、通专结合的多卷本地域文化通史，无论承担通论或专题卷的学者，都力求在"三通"上下功夫。

一曰纵通，指历时态全过程的贯通。"观水有术，必观其澜。"这部书贯穿古今，上溯于远古巴蜀先民之蒙昧初开，下迄21世纪初年川渝之文明新

---

① 《史记》卷一三〇《太史公自序》。

貌，原始察终，系统梳理这个既有内在连续性，又呈现不同时代阶段性的曲折过程中巴蜀文化层积而兴的脉络，由此分析其在各个历史时期的盛衰流变，此起彼伏的高峰低谷，展示巴蜀文化的特色和贡献，进而探究其发展的逻辑进程，尤其是传统巴蜀文化向现代化转型的路径，论证巴蜀文化的当代价值和意义，揭示巴蜀文化的发展趋势和前景，做到鉴古察今、述往知来。这是全书贯穿始终的主线。这条主线还可以从实践与认识的角度一分为二：一是巴蜀文化的实践史、发展史；二是在实践基础上对巴蜀文化的认识史、研究史。二者结合方能从实践与认识的循环往复中，深入把握"外化与内化相统一"的文化真髓。

二曰横通，指共时态全方位的互通。"事不孤起，必有其邻。"从全书立卷到各卷章节的设置，都力图以时间为经，以反映文化的不同层面及专题为纬，纵横交织，立体成像。历史运动是有结构的，它是过程与结构的统一，广义文化中各层面的共生、交叉、互动就体现着这种结构性。这部文化通史不仅要剖析巴蜀文化发展的过程，同时要展现巴蜀文化的层次与结构。本书多数专题卷，虽然在物态文化、交往文化、精神文化几个层面中各有其侧重点，但都是从有血有肉的文化肌体中抽出来的，不能孤立求索和描述。研究时不仅不能把经济基础与其上层建筑割裂开来，还要努力展示文化各层面的横通，展示各专题内部各个相关领域的横通。这样做是为了尽量体现地域文化生成的内在机理，使读者把握到神完气足、血肉丰满、生机勃勃的整个巴蜀文化。

三曰会通，着重指跨文化、跨学科的多元共融，全景式打通。《易·系辞上》说："圣人有以见天下之动，而观其会通。"① 南宋郑樵《通志》特别强调"会通"。② 要从天下事物阴阳变动不居的状况，观察领悟其会合变通的卯窍。人类文化从来是多元并存，在相互比较、碰撞、渗透、融合中发展的。研究地域文化，必须有开放式的大视野，具备跨文化、跨学科的眼界

---

① 李鼎祚《周易集解》注文中引用汉代干宝："观日月而要其会通，观文明而化成天下。"
② 郑樵《通志·总序》："百川异趋，必会于海，然后九州无浸淫之患。万国殊途，必通诸夏，然后八荒无壅滞之忧。会通之义，大矣哉！"又其《夹漈遗稿》卷三《上宰相书》："天下之理，不可以不会，古今之道，不可以不通，会通之义，大矣哉！"

和通识，能够在充分尊重和了解各种文化事象的前提下，不停留于对现象的描述，而要触类旁通、探赜索隐、择精合妙、汇聚通宜，真正实现圆融贯通。纵通为经，横通为纬，须擅会通，方呈现三维立体的全息图景，做到究始终、观全体、明是非得失之故。就是说，文化史研究要通过分析和综合，具备文化反思和阐释张力，会归通衢，由"方以智"进到"圆而神"，抵达藏往知来之境。

我们时时提醒自己：研究巴蜀文化不仅要钻得进去，还要跳得出来，站到更高处，具有开放的胸襟和跨文化比较的视野，把巴蜀文化放到多元一体的中华文化和全球多元文化的大背景下加以审视，察异观同，和合会通。巴蜀文化从来不是与世隔绝、孤立自足地成长起来的，而是在同周围的兄弟地域文化相互影响下发育繁衍，并在同远近的异质文化间接或直接的交流互动中汲取营养的。我们正处在不同文化交流空前深入、碰撞空前激烈的时代，为了追寻全球文化的多元和谐，助推构建人类命运共同体，一定要本着"各美其美，美人之美，美美与共，天下大同"的文化会通观，祛除近代以来因受西方强势文化轻视、压抑而形成的文化自卑和盲从心态，提高对中华文化地位、作用的认识，坚定文化自信，珍爱并拓展、弘扬本土文化的精华。要在马克思主义指导下，具备通识通才，对中外文化精神析同辨异，折冲樽俎，在会通中实现对优秀传统文化的继承和超越，对外来文化精华的吸纳和转化，促进新时代中国特色社会主义文化繁荣发展，不断开拓文化巴蜀、文化中国转型复兴之路。

架构与方法

20世纪初叶，随着新史学的兴起，文化史在历史学中的地位得到重视和加强。刘师培曾计划研究文化专门史，含十六种，以西方学术的科目，析先秦诸学学术思想之长短得失。①胡适设想，中国文化史要包括民族史、语言文字史、经济史、政治史、国际交通史、思想学术史、宗教史、文艺史、风俗史、制度史等科目。②梁启超专就文化史的做法讲课，认为需要对政教典章、社会生活、学术文化等方面，做分门别类的文化专史。最好是把人生的活动事项纵剖，依其性质，分类叙述。在狭义的文化专史中，他举出语言史、文字史、神话史、民俗史、宗教史、道术史（哲学史）、史学史、自然科学史、社会科学史、文学史、美术史等。③不过，20世纪30年代初问世的几部中国文化史（如杨东莼1931年、柳诒徵1932年、陈登原1935年），仍多系综合体裁，对各文化门类往往语焉不详。

在前辈学者探索的启发下，我们反复思量，决定突破所见的国内现有地域文化史侧重综合、纵通的体裁，而按"纵述史实，横排门类"的编撰原则，采用"通论+专题卷+大事记"这样一种体现纵通、横通、会通的创新结构，几经斟酌，全书共二十二卷，排序如下：置全书之首的《通论卷》，阐释了巴蜀文化的基本概念与学术体系，生态环境背景，巴蜀文化的研究史和认识史，由古及今的文化发展轨迹、基本性质及基本特征，在多元一体、博大精深的中华文化中的定位及其特殊贡献，薪火传承与现代化转型创新及前景趋势，力求起到提纲挈领、纲举目张的作用。其后大体按文化的不同层次，分别为巴蜀文化具有特色的领域、学科列专题卷。先是侧重物态文化并由此探及相关交往文化、精神文化层面的，有《农业与水利文化卷》《工商文化卷》《城市文化卷》《建筑文化卷》《交通文化卷》；接下来的《民族文化卷》从中华民族共同体的多民族视角强调综合性；《宗族与会社卷》《移民文化卷》《方言卷》《民俗文化卷》大体属于制度文化、语言文字、行为交往文化层面（鉴于政制、职官、法律等制度，全国大体统一，故不设专卷）。继后精神文化层面的部分，卷数较多，设有《哲学思想卷》《史学卷》《宗教文化卷》《教育卷》《文学卷》《艺术卷》《科技文化卷》《传

---

① 刘师培：《周末学术史序》，1905年作，《刘师培儒学论集》，四川大学出版社2010年版，第36～78页。
② 胡适：《〈国学季刊〉发刊宣言》，《胡适文存》二集，黄山书社1996年版。
③ 梁启超：《中国历史研究法（补编）》，《中国历史研究法》（外二种），河北教育出版社2000年版。

播文化卷》。为便于了解巴蜀历史文献,尤其是蜀学文献,特设有文献目录学专题《文献要览卷》。专题卷之后的《巴蜀文化大事记》,对先秦至当代巴蜀文化重大事件以编年方式扼要记载,便于读者对巴蜀文化全程有鸟瞰式、综合性的把握;《巴蜀文化研究论著索引》,则供研究者作为检索工具使用。以上就是全书的架构。

各专题卷均前置导言,末设结语。其篇章框架则因事制宜而有所不同。有的是以时期分章,大体按不同门类分节,在纵通中含横通(如《教育卷》);有的主要按专题并结合时序来分章节,在横通中含纵通(如《科技文化卷》);有的先理出历史线索,再突出一些重点专题,先纵后横,纵横结合(如《城市文化卷》);还有的卷内分两编,分述相关内容(如《农业与水利文化卷》)。

《巴蜀文化通史》作为多卷本的学术著作,主要供大专以上程度的读者阅读,以及文化馆、图书馆等购备。它既不是曲高和寡的"阳春白雪",也不是能够直接普惠民间的通俗普及读本。为了让巴蜀文化走进千家万户,还有待开发科普读物和图文,使之逐步大众化,在应用和传播上做创新文章。

编撰《巴蜀文化通史》,涉及学科门类甚广,涵盖时间很长,创新要求颇高,总字数超过千万。这样的文化工程,绝非率尔操觚、短促突击所能成功。近人刘承幹[①]《明史例案》提出过八条准则,就是"搜采欲博,考证欲精,职任欲分,义例欲一,秉笔欲直,持论欲平,岁月欲宽,卷帙欲简",我们在编撰过程中借作参照,同时根据在新时代撰写地域文化通史的新要求,不断从实践中探索,大体形成了以下一些做法:

(一)多学科的专家学者分工合作,协同攻关

梁启超主张,广义的文化专史,涉及面特别广,在专史中最为重要,也最为困难。这不单是史学家的责任,更是研究某种专门学问的人对于该种学问的责任,要尽量用内行的专门家去做。若能以终身力量做出一种文化专史

---

① 刘承幹(1881~1963):著名藏书家、刻书家、史学家。

来，于史学界便有不朽的价值。①本书的编撰设置了编撰委员会、学术委员会及编辑部，确定由正副主编主持编撰，编辑部依托省社科院开展编务工作。各专题卷的著者采取定向邀标办法聘请，多为对该学科领域研究有素的专门家，分别采取由个人承担，或二三人合著，或一人主撰、团队协力完成等方式进行。为保证学术质量，使全书有机统一，在实行主编负责制的同时，由资深专家组成学术委员会，全程参与从项目规划到成书的学术攻关和学术把关。

2006年以来，先后开了四次分卷著者会议，八十多次书稿审读会议。第一阶段，先由学术委员会同分卷著者反复讨论各卷著者拟出的由粗到细的提纲，并明确全书编纂理念②，统一规范体例，然后与分卷著者签订编撰合同，落实工作责任。第二阶段，学术委员会同分卷著者研讨各卷写出的一两章样稿，这是"摸着石头过河"的试错与磨合过程。有些卷的思路和写法曾有大的调整和改变。第三阶段，各卷著者潜心研究，奋力写作。初稿先后写出后，大都经过学术委员会仔细研读，写出审读意见，同著者一起讨论，从结构、体例到观点、材料都认真交换意见，对著者遇到的各种史料、概念及话语体系、文脉梳理、文化基因挖掘等问题，出点子，提思路。待著者修订后又进行讨论，有的书稿研讨了四个回合。当某一分卷初稿趋于成熟时，即请出版社责任编辑提前介入审编，参加讨论，以便撰写工作与第四阶段的编辑出版工作紧凑衔接，不出空当。因各卷皆分头撰写，结构和文字风格有所不同，对同一文化事象的见识裁断有别也在所难免。在统改书稿过程中，既充分尊重分卷著者的学术个性和创见，同时为了各卷在总体上规范统一，基本观点相互协调而不相抵牾，尊重主编的统改权，而在个案判断上各卷则有自由度。注意把握各卷边界，相互照应避让，以免大的重复，做到详略互见，各得其宜。

在这部文化通史编撰期间，本书学术委员会大多数成员在辛勤共事中度过了古稀以至耄耋之年。我至今还清楚地记得在每次研讨会、审稿会上专家

---

① 梁启超：《中国历史研究法（补编）》，《中国历史研究法》（外二种），河北教育出版社2000年版。
② 章玉钧：《关于编纂〈巴蜀文化通史〉的思考》，《中华文化论坛》2007年第4期，第5~10页。

们无私地贡献个人的真知灼见，自由发表不同见解乃至相反的主张，体现出的那种学术为公的争鸣探索精神。尤其令我们刻骨铭心的是：隗瀛涛、李绍明、贾大泉、沈伯俊、万本根、胡昭曦、林向七位先生为学术工作长期呕心沥血，先后因病辞世。对诸位先生的高见卓识、学者风范尤其是为编撰本书所做的贡献，我们将永志不忘。

（二）采取多重证据法和综合研究法，在搜集和鉴别史料上下大功夫

古人所称"文献"，原本指书面文字记载与贤人口头传闻①，徐中舒先生拓展他的老师王国维的古史二重证据法为多重证据法，注重传世文献、出土文物和现代民族学、民俗学的活态文献等结合互证，将区域文化史研究提高到崭新的学术境地。本书编撰中，继承和弘扬王、徐等前贤视野广阔的史料观，搜罗史料力求竭泽而渔，鉴别史料着意披沙拣金，通过综合比勘，相互参证，追根溯源，从而正误辨伪，务寻真史。各专题卷著者都是先汇辑基本史料并掌握学界已有研究状况，汲取前人取得的成果，才进入写作阶段。有好几卷的著者更是"读万卷书、行万里路"，带领研究生经年累月搞田野考察，获得不少真知灼见，从而在学术上有了新的拓展。

（三）坚持文化学的视角，采取多学科交叉和比较文化学的研究方法，力求写足文化味

文化既然是人的生存方式，归结为"人化"和"化人"，每卷文化史就要见物更见人，既写出"由人化文"的胜境，更揭示"以文化人"的妙谛。有关精神文化的各专题卷，既系统梳理巴蜀精神文化尤其是蜀学发展繁荣的脉络，突出展示巴风蜀韵孕育出的文宗巨子和文化精英的成就，也记载众多无名工匠、艺人等留下的民族民间文化、市井文化的瑰宝。侧重物质文化的各专题卷，不停留在物态层面的描绘，而尽力深入到制度层面、精神层面。如《农业与水利文化卷》《科技文化卷》等，对举世无双、造福人类

---

① 朱熹："文，典籍也；献，贤也。"引自《四书章句·论语集注》卷二《八佾第三》，中华书局2012年版，第63页。

二千二百七十多年的都江堰水利工程，就不仅从物质、科技、生态层面介绍其巧夺天工、可持续发展的奥秘，而且从制度文化层面总结其堰官、岁修、劳役、配水、轮灌、收费等管理制度，更深入精神文化层面阐释其"上善若水"的哲理和人文精华。

（四）掌握焦点，抓住重点，发挥特点，突破难点

饶宗颐先生在揭橥华学趋向时，曾提出"三条"："一是纵的时间方面，探讨历史上重要的突出事件，寻求它的产生、衔接的先后层次，加以疏通整理。二是横的空间方面，注意不同地区的文化单元，考察其交流、传播、互相挹注的历史事实。三是在事物的交叉错综方面，找寻出它们的条理——因果关系。"又说："我一向采用的史学方法，是重视'三点'，即掌握焦点，抓紧重点，发挥特点，尤其要特别用力于关联性一层。"①我们体会，"三通"的理念与上述"三条""三点"是一致的，而方法上特别重视关联性，就要纵通找焦点，横通抓重点，会通求特点。编撰中，我们注意咀嚼梁启超的卓见：文化的发展史，各个时代、各个领域是不平衡的，重要性是不一样的，要分主系、闰系和旁系。不要平讲直叙，分不出浓淡高低。须用鸟瞰的眼光，看出哪个时代最主要，发达到最高潮，便用全力赴之。②各书大都采用了这种大处着眼、抓住重点、突破难点、提炼观点、不平均使用力量的方法。

集成与出新

前面提到，编撰这部书时，我们力求做到既是文化集成，更是学术创新。无论文化发展、学术探索，都是慧命相续、推故致新的过程，需要不断传承积累，继往开来，久久为功。"譬如积薪，后来居上。"用冯友兰先生

---

① 饶宗颐：《〈华学〉发刊词》（1995年），《选堂序跋集》，中华书局2006年版。
② 梁启超：《中国历史研究法（补编）》，《中国历史研究法》（外二种），河北教育出版社2000年版。

的话，这是从"照着讲"到"接着讲"的进程。每门文化史的研究，都需要对已有的各种史料，广搜博采，集纳钩沉；对前贤成果循波讨源，含英咀华；只有在对文化遗产守正传承的基础上，才有可能站到前人肩膀上，回应新的时代需求，匠心独运，开拓新境；才有可能焕然出彩，奉献出在某些方面超越前贤的成果。朱熹诗云："旧学商量加邃密，新知培养转深沉。"①集成是出新必需的基础和前提，出新则是集成企求的目标和价值增值的成就。二者同体异面，缺一不可，是衡量学术成果质量相互关联的两个维度。

（一）从集成的维度看

首先，《巴蜀文化通史》可以说是"巴蜀文化"概念提出八十多年来首次大的学术集成。"西蜀文化"（郭沫若1934年）、"巴蜀文化"（卫聚贤1941年）提出之初，主要是就巴蜀考古文化而言，后来渐次扩大到广义的巴蜀文化，有关论著已上千册，有关文章达数万篇（《巴蜀文化研究论著索引》多有著录），形成了分别以史学文献考据、文物考古、民族民俗田野调查为主的三种研究方向，近年又发展出综合诸家的会通型研究方向。各条路径的学者在不同领域、从不同角度艰辛探索，均取得了丰硕的成果。本书各卷编修中，都努力加以搜集、消化和吸取，并以借鉴、发挥这些观念、方法为前提，力求形成对巴蜀文化研究具总汇性的成果。如《通论卷》从总体上就巴蜀文化生态背景、内涵性质、发展历程及基本规律、特征等问题，会通诸说，取精用宏，做了言之成理的统体性总述，成为具有集成性的一家之说。《民族文化卷》不仅就民族理论的疑难问题深入研究，还在搜集分析历史文献材料、文物考古材料，特别是对国家组织的多次民族调查材料下了很大功夫，从而描绘出巴蜀世居各少数民族立体生动的文化图景。

其次，古往今来的巴蜀文化长河浩荡壮丽，魅力无穷。《巴蜀文化通史》对清点总结长时段、宽领域、多层面的巴蜀文化来讲也是一次学术集成。巴蜀的历史文化名人，如大禹、李冰、落下闳、文翁、司马相如、扬

---

① 《鹅湖寺和陆子寿》，（宋）朱熹著，郭齐、尹波点校：《朱熹集》卷一，四川教育出版社1996年版，第185页。

雄、诸葛亮、陈寿、常璩、陈子昂、武则天、李白、杜甫、薛涛、苏轼、格萨尔、张栻、秦九韶、杨慎、李调元等，都在相关卷帙中重点推介，娓娓道来；巴蜀历史上突出的物质文化成就和非物质文化成就，蜀学、蜀文、蜀艺、蜀籍的精华也都提要钩玄，荟萃于此。如《文献要览卷》就搜选论列了近五百种巴蜀文化重要典籍，可一览巴蜀文献精华，为学者指点津梁。又如智慧幽默的四川方言是巴蜀历史文化凝结的珠宝，《方言卷》挖掘、串起一颗颗珍珠，并生动剖析其蕴含的丰富文化信息，令人齿颊留香。

再者，不少专题卷的著者既具文化通识，又对该学术领域长期耕耘，研究有素，此次写作起到了阶段性总结的学术集成作用。例如：《城市文化卷》著者三十多年来由跟从名师到带领团队，一直深耕于近现代中国城市与城市文化研究领域；《移民文化卷》著者是国内知名的移民文化、客家文化研究专家；《交通文化卷》著者多年致力于西南历史地理尤其是交通文化的调研；《哲学思想卷》和《史学卷》著者长期潜心研究巴蜀哲学、巴蜀史学；《建筑文化卷》著者是卓有成就的古建筑研究专家、高级建筑师。他们都在各自领域完成了多项国家课题，此次承担专题卷，更是辛勤研讨，旁搜远绍，厚积薄发，突出亮点，倾力奉献了后出转精之作。

（二）从出新的维度看

本书围绕前述长时段、宽领域、多层次的巴蜀文化来创新体例结构，成为首部纵横贯通、覆盖面广、体量超大的巴蜀文化史，在全国已出的各种区域文化通史中，当属编撰体例新、时间跨度长、内容浩繁的一部。学术体系上的集成性，本身就是从文化观念、编撰理念到架构体例的出新，在地域文化通史领域作了开创性的探索。这是其一。

本书各卷着眼于发展新时代文化，明道求真，以史经世，着力写出巴蜀文化的特色和韵味，在内容上有较多突破和出新。过去关于农业与水利、工商、交通、建筑、城市等的论著，容易停留于物态层面，罕有从文化学角度和宏观视野对其全过程深入探讨之作；这次研究标明以"农业与水利文化""工商文化""交通文化""建筑文化""城市文化"为对象，注重深入文化层面进行阐释，且着意探讨长时段历史中这些物质文化变动与制度文化、精神文化演进的关系及产生的影响，这些往往是以前研究论著较少触及的。有关巴蜀学术文化的几卷，着力显示蜀学长于思辨、多元会通、创新超迈、沟通理欲、注重事功等特色，有助于发扬当今的时代精神。有关交往文化的几卷，注重聚焦于民间大众，关注各色人等的日常生活，运用了许多文化人类学、社会学、民族学的方法，见解新颖，地域文化味很浓。这是其二。

更值得珍视的是，各卷在编撰中深汲传统的源头活水，发现其烛照现实和未来的原创亮点，尤其是优越秀冠的巴蜀文化在传承创新中焕发异彩之所在。许多卷发掘出大量翔实的资料，匠心独运，以史鉴今，提炼出有创新性的学术观点，或举出有新颖性的论据，活用巴蜀首创的学术话语，采用别出心裁的叙事方式，力争获得创新、独见、卓识的学术成果。具体的创新点如同"诗眼""文眼"分布闪烁在卷帙之中，细心披阅，当会时有"山阴道上，应接不暇"之乐，这里无法一一细析。

鉴于多卷本地域文化通史尚属初创，不同文化门类各有其学理脉络、发展轨迹和演进特色，编撰难度往往超出预期，主编和各卷著者虽迎难而上，勉力为之，但仍难免有纰漏丛脞之处。尤其是古蜀文明还有不少千古待解之谜，我们受限于已获的资料和研究水平，多只能守阙存疑。对成稿后的许多惊世发现，巴蜀文化日新月异的面貌和新的研究成果亦未能更多纳入。当把多卷本《巴蜀文化通史》奉献到读者面前时，我们既同大家分享喜悦，又有颇为忐忑的心情。这部书，以至其中每一卷，究竟应获怎样的评价，最终还要接受时间的检验。衷心期望巴蜀文化研究慧命相续，薪火相传，探索和构建起自身完整的学科体系、学术体系和话语体系。但愿此番的初创能为后续俊彦们开拓新境起到抛砖引玉的作用。

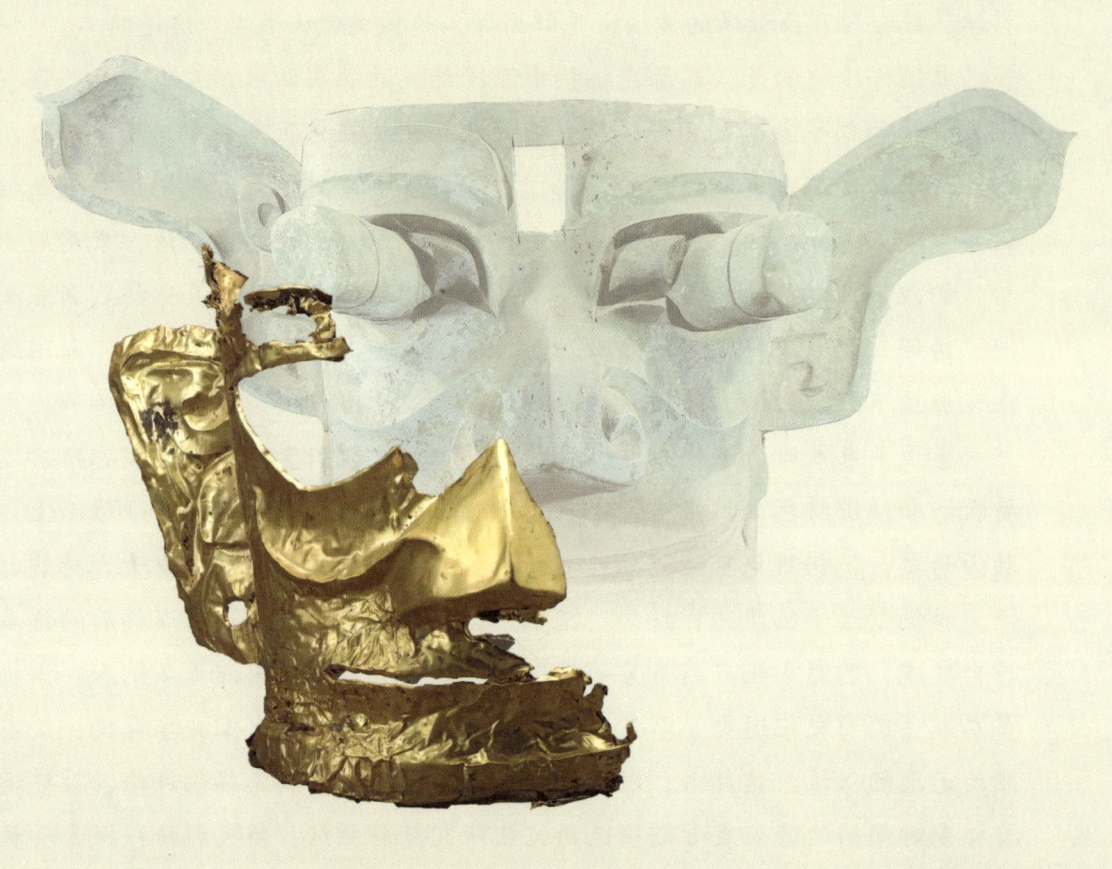

总目录

巴蜀文化大事记 [一]

凡（叙）例 / 1

旧石器时代 / 3
新石器时代 / 7
夏商西周 / 13
春秋战国 / 19
秦汉三国两晋南北朝 / 35
隋唐五代前后蜀 / 123
宋　元 / 215
明　代 / 265

巴蜀文化大事记 [二]

清　代 / 287
中华民国 / 331
中华人民共和国 / 423

后　记 / 561

目 录

凡（叙）例 / 1

旧石器时代 / 3

新石器时代 / 7

夏商西周 / 13

春秋战国 / 19

秦汉三国两晋南北朝 / 35

隋唐五代前后蜀 / 123

宋　元 / 215

明　代 / 265

凡（叙）例

一、巴蜀文化大事记大体参照本通史的内涵和外延，以时间为序，简述自古以来巴蜀文化史上的重大文化事件、重要文化人物。对文化影响重大的政治举措和经济成就，亦择要列入。

二、时间范围：起自旧石器时代，迄于2000年。

三、地域范围：在行政区划上曾归属四川和重庆的区域。

四、我国历史年代明确纪年以西周共和行政元年（前841）为标志。因此，本书对于西周时期以前，只标注大致时段，不同时段做隔行处理，同一时段不同事件，做提行处理。

五、全书其他历史时期以公元纪年为主，西周共和元年至汉武帝前辅以王位纪年，自武帝始辅以年号纪年。民国后统一采用公元纪年。

六、对在巴蜀地区存续较久、影响较大的蜀汉、成汉等地方政权年号，择其要，采用双年号纪年的方式备注，供读者互参。

七、年与年之间（民国时期开始为月与月之间）做隔行处理，同一年（月）不同事件，做提行处理。

八、原籍巴蜀和对巴蜀文化有重要影响的流寓四川人物均在收录之列，仍健在的巴蜀文化人物不收录。

九、文化人物如无重要文化活动单列，则在其卒年简要介绍其生平事迹。

十、行文力求简明扼要，叙述得当，不另加注释说明。

十一、对于跨度较长的历史文化事件，采取向前追述和向后延叙的方式进行完整记述。

旧石器时代

距今20万年

坛罐山遗址位于四川省眉山市东坡区岷江支流东醋泉河南岸，为成都平原目前发现的年代最早的旧石器时代遗址，将四川盆地古人类活动推进至中更新世中期。

距今40000年

在沱江流域黄鳝溪遗址出现旧石器时代晚期的智人——资阳人。资阳人已经具有明显的蒙古人种特征。他们以打制石器为主要劳动工具，也使用磨制的骨器。其社会组织形式已从血缘家庭转向氏族公社。氏族公社以血缘为纽带，内部禁止通婚，共同生产，共同享有劳动成果。

距今25000年

生活在四川盆地东部的原始居民已进入旧石器时代晚期，创造了铜梁文化。铜梁文化居民的工具以石片工具为主，石核工具次之。石片和石核的形制都相当原始、粗大而厚重，以刮削器为主，砍砸器次之。居民的经济活动以食物采集为主，狩猎活动次之。

沱江流域濛溪河沿岸发掘有今资阳鲤鱼桥遗址。鲤鱼桥文化的重要特征是：石器原料均为砾石，多用砾石的自然面作为台面打制石片，打制的台面极少。用石片直接打击法打片，方法有顺砾石的长轴打片和顺横轴打片两种，以第二种打片法为主。石器加工方法有一面修理和两面修理两种，均用石锤直接打击。单刃器多于复刃器。器形较简单，有尖状器、刮削器、砍斫器和雕刻器等，而以尖状器为主，富于特色。其经济活动以狩猎和采集并重。

距今24000～10000年

大渡河沿岸的原始居民已进入旧石器时代晚期，发现有汉源县富林遗址，称为富林文化。富林文化居民能制作简单粗糙的石器，出土石器四千五百八十六件，主要为燧石，以细小石器为主。打制石片多用锤击法，次为砸击法。石器的修制方式以由破裂面向背面加工为主，用小石块做的石器比用石片做的石器略多。已会用火。富林文化的居民已形成氏族组织。居民的经济生活以狩猎、采集为主。

已经进入旧石器晚期的原始居民进入成都平原地区。

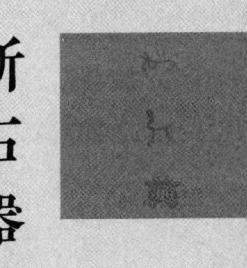

新石器时代

距今10000～5000年

岷江河谷的交通线及川西北地区与中原的通道相继开辟。

距今8000年

巴蜀广大地区已进入新石器时代，初步脱离了生存以采集为主的阶段，能制作专门的工具，进入以种植和饲养为主的阶段，建立起早期的农耕聚落。初步形成了若干区域性文化中心并相应产生了活动范围、经济生活和文化传统不完全相同的氏族公社。

距今7000年

汉水上游汉中南郑龙岗寺一带已进入以圈足碗、平底钵、小乳突状三足器为特色的前仰韶文化时期，其居民已经形成氏族社会，过着定居的生活，已建成有一定布局的村落。经济生活主要依靠农业生产，已经培育出豆科植物。狩猎、采集和家畜饲养是氏族经济生活的辅助。氏族内主要的原始手工业生产是制造石器和陶器及骨器。

距今6000～5500年

川北山丘区进入新石器时代。其中广元中子镇营盘梁中子铺遗址上的原始居民制作的典型器物——细石器和夹砂绳纹陶罐等，具有鲜明的地方特色。细石器多以黑色燧石为原料，也有少量的石英岩；主要采用间接法，同时也采用直接法打片；细石核类型包括楔形石核和锥形、漏斗形、柱状石核等，后期制作的陶器以夹砂红褐陶、饰绳纹、口沿呈花边状的陶罐为主，火候很低，陶质疏松，器形大致有罐、碗、小三足器等，具有新石器时代早期阶段文化的某些特征。与广元张家坡、邓家坪，巴中月亮岩、擂鼓寨，绵阳边堆山等遗址的原始居民共同构成了川北山丘新石器时代晚期的一个地方文化类型。

距今6400～5300年

三峡地区出现大溪文化。大溪文化居民已处于母系氏族公社的全盛期至父系氏族公社的萌芽期阶段。居民以稻作农业为主，家畜饲养也有相当发展。已能对建房的屋基进行烧烤处理，房屋分半地穴式和地面建筑两类。建造住房已采用了多种有利于防潮、避雨、避热的技术措施。制陶业以白陶和薄胎彩陶最为突出，代表了较高的工艺水平。能使用骨针、骨匕、石纺锤进行手工纺纱、编织和缝制衣服。开始使用大量的有了固定含义的刻画符号。墓葬除直肢葬式以外，还出现相当数量的屈肢葬，居民已经有了宗教观念，产生了原始巫术。

距今6000～5300年

巴蜀地区原始居民已经进入母系氏族公社的全盛期向父系氏族公社萌芽期过渡的阶段，居民经济生活以农业为主，辅以渔猎，已经有了产品交换关系。

距今5000年

氐、羌由西北甘青高原进入岷江上游地区，并沿金沙江、雅砻江河谷南下。氐族的原始分布地在今甘肃东南、陕西西南、四川西北地区。羌族的原始分布地在河西走廊之南，分布的中心在青海东部古之所谓"河曲"及其以西以北各地。

成都平原成为古蜀重要的农业经济区，实现自流灌溉，开始种水稻、经济林木，已发展到了以农耕为主、渔猎为辅的阶段，农耕村落已初步兴盛，平原周围丘陵山区农业已得到初步开发。川西北高原峡谷区的岷江上游河谷中出现了农牧结合的经济区，亦有类彩陶文化出现。川西南高山河谷区的安宁河、雅砻江流域进入新石器时代晚期。

距今4500～3800年

成都平原进入宝墩文化时期，出现了新津宝墩、都江堰芒城、郫县古城、温江鱼凫城、崇州双河和崇州紫竹城等早期城市，城市面积在十一万平方米到六十万平方米不等。宝墩文化时期的社会经济以原始稻作农业和渔猎业为主，小型手工业开始萌芽。其生产工具主要为磨制的斧、锛、凿等小型石器及少量的陶质纺轮和网坠，生活工具则以宽沿平底器、圈足器、绳纹花边罐等最为典型。建筑方面，宝墩文化居民创造了因地制宜的房屋建筑形式，即地面式木（或竹）骨泥墙建筑和干栏式建筑。墓葬方面，早期墓葬均为长方形竖穴土坑墓，多数墓葬无随葬品，仅少数墓葬随葬有数量不一的骨器，晚期随葬器类型较丰富，有玉器、石器和陶器。其墓葬群均有统一规划，朝向一致、排列整齐，此期已形成了与之相应的墓葬礼仪制度，也体现出原始宗教在这时萌芽。

距今5000~4500年

绵阳边堆山原始居民进入新石器时代，居民从事定居农业，辅以狩猎。能制作生产石制工具和纹饰相当丰富的陶器，能建筑以草拌泥、木条作筋、屋基经过烘烤的房屋。

夏商西周

前2070～前1046年（夏商时代）

蜀人逐渐形成大石崇拜。蜀地的大石文化遗迹可分为墓石、独石、列石三类。墓石集中分布在川西南安宁河流域。独石集中分布于成都市，主要有石笋、五担石、石镜、天涯石、地角石、支矶石、五块石等。列石，或称石行，亦称石阵，新都有旱八阵，双流有八阵图，"蚕丛氏始居岷山石室"，石室即"垒石为室"的邛笼。岷江上游的石棺葬就是模仿石室建筑的墓穴。蚕丛氏从岷江上游下迁至成都平原后，仍以不同形式的大石建筑来寄托对祖先及其生存环境的崇拜。

前1800～前1200年

鱼凫氏进入成都平原，建立古蜀王国，建都于广汉三星堆。商代殷墟晚期，成都平原进入三星堆青铜文明时期，冶金术已达到成熟的发展阶段，形成自成体系、独具一格的青铜合金术。创造了具有很高艺术价值的青铜雕塑艺术品，能制造大型青铜立人及各种青铜人头、面具、神树等。原始形态的刻画、符号和青铜器已经出现。居民已进入定居的农业经济阶段，并出现了商品交换和最初的货币。新的早期城市出现，居民已经会筑城墙、挖壕沟，城市面积近三平方千米。已能建成原始的木骨泥墙式房屋并有了大型的宗教祭祀场所。

前1600～前600年（商周时代）

古蜀已进入三星堆金沙文明时代，商周之际杜宇氏代替鱼凫氏成为古蜀王。

商周时代，蜀人的祖先崇拜已十分盛行。早期蜀王国以大型青铜人物塑像群作为祖先崇拜的主要形式，杜宇和开明时期则以宗庙来表现对祖先的崇拜。

大约同期，在广汉三星堆西南五十千米的成都金沙兴起一座古城，包括金沙遗址东侧的十二桥遗址，共同构成"金沙—十二桥文化"。金沙十二桥文化与三星堆文化密切关联，一南一北构成西周时代古蜀王国的政治核心区。自三星堆文化至金沙十二桥文化，古蜀文明延续六百余年，其间古蜀经历了鱼凫、杜宇至开明初期三个政权更迭。

蜀人的宗教神统已经形成：蜀人的神是人格化的神，有人的形态，有生命，有灵魂，有意志。帝是替天行道，是天神意志和行为的代表。

成都平原的原始居民已经建成高十米、底边一百零三米见方、三级四方的大型礼仪建筑——羊子山土台。土台是集会、观天和祭祀的场所，也是古蜀国巫师通天地的神坛。

巴人在今汉水上游地区建立方国。

前1400年前后

商王"登人征蜀"；"丁卯卜……王敦缶于蜀"。商多次发动对蜀战争。

前1250～前1192年

商王武丁伐羌方，后羌方成为殷商西部的边畿国家。武丁的攻伐引发几次南北民族大迁徙，川西北地区成为历史时期民族大迁徙的走廊。

活动居息在汉水上游一带的巴人与殷王朝发生激烈战争，武丁与其妻妇好亦率军攻巴，巴国败。

商武丁三十四年，"王师克鬼方，氐羌来宾"。"三年克之，惫也。"据史料记载，鬼方是夏商时居于我国西北方的部落，在商时从西北方进攻过周朝。

前1100年前后

聚居在湖北武落钟离山（今湖北长阳西北）的巴人西迁，以川东为中心，建立以地缘为纽带的部族联盟，取得各部族间的统率地位。

前1046年（周武王元年）

三月，武王联合庸、蜀、羌、微、彭（今四川东部、湖北西部的广大地区）、濮、髳、卢等族，带兵数万，与纣王兵会战于牧野。纣王仓皇组织奴隶兵应战，前徒倒戈，败回朝歌，登鹿台蒙珠玉衣自焚而亡。武王伐纣，蜀是其依靠的主要力量之一，而巴师在阵前前歌后舞异常勇猛。周武王打败商纣王后，把巴人的战舞改编为大武舞。灭商后，周武王封蜀为诸侯国，封宗姬于巴，巴蜀正式并入周王朝的疆域。

四月，武王命新荒伐蜀叛军。周人大获全胜，新荒带蜀国君主回，还俘获了外逃的商朝诸侯臣属四十六人，得车八百三十辆。

宗姬受封后，以蚕、黄润（细麻布）、丹、漆、茶、蜜等向武王纳贡，是为茶用作贡品的最早记述。

盆地东部已经有土著濮人居住。

僰人自南方进入四川盆地，在盆地南部定居。

前1046年前后

川陕间已有古道勾连。已开通褒斜道、陈仓道。褒斜道，从眉县斜峪关沿石头河上行至咀头（太白县城），越秦岭分水岭，顺红岩河谷，经白云和王家塄，至留坝县江口镇，又沿着褒河下行经武关驿、马道驿（今马道镇）至褒城达汉中的道路，全长三百八十千米。陈仓道，又称嘉陵道、故道，从陈仓（今宝鸡市陈仓区）沿扞水（今清姜河）经大散关上行至秦岭，又沿着嘉陵江支流下行到凤州，经褒城到南郑，全长五百三十五千米。

前1042年（周成王元年）

周成王会诸侯于成周洛邑（今洛阳），巴人遣使贡比翼鸟，蜀人贡文翰（皆为野雉）。

前1026年前后

濮人杜宇率领其部族自朱提（今云南昭通）入蜀，与江源（今崇州江源）蜀族氏族联姻，娶江源氏女利为妻，势力逐渐强大。后与鱼凫王争夺王位，鱼凫王败亡湔山（今都江堰市西与汶川县交界地的茶坪山），杜宇成为新的蜀王，建都郫邑。杜宇教民务农，国势逐渐强大，疆域北达汉中，南抵今青神县，西有今芦山、天全，东至嘉陵江，而岷山和南中等地又是他狩猎的园苑。杜宇"自以功德高于诸王"，"称帝，号曰望帝"。

前884年（周夷王二年）

蜀人献琼玉于周，周夷王以隆重礼节接待。"宾于河，用介圭。"

前779年（周幽王三年）

幽王伐有褒。褒人以褒姒进献。褒国，据传建于夏。褒国的开国国君是有褒氏，因辅佐大禹治水有功，被分封到今汉中平川中部、留坝县以南地区，都城在今汉台区河东店东三里骆驼坪。

前771年（周幽王十一年）

周幽王被杀，周平王迁都洛阳，史称东周。时楚武王"开濮地而有之"，江汉濮人南迁，其中一部分迁入川南。

蜀与秦开始有了商品交换。

前1046～前771年（西周时期）

蜀人在成都平原大力推行栽培农业，稻作农业尤为发达，盛产黍、稻、菽、稷。

汉中及嘉陵江流域已开拓成为古代巴蜀的重要农耕区，其丰歉对全国已能产生重大影响。原以渔猎为主的巴人受蜀人稻作农业的影响，开始致力于农耕，种植黍、稷、燕麦。巴地的农业发展极不平衡，川东山间河岸有稻谷，山区尤其是峡谷却以种植燕麦为主。巴人饮酒已很普遍，其酿造的"巴乡清"为佳品。先秦时期巴蜀的畜牧业主要集中在川西北和川西南，驯养各种动物，马、牛及羊尤其出名。

春秋战国

前703年(周桓王十七年)

春,巴派韩服告楚,求与邓(治今河南邓州市)结好。楚派道朔带领巴使者赴邓。途中鄾人袭扰并抢劫财礼,杀死道朔和巴国使者。楚派蒍章问罪于邓,邓人弗受。是年夏,楚派遣斗廉率领楚巴联军围鄾。邓军驰援,三次向巴军冲击不胜。楚、巴两军前后夹击,邓军大败。当夜,鄾人溃散而逃。以此为标志,巴、楚联盟形成。鄾在今邓州市南,汉水以北,约在襄阳以北不远。

前689年(周庄王八年)

冬,楚与巴联兵北上攻申(治今河南南阳北)。楚将阎敖触怒巴军。巴军遂转而攻占那处(今湖北荆门市东南),并一度进攻楚都郢城门。阎敖泅水逃回,被楚文王处死。

前676年(周惠王元年)

冬,阎敖族人作乱,巴乘楚乱,再度伐楚。先攻占那处,又攻打楚国都城。明年春,楚文王领兵迎战,在津(今湖北枝江西)败于巴军。

前611年(周匡王二年)

楚大饥,庸人率群蛮叛楚。楚与庸战,七战皆北。巴师、秦师驰援楚师,迫使群蛮叛庸从楚,楚反败为胜,从而合围灭庸而分其地。庸之北部地区属秦,南部归巴国所有。巴国从陕东南扩张至鄂西北,占领庸之故地,深入大巴山东缘,并取得了庸之鱼邑(今奉节)。

前666年前后(周惠王十一年前后)

传说荆人开明氏鳖灵率族人沿江而上,定居南安(今乐山)。后为相,开凿玉垒山。因治水有功,于是年逐走杜宇,自立为蜀王,称丛帝,建立开明王朝,建都于广都樊乡(今双流)。开明王朝共历十二世,后为秦所灭。

前677~前660年

开明氏二世卢帝,自秦蜀谷道(今汉中北部秦岭间)攻秦至雍(今陕西凤翔县南)。时汉中盆地全部入蜀国版图。

前516年(周敬王四年)

传说老子骑青牛过函谷关,为关令尹喜讲《道德经》。老子将走时,对尹喜说:"子行道千日后,于成都青羊肆寻吾。"

前506年(周敬王十四年)

吴王阖闾向外扩张,攻击楚国五战五捷,后来"西伐至于巴蜀"。

前500~前400年

源于氐羌的纳西族先民摩沙夷(摩些夷、牦牛种、越嶲羌、牦牛夷)已在雅砻江下游、无量河(理塘河)以及金沙江上游地区繁衍生息。

前500~前220年

上汪家拐文化形成。上汪家拐文化分布于四川盆地及周边地区,开始出现带卵石铺的散水屋基;墓葬为竖穴土坑墓,有木椁墓、船棺墓、木板墓三类;陶器以夹砂陶为主;漆器业极为发达;铜器冶铸工艺得到很大的发展和普及;大量使用铜印章。上汪家拐文化是在十二桥文化的基础上发展起来的,是古蜀国青铜文化的最后阶段。

前492年(周敬王二十八年)

苌弘被杀。苌弘,字叔,生年不详,古资中县(今资阳市忠义镇高岩山)人。春秋时期阴阳家、天文学家、音乐大师和政治家。先后辅佐东周三个君王(灵王、景王、敬王)。苌弘博学多才,知天文地理,精星象音律。人称"智多星"。传说苌弘被杀之后,血流不止,蜀人藏其血,三年之后化为碧。成语"碧血化珠""碧血丹心"即由此而来。

前477年（周敬王四十三年）

巴师伐楚，围鄾，三月，楚公孙宁、吴由于、薳固大败巴师于鄾。巴楚联盟至此解体。巴人弃土南迁至于鄂西南清江流域，凭借武力和船技战胜了原住民，控制了清江流域及巫溪河流域，以廪君为巴氏核心，形成了早期的部落制国家——廪君蛮。后发展到巴中、黔中（约当今川东南、渝东南、黔东北、鄂西、湘西地区），其地约相当于汉的巴郡、南郡，故又被称为巴郡南郡蛮。

前770～前476年（春秋时期）

清江流域巴人祖先崇拜以白虎为图腾。巴人的传说中，以夷水（今湖北清江）流域的巫蜑五氏族共举巴氏子务相为廪君的故事最著名。廪君乘土船不沉，又射杀盐神，死后魂魄化为白虎。故其族有以人祠虎的习俗。

汉字已经从中原流入巴蜀，和巴蜀图语一起成为古人的交流工具。

巴蜀出现印章。印章是作为护身符或者服饰上的装饰用品。受巴蜀印章的影响，中国东部地区也出现了汉字印章。

春秋末，巴蜀天文学诞生，天文历算特别发达，有其独特的系统，产生过深远影响。其代表人物为苌弘。

前475年（周元王元年）

秦厉共公二年，"蜀人来赂"，向秦示好。

前451年（周贞定王十八年）

秦厉共公二十六年，秦国从蜀国手中夺取汉中，秦厉共公在此置南郑县，遣左庶长修筑南郑城，扼楚蜀交通。

前443年（周贞定王二十六年）

秦厉共公死，羌人无弋爰剑趁秦内乱脱械西逃至河湟地区。无弋爰剑，秦厉共公时为秦所拘执，以为奴隶。脱逃时，秦人迫之急，以火焚之，无弋爰剑藏于岩穴中得免。诸羌见爰剑被焚不死，怪其神，共畏事之，推以为豪。爰剑教之田畜，羌人依之者日益众。其后世世为豪。无弋爰剑进入青海以后，以湟中（今湟水流域）为根据地，在这里生息繁衍，其子孙遍及青海、西藏、甘肃、四川等地。羌人称奴隶为"无弋"，首领称"爰剑"，故称无弋爰剑。

前441年（周贞定王二十八年）

南郑叛秦归蜀，楚蜀交通恢复。

前440年前后（周考王元年前后）

开明帝九世去帝称王。因"自梦郭移"，把都城从广都樊乡迁到今天的成都赤里（今上南大街一带），以"周太王从梁山止岐下，一年成聚，二年成邑，三年成都"之意，定都城曰成都，开始仿效华夏礼乐制度建青、赤、黑、黄、白帝庙，建五丁制度。

蜀地进入晚期蜀文化时期。巨大的船形棺，精美的漆木器，极具地域特点的巴蜀式铜兵器，还有至今不能识读的巴蜀符号都成为此时期文明发展的代表。

蜀先民已经开通由成都经由凉山地区达于云南而后入缅、印的蜀身毒道。蜀身毒道由灵关道、五尺道、黔中古道、永昌道等四条古道组成。这便是后来所称的"南方丝绸之路"。

前387年（周安王十五年）

秦伐蜀，夺回南郑。未几，蜀国再取南郑，拥有褒中、汉中之地。秦退出秦岭以南地区。

前384年（周安王十八年）

秦献公兵临渭首，灭狄、獂戎。无弋爰剑曾孙忍季父卬"畏秦之威，将其种人附落而南，出赐支河曲西数千里，与众羌绝远，不复交通。其后子孙分别，各自为种，任随所之，或为牦牛种，越巂羌是也；或曰白马种，广汉羌是也；或为参狼种，武都羌是也"。牦牛羌分布在今雅安汉源地区，白马羌主要在绵阳地区西北部和甘肃武都地区南部，这些地区后属蜀郡北部都尉和广汉属国都尉，故又称广汉羌。

前382年（周安王二十年）

吴起发兵"南并蛮、越"，占有洞庭、苍梧等蛮、越之地。苗人被迫逃进武陵山区。东汉时又被迫"朝着太阳落坡的地方"逃迁，最后到达今湘西、黔东北、川东南和鄂西南一带。

前377年（周安王二十五年）

蜀伐楚，取兹方（今湖北省松滋县），于是楚为捍关（今奉节县东南）以距之。

前368年（周显王元年）

蜀王占据褒、汉，封其弟葭萌为汉中侯并在此建苴国，治土费城（今广元市元坝区昭化镇）。管辖范围大致在今绵阳的梓潼县，广元的剑阁县、青川县、利州区、昭化区、朝天区、旺苍县、苍溪县，甘肃陇南的康县及陕西汉中的宁强县、略阳县。苴国虽是蜀国的诸侯国，却一直与巴国交好，常与巴、鄸联合抗蜀。

前361年（周显王八年）

楚自汉中南进，占有巴、黔中。奉节以东尽入楚之版图，巴国则由清江流域辗转入川，据有川东之地，形成了与蜀在四川盆地东西相对峙的局面。巴国迁都阆中。阆中成为巴国的政治、经济、文化中心。巴国入川后受蜀国稻作农业的影响，部分地区开始从事稻作农业，发展很快，变化很大，但广大山区仍以粗耕农业与狩猎相结合的复合经济为主。

前360年（周显王九年）

魏国瑕阳（今山西临猗西）人从岷山（即蒙山，在今芦山北）导青衣水，使其与沫水（今大渡河）汇合，到今乐山入于岷江。

前338年（周显王三十一年）

尸佼入蜀。尸佼，战国时期著名的政治家、思想家，先秦诸子之一。魏国人。约生于周安王十二年（前390），约卒于周显王三十九年（前330）。尸佼是秦相商鞅的客卿。商鞅被刑，尸佼乃逃亡入蜀。有文二十篇，凡六万余言，集为《尸子》。尸子著书"非先王之法，不循孔氏之术"，有法家倾向。《尸子》提出"四方上下曰宇，往古来今曰宙"，是迄今在中国典籍中找到的与现代"时空"概念最好的对应，还提出"古者，倕（注：传说为黄帝或尧时人）为规、矩、准、绳，使天下仿焉"，这相当于已有"圆、方、平、直"等形的概念。

前337年（周显王三十二年）

秦惠文王即位，蜀王派人致贺通好。惠文王许嫁秦女五人于蜀。蜀王开明遣五丁壮士迎之。还至梓潼，见一大蛇入穴中。一人揽其尾掣之，不能胜，五人大呼共拽，山崩塌，压杀五丁壮士及秦女五人。蜀王哀伤，乃登其山巅而望之，因命其山为"五妇冢山"。于平石上作望妇堠，作思妻台。今其山名五妇岭，或五丁冢。

前339～前329年

楚威王置黔中郡，其郡治在今湖南省溆浦县卢峰镇茅坪村。

前325年前后（周显王四十四年前后）

七国称王，巴亦称王。其疆域"东至鱼复，西至僰道，北接汉中，南极黔涪"，大约相当于今陕南、鄂西、重庆、川东、川北和贵州思南一带。

前323～约前317年

巴国有乱。将军蔓子请师于楚，许以三城。楚王救巴。巴国既宁，楚使请城。蔓子曰："藉楚之灵，克弭祸，诚许楚王城，将吾头往谢之，城不可得也。"乃自刎，以头授楚使。楚王叹曰："使吾得臣若蔓子，用城何为！"乃以上卿之礼葬其头。巴国葬其身，亦以上卿礼。

前316年（周慎靓王五年）

秦灭巴蜀。苴侯与巴王交好，蜀王怒，亲率大军伐苴。苴侯奔巴，巴求救于秦。秋，秦惠文王伐蜀，遣大夫张仪、司马错、都尉墨獾率师出石牛道。蜀王迎战于葭萌，败绩，后为秦军追杀。冬，秦灭蜀和苴，任司马错为蜀国守。贬蜀王，蜀王公子通更号为侯。置成都县。十月，张仪移师东进，取巴之江州、阆州，俘巴王，灭巴国。在巴国都置江州县。在灭巴、蜀的同时灭掉了附属于巴、蜀的鄾国。此后，鄾族后裔逐渐与汉族同化为一体。鄾国是一个历史悠久的古国，古郪王国位于四川郪江流域，大概在今大英县、射洪县、三台县、中江县等地区，并在此创造了十分繁荣的古郪文明。建国时间与巴、蜀同时，立国前后达五百年之久。

秦在岷江上游东岸一带置湔氐道，管理松潘、湔水（即岷江）流域的少数民族。

前666~前316年（开明王朝时期）

蜀人把"五"看作吉祥数字，如开明一至五世谥为五色帝；开明九至十一世墓葬青铜器以五件为一组，五件为一式；开明妃有五妇；民有五丁；地有五妇山；墓有五丁冢等。

《华阳国志·蜀志》载：蜀王纳武都女子为妃，不习水土，欲归。蜀王心爱其女，留之，乃作《东平之歌》以乐之。未几亡故，蜀王乃作《臾邪歌》《龙归曲》以哀之。

蜀王猎于褒谷，与秦惠文王相遇。惠文王赠以金一笥，蜀王回馈珍玩之物。秦惠文王归，珍玩之物已化为土。秦惠文王大怒。群臣称贺道："天赐我土，秦将得蜀国土地。"秦惠文王转怒为喜。乃作石牛五头，配养卒百人，朝置金于牛尾，诈称"牛便金"。蜀王闻之大悦，遣使入秦请予石牛。秦惠文王许之。蜀王遣五丁壮士往秦迎石牛，因以成道，名此道之曰石牛道。迎归，牛不便金，蜀王怒，遣五丁送还。

前314年（周赧王元年）

秦在蜀实行分封制，封子通为蜀侯，以陈壮为相，以张若为蜀国守。蜀国治所为成都。辖县可考者有成都、郫县、广都、繁、沮、葭萌、南安、武阳、湔氐、临邛、蒲阳、严道、僰道、汁方、青衣、郪、资中、梓潼、汉阳。在巴实行郡县制，郡治初为阆中，后移至江州，领江州、枳县、朐忍、阆中。后置县有所增加，其中可考者还有垫江、鱼复、宕渠、江阳、符县、夜郎、鳖、且兰。

张若筑江州城。

前313年（周赧王二年）

楚设置汉中郡、新城郡、巫郡。汉中郡辖有今陕西省东南角，南到今湖北省西北角。新城群原为韩国城邑，辖有今河南伊川一带。巫郡辖有今湖北清江中上游和重庆市东部。

前312年（周赧王三年）

春，秦师与楚战于丹阳，楚师大败，秦斩甲士八万，虏屈匄及列侯、执圭七十余人，取汉中土地六百里。楚王悉发国内兵以复袭秦，战于蓝田，楚师大败。韩、魏闻楚之困，南袭楚至邓。楚人闻之，乃引兵归，割两城以请和于秦。秦国将原巴国、蜀国的部分地区与汉中地区合并，置汉中郡。汉中郡治南郑，领有今陕西秦岭以南，湖北郧县、保康以西，大巴山以北地区。

秦置严道，封樗里疾为首任县令，号"严君"，首开在少数民族地区置"道"之先河。

前311年（周赧王四年）

秦平蜀后，张若以"神龟卜址法"选定城址，仿咸阳建制筑成都城。城周回十二里，高七丈。东为大城，是郡治，为政治中心；西为少城，县治，是商业及市民居住区，是经济中心。同时，筑郫城和临邛城。郫城周回七里，高六丈；临邛城周回六里，高五丈。三城呈"品"字形分布，互为犄角，构成了一个严密的防御体系。

秦于成都夷里桥南置锦官，并相继置盐、铁、市官。

前337~前311年

秦惠文王在蜀郡南部僰人聚居区置县级建置——僰道，以管理僰人事务。治所在今宜宾市西南安边镇。

前310年（周赧王五年）

秦开始经营西南夷。西南夷大体可以分为氐羌（藏缅语族）、百越（壮侗语族）、百濮（南亚语系孟高棉语族）三个族系。属于氐羌族系的族部有滇、靡莫、劳浸、僰、嶲（叟）、昆明、邛都、徙、筰都、冉駹、白马、摩沙等，就是今天西南地区属于藏缅语族的彝、白、纳西、拉祜、哈尼、傈僳、基诺、羌、普米、景颇、阿昌、独龙、怒等民族的先民；属于百越族系的族部有夜郎、且兰、句町、漏卧、滇越，就是今天壮侗语族的仡佬、布依、傣、壮等民族的先民；属于百濮族系的族部有哀牢、濮，就是今天孟高棉语族的佤、布朗、德昂等民族的先民。

蜀王子安阳王泮将兵三万经今雅安、芦山地区逾大相岭，出牦牛道，远征交趾。前208年，蜀王子安阳王在交趾为南越王赵佗灭。

前309年（周赧王六年）

秦武王命丞相甘茂及内史匽"更修为田律"，为巴蜀地区外来移民置田制定政策，强调土地的私有制。

蜀西南部的丹犁部向蜀侯表示臣服，蜀势力不断增强，秦国对蜀地的统治有失控之趋势。丹犁之地在蜀地西南今乐山一带。同年，蜀相陈壮与蜀侯发生冲突，陈壮反，杀蜀郡侯，"秦遣庶长甘茂、张仪、司马错复伐蜀，诛陈壮"，恢复对蜀的统治。

前308年（周赧王七年）

秦立公子恽为第二任蜀侯。

司马错集中巴蜀兵力十万，大船舶万艘，米六百万斛，顺江而下，取楚商於之地以为黔中郡。

前301年（周赧王十四年）

秦疑蜀侯恽谋反，在咸阳令其自裁，并诛郎中令等二十七人。传说迎葬蜀侯恽时初则炎旱，三月后又霖雨。此后蜀中便有了祭蜀侯求雨的习俗。

前300年（周赧王十五年）

秦王封公子绾为蜀侯。

前299年（周赧王十六年）

秦将白起率军攻占楚郢都，秦约楚怀王在武关会盟，强迫楚割巫郡、黔中郡。楚怀王始拒，被秦扣压，囚死于秦。秦将巴人的部分支系徙至黔中。

前289年（周赧王二十六年）

楚顷襄王派兵"打賨围巢，执賨子以归"，賨国灭。賨人由此逐步逃至今重庆市的酉阳、秀山、黔江、石柱、彭水及湘西、鄂西、黔北等地定居下来，自称"毕兹卡"（意为本地人）。故賨国城在流江（今渠县）东北七十四里，为賨国的国都。

前291~前288年

巴人的歌曲已经流行到楚国。客歌于郢中，属而和者数千人。

前285年（周赧王三十年）

秦昭襄王疑蜀侯绾反，派兵入蜀，诛之。在蜀废除分封制，推行郡县制，派张若为蜀郡守，从此不再封侯，唯郡守治蜀。

前280年（周赧王三十五年）

司马错发陇西兵及巴蜀兵十万人从蜀攻楚黔中，拔之。楚献汉北及上庸地。不久楚军反攻，收复黔中，取枳（今涪陵）。封废子于濮之南，号铜梁侯。巴灭。楚迁巴子五兄弟至黔中，后五兄弟各为酉、辰、巫、武、源五溪之长，遂号"五溪蛮"。五溪，指沅水流域的五条支流，一般指樠溪、潕溪、巫溪、辰溪、酉溪，或指朗溪、潕溪、巫溪、辰溪、武溪，或指潕溪、巫溪、辰溪、武溪、酉溪，或指潕溪、巫溪、辰溪、淑溪、酉溪等，说法不一，但都是泛指沅水流域的支流地区。

前279年（周赧王三十六年）

楚威王使将军庄蹻将兵循江上，略巴、黔中以西。庄蹻为故楚庄王苗裔。庄蹻至滇池，滇池方圆三百里，周围平地肥饶数千里，便以兵威定属楚。正准备向楚王报告，时秦击夺楚巴、黔中郡，道塞不通，遂以其众王滇，变服，从其俗，作长久计。楚人带来了先进的技术、文化，促进了云南的发展，相传且兰城（昆明市附近）为庄蹻所筑。

前278年（周赧王三十七年）

秦将白起攻克楚国别都鄢（今湖北宜城东南），之后，又攻占国都郢（今湖北东陵西北），楚顷襄王被迫将国都迁于陈（今河南淮阳），称郢陈，从此楚国更弱。白起继续向南攻至洞庭湖及附近的江南地区。

前277年（周赧王三十八年）

张若又"取笮及江南地"，"笮"在今川滇交界的盐源、盐边、华坪、永胜、宁蒗一带，"江南地"是指金沙江以南的今丽江、大姚、姚安一带。

重置黔中郡，郡治郢，辖有今湖北武汉以西、襄樊以南、监利以北及重庆巫山以东地区。至此，秦在巴蜀故地设巴、蜀、汉中、黔中四郡。蜀郡，治成都，领县（可考者）十二：成都、郫县、广都、繁县、蒲阳、临邛、严道、葭萌、南安、湔氐、武阳、僰道；巴郡治江州，领县（可考者）五：江州、垫江、枳县、阆中、朐忍；汉中郡，治南郑，领有今陕西秦岭以南，湖北郧县、保康以西，大巴山以北地区；黔中郡，领县（在今重庆可考者）二：鱼复、巫县。

在黔中郡置鱼复县（今奉节东白帝城）。鱼复之得名缘于屈原。传说，屈原投汨罗江而死后，江中有一条神鱼吞下屈原的尸体，从汨罗江进入长江，欲把屈原的遗体送回他的故乡秭归。但神鱼直到撞着了瞿塘峡的滟滪堆，才掉头往回游，将屈原的遗体送到了秭归。从此人们便将神鱼从滟滪堆往回游的地方，叫作"鱼复"。

秦在巴蜀置"道"管理少数民族事务，先后置严道、湔氐道、青衣道、僰道。道的行政建置、经济、法律诸方面的管理较县为宽松，一直为后世承袭。

前276年（周赧王三十九年）

楚顷襄王调集东部地区的十数万军队，向秦国新设置的黔中郡进攻，收复城邑十五座，重新恢复楚黔中郡。

前266年（周赧王四十九年）

秦昭襄王拜范雎为丞相。范雎在秦岭修筑栈道，《史记》称："栈道千里，通于蜀汉，使天下皆畏秦。"

前256年（周赧王五十九年）

周赧王在西周国驾崩，西周国亡。前249年，秦相吕不韦攻东周，东周公降。东周国亡。周亡。

李冰接替张若任蜀守，治蜀至前251年。主持修建都江堰，并立三石人为水则，以控制流量。都江堰初名"湔堋"，蜀汉时，被称作"都安堰"，同时又叫"金堤"。唐代，改称"楗尾堰"。宋代开始叫都江堰。都江堰水利工程是全世界至今为止年代最久、唯一留存的以无坝引水为特征的宏大水利工程。都江堰渠首包括鱼嘴、金刚堤、飞沙堰和宝瓶口四个主要工程和数以千计的渠道与分堰。它科学地解决了江水自动分流、自动排沙、控制进水流量等问题，消除了水患，使川西平原成为"水旱从人"的"天府之国"。又"穿二江成都之中"。二江，即郫江和检江。郫江又称内江，是今天柏条河、府河的前身；检江又称外江，是今天走马河、南河的前身。在这二江之上，相传李冰建有著名的"七桥"。自西汉后期以来，二江称"锦江"。早期以航运为主，兼有灌溉的效益，后来逐步演变为以灌溉为主的水利工程。至迟魏晋时，已具备分水、溢洪、引水三大主要工程设施的雏形。置湔氐道负责都江堰工程管理和维护，并兼理地方民情。建渎山祠、江水祠、望帝祠。除都江堰外，据说李冰还曾倡导和主持了以下工程：（1）凿南安（今乐山）岷江与沫水（今大渡河）交汇处的溷崖，整治水道，并凿平南安江中的雷坻滩和盐溉滩；（2）在岷江外江水系中分别疏导羊摩江和灌江；（3）疏通临邛文井江，下流到武阳天社山下会岷江；（4）积薪烧烤僰道（今宜宾）岷江中石滩；（5）疏导洛通山洛水（今石亭江）经什邡，下流汇新都大渡（今金堂境内）；又有绵水（今绵远河）经绵竹入洛水，东流过资中（今资阳），皆灌溉稻田；（6）确立成都近郊防洪地段和沟通水道，穿石犀溪于江南，又在西南两江造桥七座；（7）穿广都盐井诸陂池。

前354～前251年

史书记载：黔、蜀、巴、汉四郡有白虎为患，害一千二百人。秦王悬赏招募有能杀之者封万户侯。后板楯蛮射杀白虎。秦王因嫌其夷人，乃刻石为盟，要复夷人顷田不租、十妻不算（即一户免其一顷田之税，虽有十妻，不输口算之钱），伤人者论，杀人雇死赎（赎罪）钱。盟曰："秦犯夷，输黄龙一双；夷犯秦，输清酒一钟。"夷人安之。此后，秦与板楯蛮相安无事。是为"白虎复夷"。

前238年（秦王嬴政九年）

嫪毐谋反，被夷三族。秋，门客党羽四千余家徙蜀（房陵）。十二年，复嫪毐舍人迁蜀者。当时秦法规定："有罪，迁徙之于巴蜀。"

前235年（秦王嬴政十二年）

吕不韦获罪自杀。其门客舍人万余人流放到巴蜀（房陵）。

前228年（秦王嬴政十九年）

秦灭赵，迁赵王于房陵，迁赵国大批官宦子弟如蔺相如子孙，手工业者如卓氏、程郑入蜀。又迁富豪于临邛，使临邛发展成为新的冶铁业中心和新兴的商业城市。而当地邛人被迫外迁。

前225年（秦王嬴政二十二年）

秦灭魏。从上郡（现陕北地区）迁大批"严允"羌人入蜀，安置在今荥经县。后"严允"羌人和本地人"迎"部羌人，修筑了从临邛至今荥经的道路。秦时"严"与"迎"同音，故所修之路称为"严道"。

前223年（秦王嬴政二十四年）

秦灭楚，徙楚严王之族于今荥经县古城坝。
复置黔中郡，治所在今沅陵县治西二十里。

前475～前221年（战国时期）

秦文字代替巴蜀文字为通行的文字，但巴蜀文字的使用并未禁止。秦朝末期，巴蜀符号达到其发展的高峰，巴蜀文字也出现了成竖行的形式。蜀语逐渐消亡，从"蜀左言"变成"言语颇与华同"。

巴蜀地区的土著民族有"氏"而无"姓"的情况急剧变化，到秦汉时期由"氏"向"姓"的过渡达到高潮。

祭祀方式由传统的野祭逐渐改为庙祭。土坑墓长宽比例逐步缩小。船棺也由独木船式改为与中原地区相近的木槽式。

蜀地至少已能生产两种布：木棉布、细麻布。已从羌地引进胡豆。

巴国青铜文化发展到高峰，出现礼器和祭器。青铜器种类多，数量大，分布广，制作水平也日臻成熟，地方特征鲜明突出。

巴蜀地区已经出现玻璃炼制技术。

秦律禁蜀地余粮酿酒沽卖取利。

蜀以黄金宝石和丝绸为对外贸易的大宗，成都逐渐发展成为中国西南最大的商贸中心。巴蜀漆器已达到很高的水平，成都成为长江上游最大的漆器制造中心。巴蜀扣器也已出现。扣器是沿漆器的盖口或器口镶金属箍，它兼有加固和装饰的功能。

秦汉三国两晋南北朝

前221年（秦始皇二十六年）

秦统一天下。巴蜀开始大量接收中原文化，与中原的交流日益频繁，与秦的关系更为密切。

秦始皇为开通西南夷道，派常頞把李冰修筑的僰人道向前延伸至建宁，全长达两千多里。由于山高谷深，河川纵横，施工难度大，道路宽仅五尺，故称"五尺道"。因路修筑在僰人集居地内，故又称僰道。

秦始皇令在都江堰渠首为李冰立祠。朝廷下令祭祀名山大川，为李冰所立之渎山祠、江渎（即岷江）祠列为官祠。

秦在全国统一货币，只流通半两钱，在巴蜀亦罢其他货币，钱币一律官铸。在巴蜀行秦法，征"布八尺，鸡羽三鍭"。

前221年前后（秦始皇二十六年前后）

著名道学家鹖冠子的道家思想已得到广泛传播。鹖冠子，賨人，生卒年不详，因以鹖鸟的羽毛为冠，遂以鹖冠为氏。所作《鹖冠子》成书于战国时代，全书三卷十九篇，提倡法治、博选、兵政、修养四术。其"言于君、启于民、利于世"的思想，使鹖冠子成为我国古代先秦时期一位有影响的谋略家。

前217年（秦始皇三十年）

巴寡妇清为秦始皇修建长城出巨资，为秦始皇修皇陵提供大量水银，晚年被接进秦宫，封为贞妇。巴寡妇清死后被葬在家乡今千佛寨沟龙寨山（重庆市长寿区江南镇）。秦始皇下令在其葬地筑怀清台，以资表彰。因擅丹穴之利数世，积聚了数不清的资财。到巴寡妇清掌管经营家业后，更至"僮仆千人"。《长寿县志》认定她是长寿人，也有人说她是彭水人，还有人认为她是酉阳人。

前216年（秦始皇三十一年）

秦"使黔首自实田"，命有田的人上报实际数目，确认耕地的私有权。

前314～前214年

秦惠文王因蜀地戎伯尚强,移秦民万家实之,并将六国富豪、强宗大量迁入蜀地。秦代开始的移民(包括徙徒和迁房)持续一个世纪。为保证移民顺利进行,秦制定了许多制度和措施。随着移民的增加,巴蜀地区在不太长的时间内,在政治经济文化诸方面赶上并达到全国的先进水平,也使秦有了一个地大物博、经济富饶的大后方,为其统一天下奠定了基础。随着移民的增加,川西平原开发者之一的氐人逐渐西迁,进入山地和高原。

前771～前206年前后(东周至汉初)

古代巴蜀民族船棺葬较普遍,船棺葬的随葬器物中,铜器有剑、戈、矛、钺、鍪、釜等,陶器有罐、釜、壶、盆等。后期出现少量铁器和漆器。成都平原还流行巴蜀地区特有的多棺合葬、船棺墓葬。

前206年(汉高帝元年)

正月,刘邦受封汉王。四月,刘邦带三万军队进军汉中,都南郑。再继续挺进巴蜀,并很快控制了巴蜀大部分地区,领有巴、蜀、汉中四十一县之地。五月,刘邦令萧何留守,收取巴蜀租赋补给军队。八月,汉军潜出故道,袭击雍地。同时分兵攻取陇西,迅速还定三秦(陇西、北地、上郡),袭占关中大部地区。

刘邦封范目为长安建章乡侯。在还定三秦的战争中,阆中板楯蛮范目主动请战,功劳卓著。三秦既定,封范目为长安建章乡侯。刘邦将讨关东,民皆思归。刘邦嘉其功而难伤其意,遂听其还巴。谓范目曰:"富贵不归故乡,如衣锦夜行耳。"徙封阆中慈乡侯。范目固辞,乃封渡沔县侯。因三度封侯,被称为范三侯。随征板楯蛮蠲免租赋,连未随征的部落也一并享受优待。

前205年(汉高帝二年)

六月,关中大饥,米价每斛万钱,民人相食,死者过半,高祖乃命民卖子,就食蜀汉。

汉省黔中郡置义陵郡,五年改称武陵郡。

前204年（汉高帝三年）

忠县㵍井沟居民已经开始用铁锅熬盐。

前203年（汉高帝四年）

二月，刘邦统一全国。六月，为表彰纪信安汉之功，分阆中县南境置安汉县，修县城。汉高帝三年（前204）四月，项羽围刘邦于荥阳，并切断汉军去敖仓的粮道，情势危急。大将纪信向刘邦献计，以自己容貌与刘邦相似，请扮汉王向项羽诈降。是夜，纪信着汉王衣，乘汉王车，带领两千妇女出东门投降楚军，刘邦趁楚军争观"汉王"投降的混乱之机，带数十骑从西门逃脱。当年的安汉县城就在今天顺庆北城街道五里店一带。安汉县时辖今天的南充市三区、西充县及蓬安县和岳池县部分地方。

前202年（汉高帝五年）

冬，刘邦指挥韩信、彭越等人率军进围楚军于垓下。项羽率部突围，至乌江自刎。当年二月二十八日，刘邦即帝位，初建都洛阳，不久迁至长安，史称西汉。

前207~前202年（刘邦王汉中时期）

萧何、曹参主持修建山河堰。山河堰渠首位于今汉中市北的褒河谷口。古时褒水称为山河水，在山河谷口打桩聚石围堰，故称为山河堰。后人为纪念萧曹的功绩和古堰之恩惠，又称山河堰为"萧曹堰"或"萧何堰"。山河堰建成后，灌溉汉中农田十多万亩。

前201年（汉高帝六年）

分蜀郡增置广汉郡。治所在乘乡（今金堂东），东汉移治雒县（今广汉北）。辖涪县、郪县、刚氐道，辖境相当今甘肃文县、陕西宁强以南，旺苍、剑阁、蓬溪以西，潼南、遂宁、新都以北，什邡、北川以东地区。自此，人称蜀郡、广汉郡和犍为郡为"三蜀"。

前196年（汉高帝十一年）

六月，刘邦令从其入蜀、汉、关中士卒皆复终身。明年二月，再次下诏重申：入蜀汉定三秦者，皆世世复。

前192年（汉惠帝三年）

蜀湔氐反，击平之。湔氏，秦汉时居岷江上游。

前182年（汉高后六年）

汉筑僰道县城（今宜宾），开青衣，以僰道县为犍为郡治。以后此地汉民日多，僰人或与汉民融合，或远徙他处。

前174年（汉文帝前元六年）

淮南王刘长与匈奴、闽越首领联络，图谋叛乱，事泄被拘。朝臣议以死罪，文帝赦之，废王号，谪徙蜀郡严道邛邮（严道县，今雅安），途中绝粒而死。

前156年（汉景帝前元元年）

汉景帝统一货币，禁私人铸钱。邓通抄家，没收其全部资财。邓通衣食无着，饿死街头。邓通，蜀郡南安人，汉文帝男宠，受文帝宠信，受赐严道铜山（今乐山沙湾区铜街子），得自铸钱。一时"邓氏钱"布天下。

胡安居临邛白鹤山，传《易》，司马相如从之问学。胡安是有文献可考的巴蜀第一位《易》师。

前151年（汉景帝前元六年）

司马相如赀金为郎，事景帝为武骑常侍，秩六百石。后称病辞官。二年冬十月，司马相如于京会梁孝王及门下邹阳、枚乘、庄忌。

前144年（汉景帝中元六年）

夏四月，梁孝王卒，司马相如归蜀。家贫，无以为业，依友人临邛县令王吉。临邛富翁卓王孙之女文君新寡，相如心悦之，作《琴诗》以挑之。文君夜奔相如，归成都。家徒四壁，赴临邛当垆卖酒。卓王孙耻之，予僮、钱及陪嫁财物。司马相如、卓文君遂归成都，买田宅。

前143年（汉景帝后元元年）

景帝末年，文翁任蜀郡守。文翁，名党，字仲翁，庐江郡舒县（今安徽六安）人。在成都兴办官学，首置学馆，招收各县子弟。以石筑舍，称为"石室"，又称"玉堂"。从者数千人。同时派遣张宽等十八人到京师学习儒家经典和法令政策，学成回蜀执教。为鼓励青年入学，规定入学者可免除徭役，成绩优秀者可以为吏。史称"文翁兴学"。由于教育的推行，"有蛮夷之风"的蜀地，转化为"好文雅"之邦。文翁兴学，蜀地大化，蜀地学于京师者，比于齐鲁焉。

司马相如受文翁所遣赴京，从博士受七经。汉武帝建元四年（前137）学成归蜀，还教吏民。

前141年（汉景帝后元三年）

郡守文翁组织人力，在灌口湔江上开口凿渠，分湔江水向东北流，灌溉繁县（治所在今彭州西北）一带一千七百顷农田，余水泄入沱江。这条新开的灌渠便是后来的都江堰灌区主要干渠之一的蒲阳河。这一工程完工后，都江堰灌区扩大到成都平原北部。

前179～前141年（文景时期）

巴蜀故地（绵阳）已有世界最早的标识人体经络穴位的木质漆人——经脉漆雕彩绘经络漆人出现，其头、胸、背、手部用红色描绘有人体经脉十余条。

前138年（建元三年）

张骞奉旨出使西域，拟与大月氏结盟，合力进击匈奴。刚出陇西，即被匈奴俘获。"匈奴留骞十余岁，与妻，有子"，张骞始终秉持汉节，牢记使命。后，侥幸脱逃，越葱岭，西行至大宛（今中亚费尔干纳盆地），经康居（今中亚锡尔河中游地带），终抵大月氏。但此时大月氏已无意报复匈奴。张骞又至大夏，一年多后改从南道回返，途中又被匈奴俘虏，被拘一年多。元朔三年（前126）趁匈奴内乱逃回。武帝拜张骞为太中大夫。张骞此行前后历时十三年，虽未曾达到预定目的，但却获得了大量有关西域各国的资料。

前136年（建元五年）

武帝读司马相如的《子虚赋》，极为赞赏，因得召见。相如离成都时，于升仙桥处题"不乘赤车驷马，不过汝下"之语。成都驷马桥因此得名。返京后，司马相如著《上林赋》（即《天子游猎赋》），武帝大喜，拜为中郎将。《上林赋》是司马相如最重要的代表作，文学史上第一篇全面体现汉赋特色的大赋。句式亦多变化，加上对偶、排比手法的大量使用，使全篇显得气势磅礴，形成铺张扬厉的风格，确立了汉代大赋的体制。

前135年（建元六年）

汉武帝"罢黜百家，独尊儒术"，儒家伦理道德在巴蜀地区兴起。

汉武帝在邛、筰置犍为郡，置一都尉。犍为郡领江阳、南安、武阳、资中、南广、汉阳、朱堤、堂琅等县，辖境相当今简阳和新津以南，重庆大足、合江、贵州绥阳以西，岷江下游、大渡河下游和金沙江下游以东，云南会泽、贵州水城以北地区。

汉中郎将唐蒙使南粤，南粤食以枸酱（酒）。唐蒙得知枸酱出自蜀，是经夜郎贩到南粤的，乃上书建议经夜郎出兵牂牁江攻南粤。

前130年（元光五年）

唐蒙出兵牂牁江以攻南粤，招降夜郎，并使周围的部落归汉。唐蒙略定西夷，邛、笮、冉駹、斯榆之君皆请为内臣。除边关，关益斥，西至沫、若水，南至牂牁为徼，通零关道，架桥过孙水以通邛都。始置邮亭。

前129年（元光六年）

司马相如著《难蜀父老》文，望巴蜀吏民理解和支持通西南夷的举措。此前，唐蒙筑夷道，二年不成，且严法苛责，巴蜀民惊恐万分。武帝任命相如为中郎将，建节往使。

前126年（元朔三年）

秋，为专门对付匈奴，汉罢西夷，独置南夷、夜郎两县一都尉，令犍为相机自保。

前128~前123年（元朔年间）

拜汤子印为汉中太守，发数万人，修褒斜道五百余里。据《郙阁颂》记载，其栈道工程相当壮观。

前122年（元狩元年）

张骞向武帝建议经西南夷前往身毒，再取道大夏，以寻求通往西域的途径。此前，张骞在大夏发现从身毒来的蜀布、邛竹杖，由此推断，身毒离大夏不会太远。张骞坐镇犍为（今宜宾）指挥王然于、柏始昌、吕越人等四路人马从犍为出发，经駹（今茂县）、僰（今汉源)、徙（今天全）、邛（今西昌）等地，向西南进发，寻找通身毒、大夏的道路。结果都为各地方的少数部族所阻，终不能通。其中一路到达滇池，受到滇王款待，并留他们住了十来年。其间帮助他们西行未果。

前120年（元狩三年）

汉武帝实行盐铁官营，巴蜀地区只在临邛、武阳、南安设铁官，西蜀的私营冶铁业者纷纷倒闭。又禁铸私钱，靠铸钱发家的富商卓氏、程郑受到重点打击。

汉武帝在长安"穿昆明池象滇河"教习水战，以适应西南夷地区的江河湖泊作战，积极准备重新开拓西南夷。时昆明池水面上"有楼船、戈船几百艘，兵器林立，云帆蔽日"。

前119年（元狩四年）

张骞拜中郎将，率三百人，带牛羊金帛以万数，出使乌孙。张骞到乌孙，分遣副使往大宛、康居、月氏、大夏等。乌孙遣使送张骞归汉，并献马报谢。元鼎二年（前115）张骞还。二年卒。张骞，字子文，前164年左右生，汉中郡成固（今城固县）人，我国古代旅行家、外交家与卓越的探险家，对丝绸之路的开拓有重大贡献。

前118年（元狩五年）

司马相如卒，葬于茂陵。临死前撰《封禅文》，鼓动汉武帝封禅泰山。司马相如，前179年生于蓬州（今南充蓬安），长于成都，字长卿，小名犬子。成年后仰慕蔺相如，而改名相如，西汉文学家、思想家。文学成就在辞赋方面，为汉朝的辞赋形式树立了典范。有赋二十九篇，代表作有《子虚赋》《上林赋》《大人赋》《哀二世赋》《长门赋》《美人赋》等，还著有《谕巴蜀檄》《难蜀父老》《谏猎疏》《封禅文》《凡将篇》等。创作理论上，主张赋"合綦组以成文，列锦绣而为质"和"包括宇宙，总揽人物"。

前122~前117年（元狩年间）

盛览就学于司马相如。盛览，字长通，楪榆（云南大理）人，牂柯名士，生卒年不详，西汉著名文学家、辞赋家。先在若水（今西昌附近）学习汉学，后"归教乡里"。著有《赋心》四卷，是为关于白族先民使用汉文写作的最早记录。《西京杂记》中提到他还著有《列锦赋》《合组歌》两篇。

前115年（元鼎二年）

四月，山东水灾，及岁不登数年，人或相食，方二三千里。九月，皇帝下诏："下巴蜀之粟，致之江陵。"

增修成都城。成都大城、少城各开九门，时称"都门二九"。其中大城西南开三门，其余三面各开二门。少城则西、南、北各开三门。今能考知的城门：大城北有洛阳门，南有江桥门；少城北有咸阳门，南有阳城门、宣明门，西有市桥门（又称石牛门）。汉代成都除大城、少城外，在城区近郊还建有锦官城、车官城、学官城，尤以集中生产蜀锦的锦官城最为著名。

前111年（元鼎六年）

冬，汉发南夷兵，欲以击南越。且兰君恐远行，乃与其众反，杀使者及犍为太守。汉武帝发兵从蜀南下，攻占且兰、邛、筰，斩首数万。夜郎侯降，入朝，受封夜郎王。随后西南诸夷皆争求内属。

置牂柯郡，领十七县，郡治且兰，辖境大致在今贵州内。置越巂郡，治邛都，辖境大致在今西昌地区、云南丽江、楚雄北部。置沈黎郡，治筰都，辖今汉源一带。置汶山郡，治汶江，辖今茂汶一带。置武都郡，治武都，辖今甘肃西和西南。合置二十余县。

司马迁仕为郎中，奉武帝诏视察西南夷，并实地考察都江堰。司马迁首次在《史记·河渠书》中记载了都江堰水利工程："蜀守冰凿离堆，辟沫水之害，穿二江成都之中。此渠皆可行舟，有余则用溉浸，百姓享其利。至于所过，往往引其水益用溉田畴之渠，以万亿计，然莫足数也。"

前109年（元封二年）

武帝使王然于威喻羌王入朝。羌王因有其众数万，其旁东北有劳深、靡莫，皆同姓相扶，不肯听。武帝再发巴蜀兵，以郭昌、卫广两将军统率，击灭劳深、靡莫等部落。兵临滇，羌王降，并请设置官吏。汉以其地置益州郡，同时封滇王，并赐滇王王印，使治其部族。益州郡治所在滇池（今云南晋宁东），辖境相当今中缅边境高黎贡山以东，云南洱海以西及姚安、元谋、东川市以南，曲靖、宜良、华宁、蒙自以西，哀牢山以北的地区。

置犍为南部都尉，领朱提、南广、堂琅、汉阳（今贵州威宁、水城一带）、郁鄢（今宣威一带）五县。置郡县后，又采取了下列措施：第一，"以其故俗治"，不改变西南夷原有各民族的生产方式和各族统治者的地位，对西南夷各族首领建立羁縻统治。第二，对西南夷各族首领"厚赐缯帛"，利用汉朝的丰富物质来吸引各族首领，以争取其内属。第三，免征赋税。第四，移民屯垦。第五，选派廉洁官吏，以取得西南夷各民族的信任。第六，帮助西南夷各民族发展生产和教育。

改广汉北部都尉置广汉属国都尉，治所在阴平道（今甘肃文县西北），辖境相当今川甘两省交界的白水江流域及四川涪江上游地区。

前108年（元封三年）

四川盆地西北武都氐人反，朝廷遣兵破之，分徙酒泉郡。

前107年（元封四年）

拆犍为郡，置犍为属国，领朱提、汉阳二县。

前106年（元封五年）

汉武帝在全国设十三刺史部，巴蜀故地置益州刺史部，初治广汉郡雒县，中平中移治绵竹，兴平中又移治成都。辖境约当今四川折多山、云南怒山、哀牢山以东，甘肃武都、两当、陕西秦岭以南，湖北郧县、保康西北，贵州除东边以外地区。益州刺史部辖蜀、巴、广汉、犍为、牂牁、益州、越嶲、沈黎、汶山、汉中、武都等郡，置五十六县，相当于今四川、重庆、云南、贵州等省（市）和陕西、湖北的部分地区。

前105年（元封六年）

益州、昆明反，朝廷遣拔胡将军郭昌进击昆明，斩首数十万。此前，汉武帝欲从昆明通大夏（今阿富汗东部），每年遣使十余批，皆被昆明劫杀，钱物亦被掠夺。然后复遣使，仍不得通。

前104年（元封七年 太初元年）

五月，汉武帝下诏采用落下闳、邓平和唐都等人编制的太初历，并改元太初。太初历规定一年为365.2502日，一月为29.53086日；将原来以十月为岁首改为以正月为岁首；采用二十四节气；以没有中气的月份为闰月，调和了太阳周天与阴历纪月不相合的矛盾。太初历还首次记录了五星运行的周期，这是我国历法上一个划时代的进步。太初历还根据天象实测和多年来史官的记录，得出一百三十五个月的日食周期。太初历不仅是我国历史上第一部比较完整的、有文字可考的优良历法，也是当时世界上最先进的历法。

前97年（天汉四年）

沈黎、武都、越巂、汶山四郡并蜀。于故沈黎郡置两部都尉府，一治牦牛，主外羌，一治青衣，主汉民。放松对少数民族的管制。后羌人南下到了雅砻江下游地区。

前87年（后元二年）

落下闳卒。落下闳字长公，阆中人。以历算和天文学的杰出成就著称，为我国最早的历算学家。天汉元年（前100）赴京安参加历法改革，与邓平、唐都等创制太初历。在改创新历的过程中，改进了天文观测仪器，进行了天象观察，整理了大量的数据。落下闳改进的赤道式浑仪，定下了仪器的基本结构，可校正黄道度数，得出更精密的天文数据。改进后的赤道式浑仪即著名的"落下闳浑仪"（包括浑天仪和浑天象），在中国用了两千年，其出现比欧洲早了一千多年。

前140~前87年（汉武帝年间）

郭舍人注《尔雅》。郭舍人，犍为人，通经史、训诂、音律，原为鳖国学士，犍为设郡后录为文学卒史臣，后为汉武帝随侍。

张宽著《春秋章句》十五万言。张宽，字叔文，成都人。曾受文翁派遣赴京师学习儒家经典。

汉中城固县人杨王孙提倡简葬，临终，嘱其子："吾死，裸葬，以复吾真。"并说："厚葬无益死者也。"死后裸葬于终南山，为我国古代提倡简葬的著名人物。

前86年（始元元年）

益州廉头、姑缯夷反，杀长吏。牂牁、谈指（今贵州兴义、贞丰一带）、同并（今云南弥勒、石林一带）等二十四邑，凡三万余人皆反。朝廷遣水衡都尉发蜀郡、犍为材官万余人击牂牁，大破之。

前83年（始元四年）

姑缯、楪榆复反，遣水衡都尉吕辟胡将郡兵击之。辟胡畏敌不前，蛮夷遂杀益州太守，乘胜与辟胡战。汉军大败，战死及溺死者四千余人。二年，昭帝再派军正王平与大鸿胪田广明等并进，大破益州，斩首捕虏五万余级，获畜产十余万。句町族首领亡波因协助汉王朝平定姑缯、楪榆反叛有功而被封为句町王，享受国、县并置的特殊待遇。凭此优势，句町的势力迅速发展，到西汉末年，句町已横跨桂西、云贵高原前沿，疆域十分宽广。

前80年（元凤元年）

春，武都氐人复叛，遣执金吾马适建、龙额侯韩增、大鸿胪广明将三辅、太常囚徒免刑出战，破之。至后汉初，氐人悉附陇蜀。

前67年（地节三年）

武都白马羌反，使骆武平定之。因慰劳汶山。汶山官吏及百姓都向武平诉苦："一岁再（役），更赋至重。边人贫苦，无以供给。求省（郡）。"武平上奏。宣帝乃废汶山郡，置蜀郡北部都尉，又别置广汉属国都尉。削减官员，减轻赋税。

前66年（地节四年）

古褒斜道上建成石门隧道，是为中国最早用于交通的隧道。

前69～前66年（地节年间）

据扬雄《蜀王本纪》，"始穿盐井数十所"，"时又穿临邛、蒲江盐井二十所"。

前59年（神爵三年）

巴蜀饮茶已成风气。王褒到"煎上"（即湔上，今彭州市一带）时，处理寡妇杨舍家主奴纠纷，为其订立契券一份（《僮约》），其中就有"武阳买茶，杨氏担荷"，"烹茶尽具，酺已盖藏"，这是我国有关烹茶、进行茶叶贸易的最早记载。由于茶的消费和贸易需要，茶叶已经商品化，当时成都附近已经出现了一批茶叶市场。

前56年（五凤二年）

巴蜀地区已经开始烧制画像砖。画像砖烧制年代从西汉晚期一直延续到东汉晚期，前后持续二百五十余年；分布地域广，反映的内容丰富；艺术手法生动多样，具有很高的学术价值，也是现在考古断代的重要依据与佐证。

前51年（甘露三年）

王褒奉命前往益州祭祀方士所言之金马碧鸡，病卒道中。王褒，字子渊，资中人。辞赋家，与扬雄并称"渊云"。少年时就善于写诗，工于作赋，对音乐也有较高的修养，著有《圣主得贤臣赋》《甘泉宫赋》《洞箫赋》等十六篇。《圣主得贤臣赋》文辞华丽，构思细密，略近骈体，对后世骈文的兴起有所影响。还善于写咏物小赋，其中《洞箫赋》是较早描写乐器和音乐的赋，较有特色，赋的前半篇铺写江南竹林美景，辞藻华艳；后半篇写箫声，绘声绘色，笔触细腻。小赋无大赋的堆砌夸张的毛病，描写精巧细微，形象鲜明，在当时颇有影响。

前140～前49年（汉武帝至汉宣帝年间）

《巫山高》产生。《巫山高》为汉鼓吹铙歌十八曲之一。《乐府诗集》中存有《巫山高》歌辞，南北朝的王融及唐代的卢照邻、李贺等作过此题。

前73～前49年（汉宣帝年间）

赵宾在世。赵宾，蜀人，生卒年无考，是蜀地早期的易学大师，在易学史上留下了较为深远的影响。精通数理，长于思维，其象数易学轰动一时。

前53～前50年（甘露年间）

吴理真在蒙顶五峰之间栽培野生茶树，培育出"高不盈尺，叶片细长，叶脉对分"的灌木型茶树品种，还制成"圣扬花""吉祥蕊"等名茶，是世界茶业发展史上有文字记载的最早的种植茶树的人。

前30年（建始三年）

临邛开凿出世界最早的天然气井，开始用天然气煮盐。当时人工钻井的深度已超过百米。

前28年（河平元年）

黄河先决于魏郡馆陶，旋又决东郡（治所在今河南濮阳市境内）金堤，成帝急派校尉王延世为河堤使者前赴东郡堵口。王延世，字长叔，生卒年不详，犍为郡资中人。王延世采取竹笼堵口法，仅仅用了三十六日，决口合龙，堤成。成帝下诏晋延世为光禄大夫，并改元以资庆贺。河平二年，黄河又于平原（今山东平原县南）决口，朝廷再遣王延世往治，并派丞相史杨焉、将作大匠许商等协助。经六个月，堵口成功。

前27年（河平二年）

冬，牂柯郡夜郎王兴、句町王禹、漏卧侯俞械斗，成帝派太中大夫张匡持节前往调解，兴等不从命，并刻汉使木像立于道旁以箭射之。汉廷又派陈立为牂柯太守。陈立谕告夜郎王兴罢兵，兴又不从。陈立召之责杀。夜郎邑君（夜郎侯）于是解兵投降。夜郎国遂灭。禹、俞震恐，入粟千斛、牛羊慰劳汉军吏士。

前24年（阳朔元年）

蜀锦已见于扬雄的《蜀都赋》。《蜀都赋》载"若挥锦布绣，望芒兮无幅"，还说"尔乃其人，自织奇锦"，并有《绣补》之诗留传。到东汉，蜀锦产量已很可观。晋代《华阳国志》更是以蜀锦、蜀绣并称为"蜀中之宝"。

前18年（鸿嘉三年）

冬，广汉"钳子"（钳徒）郑躬等六十余人反，攻官府，纵放囚徒。郑躬自称山君。斗争持续一年左右，发展到上万人。鸿嘉四年（前17）冬，广汉太守赵护率军三万余人平定之。

前15年（永始二年）

阆中任文孙、任文公父子观测记录日食。

前7年（绥和二年）

牂牁郡夜郎王兴妻父翁指与子邪务胁迫旁二十二邑又反。陈立召募诸夷，与都尉、长史分头攻击翁指等。翁指据险为垒，陈立派奇兵绝其粮道，又使反间计以诱其众。时大旱，又绝翁指取水之道，夜郎人不能支，转而斩杀翁指，持其首级出降。西夷遂平。

前32～前7年（汉成帝年间）

据《西京杂记》，汉成帝下令益州留下三年税输，为宫廷织造七成锦帐，以沉水香饰之。

前32～前1年（汉成帝至汉哀帝年间）

罗裒经商暴富。罗裒，西汉成都富商。在长安（今陕西西安）贸易，资财达钱百万，又为富豪平陵石氏在长安、巴蜀间经商，几年间致资财钱千余万。他以半数贿赂曲阳侯王根、定陵侯淳于长等，依靠他们的势力放高利贷，并"擅盐井之利，期年所得自倍，遂殖其货"，"赀至巨万"。

公元元年（元始元年）

王莽指使益州以"越裳氏"名义献黑、白雉，以为祥瑞。太后乃加王莽为安汉公。

2年（元始二年）

巴蜀地区（蜀郡、广汉郡、巴郡、犍为郡、越嶲郡、汶山郡、沈黎郡、朱提郡）总户数达七十六万五千零四十八户，总人数达三百五十一万四千二百一十七人（不含后三郡）。成都县已达七千六百余户，约三十五万人。

3年（元始三年）

何武卒。何武，生年不详，西汉大臣。字君公，郫县人。诣博士受业，治《易》。历任廷尉、大司空等官，封泛乡侯。哀帝时，与丞相孔光拟定限田、限奴婢方案，其逾限者归官，以缓和激化的社会矛盾。遭贵族官僚反对，未能实行。后为王莽所诬，自杀。有《上封事荐辛庆忌》等文五篇。

4年（元始四年）

春，先零羌寇褒中（今汉中勉县），焚烧邮亭，大掠百姓。汉中太守郑勤战殁，死者三千余人，京畿恐慌。乃罢遣南阳、颍川、汝南吏士，置京兆虎牙都尉于长安，扶风都尉于雍。

5年（元始五年）

王莽摄政，称"摄皇帝"。

王莽以皇后有子孙瑞，开凿子午道，并设置子午关。此后，子午道经常被以关中为根据地的政权用作进攻汉中、安康以至四川、湖北等地的通道，也经常被以南方为根据地的政权用作攻打关中的通道。子午道今路线是西安市经宁陕县至洋县，有支线经汉阴、石泉县、子午镇、洋县，过洋县、城固，再到汉中，全长约千里。

7年（居摄二年）

始建五门堰。五门堰位于距城固县城北十五千米的桔园镇之东、湑水河西岸，是陕西目前保存最完整、年代最久远、至今仍发挥灌溉作用的唯一一座古代水利工程，被誉为陕西的"都江堰"。

8年（初始元年　居摄三年）

梓潼人哀章作铜匮献于王莽。铜匮有两签，一签上写"天帝行玺金匮图"，另一签上写"赤帝行玺某传予皇帝金策书"，金策书中明确写着刘邦将皇位传于王莽，太后应该尊承天命将帝位授予王莽，还写着应该授予哀章何种官职。后王莽登基，按金匮封拜辅臣，封哀章为国将、美新公、位上公，成为四辅之一。王莽死后，哀章投降更始政权，被斩杀。

6~8年（居摄年间）

杨宣卒。杨宣，字君纬，什邡人。少受学于楚国王子张，又学天文图纬于河内郑子侯。师事杨公叔。教授弟子以百数。成帝征拜谏大夫。平帝时，命持节为讲学大夫，与刘歆共校书。门生河南李吉、广汉严象、赵翘等皆大儒。

9年（始建国元年）

王莽自立为帝，国号"新"，史称"新朝"。

始凿彭山江口崖墓。江口崖墓以江口镇梅花村为中心，在塞子山、长山埂、高家沟、盐井沟、豆芽房沟、打鱼沟、油房沟等地点都有分布，面积约三十平方千米，现存崖墓四千五百八十座。江口崖墓的断代上限为西汉晚期，下限最晚到三国，以东汉时期崖墓为大宗。

10年（始建国二年）

严遵卒。严遵，字君平，公元前73年生于邛州（一说郫县），家居成都，蜀中著名的哲学家、思想家、教育家，司马相如是其学生之一。严遵素性淡约，不慕荣利，操守谨严。以卜筮为业，占卜各因其势，导之于善，每天得百钱可以生活即下帘闭肆，专心讲学以自娱。严遵尤精于《周易》《老子》《庄子》，因而他的哲学基本体系是继承老子、庄子思想的。著有《老子注》《易经骨髓》，又著有《老子道德真经指归》。《老子道德真经指归》十余万言，是道教重要著作。

12年（始建国四年）

王莽遣使至西南夷，收汉印绶，贬诸王为侯，改阴平道为摧虏道，改氐为羌。句町王邯怨怒不附，牂牁大尹周钦杀之。后"邯弟承攻杀钦，州郡击之，不能服。三边蛮夷愁扰尽反，复杀益州大尹程隆"。王莽遣平蛮将军冯茂发巴、蜀、犍为吏士，前往镇压，连年不克。天凤六年（19）春，益州夷栋蚕、若豆等又起兵杀郡守，攻略吏民。王莽遣大司马护军郭兴、庸部牧李晔率兵进击。反莽斗争漫延于牂牁、益州两郡，持续八年。

14年（天凤元年）

王莽擅改政区名称，益州地区至少有三十九个郡、县名被改动。其中益州改为庸部，蜀郡改为导江，广都改为就都，越嶲改为集嶲。

16年（天凤三年）

十月，王莽遣平蛮将军冯茂攻打句町，因军中疾疫流行，死者十之六七，又征民资财，十取其五，使益州民穷财尽，而终未能取胜。王莽将其征还，下狱而死。同年冬，又派宁始将军廉丹与庸部牧史熊发天水、陇西骑士，广汉、巴、蜀、犍为吏民及转输者共二十万人攻打句町。始至，斩首数千级；后因军粮不继，士卒受饥疾之苦。王莽令丹、熊班师，而丹、熊却望增调军需，待攻克句町才回师。于是又大增赋敛。就都郡大尹冯英不肯给。王莽怒，免冯英官，后有所觉悟，称："英亦未可厚非。"

18年（天凤五年）

扬雄病卒。扬雄，成都人，字子云，生于公元前53年，文学家、哲学家、语言学家。少好学，博览多识，酷好辞赋。口吃，不善言谈，而好深思。家贫，不慕富贵。早年受教于严遵。在蜀著《蜀郡赋》《蜀王本纪》《逐贫赋》。著《反离骚》，投诸江流以吊屈原。又仿《离骚》著《广骚》；仿《惜诵》以下至《怀沙一卷》，名曰《畔牢愁》。元延元年（前12）至京师。著《甘泉赋》《河东赋》《羽猎赋》《长杨赋》《赵充国颂》《酒箴》《太玄》《解嘲》《解难》《太玄赋》《训纂篇》《仓颉篇》《州箴》《百官箴》等。始建国元年（9）仿司马相如《封禅文》，著《剧秦美新》奏献王莽。王莽称帝后，校书于天禄阁。历时二十七年，约天凤二年，撰成中国第一部方言词典《方言》。《方言》（全称《輶轩使者绝代语释别国方言》），全书共十五卷，体例模仿《尔雅》，分门别类地编集各地方言中的同义词、近义词，于一名一物皆详其地域言语之异同，据此可略知汉代及先秦不同方言的分布状况。仿《论语》撰《法言》十三卷，书为语录体。

14～19年（天凤年间）

公孙述任导江卒正，治临邛，其间新筑临邛城，即史称的西汉公孙述城。

23年（地皇四年　更始元年）

七月，公孙述响应绿林、赤眉起事，克成都，自称辅汉将军兼领益州牧。明年，公孙述自立为蜀王，都成都。公孙述迷信谶讳符命之说，据蜀后，方士、巫术之学一度登堂入室，成为指导国民的主导思想。

24年（更始二年）

越嶲邛人首领军侯长贵率种人攻杀郡守枚根，自立为邛谷王。后降公孙述。公孙述败，光武封长贵为邛谷王。

前206～25年（西汉时期）

汉初，巴蜀民或窃出（西南夷）商贾，取其筰马、僰僮、髦牛，以此巴蜀殷富。

开凿白兔井。白兔井，古名九龙井、白鹿井，又名大井，位于今重庆市云阳县云安镇，是中国最古老、使用寿命最长、保存最完好的大口径浅井，井深43.33米，井口直径3.33米，是中国盐业史上保存最完好的大口盐井。

西汉中期以后，木心铁刃农具已被全铁农具所代替。随着牛耕的推广，耕犁也有所革新，除犁铧是全铁外，还创造了犁壁，从而更有利于深耕和碎土。耧在西汉中后期被发明和使用。

巴蜀文字使用越来越少，到汉代中期基本消亡。

据扬雄《方言》，西汉时，巴蜀已在使用纺车。在《方言》中纺车叫作"道轨"。

巴蜀地区的古文化面貌与新兴的多元一统的汉文化基本融为一体，古巴蜀文化的发展到此告一段落。

蜀郡和广汉郡生产精致的漆器。漆器的生产与管理分为官营和民营，也有官民合营。其中官营漆器的管理最为严格，生产的漆器（多为御用的金银扣器）最为精美；对于漆器的制作十分严谨，有非常繁复的工序和细致的分工，工序可分成素工、髹工、画工、上工、彤工、铜耳黄涂工、铜扣黄涂工、清工、漆工、供工、造工十几道工序。

巴蜀手工业技术有了很大发展，所生产的斜织机可以完成开口、引纬、打纬、送经、卷布等丝、麻织造工序。蜀布已远销身毒、大夏和朝鲜半岛。

巴渝舞被引入宫廷，成为宫廷乐舞，用于接待"四夷使者"。表演时，舞者身披盔甲，手持弩箭，口唱賨人古老战歌，乐舞交作，边歌边舞。汉代还为巴渝舞配了四首舞曲：一曰矛渝，二曰安弩，三曰安台，四曰行辞。表演时舞者三十六人，设鼓员三十六人。楚汉相争时，刘邦借用巴人的力量，巴人在冲锋陷阵时，"锐气喜舞，汉王善之曰'此武王伐纣之歌舞也'，乃令乐人习学之，今所谓巴渝舞也"。

蜀中已有马头娘的传说。相传在今广汉，有人为邻邦掠，其妻告誓于众，有救得其夫还者，以女嫁之。马闻其言，惊跃而去。数日，夫乘马归。然其家不仅不以女嫁之，反将其射杀，曝其皮于庭。女行过其侧，马皮飞起，卷女卷去。旬日，皮复栖于桑树之上。女化为蚕，食桑叶，吐丝成茧，以衣被于人间。其事发生在什邡、绵竹、德阳三县界。此后每岁祈蚕者云集。宫观亦塑女子之像，披马皮，谓之马头娘，以祈蚕桑。

25年（建武元年）

公孙述据蜀称帝，号"白帝"，国号"成家"，史称"大成"或"成"，改元龙兴。益州大部分地区归其统治。成家是秦灭巴蜀后，巴蜀地区出现的第一个独立政权，也是四川历史上第一个完整占据巴蜀地区的政权。公孙述据蜀共十二年。

公孙述在成都"营造十层赤楼"，临山瞰江，称"张仪楼"。

公孙述在瞿塘峡口长江北岸，见今明良殿前白龙井时有白雾升腾，视为"白龙献瑞"，后在此筑白帝城，并移鱼复县治于此。白帝城在今奉节县东白帝山上。

《山海经》基本成书。今传本是经西汉末年刘向、刘歆父子校刊整理的。

共十八卷，包括《山经》五卷、《海经》八卷、《大荒经》四卷、《海内经》一卷，三万一千多字，其中《海内经》有出自古代蜀国的作品，《大荒经》有出自古代巴国的作品。

26年（建武二年）

二月，公孙述遣任满从阆中下江州，东据扞关，尽有益州之汉中、巴、广汉、蜀、犍为、牂牁、越巂、益州诸郡，氐人悉附之。

30年（建武六年）

二月，公孙述废铜钱，行铁钱，二当铜钱一，百姓苦之。

33年（建武九年）

氐人皆背公孙述降汉，陇西太守马援复其王侯君长，赐以印绶。

光武帝刘秀采纳班彪的建议，恢复设置护羌校尉，持节领护，并以牛邯担任此职，管理羌人事务。

35年（建武十一年）

闰三月，汉军两路攻蜀。南路吴汉、岑彭沿长江逆流入蜀，攻占江关（今瞿塘峡口）。六月，北路来歙攻下下辨、河池。七月，岑彭率主力深入岷江中游，占领武阳，以精骑击广都，直逼成都。十月，汉军臧宫攻克繁、郫，对成都形成合围之势。

刘秀发布诏书，陇、蜀百姓被掠为奴婢现又提出自讼者，及狱官未报告者，全部免为庶民。

谯玄卒。谯玄，字君黄，阆中人（一说苍溪人）。少时好学，善说《易》《春秋》。遗文有《上成帝书》。汉成帝时拜议郎等职。时成帝朝政荒废，谯玄等人上书劝谏，不被采纳。成帝死后，谯玄返乡。王莽居摄时变易姓名，窜归隐遁。公孙述称帝，连聘不诣。当时连年战乱，谯玄仍教导诸子勤习经史。

36年（建武十二年）

正月，汉将吴汉攻占成都城。与此同时，臧宫军也从北面攻克绵竹、涪城、繁县、郫县，与吴汉会师于成都。十一月，吴汉、臧宫军与公孙述在成都决战。公孙述败，伤重死亡，蜀地彻底平定。

37年（建武十三年）

十二月，光武下诏：益州百姓在公孙述时被掠为奴婢者，一律免为庶民；或依托为人下被迫为妻，欲去者，听任自去；谁敢拘留，按青、徐二州《略人法》论处。建武三十年（54），因遇水灾，刘秀连续两年宣布"赐天下男子爵，人二级"。已经从国家户籍上消失的流民，只要愿意重新定居，向政府登记户口的，也赐爵一级。

越嶲郡割据头目任贵，自称太守，派使者到朝廷，表示效命之愿，光武帝命任贵为邛王。二年，任贵遣使呈报三年的簿计，报告人口、赋税、治安等情况，即被任命为越嶲太守。任贵统治邛都地区达二十余年。在此前后，汉人大量移入邛都地区，至东汉中期，邛人逐渐与汉人融合。

广汉徼外白马羌楼登等率种人五千余户内属，光武封楼登为归义君长。白马羌主要分布在今茂县、汶川县一带，由于在广汉属国西徼之外，故又被称为"广汉羌""广汉徼外白马羌"或"白马种广汉羌"。

梓潼建李业阙。光武为表彰李业的节操，在梓潼长卿山下厚葬李业，还修建了规模宏大的墓阙。李业，字巨游，广汉梓潼人。新朝建立后，托病去官，回归故里，杜门不出。公孙述据蜀后，闻李业贤名，征之，欲以为博士，李业仍托病不从。汉建武七年、成家龙兴七年（31），公孙述使大鸿胪尹融持毒酒诏令李业，李业遂饮毒酒而死。李业阙是现存汉阙中年代最早的，对研究当时的阙文化具有重要意义。

39年（建武十五年）

汉光武帝诏州郡检核垦田顷亩及户口年纪，名曰"度田"。蜀郡豪强地主，不愿如实丈量土地、呈报户口，群起造反。光武帝派使者到郡国监督地方郡守镇压叛乱者，对地方豪强武装则采取分化、追捕相结合的策略，地方豪强势力对度田的抗拒基本得以平息。

42年（建武十八年）

西南夷渠帅栋蚕与姑复、楪榆、弄栋、连然、滇池、建伶、昆明诸种反，杀地方长吏。益州太守繁胜征讨不胜，退保朱提。

43年（建武十九年）

光武帝派武威将军刘尚讨伐西南夷，行经越嶲。邛王任贵恐南边既定，威法必行，自己再不得放纵，遂聚兵谋反。任贵多酿毒酒，欲先劳军，再袭击刘尚。刘尚知其有诈，即分兵先据邛都，再诛杀任贵，徙其家属于成都。

44年（建武二十年）

刘尚进兵与栋蚕等连战数月，皆破之。二年正月，追至不韦，斩栋蚕帅，凡斩首七千余人，得生口五千七百人，马三千匹，牛羊三万余头，诸夷悉平。

47年（建武二十三年）

南郡潺山蛮雷迁等反，刘尚讨破之。徙其种人七千余口置江夏（今武汉一带），后称"沔中蛮"。

48年（建武二十四年）

刘尚征剿武陵五溪蛮冒进深入，结果全军覆没。光武遂遣马援率中郎将马武、耿舒、刘匡、孙永等，将十二郡募士及除刑人犯四万余征五溪。军队到临乡，遇上贼兵攻打县城，马援迎击，打败贼兵，斩杀俘获两千多人，余众逃窜于山林之中。三月，马援进营壶头。时天气酷热，士卒多疫死，援亦中病，遂困。光武帝乃使虎贲中郎将梁松乘责问，并代监军。马援病卒。建初三年（78），肃宗派五官中郎将拿着符节追加册封，赠谥马援为忠成侯。

51年（建武二十七年）

益州郡哀牢夷王贤栗等率族人二千七百七十户，一万七千六百五十九人，谒见越嶲太守郑鸿，请求内属。光武帝封贤栗等为君长。此后，贤栗年年来朝。

56年（建武三十二年　中元元年）

武都郡参狼羌反，杀略吏民。武都太守不能敌。陇西太守刘旴派从事辛都、监军掾李苞，率兵五千赶赴武都参战，斩参狼酋豪，斩首俘虏千余人。武都郡兵乘势出击，斩首千余级，参狼残部投降。

57年（中元二年）

六月，《何君尊楗阁刻石》刻于荥经。《何君尊楗阁刻石》是道史任云、陈春全为纪念蜀郡太守平陵何君，派遣其掾属临邛人舒鲔带领刑徒修筑荥经古栈道之功而凿刻的摩崖刻石。刻石字最大字径宽九厘米，高约十三厘米。书法风格极具早期汉隶典型特征，反映了由篆及隶的演变过程。碑文对研究古代交通史、行政管理制度、公文行文方式、计量均有十分重要的价值。

58年（永平元年）

越巂郡姑复夷复反，益州刺史发兵平定，斩其渠帅，传首洛阳。

61年（永平四年）

褒斜道石门隧道以"火焚水激"之法凿通。石门隧道，高3.45米、宽4.2米、长16.3米，成为我国乃至世界历史上第一条人工穿凿的通车隧道。

63年（永平六年）

董钧卒。董钧，字文伯，公元前12年生于资阳。主治儒家经典，尤精于《礼》学。董钧治《礼》，主要学习和研究"庆氏礼"，多有自己的见解，成为庆氏礼学的传人。永平初年，被立为博士，参与制定五郊祭祀、宗庙礼乐、威仪章服等礼仪，平生以授徒讲学为乐，常教授门生百余人，当世称为通儒。

汉中郡奉诏率广汉、蜀郡、巴郡刑徒二千六百九十人，大修褒斜道，修复桥阁六百二十三间，大桥五座，恢复道路二百五十八里，还修葺了沿途的邮驿亭、徒司空（管理刑徒的公署）及县署等建筑物六十四所。工程用工七十六万六千八百余，耗时九年四个月，使褒斜道成为益州赴京师洛阳的主要通道。

建修大宁河栈道。大宁河栈道系以竹笕引宁厂盐水至巫山之用。后因引盐工役被废，便作栈道之用。大宁河古栈道总长四百多千米，以大宁河为主干，从巫山龙门峡口经巫溪县延伸到陕西镇平县、湖北溪县、重庆城口县。

66年（永平九年）

最迟是年，邛窑开始创烧瓷器。邛窑分布很广，如邛崃十方堂窑、尖子山窑，成都市区的青羊宫窑、琉璃厂窑，都江堰的玉堂窑，彭州市的瓷峰窑，郫都的大坟包窑等都被通称为邛窑。起于东汉，盛于唐和五代，荒废于宋，经历了千余年的历史，是四川古陶瓷窑址中烧造时间最长、产品最丰富、造型纹饰最美的名窑。在邛窑陶瓷繁多的品种中，高温彩绘瓷尤为突出。在南朝即广泛使用化妆土美化陶瓷，在隋代就独树一帜地创造了釉下彩绘，唐至五代以其釉下彩绘著称于世，达到了它的历史高峰，五代至两宋还创烧了有名的"省油灯"，大大扩展了瓷业生产范围。

立《鄐君开通褒斜道摩崖》于石门隧道。碑文记述汉中郡守鄐君及其部属开通褒斜道的情况。《鄐君开通褒斜道摩崖》为汉代著名摩崖刻石之一。由于刻于摩崖之上，此类作品皆气势很大，开张纵横，古朴自然，其中又以《鄐君开通褒斜道摩崖》为高古，笔画几乎没有波磔，字近方正，极为拙朴。

67年（永平十年）

汉王朝将原属益州郡的不韦、嶲唐、楪榆、邪龙、云南、比苏六县（今保山地区的保山市和大理州）析出，置益州西部属国都尉，治嶲唐县。

69年（永平十二年）

哀牢王柳貌遣子率族人内属，其中称邑王者七十七人，户五万一千八百九十，人五十五万三千七百二十一口。明帝以其地设置哀牢、博南二县，割益州郡西部都尉所领六县，合为永昌郡。罢省益州西部都尉。哀牢王所辖地区，史称东西三千里，南北四千六百里，为多民族杂居区，有穿胸、儋耳、闽濮、躶濮、鸠僚、僄越、身毒之民，族称繁多，族类非一，大抵是云南藏、彝、壮、傣各族以及讲佤、崩语的各族的先民。其中永昌郡为当时全国第二大郡，处蜀身毒道要冲，也是中国通向东南亚、南亚的重要驿站和中缅印贸易的重要集散地，在中国与缅甸、印度、中亚乃至欧洲等国家和地区的政治、经济和文化交流中发挥了极其重要的作用。

73年（永平十六年）

天竺高僧竺法兰和摄摩腾至大邑雾中山住锡并建造大光明普照禅院。该寺仅晚于我国第一座佛教寺庙京城洛阳的白马寺六年。晋代永和年间（345～356），西域高僧佛图澄到此住持扩建，敕名天诚山显应寺。唐高宗时

（650~683），王子僧伽、僧护住锡，又奉敕复还雾中山普照寺原名。明宣宗时（1426~1435），始更名为开化寺，沿用至今。

74年（永平十七年）

汶山以西，白狼、盘木、唐耶等百余国，举种奉贡称臣。白狼王唐盘并著诗三章——《远夷乐德歌》《远夷慕德歌》《远夷怀德歌》，歌颂汉德。因"远夷之语辞意难正"，故使犍为郡掾田恭翻译。《白狼王歌》是用古代藏缅语族语言写作的诗歌，是今存用藏缅语族语言记录的最古老的诗歌。全诗共三章四十四句，每句四字，共一百七十六字，每句有相对的汉字译音，句数字数与原文相同。这首诗歌对研究藏缅语族的语言和文学都有较大的历史价值。

58~75年（永平年间）

大批流民进入巴蜀，明帝连续颁诏安抚。元年：流民欲自占无名田地定居者赐爵一级，对鳏、寡、孤、独、废疾以及贫困无以为生的困难户，每人发给救济粮十斛。三年：对鳏、寡、孤、独、废疾以及贫困无以为生的困难户，每人发给救济粮五斛。十二年：流民欲定居者赐爵一级。十七年：流民欲定居者赐爵一级。十八年：流民欲定居者赐爵一级。

76年（建初元年）

九月，永昌郡哀牢王类牢与守令发生争执，杀守令，攻寓唐城（今云南永平西）。太守王寻逃奔楪榆。哀牢三千余人攻博南，焚烧民房。二年，章帝募发越嶲、益州、永昌夷及汉兵九千人进讨。第三年春天，邪龙县昆明夷卤承等应募，率种人与诸郡兵进攻类牢于博南，大破之，杀类牢，传首洛阳。章帝封卤承为破虏傍邑侯，赐帛万匹。自汉代起，哀牢人渐迁至澜沧江以东。蜀汉时，又有数千落被迁至云南、建宁两郡。

什邡县令杨仁首创义学，"宽惠为政，劝课掾史弟子，悉令就学。其有道明经术者，显之右署，或贡之朝，由是义学大兴"。

76~84年（建初年间）

杜抚卒。杜抚，字叔和，武阳人。少有高才，沉静乐道，举动必以礼。曾受业于千乘（今山东高青县）太守薛汉，定《韩诗章句》。后归里教授，有弟子千余人，著名东汉学者赵晔是其门生。杜抚著《诗题约义通》，学者传之，称之曰杜君法。

84年（建初九年　元和元年）

章帝诏令各郡国贫穷无田者流入巴蜀，同时又规定这些人所到的郡国应赐给公田，借给粮种，租与农具，五年免租，三年免交人头税，若无公田则应设法尽量雇以耕佣。

76~88年（建初至章和年间）

在今自贡地区的富顺、邓关，已有产盐的记载。著名的盐井有富世井、大公井。

58~88年（明帝、章帝年间）

益州太守王阜撰《老子圣母碑》，将老子等同于道，生于无形之先，起于太初之前，为先天地的神灵，并将其发展为创世神。

89年（永元元年）

郭玉任太医丞。郭玉，字通直，广汉郡人，生卒年不详，乃汉和帝时最负盛名的医家。郭玉年少时拜程高为师，"学方诊六征之技，阴阳不测之术"。其医术、医德和对针灸与诊法的贡献为朝野所叹服。他是继扁鹊之后又一个对医疗的社会心理有研究的医家。

92年（永元四年）

冬，溇中、澧中蛮潭戎等反，焚烧邮亭，杀略吏民，后为武陵郡兵击降。

班固死于狱中，终年六十一岁。生前修成的《汉书·沟洫志》中，称"蜀守李冰凿离堆，避沫水之害，穿二江成都中"，史上首次确认李冰的姓。

94年（永元六年）

正月，蜀郡徼外敦忍乙王莫延慕，遣使译献犀牛、大象。

六月，蜀郡徼外大牂夷种羌豪造头等率族人五十余万口内属，汉拜造头为邑君长，赐印绶。

96年（永元八年）

析渠县置宣汉县。刘宋永初年间（420~422），升宣汉县为巴渠郡，辖宣汉、始兴、巴渠、东关、新安、下蒲、晋兴七县。

97年（永元九年）

正月，永昌徼外夷（今云南永平西南）及掸国王雍由调遣使重译奉献国宝，和帝赐金印紫授，小君长皆加印绶、钱帛。

秋，烧当羌豪迷唐率八千人进犯陇西，杀数百人，乘胜深入，胁迫塞内诸种羌共为寇盗。众羌纷纷响应，合步骑三万人，击败陇西郡兵，杀大夏县令。东汉派征西将军刘尚、越骑校尉赵代，率北军五营、黎阳、雍营、三辅积射及边兵羌胡三万人讨伐。刘尚屯兵狄道，赵代屯兵枹罕。刘尚派司马寇盱监诸郡兵，四面并会。迷唐自知不敌，丢弃老弱逃入临洮南。刘尚等追至高山，迷唐被迫应战，寇盱率军斩首千余人，得牛马万余头。迷唐逃去。汉兵伤亡很大，无力追击，撤回塞内。

98年（永元十年）

刘尚、赵代以畏懦罪下狱免官，由谒者王信领刘尚军屯枹罕，谒者耿谭领赵代军屯白石。耿谭到任后，以重赏诱诸种羌内附。迷唐害怕，请求投降。王信、耿谭罢兵遣迷唐诣阙。其余种人不满两千人，饥窘不能自立，遂入屯金城。和帝命迷唐率其种人回大、小榆谷，迷唐不肯远出。护羌校尉吴祉等又多赐迷唐金帛，令其卖粮、畜，促其出塞，羌人更怀猜疑。永元十二年，羌人再次反叛，迫湟中诸胡，寇掠而去。王信、耿谭、吴祉皆以畏懦罪免官。

100年（永元十二年）

杨终病卒。杨终，字子山，成都人。年十三为郡小吏，太守奇其才，遣诣京师受业，习《春秋》。建初五年（80），受诏删《太史公书》为十余万字。元和中，释归故郡。永元中，征拜郎中。有《春秋外传》十二卷，改定《春秋章句》十五万言，另著有《哀牢传》。

蜀郡牦牛徼外白狼、楼薄蛮夷王唐缯等人率族人十七万口内属。和帝诏赐金印紫绶，小豪赐钱帛各有差。

101年（永元十三年）

巫蛮许圣等以郡收税不均生怨，遂反。二年，讨破之，复悉徙置江夏，后称江夏蛮，与前已迁到江夏的溇山蛮称为沔中蛮或巴郡南郡蛮。

105年（元兴元年）

立王稚子阙一对于今新都弥牟镇西北五里。这对阙作为建筑艺术作品，不仅在细部、结构及装饰上，而且整个造型都显示了汉代建筑艺术的特色。王涣，字稚子，新都人，东汉贤吏。

89~104年（永元年间）

张霸认为樊儵删《严氏春秋》"犹多繁辞"，乃减定为二十万言，被称为"张氏学"。张霸，字伯饶，成都人。七岁能通读《春秋》，后拜樊儵为师，博通五经。和帝永元中任会稽太守，重用有真才实学之士，兴办教育，培养人才，使会稽大治，"百姓歌咏之"。

107年（永初元年）

正月，蜀郡徼外羌龙桥等六种慕义降附。三月，永昌郡徼外僬侥种夷陆类等二千余口举种内附，献象牙、水牛、封牛。

滇零称天子于北地（郡治富平，今宁夏吴忠市西南），遂寇三辅，东犯赵魏，南入益州，杀汉中太守董炳，时称为"元二之灾"。安帝调板楯蛮救之，羌人大败，入汉中的军队损失殆尽。从此，滇零羌不复南进。

分犍为郡南境置犍为属国。治所在朱提。辖境约当今云南会泽东北及贵州威宁、金沙一带。五月，九真郡（今越南清化一带）徼外夜郎蛮夷举土内属，开境一千八百四十里。

108年（永初二年）

春，钟羌败邓骘于冀西，杀千余人。任尚、司马钧与滇零数万人战于平襄（今甘肃通渭西二十里），大败，死八千余人。

闰七月，蜀郡徼外羌薄申等八种三万六千九百口复举土内属。冬，广汉徼外参狼种羌二千四百口复来内属。

109年（永初三年）

改广汉北部都尉置广汉属国都尉，治所在阴平道（今甘肃文县西北），辖境相当今川甘两省交界的白水江流域及四川涪江上游地区。

110年（永初四年）

春，滇零羌寇褒中，焚烧邮亭，大掠百姓。汉中太守郑勤移屯褒中。羌人又攻褒中，郑勤不听主簿段崇劝告贸然出战，结果大败，死三千余人，郑勤、段崇阵亡。京畿恐慌。于是，徙金城郡居襄武（属陇西郡）。乃罢遣南阳、颍川、汝南吏士，置京兆虎牙都尉于长安，扶风都尉于雍。因滇零南入益州，汉军使"桥梁断绝"，褒斜道一度衰废。

112年（永初六年）

朝廷在越嶲开长利、高望、始昌三苑，益州（今云南昆明地区）开万岁苑，犍为（今乐山地区）开汉平苑，开发当地种马资源。

107～113年（永初年间）

羌入汉川，郡县破坏。汉军得板楯蛮支援，大败之。羌人畏忌，称板楯蛮为神兵，"传语种辈，勿复南行"。

114年（元初元年）

春，先零羌帅零昌派兵攻雍城（今陕西凤翔南），羌豪号多与当煎、勒姐等大豪分兵抄掠武都、汉中。秋，五官中郎掾程信与巴郡板楯蛮联兵进攻诸羌，号多败退，还断陇道，与零昌羌众会合。侯霸、马贤率湟中吏民及降羌胡在枹罕与号多羌激战，斩首二百余级。

蜀郡三襄种夷与徼外污衍种并兵三千余人反，攻蚕陵城（今茂汶北），杀县令。

115年（元初二年）

正月，蜀郡青衣道夷邑长令田与徼外三种夷三十一万口，携黄金、牦牛毦，举土内属。安帝增令田爵号为奉通邑君。

先零羌帅零昌寇掠益州。朝廷派中郎将尹就率兵进攻零昌部下吕叔都等军。秋，蜀人陈省、罗横刺杀吕叔都，两人皆封侯、赐钱。二年，度辽将军邓遵率南匈奴击先零羌于灵州，破之。因先零羌叛，断陇道，致使嘉陵、褒斜两道皆受影响，而通子午道。

武陵澧中蛮以郡县役税不公平，心怀怨恨，遂结充中（今湖南桑植）诸种二千余人，攻城杀地方长吏。州郡募五里蛮六亭兵追击破之，澧中蛮降散。朝廷赐五里蛮六亭渠帅金帛不等。二年秋，武陵溇中、澧中蛮四千人反。又零陵蛮羊孙、陈汤等千余人，著赤帻，称将军，烧官寺。州郡募他种蛮夷讨平之。

116年（元初三年）

越嶲徼外夷大羊等八种三万一千户，人口十六万七千六百二十内属。

117年（元初四年）

十二月，越嶲羌大牛种封离等以"郡县赋敛烦数""长吏奸猾"为由反，杀遂久（今云南省丽江市永胜县）令。

119年（元初六年）

永昌、益州、蜀郡皆叛应封离，众至十余万，破坏二十余县，杀长吏。益州刺史张乔乃遣从事杨竦将兵至楪榆，破之，斩首三万余级，俘获一千五百多人。封离等人怕恐，斩其同谋渠帅投降。其余三十六种夷皆降附汉朝。杨竦厚加慰纳，并上奏惩治奸猾及侵凌百姓的地方长吏九十人。此后滇僰族中的奴隶主势力便迅速衰落，到公元二世纪至四世纪时，便被后起的大姓、夷帅所取代。

120年（元初七年　永宁元年）

掸国王雍由调复遣使者诣阙朝贺，献乐及幻人，能变化吐火，自支解，易牛马头。又善跳丸，数乃至千。二年元会，安帝作乐于庭，封雍由调为汉大都尉，赐印绶、金银、彩缯等。

121年（永宁二年　建光元年）

建冯焕阙。冯焕阙位于渠县北土溪赵家坪。此阙上有的刻有朱雀、青龙，有的刻有人物，雕刻精美，造型精致，为他处少见。冯焕阙风格稳重朴素，雕刻精致简练，造型生动优雅，独具一格，显示了汉代高超的建筑艺术，是中国建筑艺术史上的珍品。冯焕，字平侯。东汉巴西宕渠（今渠县土溪）人。安帝时人，曾任幽州刺史，建光元年（121）被陷害下狱。后事虽辨明，已瘐死狱中。汉安帝闻讯，赐钱十万安抚其亲属，封其子冯绲为郎中，在其故里宕渠县治立"故尚书侍郎河南京令豫州幽州刺史冯君神道"阙。

122年（建光二年　延光元年）

改蜀郡西部都尉置蜀郡属国都尉，治青衣（今雅安名山区北），辖境相当今小金川以南、名山区以西的原西汉蜀郡南境地。青衣王子心慕汉制，上表求内附。青衣羌人主要分布在今雅安地区，因青衣江而得名。阳嘉二年（133），改青衣县为汉嘉，蜀郡属国下辖汉嘉、徙县、严道（今荥经）、旄牛（今汉源）四县。

123年（延光二年）

正月，牦牛夷反汉，攻零关，杀死地方长吏。汉益州刺史张乔与西部都尉讨平之。

125年（延光四年）

安帝刘祜诏益州刺史罢子午道，通褒斜道。经过这次整修，褒斜道变得"敞而安平"，"下就平易，行者欣然"。

122~125年（延光年间）

沈府君阙在渠县北部约三十四千米的汉碑乡汉亭村建成。沈府君阙高峨雄伟，形制古朴，雕刻精巧，阙周遍布反映汉代社会生产、生活的人物、动物和作物的浮雕，如独轮车、农商贸易、猎射、戏兔以及牛、羊、马诸畜和果树、水草等，为研究汉代生产、生活提供了丰富的实物资料。西阙铭文"汉新丰令交趾都尉沈府君神道"，书法独匠，乃汉隶之佳品。

126年（永建元年）

张陵率弟子从长安入蜀，在鹤鸣山（今大邑县境内，亦称鹄鸣山）创立"天师正一——盟威之道"，简称正一道。自称为道教，并以符水治病，感化百姓。授民取盐之法，百姓得其益，奉之为天师，弟子户达数万。该教崇拜五方星斗。入教要交五斗米，又俗称五斗米道。世人称张陵为"张道陵"。张陵自称"太清玄元"，以《老子五千言》《太平洞极经》为经典，制作道书《太清》《太平》《太玄》《正一》《灵宝》《天官》《黄书》等二十四篇，并著《老子想尔注》。《老子想尔注》全称《老君道德经想尔训》，是为注释《道德经》之作。《老子想尔注》自称"真道""真义"，而将五经及众书传记斥为半邪和邪文。关于《老子想尔注》的作者，历来有不同说法，如张鲁、刘表。

李尤卒，终年八十三。李尤，一说光武帝建武二十年生，字伯仁，广汉雒人，少时以能文著称。和帝侍中贾逵荐李尤有相如、扬雄之风，和帝召诣东观，受诏作赋，撰《函谷关》《辟雍》《德阳殿》《平乐观》《东观》等赋、铭。撰《蜀记》，拜为兰台令史。安帝时为谏议大夫，受诏与谒者仆射刘珍等共撰《东观汉记》。后帝废太子为济阴王，李尤上书谏争。顺帝即位，迁乐安相。所著诗、赋、铭、诔、颂等二十八篇。喜用铭，一生著有一百二十首，另有《果赋》、《政事论》七篇、《和帝哀策》等。

131年（永建六年）

掸国王雍由调第三次遣使诣阙朝贺，贡象。

135年（阳嘉四年）

唐蒙从广东入黔，到达夜郎国。夜郎国王问："汉孰与我大？"

136年（永和元年）

武陵太守上书，提出增蛮、夷等族租赋，使其同于汉人编户，朝廷采纳。是年冬，武陵蛮起兵反。二年春，武陵蛮二万人围攻充城（今湖南桑植），八千人围攻夷道（今湖北宜都西北）。武陵太守李进奉命征讨，斩首数百级，降服武陵蛮。

137年（永和二年）

春，广汉属国都尉进兵攻讨武都郡（今甘肃成县西）白马羌，斩首六百余级。未几，护羌校尉马贤又进兵击杀其渠帅饥指累祖等三百余人，于是陇右羌人悉平。

乐山柿子湾画像崖墓开凿。崖墓画像内容大体可分为家居出行、历史故事、神灵祥瑞三类。画像石刻具有浓厚的地方特色。画像的技法有高浮雕、弧面浅浮雕、平面浅浮雕、阴线刻、凹入雕，而以高浮雕最多。其发展可以分为前（137~189）、后（190~240）两期。

143（汉安二年）

七月，张陵率弟子来青城山结茅传道。张陵在青城一带山区传道十三年。张陵托言太上老君设二十四治。各治立道官祭酒，以治道民。

张陵在青衣江流域建立起平冈治，青衣羌人皈依五斗米道，成为最早皈依五斗米道的少数民族。

126~144年（顺帝年间）

司隶校尉杨涣奏请重开石门。重开石门穿山通道六丈有余，并将旧道进一步开拓扩大。杨涣，字孟文，东汉犍为郡武阳（今彭山）人，生卒年不详，杨涣因重开石门，功绩显著，《华阳国志》称颂他"孟文翘翘，丕显有成"。

107~144年（安帝至顺帝时期）

巴郡郡掾百余人次，先后向历任郡守建议分郡。后孝桓帝时，郡守掾吏赵芬等二十人再次要求分郡。

145年（永嘉元年）

巴郡人服直起事，利用巫术，聚众上千人，自称"天王"，散布千里，杀伤官兵甚众。一年后失败被诛。

146年（本初元年）

蜀郡徼外羌龙桥等六种万七千二百八十口内属。冬，广汉塞外参狼种羌二千四百口复来内属。

147年（建和元年）

李固被处死，时年五十四岁。李固，字子坚，永元八年（96）生于汉中南郑，东汉散文家。曾任三朝（顺帝、冲帝、质帝）太尉，博学多才、能言善变，不畏权贵、敢于抗争，故被称为"北斗喉舌"。冲帝死，李固议立清河王刘蒜，大将军梁冀不从，另立质帝。不久，梁冀鸩杀质帝，欲立蠡吾侯。李固再次请立清河王，为梁冀所忌，因被免职。后为梁冀所诬，被杀。所著章、表、奏、议、教令、对策、记、铭凡十一篇，多为论政事的对策疏奏，内容切实，说理详赡，行文大量运用排比对偶。

148年（建和二年）

十一月，刻《石门颂》于褒斜道石门。《石门颂》全称《汉司隶校尉犍为杨君颂》，又称《杨孟文颂》，内容为表彰杨涣等开凿石门通道的事迹，为汉中太守王升撰，王戎刻写。此摩崖刻字书写较随便，不刻意求工而流露出恣肆奔放、天真自然的情趣。《石门颂》结字极为放纵舒展，体势瘦劲开张，意态飘逸自然。多用圆笔，起笔逆锋，收笔回锋，中间运笔道劲沉着，故笔画古厚含蓄而富有弹性。通篇看来，字随石势，参差错落，纵横开阖，洒脱自如，意趣横生。

白马羌复反，攻破广汉属国，杀府史。西羌湟中胡部又反。益州刺史率板楯蛮击之，斩杀、招降二十余万，平定湟中。

151年（元嘉元年）

秋七月，武陵（今湖南常德西）蛮詹山等四千余人叛，拘执县令，屯聚深山。二年，武陵太守应奉对叛蛮示以恩信，多加抚慰，叛蛮或降或散，武陵遂复平定。

153年（元嘉三年 永兴元年）

杨厚卒。杨厚，永平十五年（72）生，字仲桓，广汉新都人。少学父业，精图谶学。永建二年（127）顺帝遣使特征至长安，拜议郎。累官侍中。每有灾异，杨厚辄上消灾之法。后称疾求退。归乡后，教授门徒，多至三千余人。有文集二卷传于世。

154年（永兴二年）

三月，巴郡太守山但望上疏提议分郡："谨按《巴郡图经》境界南北四千，东西五千，周万余里。属县十四。盐铁五官，各有丞史。户四十六万四千七百八十。口百八十七万五千五百三十五。远县去郡千二百至千五百里。乡亭去县，或三四百，或及千里。土界辽远，令尉不能穷诘奸凶。时有贼发，督邮追案，十日乃到。贼已远逃，踪迹绝灭……"

九月，蜀郡李伯利用巫术起事，称汉朝气数已尽，自称是老子后裔，诈称宗室，当立为太初皇帝。后事败被杀。

155年（永寿元年）

右扶风丞李寿又对褒斜道进行整修，石门摩崖《李寿碑》载："由其修阁道忧勤，民欢喜，行人蒙福。"

156年（永寿二年）

传张陵在鹤鸣山被毒蛇咬伤而死。张陵又称张道陵，沛国丰邑（今江苏丰县）人。少时喜读河洛图谶、天文地理之书。曾入太学，通达五经，又好黄老之学，举荐"贤良方正直言极谏科"。汉明帝时曾任巴郡江州令，后隐居北邙山（今河南洛阳北），修炼长生之道。在巴蜀自创立道教。张陵死后，其子张衡承其业，称"嗣师"。

159年（延熹二年）

二月，蜀郡三襄夷寇蚕陵（今松潘），杀长吏。历时十一年。

161年（延熹四年）

六月，犍为属国（今云南昭通）夷起兵反，攻打郡县。益州刺史山昱进兵征讨，斩首一千四百级，夷兵随即散去。

147～167年（桓帝年间）

刘褒在世。刘褒，字伯宠，一字春卿，武夷人，官至蜀郡太守。画家，善画鸟鹊,他画《云汉图》,人见之觉热,画《北风图》,人见之觉凉。作品有《博物志》《历代名画记》《续画品》等。

126~167年（顺帝至桓帝时期）

冯颢任成都县令。在任上,冯颢倡导文学,设立学校,有学生八百多人。他重视农垦,在成都县新开垦稻田一百顷。后由于得罪了大将军梁冀,辞官回乡隐居,潜心研究经书,著《易章句》和《刺奢说》。晚年信奉黄老之学,生活恬淡,默默而终。冯颢,字叔军,三台人。

158~167年（延熹年间）

建成都万佛寺。万佛寺是成都著名古刹,是中国佛教史上的隆盛道场之一。梁时称安浦寺,唐称净众寺,宋称净因寺,明称净因寺、竹林寺,元末明初更名为万佛寺、万福寺等。明末寺毁,清代康熙初年重建。据北宋初黄休复著《益州名画录》,该寺曾遭唐武宗会昌五年（845）废佛之厄,宣宗时再造。其细砂岩石雕佛教造像造于南朝宋、梁和北周、隋、唐历代,是研究中国南朝及四川地区佛教雕刻的重要实物资料。

168年（建宁元年）

改蜀郡属国为汉嘉郡,治所在今芦山,辖徙（今天全县东部）、严道（今荥经）和牦牛（今汉源）三县。

都江堰重立水则。水则石像形貌雍容大度,身高2.9米,肩宽96厘米,重4.5吨,长袍的衣襟和两袖上刻隶书题记三行:"故蜀郡李府君讳冰,建宁元年闰月戊申朔廿五日都水掾,尹龙长陈壹造三神石人珍（'镇'之意）水万世焉。"

169年（建宁二年）

尹珍卒。尹珍,生于建初四年（79）,字道真,东汉牂牁郡毋敛（今贵州正安县）人。二十岁时,到京师洛阳,拜著名儒学大师、经学家许慎为师,研习五经文字。学成,107年回故里。手建草堂三楹,开馆教学。153年拜应奉为师,学习图纬,通三才。由是尹珍成为贵州文化教育的鼻祖,"凡属牂牁旧县,无地不称先师"。也是著名书法家,尤精隶书。

172年（建宁五年　熹平元年）

二月，为纪念汉武都太守李翕重修郙阁栈道而书刻《郙阁颂》于略阳徐家坪。摩崖石刻全称《汉武都太守李翕析里桥郙阁颂》。该石刻自成一家，独具丰标，为标准的汉隶八分——结构严整，章法茂密，俊逸古朴，风格沉郁，体态赫奕，为我国汉隶中的精品，是研究中国文字、书法和东汉八分汉隶的重要实物资料。

176年（熹平五年）

四月，益州郡（今云南晋宁东）诸夷反，扣押益州太守雍陟。汉廷遣御史中丞朱龟进讨未果，于是以太尉掾属李颙为益州郡太守，与益州刺史宠芝发板楯蛮进击诸夷，大破之，益州郡平定。

179年（光和二年）

正月，张衡卒，其子张鲁承其业，称"系师"。

十月，巴郡板楯蛮反，御史中丞萧瑗督益州刺史讨之，不克。十二月，巴郡板楯蛮再反，活动于广汉、蜀、犍为三郡及汉中地区。光和五年（182），灵帝听从建议，选用太守曹廉招抚，赦免板楯无罪，板楯蛮始降。

184年（光和七年　中平元年）

巴蜀正一道各支系起事。七月，张修在巴郡以五斗米道反，一度攻占郡治江州城，杀刺史、太守，自称天子。青衣羌响应，攻汉嘉，为州从事贾龙等所败。

188年（中平五年）

三月，益州黄巾军首领马相在绵竹起事，自称天子，数日内即聚众数千，陷雒县，杀益州刺史郗俭，又进击蜀郡、犍为，旬月之间发展到十余万人，不久又派兵克巴郡，杀郡守赵部。州从事贾龙率吏民攻马相等，数日破走，州界清静。

秋，献帝派刘焉为监军使者入蜀镇压黄巾军。南阳、三辅民数万户随其流入益州。刘焉领益州牧。刘焉在入蜀时带去亲戚故旧及南阳和三辅流民数万家中，择其精壮组建东州兵。东州兵常常倚势欺凌当地土著居民，益州百姓心生怨恨。刘焉收编五斗米道张鲁、张修部众，封张鲁为督义司马，张修为别部司马。自此，刘焉、刘璋父子据蜀二十六年。

巴郡板楯蛮乘势再起，攻打郡县，抄略城邑。汉廷派遣西园上军别部司马赵瑾率军进讨，随即平定。

190年（初平元年）

征东中郎将安汉人赵颖欲得巴旧名，建议分巴为三郡。

191年（初平二年）

益州牧刘焉命张鲁、张修合兵攻杀汉中太守苏国，断绝褒斜道，杀朝廷使臣，声言盗贼断路，无法与朝廷联系。又以托辞杀州中大族王咸、李权等十余人，借此立威。不久，犍为太守任岐与校尉贾龙起兵攻打刘焉被杀。刘焉气势更盛，时其诸子皆在长安，汉献帝使其子奉车都尉刘璋回益州晓喻利害。刘焉将其留下，割据益州。益州牧刘焉徙治绵竹。

张鲁、张修攻占汉中，并在此传播五斗米道。改汉中郡为汉宁郡，领南郑、成固、西城、褒中、沔阳、安阳、锡、上庸、房陵九县。

194年（兴平元年）

绵竹大火，刘焉府第被焚毁，不得已移州治到成都，未几发背疮而亡，其子刘璋继任其本兼各职。

刘璋分巴郡为巴、永宁、固陵三郡。垫江以北为巴郡，郡治安汉（今南充）。江州至临江（今忠县）为永宁郡，朐忍（治今重庆云阳县东）至鱼复为固陵郡。

194～195年（兴平年间）

蜀郡太守高朕修复遭火烧毁的石室，又新建一石室，并建周公礼殿，图画圣贤古人像及置礼器瑞物，月祭岁祀。

195年前后（兴平二年前后）

绵阳建平阳府君阙。平阳府君阙是全国仅存的一对双出子母阙。其雕刻艺术，已经达到相当高的水平。在镌刻各种图像时，工匠十分娴熟地运用了线刻、减地平钑、浅浮雕、高浮雕等手法，并且巧妙地将各种雕刻技法相结合，达到了栩栩如生的艺术效果。雕刻整体布局合理，比例协调，达到了内容与形式的和谐统一，在雕刻技法上，线条简练流畅，圆润有力，是汉雕的杰出代表。阙主人为李福。李福，字孙德，涪县（今绵阳市区）人。由于才干突出，封平阳亭侯。梁大通三年（529）佛教信徒凿掉主阙原有汉代雕刻，增刻佛教造像二十九龛和题记三则。

200年（建安五年）

十二月，张鲁袭杀张修而并其众，刘璋杀张鲁母及其弟。张鲁遂据汉中，以五斗米道为治，创建了政教合一的政权形式，统治汉中近三十年。由于政局较安定，关西来奔者数万家，遂声势壮大，巴郡的賨人也纷纷归附。

益州士人赵韪"阴结州中大姓，与俱起兵，还击璋。蜀郡、广汉、犍为皆应韪"。赵韪引兵数万围成都，不克，退守江州。建安六年（201）九月，刘璋军猛攻江州，赵韪被其部将庞乐、李异所杀。

201年（建安六年）

鱼复人蹇胤等人又上书争巴名，刘璋再改永宁郡为巴郡，固陵郡为巴东郡，原巴郡为巴西郡，遂有"三巴"之谓。巴西郡治阆中，辖境相当今阆中、武胜以东，广安、渠县以北，万源、开江以西地区；巴郡治江州（今江北县，南齐徙巴县），辖境相当今铜梁、綦江以东，武胜、垫江以南，忠县、涪陵、南川以西，贵州桐梓以北地区；巴东郡治在鱼复（今奉节东），辖境相当今开县、万县以东，巫山西部以西，长江南北和大宁河中上游一带。分巴郡置巴东属国，治涪陵（今彭水），辖境相当今重庆东南部的黔江、彭水、武隆、酉阳等县。后再析涪陵县置涪陵、永宁、丹兴、汉葭四县。建安二十一年（216），改巴东属国为涪陵郡。分郡之后，巴蜀地区就有了蜀郡、广汉郡、巴郡、巴东郡、涪陵郡、巴西郡、犍为郡、越嶲郡、汉嘉郡、汶山郡及广汉属国和荆州的巫山县及汉中郡。

202年（建安七年）

任安卒。任安，字定祖，广汉绵竹人。少游太学，受孟氏易，兼通数经。又从同郡杨厚学图谶。学终，还家教授，诸生自远而至。如成都人杜琼，梓潼人杜微，郫县人何宗等都是其学生。任安淡泊名利，潜心教育。七十九岁卒于家。

205年（建安十年）

三月，于芦山樊敏墓前建碑、阙。碑，刘盛刻，息枭书。碑、阙的历史、建筑、艺术和科学价值极高。樊敏（120~203），字叔达，芦山县樊家寺人，早年在青衣羌国任国丞十年，曾任巴蜀太守，后官至司徒。精研《道度》（老子），专心敛欲节事，以晏婴、张留为法，接受宓羲（女娲）、夏禹的文化传统。

207年（建安十二年）

刘备问计于诸葛亮，诸葛亮提出占据荆、益两州，谋取西南各族统治者的支持，联合孙权，对抗曹操，进而统一全国的建议，即所谓隆中对。

208年（建安十三年）

孙权、刘备联军于长江赤壁（今湖北省赤壁市西北）一带大破八十万曹军，奠定三国三足鼎立基础。

209年（建安十四年）

建高颐墓阙和石刻。高颐墓阙和石刻在雅安城东姚桥乡，墓前有东西二阙，建筑雕刻庄重精美，浮雕影像清晰，动态鲜明，形状壮美，层次处理得宜，为古浮雕中杰作。墓前石狮两只，昂首、张口挺胸，臀部高耸，肩刻双翼，前腿向前做行进状。石狮傲睨的神态，庄严威武，雕刻刚劲，敦实厚重，恰当地表达了神兽的威镇作用，有强烈艺术感染力。这对石狮是我国发现的历史最早的石狮。高颐，益州太守，当年八月卒于官。

210年（建安十五年）

刘备向孙权借得荆州，占有荆州绝大部分地盘，并移治江陵。孙权向刘备要求划分长沙郡一部分为其领地，设立汉昌郡。天下三分的雏形开始形成。

211年（建安十六年）

冬，刘备将步卒数万入益州，至涪城（今绵阳）。刘璋延至东山，望蜀之全胜，饮酒乐甚，刘备欢曰："富哉！今日之乐乎！"东山因之得名为富乐山。

氐人阿贵、杨千万等随马超反曹操。军屯于兴国。越两年，夏侯渊伐韩遂，乘胜攻兴国，灭阿贵。杨千万逃奔马超，随马超南下入蜀，投奔刘备。其部落不能去者皆降于操，曹操对被征服之氐人区别对待，"前后两端者"，徙置于扶风、美阳；"守善者"，分留天水、南安界。

214年（建安十九年）

十月，刘备兵临成都，刘璋献城而降，刘备自领益州牧。刘备据蜀四十九年。刘备入蜀时，大批南阳、荆州部众亦随之迁入四川。

刘备改犍为郡为犍为属国。置朱提郡，治朱提，辖境约当今云南会泽东北及贵州威宁、高县一带。又分广汉之葭萌、涪城、梓潼、白水四县，又立汉德县，以为梓潼郡；析巴郡之宕渠、宣汉、汉昌三县置宕渠郡（不久，以县并属巴西郡）。

李严任犍为太守，任上大修开凿于西汉末年的蒲江大堰六水门。六水门渠首位于新津县城西南金马河与南河汇流处，渠首枢纽由临时拦河坝、五孔进水闸、船道、防洪堤及鱼嘴组成。蒲江大堰六水门以后又叫通济堰、通津堰、远济堰、馨堰等。

刘备采用刘巴建议，铸直百五铢，故数月间，府库充实。约在刘备汉中称帝时，又铸太平百钱与直百五铢等并行。

刘备平定益州，来敏为代理典学校尉。来敏，字敬达，义阳新野人，汉末大乱，来敏入蜀，尝为刘璋宾客。涉猎书籍，善《左氏春秋》，尤精于《仓颉篇》《尔雅》训诂。景耀年间（258～263）卒。著有《本蜀论》。

215年（建安二十年）

三月，曹操自南山经米仓道入巴中击败张鲁，夺取汉中。留夏侯渊、张郃屯兵汉中，修复斜谷栈道。十一月，张鲁投降，被曹操封为镇南将军，阆中侯，邑万户，五子皆为列侯。五斗米道由是得以合法传播，影响日增。曹操拨汉中民数万户以实长安及三辅，张鲁及其僚属北迁邺城，因此五斗米道北传中原，遍及全国。

九月，七姓巴夷王朴胡、賨邑侯杜濩、任约等举巴夷、賨民投降曹操。曹操以朴胡为巴东太守，杜濩为巴西太守，任约为巴郡太守。十二月，刘备遣黄权出兵反击。曹操派大将张郃率军进至宕渠（今渠县东北），准备将三巴的賨人徙至汉中。刘备派巴西太守张飞率万余人迎击，与张郃军相持五十余日，大破之，张郃退回南郑。刘备平定三巴。

刘备遣使与孙权讲和，双方商定以湘水为界，湘水以东的长沙、江夏、桂阳三郡属孙权；以西的南郡、零陵、武陵三郡属刘备。

蜀汉改犍为属国为朱提郡，改汉宁郡仍为汉中郡。

216年（建安二十一年）

犍为郡守李严凿天社山，循江通车道，开辟了沟通成都平原与眉嘉平原的新渡口，代替了汉安桥的旧渡口，故皂里江、文井江、布濮水（即蒲水，今南河）三渡合称新津。

刘备分巴郡再立固陵郡，划朐忍西部地置汉丰县、羊渠县。羊渠县治今长滩，是为万州建县之始。

张鲁卒，葬于邺东。张盛继任五斗米道第四代天师。张盛由汉中入龙虎山，五斗米道中心遂逐渐转移到龙虎山。而留在巴蜀的阳平、鹿堂、鹤鸣三大治的祭酒，仍以五斗米道的正统自居，继续发展。北魏神瑞二年（415），嵩山道士寇谦之"革新"五斗米道，自称奉太上老君之命，清整道教，除去三张伪法，创立新天师道。此后五斗米道改称天师道，以新的面貌在世间传播。

217年（建安二十二年）

刘备分广汉郡置梓潼郡，治梓潼，其辖境相当于今江油、安县以东，绵阳、盐亭以北，广元、剑阁以西，陕西宁强、四川青川以南地区。

改葭萌为汉寿县，并析葭萌东北置昭欢县。

218年（建安二十三年）

越嶲夷帅高定围困新道县，李严出兵击败之。

刘备分巴西郡宕渠、宣汉、汉昌三县置宕渠郡，治宕渠（今渠县东北）。辖境相当今南江、营山、渠县以东，城口、开江、大竹以西，邻水以北地区。

219年（建安二十四年）

五月，刘备占据汉中，自立为汉中王。

曹操至汉中，以武都孤远，恐氐部为刘备所用，遂令雍州刺史张既至武都，徙氐人五万余落出居扶风、天水二郡界内。未几，刘备占领汉中，进逼下辨，魏武都太守杨阜又前后徙武都汉民、氐、傁万余户于京兆、汧、雍、天水、南安、广魏等郡县之内。

开县建大觉寺。大觉寺位于开县新城北部盛山脚下，唐代贞观年间重修。唐元和年间，考功员外郎韦处厚被贬为开州刺史，将此寺修缮一新，定名长宁寺。

220年（建安二十五年　延康元年）

正月，曹操病卒，其子曹丕即位为魏王，同年十月，汉献帝让位，曹丕称帝，是为魏文帝。改国号为魏，建元黄初。

刘备令自成都至白水，沿金牛道起馆舍，筑亭障凡四百余。

196～220年（建安年间）

许慈入蜀。许慈，字仁笃，南阳人，从师刘熙，精通郑玄经学，钻研《周易》《尚书》《论语》等。刘备平定蜀地，以许慈、胡潜为学士，与孟光、来敏等一起掌典文献古籍。后主刘禅时期逐渐升至大长秋，后卒于任上。

刘备使倡家演《忿争》。《忿争》以许慈、胡潜由辩论文义而相忿争，终至斗打为题材，效其讼阋之状，酒酣乐作，以为嬉戏。有人认为《忿争》是中国戏剧的开端。

赵晔卒。赵晔，字长君，绍兴人，生卒年不详。早年为县吏，后弃官去犍为郡资中县（今资阳），拜经学大师杜抚为师，治《韩诗》。二十年后，杜抚去世，归乡。闭门著述，直至老死。著《吴越春秋》及《诗细历神渊》。《吴越春秋》是一部历史散文，主要叙述吴越争霸的故事，前五卷以吴为主，后五卷以越为主。《吴越春秋》在体例上兼有编年体和纪传体史书的特点，是历史演义小说的雏形。

25～220年（东汉年间）

巴蜀地区政治比较稳定，时称"府盈西南之货，朝多华岷之士"，经济得到进一步发展。巴蜀地区建立了州、郡、县三级地方行政机构，先后设置七十三个县，民户达到一百一十七万多户、四百六十九万口。汉代商业兴盛。巴蜀设盐官三（驻蜀郡临邛、犍为郡南安及巴郡朐忍），铁官三（驻蜀郡临邛、犍为郡南安及武阳），工官二（驻成都及广汉），橘官二（驻巴郡朐忍及鱼复），木官一（驻蜀郡严道）。

始凿麻浩崖墓。崖墓内部结构有厅堂、卧室、厨房等布局，反映了汉晋时期当地经济、政治、文化、宗教和中外交往情况，代表了当时岷江中游地区艺术成就，具有极高的历史、艺术、科学价值。其中乐山东汉崖墓分布在岷江、青衣江、大渡河沿岸和浅山谷的崖壁上，数以万计。墓群始于东汉前期，止于南北朝时期，以东汉后期墓最多。

始凿郪江崖墓群。崖墓群位于三台县城南四十五千米的郪江镇，分布面积约数平方千米。墓多开凿于东汉中晚期，以多室墓为主，一般可分为墓道、墓门、前室、中室、后室、侧室和耳室。墓内大都有精美的圆雕和浮雕石刻，图案形象生动，较为罕见。葬具以长约两米的陶棺为多。

蜀郡生产的漆器已经出口到朝鲜半岛。平壤附近（汉代乐浪郡故地）发现的漆器上写明是广汉郡或蜀郡的皇家工场出品，工匠的名字和他们所负责的工序都写在上面。漆器的彩箧上面画孝子故事（如丁兰、老莱子等）和历史故事（如纣王等），人物比例虽不相称，但面部表情、神态都极生动。

佛教传入巴蜀地区，但其影响尚小。乐山东山麻浩崖墓出现巴蜀地区早期的佛教造像，乐山柿子湾画像崖墓出现石刻佛像。宜宾汉墓出现佛像，什邡汉墓画像砖上出现佛塔和菩提树，西昌汉墓砖上出现梵文朱书的佛号，彭山东汉崖墓出现陶制摇钱树座下一佛二菩萨，绵阳何家山东汉晚期崖墓有树干上铸有佛像的铜质摇钱树，宜宾黄山出现坐于青狮上的佛像，西昌汉墓砖上出现梵文朱书符号，芦山汉墓出现具有佛像特征的铜像。

景鸾在世。景鸾，生卒年不详，字汉伯，祖籍德兴（今江西德兴），广汉梓潼（今广汉）人，东汉著名经学家。少随师学经，涉七州之地，能治齐诗，施氏《易》，兼受《河洛图纬》，著《易说》及《诗解》，文句兼取《河洛》，以类相从，名为《交集》。又撰《礼内外记》，号曰《礼略》。又著《月令章句》，抄风月杂书，著《兴道》一篇，著有《理气心印吴公新解》。凡所著述五十余万言，皆佚。

广都开望川源。渠长二十里，引郫水灌溉广都（今双流）一带，向西南丘陵扩展。望川源后称新开河，又因分水于江安堰入温江，又称江安河。

开辟从益州经由滇池地区向南行，经蒙自、屏边、河口入越南的马援古道。

东汉中期，巴蜀经学达到了自己的顶峰。巴蜀经学以汉代中央博士官所传今文经学为主。进入东汉以后，更是与谶纬、灾异之学相结合，形成了这一时期巴蜀的儒学学术风尚。东汉晚期，古文经学异军突起，取代今文经学，尹默、李撰即是其中有代表性的人物。

东汉中晚期，巴蜀文字完全不再通用，只有一部分符号成为道家符箓的一种过渡形式。

220年前后（建安二十五年前后）

始建石经寺。石经寺初为宦官家庙，三国时蜀汉大将赵云承袭此产业，献建为寺，初名灵音寺，唐时建大殿。

221年（章武元年）

四月，刘备在成都称帝，建元章武，国号汉，历史上称蜀或蜀汉。蜀汉除巴蜀故地，还占有今云南大部、贵州全部、陕西汉中和甘肃白龙江流域一部分。诸葛亮、法正、伊籍、刘巴、李严等人"共造蜀科"以推行诸葛亮以法治蜀的主张。蜀汉统蜀四十二年。

刘备以李恢为庲降都督，住平夷县（今贵州毕节），总管南中事务。

刘备令兵器铁匠蒲元造刀五万口。蒲元，三国时蜀汉人，籍贯、生卒年不详，是三国时期一位杰出的造刀技术能手，对淬火剂的识别和淬火技术的掌握已达到很高的水平。

222年（章武二年）

魏文帝曹丕改汉《巴渝舞》曰《昭武舞》。景初元年，又著《武始》《咸熙》《章斌》三舞。

许靖卒。许靖，150年生，字文休，汝南平舆（今属河南）人，汉末三国时期名士。刘备建立蜀汉政权后，官拜太傅、司徒。原有集，已佚。《全上古三代秦汉三国六朝文》存其文三篇。

刘备亲率大军东下，自巫峡连营至彝陵（今湖北宜昌东），并得武陵蛮的支援，声势浩大。六月，吴大将陆逊在猇亭（今湖北宜都北长江北岸）用火攻，大破蜀军四十余营，刘备逃至鱼复，舟船器械、水步军资尽失。改鱼复县为永安县，在此建永安宫。

223年（章武三年　建兴元年）

三月，刘备率军返蜀，至白帝城病笃，急召诸葛亮等托孤，委诸葛亮以大权。四月，刘备卒于永安宫。五月，刘备之子刘禅在成都继位，史称后主，改元建兴。刘禅封诸葛亮为武乡侯，领益州牧，统管政事。

六月，蜀建宁（今云南晋宁东）耆帅雍闿杀太守正昂，又执太守张裔，归附于吴。吴以雍闿为永昌（今云南保昌东北）太守。永昌功曹吕凯、府丞王伉率吏士闭境拒守，雍闿不得进。雍闿使孟获联结诸夷，诸夷皆叛蜀，又联合牂牁（今贵州凯里西北）太守朱褒、越嶲叟帅高定等人起兵。

九月，诸葛亮颁布护堤令："按九里堤捍护都城，用防水患，今修筑浚，告示居民，勿许侵占、损坏。有犯，治以严法。"这是为我国现存最早的防洪法令。

诸葛亮亲自选址、规划、领导修建惠陵、汉昭烈庙。五月，刘备棺椁自永安移还成都；八月，刘备和甘皇后入葬惠陵。二十二年后，穆皇后也合葬于惠陵。

221～223年（章武年间）

新都县令卫常凿湖筑堰，以灌溉民田。始称卫湖。

224年（建兴二年）

诸葛亮拜杜微为主簿，杜微坚辞不就，最后拜为谏议大夫，以从其志。杜微，字国辅，梓潼涪人，蜀中鸿儒。少受学于广汉任安。

在羌人聚居的汶山郡增设平康、白马、都安、升迁四县，以广汉属国置阴平郡。又分广汉郡之广汉、德阳、郪、伍城四县置东广汉郡。在汶山郡沿边建汶山、龙鹤、冉駹、白马、匡用五国，修屯牙门，增强对羌人地区的防守。同时，将羌人内迁，并大量征调羌人为兵和服各种徭役，诸葛亮指挥的精锐部队就包括賨叟、青羌。时蜀汉有益州、荆州的蜀郡、广汉郡、东广汉郡、梓潼郡、巴郡、巴西郡、宕渠郡、巴东郡、涪陵郡、犍为郡、江阳郡、汶山郡、汉嘉郡、越嶲郡、阴平郡、汉中郡、武都郡、朱提郡、建宁郡、兴古郡、永昌郡、云南郡、牂牁郡和建平郡（其中在今重庆的只有巫山县）。

225年（建兴三年）

三月，诸葛亮兴南中之役。临行，参军马谡献策，认为南中恃其险远，不服久矣，虽今日破之，明日复反，建议"用兵之首，攻心为上，攻城为下，心战为上，兵战为下，愿公服其心而已"。诸葛亮五月渡泸，进入益州。采取攻心战术，平定了南方诸郡的叛乱。此时，雍闿与高定发生摩擦，为高定所杀，孟获趁机收编了雍闿部众，继续与蜀汉交战。诸葛亮大军到达南中后数战皆胜，先斩杀高定，然后与其他两路大军会合。数擒孟获，孟获信服之，南中不复反也。平定南中后，起用当地渠帅。改益州郡为建宁郡，分建宁、永昌郡为云南郡，又分建宁、牂牁为兴古郡。封龙佑那为酋长，赐姓张，设云南郡于白崖。筑建宁城，号建宁国，立铁柱。云南郡治所在云南（今祥云东南云南驿），辖境相当今云南大理和姚安、牟定、大姚、丽江、宁蒗、永胜等地。

诸葛亮移南中劲卒、青羌万余家于蜀，编为五部，因所当无前，号为飞军。飞军的指挥就是王平。青羌即叟之在南中者，主要居住在越嶲、建宁和朱提等郡。

葫芦王地（今云南省沧源县）佤族人卡那曼卷部落与蜀汉丞相诸葛亮签盟归顺蜀汉，发誓镇守边关，永不反叛。

水西彝族酋长济火（彝名妥阿哲）亲迎蜀军，在今贵州西北积粮通道，协助平孟获有功，受封为罗甸王，世长水西。

226年（建兴四年）

春，蜀汉都护李严至江州（今江北区江北老城），筑大城（史称李严大城）。李严大城是重庆城市发展史上的第二处城址。其方位，南线大致相当于今朝天门以南起西南沿江至南纪门，北线约在今新华路人民公园、较场口一线，面积约两平方千米。

诸葛亮出兵汉中。北伐期间，修剑门关关楼。剑门关始建于东汉，后因诸葛亮任蜀相时在此凌空凿石建阁道而得名。

赵云、邓芝军败箕谷，退守赤崖，烧毁其北栈道百余里。不久，赤崖南的栈道、桥梁也被洪水冲坏，褒斜道又一次毁坏。

秦宓卒。秦宓，字子来，广汉绵竹人，蜀汉文学家，博学，能文善辩，史称其"文藻壮美"。今存《远游》诗一首及《奏记益州牧刘焉荐任安》《答王商书》《与王商书》《报李权》等文。

227年（建兴五年）

三月，诸葛亮率军进驻汉中，北伐攻魏。伐魏前著《出师表》。《出师表》文风质朴清新，平易近人，写得情辞恳切，肝胆照人，是著名的古代散文作品，为三国时期散文代表作品之一。

228年（建兴六年）

冬十月，蜀汉营造成都南北郊，扩建蜀宫于城北武担山一带，在城西北筑九里堤，在城南修建惠陵和昭烈庙。

诸葛亮设专职堰官对都江堰进行经常性的管理维护，并征集兵丁一千二百人加以守护，开历代设专职水利官员管理都江堰之先河。

230年（建兴八年）

张裔卒。张裔，字君嗣，蜀郡成都人。治《公羊春秋》，博涉《史记》《汉书》。

231年（建兴九年）

汶山羌暴动，蜀汉遣安南将军马忠、将军张嶷讨伐之，他里羌人等扼险抵抗。后改用招降而破他里，其余各部羌人或出降或奔窜山谷。

233年（建兴十一年）

南中豪族刘胄反，各郡骚动。诸葛亮派马忠平定之。

228~234年（建兴六年至建兴十二年）

诸葛亮平定南中后，六次对曹魏用兵：一、建兴六年（228）春，诸葛亮率军从汉中经祁山，攻魏南安等三郡，后败于街亭。二、同年冬，北出散关，围攻陈仓，二十余日不下，粮尽撤兵。三、建兴七年（229），遣陈式拔武都、阴平，诸葛亮至建威后回师。四、建兴八年（230）秋，魏攻汉中，诸葛亮率兵北上，屯于城固赤坂，魏军旋即撤退。五、建兴九年（231）春，蜀军北出祁山，魏司马懿驻屯上邽（今甘肃天水），坚壁不战。六月，蜀军乏食撤军。六、建兴十二年（234）春，诸葛亮兵出斜谷，与司马懿相持于渭滨。八月，蜀军退回汉中。诸葛亮六次与曹魏的战争，传称"六出祁山"。实际上一次为防御战，北伐仅五次，其中出祁山用兵仅两次。

234年（建兴十二年）

八月，诸葛亮卒于五丈原，葬定军山（今陕西勉县东南）。诸葛亮，181年生，字孔明，琅琊阳都（今山东沂南）人，蜀国杰出的政治家、军事家和战略家。其政治思想儒法兼用，执政后，坚持以法治国，在厉行法治的同时也主张为政以德，将德政视为安民之本。诸葛亮的著述共约二十四篇，十万余字，其中以《出师表》最为有名。其《诫子书》也广为世人传颂。诸葛亮的文章还有《正义》等。

尹默卒。尹默，字思潜，生年不详，梓潼涪人。通诸经史，又专精于《左氏春秋》。以《左氏春秋》教授后主刘禅。

236年（建兴十四年）

武都（今甘肃东南部）氐帅苻健降蜀。蜀汉徙苻健及氐民四百余户于广都。

223～237年（建兴年间）

越嶲夷民数反，杀太守龚禄、焦璜，以后太守不敢治邛都，而寄治在距邛都八百余里的安定县。

238年（延熙元年　景初二年）

魏明帝将蜀锦绛地交龙锦五匹、绀地句文锦五匹作为珍品赠给日本邪马台的女王。

240年（延熙三年）

春，蜀后主刘禅命张嶷为越嶲太守，张嶷恩威并施，蛮夷畏服，郡界悉平，复还旧治。此前，汉嘉蛮反，向宠前往征讨，战死。遗体被士兵夺回，送成都安葬。

241年（延熙四年）

杨戏著《季汉辅臣赞》，点评西蜀的五十四位名士。杨戏（？～261），三国蜀散文家，字文然，犍为武阳（今彭山东）人。常璩赞曰："文然简约，言不诡随。"

247年（延熙十年）

汶山羌又起兵，被姜维平定。雍州（治长安，今西安西北）、凉州（治姑臧，今甘肃武威）等地区的羌胡族人背魏降蜀。姜维率兵出陇右（今甘肃陇山、六盘山以西）接应，与魏雍州刺史郭淮、讨蜀护军夏侯霸战于洮西（洮水以西）。胡人首领白虎文、治无戴等率部降蜀，姜维将其迁至繁县，并将繁县居民迁居青白江南岸，称新繁，归繁县管辖。

248年（延熙十一年）

秋，涪陵属国夷反，车骑将军邓芝往讨，皆破平之，移其豪族五千家于蜀。范长生随众入蜀，时年二十五岁左右，后入青城山修道。

250年（延熙十三年）

杜琼卒，终年八十余。杜琼，成都人，少受学于任安，刘璋辟为从事。刘备领益州牧，以杜琼为议曹从事。后主刘禅即位，杜琼官至大鸿胪、太常。杜琼为人静默少言，不与世事。有《韩诗章句》十余万言。

222～251年（吴大帝年间）

蜀人李宽（即李阿）自创李家道。李宽说自己活了八百岁，自称李八百。李家道重神仙之术，以长生蛊惑民众。到江东传道，自公卿以下都云集其门，影响甚大。

254年（延熙十七年）

冬，姜维拔狄道、河关、临洮，移三县民于绵竹、繁县。

261年（景耀四年）

魏将李苞率两千中军兵、石木工整修褒斜道，十二月十日道路开通。钟会派牙门将许仪修骆谷道。

李撰卒。李撰，字钦仲，梓潼涪人。与同县尹默同游荆州，从司马徽、宋忠等学。又从尹默讲论义理，五经、诸子，无不该览，加之博好技艺，算术、卜数、医药、弓弩、机械之巧，皆至思焉。治《古文易》《尚书》《毛诗》《三礼》《左氏传》《太玄指归》，皆依准贾（逵）、马（融），异于郑玄。

蜀工匠已经能大批量制造弓弩"十石机"（一石为一百二十斤），一次十矢俱发。

262年（景耀五年）

姜维出兵，与邓艾战于侯和，为邓艾所破，然后还住沓中（今甘肃舟曲西、岷县南）。诸葛亮病逝后，蜀后主刘禅加封姜维右监军、辅汉将军，统率诸军，进封平襄侯。随后历任司马、镇西大将军，兼任凉州刺史、卫将军、大将军，朝廷授予符节。238～262年，姜维共进行了十一次对魏战争，是为"九伐中原"，其中有攻伐，也有防御。战果有胜有败，总的说来胜多败少。连年征战，蜀汉的国力过度耗损。

263年（景耀六年　延兴元年）

十一月，魏军钟会、邓艾攻蜀，经谯周劝说，后主刘禅出降，蜀汉亡。蜀汉亡时，领户二十八万，男女人数九十四万，带甲将士十万零二千，吏四万。

十一月，特赦益、梁二州士民，蠲除租税之半五年。

十二月，魏分益州为益、梁二州，益州治成都，统蜀、犍为、汶山、汉嘉、江阳、朱提、越巂、牂牁。梁州治沔阳（今陕西勉县东），晋太康中移治南郑，统汉中、梓潼、广汉、涪陵、巴、巴西、巴东。

刘禅下诏为诸葛亮立祠。当时因"建之京师，又逼宗庙"，故选祠址于陕西勉县定军山下的武侯坪，祠靠近墓所。武侯祠坐南向北，占地约两公顷。这是全国唯一由皇帝下诏并拨给银两修建的祠庙，比成都武侯祠早建约五十年，因而有"天下第一武侯祠"之称。

在都江堰立晏官令，专管堰务。

先后在巴蜀地区推行租调制。租调制的租，按亩征收，每亩四升；调，按户交纳，每户绢二匹、棉二斤。

221~263年（蜀汉时期）

蜀汉设东观秘阁收藏图书秘记。

周舒、周群、周巨祖孙三代以精于天文著称，他们在阆中居所内筑观星楼以观天象，长期不辍；以观天望候之技事刘备，使其在定蜀伐曹军事战略中多有获益，备受信任。

蜀地漆画的发展达到高峰。漆器上的图画开始故事化、系统化，开始突出主要人物，人物刻画更为传神。

蜀在巴蜀与汉中之间开通四条主要道路：子午道、傥骆道、褒斜道和金牛道，还在汉中设置水关。

蜀汉末年，始建张飞庙。张飞庙，又名张桓侯庙，位于云阳长江南岸飞凤山麓，与县城隔江相望，系为纪念三国时期蜀汉大将张飞而建。

264年（景元五年　咸熙元年）

魏迁宗预、廖化、诸葛显等三万余户随刘备入蜀的南阳、荆州部众及其后裔往汉中、河东。又劝募蜀人能内移者，给廪二年，复除二十岁。

265年（泰始元年）

十二月，司马炎逼魏主禅位，建立晋朝，史称西晋。蜀遂为晋所有。

南中都督霍弋率南中大姓将兵平定交趾、日南、九真三郡，表爨谷为太守。爨谷成为南中的豪族。

晋改《昭武舞》为《宣武舞》。

266年（泰始二年）

春，晋武帝"弘纳梁、益，引援方彦"，选用巴蜀当地士人。

269年（泰始五年）

二月，分雍、凉、梁州置秦州。时巴蜀地区有益州（包括蜀郡、犍为郡、汶山郡、汉嘉郡、江阳郡、越巂郡、朱提郡、牂柯郡）、梁州（包括梓潼郡、广汉郡、新都郡、涪陵郡、巴郡、巴西郡、巴东郡、汉中郡）、秦州的阴平郡和荆州建平郡的三个县。

270年（泰始六年）

谯周病卒于洛阳，终年六十九岁。谯周，字允南，建安六年（201）生于西充。蜀汉地区著名的儒学大师和史学家，通经学，善书札。著有《后汉记》《蜀本纪》《三巴记》《古史考》《巴蜀异物志》《益州志》《五经然否论》《论语注》《天文志》《灾异志》《谶记》等。

272年（泰始八年）

王濬任益州刺史，在益州禁淫祠，兴教化，对西南地区的少数民族恩威并施，使其大都投降、依附于晋。王濬（206～286），字士治，小字阿童，弘农湖县（今河南灵宝西南）人，文学家、军事家。初为羊祜参军，迁益州刺史，封关内侯。后征拜右卫将军，除大司农，再为益州刺史。太康元年，东下伐吴，破建康，降孙皓，拜辅国大将军，封襄阳县侯，后转抚军大将军。代表作品有《祖道应令诗》《平吴诗》。

275年（咸宁元年）

诏庙乐停《宣武》《宣文》二舞，而用《正德》《大豫》舞。

278年（咸宁四年）

郤正卒。郤正，本名纂，字令先，三国蜀散文家，河南偃师人。

280年（咸宁六年　太康元年）

三月十五日，王濬率领八万士兵、百里船队进入石头城。吴帝孙皓向王濬投降。至此，吴国灭亡，全国复归统一。

张载入蜀郡探父，著《剑阁铭》《叙行赋》。

282年（太康三年）

晋实行州郡县三级制。武帝以梁、益二州为轻州。罢刺史将军职，刺史不再加将军称号，三年一次入京奏事。惠帝元康六年（296）晋又重划梁、益二州为重州。

晋"以蜀多羌，置西夷府"，即西夷校尉府，统领羌夷。废宁州入益州，立南夷校尉府，持节统兵，镇南中，统五十八部夷族都监行事。

283年（太康四年）

六月，牂牁僚二千余落内属。

284年（太康五年）

何随卒，时年七十一。何随，字季业，蜀郡郫人，治《韩诗》《欧阳尚书》，研精文纬，通星历。

285年（太康六年）

陈寿撰成《三国志》。《三国志》为纪传体三国史，共六十五卷，分魏、蜀、吴三志。《蜀志》十五卷。《三国志》以曹魏为正统，《魏志》列于全书之首，对魏的君主称帝，叙入纪中；而对吴、蜀则称主不称帝，叙入传中。

285年或稍后（太康六年或稍后）

王崇撰成《蜀书》。《蜀书》记刘二牧（焉、璋）与蜀二主（备、禅）君臣史事。王崇，广汉郪人，大约生于220年，卒年不详。学业渊博，蜀时为东观郎，西晋时期为尚书郎，著作除《蜀书》，还有诗、赋之类数十篇。

287年（太康八年）

李密卒。李密，224年生，字令伯，一名虔，犍为武阳人。蜀汉亡后，晋武帝征李密为太子洗马，他以父早亡，母再嫁，与祖母刘氏相依为命为由，上《陈情事表》（简称《陈情表》）固辞。在《陈情表》中，李密陈述自己与祖母相依为命，暂时不能应诏的苦衷，把处境和祖孙间真挚深厚的感情写得婉转凄恻。

280～289年（太康年间）

益州刺史张牧在成都建周公礼殿，塑三皇五帝，夏、商、周至汉以来君臣圣贤人物。

296年（元康六年）

北地（陕西耀县）、冯翊（陕西大荔）一带匈奴、马兰羌和卢水胡、扶风氐等部落起兵反晋。秦、雍一带氐族纷纷响应，关中氐族人齐万年被推为帝，率氐、羌各族数十万人转战于泾、渭间。

297年（元康七年）

陈寿病卒。陈寿，蜀建兴十一年（233）生于巴西安汉，又名长寿，字承祚，西晋时期杰出的史学家。少时学于史学家谯周。晋灭吴后，他广泛收集三国时期的官私著作，著成《三国志》，另著有《古国志》（五十篇）、《益部耆旧传》（十篇），编有《蜀相诸葛亮集》（二十四篇）等。其著作对于后世戏曲小说的影响很大。

298年（元康八年）

秦、雍二州的天水、略阳、扶风、始平、武都、阴平六郡（今甘肃东南和陕西西部地区）之民数万家，在巴賨豪酋、氐叟渠帅和汉族大姓率领下流入汉中就食，继而进入益州。流民大都分散到各地充当佣工和佃户。流民中包括李特兄弟。李特兄弟原居住在巴西宕渠（今渠县东北），东汉末迁汉中，曹操克汉中后又被迁至略阳。其兄弟五人，除长兄李辅留略阳外，自与弟庠、流、骧同时入蜀。李特兄弟救助贫、病流民，颇得人心。

300年（永康元年）

汶山羌反于都安（今都江堰市）之天拭山（赵公山）。次年，刺史罗尚遣牙门将王敦讨汶山羌，杀数千人，女弱皆没为生口。王敦单骑追敌，亦为羌所杀。

十二月，益州刺史赵廞据守成都反晋，自称大都督、大将军、益州牧，建元太平。

301年（永康二年　永宁元年）

正月，赵廞忌李庠骁勇又得人心，遂将其杀掉。李特等引军夜袭成都，赵廞被部众所杀，太平王朝亡。李特入城后纵兵抢掠。

三月，新到任的益州刺史罗尚限流民七月返乡。七月开始强制遣返。十月，流民起兵反晋，占广汉郡。

302年（永宁二年　太安元年）

五月，李特自称大将军，益州牧、都督梁、益二州诸军事。八月又连败罗尚军，进攻成都。

303年（太安二年　成汉建初元年）

二月，晋军进袭流民军。三月，杀李特、李辅、李远，传首洛阳，流民军大溃，余部由李荡、李雄率领退保赤祖（在绵竹东）。李流接替李特，称大将军、大都督、益州牧。八月，李流卒，众推李特子李雄为大都督、大将军、益州牧，治郫城。闰十二月，李雄率兵攻占成都。

李雄据蜀时，始建武侯祠于成都少城内。

晋复置宁州，又分建宁以西七县别立为益州郡，治建伶县（今昆明市晋宁区昆阳镇）。复置宁州后，以宁州刺史兼南夷校尉。

304年（永安元年　建武元年　永兴元年　成汉建兴元年）

十月，流民军领袖李雄称成都王，建元建兴。以范长生为谋主，除晋法，约法七章。

李雄遣李国、李云等率众二万攻汉中。李国等陷南郑，尽徙汉中人于蜀。李雄派兵攻宁州（今云南晋宁东北），城陷，杀壮士三千余人，送妇女千口于成都。

305年（永兴二年　成汉建兴二年）

左思卒。左思，字太冲，临淄（今山东淄博）人，约250年生，是太康年间成就最高的作家。其280年前后著成的《三都赋》颇被当时称颂，以致"洛阳纸贵"。其中《蜀都赋》颇为细致地描述了巴蜀的物产、山川、风俗等，描绘了当时四川豪门的宴饮生活。书中所记载的大量物产及食俗，都是后人研究四川烹饪史，乃至中国烹饪史可以凭据的宝贵资料。

306年（永兴三年　光熙元年　成汉建兴三年　成汉晏平元年）

三月，范长生自青城山入成都，李雄门迎，执版，拜为丞相，加封为四时八节天地太师、西山侯，尊之为"范贤"。六月十六日，李雄即皇帝位，改元晏平，国号大成。

307年（永嘉元年　成汉晏平二年）

秦州人邓定等二千余家流入汉中。梁州刺史张殷遣巴西太守张燕讨之。邓定等饥窘，诈降于张燕，且赂之，张燕为之缓师。邓定密遣訇氏求救于成，李雄遣太尉李离、司徒李云、司空李璜将兵二万救邓定。与张燕战，大破之，张燕及汉中太守杜孟治弃城走。积十余日，李离等引还，尽徙汉中民于蜀。关西流民入蜀，发生战争，巴蜀人数万家十余万人避乱流入荆湘二州。

308年（永嘉二年　成汉晏平三年）

晋改益州郡为晋宁郡，治建伶县（今云南晋宁县昆阳镇）。

310年（永嘉四年　成汉晏平五年）

诏遣雍州流民还乡里。流民以关中荒残，皆不愿归。征南将军山简、南中郎将杜蕤各遣兵送之，促期令发。京兆王如遂潜结壮士，夜袭二军，破之。于是冯翊（郡）严嶷、京兆侯脱各聚众攻城镇，杀令长以应之，未几，众至四五万，自号大将军、领司、雍二州牧，称藩于大成。

311年（永嘉五年　成汉玉衡元年）

正月，流入荆湘的数万家十余万户蜀人不堪当地豪强侵夺，聚众自卫。荆州刺史王澄杀流民八千余人。蜀人杜畴随后复反，湘州参军冯素与蜀人汝班有隙，言于刺史荀眺曰："巴蜀流民皆欲反。"眺信之，欲尽诛流民。流民大惧，四五万家一时俱反，推蜀中才子、醴陵令杜弢为首。杜弢自称梁益二州牧，领湘州刺史。五月，杜弢进攻长沙，追擒荀眺，并乘胜大破零陵、桂阳；东掠武昌，斩杀地方二千石长吏甚众。315年，晋将陶侃进击，杜弢军溃散。

二月，氐人苻成、隗文起兵叛晋，自宜都趋巴东。巴郡太守张罗战死，隗文等驱掠吏民，又西降成国。三巴居民一部分随隗文投了成国，一部分逃到涪陵。

312年（永嘉六年　成汉玉衡二年）

成汉将汉嘉郡撤分为沈黎、汉原二郡，仍归益州所辖。自此汉嘉郡不复再置。

301~312年（永宁至永嘉时期）

晋为安置流民和安抚士族，广置有治地无实土的侨郡侨县，侨郡几乎占了实郡的一半，侨县占了实县的三分之一。

313年（永嘉七年　建兴元年　成汉玉衡三年）

仇池大将杨茂搜乘流民反晋、蜀中混乱之机进入汉中。杨茂搜之子杨难敌占州城，自称梁州刺史。明年，汉中人张咸起兵攻杨难敌。杨难敌自知不得蜀人民心，遂引兵回仇池。

刺史王逊割建宁析新定、新兴二县，新立平乐、三沮二县，合四县为平乐郡。建兴四年宁州平乐郡太守董霸降成汉，其后晋侨置平乐郡、县于越嶲郡境内，安置平乐郡流民。

313年前后（永嘉末年前后）

吐谷浑人从阴山南下，经河套南，度陇山，至陇西枹罕（今甘肃省临夏市）西北的罕原。以此为据点，向南、北、西三面拓展，统治今甘肃省南部、四川省西北和青海省等地的氐、羌等族。

314年（建兴二年　成汉玉衡四年）

李特任李寿北取汉中，东略涪陵、巴郡，西收汉嘉、越嶲。其后，又东取巴东、建平，南略宁州。盛时，大成"东守三峡，南兼僰、爨，西尽岷、邛，北据南郑"。略有今四川中部及东部、重庆、陕西西南部及贵州东北部。

315年（建兴三年　成汉玉衡五年）

二月，晋将王敦遣陶侃、甘卓继续进讨杜弢，前后数十战，杜弢将士多死，于是向司马睿投降，司马睿以杜弢为巴东监军。但晋将犹攻之不已，杜弢降而复反。同年八月，陶侃与杜弢相攻，杜弢派王贡应战，陶侃设计降服王贡，杜弢军溃败。杜弢遁走，死于道。陶侃进克长沙。荆湘悉平。

316年（建兴四年　成汉玉衡六年）

八月至十一月，汉赵大司马匈奴人刘曜进攻长安，晋愍帝投降，西晋王朝终结。

317年（建武元年　成汉玉衡七年）

琅琊王司马睿在建康称帝，国号仍为晋，史称东晋。东晋南迁建康，巴渝舞传播到江南，成为南朝清乐的组成部分。

吐谷浑卒，长子吐延嗣位。

265～317年（西晋时期）

在巴蜀推行户调制，户调制分田租、户调两项，田租按丁课征，户调仍按户课征。这一制度在巴蜀只推行了十余年。

成都茶已居于各种饮料之首，饮茶在成都地区已成为受人们欢迎和重视的习俗。

318年（建武二年　大兴元年　成汉玉衡八年）

范长生卒。范长生，218年生，丹心（黔江）人。一名延久，又名重久，字符，自称蜀才。延熙十一年入蜀，居青城山，拥有部曲千余家，为当地五斗米道首领。范长生喜研天文术数，博学多艺，著作有《道德经注》《周易注》。史称长生博学，多艺能，年近百岁，蜀人奉之如神。范长生死后，其子范贲被李雄封为丞相。

320年（大兴三年　成汉玉衡十年）

建平夷王向弘、向璙等东至建康，拜东晋元帝，被任为折冲将军，封当平乡侯。

321年（大兴四年　成汉玉衡十一年）

始建邛崃竹林寺。南朝宋永初年间，改名为鹤林寺。唐开元年间始为禅寺，时又名古竹院。宋朝绍兴年间，更名为报恩光孝禅寺，后来又恢复鹤林寺名。

323年（永昌二年　太宁元年　成汉玉衡十三年）

越嶲斯叟反，宁州秀才庞遗起兵响应，攻围镇南将军任回、越嶲太守李谦，成汉遣将军费黑率军援救。六月，费黑击败越嶲斯叟。咸和元年（326）夏，斯叟破。咸和二年，成汉越嶲太守李谦移越嶲郡民于蜀。

324年（太宁二年　成汉玉衡十四年）

道士李脱因"造作妖书"，被斩于建康市。李脱，蜀郡人，李家道重要成员，自称"李八百"。初活动于什邡、绵竹一带，后在金堂山龙桥峰下炼丹。大约在西晋末年益州发生动乱时离开蜀中。李脱被蜀人尊为紫阳真人，位列蜀中八仙之一。

325年前后（太宁三年前后　成汉玉衡十五年前后）

常宽卒于交州（今越南河内）。常宽，字泰恭，蜀郡江源（崇州）人。治《毛诗》《三礼》《春秋》《尚书》，尤耽意《大易》，博涉《史》《汉》。著《典言》五篇、《蜀后志》及《后贤传》，续陈寿《益部耆旧传》。

329年（咸和四年　成汉玉衡十九年）

吐谷浑人首领吐延被昂城（今阿坝境）羌酋姜聪刺死。其长子叶延在沙州建立总部，仿照汉族帝王传统，开始建立政权，初步形成了一套简单的管理国家的政治机构。

332年（咸和七年　成汉玉衡二十二年）

秋，大成大将军李寿攻宁州。

333年（咸和八年　成汉玉衡二十三年）

正月，李寿取晋宁州，尽有南中之地，仅牂牁太守谢恕仍保境为晋。明年三月，大成将宁州的兴古、永昌、牂牁、越嶲及夜郎等郡析出另置交州，以霍彪为宁州刺史，爨琛为交州刺史。加上建宁太守孟彦，霍、爨、孟氏族便成为南中势力最大的三大姓。爨琛势力逐渐强大，占据云南、贵州、四川的部分地方自立为王，重点统治云南滇池一带。

334年（咸和九年　成汉玉衡二十四年）

六月，李雄病死。李雄死后子侄争夺帝位，以至兵戎相见。先李雄侄李班继位，十月，李雄子李期杀李班继位。明年九月，李班舅父罗演与汉王（李寿）、上官澹合谋杀李期，事情败露，李期反杀罗演、上官澹及李班母罗氏。李期自以得志，轻待旧臣，由是纲纪隳紊，大成开始衰落。

336（咸康二年　成汉玉恒二年）

东晋广州刺史邓岳派兵攻克夜郎和兴古，随即兼督宁州。

337年（咸康三年　成汉玉恒三年）

彭州城北口始建龙兴寺。龙兴寺初名大空寺，南朝陈永定二年（558）志公禅师扩建寺院，武则天天授二年（691）更名大云寺，唐玄宗开元六年（718）诏号龙兴寺。唐武宗会昌五年（845）预知禅师重建龙兴寺。

338年（咸康四年　成汉汉兴元年）

李寿起兵涪陵，克成都，废李期，自立为帝，建元汉兴，改国号为汉，史称成汉，也称后蜀，据今四川东部和云南、贵州的一部分。时巴蜀地区置有益州（蜀郡、汉源郡、犍为郡、汶山郡、汉嘉郡、沈黎郡）、梁州（梓潼郡、广汉郡、德阳郡、涪陵郡、巴西郡、宕渠郡、阴平郡、汉中郡）、荆州（巴郡、巴东郡）、安州（朱提郡、牂牁郡、夜郎郡、越嶲郡、平乐郡）。

339年（咸康五年　成汉汉兴二年）

三月，邓岳又袭宁州，成汉建宁太守孟彦执获霍彪降晋，于是宁州又归晋有。孟彦降晋后又被李雄所杀，霍、孟二氏火拼而同归于尽，南中大姓仅存爨氏一家。随着东晋伐灭成汉继而偏安江左无所作为，爨琛"遂王蛮夷"。爨氏统治历时四百多年。

340年（咸康六年　成汉汉兴三年）

李寿遣其镇东大将军李奕征牂牁。为使晋不得牂牁之民，李寿引僚入蜀。"蜀本无僚，诸僚始出巴西、渠川、广汉、阳安、资中、犍为、梓潼，布在山谷，十余万落，攻破郡县，为益州大患"，迫使巴蜀原有居民大批外迁。以少数民族为主的关西六郡流民和僚人成为巴蜀的主要居民，巴蜀地区的人口、民族构成发生重大变化。桓温定蜀后，大巴山地区由于汉族流的僚人逐渐汉化。渠江流域到隋唐时与汉族融合，而岷江、沱江下游的僚人与汉族的融合到南宋才基本完成。而长江以南的僚人，直到唐末，仍与汉族和其他民族杂居。

343年（建元元年）

李寿病死，其子李势继位，改元太和。李势势弱，僚人失控，成为益州大患。加之饥荒，成汉境内遂至萧条。

338~343年（成汉汉兴年间）

李寿以郊甸未实、都邑空虚为由，徙旁郡户三丁以上以实成都。
李寿兴尚方御府，发州郡工巧以充之，广修宫室，引水入城，务于奢侈。又广太学，起宴殿。

346年（永和二年　成汉嘉宁元年）

十一月，东晋大将桓温率军沿江直上伐蜀。

347年（永和三年　成汉嘉宁二年）

三月，桓温克成都。李势逃至晋寿（今广元）请降，成汉灭亡。
七月，范贲被拥立为帝。
桓温入成都，"怒其（少城）太侈，焚之"，仅留下武侯祠以示对诸葛亮的尊崇。东晋据蜀七十三年，实际直接统治仅四十七年。

349年（永和五年）

四月，范贲被东晋益州刺史周抚、龙骧将军朱焘击杀，蜀地渐安。

351年（永和七年）

桓温平蜀后复置梁、益二州。时东晋在巴蜀地区置益州（蜀郡、宁蜀郡、晋原郡、犍为郡、汶山郡、江阳郡、东江阳郡、越巂郡、平乐郡、沈黎郡）、梁州（梓潼郡、晋寿郡、广汉郡、晋熙郡、遂宁郡、涪郡、巴郡、巴西郡、宕渠郡、北巴西郡、新巴郡、汉中郡）、荆州（巴东郡、建平郡）和秦州的阴平郡。

352年（永和八年）

以三蜀流民置宁蜀郡，属益州，治广都（今双流）。北周废。

361年（升平五年）

常璩卒。常璩，字道将，生于蜀郡江原小亭乡（今崇庆三江镇），著名史学家。初仕成汉，李势灭后，为桓温参军，随至建康。曾撰《梁益二州地志》《巴汉志》《蜀志》《南中志》等书。入晋后，常璩居都城建康。东晋朝廷重中原故族，轻慢蜀人。时常璩已老，又受歧视，遂怀愤翻出旧作，改写成《华阳国志》。《华阳国志》最初叫《华阳国记》，成书于永和四年（348）至永和十年（354）之间。该书是记述巴蜀地区历史与地理的著作，也是中国现存最早以"志"命名的方志。

365年（兴宁三年）

释道安派弟子法和入蜀传道，说蜀中"山水可修闲"。法和，荥阳人，以恭让知名，入蜀后，巴汉之士，仰慕其德者成群。法和在蜀十四年，对巴蜀佛教的发展起了奠基的作用。

371年（太和六年　咸安元年）

三月，前秦苻坚派遣西县侯苻雅进伐仇池杨氏，并伺机向巴蜀地区扩展。四月，前秦攻破仇池国，苻坚"徙其氐民于关中，空百顷之地"，前仇池国亡。吐谷浑辟（碎）奚随仇池氏王向前秦称臣，被封为安远将军、漒川侯。是时，吐谷浑已控制了川西高原东部。

373年（宁康元年）

冬，苻坚遣益州刺史王统、秘书监朱彤率兵二万出汉川（今汉水），前禁将军毛当、鹰扬将军徐成率兵三万出剑门，进攻梁、益二州。东晋梁州刺史杨亮率领巴僚一万余人迎战。杨亮不敌，徐成占领剑阁。十一月，秦将杨安攻克梓潼。东晋益州刺史周仲孙率骑兵五千逃往南中。前秦攻克梁、益二州。秦王苻坚以杨安为益州牧，镇成都，毛当为梁州刺史，镇汉中。梁、益二州归入前秦版图，境内的邛、筰、夜郎等国也都归附于前秦。

374年（宁康二年）

五月，蜀人张育、杨光聚众二万，起兵反秦。张育自称蜀王。巴僚首领张重、尹万合兵万余人响应，围攻成都。六月，张育改年号"黑龙"。七月，张育与张重争权，发生内讧，举兵自相残杀。九月，杨安在成都重创张重、尹万，张重战死，部众二万余人被斩。邓羌又在锦竹出击张育、杨光，斩张、杨二人。张育反秦失败。后人为纪念张育，即于梓潼郡七曲山建祠，尊奉其为雷泽龙王。张育即传称张亚子。由于张育自称蜀王，故名其神为梓潼帝君，成为道教的一方神圣。唐僖宗幸蜀后，张育被封为济顺王。元代又被封为文昌帝君，司文事，主科举考试。

377年（太元二年）

春，西南夷遣使入前秦，向秦纳贡，以示臣服。

383年（太元八年）

八月，前秦苻坚令姚苌督梁、益二州军事，率领水陆军从巴蜀沿江而下伐晋。桓冲率十万晋军控制长江中游，阻止秦巴蜀军东下。

384年（太元九年）

五月，东晋派梁州刺史杨亮率众五万伐蜀，遣巴西太守费统率三万水陆兵为前锋。杨亮屯兵巴郡。前秦益州刺史王广派巴西太守康回等率兵迎战。康回兵屡败。七月，康回退保成都。秦、晋在蜀地相持不下。

姚苌起兵反秦，自称大将军、大单于、万年秦王，史称后秦。386年，后秦姚苌在长安即帝位。

385年（太元十年）

四月，蜀郡太守任权率兵攻成都，前秦益州刺史王广率部奔还陇西，蜀人随之者三万余人。益州重归东晋。

第九代仇池公杨定叛后秦，奔上邽，收复仇池故地，建后仇池国。明年，杨定称龙襄将军、平羌校尉、仇池公，定都于历城（今甘肃西和北川及西峪坪），称藩于东晋王朝。四年后占领了天水、略阳、陇城、翼城等地，自号陇西王。

390年（太元十五年）

东晋撤晋寿县置晋寿郡，郡治位于今旺苍县东河镇冯家坝。辖管晋寿县。

394年（太元十九年）

杨定被乞伏乾归所杀，其堂弟杨盛继位。

398年（隆安二年）

北魏封杨盛为仇池王。

399年（隆安三年）

净土宗高僧慧持由庐山经荆州入蜀，住郫县龙渊寺。慧持，俗姓贾，释道安弟子，雁门楼烦（今山西代县）人，东晋时高僧。

405年（义熙元年）

参军谯纵受胁迫在巴郡领兵反晋。明年领兵入据成都，杀东晋益州刺史毛璩，自称成都王。谯纵据蜀称王时，其侄道福极其凶暴残忍，进入寺院大开杀戒，人马浴血。

406年前后（义熙二年前后）

天竺僧人昙摩掘义（智洗禅师）护送佛舍利来彭州，在龙兴寺建舍利塔。

407年（义熙三年）

氐王杨盛以平北将军苻宣为梁州督护，将兵入汉中，秦梁州别驾吕莹等起兵应之。刺史王敏攻之，吕莹等求援于杨盛，杨盛遣军临洴口，王敏退屯武兴。杨盛复通于晋，晋以杨盛为都督陇右诸军事、征西大将军、开府仪同三司，杨盛以苻宣为梁州刺史。

409年（义熙五年）

谯纵投后秦，被封为蜀王。谯纵之蜀，史称西蜀（405～413），亦称后蜀。

411年（义熙七年）

吐谷浑树洛干伐南凉，败南凉太子虎台，势力越趋壮大，疆土东至洮河、龙涸（今松潘），西达赤水、白兰，北界黄河，南至大积石山。北望南凉，东接西秦。

413年（义熙九年）

七月，东晋刘裕遣朱龄石率军攻成都，谯纵弃城，走投无路自杀，朱龄石占领成都，西蜀亡，谯纵之乱遂平。谯纵据蜀共八年。

414年（义熙十年）

爨龙颜任建宁太守，达到了极盛时代，有"剖符本邦，衣锦昼游，民歌其德，士咏其风"之喻。

西秦乞伏炽磐出兵灭南凉，复称秦王。继又将势力进入今四川省西部羌族之地。

417年（义熙十三年）

西秦乞伏炽磐率军大败吐谷浑树洛干及其弟阿豺，树洛干退保白兰，愤而发疾卒。阿豺继立，自号骠骑将军、沙州刺史，并乘西秦与北凉不断战争之机，夺回沙州、浇河旧地，继而向西北扩展到弱水（今甘肃省张掖河）南，向南扩展至龙涸、平康（今黑水县芦苑镇北）。派使至建康，通贡于刘宋，被刘宋封为沙州刺史、浇河公。

419年（元熙元年）

西秦乞伏炽磐遣军击败弱水南吐谷浑别部觅地，阿豺遂于永初二年（421）遣使降于西秦。

420年（永初元年）

刘裕废晋，定国号为宋，史称刘宋。刘宋统治巴蜀共五十九年。宋在巴蜀设梁、益二州，统二十五郡。时巴蜀地区置有益州（蜀郡、宁蜀郡、广汉郡、巴西郡、梓潼郡、巴郡、遂宁郡、西遂宁郡、江阳郡、越巂郡、汶山郡、南阴平郡、北阴平郡、南阳郡、犍为郡、晋熙郡、武都郡、南晋寿郡、晋原郡、新城郡、东江阳郡、沈黎郡、西宕渠郡），梁州（晋寿郡、新巴郡、北阴平郡、巴渠郡、北巴西郡、宋熙郡、白水郡、东宕渠郡、宕渠郡、归化郡、南安郡、汉中郡）、荆州（巴东郡、建平郡部分）。刘宋统治期间，巴蜀地区州、郡、县的建置和更改频繁，建置过密，比东晋时郡数增加了一倍，县数增加了两倍，郡县之辖境越来越小，有的一郡一县，有的有郡无县。加上侨郡侨县不断增多，建置十分混乱。郡县混乱、侨实不明、虚实难分、荒侨莫辨是刘宋时巴蜀地区建置的一大特点。时侨郡有怀宁郡、始康郡、安固君、南汉中郡、南新巴郡、宋兴郡、宋宁郡、南宕渠郡、怀汉郡。

刘宋置宋熙郡，治兴乐县（今旺苍县嘉川镇嘉川坝），领兴乐、嘉昌（今旺苍县国华镇国华场）二县，隶梁州。隋文帝开皇三年（583）废宋熙郡。

220～420年（魏晋时期）

巴蜀史学蓬勃兴盛，独秀于当时的中国史坛，产生了一大批史家，如谯周、常璩、陈寿、来敏、陈术、杨戏、王崇、常宽、赵宁、黄容、杜龚等。

陈术在世。陈术，字申伯，汉中人。史学家，少有才学，博学多闻，著《释部》七篇、《益部耆旧传》及《志》。历任三郡太守。

赵宁在世。生卒年不详。三国时史学家，著有《乡俗记》。

黄容在世。生卒年不详。巴西人，蜀郡太守，好述著，著《家训》《梁州巴纪》《姓族》《左传钞》，凡数十篇。

杜龚在世。杜龚，字敬脩，著有《蜀后志》。

前206～420年（汉晋时期）

摩沙夷大都已经进入父系氏族公社，有的已经是部落联盟了，如汉源地的牦牛王、盐源地的摩沙夷豪帅等。其内部的发展很不平衡，史书称曰："氏族无定，或以父名母姓为种号。""贵妇人，傥母族。""父名母姓"的情况普遍遗留着。

424年（景平二年　元嘉元年）

四月，秦王乞伏炽磐遣镇南将军吉毗等率步骑一万，南伐白苟、车孚、崔提、旁为四国，皆降之。

昙摩蜜多辗转入蜀，旋又出三峡，到荆州。昙摩蜜多，译名法秀，生于355年，卒于442年，罽宾人。昙摩蜜多"沉邃有慧解，仪轨详整"，既传禅，又译经，受朝野人士敬重。

424年以后（元嘉元年以后）

自元嘉以后，历代王朝设立农坛，皆祀嫘祖为先蚕。人称嫘祖为"蚕姑"，立庙祀之。

425年（元嘉二年）

七月，秦王乞伏炽磐遣镇南将军吉毗等南击黑水羌酋丘担，大破之，丘担降。

仇池王杨盛卒，其子杨玄立；明年杨玄卒，其子杨保宗立，429年杨保宗被杨玄的弟弟杨难当所废，杨保宗逃亡，杨难当自立为武都王，称臣于南朝宋。

成都万佛寺石刻造像已经开凿。石刻造像纪年一直延至唐大中元年（847），其中弥勒净土变石刻为已知南朝有纪年造像中最早的一件。万佛寺造像具有较浓厚的地方特色，一是题材方面，它大部为释迦立像和观音立像，很少有北方流行的释迦多宝并坐像、交脚弥勒像、思惟像及双观音像。二是装饰和布局方面更有显著的差别。

426年（元嘉三年）

吐谷浑国王阿豺病卒，传弟慕璝，刘宋封慕璝为陇西公、陇西王。慕璝与北凉卢水胡沮渠蒙逊、夏国铁弗匈奴赫连定及刘宋联合，共同以抗西秦。

427年（元嘉四年）

山羌叛秦。二月，秦王乞伏炽磐遣左丞相昙达招慰武始诸羌，又遣征南将军吉毗招慰洮阳诸羌。羌人执昙达送夏；吉毗亦为羌所击，奔还，士马死伤者十之八九。十月，秦以骁骑将军吴汉为平南将军、梁州刺史，镇南漒。十一月，魏主遣司马公孙轨兼大鸿胪，持节策拜杨玄为都督荆梁等四州诸军事、梁州刺史、南秦王。十二月，秦梁州刺史吴汉为群羌所攻，率二千户还于枹罕。

431年（元嘉八年）

赫连定灭西秦，旋为慕瞶击溃被擒。

432年（元嘉九年）

仇池大饥，益、梁州丰稔，梁州刺史甄法护在任失和，氐帅杨难当因此入汉中夺粮。七月，流民许穆之诈称晋宗室司马飞龙，得氐王杨难当资以兵力，又招募蜀人，共得千余人。遂攻杀巴兴令，驱逐阴平太守，刘道济派兵击斩许穆之。

武城（今中江）人赵广等假司马飞龙之名聚众千人反，连下广汉、涪城（今绵阳）等地。赵广拥程道养为蜀王，建元泰始，置百官，从众十余万。

433年（元嘉十年）

闰三月，益州刺史刘道济免吴兵三十六营以为平民，分立宋兴、宋宁二郡，寄治成都。

四月，氐族首领杨难当进兵汉中，文帝刘义隆起用萧思话为梁、南秦二州刺史，平定汉中，在葭萌水（今广元）一带设立戍守。九月，杨难当闻刘宋新任梁、南秦二州刺史萧思话尚未到任，而原刺史甄法护即将去职东下，举兵袭梁州，破白马，获晋昌太守张范，败法护参军鲁安期等；又攻葭萌，获晋寿太守范延朗。冬，十一月，法护弃城奔洋川之西城。杨难当遂有汉中之地，以其司马赵温为梁、秦二州刺史。

434年（元嘉十一年）

春，正月，杨难当以克汉中告捷于魏，送雍州流民七千家于长安。萧思话至襄阳，遣横野司马萧承之为前驱。承之缘道收兵，得千人，进据磝头。杨难当焚掠汉中，引众西还，留赵温守梁州；闰三月，刘宋梁州刺史萧思话大破仇池兵，重新夺回梁州。

成都女子，从西域禅师畺良耶舍之劝，出家为尼，是为释昙辉。释昙辉，繁县人，本姓青阳，名白玉。学修观行，声名远播。受邀至南充会法，年仅二十一岁。后德行既高，门徒日众，遂自营塔庙。

436年（元嘉十三年）

六月，赵广拥奉的蜀泰始王程道养被南朝宋遣宁朔将军萧汪击溃，再次逃入广汉山谷中。明年四月，赵广向刘宋投降，其将领王道恩袭杀程道养，投降刘宋。

437年（元嘉十四年）

释智猛从天竺求法归来，由凉州入蜀。智猛，雍州京兆府新丰县人，少年出家，听外国僧人讲天竺国有佛祖遗迹和《方等》等大乘经，便集合了十五名志同道合者赴天竺游历。后有九人退出，一人卒于途中。他们到佛祖故乡迦罗卫国，见到佛发、佛牙以及佛祖肉髻骨，还有佛祖圆寂的桫椤双树林，佛祖智力降魔的菩提道场，佛祖自三十三天降还人间的天梯及许多佛祖留下的行迹。后智猛回国，写下《游行外国传》，并译出《泥洹经》二十卷。元嘉末卒于成都。

441年（元嘉十八年）

十月，氐王杨难当倾国侵宋，谋据蜀土梁、秦二州。十一月，杨难当攻拔葭萌（今剑门），围涪城。巴西、梓潼二郡太守刘道锡将率文武，尽心固守。杨难当攻之十余日，不克，俘雍州流民七千余家还于仇池。十二月，刘宋遣龙骧将军裴方明、太子左积弩将军刘康祖、后军参军梁坦甲士三千人，又发荆、雍二州兵讨伐杨难当。

442年（元嘉十九年）

五月，裴方明等至汉中，长驱而进，直捣武兴，攻下辨，取白水，克仇池。

443年（元嘉二十年）

仇池政权灭亡后，杨文德于葭芦（今武都外纳乡）建武都政权，史称武都国。传二代四主，历三十四年。武都国的领土在仇池国的东南部，东据今陕西略阳以东，西界邓至（今南坪），南有平武，北邻宕昌。

447年（元嘉二十四年）

杨文德招纳氐、羌人口，被北魏所攻占的武都等五郡氐皆附之。

448年（元嘉二十五年）

魏将皮豹子率大军攻占武都北部地区，将武都郡治由下辨迁到今武都城关旧城山。杨文德流亡南朝刘宋汉中，刘宋发大军助文德反攻，复立武都国。

424～453年（元嘉年间）

吐谷浑慕利延世子琼对从西域返回的高僧慧览极为敬崇，"遣使并资财，令于蜀立左军寺。览即居之"。慧览，俗姓成，酒泉人。

释法成入蜀至涪城，后卒于广汉。法成，凉州人，十六岁出家，学通经律。不饵五谷，唯食松脂。隐居岩穴，习禅为务。

454年（孝建元年）

十一月，荆州刺史刘义宣胁迫杨文德反刘宋，杨文德不从，被杀，其侄杨元和被刘宋政权立为武都王，建都于白水。466年，杨元和投归北魏，杨文德的从弟杨僧嗣称武都王。473年，杨僧嗣死，杨文度即位，自称武兴王。遣使降北魏，魏以文度为武兴镇将。

458年（大明二年）

立爨龙颜碑于今云南省曲靖地区陆良县马街薛官堡（旧贞元堡）。爨龙颜碑全称为"宋故龙骧将军护镇蛮校尉宁州刺史邛都县侯爨使君之碑"。碑文追溯了爨换家族的历史，记述了爨龙颜的事迹，为后人研究爨氏家族及晋南北朝时代的云南历史提供了宝贵的资料。

459年（大明三年）

二月八日，僧庆于蜀城武担寺西对其所造净名像前焚身供养，死时仅二十三岁。僧庆，巴西安汉人，全家信五斗米道，唯其信佛。十三出家至义兴寺修行，先为见佛已舍三指。

461年（大明五年）

吐谷浑拾寅遣使献善舞马、四角羊。皇太子、王公以下，上《舞马歌》者二十七首。

457~464年（大明年间）

建平蛮向光侯进犯三峡地区，巴东太守王济、荆州刺史朱修之遣军讨之。向光侯逃向清江。时巴东、建平、宜都、天门四郡蛮为寇，诸郡人户流散，百不存一。

465年（永光元年）

道汪法师卒于武担寺。道汪，俗姓潘，长乐人。幼随叔在京师，年十三投庐山远公出家。蔬食数十余年。刘宋时入蜀，后迎住武担寺为僧主。入蜀后化行，为历任益州刺史所敬重。后往成都祇洹寺。研综经律，雅善《涅槃》。

469年（泰始五年）

十二月，刘宋明帝分益州之巴郡、巴西、梓潼，荆州之巴东、建平五郡置三巴校尉，领巴郡太守，治白帝。

471年（泰始七年）

萧惠开卒。萧惠开，423年生，南朝宋散文家，初名慧开，南兰陵（今江苏常州西北）人。少有风采气度，涉猎文史。历任秘书郎、太子舍人、益州太守。原有集，已佚。《全上古三代秦汉三国六朝文》存其文二篇。

465~471年（泰始年间）

巴建蛮向宗头反，刺史沈攸之断其盐米，连讨不克。

474年（元徽二年）

巴、峡流民入湘。湘州刺史王僧虔为安置巴峡流民，上表割益阳、湘西、罗县三县地置新县，因其居湘水之南，故名湘阴，隶长沙内史。

道法禅师在定中入灭，卒于成都。道法，敦煌人，专精禅思。后云游成都，主持兴乐、香积二寺，领众有方，严于律己，不受别请，不预僧食。乞到的饮食减施虫鸟，夜晚脱衣露坐，以饲蚊蚋。

475年（元徽三年）

法献自建康西行礼佛，西游巴蜀。法献，俗姓徐，生于西海郡延水县。他是继法显、智猛、宝云等之后又一位西行求经的僧人。

477年（元徽五年　升明元年）

十月，武都王杨文度遣其弟杨文弘攻陷北魏所占的仇池；十一月，北魏将皮欢喜等领军四万人攻杨文弘。刘宋向杨文度加授都督北秦、雍二州诸军事。十二月，魏将皮欢喜攻陷葭芦，斩杨文度。武都国灭亡。

478年（升明二年）

杨文度死后，其弟杨文弘建武兴国并奉表向北魏谢罪，北魏以杨文弘为南秦州刺史、武兴王。六月，刘宋亦任命辅国将军杨文弘为北秦州刺史，封武兴王。在武兴国建国的同时，北魏封杨难当族弟杨广香为阴平公，建阴平国，以阴平（今甘肃文县）为都城。

479年（升明三年　建元元年）

三月初二，刘宋顺帝任命太傅萧道成为相国，给封地十郡，号称齐公。四月，顺帝颁诏禅位于萧道成。萧道成在建康登基称帝，是为齐高帝。改国号为齐，改元建元，史称南齐或萧齐。南齐统治巴蜀地区共二十四年。

481年（建元三年）

五月，邓至王像舒治遣使内附，北魏孝文帝拜龙骧将军、邓至王后又拜西凉州刺史。

阴平公杨广香卒，其子杨炅嗣位。

482年（建元四年）

氐王杨文弘卒，杨后起继位。九月初十，北魏任命杨后起为武都王，任命杨文弘的儿子杨集始为白水太守。不久，杨集始自立为氐王，后被杨后起击败。

479～482年（建元年间）

齐高帝萧道成命益州刺史傅琰扩建刘备庙，在庙内树立诸葛亮、庞统及关、张等人的塑像。这次修复后，刘备庙演变为官府承认的、对外开放的名胜古迹景点。

483年（永明元年）

二月初二，南齐武帝任命征虏将军杨炅为沙州刺史，封阴平王。阴平国介于今四川、甘肃之间。约在此时，国都移治沙州之平兴（白水）。

巴建蛮向宗头与黔阳蛮田豆渠等五千人为寇，巴东太守王图南遣府司马刘僧寿等斩山开道，攻其寨，向宗头夜烧寨退走。

485年（永明三年）

南齐于益州置平蛮校尉，专管梁、益二州的僚人。

490年（永明八年）

益州行事刘悛上言："蒙山下有严道铜山，旧铸钱处，可以经略。"上从之，遣使入蜀铸钱。顷之，以功费多而止。

493年（永明十一年）

邓至王像舒治遣子像舒旧朝北魏，求以位授像舒旧，诏许之。

494年（隆昌元年　延兴元年　建武元年）

益州刺史刘季连迁望帝祠于郫县，与原祀于郫县的丛帝合祀，称望丛寺。以原庙改祀李冰，初名崇德庙，后亦有江渎庙、李公庙、王庙、秦太守李公祠、真常道院、川主庙、显英王庙、二王宫之称。497年，仅塑李冰石像一尊。五代后蜀以后，李冰父子相继被敕封为王，972年增塑二郎像。清初更名"二王庙"。

495年（建武二年）

北魏仇池镇将拓跋英入侵汉中，大败南齐梁州刺史萧懿，进围南郑。萧懿遣氐人杨元秀到仇池，煽动氐人反魏，断拓跋英的粮道和退路。拓跋英率军且战且行。魏军全军回到仇池，然后派兵讨平诸氐。拓跋英因功升为安南大将军，赐爵广武伯。这期间，宗族杨馥之等助南齐政权进攻杨集始，迫杨集始走保下辨，依附于北魏政权。杨馥之则进占武兴地区。

释法琳卒。法琳，姓乐，晋原临邛人。少出家，止蜀郡裴寺。专好戒品，研心《十诵》。

497年（建武四年）

氐帅杨灵珍与弟杨婆罗、杨阿卜珍率部三万余人，叛魏归齐，并送母、子为质，受到南齐重用。当年八月，杨灵珍进攻杨集始，杀死其弟杨集同和杨集众，迫使杨集始一道降齐。九月，北魏李崇部进攻杨灵珍，大败杨灵珍，并俘获杨灵珍妻子，杀其弟杨婆罗、杨阿卜珍，重据武兴。

500年（永元二年）

武兴氐王杨集始寇汉中，至白马。梁州刺史阴智伯遣军主桓卢奴、阴冲昌等击破之，俘斩数千人。杨集始走还武兴，请降于北魏。北魏以集始为南秦州刺史、汉中郡侯、武兴王，使归守武兴。502年萧衍又封之为武兴王。503年病卒。

500年前后（永元二年前后）

武侯祠迁至惠陵旁。惠陵，即刘备陵寝，名汉昭烈庙。

450~500年（宋齐之间）

蒙醋醋八世孙泥月乌在今宁蒗逐吐蕃而居之。

479~502年（南齐时期）

南齐分朱提郡为南、北二郡。南朱提郡领朱提、堂琅、汉阳、南秦，北朱提郡领汉阳、义城（今彝良、大关、盐津、水富、绥江一带）。494年又将南朱提郡分置出东朱提郡，领汉阳、南秦。

释昙凭在成都龙渊寺造铜钟，有八音四辨，这是蜀地铸造铜钟之始。释昙凭，犍为南安（今乐山）人，姓杨。少游京师学转读，止白马寺。

502年（天监元年）

四月，萧衍代齐称帝，国号梁，史称萧梁。梁以邓元起代刘季连为益州刺史，巴蜀归梁。梁实行州统郡，郡辖县。蜀中计有州二十一，郡五十七。梁朝统治巴蜀地区共五十二年。

十月，武兴氐人杨集起、杨集义兄弟拥杨集始的长子杨绍先为武兴国皇帝。

邓至羌像舒彭被封为督西凉州诸军事，进号安西将军，封邓至王。

释僧副入蜀，蜀中禅法自此大行其道。僧副，464年生，俗姓王，太原祁县人。524年寂于金陵开善寺，年六十一。

504年（天监三年）

北魏宣武帝诏邢峦前去安抚，邢峦到汉中后，先后平定了秦、梁二州，又新立巴州。邢峦平定巴西，攻取十四郡县，扩地"东西七百，南北千里"。闰十二月，南梁秦、梁二州行事夏侯道迁投降北魏。

506年（天监五年）

正月，氐酋杨集义围关城，邢峦遣建武将军傅竖眼讨之，杨集义败走，傅竖眼乘胜逐北，克武兴。执杨绍先，送洛阳。杨集起、杨集义逃走，遂灭其国，以为武兴镇。又设东益州，领武兴、仇池、盘头、广长、广业、梓潼、洛聚七郡。

北魏大将刑峦与梁军在石亭大战，杀利州守李义之，魏军火烧石亭邑城。

507年（天监六年）

十月，梁、秦二州刺史羊祉遣左校令贾三德领徒万人、石工百人，修治自回车至褒谷的栈道两百余里。回车道新线将褒斜道北段改为北连陈仓故道北段，南越紫柏山、柴关岭至回车而后接秦汉褒斜道南段，其路线大致相当于今宝汉公路线。这是汉晋褒斜道线路一次比较重大的变化。至509年正月完工。完工，刻《石门铭》于褒斜道石门东壁。据王远《石门铭》记述，北魏时的栈道"阁广四丈，道广六丈"。

508年（天监七年）

建康高僧慧韶卒于成都龙渊寺摩诃堂。慧韶，俗姓陈，本颍川太丘之后。十二岁厌世出家，梁武帝时入蜀。于成都龙渊寺讽诵《涅槃》。

514年（天监十三年）

魏宣武帝命高肇为平蜀大都督，率步骑十五万，分四路伐蜀。

515年（天监十四年）

吐谷浑请立九层佛寺于益州，诏许焉。

516年（天监十五年）

冬十二月，释明达随始兴王刘浚还荆州，卒于江陵。明达，康居僧人。天监初自西域入蜀，化行巴峡，又在梓州牛头山建寺传佛。

518年（天监十七年）

正月，梁武帝鉴于民众流散日众，下诏曰："逋叛之身，罪无轻重，并许首出，还复民伍。"同时又提出凡天下之民有流移他境者，在天监十七年以前，可开恩半岁，悉听还本乡，蠲课三年。

北魏亦封杨炅为阴平王。

521年（普通二年）

萧纶为安岳普慈招隐寺书写《刹下铭》，是为安岳石刻碑文之始。安岳石窟开凿始于南梁，盛于唐宋两代，延续至明清直到民国，为民间结社造像，其中以佛教石窟为主，也有部分道教造像，三教合一的造像也不在少数。

522年（普通三年）

设置绳州，领汶山、北部二郡。北周武帝保定四年（564），改绳州为汶州。

526年（普通七年）

北周在南宁州东北部分置恭州，辖今昭通市、东川区和曲靖市会泽县，治所昭通。北周时期，北魏已设置宁州于彭元（甘肃境内），遂将南中宁州改称为南宁州。

527年（普通八年）

郦道元卒。郦道元，字善长，古范阳涿县（今河北省高碑店市）人，北魏地理学家、散文家。他一生对我国的自然、地理做了大量的调查、考证和研究，撰写了地理巨著《水经注》，其中关于三峡的叙述十分生动。

530年（中大通二年）

六月，生活在松潘境内的白马岭、龙涸一带的白马龙涸羌首领王庆云率部占据秦州略阳郡，并在境内建都，称水洛城（今甘肃秦安县水洛镇）。秋七月，北魏将尔朱天光平水洛城，擒庆云，坑其城民一万七千。

杨绍先趁着北魏内乱逃回武兴，再次自立为王，旋向北魏、南梁称臣纳贡。杨绍先晚年，武兴国仅据略阳、青川两城之地。

533年（中大通五年）

宁州（今贵州境内）地方豪强，爨瓚以其地降于北周，被北周授为南宁州刺史。死后，其地分东、西爨，两爨大致以今云南大关（或谓曲靖）至建水一线为界，界东为东爨，界西为西爨。

386~534年（北魏时期）

广元已经开始开凿千佛崖摩崖造像。千佛崖在广元市城北嘉陵江东岸，始建于南北朝，迄清咸丰年间。据清咸丰四年碑刻题记"全崖造像数一万七千有奇"。现存龛窟四百余个，造像七千余躯，为四川省境内规模宏伟的石窟群。其石刻作品，雕刻精细，造型优美，具有独特的艺术风格。

535年（大同元年）

武兴王杨绍先卒，其子杨智慧率四千户投梁，其孙杨辟邪留在武兴，后投魏，被任为东益州刺史，武兴国亡。北魏以基地置镇。梁武帝收复汉中，阴平公杨法琛降附梁。冬月，北魏东梁州刺史元罗降梁，南梁再度占据梁州。

536年（大同二年）

废巴渠郡，置万州，辖开巴郡、新安郡、万荣郡等七郡。

537年（大同三年）

武陵王萧纪置嶲州。辖境相当今冕宁、越西、美姑以南，金沙江以西以北，盐源、盐井以东地区。

535~546年（大同年间）

置泸州，领江阳郡。江阳郡领江阳县（治今江阳区）、汉安县（治今纳溪区大渡口镇）、绵水县（治今长宁县北）、安乐县（治今合江县合江镇）。州、郡同治。隋开皇三年（583），废。

置东巴州，故治在今南江县南江镇。

548年（太清二年）

侯景之乱爆发，宁州刺史奉命救援京师。爨瓒乘机据有其地，并有诸部，延袤二千余里。爨氏自袭宁州刺史，历晋末、南北朝至隋初。

502~549年（梁武帝年间）

梁武帝在位期间大兴佛教，采取各种各样的形式和手段抬高佛教的地位，几乎以佛教治国。历任益州刺史大多信奉佛教，佛教在蜀中逐渐兴盛。

复置巴渝舞。巴渝舞完全变成庙堂祭祀乐舞。梁武帝把舞者从十二人减为八人。伴奏乐器以铜鼓为主，配合击磬、摇鼗、抚琴。舞曲有《矛渝》《弩渝》《安台》《行辞》等四篇歌曲。

550年（大宝元年）

阴平王杨法琛攻占广元，领域向南扩大，但此后国势转衰。

梁武陵王萧纪于巴郡置楚州，治巴县。辖境相当今重庆市江北以南、江津以东、涪陵以西地区。

萧纪置邛州，治依政县。

552年（萧纪天正元年　西魏废帝元年）

四月，益州刺史武陵王萧纪在成都称帝，改元天正。时萧纪已辖有益、梁、秦、潼、安、泸、青、戎、宁、华、信、渠、万、江、新、巴、楚、义十八州。萧纪，字世询，南兰陵人，武帝第八子。少勤学，有文才，属辞不好轻华，甚有骨气。原有集，已佚。《先秦汉魏晋南北朝诗》存其诗六首。

553年（萧纪天正二年　西魏废帝二年）

三月，西魏宇文泰派大将尉迟迥率军出散关攻梁之益州。五月，萧纪进兵至西陵，屡战不利，七月兵败，死于峡口。六月，尉迟迥围攻成都，守军降。西魏据蜀后，将巴蜀调整为三十州七十二郡。西魏治蜀仅四年。

西魏置龙州，治所在江油郡江油县，辖境相当于今平武县及青川县、江油市部分地区。

554年（西魏废帝三年　西魏恭帝元年）

八月，西魏宇文泰使侍中崔猷开梁汉旧路。崔猷凿山湮谷五百余里，至于梁州，亦即褒斜道。

邓至王檐衍失国，奔长安，宇文泰令章武公、秦州刺史宇文导率兵送回邓至。后邓至势力日益衰弱，邓至羌后大多融合于汉族之中。邓至羌在魏晋南北朝时，分布在"亭街以东，平武以西，汶岭以北，宕昌以南"的白水上游一带，故亦称白水羌。

西魏逐吐谷浑，改宁州为邓州，置邓宁郡，领尚安、同昌二县。

西魏改西益州置利州，治兴安（隋改绵谷，今广元），辖境相当今广元与旺苍县地。始置蒲江县（古名广定）。改青州置眉州，治齐通，辖境相当今眉山、彭山、丹棱、洪雅、青神等县地。

刘孝胜卒。刘孝胜，南梁诗人，彭城（今徐州）人，善五言诗。萧纪在蜀称帝，以刘孝胜为尚书仆射。承圣中，随萧纪东出峡口，兵败被执，下狱。梁元帝宥之，起为司徒右长史。承圣三年（554），西魏破江陵，被掳入北而卒。原有集，乱中亡佚。今存诗五首，见《先秦汉魏晋南北朝诗》。

西魏改鱼复县为人复县。

556年（西魏恭帝三年）

陵州（今仁寿）木笼僚江反。刺史陆腾讨之。因僚人以山为城，攻之难拔。陆腾遂于城外之一方设声乐及诸杂伎，以示并无战心。僚人果然弃其兵杖，甚者携妻子临城观乐。陆腾则潜师从另外三面登城。陆腾纵兵击讨，大破之，斩首万级，俘获五千人。

改宕渠郡为合州，治所在今合川。

535～556年（西魏时期）

西魏平蜀后，将巴蜀高僧五十余人劫至长安。

557年（北周孝闵帝元年）

正月，宇文觉建立北周政权，取代西魏。任命宇文宪为益州总管。

十月，梁敬帝萧方智禅位于陈霸先，南梁灭亡。

559年（武成元年）

盘瓠蛮冉令贤、向五子王等乘李迁哲入朝京师之机又攻陷白帝，杀开府杨长华，相率作乱。周遣开府仪同三司元契、赵刚等前后讨之，终不克。

559～560年（武成年间）

阇那崛多应北周谯王宇文俭之请入蜀。任益州僧主，住龙渊寺。在蜀地三年，译《观音偈佛语经》。阇那崛多，522年生，隋代著名的佛经译师，犍陀罗国人。

502～560年（南梁至陈初时期）

阆中高僧释宝海、释宝渊，师事佛教《成实论》，于巴蜀大弘讲肆，使佛教兴盛。宝海，姓龚；宝渊，姓陈，均为巴西阆中人。

561年（保定元年）

十一月二十三日，僧人宝象入寂于潼州光兴寺，时年五十岁。宝象，俗姓赵，安溪（巴西）人。二十四岁出家受戒，后从慧韶学。武陵王问师大集摩诃堂，私记其言成疏本，广行于世。还涪川开化道俗，以佛经外典训导而引邪归正。又抄集医方疗诸疾苦。

白兰羌归降北周，遣使通贡，献犀甲、铁铠。白兰羌，羌人之一支，分布在蜀西北徼外广大地区，以境内有白兰山得名。

562年（保定二年）

资州铁山僚反，杀郡守，据险自守，抄断内江路，驿路不通，陆腾进军讨之，乘僚人不备进攻，一日连下三城，僚人首领被杀，俘获三千，降附者三万。

564年（保定四年）

涪陵蛮田思鹤以地内附，因置奉州，治彭水郁山镇。

566年（天和元年）

田弘击吐谷浑于岷江上游。五月，吐谷浑龙涸王莫昌率众来降，以其地置扶州（今松潘）。吐谷浑在今四川西部的统治至此终结。

567年（天和二年）

卫元嵩"以黄老之微言"，向北周武帝献策，受到宠信，赐爵持节为蜀郡公。卫元嵩，梁末（555年前后）出家为僧，为亡名法师弟子，曾住成都野安寺。卫元嵩虽在佛门却专心于道教经典。北周初朝廷重视道教，卫元嵩便脱去袈裟，换上道袍。建德三年（574），武帝禁止佛道二教，勒令僧道还俗。卫元嵩失宠，晚年由成都到什邡定居。《元包经》是其研究《易经》学的重要著作，还著有《三易同论》《易论》《齐三教论》以及《千言诗》等，但均已亡失无遗。

568年（天和三年）

梁州恒棱僚反，总管府长史赵文表率兵进讨，对僚人晓喻以理，为恶者诛之，从善者抚之，僚人相率来降。皆抚慰之，仍征其租税，僚人旋定。

置黎州。隋废。武周大足元年（701）复置。治所在汉源（今汉源北，明废入本州），辖大渡河两岸三县十一城，领五十五羁縻州，为剑南西部边防要地。

569年（天和四年）

上中下羊峒番夷聚乱，困州城。宇文庆由文州道进兵。

570年前后（天和五年前后）

辛德源在世。辛德源，字孝基，陇西狄道人。生卒年不详，沉静好学。年十四，解属文。及长，博览群书，颇有重名。后为蜀王杨秀咨议参军，卒于官。德源能文工诗，长于乐府，多艳词。著有《辛德源集》，又撰《集注春秋三传》三十卷，《注扬子法言》二十三卷，《政训》《内训》各二十卷及文集二十卷，均佚。《先秦汉魏晋南北朝诗》存其诗十一首，《全上古三代秦汉三国六朝文》存其文三篇。

571年（天和六年）

降附北周的信州蛮渠冉祖喜、冉龙骧举兵复反，北周遣大将军赵訚率师讨平之。

573年（建德二年）

萧捴卒，年五十九。萧捴，515年生，北周文学家，字智遇，南兰陵人，梁武帝萧衍侄。先入蜀任巴西、梓潼二郡郡守。侯景之乱后官益州刺史，守成都。武帝时为文学博士，官至少傅。雅好属文，原有集，已佚。《全上古三代秦汉三国六朝文》存其文一篇，《先秦汉魏晋南北朝诗》存其诗五首。

574年（建德三年）

周武帝召集僧道二众于太极殿辩论，道士张宾极力斥佛扬道，却被智炫法师论破，武帝乃亲自升座，试图加以论难，智炫法师应对安详，陈义甚高。武帝一怒之下，于次日下令将佛道两教一并废除，强令全国僧人、道士一律还俗，将寺庙和塔观都分给王公贵族，财产则散给臣下。智炫逃至北齐。

置施州、清江郡，治沙渠县（隋代改名清江县，今湖北恩施市）。

废奉州置黔州。隋大业三年（607），又改为黔安郡，武德元年（618）改为黔州。黔州领劳、福、犍等五十个羁縻州。

575年（建德四年）

置普州，治安岳县。隋大业初废，唐武德二年（619）复置。天宝元年（742）改为安岳郡，乾元元年（758）复为普州。辖境相当今安岳、遂宁、乐至三县及重庆市潼南县部分地区。

577年（建德六年）

武帝灭北齐，迎智炫还，待遇弥厚。智炫，成都人，俗姓徐。少小出家，入京听学数年，遂名扬京洛。隋文帝时返蜀，居成都孝爱寺（大邺时改为福胜寺），后隐居三学山（在今金堂县）。一百零二岁卒。

561～578年（周武帝年间）

亡名被北周武帝敕为"夏州三藏"。亡名，北周僧，生卒年不详，南郡人，俗姓宗（或谓姓宋）。出身望族，年少即事佛而远绝妻室，富于才华。于梁亡之后出家，投于益州兑禅师门下。著有《息心铭》《至道论》《淳德论》《遣执论》《去是非论》《修空论》等及文集十卷。好吟咏山水。原有集，已佚。《全上古三代秦汉三国六朝文》存其文二篇，《先秦汉魏晋南北朝诗》存其诗六首。

579年（大成元年　大象元年）

置嘉州，治平羌，取"郡土嘉美"之意。

580年（大象二年）

八月，益州总管王谦反，所辖各州多数响应。十月，新任北周益州总管梁睿大败王谦军。王谦率余部逃往新都。新都令王宝将其捉获。梁睿斩王谦，益州为北周所定。北周统治巴蜀地区共二十四年。

阴平国王杨法琛因助益州总管王谦反北周大将杨坚，杨坚发兵攻阴平国，占领沙州，杨法琛投降北周政权，阴平国灭亡。此后，杨法琛部众遂散处各地，氐人逐渐消失。

420～580年（南北朝时期）

巴蜀农村出现被称为草市的商业集镇。

巴中石窟开始开凿，后续于隋代，盛于唐代，经历代增凿，逐渐形成斑斓玲珑、栉比相连的石窟群。巴中石窟主要是佛教造像艺术，其人物特征鲜明生动，匠心独具。佛像表情和善，庄严肃穆；菩萨像体态优美，神情潇洒；力士像威风凛凛，刚劲雄健；飞天像雕刻精巧，朴实无华。巴中石窟十分注重龛楣的雕刻、彩绘，设计了很多的屋形窟，雕有花草、动物、天神、化佛等图案。同时，以绿、红、白、粉、蓝、土红色等进行彩绘，使龛楣清新精美，气势磅礴。

《蜀国弦》产生。《蜀国弦》为乐府相和歌辞名，又名《四弦曲》《蜀国四弦》，是一种独具蜀风特点的歌舞乐曲，源于巴渝舞。萧梁时期简文帝、隋代的卢思道、唐代的李贺和清代的盛大器均依《蜀国弦》曲调创作过歌词。《蜀国弦》大约在宋以后逐渐失传。

隋唐五代前后蜀

581年（北周大定元年　隋开皇元年）

二月初五，周主下诏逊居别宫。十三日，命太傅杞公椿奉册，大宗伯赵
蟥奉皇帝玺绂，禅位于隋。巴蜀归隋。九月，隋以越王杨秀为益州总管，改
封蜀王。

582年（开皇二年）

春，隋文帝在成都置西南道行台尚书，以杨秀为尚书令，总揽西南二十四
州军政大权。是为四川设道之始。

始建乐至报国寺。报国寺，位于乐至县城东北四十里的龙门乡之金龟山。

583年（开皇三年）

隋文帝悉罢诸郡，以州统县，地方行政建置并为州、县二级。于要冲之地
设总管府。蜀中于益、遂、泸三州设总管府，在巴蜀地区置益、邛、雅、嘉、
眉、登、嶲、戎、泸、会、翼、扶、宕、梓、利、始、绵、资、遂、普、陵、
巴、蓬、渝、临、涪、隆、渠、集、通、开、信、黔、龙三十四州一百六十三
县。改楚州为渝州。

584年（开皇四年）

党项千余家归附。明年，党项拓跋部大首领拓跋宁丛率部落到旭州（今甘
肃省庆阳县境）请求定居，隋授予拓跋宁丛大将军称号。党项开始强大起来，
逐渐向东南方向移徙。

585年（开皇五年）

改潼州为绵州，因绵水为名也。大业三年改为金山郡，唐武德元年复为
绵州。

586年（开皇六年）

隋将杨素在永安（治今奉节东）造舰，大曰五牙。上起楼五层，高百余尺，左右前后置六拍竿，并高五十尺，置兵八百，旗帜加于上，次曰黄龙，置兵百人。其余平乘、舴艋等各有差。

588年（开皇八年）

冉駹羌作乱，攻汶山、金川二镇，资州刺史苏沙罗率兵击破之，授邛州刺史。

589年（开皇九年）

会州刺史姜须达复修古道，立《通道记》（刻于理县杂谷脑镇朴头山古道旁）记述复修古道是自蜀相姜维尝于此行，尔来三百余年更不修理。

何妥卒。何妥，字栖凤，西域人，随父经商入蜀定居郫县。何妥少机警，有才名。擅经学，尤精音律，性刚直，好论人物是非。文帝时，累为国子祭酒。撰有《周易讲疏》十三卷、《孝经义疏》三卷、《庄子义疏》四卷等，又与沈重等撰《三十六科鬼神感应等大义》九卷、《封禅书》一卷、《乐要》一卷，及《文集》十卷。隋代宫廷音乐，多为何妥所定。

590年（开皇十年）

何稠新创制玻璃法。西汉丝绸之路开通以后，大月氏国的商人把玻璃器皿和烧造玻璃的方法带到了中原地区。但到隋朝，这种烧造玻璃之法已经失传。何稠先后深入研究了烧制陶器、琉璃等工艺，均未成功，后从绿瓷的特殊烧制工艺中受到启示，又将玻璃制作加以改进，发明了吹制法。后人称这种方法为"何稠新创制玻璃法"。何稠吹制玻璃法对后世玻璃器的制造产生了极大影响，也奠定了现代玻璃吹制法的基础。

593年（开皇十三年）

黔阳蛮（武陵蛮）田氏内附。以黔阳县置彭水县，为黔州治所。

千佛寨摩崖造像开始开凿，开凿历时六百余年。千佛寨石窟位于安岳县城西郊五里的大云山。其石刻造像，规模恢宏壮观，共有造像一百零五龛，大小佛像三千零六十一尊，分布在南北两岩，整个造像区长达七百零五米。除佛像外，还有摩崖浮图，唐碑，历代题记以及大量菩萨、罗汉、金刚、力士、护法神、飞天、供养人以及各种经变故事造像，充分表现出天上、人间、地狱的苦乐悲欢，内容十分丰富，雕刻技艺精美。

594年（开皇十四年）

九月，会州总管崔仲方经西山道西征诸羌。是役，使勃兰氏的弱冈家摆脱了董氏白兰的控制并向南发展，最终占据了今金川、小金、丹巴等地。因勃兰氏以女性为中心，所以唐人称其为"女国"，亦称"东女国"。

596年（开皇十六年）

党项反，攻会州，隋发陇西兵讨之，大破其众。党项再次降附，并遣子弟入朝谢罪，向隋朝贡。

597年（开皇十七年）

隋派史万岁率兵前往镇压爨翫的叛乱。隋军自西宁州（今西昌市）南下，行千余里，破其三十余部，虏获男女二万余口，爨翫投降。由于史万岁受贿，没有给予其致命打击，明年爨翫复反，隋朝再派杨武通率兵前往镇压，俘虏了爨翫及其子爨宏达等，并将他们押解长安。后爨翫为文帝所杀，诸子没为官奴。隋朝随后"弃其地"，撤销南宁州总管府。

598年（开皇十八年）

改新州为梓州（以梓潼水命名），治城今潼川镇。新州为武陵王萧纪552年于新城所置，治北伍城县（今三台县潼川镇），北朝西魏改北伍城县为新城县，恭帝三年（556）改为昌城县。

599年（开皇十九年）

四月十五日，道士刘珍在安乐山仙人口自焚，隋文帝下诏建腾清观、安乐观、靖安观于山中。刘珍，太建十三年（581）生，广汉什邡人。十余岁即前往安乐山修行，绝粒近十年，自称功行已成。

602年（仁寿二年）

十二月，杨秀因被疑有异谋，废为庶人，独孤楷继为益州刺史。杨秀镇蜀前后二十余年。

置简州，管辖内迁僚人。简州，治阳安（今四川简阳市简城镇），大业三年（607）废入蜀郡。唐武德三年（620）分阳安、平泉、金水三县立简州，州治阳安。天宝元年（742），改简州为阳安郡。乾元元年（758），复改为简州。

603年（仁寿三年）

姚最受蜀王杨秀牵连，被杀。姚最，约537年生，南朝陈画论家，字士会，吴兴武康（今浙江德清西）人。

604年（仁寿四年）

置雅州，因境内雅安山得名，治所在严道（今雅安）。唐辖境相当今雅安、名山、荥经、天全、芦山、小金等县地。

601~604年（仁寿年间）

遂州僚反，行军总管周法尚出兵平定。未几，嶲州乌蛮反，并攻陷州城。周法尚发兵进剿，乌蛮闻之，弃城而逃。周法尚遣使者予以招抚，假封官号，佯装退兵。走出二十里后，得知乌蛮首领已全部回到营栅中，遂率步骑数千人奔袭而至，大破乌蛮兵，俘其首领以下数千人及男女万余口。

607年（大业三年）

隋炀帝改州为郡，推行郡县二级制，罢总管府。益州改为蜀郡。在今川渝境内设有蜀、临邛、眉山、隆山、资阳、泸州、犍为、越嶲、黔安、巴郡、巴东、巴西、遂宁、涪陵、新城、金山、普安、汶山、平武、义城、清化、通川、宕渠、同昌二十四郡，一百七十四县。复改渝州为巴郡。

黔安蛮首领田罗驹阻清江作乱，夷陵诸郡人多响应。诏侯骠骑大将军郭荣击平之。

改扶州为同昌郡，领嘉诚县。隋末陷于吐蕃，武德元年陇、蜀平定，改置松州，贞观三年置都督府。

608年（大业四年）

黔安（今彭水）夷人向思多反，杀将军鹿愿，围攻太守萧造。左武卫将军周法尚与将军李景分路讨之。周法尚于清江击败向思多，斩首三千级。向氏盘瓠蛮的势力进一步衰落。

609年（大业五年）

白狼、附国并嘉良夷又遣使入朝。

巴中摩崖石刻开始开凿。石刻为佛教造像，至唐代形成高潮。整个石刻造像展示出从初唐到晚唐各个时期的风格和技法。

610年（大业六年）

绵阳西山玉女泉和子云亭道教摩崖造像开始雕凿。玉女泉道教造像布局富于变化，形式美观，造像人物神态自然，比例适度，雕刻刀法纯熟，线条匀称流畅，是研究隋唐宗教、雕刻艺术很有价值的实物资料。

615年（大业十一年）

在今云南景洪市建成第一座南传小乘佛教佛寺——袜坝姐佛寺，后改名为"八吉寺"。

617年（大业十三年　义宁元年）

十二月，李渊任命李孝恭为山南招慰大使，率军从关中进兵巴蜀，三十余州降附。

始建寂光寺。寂光寺又名古井寺，位于大英县蓬莱镇境龙归山下，后因遭兵火而毁。明时，住持原义先后重修寺庙。明末清初，因战火再度化为灰烬。清时，对寺庙进行了重修扩建。

605~617年（大业年间）

始建文殊院。初，绵竹有尼，名信相，夙具慧根，早通禅理。蜀王杨秀慕其高风，迎入益州，特建寺供养，时尊之圣尼，故名信相寺。清康熙三十年

（1691）重建，时民众视道行高深的寺僧慈笃海月禅师为文殊菩萨化身，遂改称文殊院。成都文殊院珍藏有玄奘法师顶骨舍利。

始建天师洞。天师洞在青城山腰，相传因东汉天师张道陵曾于此讲道，故名。洞在山腰混元顶下峭壁间，祀天师塑像，沿壁有廊可通。初名延庆观，唐改称常道观，今沿用。现存殿宇重建于清末，主殿为三皇殿。重檐回廊，雄踞高台，气势宏伟。殿内供伏羲、神农、轩辕三皇石刻造像各一尊，像高九十厘米，为唐开元十一年（723）刻石。

618年（义宁二年　唐武德元年）

五月，隋王朝西京政府皇帝杨侑让位于李渊。李渊称帝，建立唐王朝。

581~618年（隋代）

今四川盆地内的二十四郡，共有514482户，约有200万人口。川渝境内有505084户，其中蜀郡10.6万户。

隋重开骆谷道，并置关官。骆谷道又称傥骆道，是关中与汉中的交通要道之一。

始建大慈寺。大慈寺位于成都，后经唐代扩建，规模宏大壮观，唐玄宗赐匾"敕建大圣慈寺"。历经兴废，多次毁于兵燹。唐宋之际，寺以壁画著称。清顺治至同治年间陆续重建。寺宇宏丽，院庭深广，为成都著名古寺。

蜀地陶瓷出现彩绘和彩下釉工艺，陶瓷的手工业达到很高的水平。四色麻纸——广都纸已名冠天下。

隋文帝废止巴渝舞，巴渝舞不再是宫廷宗庙祭祀大曲。

619年（武德二年）

闰二月，太府少卿李袭誉运剑南之米以实京师。

十月，集州（今南江）僚人起事。唐命左武候大将军庞玉为梁州总管讨伐。僚人据险自守，庞军不得进，粮且尽。有壮士入僚营，与人共谋，斩其渠帅而降，余党皆散，庞玉追讨之，集州悉平。

白兰羌遣使来朝，以其地置维、恭二州。后为吐蕃所并。

于定筰镇（今盐源县境）置昆明县，因南接昆明族聚居之地，故名。

620年（武德三年）

三月，开州蛮酋冉肇则起事，克通州。又率军进攻信州（今奉节东），赵郡王李孝恭迎战，不敌。奉命经略夔州的李靖率八百名士卒突袭冉肇则，俘虏五千多人，杀冉肇则，平复开州、通州。

四月，设置益州道行台，统辖益、利、会（今甘肃靖远县西北）、鄜（今陕西富县）、泾（今甘肃泾川北）、遂（今遂宁县西南）六州。任命李世民为益州道行台尚书令。

八月，南宁西爨蛮降唐。高祖拜爨翫之子弘达为昆州（今云南昆明西）刺史，命其带着父亲的尸体归葬故里并派益州刺史段纶遣使前往爨蛮地区招降。

巴东蛮帅冉安昌归唐，因率兵参与平叛有功，封黄国公。

牂柯蛮首领谢龙羽遣使入贡，于其地建牂州，治建安（原名牂柯）。牂州分布于今贵州省中部，贵阳市以东一带。谢龙羽被授为牂州刺史，并封夜郎郡公。牂柯蛮是今苗族先民之一，隋唐时散布于今贵州等地。以其酋长多为谢姓，故称谢蛮。其族类有牂柯蛮、东谢蛮、南谢蛮等。

吐蕃论赞弄囊攻灭苏毗部，统一了青藏高原，被尊称为"朗日沦赞"（意为政治有如天那样高明，盔甲如天山那样坚硬的君王）。朗日沦赞统一青藏高原后，重用在统一战争中立功的新贵族，引起旧贵族的仇视。晚年，旧贵族（父王三臣和母后三臣）先后叛乱，并乘机毒死了他，不少属部纷纷叛离，吐蕃又陷于分裂。

621年（武德四年）

十二月，昆弥派遣使节内附。昆弥即汉代的昆明国，由于巂州治中吉弘纬打通了通往南宁的道路，并到昆弥国内去游说，昆弥国遂愿归附唐朝。唐高祖置姚州（云南姚安县北），管羁縻州三十二。

在接近洱海地区的姚安一带设立云南郡，以此为据点，招诱西洱河地区六诏中乌蛮上层，任命他们为羁縻州县的刺史、县令。置姚州，治今云南省姚安县西北旧城。麟德元年（664），唐改云南郡为姚州都督府，进一步加紧对洱海地区的控制。

罢益州总管府，置西南道行台。

622年（武德五年）

何稠卒。何稠，约543年生于郫县，号为西州大贾，其祖本西域人，通商入蜀。553年，何稠约十岁时随叔父何妥北上长安。开皇年间，奉命仿造波斯（今伊朗）金线锦袍，质量超过原物。潜心研制恢复了琉璃砖瓦制作的传统技术。大业四年后奉隋帝命参与规划、设计并指挥建造从长安至江都行宫四十余所。何稠受命主持行殿和六合板城的工程。大业八年（612）何稠随隋炀帝出兵高丽，兼领右屯卫将军，两日内在辽水之上监造成浮桥。

623年（武德六年）

正月，巂州人王摩沙举兵，自称元帅，改元进通。遣骠骑将军卫彦讨之。九月，邛州僚反，遣沛公郑元璹讨之。年末，白兰羌、白狗羌遣使入贡。

624年（武德七年）

正月，唐朝以白兰羌、白狗羌地设置维、恭二州。二月，始州（今剑阁）僚人反，窦轨奉命率军讨伐。二十八日，洋（今属陕西）、集（今南江）二州僚人又反，攻陷隆州（治阆中）晋城县。四月二十一日，唐通事舍人李凤起讨平万州僚人的叛乱。五月十八日，吐谷浑联合党项羌寇松州，唐遣益州行台左仆射窦轨自翼州道、扶州刺史蒋善合自芳州道击之，是月，窦轨击反僚于方山，俘二万余口。

625年（武德八年）

十一月，眉州山僚反。明年三月，益州行台尚书郭行方击眉州叛僚，大破之。再进击于洪雅二州，俘男女五千口。

626年（武德九年）

充州蛮赴唐朝贡，以其地置充州。充州蛮原为牂柯蛮别部，与牂柯蛮等属同一个民族，在其北百五十里。

罢西南道行台，置都督府，督益、绵、简、嘉、陵、雅、眉、蒙、犍、邛十州，并督巂、南宁、会三州都督府。

618～626年（武德年间）

乐山始建凌云寺。唐开元元年（713）开凿佛像时，寺宇又有扩建。明末毁于兵燹，清康熙六年（1667）重建。

东女国女王汤滂氏遣使贡方物，高祖厚资而遣之。还至陇右，会突厥颉利入寇，被掠于房庭。及颉利平，东女王使者复来入朝。太宗送令反国，并降玺书慰抚之。

627年（贞观元年）

唐太宗分天下为十道。巴蜀地区为剑南、山南和江南道。剑阁以南为剑南道，剑南道东连牂牁，西界吐蕃，南接群蛮，北通剑阁，下辖汉州、彭州、蜀州、眉州、绵州、剑州、梓州、阆州、果州、遂州、普州、陵州、资州、荣州、简州、嘉州、邛州、雅州、黎州、泸州、茂州、翼州、涂州、炎州、彻州、向州、冉州、穹州、笮州、戎州、嵩州、松州、文州、扶州、龙州、当州、悉州、恭州、保州、真州、霸州、柘州、成都府。嘉陵江以东地区为山南道。山南道东接荆、楚，西抵陇、蜀，南控大江，北距商、华二山。今巴蜀东南属江南道。

高俭任益州大都督府长史。高俭（576～647），字士廉，渤海蓨人。少有器局，颇涉文史，为一时才俊。高俭上任后，提倡孝道，改除陋习，卓有成效。同时，对都江堰等水利工程加以改进、整治，蜀中大获其利。高俭还大力发展教育，常常与儒生在一起谈论经史，并修建了数所学校。治蜀有绩，进吏部尚书。贞观十二年（638）撰成《氏族志》，颁布天下，作为当时推举贤能做官或撮合婚姻的依据。

维州白狗羌为小左封生羌所迫，举族西走。维州废。

始建白马泉于雅安上里乡，石砌泉池，长3.7米、宽3.4米、深2.5米，泉底巨石上镌刻龙马浮雕和临水石刻"龙洞"二字。宋乾道元年（1165）诏封泉池为"渊泽侯"。

改牂州置郎州，辖六县。

628年（贞观二年）

南平僚遣使内附，以其地隶于渝州。南平僚人共有四千多户，约两万人，分布在今川南以及川、黔、桂三省交界处一带。首领朱姓，称"剑荔王"。

小左封生羌举族表请置吏，复置维州。

629年（贞观三年）

闰十二月，东谢酋长谢元琛、南谢酋长谢强、西谢酋长谢汕朝唐。明年，唐太宗下诏以东谢之地置应州（今贵州德江县境），南谢之地置庄州（今贵州境内），西谢之地置琰州（今贵州省中西部），隶黔州都督。东谢、南谢、西谢是南蛮的分支，分布在黔西。同月，牂牁酋长谢能羽入贡。太宗诏以牂牁之地置牂州。

白子国张乐进求进京朝觐，被封为云南镇守将军，袭白子国王职。

南会州都督郑元璹招谕党项归附，党项首领之一细封步赖率所部归唐，唐以其地设轨州（今松潘县西），授细封步赖为刺史。其他党项部落亦纷纷响应，唐又设崌、奉、岩、远四州，并以原来各部酋长分别担任各州刺史。

西赵蛮酋长赵磨亦遣使入贡。贞观二十一年（647）以其地置明州，以赵磨为刺史，其分布地大约在今贵州省东部的思南县以南地区。西赵蛮的风俗与物产情况亦与东谢蛮相同。其地东有夷人，酋长季姓，与西赵蛮是同一个民族，也有一万多人口，唐贞观中也遣使入朝。

吐蕃赞普朗日松赞被人毒杀，十三岁的松赞干布继位，成为吐蕃第三十二代赞普。松赞干布继位后制定了一系列兼并周边诸族的战略方针，统一了高原。随后又征服位于今青海东南部和川西北地区的党项和位于今甘肃、青海等地的吐谷浑，使吐蕃成为"东与凉、松、茂、巂等州相接，南至婆罗门（印度），地方万余里"的强大的奴隶制政权。松赞干布还进行了多方面的改革。迁都逻些（拉萨），从此逻些成为西藏政治、经济和文化的中心。参照唐朝的中央官制和府兵制度，建立了从中央到地方的政治军事制度。为了适应经济和政治的需要，松赞干布时开始采用历法，规定统一的度量衡，依据于田、天竺等文字创造了吐蕃文（以后发展成今天的藏文），又制定了严厉的法律。

630年（贞观四年）

茂县北部校场乡点将台摩崖造像开始凿刻。

改务州置思州。治务川（今贵州沿河城东），辖今贵州务川、沿河、印江和重庆酉阳、秀山等县地。

631年（贞观五年）

党项部落大批内附，唐朝派太仆寺丞李世南开河曲地为十六州、四十七县。634年，最强大的拓跋部拓跋赤辞内附，唐就其地分设懿、嵯、麟、可等三十二州，任命归附的部落首领为刺史，以拓跋赤辞为西戎州都督，赐姓李，受松州都督府节制。党项前后内属者达三十万口。

632年（贞观六年）

绵州魏城县（今绵阳东北）北五里修洛水堰，引安西水入县，民甚利之。

唐太宗置戎州（治僰道，今宜宾县西南）都督府。唐玄宗时，都督府管羁縻三十六州、一百三十七县，后又增管至九十二州。

静州（在今旺苍县）山僚反。右卫将军李之和败之。

633年（贞观七年）

五月，雅州道行台总管张士贵击反僚，破之。十二月，嘉州、陵州僚反，邛江统军牛进达击破之。白狗羌再次归附。以其地置西恭州。明年，改为笮州。

李淳风制成浑天黄道仪，把中国观测用的浑仪发展到极为复杂的程度，在过去的固定环组（六合仪）和可运转的环组（四游仪）之间，又加了一个三辰仪。

634年（贞观八年）

吐蕃两次派大相禄东赞出使长安向唐皇求亲，未果。

卧龙山千佛岩石窟始凿于梓潼县城西15千米卧龙山。造像开凿在东西长5.5米，西南宽5.2米，高3.2米的长方体石墩四周壁上。石窟雕凿精细，充分反映了初唐时期造像艺术的高超水平。

改南会州置茂州，治所在汶山（今茂汶），辖境相当今北川、汶川及茂汶羌族自治县等地。

635年（贞观九年）

正月，归附唐朝的党项又都叛归吐谷浑。四月，洮州羌也叛归吐谷浑，杀死刺史孔长秀。

七月，党项寇叠州。赤水道行军总管李道彦部行至阔水（今松潘），对党项羌发动袭击，抢得牛羊数千头。内附的羌人复反。拓跋赤辞在野狐峡大败李道彦，唐军死者数万人。李道彦及其副总管樊兴率领残部退保松州。

637年（贞观十一年）

二月，释道基卒于益州福感寺，时年六十余岁。道基，河南东平人，俗姓吕。隋尚书令杨素重其佛学之深博，请于东都讲扬心论。大业年间，召入慧日道场，及登法座，众推为玄宰。至唐，住于益州福感寺。著有《杂心玄章并抄》《大乘章抄》。

十一月，太宗召荆州都督武士彟女则天入后宫，立为才人，时年十四。太宗死，出家为尼，高宗即位，复召入宫封为昭仪。永徽六年（655），唐高宗立武则天为皇后。上元元年（674），与高宗并称"天皇""天后"。弘道元年（683）高宗去世，中宗李显即位，武则天临朝称制。

638年（贞观十二年）

十月，巫州僚反。夔州都督齐善行败之，俘男女三千余口。同年，璧州、巴州、霸州僚反，十二月，左武卫将军上官怀仁击璧山僚，俘万余口。

吐蕃把向唐请婚未成归罪于吐谷浑，遂攻吐谷浑、党项。八月，又发兵二十多万攻松州西境。九月，太宗以右领军大将军执失思力为白兰道行军总管、左武卫将军牛进达为阔水道行军总管、左领军将军刘简为洮河道行军总管，率步兵骑兵五万人出击吐蕃，在松州大败之，斩杀一千多人。松赞干布惧，带兵撤退，并遣使向唐谢罪。

639年（贞观十三年）

四月，上官怀仁击巴、璧、洋、集四州反僚，俘男女六千余口。四州平定。

六月，渝州人侯弘仁自牂牁开道，出邕州（今广西南宁市），打通了通往交州（今越南北部）、桂州（今广西桂林市）的路线。

640年（贞观十四年）

唐朝以弘化公主妻吐谷浑可汗诺曷钵，并加封其为青海国王。其两子亦娶唐朝的金城县主和金明县主为妻。

642年（贞观十六年）

太子李承乾被控企图杀害唐太宗被废，充军黔州。贞观十九年在黔州郁郁而终。

643年（贞观十七年）

成都东置蜀县，隶属剑南道成都府。乾元元年（758）蜀县改为华阳县，成都和华阳是当时全国八十五个望县中人口最多的两个县。一城两县治一直延续1000多年，直到1949年11月，华阳县治由城内迁往中兴镇。此后，华阳在城内各区及城郊各乡陆续划归成都。1965年正式撤销，其属地划归双流县。

半月山大佛始建。其建造时间漫长，直到宋高宗绍兴元年（1131）川南居士梅修率石刻大师周义等人为巨佛开凿眉目，方才竣工，历时484年。半月山大佛位于资阳市雁江区碑记镇，是四川省第三大坐佛。佛高24.2米，肩宽9米，胸阔11.2米，耳长2.5米，大佛依山就势摩崖造像，雕刻精细，佛像惟妙惟肖。

645年（贞观十九年）

四月，右武侯将军梁建方赴昆弥国讨蛮，降其部落七十二，户十万九千三百。梁建方以其酋长蒙和等人为县令。

右亲卫中郎将裴行方讨茂州叛羌黄郎弄，大破之，穷其余党西至乞习山，临弱水而归。

647年（贞观二十一年）

置当州，治通轨县（今黑水县北），属剑南道，辖境相当今黑水县。天宝元年（742）改为江原郡，乾元元年（758）复改为当州。元废。

648年（贞观二十二年）

七月，开斜谷道水路，运米以至京师。

松外诸蛮为寇。四月,梁建方统巴蜀十三州唐军击败之,俘杀千余人,归附唐朝者前后有七十个部落,民户近二十万。

西洱河大首领杨同外、东洱河大首领杨敛、松外首领蒙羽入朝,授官秩。西洱河从嶲州西去千五百里,其地有数十百部落,大者五六百户,小者二三百户。无大君长,有数十姓,以杨、李、赵、董为名家,各据山川,不相役属。自云其先本汉人。有城郭、村邑、弓矢、矛铤,言语虽小讹舛,大略与中夏同。有文字,颇解阴阳历数。

雅、邛、眉三州僚反,梁建方发陇右、峡中兵二万击之。

649年(贞观二十三年)

正月,徙莫祇等蛮族内附。唐以其地置傍(今云南楚雄县地)、望、览、丘四州。隶朗州都督府。

鱼复县改称奉节县,隶属夔州府。

舍龙·细奴逻继任蒙舍诏,称南诏王,以巍山为首府。蒙舍诏本乌蛮之别种,又称哀牢蛮,居地在当时姚州之西(今云南巍山县)。蛮谓王为"诏",姚西原有六诏,即蒙舍、蒙嶲、越析、浪穹、施浪、邆赕,其中蒙舍在最南,故又独称南诏。六诏兵力相当,各有君长,无共帅。南诏王姓蒙,习俗父名之末字为子名之首字。

627~649年(贞观年间)

始建昭觉寺。昭觉寺在成都市北郊,素有川西"第一丛林"之称。

650年(永徽元年)

十二月,梓州都督谢万岁、兖州都督谢法兴与黔州都督李孟尝讨琰州叛僚,谢万岁、谢法兴入洞招慰,为僚所杀。

大足石刻开凿。大足石刻兴于晚唐、五代,盛于两宋,余绪延于明、清、民国,约1300年,中间形成晚唐五代和宋代两个造像高潮。大足石刻开创了中国宗教石刻艺术的一个时代。摩崖石刻以佛教题材为主。大足石刻是一部古典大百科全书,无论在宗教、文学、艺术、历史、哲学、科学、建筑、民俗等诸多领域,都具有极高的价值。

651年（永徽二年）

十一月，特浪羌酋长董悉奉求、辟惠羌酋长卜檐莫率领部属一万多户在茂州归附。永徽五年（654）时，唐在特浪羌故地设置剑州。

652年（永徽三年）

四月，赵孝祖大破西南蛮，斩小勃弄酋长殁盛，擒大勃弄酋长杨承颠。其余皆屯聚保险，大者有众数万，小者数千人，赵孝祖皆破降之，西南蛮遂定。

653年（永徽四年）

蒙舍诏受蒙嶲诏攻击，诏主细奴逻派子逻盛炎入朝，唐高宗封细奴逻为巍州刺史并派姚州总管李义援救。其他五诏与河蛮部落，受吐蕃威胁，常弃唐归附吐蕃。唯南诏始终附唐，因得唐支持。

654年（永徽五年）

唐出兵征讨归附吐蕃的蒙嶲诏蒙敛，蒙舍诏细奴逻积极出兵援助，蒙嶲诏战败。此后细奴逻又"遣首领数诣京师朝参，皆得召见，赏锦袍，锦袖紫袍"。

绵州罗江县令白大信置茫江堰，"引射水溉田入城"。射水亦名三溪河，在县东北，下流入罗江县界。

656年（显庆元年）

十二月，吐蕃大将禄东赞率兵十二万击白兰羌，苦战三日。吐蕃初败后胜，杀白兰千余人，屯兵境上，从侵掠之。是年起，吐蕃连年向吐谷浑发动进攻。南线以察木多为中心，沿金沙江、澜沧江南下，深入到康南及滇西北等地区，并在铁桥（今丽江塔城）设神川都督府，开始军事扩张。党项人举部内迁，而留在今川西、甘南、青海东南部的党项人即归吐蕃治下。

析当州置悉州，治悉唐县（今茂县西北）。

西洱河大首领杨栋附显，和蛮大首领王罗祈，郎、昆、梨、盘四州大首领五伽冲率部落四千人归附，入朝贡方物。和蛮是现代哈尼族的先民，又称窝泥、禾泥、斡泥、倭泥等，实为哈尼的同音异写。主要分布在滇南的今红河州、文山州一带，与乌蛮、白蛮、蒲蛮等杂居。

658年（显庆三年）

置柘州，下设柘、乔珠二县。以山多柘木为名，治柘县。天宝元年（742），改为蓬山郡。乾元元年（758），复为柘州。广德后陷落吐蕃，故治在今松潘县叠溪营西。

659年（显庆四年）

长孙无忌自缢于黔州。长孙无忌，字辅机，洛阳人。

660年（显庆五年）

八月，敕召僧静泰与李荣于洛阳宫中就《老子化胡经》进行辩论，荣辩败。令还梓州。

662年（龙朔二年）

益州都督府升为大都督府。天宝年间督剑南三十八郡。辖境相当今四川省茂县、江油市以南，沱江以西，大雪山以东和云南北半部地区。时大都督府全国有五个，西南仅一家。

661～663年（龙朔年间）

彭州蒙阳郡导江县筑成侍郎堰和百丈堤。百丈堤位于岷江内江左岸，建造目的是护堤，也便于漂木顺堤南入宝瓶口。侍郎堰位于虎头岩对岸下方，因它具有特殊的泄洪排沙作用，将进入内江的过量洪水和水中的泥沙翻堰排到外江，后人便改称为飞沙堰。它与宝瓶口、大鱼嘴合称为都江堰水利三大渠首工程。至此，都江堰的三大工程才基本成型。

664年（麟德元年）

李淳风仰慕袁天罡而迁阆中，定居于袁天罡墓穴近地，并继续进行天文观测、数学研究，死后亦葬阆中。李淳风（约602～670），岐州雍县（今陕西凤翔县）人，精历算、饱天文，尤以"风鉴勘舆"之学名世，其著作《乙巳占》《百决图》及《推背图》（与袁天罡合著）等在中国文化历史上有重要地位，是一位著名的玄学家，也是世界上第一位给风定级的人。有子李谚、孙李仙家，皆承其学，三代并为太史令。

666年（乾封元年）

李义府卒于嶲州。李义府，祖籍瀛州饶阳（今河北饶阳），出生在梓州永泰县（今盐亭县永泰乡）。太宗时，除为监察御史，崇贤馆直学士。高宗时，累官吏部尚书。后因罪流放嶲州。李义府颇具文才，太宗时曾受诏共修《晋书》。高宗时又三次受诏监修国史。当时，和太子司仪郎来济俱以文翰见重，时称"来李"。李义府著有《古今诏集》一百卷、《李义府集》四十卷传于世，又著《宦游记》二十卷，未能完成。

667年（乾封二年）

禄东赞攻唐边境，取生羌十二州。唐剑南道所属诸羌州，陆续为吐蕃所有。

668年（乾封三年　总章元年）

年初，卢照邻任益州新都尉。重阳节与王勃同游梓州玄武山，次年三月又与王勃在成都曲水宴集。咸亨二年（671）秋，任职期满辞官北归。前后约十年奔波于长安与巴蜀之间。此前，卢照邻在高宗龙朔至咸亨间曾多次入蜀，第一次是龙朔二年（662）左右出使剑州。第二次是乾封元年（666）春出使益州。卢照邻（约637~约689），唐代诗人，字升之，自号幽忧子，幽州范阳（治今河北省涿州市）人，"初唐四杰"之一。

669年（总章二年）

五月，王勃因戏为沛王著《檄周王鸡文》丢官，出游巴蜀。是年，应九陇（今彭州市）县令柳太易之邀到九陇，写下《春思赋》和《益州夫子庙碑》。《王子安集注》中《观内怀仙》《登城春望》《早春野望》也为游九陇县所作。咸亨三年（672），在剑州结束近三年巴蜀漂泊漫游生涯，北归长安。在蜀期间，遍游名胜古迹，著有《入蜀纪行诗》三十首。王勃（649或650~676或675），字子安，绛州龙门（今山西河津）人，"初唐四杰"之一。

671年（咸亨二年）

骆宾王入蜀，为姚州道（云南姚安县北）大总管李义军幕，平定蛮族叛乱之文檄多出其手。姚州军事结束后，骆宾王旋即出使巴蜀。骆宾王在蜀中曾游峨眉山、石镜寺（在武担山）、八阵图遗址（在奉节）、七星桥、相如琴台等蜀中名胜。咸亨四年（673）秋，返回长安。在蜀时，与卢照邻有往还唱酬。骆宾王（约619～687？），字观光，生于义乌，"初唐四杰"之一。骆宾王于武则天光宅元年（684），为起兵扬州反武则天的徐敬业作《代李敬业传檄天下文》，徐敬业败，亡命不知所终。骆宾王擅长七言歌行，诗多悲愤，"富有才情，兼深组织"。五律也有不少佳作，如《在狱咏蝉》。其骈文寓有一种清新俊逸的气息，无论抒情、说理或叙事，都能运笔如舌，挥洒自如。有清陈熙晋笺注《骆临海全集》传世。

674年（咸亨五年 上元元年）

细奴逻卒，其子逻盛炎为南诏第二代王。明年，逻盛炎临朝。

676年（上元三年 仪凤元年）

正月，纳州（今兴文县南）僚反。遣黔州都督发兵讨之。

677年（仪凤二年）

五月，吐蕃攻扶州临河镇（今南坪附近），擒镇将杜孝升。
唐益州长史在茂州以西筑安戎城。

678年（仪凤三年）

正月，唐命中书令李敬玄代刘仁轨为洮河道行军大总管、西河镇抚大使、鄯州都督，率兵讨吐蕃。下诏募关内、河东、河南、河北诸州骁勇者为猛士，无论布衣或仕宦。又命益州长史李孝逸、巂州都督拓王奉等发剑南、山南兵以防吐蕃。

吐蕃尊业多布率兵进攻西洱河（洱海），并西洱河诸蛮，吐蕃势力开始进入洱海北部地区。

680年（调露二年　永隆元年）

七月，吐蕃以生羌为向导攻陷唐安戎城。

十月，太宗十四子曹王李明与庶人串通谋反，被流放黔州。682年，黔州都督谢佑假传圣旨，逼其自杀。

682年（开耀二年　永淳元年）

七月，吐蕃论钦陵扰柘（今松潘县叠溪营西）、松、翼等州，诏左骁卫郎将李孝逸、右卫郎将卫蒲山发秦、渭等州兵分道御之。十月，吐蕃又扰河源军，军使娄师德率兵击之于白水涧，八战八胜。

冬，芒辗细赞与芒相达乍布于道孚城堡集会议盟。附国、党项及西山诸小邦臣服吐蕃，其地尽归吐蕃。

650～683年（高宗时期）

汉州雒县令张知古修复利用金雁、白鱼二水的灌溉设施，"川浍始通，人得就耕矣"。

686年（垂拱二年）

杨炯参与徐敬业起兵，被贬为梓州司法参军。武后垂拱四年前后，自梓州归京。在蜀约三年。杨炯（650～693?），华阴人，唐代诗人，以边塞征战诗著名，"初唐四杰"之一。现存《杨盈川集》，有三首写三峡的五言古诗《广溪峡》《巫峡》《西陵峡》当为其入蜀途中所作。

东女国王敛臂遣大臣汤剑左来朝，仍请官号。则天册拜敛臂为左玉钤卫员外将军，仍以瑞锦制蕃服以赐之。

析益州地置蜀州，领晋原、唐隆、青城、新津四县。

置彭州。彭州称谓《元和郡县志》释为"彭州以岷山导江，江出山处，两山相对，古谓之天彭门，因取以名"。

688年（垂拱四年）

武则天欲发梁、凤、巴州蜓民从雅州开山通道，出击西羌，讨伐吐蕃。陈子昂上书谓之不可。武则天从之。

689年（永昌元年　载初元年）

五月，浪穹诏来附，唐以其酋长傍时昔为浪穹州（今云南洱源县）刺史，统其部众。浪穹诏傍时昔等二十五部先附吐蕃。

690年（天授元年　载初二年）

武则天自称圣神皇帝，改国号为周，成为中国历史上唯一的女皇帝。

692年（天授三年　如意元年　长寿元年）

吐蕃大首领曷苏率贵川部（约在今康定折多河流域）与党项种三十万降，后以右玉钤卫将军张玄遇为安抚使，率兵二万迎之，到达大度水（大渡河），事泄，吐蕃擒曷苏去。而另有酋长昝插又率羌、蛮八千自来，张玄遇即其部置叶州（今泸定县大渡河以东），用昝插为刺史，刻石大度山以纪功。

694年（延载元年）

六月，姚州永昌蛮酋熏期帅部落二十余万内附。

698年（圣历元年）

年末，蜀州刺史张柬之上言，以为姚州本哀牢之国，荒外绝域，山高水深，国家武德之初开以为州，未尝得其盐布之税，甲兵之用，请废姚州以隶巂州，岁时朝觐，同之蕃国。疏奏不纳。

王善宝在安宁市鸣矣河乡葱蒙卧山东（今昆明市附近）立大周故河东州刺使之碑，此碑俗称王仁求碑。碑文赞述王仁求任河东州刺史期间功业和对朝廷的忠贞。王仁求，生年不详，安宁郡人，西爨白蛮大姓酋长。碑文由闾丘均撰，王善宝书，行文流畅，书法淳古，其中有不少武则天时代公布的新体字，别具价值。闾丘均，成都人，约唐中宗景龙三年前后在世。能文善诗，以文章著称，有文集三十卷传世。王善宝，王仁求之子，擅书法。

699年（圣历二年）

八月，诺曷钵之孙慕容宣超率灵州一带的吐谷浑人反，"入牧坊掠群马，瘢夷州县"，继而逃入青海故地复国。至久视元年（700）八月，因不堪吐蕃控制,又自愿归唐,唐将十万众安置在河西凉、甘(治今张掖市)、肃(治今酒泉市)、瓜(治今安西县东南)、沙(治今敦煌县)等州附近。

701年(大足元年　长安元年)

夏,吐蕃墀都松赞普领兵至松州、洮州。

702年(长安二年)

九月,吐蕃赞普已遣使求和,十月又将万余人寇茂州。茂州都督陈大慈与之四战,皆破之,斩首千余级。

智诜禅师卒,终年九十七。智诜禅师,俗姓周,资阳人,十三岁出家,后住持于资中宁国寺。十余年间,翻译《万佛经》。贞观十七年(643),专程前往长安宏福寺,拜玄奘为师,研习《唯识论》。显庆二年(657),又到湖北黄梅双峰山拜禅宗第五代宗师弘忍为师,为弘忍的十大弟子之一。十余年后,学禅有成,回到资州守国寺,弘扬佛法,化导众生。万岁通天二年(697),被武则天迎请进京,赐木棉袈裟。开元十八年(730),回到资州,前后在宁国寺住了三十多年。著有《虚融观》三卷,《缘起》一卷,《般若心疏》一卷。

陈子昂卒。陈子昂,字伯玉,梓州射洪县人,文学家,初唐诗文革新人物之一,著有《陈玉伯集》。他的作品数量不多,但对此后的李白、杜甫、韩愈、张籍、白居易、王建等人影响都很大。

703年(长安三年)

年末,吐蕃南境属国泥婆罗门等皆叛,赞普都松芒布结自往讨之,各部落降服。其时,吐蕃所辖面积约五百一十万平方千米,境内人口达到九百六十万左右,是为吐蕃最强盛时期。明年,都松芒布结卒于军中,其子墀德祖赞继为赞普,时年仅七岁,吐蕃就此开始衰落。

704年(长安四年)

建云南大理崇圣寺千寻塔。千寻塔是砖结构密檐塔,檐数多达十六层,高五十八米,是密檐塔中檐数最多者,也是比例最为细高者。塔的造型与唐代其他密檐塔近似。

705年（神龙元年）

苏味道卒。苏味道，648年生，唐代文学家，赵州栾城人。弱冠登进士第，后任益州长史。神龙初，以附张易之贬眉州刺史。与李峤、崔融、杜审言合称"文章四友"。属文辞理精密，诗多写景咏物之作，《正月十五夜》诗为世人所称颂。著有《苏味道集》，已佚。《全唐诗》存其诗一卷。

706年（神龙二年）

五岁的李白随父迁居绵州彰明（今江油）。李白，字太白，号青莲居士，祖籍陇西成纪（今甘肃秦安）。先代于隋末流徙西域，李白即生于碎叶（碎叶城时属唐条支都督府，由安西都护统摄，今在吉尔吉斯托克马克城附近）。开元九年（721），游历成都。拜见益州长史苏颋，苏颋称其天才英丽，将来可与司马相如比肩。此后几年游历蜀中各地。

707年（神龙三年　景龙元年）

六月，姚州蛮叛。唐命姚嶲道讨击使唐九征击而破之，斩俘三千余人。

牛角寨大佛在仁寿县城北三十五千米的文宫镇高家乡鹰头村牛角寨山建成。大佛为弥勒佛，外貌清晰，面型丰满，嘴微闭，目微启，眉似弯月，慈眉善目，平视东方，神态安详，发成螺髻，线条流畅。属全国最大且唯一一尊胸佛。大佛周围有摩崖造像。

710年（景龙四年　唐隆元年　景云元年）

姚州群蛮被逼再反。姚州群蛮先附吐蕃，摄监察御史李知古请发兵击之。已降，李知古又请筑城，列置州县，收取重税。黄门侍郎徐坚以为不可，李知古不听，又发剑南兵筑城。因欲诛其豪杰，掠子女为奴婢，群蛮怨怒。蛮酋傍名引吐蕃攻杀李知古，以其尸祭天。由是剑南至姚、嶲（西昌一带）路绝，连年不通。

712年（太极元年　延和元年　先天元年）

南诏逻盛炎卒，子盛逻皮立，是为第三代南诏王。逻盛炎在位三十九年，在姚州蛮叛唐归吐蕃之际，"逻盛炎独奉唐正朔"。

713年（先天二年　开元元年）

章仇兼琼任益州长史。开元二十三年（735），章仇兼琼在温江新源水附近因蜀王秀故渠开渠，通漕西山竹木。开元二十八年（740），开远济渠，自新津邛江口引渠南下百二十里，至州西南入江，溉田千六百顷。渠建成后定名通济堰。这一时期章仇兼琼在岷江中游兴建的主要水利工程还有蟆颐堰、鸿化堰，在成都平原南部形成了仅次于都江堰的又一岷江灌溉体系。天宝年间，又在成都北郊的万岁池筑堤引水"溉三乡田"。章仇兼琼，鲁郡任城（今山东嘉祥县）人。唐时名臣，治理蜀地，德政颇多。卒，谥忠。

海通和尚发起造乐山大佛。工程一度中断，直到德宗贞元十九年（803），才由剑南西川节度使韦皋完成，历时九十年。像高三百六十尺，覆阁九层，寺匾曰凌云。大佛旁尚另有一大龛，高约其半，旁有小像无数。乐山大佛地处乐山市之岷江、青衣江、大渡河三江汇流处，与乐山城隔江相望。大佛为弥勒佛坐像，雕凿在岩壁之上。因依岷江南岸凌云山栖霞峰临江峭壁凿造而成，又名凌云大佛。乐山大佛是唐代摩崖造像中的艺术精品之一，是世界上最大的石刻弥勒佛坐像。

玄宗封南诏皮逻阁为台登郡王。明年，皮逻阁遣谋臣张建成入朝。

改始州为剑州，"取剑阁为名也"（古剑阁指剑门关），是为剑州建制之始，治普安，属剑南道。天宝元年（742）改剑州为普安郡。乾元元年（758）复为剑州，领普安、黄安（唐末更名普成县）、武连、梓潼、阴平、临津、永归、剑门八县。

714年（开元二年）

盛逻皮派史臣张建成入朝，"玄宗厚礼之，赐浮屠像，云南始有佛"。

沈佺期卒。沈佺期，字云卿，约生于656年，相州内黄（今属河南）人，唐代诗人。曾入蜀游历，写《夜宿七盘岭》纪事。沈佺期与宋之问齐名，并称"沈宋"。他们的近体诗格律谨严精密，史论以为是律诗体制定型的代表诗人。原有文集十卷，已散佚。明人辑有《沈佺期集》。

715年（开元三年）

七月，西南蛮寇边，右骁卫将军李玄道发戎、泸、夔、巴、凤、梁等州兵三万人及驻兵讨之。

利州刺史韦抗，凿石为路，把原悬岩木栈改为通衢。此道即古龙门阁道，又名绵谷（广元）左担道。

716年（开元四年）

二月，吐蕃围松州。二十六日，松州都督孙仁献袭击吐蕃于城下，大破之。

赵蕤著《长短经》九卷六十四篇。《长短经》集儒家、道家、法家、兵家、杂家和阴阳家思想之大成，是黑白杂糅之书，以谋略为经，历史为纬，记述国家兴亡、权变谋略、举荐贤能、人间善恶四大内容，又以权谋政治和知人善任两个重点为核心。赵蕤，字太宾，梓州盐亭人，约生于659年，卒于742年，唐代杰出的道家与纵横家。

印度高僧阿世多尊者主持兴建灵岩寺千佛塔。该塔位于今都江堰市北五千米处，为石雕堵坡式实心塔，通高三米，底径约七米，下设须弥式塔基，上置覆钵形塔身，共十三层，下大上小，各层雕满结跏趺坐佛像，故称。下三层佛像刻有莲坐项光，以上各层依次缩小。像高数厘米，精雕细刻，衣纹清晰，神态慈祥，总共八百余尊。塔顶饰莲花瓣两层，上置莲座，置铁铸释迦牟尼佛座像一尊。造型奇特，雕琢精细，为蜀中鲜见。

719年（开元七年）

始置剑南节度使，治益州。领昆明军及益、彭、蜀、汉、眉、绵、梓、遂、邛、剑、荣、陵、嘉、普、资、巂、黎、戎、维、茂、简、龙、雅、泸、合二十五州，约当今四川省中部地区。其后辖境屡有扩大。

721年（开元九年）

春，苏颋入蜀，任检校益州大都督长史，按察节度剑南诸州，当年秋冬之际返回长安。开元十一年（723）夏，再次入蜀，于次年秋冬之际返回长安。苏颋（670～727），字廷硕，京兆武功人。弱冠敏悟，举进士第，调乌程尉。武后朝举贤良方正异等，除左司御率胄曹参军，迁监察御史，转给事中、修文馆学士，拜中书舍人。苏颋是初盛唐之交著名的文学家。后人辑有《苏颋集》。

李白游历成都。拜见赴蜀为益州长史的苏颋，呈上诗赋，苏称其作天才英丽，将来可与司马相如比肩。此后几年游历蜀中各地。

长史梁令瓒研制成黄道游仪木制模型，用它可通过对日月五星的观测，正确推算出日月的运行。开元十一年黄道游仪改成铸铜。用黄铜浑仪测量星宿位置，发现星黄道坐标和古代不同。梁令瓒，蜀人，生卒年不详，唐代天文仪器制造家、画家、书法家、道教徒。他还同一行（张遂）共同研制成功水运浑天仪，能准确测定朔望，报告时辰，是为当时中国独有的天文钟。他的绘画可和著名画家吴道子媲美，存世作品有《五星及二十宿神形图》一卷。

724年（开元十二年）

玄宗将蒙顶茶列为贡茶。此后，蒙顶茶作为天子饮用和祭祀祖宗的专用品一直沿袭到清代。

青城山僧夺观为寺，唐玄宗下诏："观还道家，寺依山外旧所，使道佛两所，各有区分。"又因诏书把"清城山"写作"青城山"，"清城山"就成"青城山"了。

725年（开元十三年）

李白出蜀，开始在全国漫游，著有《与韩荆州书》等。天宝元年（742），李白应诏入京，供奉翰林。天宝三年（744）与杜甫在洛阳会见，后同游梁、宋及齐、鲁一带。这一时期的作品有《蜀道难》《行路难》以及《清平调》三首等。至德二载（757）李白入永王李璘幕，作《永王东巡歌》，由是获罪，次年流放夜郎。乾元二年（759），李白至白帝城遇赦，立即返舟东下江陵。

727年（开元十五年）

立朴头山石刻唐碑一通，记载是年九月中旬吐蕃军队进攻唐之维州，被维州刺史率三千兵击败之事。石碑位于理县杂谷脑镇朴头山古道旁。

728年（开元十六年）

皮逻阁即南诏王位，成为南诏第四代王。他积极联络唐剑南节度使王昱，请求唐王朝支持其统一六诏。

729年（开元十七年）

二月，嶲州都督张审素破西南蛮，拔吐蕃占据的昆明及盐城（昆明县有盐有铁，筑城以卫之，故有"盐城"），杀死与俘虏约万人。

730年（开元十八年）

安岳玄妙观摩崖造像开凿。摩崖造像全为唐代雕刻，规模庞大、内容丰富，主要造像有并坐的老君释迦、真人、十二时神、金刚力士、九头鸟、观音、势至等。

733年（开元二十一年）

唐在全国置十五道。巴蜀地区的剑南道不变，领十三州。山南道分为山南东道和山南西道：山南西道采访使治梁州（今陕西汉中南郑区），州境相当于今陕西汉中及四川东部；山南东道采访使治襄州（今湖北襄樊），辖有今四川、河南、陕西三省小郡及湖北省大部分江南道置黔中道，治黔州，辖境在今湖北西南部、重庆东南部、贵州北部、湖南西部。川渝地区计有四道，五十州。

734年（开元二十二年）

释处寂卒，终年八十七。处寂，俗姓周，绵州浮城县人。收徒甚众，以无相法师最为著名。

735年（开元二十三年）

巴中已经开凿南龛山石刻摩崖造像。南龛石窟地处巴中市城南的南龛山腹。南龛山古名化城山。巴中现存宗教石窟艺术五十九处，五百八十六窟龛，八千七百余躯。其中隋、唐时的佛教艺术十九处，四百二十余窟龛，七千一百五十余身。这些艺术作品以佛教为主，兼有道教、儒教和华夏本土民间俗神。崖壁上保存有据传为唐代诗人杜甫于乾元二年（759）游历时题刻的《判府太中严公九日南山诗》。

737年（开元二十五年）

唐派御史严正海协助南诏攻下石和城、石桥城，占太和，袭大厘，逐河蛮。

738年（开元二十六年）

九月，唐玄宗册封蒙舍·皮逻阁为云南王。皮逻阁的册封，标志着南诏国历史的正式开始。

唐派内给事王承训率唐兵与皮逻阁同破剑川，彻底击败浪穹诏、施浪诏、邓睒诏，统一了"三浪"。同时皮逻阁还消灭越㠛诏，统一了宾川地区。由于毗邻的蒙嶲诏与南诏是近亲部落，皮逻阁便以"推恩啖利"之法，吸收蒙嶲诏的部众，进而将其领土兼并。至此，南诏在唐朝的支持下，统一了洱海地区各部。

剑南节度使王昱率领三万五千人进攻安戎城。攻城不下，便在安戎城的旁边筑了两座城，并驻军于蒲婆岭下，运送粮食和军用物资充实城中，以进逼吐蕃。九月，吐蕃发兵救安戎城，唐军大败，死数千人，王昱脱身走，粮仗军资皆弃之。安戎城筑成不久，便为吐蕃占据。此后唐屡攻之，六十年不能克。

739年（开元二十七年）

无相应邀入蜀。无相在蜀二十余年，创立净众宗，先后修建了净众寺、大慈寺、菩提寺、宁国寺。无相禅师，人称"金和尚"，原系新罗国国王金兴光的第三子，因支持妹妹崇佛而在该国郡南寺出家。至德元年（756）卒，终年七十七。

夹江千佛崖佛教石刻造像开凿。千佛崖位于夹江县城南六里的青衣江畔，造像分布在悬崖峭壁上，共一百五十余龛。石刻铭记中有开元、咸通、大中等纪年题记。

740年（开元二十八年）

三月，剑南节度使章仇兼琼潜与安戎城中吐蕃翟都局及维州别驾董承晏结谋，使翟都局为内应，攻入安戎城，尽杀吐蕃将卒，使监察御史许远将兵镇守。六月，吐蕃围安戎城。十月，吐蕃攻安戎城及维州，唐发关中铁骑救之，吐蕃引退。至德初，唐改安戎城为平戎城。

741年（开元二十九年）

十二月，东女国王赵曳夫遣子献方物。唐封赵曳夫为归昌王，授左金吾卫大将军，赐其子帛八十匹，放还。后复以男子为王。

713~741年（开元年间）

刘知古撰《日月玄枢篇》，阐述丹道秘法。刘知古，字先玄，生卒年不详，家于临邛，绵州昌明县令。龙朔年间（661~663），出家为道士，居太清观。后玄宗诏求通丹药之士，刘知古著呈《日月玄枢论》于朝。后还蜀，以其居改名大千秋观，玄宗亲书匾额赐之。

安岳圆觉洞造像开凿。圆觉洞坐落于今安岳市东南云居山，南北两面山崖为摩崖造像区，南岩造像区长一百一十米，有龛八十一，造像多为晚唐、五代的石刻作品。

始凿《释迦牟尼涅槃圣迹图》于安岳城北约四十千米的八庙乡卧佛沟内。卧佛长二十三米，横卧于高出地面近十米的崖壁上。体形完整，像个硕大的"一"字，几乎占据了整个岩腰，堪称我国唐代全身石刻卧佛之精品。

皇泽寺建成。皇泽寺位于广元市西嘉陵江的西岸、乌龙山的东麓。皇泽寺有摩崖造像镌造于临江的绝壁之上，共有自南北朝至宋、明时期的造像一千多尊，主要的石刻龛窟有中心柱窟、大佛窟、五佛亭石龛、则天殿石龛等。皇泽寺摩崖造像始凿于北魏晚期，历经北周、隋、初唐、盛唐的不断雕凿，持续时间三百多年。

742年（天宝元年）

正月，置十节度经略使。是时在沿边各地陆续设置了十节度、经略使，募兵戍边，边防节度将领的权力增大，形成了内轻外重的局面。其中剑南节度西抗吐蕃，南抚蛮僚，统天宝、平戎、昆明、宁远、澄川、南江六军，屯益州、翼州、茂州、当州、嶲州、柘州、松州、维州、恭州、雅州、黎州、姚州、悉州十三州境内，治益州，兵三万零九百人。

唐改州为郡，益州改为蜀郡，益州遂除。

川渝地区人口有一百一十七万户，约占全国总人口的十分之一。

743年（天宝二年）

成都县令独孤戒盈在成都市北凤凰山南修官源渠，堤长百余里。

745年（天宝四载）

杨太真入宫，封为贵妃。杨太真（719～756），小字玉环，原籍蒲州永乐（今山西永济），生于蜀郡。开元十七年（729），其父杨玄琰亡故，为叔父杨玄璬收养，入东都洛阳。十六岁时嫁唐玄宗之子寿王李瑁。玄宗为其姿色所迷，遂以做女道士过渡招入宫中。安史之乱，唐玄宗逃离长安，途至马嵬坡，发生兵变，六军不发，杨玉环缢死于路祠。杨玉环是唐代宫廷音乐家、歌舞家，精通音律，擅歌舞，并善琵琶，传《霓裳羽衣舞》为其所编排。存词《阿那曲》一首。

747年（天宝六载）

剑南节度副使郭虚己以鲜于仲通为剑南行军司马，长驱至洪州，收弱水西之八国。天宝八载（749），改洪州为保宁都护府（今阿坝梭磨河），以弱水为蕃汉之边界。保宁府领吐蕃、牂牁等部族，治所在今马尔康县东梭磨。

南诏在太和城西部佛顶峰上筑金刚城。时逢唐赐南诏《金刚经》，故名。

748年（天宝七载）

南诏首领皮逻阁死，其子阁逻凤立，袭授云南王，是为第五代南诏王。时逢爨氏内部再次分裂并爆发激烈的争斗，爨归王之子爨守隅与其妻——皮逻阁之女，一起投奔南诏。南诏阁逻凤乘机率军攻陷曲靖，屠城并夺取"两爨"。阁逻凤还遣昆川（今昆明）城使杨牟利以兵胁西爨，徙户二十余万于永昌城（今保山、大理、德宏的大部分地区），并将唐朝的势力挤出滇东，从而完全控制了滇东爨区。爨氏自此消亡。西爨白蛮被迫迁徙至滇西，演变为白族；东爨乌蛮以"言语不通，多散林谷"，演变为今日的彝族。

750年（天宝九载）

云南太守张虔陀淫虐，欺压南诏，又向朝廷诬告南诏。阁逻凤怒，发兵反唐，杀张虔陀，攻取西南夷三十二羁縻州。从此唐与南诏间连年战争不断。

立《松柏之铭》碑于龙鹄山摩崖造像群中间的摩崖龛窟内，由师学撰文，杨玲书。碑文为骈体文，记述唐代开元年间，丹棱女道士成无为幼年出家、卜居龙鹄山腰、调形炼骨、救济众生和广植松柏万余株的史实。

751年（天宝十载）

四月，剑南节度使鲜于仲通将兵八万讨南诏，从戎州和巂州分两道出发，至曲州（今云南昭通）和靖州（今云南彝良西北）。南诏王阁逻凤闻唐军来伐，遣使谢罪，请还天宝九载所俘掠唐之人物，修复云南（今云南祥云）城，并归还于唐。如不答应则"归命吐蕃，云南之地，非唐所有也"。鲜于仲通不允，且囚禁其使者。鲜于仲通进军至西洱河（今云南洱海），与阁逻凤所率南诏军战。三十日，唐军大败于泸南（今云南姚安），战死者六万余人。南诏亦损失惨重，自曲、靖二州以下东爨居地均遭破坏。

李颀卒。李颀，690年生，剑南东川（今三台）人，少年时曾寓居河南登封。开元二十三年进士，曾任新乡县尉，晚年在乡隐居。他与王维、高适、王昌龄等著名诗人皆有来往，诗名颇高。擅写各种体裁，七言歌行尤具特色。其诗内容丰富，格调高昂，风格豪放，慷慨悲凉，以边塞诗、音乐诗获誉于世。

始凿观音崖石刻。观音崖石刻在广元市西南三十里嘉陵江东岸的绝壁上，又名五佛崖，坐东朝西，长约一里，至太和七年（833）共雕凿造像约一百三十余龛。石刻雕刻生动，造像精美。

752年（天宝十一载）

阁逻凤背唐而北臣于吐蕃。吐蕃封阁逻凤为"赞普钟蒙国大诏"（兄弟之国），号为"东帝"，并授给金印。诏唐关系断绝。玄宗下诣召募两京及河南、河北兵以击南诏。

753年（天宝十二载）

正月初五，吐蕃集中洪腊、城裹、囊邛三节度兵马八万余人，分为六路攻围万安、柔远、明威、平戎及保宁都护卫五城，被唐军击败，至二月五日，生擒吐蕃哥末国王渠时、兵马副使翟步离并士众等二千余人，缴获牛马羊等二十余万。

大渡河之南（今凉山州）的东蛮三部（邛部、两林、丰琶）遣使入贡。

754年（天宝十三载　南诏赞普钟三年）

六月，侍御史、剑南留后李宓帅兵七万击南诏。南诏王阁逻凤引唐军深入，至太和城，南诏兵坚壁不战。唐军后继不给，粮食耗尽，士卒又多染瘴疫，大部分死亡，乃退兵，南诏乘机追击，李宓被擒，全军覆没。而宰相杨国忠却隐其败状，以捷上奏，更发兵讨之，前后死者近二十万人。

吐蕃发生内讧，白兰二品笼官董占庭等二十一人降唐。唐一并授之为右武卫员外大将军。

755年（天宝十四载）

正月，吐蕃苏毗王子悉诺罗降唐。四月四日，封悉诺罗为怀义王，赐姓名为李忠信。

756年（天宝十五载　至德元载）

九月，南诏、吐蕃乘安史之乱，共同出兵攻取嶲州，瓜分了嶲州之地。吐蕃占领以台登（在今冕宁）为中心的北部（含西昌）地区，南诏占有以会川（会理）为中心的南部地区。唐退守清溪关，西川移嶲州余民于临溪县，设"行嶲州""嶲州"达四十一年。此后唐与吐蕃、南诏互有攻伐。吐蕃攻嶲州，丰琶部落臣服吐蕃。贞元初丰琶又归服唐朝。

为避安史之乱，六月十三日黎明，玄宗出延秋门逃往剑南。七月二十八日至成都，所跟从官吏及六军士卒共一千三百人，史称"玄宗幸蜀"。次年末，玄宗返回长安。

李白入永王李璘幕府。因永王触怒肃宗被杀，李白获罪，被流放夜郎。途中遇赦。

742～756年（天宝年间）

唐代僧人惠净始建乌尤寺。乌尤寺位于今乐山市东岸，原名正觉寺。宋代扩建，改名乌尤寺。元代毁于兵燹。明成化年间重建，明末复毁。清代再建。

713~756年（开元、天宝年间）

景教开始在巴蜀流行，在成都西门石笋街建大秦寺，其寺富丽壮观。汉州刺史房管倡导景教，"房公石"即其遗迹之一。景教，源自大秦，故又名大秦景教，是基督教的聂斯脱里派。

757年（至德二载）

十二月，唐以蜀郡为南京，改蜀郡为成都府，分剑南节度使地置剑南东川、剑南西川。剑南东川治梓州（今三台）。辖境屡有变动，长期领有梓、遂、绵、普、陵、泸、荣、剑、龙、昌、渝、合十二州，约当今四川盆地中部涪江流域以西，沱江下游流域以东和剑阁、青川等县地。剑南西川治成都府。辖境屡有变动，长期领有成都府和彭、蜀、汉、眉、嘉、邛、简、资、茂、黎、雅及以西诸州，约今成都平原及其以北以西和雅砻江以东地区。

东蛮三部（勿邓、两林、丰琶）脱离唐朝羁縻，南倚阁逻凤，西结吐蕃。

758年（至德三载 乾元元年）

正月二十九，苑咸客死于扬州之官舍，终年四十九。苑咸，成都人，是关联开元、天宝之际政治思想与文化学术的重要人物。政治上，前期受到名相张九龄的赏识，后期又与李林甫保持密切的关系；文学上，与盛唐大诗人王维、卢象、崔国辅、郑审诗歌酬唱，关系甚为密切；思想上，崇奉佛教，且佛学造诣精深。有《苑咸集》，《全唐诗》存其诗二首。

吴道子客死资阳。吴道子，又名道玄，阳翟（今河南禹州）人。唐代著名画家，被后人尊为画圣。吴道子幼年丧父，生活贫苦，很早就开始当画工兼雕塑工。后专攻绘画，"年未弱冠，穷丹青之妙"。万岁通天二年（697），吴道子随韦嗣入蜀，在双流县箇充任一名小吏。居蜀三年，遍游巴山蜀水。天宝十一载（752），吴道子奉旨二度入蜀。回长安后，于大同殿作《嘉陵江旖旎三百里风光图》。天宝十五载（756），安史之乱爆发，吴道子追随玄宗入蜀。刚入蜀，唐军就收复了长安，但此时吴道子的身体极度虚弱，无力返回中原，只得滞留于蜀中。在他去世之后，后人将他的遗骨葬于今资阳县城北十五里的李家沟村，当地人将他的墓叫作"真人墓"。

罗公远卒。罗公远，唐代知名道士，又名思远，筑室修炼于漓元治中，常往来青城、罗川之间，与张果、叶法善齐名。

卢楞伽于成都大圣慈寺画《行道高僧像》数堵，有颜真卿题字，时称"二绝"。卢楞伽，长安人，生卒年不详，自汴入蜀，为吴道子弟子。画风细致，咫尺间山水寥廓，形象精备。尤擅佛像、经变，画过许多壁画。

759年（乾元二年）

十月，邛、简、嘉、眉、泸、戎等州蛮反。

杜甫。几经辗转，来到成都，在成都浣花溪畔草堂寺旁营建茅屋而居。因徐知道叛乱，曾流亡梓州、阆州，广德二年（764）重回成都。杜甫一度在剑南节度使严武幕中任检校工部员外郎，故又有杜工部之称。草堂寺，始建于刘宋武帝永初元年（约420）前后。

760年（乾元三年 上元元年）

八月，房琯任汉州（治雒县）刺史。广德元年（763）秋八月，房琯奉诏回京，病卒于阆州僧舍。在汉州任上凿西湖，招来不少文人名士在此聚会，赋诗弹琴。此后，房公西湖成为历代文人游览、凭吊的名胜古迹。房琯（696~763），字次律，河南洛阳人，博学多闻，善诗文，长琴韵，对宫室建筑设计、园林技艺，雅有巧思。

九月，南京复为蜀郡。

冬，裴迪在蜀州与杜甫聚，杜甫作《和裴迪登临蜀州东亭送客逢早梅相忆见寄》。裴迪（716~？），关中人，官蜀州刺史及尚书省郎。其一生以诗文见称，是盛唐著名的山水田园诗人之一，与王维、杜甫关系密切。《全唐诗》存其诗二十九首，《辋川杂咏》组诗是裴迪的代表作。

颜真卿谪贬为蓬州（今仪陇大寅乡）长史。在蓬州两年，勤政为民，清廉正直，深受蓬州老百姓的爱戴。颜真卿（709~785），字清臣，生于京兆，唐代书法家。安史之乱中，因在平原郡守任上抗贼而受朝廷重用，历任吏部尚书、刑部尚书等要职，封鲁郡开国公，世称"颜鲁公"。传世作品主要有《祭侄稿》《争座位帖》以及《麻姑碑》等众多碑刻。他与赵孟頫、柳公权、欧阳询并称"楷书四大家"。

峨眉僚反，移峨眉县至峨眉观东。

761年（上元二年）

二月，羌族别支奴剌、党项寇宝鸡，烧大散关，南侵凤州，杀刺史，大掠而西；凤翔节度使李鼎追击，败之。

冬，吐蕃尚·东赞攻陷松州及桑格尔二城。

762年（宝应元年　上元三年）

三月，奴剌寇梁州，观察使李勉弃城走。遂以邠州刺史臧希让为山南西道节度使。

七月，唐以兵部侍郎严武为剑南西川节度使。七月十六日，剑南西川兵马使徐知道反，拒严武赴任。八月十三日，徐知道为其将李忠厚所杀，剑南乃平。

李鼎祚向登基的代宗献《周易集解》。李鼎祚，资州盘石人，以经述称名于当时，为唐代提倡汉易象数文学的代表，撰成继孔颖达《周易正义》后所出现的又一部总结两汉以来易学的著作——《周易集解》。另著有《连珠明镜式经》（又名《连珠集》）、《平湖论》等。

冬，南诏阁逻凤亲率大军征服了金齿、银齿、绣脚、绣面、寻传蛮、裸形蛮、朴子蛮、望蛮等地区，其军队西达今伊洛瓦底江西岸的祁鲜山一带，将众多的部落和民族纳入南诏国的统治范围。

李白卒于当涂，终年六十二。李白，字太白，号青莲居士。祖籍陇西成纪（今甘肃秦安）。先代于隋末流徙西域，李白701年生于碎叶城（时属唐条支都督府，由安西都护统摄，今在吉尔吉斯斯坦托克马克城附近）。五岁时随父迁居绵州彰明（今江油）。李白是继屈原之后我国古代最伟大的浪漫主义诗人，与杜甫齐名，并称"李杜"，他与杜甫代表着唐代诗歌的最高成就。他们共同推进并完成了陈子昂所开创的诗歌革新运动，影响十分深远。李白的诗词想象丰富，语言豪放，气势雄伟。李白亦是杰出的词人。今传《李太白全集》三十卷，是宋代宋敏求所编，存诗九百余首，文六十多篇。

吐蕃破合水城入大震关，取兰、河、鄯、洮等州，于是，唐陇右地皆失，夏河地区始入吐蕃。

763年(宝应二年 广德元年)

十二月,吐蕃陷松、维、保(今理县北)三州及云山新筑二城,剑南西川节度使高适无力抵御,于是剑南西川诸州也陷于吐蕃。

吐蕃大举攻唐并占领长安十五天。唐代宗匆忙逃往陕州。吐蕃事后退兵,但占领了凤翔以西的广大地区。

马祖道一卒。道一,唐代著名禅师,汉州什邡人,俗姓马,后人尊为马祖。他幼年依资州处寂出家,从渝州依圆和尚受具足戒。大历年中住洪洲(今江西进贤县)开元寺,入室弟子一百多人,使开元寺成为江南佛学中心,创立"洪州禅"。后人辑有《马祖道一禅师语录》。

白鹤梁始有石刻题记。白鹤梁题刻位于长江上游涪陵城北的长江中,是保存完好的世界唯一古代水文站。石梁上刻有至当代的石刻题记一百六十四段,其中水文题记一百零八段;石鱼图十四尾,其中作水文标志者三尾;计三万字。题刻、图像断续记录了一千二百余年间七十二个年份的历史枯水位情况,对研究长江中上游枯水规律、航运以及生产等,均有重大的史料价值。白鹤梁上还有黄庭坚、朱熹、庞公孙、朱昂、王士祯等历代骚人墨客的诗文题刻,篆、隶、行、草皆备,颜、柳、黄、苏并呈,有较高的艺术价值,故称为"水下石铭"。

南诏阁逻凤修筑阳苴咩城,同时修筑龙尾城,率大军东巡,置安宁城监,势力向贵州、川西地区发展。

764年(广德二年)

严武再入蜀镇守剑南。次年七月西征。九月,率兵破吐蕃七万余众,拔当狗城(理县西南)。十月,取盐川城(甘肃漳县西北)。同时遣汉州刺史崔旰在西山追击吐蕃,拓地数百里。

765年(永泰元年)

四月,严武卒。严武(726~765),字季鹰,华州华阴(今属陕西)人。肃宗乾元中,拜成都尹、剑南节度使,代宗时封镇国公。与杜甫最友善,镇剑南时,杜甫因避乱往依之。严武亦能诗,杜甫赞其"诗清立意新"。今传《严武集》。《全唐诗》存其诗六首,《全唐诗补编》存其诗一首,《唐文拾遗》

存其文二篇。

五月，杜甫携家离成都南下。经嘉州、戎州、渝州，入秋，至忠州，居龙兴寺。九月，至云安县（白帝城）。因病留居云安。明年四月，杜甫自云安移居夔州。杜甫在夔州居住未满两年，创作却十分丰富，成诗四百余篇，占其诗作的七分之二强。

高适卒，终年六十四岁。高适（701～765），字达夫、仲武，沧州（今河北景县）人。乾元二年（759）出任彭州刺史，后改任蜀州刺史，继任剑南节度使。高适是著名的边塞诗人，与岑参并称"高岑"，其诗笔力雄健，气势奔放，直抒胸臆，不尚雕饰，以七言歌行最富特色，大多写边塞生活，有《高常侍集》《中兴间气集》等传世。

南诏阁逻凤令子凤伽异筑云南城，称为拓东城（在今昆明，后称鄯阐府，成为南诏国的"东京"），置拓东节度使。又向南深入，设立银生府。整个今云南之地被南诏统一。

766年（永泰二年 大历元年）

二月，唐复分剑南道为剑南西川、剑南东川。连同山南西道，合称"剑南三川"。

岑参列剑南西川节度使杜鸿渐幕府，后赴嘉州任刺史。大历三年，罢职东归，客死成都旅舍，年五十五岁。岑参（约715～770），唐代著名边塞诗人，世称岑嘉州，原籍南阳（今属河南新野）。他擅长以七言歌行描绘壮丽多姿的边塞风光，抒发豪放奔腾的感情。唐人杜确编有《岑嘉州诗集》。

戎昱入蜀。明年，东下至江陵，荆南节度使卫伯玉辟为从事。戎昱（约744～800），荆州人，唐代诗人，中唐前期比较注重反映现实的诗人之一，其题材多为边塞戎旅和秋思送别。存诗一百二十五首，其中在蜀期间诗作十余首。明人辑有《戎昱诗集》。

无住受迎至成都。无住（713～774），俗姓李，初为军官，后弃官访道，遇道安弟子陈楚璋，得其心法。乾元二年（759）正月到达成都净众寺，见金和尚，三日后辞入白崖山。无住后移锡保唐寺，保唐宗得名于此。

南诏群臣歌颂其王阁逻凤，用汉文刻成《南诏德化碑》，立于太和城。南诏王阁逻凤叛唐投吐蕃后，立《南诏德化碑》，以说明"阻绝皇化之由，受制西戎之意"，不得已叛唐。碑文还记述了南诏初期的历史，以及与唐王朝的关系。相传碑文为郑回撰写，杜光庭书，记录南诏强盛时期的疆域、军政设施、与唐的关系以及境内各民族的生活习俗等。《南诏德化碑》是研究南诏史的重要资料。其碑文书法秀美，有相当的艺术价值。

768年（大历三年）

正月，杜甫离夔出峡三月至江陵。大历五年（770）杜甫卒于潭岳间，旅殡岳阳，终年五十九岁。杜甫（712～770），字子美，生于河南巩县，唐代著名诗人杜审言之孙。因曾居长安城南少陵，故自称少陵野老，世称杜少陵。三十五岁以前读书与游历。天宝年间到长安，困顿了十年。安史之乱起，他流亡颠沛，为叛军所俘，脱险后，授左拾遗。杜甫是我国古代最伟大的现实主义诗人，现存诗一千四百余首，文二十余篇。其诗多涉及社会动荡、政治黑暗、人民疾苦，被誉为"诗史"。其人忧国忧民，人格高尚，诗艺精湛，被奉为"诗圣"。他是新乐府诗体的开路人，促成了中唐时期新乐府运动的发展。其五七古长篇，亦诗亦史，展开铺叙，而又着力于全篇的回旋往复，标志着我国诗歌艺术的高度成就。杜甫在五七律上也表现出显著的创造性，积累了关于声律、对仗、炼字炼句等完整的艺术经验，使这一体裁达到完全成熟的阶段。

石笋山摩崖造像始凿于邛崃市大同乡。摩崖造像分布在高约三十至五十余米，长约一百三十余米的悬崖上，计三十三龛、窟，大小造像一千余躯。石笋山摩崖造像内容丰富，题材广泛，有佛传故事、净土变、释迦、无量诸佛、天王、力士、飞天、舞乐等。

769年（大历四年）

杜鸿渐卒。杜鸿渐（709～769），字之巽，唐散文家，滁州濮阳（今属河南）人。开元进士，广德二年（764），以兵部侍郎同中书门下平章事，后以宰相兼成都尹，山南西道、剑南东川副元帅，剑南西川节度副使。《全唐诗》存其诗二首，《全唐文》存其文三篇，《唐文拾遗》存其文二篇。

772年（大历七年）

十一月，因吐蕃入寇，巴南屡多征役。朝廷决定，对巴、蓬、渠、集、璧、充、通、开等州，宜放二年租庸，及诸色征科亦宜蠲免。

775年（大历十年）

苏涣被杀。苏涣，蜀人。少为盗，号为"白跖"。后刻苦读书，考取进士。因煽动哥舒晃反，兵败伏诛。苏涣工诗，曾著变律诗十九首上岭南节度使李勉，得李勉赏识。与杜甫有交游，杜甫亦有赠答之诗，杜甫赞其诗"殷殷留金石声"，又称其"才力素壮，辞句动人"。《新唐书·艺文志》著录有诗一卷，早佚。

776年（大历十一年）

剑南西川节度使崔宁（本名旰）奏大破吐蕃二十万，斩首万级，生擒首领一千一百五十人。

分璧山县西南部置永川县。

777年（大历十二年）

张谓卒。张谓，字正言，河内（今河南沁阳）人。生年不详，天宝进士。入封常清安西幕府。乾元中以尚书郎使夏口。曾与李白于江城南湖宴饮。大历时为潭州刺史，后官至礼部侍郎。生前曾游蜀，留诗《早春陪崔中丞浣花溪宴》。《全唐诗》存其诗一卷。

置黔州节度使，治所在今彭水县。辖境相当今湖北恩施以南，贵州遵义、铜仁以北，湖南沅陵以西地区。

779年（大历十四年　建中元年）

十月，吐蕃与南诏合兵二十万，分三路进攻西川，德宗李适派大将李晟率五千精兵南下，与驻西川唐军配合，大败异牟寻，斩首六千级，并一鼓作气，把诏、蕃联军赶过大渡河。战后，南诏元气大伤，吐蕃将惨败归罪于南诏，改封异牟寻为日东王，取消了双方兄弟之国的关系，置南诏于臣属藩邦的地位。从此，吐蕃年年向南诏征收重税，还占据了南诏的险要之地，设立营堡。凡有战事则调遣南诏军队助战，使南诏疲于奔命。由是，异牟寻对吐蕃强烈不满，在清平官郑回的推动下，南诏开始寻找机会重新归附于唐。

阁逻凤卒，其孙异牟寻即南诏王位，成为第六代王。

南诏王异牟寻将都城从太和城迁至阳苴咩城。此后太和城逐渐荒废。

剑南东川观察使李叔明上表："佛道二教，无益于时，请粗加澄汰。其东川寺观，请定为二等：上寺留僧二十一人；上观留道士十四人，（每等）降杀以七，皆精选有道行者，余悉令返初。兰若、道场无名者皆废。"德宗曰："叔明此奏，可为天下通制，不唯剑南一道。"李叔明，字晋卿，阆州新政人。本姓鲜于氏。曾任杨国忠剑南判官、司勋员外郎、司门郎中、洛阳令、邛州刺史、遂州节度使等职。素恶道、佛。贞元三年（787）卒。

766~779年（大历年间）

太常博士仲子陵结庐峨眉山，写《幽兰赋》。仲子陵，嘉定人，大历、贞元年间人，为当时巴蜀少有的儒学家兼文学家，在学术及文学方面都有比较突出的成就。特别是在赋的创作方面，其作品数量可观，对中晚唐律赋创作亦具有重要影响。

邹和尚游至遂宁伞山，传糖霜制法。

756~779年（肃宗、代宗年间）

韦偃侨居成都。韦偃，长安人，生卒年不详。官至少监。韦偃善画鞍马，常用跳跃笔法，点簇成马群。用点簇法画马始于韦偃。传世作品有《百马图》卷。

783年（建中四年）

春，唐蕃双方在清水（今甘肃清水西北）会盟。依约，大体上黄河以南，自北往南，从今六盘山中段开始到陇山南端（中间穿过泾水源头、渭水中游），然后穿西汉水、白龙江，循岷江上游西到大渡河，再循河南下，此线以东归唐管辖，以西归吐蕃管辖。是年冬，唐泾原兵变，吐蕃逾界助唐，界碑仆倒，又乘机攻陷盐州、夏州。此后百余年间，吐蕃大批士兵和民众迁入大渡河以东，与已臣服吐蕃的当地各部居民杂处、融合。

刘湾卒。刘湾，字灵源。西蜀人，工诗。天宝进士。以侍御史居衡阳，与元结友善。刘湾所著诗，今存于《全唐诗》者仅六首。

资中北岩摩崖造像开凿。造像位于石崖壁上，共有神龛一百七十二个，石像一千七百一十三躯，绝大部分为中晚唐和五代时期的作品。

784年（兴元元年）

三月，德宗李适为避朱泚之乱，经傥骆谷道南逃至梁州。五月，李晟收复京都长安，朱泚逃亡，后被杀。六月，德宗特下诏升梁州为兴元府。

785年（贞元元年）

唐任命韦皋为西川节度使。韦皋开凿解玉溪，自城西北角引郫江水入城，东南流经大慈寺，出东门又汇入郫江。由于洪水期夹带一些泥沙沉淀于溪内，其细沙可打磨玉石，故名解玉溪。

787年（贞元三年）

六月十一日，南诏王求归唐，德宗招谕之，令其遣使入见。先是，安史之乱时，南诏王阁逻凤陷巂州，俘西泸（今西昌西南）县令郑回。郑回是相州人，通经术，阁逻凤爱重之。其子凤迦异及孙异牟寻、曾孙寻梦凑皆以郑回为师。及异牟寻为王，以郑回为清平官，即宰相。清平官虽有六人，而国事皆决于郑回。郑回劝异牟寻不如归唐，异牟寻从之。及西川节度使韦皋至镇，异牟寻遂潜觅人求内附。

吐蕃利用朱泚之变后的形势于平凉（今属甘肃）劫盟，谋杀唐会盟官员六十余人。是时，吐蕃武力强盛，北接回鹘，西抗大食，东南降伏南诏，南征天竺，立碑于恒河北岸，为吐蕃武功最盛时期。

夹江牛仙寺摩崖造像开始开凿。牛仙寺摩崖造像范围南北长约一百五十米，宽约一百米，山崖高约二十米。内容主要有一佛二僧二菩萨、宝瓶观音、观经变、说法图、宝塔等。

789年（贞元五年）

六月十三日，戴叔伦在返乡途中客死清远峡（今成都北）。戴叔伦（732～789），字幼公，一作次公，金坛城西南窑村人，是唐代中期著名的诗人，曾任新城令、东阳令、抚州刺史、容管经略使。晚年上表自请为道士。其诗多表现隐逸生活和闲适情调，但也有少数诗作反映了人民生活的艰辛。今存诗二卷。

十月，西川节度使韦皋遣部将王有道帅兵与东蛮、两林蛮及吐蕃战于巂州台登（今喜德西），大败之，杀二千余人，投崖及溺水而死者不可胜数，杀其大兵马使乞藏遮遮。乞藏遮遮是吐蕃骁将，既死，韦皋攻城皆下。数年间尽复寯州。

790年（贞元六年）

杨衡登进士第。杨衡，字仲师。凤翔宝鸡人，郡望弘农，生卒年不详。天宝末，随父旅居于蜀。大历末，与符载、王简言、李元象同隐青城，建中初，复偕隐庐山，号"山中四友"。工古体诗。《全唐诗》存其诗一卷。

司空曙卒。司空曙（约720～约790），字文明，广平（今属河北省）人。贞元初，以水部郎中衔任职于剑南西川节度使韦皋幕府。大历十才子之一，长于五律。其诗朴素真挚，情感细腻，多写自然景色和乡情旅思，诗风闲雅疏淡。《全唐诗》存其诗二卷。

791年（贞元七年）

东蛮酋长苴梦冲潜通吐蕃，煽诱群蛮，隔绝南诏使者。西川节度使韦皋遣三部落总管苏峞将兵至琵琶州（在寯州西南）

792年（贞元八年）

二月，执苴梦冲，数其罪而斩之。云南之路始通。分其族为六部，以次鬼主样弃主之。从此，东蛮又被称为六姓蛮。

七月，韦皋攻维州，擒吐蕃大将论赞热。

793年（贞元九年）

五月，南诏王异牟寻遣三批使者，分别从戎州、黔州、安南（今越南河内）至成都。各献生金、丹砂，金以示坚，丹砂表示赤心。异牟寻上表请弃吐蕃归唐，并交送韦皋帛书。自称"唐故云南王孙、吐蕃赞普义弟日东王"。韦皋遣其使者至长安，德宗赐异牟寻诏书，并令韦皋遣使慰抚。十月十八日，韦皋遣其节度巡官崔佐时带诏书往南诏，并自为帛书答之。

七月，剑南、西山诸羌女王汤立志、歌邻王董卧庭、白狗王罗陀忽、弱水王董辟和、南水王薛莫庭、悉董王汤悉赞、清远王苏唐磨、咄霸王董邈蓬及逋租王，因不堪吐蕃压迫，各帅其部众内附。韦皋将其安置于维州、保州、霸州（皆今理县一带），并给耕牛种粮。立志、陀忽、辟和入朝，皆拜官，并厚赐而遣之。

793年前后（贞元九年前后）

于邵卒。于邵（约713～约793），字相门，为京兆万年人。天宝末第进士。后徙巴州，平僚民之乱。于邵长于诏令序文。《全唐诗》存其诗五首，《全唐文》存其文七卷。

794年（贞元十年）

正月，剑南西山羌、蛮二万余户来降。德宗诏加韦皋押近界羌蛮及西山八国使。

正月初五，韦皋所遣节度判官崔佐时至南诏阳苴哶城（今云南大理）点苍山，劝异牟寻悉斩吐蕃使者，去吐蕃所立之号，献其金印，恢复南诏旧名，异牟寻皆从之。乃刻金契以献，并帅其子寻梦凑等与崔佐时盟于点苍山神祠，结束了唐与南诏对峙隔绝四十余年的局面。是为苍山会盟。此前，吐蕃与回鹘争北庭，死伤甚众，欲征兵万人于南诏。异牟寻遣五千人前行，自帅万人继其后，袭击吐蕃，大败之，虏其五王，降其兵十余万，攻取其铁桥（今云南丽江塔城）等十六城。

十一月十二日，谢自然卒。谢自然，唐代女道士，果州南充人，后游历京洛，抵江淮。诣道士程太虚受五千文《紫灵宝箓》后归蜀。贞元三年（787）三月，于果州开元观绝粒。

南诏迁弄栋（今云南姚安）白蛮于永昌城。同年又迁河蛮于滇东北和拓东。南诏破浪穹诏，河蛮复徙于云南东北拓东以居。异牟寻破吐蕃铁桥城，获汉裳蛮数千户，徙于云南东北诸川地。汉裳蛮，本汉人部种，居铁桥城北。

795年（贞元十一年）

南诏麾军东向，攻下了吐蕃控制的昆明城，将其势力扩展到金沙江以北大渡河以南。后又调兵南下，向今西双版纳地区发展，征服了"茫蛮"中的茫天连、茫吐薅、茫盛恐、茫鲊、黑齿等十部及"穿鼻蛮""长鬃蛮""栋峰蛮"等许多部落，将其南部疆界推向女王国（今泰国北部南奔府一带）以北。

796年（贞元十二年）

三月，雅州吐蕃西南蛮首领高万唐等六十九人率七千户、二万余口，及吐蕃之前授高万唐等的金字告身五十片来降。

四月，陆贽因多次上书参奏裴延龄被贬为忠州别驾。陆贽在忠州十年，深居简出，避谤不著书，唯虑其地多瘴，疫疠流行，乃闭户读书，勤研医术，为人治病，编《今古集验方》（世称《陆氏集验方》）五十卷。陆贽（754~805），苏州嘉兴（今属浙江）人，字敬舆，著名政治家、政论家、思想家。大历六年（771）进士，中博学宏辞、书判拔萃科。德宗即位，召充翰林学士。贞元八年（792）出任宰相。永贞元年（805）卒于任所，谥号"宣"。有《陆宣公翰苑集》二十四卷行世。

755~797年（天宝十四载至贞元十三年）

赤松德赞在位。赤松德赞幼年即位，信奉本教的权臣集团力抑佛教，因而发生了第一次灭佛事件。成年后掌握实权，逐渐剪除信奉本教的权臣集团，重兴佛教。

须巴山石刻群开凿。须巴山石刻群位于石渠县雅砻江流域的长沙干马乡和该县金沙江流域的洛须镇。石刻题材丰富，包括五方佛、大日如来像、菩萨像、度母像、古藏文题记等，基本是吐蕃时期流行的典型题材和内容，图像具有吐蕃时期的典型风格。

798年（贞元十四年）

皇甫澈任蜀州刺史。皇甫澈（742~802），沧州（今属河北）人。工诗，赋《四相诗》。《全唐诗》存其诗四首。

始凿花置寺造像。造像在邛崃县城西北七千米许原花置寺庙基前（寺已废）。共七龛，最大为立佛像，高四米余，右手持物，左手举胸前，着双领下垂外衣，面容丰腴，神态慈祥。另两龛为千佛龛，是两组庞大的浮雕小佛。右龛小佛二十一排，每排四十五尊，计小佛九百四十五尊；左龛二十排，每排四十尊，小佛八百尊。小佛均跌坐莲台，神态庄严。两龛间有石台造像，雕刻甚精。

799年（贞元十五年）

段文昌入蜀，依剑南西川节度使韦皋，授校书郎。元和十五年（820），穆宗继位，段文昌拜相。长庆元年（821），授西川节度使。段文昌素知蜀地民情，到任后虽治政宽仁，但却法纪严明。长庆四年（824），敬宗继位，段文昌回京任职。大和六年（832），再度出任西川节度使。段文昌（773~835），字墨卿，一字景初。有文集三十卷、诏诰二十卷、食经五十卷并传于世。所撰《平淮西碑》较著名。《全唐诗》录其诗四首。

800年（贞元十六年）

南诏献《南诏奉圣乐》。苍山会盟之后，南诏异牟寻派使臣率歌舞乐团赴成都向韦皋献乐。韦皋对这台夷中歌曲进行加工、记录、翻译，编成乐谱舞图，将其命名为《南诏奉圣乐》，然后命南诏使团直赴长安，向德宗敬献乐舞。《南诏奉圣乐》是南诏民乐舞的最高成就，仿唐朝《奉寿乐》创作而成，后成为唐乐之一。其乐队演奏者达一百九十六人，分为龟兹部、大鼓部、胡部与军乐部四个乐部，乐器多达三十余种。

韦皋累破吐蕃二万余众于黎州、嶲州。吐蕃遂筑垒造舟，潜谋寇边，韦皋悉挫之。吐蕃酋帅兼监统曩贡、腊城等九节度婴婴、笼官马定德与其大将八十七人，举部落来降。

801年（贞元十七年）

七月，吐蕃管辖的摩些蛮千余户来降。吐蕃转而北犯灵、朔，陷麟州（今陕西神木）。德宗遣使敕剑南西川节度使韦皋出兵深入吐蕃以分其势，缓解北方边患。韦皋遂遣兵二万分九道攻维州、保州（今理县西北）、松州。九月，韦皋大败吐蕃于雅州。韦皋转战千里，共拔吐蕃七城五军镇，焚堡一百五十，杀万余人，俘虏六千，降服三千，遂围维州及昆明城。韦皋以御吐蕃功进至检校司徒、中书令，封南康郡王。

韦皋奉旨重修大慈寺普贤阁并作题记。

802年（贞元十八年）

春正月，骠国（缅甸）王闻南诏异牟寻归附，心慕之，遣其弟悉利移来朝，献骠国乐舞。

神清卒。神清，俗姓章，绵州彰明人，学识深湛，受业弟子有一千多人，曾以优文赡学入内应奉。平昔好著述，撰《北山录》十卷。

803年（贞元十九年）

正月，德宗在含元殿接受南诏朝贺，以其使杨镆、龙武为试太仆少卿兼御史；授黎州廓清道蛮首领、袭恭化郡王刘志宁试太常卿。五月二十六日，吐蕃遣其臣论频热入贡。六月十三日，唐遣右龙武大将军薛怀使于吐蕃。

780~804年（德宗年间）

利州培修粗石栈，欧阳詹撰《栈道铭》碑立于道旁。欧阳詹（757~801），字行周，晋江潘湖人，贞元八年举进士，后任国子监四门助教。曾游蜀，在蜀期间作诗数首。著有《四门集》八卷。

785~805年（贞元年间）

西川节度使韦皋始建合江亭。后毁。北宋重建，并达到鼎盛，成为官民宴饮、市民游玩的热闹场所。合江桥畔亦是时人登舟出川的主要口岸，明代辟有锦官驿，清代新置船税所。

成都雷氏成为制琴名家，所制之琴，精妙无比，弹之者众。其中最有名者为雷威。雷家有名的琴匠在雷威之前的有雷俨，雷威以后的有雷珏、雷文、雷会、雷迟、雷霄等。其所制的琴被称为雷琴、雷公琴、雷氏琴。

韦皋在西川开青溪道以通群蛮，使由蜀入贡。又选群蛮子弟聚成都，教以书数，业成则去，又再选其他子弟继之。前后五十年，群蛮子弟学于成都者数以千计。

九宗书院在遂宁建立，是为中国最早的书院。张九宗，生卒年不详，遂宁人，自幼聪颖好学，文思过人。以儒业起家，仕至学士。贞元十一年（795）中进士，先后历任五州刺史兼御史大夫，注意民风，注重教化，治理有方，政绩显著。张九宗长于文学，字画遒劲，遂宁寺观碑铭多为其撰、书。九宗书院本为遂州刺史乔琳所建学宫，张九宗曾就读于此。三十年后，张九宗在任遂州刺史时，见学宫废圮，于是致力恢复，亲自主讲，为培养人才做出重要贡献。

朱湾卒。朱湾，字巨川，号沧洲子，西蜀人。生卒年均不详，约代宗大历初前后在世，大历年间进士。性浪漫，好琴酒，放纵山水，工诗，善于咏物。著有诗集四卷。

王宰画名扬蜀中。王宰，蜀人，生卒年不详。其画山水树石出于象外。多画蜀山，玲珑嵌空，巉嵯巧峭。

750～805年（玄宗至德宗时期）

义全入蜀。义全，僧人，善丹青，尤攻写真。

805年（贞元二十一年　永贞元年）

汉州刺史卢士㙷主持修建堤堰，可灌田四百余顷。

韦皋病卒于剑南西川节度使府任所。韦皋（745～805），字城武，一作武臣，京兆万年人。《全唐诗》存其诗三首，《全唐文》《唐文拾遗》共存其文十二篇。贞元元年（785），除剑南西川节度使兼成都尹，在蜀二十一年，政绩突出，"赋税三年一收"，蜀人安居乐业。叙州人为之立《韦皋纪功碑》并"绘像庙祀焉"。能诗善文，并以文翰之美冠于一时。贞元十七年（801）曾撰并书金铜普贤菩萨像记。南诏得其手笔，刻石以荣其国。

806年（元和元年）

梅彪著《石药尔雅》。梅彪，西蜀江源（今属崇州）人。少好道艺，喜炼丹。因丹方中所用金石类药物多用隐称，不便使用，故集各药异名，仿《尔雅》编写体例撰成《石药尔雅》。

陆畅登进士第。陆畅，约820年前后在世，字达夫，吴郡人。初居蜀，曾著《蜀道易》一诗以美韦皋。陆畅才思敏捷，著有《陆畅集》。《全唐诗》存其诗一卷。

西川支度副使刘辟割据西蜀反，被高崇文击败。成都优人请演《刘辟责买》为之庆功获罪。高崇文曰："刘辟是大臣谋反，非鼠窃狗盗。国家自有刑法，安得下人辄为戏弄？"杖优者，皆令戍边。

807年（元和二年）

十月，武元衡封临淮郡公，充剑南西川节度使。武元衡（757～814），唐代诗人，字伯苍，缑氏（今河南偃师东南）人，武则天曾侄孙。德宗建中四年

（783）登进士第。历官监察御史、华原县令、比部员外郎、右司郎中、御史中丞。因力主削藩，遭藩镇忌恨。元和九年六月三日早朝，为平卢淄青藩帅李师道所遣刺客刺杀。武元衡在蜀所作诗歌，或抒写报国豪情，或寄托羁旅行役之思，都真切感人。其诗藻思绮丽，琢句精妙。有《临淮集》十卷，《今编诗》二卷。

柳公绰入西川节度府中任节度判官。柳公绰（768～832），字宽，小字起之，京兆华原（今陕西铜川耀州区）人，书法家柳公权之兄。唐书法家、诗人。柳公绰书法端肃浑厚，古朴自然，成都《蜀丞相诸葛武侯祠碑》即为柳公绰任成都少尹时书。《全唐诗》存其诗三首，《全唐文》存其文四篇。

808年（元和三年）

羊士谔贬资州刺史，再贬巴州刺史。羊士谔（约762～约822），字谏卿，洛阳人。贞元元年（785）登进士第。唐诗人，其诗《过三乡望女几山早岁有卜筑之志》等传诵较广。今传《羊士谔集》。《全唐诗》存其诗一卷，《全唐文》存其文五篇。

南诏王异牟寻卒，其子寻阁劝继立。

809年（元和四年）

建蜀丞相诸葛武侯祠堂碑。祠堂碑立于武侯祠大门内右侧，由唐宰相裴度撰文，著名书法家柳公绰书，名匠鲁建刻字，因文章、书法、镌刻都极精湛，世称三绝碑。

南诏王寻阁劝卒，子劝龙晟继位。

811年（元和六年）

黔中观察使窦群征发溪洞蛮修黔州（今彭水）城墙，督役严急。辰、溆二州（治今湖南沅、黔阳）蛮张伯靖等起兵反。窦群派兵镇压不能胜，被贬为开州刺史。继任崔能仍未控制局面，被贬为永州刺史。到元和八年（813），张伯靖请降，战火方才平息。

813年前后（元和八年前后）

雍裕之在世。雍裕之，字、生卒年均不详，蜀人。工乐府，极有情致。贞元后,屡举进士不第,飘零四方。著有诗集一卷。

814年(元和九年)

五六月间,白行简随剑南东川节度使卢坦入蜀,为掌书记。元和十三年(818)春,至江州与其兄白居易团聚,次年又随白居易到忠州。元和十五年(820)白居易自忠州召还,白行简偕归,次年授左拾遗。白行简(约776~826),字知退,华州下邽(今陕西渭南东北)人。著有文集十卷,文辞简易,有其兄风格。辞赋尤称精密,文士皆师法之。白行简以传奇著称,代表作《李娃传》。还撰有《三梦记》,所记三事皆篇幅短小,文辞简质,而情节颇为离奇。

815年(元和十年)

六月,元稹被贬为通州司马,在此任职四年。其间是他前后期思想的过渡期,其好诗和诗歌理论,大多在这里完成。元稹(779~831),字微之,河内(河南沁阳)人。自少与白居易唱和,时称"元白",其风格号为"元和体"。其诗辞浅意哀,扣人心扉,动人肺腑。为悼念亡妻所作的"曾经沧海难为水,除却巫山不是云"流传千古。元稹的创作,以诗成就最大,与白居易同为新乐府运动倡导者。有《元氏长庆集》一百卷,今传六十卷。《全唐诗》收其诗八百三十余首。

816年(元和十一年)

南诏弄栋节度使王嵯巅杀劝龙晟,立其弟劝利晟为王,王嵯巅独揽大权。

韦处厚除为开州刺史。韦处厚(773~828),字德载,原名韦淳,为避宪宗李纯讳,改为"处厚",京兆万年人。唐代诗人、散文家,幼能诗赋。性嗜学,聚书万卷,多手自刊校。崇佛,晚年尤甚。与李翱、刘禹锡等交往甚密。工文能诗。元和元年(806)进士及第,又登才识兼茂科,授集贤殿校书郎。元和四年(809)擢史官,参与修撰《德宗实录》五十卷,时称信史。著《盛山十二诗》,韩愈、白居易、元稹等十人都有和作。宝历二年(826)拜中书侍郎、平章事,用人唯才,颇得时誉。卒于官。《新唐书·艺文志》著录《韦处厚集》七十卷、《大和国计》二十卷,并佚。《全唐文》存文十一篇,《全唐诗》存诗十二首,《全唐诗补编》补一首、断句三句。

817年（元和十二年）

白元鉴卒。白元鉴，道士，成都人。玄宗幸蜀时，为道门威仪，居成都上皇观，后移居余杭天柱观。工诗，《全唐诗补编》存其诗十四首。

818年（元和十三年）

十二月二十日，白居易被免去江州（今九江市）司马，改任忠州刺史。

赤德松赞病卒，其子可黎可足（赤祖德赞、热巴坚）继位，建元彝泰。可黎可足在位期间，大力扶植佛教，广建寺院。规定每七户平民供养一名僧人；不得目瞪手指僧人，违者处以严刑。在位时长期患病，政务一概交给僧人钵阐布掌管。这些措施激起了反佛派贵族的极端仇视，他们以钵阐布与王后行为不轨为借口，将可黎可足杀死。

819年（元和十四年）

春，白居易于三月廿八日乘船抵达忠州。元和十五年（820）白居易自忠州召还，拜尚书司门员外郎。长庆元年（821）返京。白居易在忠州生活不到两年，而创作的诗歌却达一百二十余首。其中一组竹枝词（四首），是迄今为止所知的中国文学史上第一组竹枝词。白居易（772~846），字乐天，号香山居士，祖籍太原，到其曾祖父时迁居下邽，是唐代伟大的现实主义诗人。白居易与元稹共同倡导新乐府运动，世称"元白"；晚年与刘禹锡唱和甚多，并称"刘白"。白居易的诗歌题材广泛，形式多样，语言平易通俗，有"诗魔"和"诗王"之称。有《白氏长庆集》传世，代表诗作有《长恨歌》《卖炭翁》《琵琶行》等。

806~820年（元和年间）

李洪度于大圣慈寺画帝释、梵王两堵，笙竽吹鼓，天人姿态，笔踪妍丽，时称妙手。李洪度，蜀人，善绘道释人物。

符载卒。卒后，段文昌为其撰墓志。符载（760~？），字厚之，号庐山山人。武都人，家居成都。早年与杨衡、王简言、李元象隐于青城山，号"山中四友"。贞元八年（792）依山南东道节度使樊泽，后依西川节度使韦皋任节度支使。建中初又隐庐山。柳宗元称其"艺术志气，为时闻人"。代表作有

《题李八百洞》《甘州歌》等。符载著有文集十四卷,《新唐书·艺文志》著录《符载集》十四卷,已佚。《全唐文》存其文四卷,《唐文拾遗》存其文一篇,《全唐诗》存其诗二首。

820年前后(元和十五年前后)

广宣在世。广宣,本姓廖,蜀中人,生卒年均不详。与令狐楚、刘禹锡友善,元和、长庆二朝,并为内供奉,赐居安国寺红楼院。与韦皋、薛涛有往还。广宣工诗,有《红楼集》,又有《与令狐楚倡和集》一卷,《新唐书·艺文志》并传于世。

821年(长庆元年)

冬,刘禹锡除为夔州刺史。次年正月初五到任。长庆四年夏离任。刘禹锡在夔州期间,创作《竹枝词九首》。刘禹锡(772~842),洛阳人,字梦得。唐代中晚期著名诗人、哲学家、文学家,有"诗豪"之称。刘禹锡诗文俱佳,涉猎题材广泛,与柳宗元并称"刘柳",与韦应物、白居易合称"三杰",并与白居易合称"刘白",政治上主张革新,是王叔文派政治革新活动的中心人物之一。诗词现存八百余首,有《陋室铭》《竹枝词》《杨柳枝词》《乌衣巷》等名篇;哲学著作《天论》三篇,论述天的物质性,分析天命论产生的根源,具有唯物主义思想。

王涯除为剑南东川节度使。长庆三年回京。王涯,字广津,太原人。博学,工诗。其诗语言婉丽却有风骨,题材上多写边塞戎旅、春情闺思。代表作有《塞下曲二首》《塞上曲二首》《春闺思》《闺人赠远五首》《秋夜曲》《秋思赠远二首》等,其中以《塞下曲二首》(其二)为最著名。有集十卷。

吐蕃可黎可足赞普派专使到唐朝请求会盟,缔结友好盟约。会盟仪式先后在长安和逻些举行,盟文强调要永远和好相处。长庆三年,在拉萨建立唐蕃会盟碑(又称甥舅会盟碑、长庆会盟碑)。

822年(长庆二年)

李德裕修大圣慈寺资福院,并作《资福院记》,称资福院:"殿堂层立,轩房四柱,镕金作缋,仿佛诸天。"

823年（长庆三年）

李馀登进士第。李馀，成都人，工乐府，尝赋古乐府数十首。贾岛称其"词体近风骚"。所作古乐府已佚。《全唐诗》存其诗二首。

826年（宝历二年）

正月十三日，兴元节度使裴度上奏所修斜谷路及馆驿皆完工。为避骆谷路之险，其路仍沿汉晋褒斜道旧线，但在西江口东北太白河至今太白县城嘴头镇之间选用了一条更为便捷的路线，即由今地嘴头镇往南经方才关、蒋家坟、鲁家崖、磨房沟，沿太白河而下，至田坝子入留坝县境，再经桑园坝至江口与褒斜旧道合。

825~827年（宝历年间）

赵公祐寓居成都。赵公祐，长安人。工画人物，尤善佛像、天王、鬼神。初李德裕镇蜀之日，宾礼待之。自宝历、太和至开成年间（825~840）于诸寺画佛像甚多。

829年（大和三年）

十一月，南诏王蒙嵯颠（亦称王嵯巅）以西川降卒为向导，率大军入犯，边州无备，遂陷巂、戎二州。廿八日，杜元颖发兵与南诏大战于邛州之南，西川兵大败，南诏乘胜攻克邛州。十二月四日，蒙嵯颠率军克成都外城。南诏兵东进，攻破梓州西城，东川兵寡弱不敌。南诏兵留成都外城十日，遂大掠男女、百工数万人以及珍珠财宝等，西川人大恐，纷纷投江自尽。南诏兵共掠九千人归，其中包括两名杂剧丈夫（演员）。

830年（大和四年）

十月，李德裕任西川节度使，在蜀八年。其间建造新繁东湖，修建楼台亭阁，开凿湖河水塘，种植奇花异草。李德裕（787~850），字文饶，赵郡赞皇（今属河北）人，唐朝中期著名政治家、诗人，苦心力学，尤精《汉书》《左氏春秋》。穆宗即位之初，禁中书诏典册多出其手。有《李文饶文集》（又名《会昌一品集》），另有笔记小说《次柳氏旧闻》。历任翰林学士、浙西观察使、西川节度使、兵部尚书、左仆射,并在文宗大和七年(838)和武宗开成五年(840)两度为相。

张籍卒。张籍(约767~约830),字文昌,祖籍吴郡(今江苏苏州),迁居和州(今安徽和县)。曾作《成都曲》:"锦江近西烟水绿,新雨山头荔枝熟。万里桥边多酒家,游人爱向谁家宿?"贞元中进士及第,元和初官太常寺太祝,后转国子监助教,迁秘书郎。其诗或拟古乐府,或自创新乐府,注重风雅比兴,多写民生疾苦,是元白新乐府运动的积极支持者。与王建齐名,均擅长乐府,故称"张王乐府"。

王播卒。王播(759~830),唐诗人,字明敭,祖籍太原,后徙居扬州。元和十三年除为剑南西川节度使。其《题木兰院》诗为人传诵。《全唐诗》存其诗三首,《全唐文》存其文六篇,《唐文拾遗》存其文四篇。

831年(大和五年)

五月十九日,西川节度使李德裕奏称:南诏掠夺本道百姓、工匠、僧道等四千人,已遣使索回。十月十四日,再上奏,称南诏进犯嶲州,有三县失陷。

九月,吐蕃维州副使悉怛谋请降,尽帅其众奔成都。李德裕遣行维州刺史虞藏俭将兵入据其城。李德裕上奏,文宗"诏西川不纳维州降将"。李德裕即以其城及悉怛谋等尽归吐蕃,吐蕃诛之于边境。

丰琶部落重为南诏控制。

李远登进士第。李远,诗人,字求古,云阳人,历杭州刺史及忠、建、江三州刺史。李远善为文,尤工于诗。与杜牧、许浑、李商隐、温庭筠等交游,与许浑齐名,时号"浑诗远赋"。《唐才子传》称其"夸迈流俗,为诗多逸气,五彩成文"。传有《李远诗集》。《全唐诗》存其诗一卷,《全唐文》存其文五篇。大约卒于咸通年间。

832年(大和六年)

薛涛卒,时年六十三岁。薛涛,字洪度,生于长安,幼随父入蜀,父亡,流寓蜀中。薛涛姿容美艳,性敏慧,八岁能诗,洞晓音律,多才艺,声名倾动一时。十六岁时剑南西川节度使韦皋召令侍酒赋诗,因入乐籍为妓。二十岁脱籍,隐居成都西郊浣花溪。有诗才,工音律书法,为历任西川节度使看重,与韦皋、武元衡、李德裕以及著名诗人王建、元稹、白居易、刘禹锡、杜牧等人皆有诗篇唱和。武元衡曾奏为校书郎而未授，时号女校书。性爱红色，创制深红小笺作诗，人称"薛涛笺"，风靡千载。

南诏强掳骠国百姓三千至昆明（今盐源县），还将成千上万的汉裳、施蛮、顺蛮、扑子蛮等族人迁到滇池地区为奴。

833年（大和七年）

七月十五日，翟法言卒。翟法言（约715~833），夔州云安（今云阳县）人，字乾佑。少时喜闻老子之说。志清质朴，不食五辛。尝游仙都观，师事宋冲元天师，得葛玄所传镇元策灵书，遂修镇元大法。代宗征召入内，赐号通灵大师。久之乞归，隐居山中。

835年（大和九年）

十二月，朝廷敕诸道府不得私置历日版。此前，东川节度使冯宿在《禁版印时宪书奏》中说，在剑南西川、东川和淮南道，每年在朝廷颁下新历之前，已有"版印历日鬻于市"。

827~835年（大和年间）

荣县人张武百余家请田于青神，凿山酾渠，开鸿化堰，并用竹编篓填石修建堰，拦岷江水灌溉农田。溉田两百余顷。

837年（开成二年）

十一月十一日，令狐楚卒于山南西道节度使任上。令狐楚（766或768~837），字壳士，宜州华原（今陕西耀县）人。贞元七年（791）登进士第。文学家，才思俊丽，能文工诗。其诗清秀婉丽，《全唐诗》存其诗一卷，《全唐文》存其文五卷，另选编《御览诗》。

贾岛受谤，贬遂州长江（今大英县）主簿。开成五年（840），迁普州司仓参军，卒于任。贾岛（779~843），字浪仙，范阳（今河北涿州）人，唐代诗人。早年为僧，号无本。贾岛诗在晚唐形成流派，影响颇大。诗风清奇幽峭，和孟郊相近，世称为"郊寒岛瘦"。著有《贾长江集》。

袁不约以侍御参李固言剑南西川幕。袁不约，字还朴，约835年前后在世，杭州新城（今浙江富阳）人。唐诗人，著有《袁不约集》，已佚。《全唐诗》

存其诗四首,《全唐文》存其赋一篇。

始刻药师崖石刻。石刻摩崖造像位于大邑县城西斜源场、三坝场、新场交界处的凤凰山凤凰禅院背后,全长一百五十米,共十五龛,造像一千余尊。药师佛造像位于石刻正中,坐于莲花台上,通高五十四米,火焰纹背光,体态丰满,面部慈祥。龛顶有两个彩绘浮雕飞天,造型生动,线条流畅。

838年(开成三年)

吐蕃灭佛派贵族贝达那巾、交绕拉隆趁可黎可足酒醉熟睡之际将其勒死,拥立其弟朗达玛(又叫朗达日玛、达玛、达磨、朗达磨)为王。朗达玛继位后,改信本教,严酷镇压佛教,禁止臣民信佛,焚毁佛经,关闭佛寺,迫令僧人还俗,激起僧人强烈反对。

839年(开成四年)

山南西道节度使归融镇兴元,大修秦蜀通道,北至散关,南至剑门,凿修栈道千余里,置十五驿。驿道北段所走路线,在宝鸡、散关、凤州间为陈仓故道,凤州至武休潭间为北魏所开的回车道。武休潭以南,仍为汉晋褒斜道旧线。

836~840年(开成年间)

范琼、陈皓、彭坚流寓成都。三人善画人物、佛像、天王、罗汉、鬼神,联手于诸寺墙壁图画佛像。自大中至乾符,笔无暂释,图画二百余间。

841年(会昌元年)

正月六日,宗密禅师卒,年六十二岁。宗密(780~841),俗姓何,名炯,西充人。少通经史。元和二年(807)赴京应试贡举,途经遂州,听道圆和尚说法,遂削发为僧。后赴京师学法于澄观大师,住终南草堂寺圭峰兰若,被称为圭峰大师。太和中,曾入宫讲经,赐紫衣。宰相萧俛、裴休、温造等皆从问道。著《禅源诸诠》《华严原人论》等。他在中国佛门中的地位很高,被尊为"释迦如来三十九代法孙",中国禅宗"十一世",禅宗南派"荷泽宗五世",影响唐朝一百多年的华严宗"第五祖"。宣宗朝追谥定慧禅师。

剑川石窟已经开凿。石窟雕刻精细、形象生动、内容独特、地方民族色彩浓郁,分布在石宝山的石钟寺、狮子关、沙登箐三处绵延六七千米的地带,造像约一百四十躯。石窟所选细奴逻、阁逻凤、异牟寻三代南诏国主是三个极有代表性的人物，反映了南诏一代历史。它既是南诏艺术珍品，也是珍贵的民族史料。

842年（会昌二年）

信佛派贵族拉隆·贝吉多杰暗箭射杀朗达玛。朗达玛卒后无子，佞相尚思罗立朗达玛妃绁氏兄尚延力之子乞离胡为赞普。乞离胡年幼，尚思罗与绁氏专制朝政，首相结都那不满因被尚思罗诛杀灭族。尚思罗亦不遣使求唐册封。吐蕃洛门川（今甘肃武山东南）讨击使论恐热勇悍多谋，以乞离胡之立无名，遂与青海节度使同盟举兵，自称国相，欲诛乞离胡等。兵至渭州（今甘肃陇西东南），遇尚思罗，大败其众。尚思罗弃辎重奔松州，征发苏毗、吐谷浑、羊同等部落兵八万人，拒抗论恐热。论恐热说降苏毗等部落，击杀尚思罗，并其众合十万人，自渭川至松州，所过残灭，尸首枕藉。会昌年间（841～846）吐蕃灾荒连年，"人饥疫，死者相枕藉"。

朗达玛遗腹子安达·沃松出世，另有妃子生安达·雍登。遂而韦氏家族拥立沃松在亚砻琼结建立小王廷；没卢氏家族拥立雍登在拉萨建立政权。

843年（会昌三年）

吐蕃首相论恐热率兵二十万攻鄯州（今青海乐都）守将没卢氏尚婢婢，被尚婢婢的四万军队击败，几乎全军覆没。尔后，整个河西、陇右的吐蕃边将都卷入了这场混战，长达二十余年，吐蕃势力开始衰落。

姚鹄登进士第。姚鹄，诗人，字居云，成都人。其诗多为律体，题材较窄，格调亦弱，偶有清拔之句，《送费炼师供奉赴上都》等诗为其代表作。传《姚鹄诗集》。《全唐诗》存其诗一卷。

845年（会昌五年）

七月，武宗下诏禁佛，除京都和部分州治所保留一或二寺外，其余寺庙全悉毁撤，财产没官，僧尼还俗。成都佛院尽毁，仅大圣慈寺得以留存。

846年（会昌六年）

正月，南诏、牂牁、昆明等国遣使入朝。十七日，武宗于麟德殿召见。

武宗卒，李忱登基为帝，是为宣宗。宣宗兴佛，蜀中佛教再度复兴。

847年（大中元年）

宣宗封知玄为儒、释、道三教首座，并赐予紫袈裟。后来，知玄隐居于彭县丹景山。知玄（809～881），字后觉，眉州洪雅人，本姓陈，十一岁出家为僧，十三岁设坛讲经，在蜀声名显赫。宣宗时诏请入京城，赐紫色袈裟，知玄借机奏请宣宗恢复武宗时所废寺院。大中八年（854）还蜀。广明二年（881），僖宗幸蜀，赐号为"悟达国师"。平生著述三十万言。

剑南西川节度使、成都尹李回重建龙渊寺，并更名为圣寿寺。龙渊寺相传创建于汉代，唐代改寺名为空慧寺。本寺殿前有传是秦太守李冰凿造之石犀，故又叫石犀寺，俗称石牛寺。

重建宝光寺。宝光寺位于成都市北郊十八千米处，是我国历史悠久、规模宏大、结构完整、环境清幽的佛教寺院之一。相传建于东汉，最迟建于隋代，初名大石寺。开元二十九年（741），叫宝光寺。会昌年间，宝光寺被拆毁，宝光塔也被摧毁。明代寺废。清康熙九年（1670）重建殿宇。寺内文物有南梁大同六年（540）的石刻千佛碑、明代尊胜幢和清代泥塑五百罗汉。寺内楹联匾对、字画雕刻，都保存完整。

赵温其绘于大慈寺。赵温其，亦作温奇，成都人。其父公祜，以画著称，赵温其幼而颖秀，家学益工。子德齐，亦以善画闻名于世，时名不减父祖。大中初赵温其于大圣慈寺继父之业，画天王帝释及大兴寺大殿文殊、普贤、天王、部众，笔法臻妙，世称高绝。

848年（大中二年）

剑南西川监军使李朝成于长安建陀罗尼经幢。宣宗命东都洛阳及荆、扬、汴、益诸州建寺，立方等戒坛为僧尼再度者重受戒法。

849年（大中三年）

十月，西川节充使杜惊奏收复维州。至此唐蕃双方争夺维州达一百七十五年之久。

闰十一月，山南西道节度使郑涯奏称收复吐蕃侵占之扶州。扶州收复后，郑涯和凤翔节度使李玭奏修文川道。文川道北段是利用斜谷口至西江口一段秦汉褒斜道，南段是指西江口经小河口至城固县文川镇这段道路，又称"小河口道"。这次又把驿路由散关、凤州移向斜谷口、江口，即秦汉褒斜道北段。文川道毕工后，次年被山水冲毁，朝廷乃命山南西道节度使封敖复修散关、凤州、回车、褒城道，仍称斜谷道或褒斜道。

屯军河源军（今青海西宁）的尚婢婢败于论恐热，逃往甘州（今甘肃张掖），从此下落不明。

850年（大中四年）

诏山南西道节度使封敖及凤翔节度使观察使修复斜谷旧路，是年七月二十日毕功。

冯涓举进士，登宏词科。冯涓，字信之，东阳人，或曰信都人。昭宗起为祠部郎中，擢眉州刺史。时田令孜、陈敬瑄拒朝命不准就任，冯涓于成都墨池灌园自给。王建据蜀，以为翰林学士，终御史大夫。有《龙吟集》三卷，《怀秦赋》一卷，《长乐集》十卷，今存诗三首。

851年（大中五年）

吐蕃论恐热投靠唐朝，求作河渭节度使，唐宣宗不许，再叛。咸通七年（866）十月，论恐热被尚婢婢部将拓跋怀光所杀。

李商隐入蜀，入梓州刺史、东川节度使柳中郢幕府，任检校工部郎中和判官。十一月抵达成都，游览凭吊武侯庙，著《武侯庙古柏》；游浣花溪，写《杜工部蜀中离席》。大中七年，在梓州编《樊南乙集》，收录有他的著名诗作《夜雨寄北》。大中九年冬，柳中郢调任回京，梓州幕府解散，李商隐于次年还京。李商隐（约812~约858），字义山，号玉溪生，又号樊南生，晚唐著名诗人。祖籍怀州河内（今河南沁阳市），生于荥阳。诗作文学价值很高，他和杜牧合称"小李杜"，与温庭筠合称"温李"。

852年（大中六年）

于武陵卒。于武陵，唐诗人，京兆杜曲人。曾飘蓬巴蜀等地，后归老嵩阳别墅。长于五律，其诗多为寄赠送别、旅游题咏之作。今传《于武陵诗集》。《全唐诗》存其诗一卷。

854年（大中八年）

九月，《剑州重阳亭铭》碑开始建造。剑州刺史蒋郁监造，在梓州为官的李商隐作铭文。

南诏趁安南都护府经略使李琢贪暴失民心之机，派大将段酋迁攻陷安南都护府，占领了安南都护府北七馆洞地及棠魔蛮等地。

李频入黔中幕府。李频（？～876），字德新，睦州寿昌（今浙江建德）人，为晚唐苦吟诗人之一，所作多为近体。著有《李频诗》，今有《梨岳集》行世。

雍陶除为简州刺史，后为雅州刺史。雍陶，字国钧，成都人，出身贫寒。文宗大和八年（834）登进士第，曾任侍御史。大中六年（852），授国子《毛诗》博士。世称雍简州，曾到许多地方游历，写过不少纪游诗。与王建、贾岛、姚合、章孝标等交往唱和。其诗多旅游题咏、送别寄赠之作，擅长律诗和七绝。《全唐诗》录存其诗一百三十一首，编为一卷。《全唐文》录存其文二篇。

855年（大中九年）

八月五日，卢求写《成都记序》，认为当时的成都规模已经大大超过了扬州："大凡今之推名镇为天下第一者曰扬、益。以扬为首，盖声势也。人物繁盛，悉皆土著，江山之秀，罗锦之丽，管弦歌舞之侈，伎巧百工之富，其人勇且让，其地腴以善熟，较其要妙，扬不足以侔其半。"

陆肱登进士第。陆肱，吴兴（今浙江湖州）人，能诗工赋。曾流寓蜀中，著《万里桥赋》，在赋中抒发了身居蜀地、远离家乡、路远难归的愁苦情。

857年（大中十一年）

河（临夏）、渭（平凉）二州的嗢末起义军，已聚众一万余帐，当地吐蕃奴隶主阶级的统治瓦解。起义范围进一步扩大，遍及甘、肃、瓜、沙、河、渭、岷、廓、叠（今甘肃省迭部县）、宕（今甘肃省宕昌县）各州，势力一度达到大渡河流域。嗢末，亦称浑末，是由吐蕃随军奴隶演变成的共同体，其中有相当一部分是藏化了的汉人后裔。这次起义，对康区影响最大。

剑阁鹤鸣山摩崖长生保命天尊像凿成。天尊像为鹤鸣山摩崖石刻像主尊。全部道教石刻位于文峰塔西面数十米处的石崖上，共有道教造像二十三龛八十八尊。鹤鸣山唐代道教造像是四川道教造像中之精品，它有两大特点：一是题材独特，二是被用作修炼的场所，不仅仅局限于普通的祈福。从艺术上看它又继承了北齐北周以来石窟造像形态向大型化发展的总趋势，具备圆润、丰满、华丽的基本特征。

859年（大中十三年）

南诏王丰佑卒，其子世隆（一作酋龙）立。时唐廷遣使赴南诏告宣宗丧，世隆以西川节度使杜悰减南诏子弟送成都学习人数及南诏入贡使者随行人员，遂置唐告哀使者于外馆，礼遇甚薄。使者还京，以此情上奏。懿宗以南诏不遣使告其国丧，其名又犯玄宗讳（玄宗名隆基），遂不行册礼。

昝殷卒。昝殷，成都人，约生于唐贞元十三年（797）。昝殷精医理，擅长产科，通晓药物学。大中年间，将前人有关经、带、胎、产及产后诸症的经验效方及自己临症验方共三百七十八付，编成《经效产宝》一书，共三卷。此外，他对养生、食疗也有研究。他的食治医方多具取材容易、价廉效验之特点，著有《道养方》《食医心鉴》各三卷。

传王祀举家"仙去"。乡人以其地祠之，后因祠其人而形成药市。宋大观二年（1108），王祀被赐号保和真人。王祀，梓州郪县人，狱吏，平时行善积德，"遇异人授灵丹于长平山"。

859年前后（大中十三年前后）

始凿夹江千佛岩石刻。石刻位于夹江县城西北三千米青衣江畔，分布在悬崖峭壁上，共一百五十余龛。最突出的有净土变龛、毗沙门天王龛、弥勒坐佛龛、维摩变龛和观音像龛等。石刻年代可考者，有唐开元、咸通、大中十三年等。

853～859年（大中七年至十三年）

剑南西川节度使兼成都府尹白敏中开凿金河。金河又叫潬河、禁河、金水河，自城西引流江水入城，汇入摩诃池接解玉溪，至城东汇入油子河（府河）。金河入城后派生为"二渠四脉"及许多小沟，交织成网，交纬城中。

825～859年（宝历至大中时期）

左全作画声名远扬。左全，蜀郡人，原本儒家，世传图画，妙工佛道人物。左全道释像学吴道子，楼阁、树石、花雀、人物、冠冕、蕃汉异服皆妙。尝于大圣慈寺、圣寿寺画壁画多幅，有佛道、功德、五帝、三官等像传世。

824～859年（长庆元年至大中十三年）

剑川石钟山石窟始凿。石窟位于云南省剑川县西南沙溪石钟山，分散在沙登村、石钟寺和狮子关三处，开凿延续近三百年。石钟山石窟是南诏国和大理国时期（649～1253）遗存的少数民族石窟艺术。

南诏国始建崇圣寺，大塔先建，南北小塔后建，寺中立塔，故塔以寺名。崇圣寺三塔是大理"文献名邦"的象征，是云南古代历史文化的象征，也是中国南方最古老最雄伟的建筑之一。

860年（咸通元年）

十二月，安南土蛮引南诏军，合兵三万余人，号"白衣没命军"，乘虚攻陷交趾。此后，南诏向唐朝边境的军事扩张更为频繁。

潼南大佛佛首开始雕凿，广明元年（880）完成。其佛身的开凿跨越五代乃及北宋，长达二百五十余年。整座佛像开凿前后共历时二百九十余年。摩崖大佛高十八余米，古称"八丈金仙"。大佛所在的潼南大佛寺位于重庆市潼南区定明山下，亦名南禅寺、定明院。

世隆自称皇帝，立国号大礼（理），改元建极，以西京大理为中都，以东京为上都。遣兵攻陷唐播州（今贵州遵义）。唐与南诏关系破裂。

861年（咸通二年）

七月，南诏攻邕州，城陷。二十余日后南诏方才退兵。朝廷又使段文楚为邕管经略使。此时邕州城邑、百姓十不存一。宰相杜悰上书懿宗，策划派使臣到南诏吊祭，进行招抚，提出只要世隆更名，便可册封。唐朝廷派左司郎中孟穆为持节吊祭使出使南诏。因当年十二月，南诏寇巂州、攻邛崃，孟穆未能成行。

862年(咸通三年)

樊绰任唐朝安南经略使蔡袭的幕僚,随官到任所。樊绰在安南时,写成《蛮书》。全书十卷,记载云南自然地理、城镇、交通、里程、物产,特别是对南诏历史、政治、经济、军事以及云南各民族的生活习俗作了系统的阐述,是唐代有关云南的专著及研究唐代西南民族历史最重要的著作。《蛮书》亦名《云南志》《云南记》《南夷志》《云南史记》。咸通四年六月,受命任夔州都督府长史,复访问黔、泾、巴、夏四邑。

嗢末人首次向唐入贡。

863年(咸通四年)

段成式卒。段成式(约803~863),字柯古。原籍齐州临淄,生于广都。年轻时随父段文昌游历巴蜀各地。著述以笔记小说而著称。所著《酉阳杂俎》二十卷,《续集》十卷,全书内容广博,凡神道仙佛、天文地理、文化艺术、风俗民情、动植货殖、奇闻逸事、上天下地、古今中外,几乎无所不载,既保存了南北朝至唐代的许多有价值的珍贵史料,也显示了他写人记事的高超文笔。所著《段氏游蜀记》《锦里新闻》,今佚。其诗文也有一定的成就,与温庭筠、李商隐齐名,因三人皆排行十六,故有"三十六体"之称。存诗五十六首,词数首,文章十八篇。

864年(咸通五年)

正月十九日,西川奏称南诏进犯嶲州,被刺史喻士珍率兵击退。
南诏再陷邕管。
薛能除为东川节度副使,摄嘉州刺史。薛能(约817~约882),晚唐著名诗人,字大拙,汾州人。时人称其"诗古赋纵横,令人畏后生"。薛能一生仕宦他乡,四处游历,诗多寄送赠答、游历登临之作。晚唐一些著名诗人多有诗与其唱和。今传《薛许昌诗集》。

865年(咸通六年)

嶲州刺史喻士珍贪狯,掠两林蛮以易金,两林蛮恨之。南诏复寇嶲州,两林蛮开门纳之,南诏尽杀戍卒,喻士珍投降。

宣鉴禅师卒，年八十四岁。宣鉴，俗姓周，简州人。少出家，精研律藏，讲金刚般若经，时称"周金刚"。闻龙潭崇信法师倡言"直指人心，见性成佛"说，与之辩难，豁然顿悟，遂焚经疏而去，居澧州（今湖南澧县东南）德山三十年。会昌五年，武宗废佛，避难深山石室。大中初返归，刺史薛延望创德山精舍延请居之。

日本僧人宗睿回国，携带的书籍中有西川印子《唐韵》《玉篇》。

866年（咸通七年）

三月，南诏遣清平官董成出使唐朝。行至成都，西川节度使李福盛服仪卫，要董成按旧例拜伏参见。董成声称南诏王世隆已称帝，当与李福平礼，争议至日中不决。西川将士愤怒，李福乃命殴击董成，囚于狱中。替代李福为西川节度使的刘潼到任后，将董成等释放。唐朝廷也召南诏使臣至长安，唐懿宗接见于别殿，并赏赐了丰厚的礼物，送回南诏。

六月，安南都护高骈与监阵敕使韦仲宰合势进击南诏，屡破其军。后破交趾城，杀段酋迁及南诏兵三万人。高骈又率军攻破土蛮附于南诏者二部，杀其酋长，土蛮归降者一万七千人，邕管相继收复。土蛮引南诏为患近十年，安南至此平息。

韦绚卒。韦绚（798～866），字文明，京兆人，中唐文学家。长庆元年（821），从刘禹锡学于白帝城。时刘禹锡为夔州刺史。韦绚尝记刘禹锡所谈，大中十年（856）在江陵撰成《刘宾客嘉话录》一卷；大和中，为西川节度使李德裕从事。大和五年（831）十一月二十三日，撰成《戎幕闲谈》一卷，又记李德裕所谈。

867年（咸通八年）

二月，西川节度使刘潼遣将率兵，助卑笼部落征讨六姓蛮，焚其部落，杀五千余人。由于卑笼部独尽心于唐，与群蛮为仇，朝廷赐姓李，除为刺史。

868年（咸通九年）

六月，在邛州置定边军，领眉、蜀、邛、雅、嘉、黎、巂七州，统押诸蛮并统领诸道行营。

869年（咸通十年）

南诏世隆派使臣杨酋庆到成都，答谢释囚。但定边军（今邛崃）节度使李师望擅杀南诏使者杨酋庆，欲激怒南诏以邀边功。李师望贪残，聚私货百万，士卒愤怒。西川大将恨师望奏置定边军，分裂西川属州，阴遣人致意南诏，使入侵。十月，唐以太府少卿窦滂代李师望，窦滂贪残有过之而无不及，定边民困卒怨。十一月，南诏攻陷巂州，定边都头安再荣弃清溪关，退守大渡河北。南诏密分军开道，驰至沐源川，窦滂所遣兖海（今山东兖州）戍卒五百人拒战，全军覆没。十二月十四日，南诏兵衣兖海士卒之衣，诈称官兵，渡大江攻陷犍为，纵兵焚掠陵（今仁寿）、荣二州，廿九日，进陷嘉州。

被称作"邦金洛"的吐蕃奴隶平民反上起义在康区爆发。由手工匠人出身的韦阔希列登率领的起义军，自康向西挺进，沿途各地参加起义军行列者不计其数。此时，乌如地区（大致相当于今雅鲁藏布江中游北面的拉萨市所辖各县）的大奴隶主没卢氏和巴氏互相征伐，相持不下，起义军乘机直捣吐蕃奴隶统治的腹心地带。另一支以韦罗泊罗穷为首的起义军也在约如地区发展壮大，起义奴隶杀死了以尚结赞内赞为首的奴隶主，攻下秦瓦达则（今穷结县），掘了吐蕃赞普的陵墓，杀了安达·沃松及其子巴克赞，巴克赞的两个儿子逃亡阿里建立阿里王系。奴隶起义延续了数十年，吐蕃王朝彻底崩溃，西藏二百多年的统一局面到此告终。

870年（咸通十一年）

正月，南诏兵进至眉州，抵达新津。十一日，陷双流。二十日，抵成都城下。二月一日，猛攻成都，西川节度使卢耽率军民奋力坚守。卢耽召彭州刺史吴行鲁及前泸州刺史杨庆复共修守备，募选勇士三千，号曰"突将"。守城将领杨庆复等率突将出战，杀俘南诏军二千余人，焚其攻城器具三千余件。数日后，东川节度使颜庆复领援军至成都东北新都，得百姓相助，大败南诏军。

废定边军，七州仍归剑南西川管辖。

870年前后（咸通十一年前后）

休梦禅师奉旨寓蜀。休梦（827～907），昭觉寺历史上颇有影响的祖师之一，俗姓韩，京兆万年人。乾符四年（877）领住建元寺。时剑南西川节度使奏请改建元寺为昭觉寺，诏赐休梦紫衣一袭。僖宗为避黄巢之乱入蜀，召休梦禅师说无上乘，后敕赐紫磨衲衣等。王建节度西川时，对休梦以叔礼相待，并奏赐其"了觉禅师"称号及紫衣一袭。休梦卒后，门人洪福等建塔昭觉寺后，以全身归元，王建谥曰"真隐之塔"。

871年（咸通十二年）

胡曾为剑南西川节度使路岩从事。乾符年间，复为高骈剑南西川记事。胡曾（约840~？），号秋田，邵阳（今属湖南）人，唐诗人，著《咏史诗》三卷。《咏史诗》体裁均为七绝，语言通俗，传诵甚广。今存陈盖、米崇吉评注本。著有《安定集》，已佚。今传《胡曾咏史诗》。《全唐诗》存其诗一卷，《全唐文》《唐文拾遗》共存其文五篇。

益州刺史以妖言惑众为名，缚尔朱洞而沉之于江。传尔朱洞为二渔人所救，后服药升天。后人将其列入蜀中八仙。尔朱洞，字通微，成都人，唐末五代间道士。传少遇真人，授炼大丹不死之方，因自号"归元子"。

资中重建重龙山北岩寺院。北岩寺院始建于建中四年（783）。会昌五年（845）灭佛，寺院被拆毁，咸通七年（866）邵度任资州刺史，募资营建，至咸通十二年，建"僧房门屋总二十三间"，"依崇崖镌众像总一百三所"。寺院所在的重龙山半山有摩崖造像。造像分两处，共一百五十七龛一千六百五十尊，其中君子泉一百一十五龛，古北岩四十二龛。以天王像最多，还有四川地区常见的千手观音、西方净土变等，以及较少见的维摩诘经变。

872年（咸通十三年）

云南弥渡立南诏铁柱。南诏铁柱又名天尊柱。高3.30米，圆周1.05米。柱身分五节浇铸，柱身题记："维建极十三年岁次壬辰四月庚子朔十四日癸丑建立。"

南诏出兵扰剑南西川和黔中地区。六月，杀黔中经略使秦匡，陷播州。唐乾符三年（876）杨端应诏领兵，收复播州。

薛逢任成都少尹，后除为巴州、蓬州、绵州刺史。薛逢，唐文学家，字陶臣，河中（今山西永济）人。会昌元年（841）登进士第，授校书郎。大中中，历万年尉、秘书郎，入弘文馆，预修《续会要》。工赋能诗。歌行学白居易，浅显平易。近体七律亦多警策。为人恃才傲物，狂放不羁，所作亦多率意而成。有《薛逢诗集》《别纸》《赋集》，均佚。《全唐诗》存其诗一卷，《全唐文》存其赋二篇、文十三篇。

874年（乾符元年　咸通十五年）

南诏再度劫略巂、雅，破黎州，大举入犯西川，兵围成都三日。百姓皆入城躲避。诏发诸道兵增援。

860～874年（咸通年间）

常粲流寓成都。常粲，长安人，路岩任剑南西川节度使时，礼待之。常粲善画人物，喜为上古衣冠，有伏羲画卦、神农播种、陈元达锁谏等图。兼善传神、杂画，为后学师范。

875年（乾符二年）

正月二日，朝廷命高骈为西川节度使。高骈行至剑州，先遣使者命开成都诸门，放百姓出城。时南诏正围攻雅州，闻高骈赴任，遣使请和，遂解雅州之围。高骈至成都次日，命步骑五千人追南诏兵，至大渡河，杀败南诏，擒杀其酋长数十人，收复所失州县。遂修邛崃关（今汉源北）、大渡河诸城栅，于戎州马湖镇（今宜宾东）筑城，号平夷军，又筑城于沐源川（今沐川），各置兵数千戍守。自此，南诏不敢再犯。

四月，因高骈薄待突将、扣克军饷，突将作乱。六月，高骈又率兵大肆残杀突将及其家眷，死者数千人。

876年（乾符三年）

六月，高骈上表请求扩建成都新城（罗城），僖宗许之。此次筑城，由僧景仙规划，城墙改土垒为砖砌。高骈开挖成都平原古墓中的砖瓦作为筑城材料，并铲平城内高地，运土筑城。成都城墙为砖墙自此始。八月起，征发八州十二县丁夫约十万人，费钱一百五十万贯，用砖一千五百五十万块。高骈命环城十里取土。役夫十日轮番而换，由于分派公平，民乐其差遣。自八月九日至十一月十五日，历时三月，成都外城筑成，周长二十五里，加上外围的瓮城共三十三里。

高骈派高僧景仙为使至南诏。世隆与其下属皆拜见景仙。双方定盟，结为兄弟若甥舅之国。南诏又遣清平官、酋望赵宗政及质子三十人入朝。南诏与唐朝之间再度出现和好局面。

高骈在成都西郊筑糜枣堰（明代以后称九里堤）。废府河九里堤以下南流河段，改为绕城北、城东而流，至合江亭与南河相汇。这一工程使成都北部浅丘地区得到灌溉，城市供排水、通航条件都有较大的改善。

877年（乾符四年）

闰二月，南诏王遣使见岭南西道节度使辛谠向唐朝请和。诏许和。辛谠亦遣使往南诏，诸道兵戍邕州者遂十减其七。

878年（乾符五年）

裴铏以御史大夫为成都节度副使，作题《文翁石室诗》。裴铏，唐末文学家。生卒年均不详，约唐懿宗咸通初前后在世。能诗文，尤擅小说，著有小说集《传奇》三卷。唐代小说之所以称为传奇，便是从其名著《传奇》一书发端。《全唐诗》存其诗一首，《全唐文》存其文一篇。其作品很多，题材也不拘一格。

880年（广明元年）

十二月，画家孙位、张南本避黄巢之乱入蜀。孙位又名遇，号会稽山人，生卒年不详。擅画人物、松石、墨竹和佛道，尤以画水著名。曾在蜀中应天、昭觉、福海等寺院作壁画，笔势飞动，气象雄壮。喜与方外人往还，豪贵相请，礼有少慢，纵赠千金，难留一笔。画迹有《说法太上像》《马融像》《四皓弈棋图》等二十七卷，著录于《宣和画谱》。传世作品有《竹林七贤图》残卷（一名《高逸图》），卷前有宋徽宗赵佶题字。张南本，中和年间（881～885）寓成都。初与孙位并学画水，皆得其法，后专意画火，与孙位并称于世。画迹尚有《金谷园图》《勘书图》《诗会图》等，录著于《益州名画录》；《观音图》《文殊部从图》等录著于《宣和画谱》。

郑谷避乱入蜀，寓巴州（今巴中），居巴蜀颇久。曾游阆中，写诗《游蜀》。郑谷（约851～910），字守愚，袁州宜春（今属江西）人，光启三年（887）进士。工诗，与张乔、周路等合称"咸通十哲"。有《蜀中三首》《峡中》等记其在巴蜀游历的心得与感悟。诗名盛于晚唐。

881年（广明二年　中和元年）

正月，避黄巢之乱，唐僖宗一行从兴元出发，二十八日到达成都，史称"僖宗幸蜀"。朝廷中枢在成都盘桓三年，一大批文人随之入蜀，蜀中文坛一时活跃。大量百姓亦随之进入蜀地。

僖宗至七曲山，亲祀梓潼神，追封张亚子为济顺王，并解佩剑赠神。张亚子因唐帝王的崇拜声名远播，逐渐由地方神成为天下通祀之大神。

杜光庭入蜀。杜光庭（850～933），字宾圣，处州缙云（今浙江）人。咸通中应九经举不第，入天台山学道。僖宗闻其名声，召入宫廷，赐以紫袍，充麟德殿文章应制，为内供奉。前蜀建立，累官至左谏议大夫，封蔡国公，进号广成先生。后迁户部侍郎。王衍继位后，亲授道箓，以杜光庭为"传真天师"、崇真馆大学士。晚年在青城山潜心修道。杜光庭始好经史，工翰墨，后弃儒入道。杜光庭对道教教义、斋醮科范、修道方术等多方面进行了研究和整理，对后世道教影响很大。对《道德经》的研究颇有成就，把孔孟之道统一于老君之道。撰成《道德真经广圣义》五十卷，其著作还有《广成集》《太上老君说常清静经注》《道门科范大全集》《墉城集仙录》《道教灵验记》《神仙感遇传》《玉函经》等二十余种。古代著名传奇小说《虬髯客传》相传系他所作。杜光庭晚年规范道教音乐，创建以其道号命名的"广成韵"，也称"南韵"。"南韵"所收主要是蜀中民间道场作法事时使用的韵曲，即后来所称的"洞经音"。洞经古乐在少数民族聚居地云南流传最广、影响最大，其中纳西族、彝族、白族、瑶族、壮族、阿昌族等都信奉道教，传承洞经古乐。

秦韬玉入蜀。秦韬玉，唐诗人，字仲明，京兆（今陕西西安）人。《唐才子传》谓其"工歌吟，恬和测亮"。《贫女》诗为传世名作。著有《投知小录》，已佚。今传《秦韬玉诗集》。《全唐诗》存其诗一卷。

李珣举家入蜀，并在梓州定居。李珣（约855～930），字德润，波斯人后裔，人称"李波斯"，全家以贩卖蕃药为业。对中国医药学有重大贡献，编著了我国古代研究外来药的专著《海药本草》。李珣颇好辞章，文学素养甚高，为五代时花间派重要词人之一。著有《琼瑶集》，已佚，今存词五十四首。

张询入蜀。张询，南海人，善画吴山楚岫、枯松怪石。中和间，尝于昭觉寺大悲堂后画三壁山川，一壁早景，一壁午景，一壁晚景，谓之三时山人。亦有山水卷轴传于世。

滕昌祐入蜀。滕昌祐，唐末五代初画家，字胜华，本为吴人。他的花鸟画，得力于写生。入蜀之后，"尝于所居树竹、石、杞、菊，种名花异草木以资其画"。他画的"折枝花，下笔轻利，用色鲜妍"。据说他"初攻画，无师，惟写生物，以似为工而已"。

常重胤入蜀。僖宗回銮之日，常重胤留僖宗写真于大圣慈寺。常重胤亦尝写文武臣僚真像于壁，毫发不失，极为传神。又于宝历寺画请塔天王像，亦极为佳妙。常重胤，唐代画家，一名重允，长安人。唐僖宗朝为翰林供奉。常重胤师范其父常粲，亦善写貌，其人物画尤得其父传神之法。其写真善于捕捉瞬息即逝的神态特征。五代画僧贯休对其艺推崇备至，认为所画前无来人，后无继者。

僖宗赐张素卿紫衣。张素卿，道士，简州人。少孤贫，性好画，艺成后，所画道门尊像、天帝星官，构图奇古，屡有创新而惟妙惟肖。作品史载很多，著名的有《老子过流沙图》《五岳朝真图》《九皇图》《二十四化真人像》等。因此，史称道教画就是张素卿开创的。

882年（中和二年）

三月，邛州牙官阡能因公事违期，惧西川节度使陈敬瑄酷刑，亡命举事，众至万人。立部伍，署各级官，攻陷城邑，横行邛、雅二州间，自此蜀中义军纷起，州县不能制。到十一月活动范围已从邛崃、雅安发展到蜀州（治今崇州）一带。陈敬瑄以押牙高仁厚为都招讨指挥使前往讨伐。高仁厚用招抚手法，阡能之众五日内即瓦解，阡能败死。

八月，涪州刺史韩秀升协同屈行从等人起兵造反，断峡江路。江淮贡赋为之受阻，百官无俸，王命不通江南。中和三年二月，西川节度使陈敬瑄派遣高仁厚出兵镇压，擒韩秀升、屈行从。

883年（中和三年）

三月初八日，在已经毁废的新都宝光塔宫内发现石函及函内佛舍利十三粒。僖宗命悟达国师重修宝塔，扩建佛寺。宝塔取名为无垢净光宝塔，佛寺仍名宝光寺。

十月，唐僖宗以宗女为安化长公主许南诏王。次年，南诏王隆舜派赵隆眉等三谋臣入唐迎娶。时黄巢被杀，僖宗还京，和亲之事遂不了了之。南诏自此一蹶不振，唐朝内地也是战乱不已，诏唐关系也就在各自的覆灭中结束。

重建玄中观并定名青羊宫。宫观初名青羊肆，三国时取名青羊观，到了唐代改名玄中观。唐僖宗幸蜀，曾驻观内，后下诏改观名为青羊宫。五代时改称青羊观，宋代又复名为青羊宫直至今日。青羊宫内保存着道教大量重要典籍，其中《道教辑要》为全国仅有。

中书舍人柳玭随僖宗入蜀。后在《柳氏家训·序》中记载了自己在成都城东南访书肆所见，"其书多阴阳杂记、占梦、相宅、九宫五纬之流，又有字书小学，率雕板，印纸浸染"。唐末，成都有樊赏家书铺印售历书。当时成都府成都县龙池坊卞家刻印出售的"咒本"，是现知世界上最早的中、梵文合刻本。

884年（中和四年）

翰林王徽撰《创筑罗城记》，勒碑立于城北信相院，记述高骈修罗城事。

885年（中和五年　光启元年）

正月二十三日，唐僖宗启程还京，三月十三日至京师。

887年（光启三年）

九月二十四日，高骈在扬州为部将毕师铎所囚杀。高骈（821~887），字千里，幽州（今北京西南）人，祖籍渤海蓨县（今河北景县）。出生于禁军世家，历任天平、西川、荆南、镇海、淮南等五镇节度使。高骈晚年昏庸，笃信神仙之术，重用术士。能诗，人称"雅有奇藻"。身为武人，而好文学，被称为"落雕侍御"。《全唐诗》编诗一卷。

888年（光启四年　文德元年）

三月，僖宗卒，昭宗继位。昭宗撤掉擅权宦官田令孜的观军容使。田令孜自请任西川监军使，到成都投靠陈敬瑄。昭宗任宰相韦昭度为西川节度使，兼两川招抚制置等使。召陈敬瑄回京任神策军左龙武统军。陈敬瑄抗命，修固城池以拒韦昭度。昭宗遂任韦昭度为西川行营招讨制置使，以韦昭度为主帅，山南西道节度使杨守亮为副帅，东川节度使顾彦朗为行军司马，讨伐陈敬瑄。王建入蜀后，夺取利州，自任防御使，攻占阆、邛、蜀、黎、雅四州。十二月，唐划邛、蜀、黎、雅四州置永平军，以王建为节度使，充行营诸军都指挥使，协助讨伐陈敬瑄。

黄崇嘏写诗辩冤。黄崇嘏路经火灾现场被诬为纵火之人，知州令系狱中。黄崇嘏写诗申辩，知州见其举止斯文，态度从容，判定是无辜蒙冤，遂命释放。黄崇嘏，临邛人，自幼受到良好教育，工诗善文，成年后常女扮男装，四处游历。《全唐诗》存其诗二首。

崔涂登进士第。崔涂，唐诗人，字礼山，生卒年不详，睦州（治今浙江建德）人。工近体诗。崔涂，穷年漂泊，足迹遍巴蜀，故诗多羁旅离怨之作，词情凄苦，颇多佳句。今传《崔涂诗集》。《全唐诗》存其诗一卷。

874～888年（僖宗年间）

眉州刺史张琳主持修复远济堰，并更名为通济堰，扩大灌溉面积，"自新津之修觉山浚故址，至眉州西南合于松江，溉田一万五千顷，民被其惠"。

890年（大顺元年）

正月十五，王建围邛州。闰九月十一，攻克邛州。十月一日，王建引兵还围成都。

891年（大顺二年）

韦昭度率诸道兵十余万讨陈敬瑄、田令孜兄弟（田令孜，本姓陈，与陈敬瑄是兄弟，懿宗时随养父姓田），围成都三年，因馈运不继，朝廷议欲息兵。三月二十五日，诏复陈敬瑄官爵，令王建率本部兵归邛州。王建拒不奉诏，仍围城不已并尽取西川州县。成都城中粮尽，陈敬瑄与田令孜乃开城降。王建取成都，自称西川留后。十月，自任节度使，废永平军。王建囚陈、田兄弟于新津。两年后，以谋反罪杀之。至此，王建"以兵扼剑门，两川由是阻隔"，金牛道荒。

罗衮登进士第。罗衮，字子制，临邛人。生卒年均不详，历左拾遗、起居郎。罗衮作诗勤勉，有诗集二卷。其《请褒赠刘蕡疏》为时论推重。《全唐诗》存其诗三首，《全唐诗补编》存其诗一首，《全唐文》存其文十九篇，《唐文续拾》存其文一篇。

890～891年（大顺年间）

隐峦在蜀。隐峦，唐末江西匡庐诗僧。曾久居庐山，后入蜀。喜作诗，诗风质朴明朗，平易通俗，有明显的民歌倾向。作品甚丰，大多失传，《全唐诗》收录其诗五首。

892年（景福元年）

昌州刺史韦君靖始刻大足北山石刻造像。造像在县城西北四里的北山上，多系密宗造像。造像经五代至南宋绍兴年间，历时二百五十余年。石刻分布在佛湾、白塔寺、营盘坡、观音坡、佛耳岩等处。以佛湾为最集中，共二百九十龛窟，岩高七米，长五百米。

893年前后（景福二年前后）

李洞客死蜀中。李洞，唐诗人，字才江，京兆人。屡举进士不第，广明、中和年间入蜀。大顺二年再度落第，复客游东蜀，病卒。酷慕贾岛为诗，铸贾岛铜像，事之如神。又集贾岛警句及唐诸人警句各五十联为《诗句图》。其诗肖贾岛，锻炼苦吟，颇多佳句。今传《李洞诗集》。《全唐诗》存其诗三卷。

895年（乾宁二年）

王建召智广入住成都宝历寺，病者闻之竞来，日数千百人。智广，五代前蜀僧人，擅外伤科。

张蠙登进士第。张蠙，五代前蜀诗人，字象文，生卒年均不详，池州（治今安徽贵池）人。王建称帝，拜膳部员外郎，为金堂令。王衍游大慈寺，见其壁间所题诗句，甚赏之，令写诗进。乃写诗二百首以献。尝游边，至朔方、蓟北及云、朔诸州，所作《登单于台》为时所称道。传有《张蠙诗集》。《全唐诗》存其诗一卷。

896年前后（乾宁三年前后）

尹鹗在世。尹鹗，五代前蜀词人，生卒年均不详，成都人。事前蜀后主王衍，为翰林校书，累官至参卿。《花间集》称尹参卿，性滑稽，工诗词，作品浅易动人。与李珣友善，作风与柳永相近，存词十七首于《花间集》《尊前集》中。今有王国维辑《尹参卿词》一卷。

897年（乾宁四年）

五月，王建将兵五万攻东川，与东川节度使顾彦晖五十余战，东川将相继投降。十月，顾彦晖自杀。至此，王建并有东、西川。

899年（光化二年）

《南诏中兴二年画卷》成画。《南诏中兴二年画卷》又名《南诏中兴画卷》或《南诏图传》，以图文并茂的形式记述南诏祖先由于虔信佛教而得到观音的点化后建立南诏国的神话故事，通过观音的幻化显灵反映出佛教在洱海地区传播发展的历史。

900年（光化三年）

韦庄编辑《又玄集》，收唐诗人杜甫等一百五十家诗三百首。今本《又玄集》仍存一百四十二家，诗二百九十七首。

901年（光化四年 天复元年）

闰六月，道士杜从法以迷信煽动昌（大足）、普（安岳）、合（合川）三州民起事。王建遣行营兵马使王宗黯将兵三万会东川、武信兵攻讨。七月，杜从法及其众皆被镇压。

898～901年（光化年间）

赵德齐与高道兴于成都王建生祠同画西平王仪仗、车辂、旌纛、法物，及朝真殿上画后妃嫔御，皆极精致。昭宗喜之，迁翰林待诏。赵德齐，祖父赵佑孙、父赵温其均为著名画师，赵德齐袭二世之精艺，奇踪逸笔，时人莫不推崇。乾宁初，赵德齐于大圣慈寺大殿东庑三学延祥之院画南北二方天王两堵。竹溪院释迦十弟子并十六大罗汉，崇福禅院帝释及罗汉，崇真禅院帝释梵王及罗汉堂文殊、普贤皆赵德齐手笔。高道兴，成都人，事前蜀为内图画库使。攻杂画，尤善佛像、高僧。授待，诏赐紫衣。

902年（天复二年）

西川节度使王建借口勤王，请假道于兴元（今陕西汉中），入屯汉中。十月，又攻拔兴州（今陕西略阳）。至此，王建并有山南西道。

南诏清平官郑买嗣杀南诏王舜化贞及王室八百人，建立大长和国，自称国王，改元圣治，号为"圣明文武威德桓皇帝"。大长和国疆域包括今云南全部以及缅甸北部那加丘陵和萨尔温江以东、老挝北部等地。次年，郑买嗣建元安国。

903年（天复三年）

春，贯休入蜀。王建甚礼遇之，赐号禅月大师，赐紫衣。后贯休定居蜀中。圆寂后，敕塔葬于丈人山（今青城山）下。诗文书稿皆由其徒昙域辑校成册。贯休（832～912），俗姓姜，字德隐，婺州兰溪（今属浙江）人，唐末名僧。善画。工草书，世称姜体。尤工诗，多奇思奇句。著有《禅月集》三十卷，佚其五卷。《全唐诗》存其诗十二卷，《全唐诗补编》存其诗十七首，《全唐文》存其文四篇。

吴融卒，时年五十四。吴融，龙纪元年（889）登进士第，随韦昭度入蜀平乱，为掌书记。晚唐诗人，曾为贯休所写的《禅月集》作序。有《英唐歌诗》三卷。

瓦屋和尚能光入蜀，永泰军节度使鹿虔扆舍宅为禅院，让能光居之。能光（？～933），日本国人，嗣洞山悟本禅师。

904年（天复四年　天祐元年）

刁光胤入蜀，居成都。刁光胤（约852～935），一作光引，雍京（今西安）人。寓蜀三十余年，笔无暂暇，非病不休，非老不息，为西蜀绘画名家，以善画湖石、花竹、猫兔、鸟雀之类著名。孔嵩、黄筌为其弟子。

901～904年（天复年间）

赵德玄入蜀。赵德玄，一作赵元德，长定人。攻画车马、人物、屋木、山水、佛像、鬼神、楼台殿阁。尝得隋、唐名手画样百余本，故所学精博。福庆禅院隐形罗汉变相两堵为其手笔，又有《朱陈村图》《丰稔图》《汉祖归丰沛图》《盘车图》等。

898～904年（光化、天复年间）

麻居礼绘画声名远播。麻居礼，蜀地人。师法张南本，习绘画鬼神佛像。资州、简州、邛州、蜀郡有很多他的绘画，蜀州圣寿寺八难观音画壁一堵即其手笔。

906年（天祐三年）

唐求归隐。唐求，一作唐球，唐末蜀州味江山（今街子乡）人，生卒年不详。唐求曾为青城县令，王建帅蜀，召为参谋不就。放旷疏逸，人谓之"唐隐"。晚年卧病，把诗瓢投入味江，有识者将诗瓢捞起，可惜诗稿仅为其所写十之二三。唐求所作诗，《全唐诗》录为一卷，共三十余首。他的诗作反映了当时社会状况及下层文人心态，风格清新自然，其思想兼融儒释道三家。

907年（天祐四年）

三月二十七日，唐昭宣帝（哀帝）李柷发布《逊位诏》，禅让帝位于朱温，唐王朝终结。朱温代唐称帝，建国号梁，改年号为开平，史称后梁。

九月，王建在成都称帝，立国号"大蜀"，史称"前蜀"，据蜀十九年。王建（847～918），字光图，许州舞阳（今属河南）人。少年时以屠牛、贩私盐为业，后投忠武军，随僖宗入蜀，初为利州刺史。昭宗大顺二年（891）进入成都，占有西川。天复三年（903）封蜀王。王建虽出身行伍，但礼贤下士，广纳人才。唐末战乱，蜀中政治安定，衣冠之族多避难于蜀，王建皆能礼而用之，因此，蜀中典章文物多有唐代遗风。

柳本尊卒。柳本尊（855～907），嘉州人，唐末剑南西川著名的宗教人物。自光启二年盟于佛，承袭唐金刚顶瑜伽部密教，专持大轮五部密咒。活动在川西一带，并在汉州弥牟设立中心道场。柳本尊把密法和民间巫术结合起来，化水符咒为人驱鬼治病，还以自残苦行的方式来弘化密教，行剜目、立雪、舍臂、炼心、炼膝、炼阴、炼顶、割耳、炼踝、炼指十件苦修。王建曾召他入宫，供养三日，并赐封为唐瑜伽部主总持王。

907年前后（天祐四年前后）

蒋贻恭入蜀。蒋贻恭，五代后蜀诗人，江淮间人。因不媚世从俗屡遭流谴，后蜀高祖时起为大井县令。作诗好嘲咏，所讽刺均为轻薄之徒，经常因此遭殴而不能改。《全唐诗》存其诗十首。

张窈窕在世。张窈窕，晚唐五代女诗人。避乱寓居成都，作诗《上成都在事》等，为时人推崇。韦庄《又玄集》选录其《寄故人》诗。《全唐诗》存其诗六首。

908年（武成元年）

正月初九，王建祀南郊。初十，大赦天下。采取措施恢复农业生产：一是将流配在外服刑的典吏百姓释罪放归；二是对公事关联逃离在外不敢还乡的军人百姓听任回家，不再追究；三是将当年夏科每贯减征二百文；四是军人百姓侵占官中财物被没收房屋庄田者，对已有人收买经营外，其主人妻儿无处营生者，无偿发还，令其耕种输纳赋税；五是州县一律按朝廷校订的量器收纳赋税，不得加一升一合。

恢复科举考试。

改"子城"为"皇城"。

909年（武成二年）

十月初二，前蜀推行胡秀林《武成永昌历》（从宋代已经失传）。胡秀林，精于历法，景福年间（892~893），为唐司天少监，曾参与编修《景福崇元历》，修正原来所行《宣明历》之偏差，后入蜀。前蜀立国，以为司天监。除编有《武成永昌历》二卷外，还编有《正象历经》一卷。

罗隐卒。罗隐（833~909），字昭谏，新城（今浙江富阳市新登镇）人，唐代诗人。罗隐在唐末五代诗名籍甚，有一些精警通俗的诗句流传人口，成为经典名言。曾游蜀，由成都出发，先到达绵州；再继续东北行，到达绵谷（今广元市）。有诗《绵谷回寄蔡氏昆仲》。

910年（武成三年）

王建颁布《劝农桑诏》："今国家渐宁，民用休息，其都守县令，务在惠绥，无侵无扰，使我赤子乐于南亩。"

七月，韦庄卒于成都。韦庄（836~910），字端己，唐末杜陵人。乾宁四年（897）四月，被两川宣谕使李洵辟为判官，随同到梓州。天复元年（901）

为西川节度使王建掌书记。王建称帝后，韦庄为宰相，前蜀开国制度多出其手。少孤，才敏过人，家贫力学，工诗，尤擅长短句，其词多作于在蜀为相之时。与温庭筠并称"温韦"。晚年访得杜甫成都浣花溪草堂旧址，筑室以居，故其弟韦蔼编其诗歌名《浣花集》。韦庄又继姚合《极玄集》续选王维、杜甫等五十二家诗为《又玄集》。有地学著作《峡程记》一卷、《蜀程记》一卷。

910年前后（武成三年前后）

李舜弦在世。李舜弦，生卒年、字均不详，唐、五代女诗人，家于梓州，李珣之妹，其先世为波斯人。前蜀后主王衍选入宫中，立为昭仪。有文才，工诗，善七律，现存诗三首，诗风略显忧愁，意义曲折。

912年（永平二年）

三月，诏平章事张格专编纂开国以来实录。张格，儒术领袖，文高于世，著述之体，自比班（超）（司）马（迁）。天成二年（927）卒。

四月，维州（今理县东北）羌胡董琢反，蜀主王建派军讨平之。

913年前后（永平三年前后）

毛文锡仕前蜀，任中书舍人、翰林学士承旨，进文思殿大学士，拜司徒。天汉元年（917），宦官唐文扆与宰相张格相表里，与毛文锡争权，贬毛文锡茂州司马。毛文锡善词，与欧阳炯、鹿虔扆等人以词为后主所赏。毛文锡，字平珪，南阳人，生卒年均不详，五代词人。年十四登进士第。已而入蜀，从王建，蜀亡，随王衍降后唐。未几，复事后蜀，与欧阳炯等五人以小词为孟昶所赏。著有《前蜀纪事》二卷、《茶谱》一卷，词存三十二首，今有王国维辑《毛司徒词》一卷。

鹿虔扆在世。鹿虔扆，一作鹿虔嵓，字、生卒年均不详，仕蜀孟昶，为永泰军节度使，进检校太尉，加太保。国亡不仕。鹿虔扆工词，称鹿太保，与欧阳炯、韩琮、阎选、毛文锡共称"五鬼"。词多感慨之音，倪瓒语云："鹿公高节，偶尔寄情倚声，而曲折尽变，有无限感慨。"王国维辑有《鹿太保词》。《花间集》存其词六首。

909~913年（武成二年至永平三年）

任知玄自出俸钱，雇良工，开雕杜光庭的《道德经广圣义》三十卷，共雕刻了四百六十块印版，是为《老子》的最早印本。

914年（永平四年）

十一月，大长和骠信郑仁旻寇蜀黎州（今汉源北）。二十四日，蜀败之于潘仓嶂（今汉源县东北），斩长和清平官赵嵯政。继之又于山口城（汉源南）再败长和军。十二月，蜀先破长和武侯岭十三寨（今汉源大渡河南），又于大渡河大败长和军，俘斩数万级。蜀军准备渡河追击，为前蜀主王建召回。

914年前后（永平四年前后）

张泌卒。张泌，生年约与韩偓（842~914）相当，曾流寓成都。唐末重要文学家，是花间派的代表人物之一。其词用字工炼，章法巧妙，描绘细腻，用语流便。事前蜀，官至内史舍人。今存曲子词二十八首，诗十九首，小说两篇。

915年（永平五年）

八月，蜀以王宗绾、王宗播攻秦州（今甘肃秦安北），王宗瑶、王宗翰攻凤州（今陕西凤县东北）。十一月，前蜀尽有秦、凤、阶、成四州之地。

王建修建新皇宫，将摩诃池纳入宫苑，改名龙跃池。王衍继位后扩建皇宫，为龙跃池注入活水，改名为宣华池。

916年（通正元年）

前蜀用于收藏图书的新宫落成，是为文思殿。以毛文锡为文思殿大学士。

917年（天汉元年）

前蜀改国号汉。次年复国号蜀。

庾传素为宦官唐文扆所谮，罢为工部尚书。后主王衍即位，加太子少保，复兼中书侍郎、同平章事。前蜀亡，降后唐，授刺史。庾传素，五代前蜀词人。《尊前集》存其词一首《木兰花》。

918年（光天元年）

六月初一，蜀主王建卒，次日，太子王宗衍即帝位，更名王衍，年十八，是为蜀后主。王衍（899～926），字化源，原名宗衍，许州舞阳（今属河南）人。有文才，喜为浮艳之词。曾录古今艳诗二百篇为《烟花集》，《全唐诗》存其诗五首又二句、词二阕。永平三年（913），原太子元膺被杀，王衍母徐贤妃暗中指使宦官唐文扆示意群臣拥衍为太子。

欧阳彬入蜀，向蜀主献《独鲤朝天赋》（也作《万里朝天赋》），王衍大悦，任为嘉州刺史。欧阳彬，五代词人，字齐美，衡州衡山冲（今湖南衡阳）人。前蜀王衍时，为翰林学士。后蜀广政中，累官尚书左丞。《尊前集》存其词一首。

907～918年（高祖时期）

房从真为翰林待诏。房从真工人物蕃马，以历史故事画见长。如其《诸葛武侯引兵渡泸水图》，人马执戟，生动有神。王建尝请房从真于龙兴寺通波侯庙作壁画，布置甲马旌旗从官鬼神，冠绝当时。画迹尚有《宁王射猎图》《陈登斫图》《常建冒雪入京图》，著录于《图画见闻志》的有《卓歇图》《调马打球图》《写西域人马图》等八件。房从真，成都人，生卒年不详。

920年（乾德二年）

牛峤卒。牛峤（约850～920），字松卿，一字延峰，成都人，一说陇西人，五代词人。唐乾符五年（878）进士，历官拾遗、补阙、校书郎。王建节度西川，牛峤为判官。王建称帝，拜给事中。牛峤博学有文，以歌诗著名，尤善词，有《牛峤集》三十卷，已佚。歌诗三卷。今存有词三十余首。

921年（乾德三年）

五月，成都宣华苑建成。其苑延袤十里，有重光、太清、延昌、会真之殿，清和、迎仙之宫，降真、蓬莱、丹霞之亭。土木之功，穷极奢巧。

923年（乾德五年）

昙域编贯休诗文为《禅月集》三十卷。昙域，五代前蜀诗僧，扬州人。

入蜀，师事贯休，赐号惠光大师。工诗能书，风格类贯休。著有《龙华集》十卷，已佚。《全唐诗》存其诗三首，《全唐文》存其文二篇。

冬十月，嶲州山后两林百蛮都鬼主、右武卫大将军李卑晚，遣大鬼主傅能何华朝贡，后唐明宗拜李卑晚宁远将军，又以大渡河南山前邛州六姓都鬼主怀安郡王勿定摽莎为定远将军。

919～924年（乾德年间）

杜齯龟为翰林待诏，赐紫金鱼袋。杜齯龟，先祖本秦人，为避安史之乱入蜀。杜齯龟少能博学，涉猎经史。善佛像人物，写真杂画，始师常粲，后舍旧学，自成一家。曾于成都大圣慈寺壁画毗卢佛、十二面观音、释迦佛、二菩萨、观音、势至、十六罗汉，又奉后主诏写唐二十一帝御容于殿之四壁，又写先主太妃太后真于青城山之金华宫。

925年（咸康元年　同光三年）

十一月，后唐庄宗派郭崇韬伐蜀，前蜀后主王衍投降，前蜀亡。后唐据蜀九年。

魏承班卒。魏承班（？～925），五代前蜀词人，许州（治今河南许昌）人。为驸马都尉，官至太尉。《花间集》称魏太尉。前蜀亡，被杀。工词，艳丽似温庭筠，今存二十一首（见《唐五代词》）。王国维辑有《魏太尉词》。

孙光宪自嘉州出蜀。孙光宪（约895～968），五代宋初文学家，字孟文，号葆光子，陵州贵平（今仁寿东北）人。《花间集》称孙少监。性嗜经籍，聚书凡数千卷，校勘抄写，老而不辍。虽属花间词派，但所作词清丽自然，较少脂粉气。其《竹枝》《柳枝》有民歌风味；《酒泉子》《定西番》写边塞风光，笔调雄健。著有《荆台集》《笔佣集》《桔斋集》《蚕书》《北梦琐言》等书。《花间词》《尊前集》存其词八十四首，《全唐诗》存其诗八首又二句，《全唐文》存其文一篇。有王国维辑《孙中丞词》一卷。

907～925年（前蜀时期）

张玄声迹喧然。张玄，简州人。攻画人物，尤善罗汉。人呼之为"张罗汉"。

薛昭蕴在世。薛昭蕴，本作"昭纬"，字纪化，河中宝鼎（今山西荣河县）人，五代词人。王衍时，官至礼部侍郎。擅诗词，才华出众。恃才傲物，好唱《浣溪沙》词。其词收于《花间集》，现存词十九首。

李升在世。李升，小字锦奴，成都人，善画山水、人物。初得张璪山水一幅，凝玩数日曰：未尽妙也。后乃心师造化，写蜀中山水。凡数年间，脱略旧习，遂出新意，创一家笔法，而尽山水之妙。

晓峦在世。晓峦，前蜀高僧，一作楚峦。工草书，学张芝。人称草书得张旭笔意，与昙域并称。

支仲元在世。支仲元，凤翔（今属陕西）人。工人物故实，多画道家与神仙像，又喜作棋图。笔法紧细有力，人物清润不俗。有《老子诫徐甲》《萧翼赚兰亭》《商山四皓》等图传于世。

宋艺画像于大慈寺。宋艺，成都人，官翰林待诏。工写貌，常写唐朝列代御容及道士叶法善、一行禅师、法门会海、内臣高力士等像于大慈寺。

王建设"两街僧箓"等职位，由僧人任职，管理蜀地僧侣。

王建建立雅乐班子，行祭天仪式。设太常卿主管雅乐，乐营升为教坊，专管俗乐。

前蜀主王衍喜裹小巾，其尖如锥，宫伎多衣道服，簪莲花冠，施脂夹粉，名曰"醉妆"，国中之人皆效之。自制醉妆词。

926年（同光四年　天成元年）

正月，后唐迁前蜀国主王衍及家族宗族、百官数千人往洛阳。四月，杀王衍及家族于秦川驿。

花蕊夫人被杀。花蕊夫人（约883~926），徐姓，成都人，前蜀主王建的后妃，后封顺圣太后。因两姊妹一起被选入宫为王建妃，她被称为小徐妃。前蜀女诗人，幼能文，尤长于宫词。其宫词描写的生活场景极为富丽，用语以浓艳为主，但也偶有清新朴实之作。世传《花蕊夫人宫词》百余篇，其中确实可靠者九十多首。

牛希济因亡国入后唐。牛希济，陇西人，前蜀词人牛峤之侄，曾流寓于蜀。生卒年不详，约梁太祖乾化中前后在世。花间派重要词人，人称牛学士，前蜀后主时历官翰林学士、御史中丞。希济所作词，今存十四首，均清新自然，无雕琢气。今有王国维辑《牛中丞词》一卷。

后唐派盐铁判官赵季良为转运使赴川押运蜀财。十月，赵季良至成都，西川节度使孟知祥许其发库藏，而川中州县租税以需供十万镇川军所需为由，不许征发，赵季良遂不敢提转运使督运赋税之事。十二月，运蜀中金帛十亿到洛阳，后唐中央政权赖此度过财政困难。

927年（天成二年）

十二月，孟知祥发民丁二十万，在罗城外围修筑羊马城，望以此保护罗城。羊马城周围四十二里，高一丈六尺。这座城似利用城的外堤修建，仅四十天建成。

928年（天成三年）

二月，兴元府奏"修斜谷阁道二千八百余里"。

西川节度使孟知祥于与东川接壤的汉州设盐场三处。商旅不再往东川。东川、西川两节度所辖境内均有盐井，东川盐利稍多于西川。两川都想专有其利，东川节度使董璋诱使商贾自东川贩盐至西川。孟知祥也以在汉州设盐场重征盐商为对策，年获利七万缗。

杨干贞废杀大长和国恭惠帝郑隆亶，拥立赵善政为帝，建立大天兴国，建元尊圣，赵善政是为大天兴国悼康帝。大长和国共存在二十七年。

929年（天成四年）

杨干贞废除大天兴国悼康帝赵善政，自立为帝，建立大义宁国，次年建元兴圣。大天兴国亡。

932年（长兴三年）

毋昭裔开始刊刻儒经。毋昭裔性喜藏书，酷好古文。蜀中自唐末以来，学校废绝，因其贫贱之时曾因借《文选》而受人为难，故为相后，即令门人句中正、孙逢吉书写《文选》《初学记》《白氏六帖》，自出资刻版印行，是为中国"家刻"之始，历二十八年完成。毋昭裔所为，促进了蜀中文学复盛。毋昭裔，河中龙门（今山西河津县）人，生卒年不详，是后蜀时一位有识略的谋臣，也是当时颇负盛名的学者。

932年前后（长兴三年前后）

阎选在世。阎选，字、里、生卒年及生平事实均不详。后蜀词人，善小词，时人称为阎处士。词多艳语，近温庭筠，然意多平衍。与欧阳炯、韩琮、鹿虔扆、毛文锡共称"五鬼"。王国维辑有《阎处士词》。《花间集》《尊前集》存其词十首。

933年（长兴四年）

二月，后唐以孟知祥任检校太尉兼中书令、东西两川节度使、蜀王。

934年（应顺元年　明德元年）

年初，孟知祥在成都称帝，即后蜀高祖，国号蜀，史称后蜀。袭前蜀制，计有四十六州。

七月二十六日夜孟知祥卒。孟知祥（874～934），字保胤，邢州龙冈（今河北邢台）人。后唐立国后，深受重用，历任中门使、马步军都虞候、太原尹、北京留守。后唐灭前蜀，以孟知祥为西川节度使。长兴三年（932），孟知祥杀东川节度使董璋，据两川。

七月二十七日，孟昶即皇帝位，是为后蜀后主。十二月下诏"刺史县令，其务出入阡陌，劳来三农"，以劝农劝桑。

935年（明德二年）

孟昶创办中国历史上第一个画院，并于院中设待诏、祗候等职，延请蜀中著名画师五十余人驻院作画。如花鸟大师黄筌父子就在受延请之列。

937年（明德四年）

通海节度使白族段思平灭大义宁国，建国大理，建元文德，后改元神武，定都羊苴咩城。因举国尊崇佛教，又称妙香国。疆域大致是现在的中国云南省、贵州省，四川省西南部，缅甸北部，以及老挝与越南的少数地区。

云南剑川县城西两里处开凿金华山摩崖造像。造像均为高浮雕，共三尊，雕刻在一块巨大的岩石上。中为多闻天王，一手托塔，一手持二叉戟，头戴宝冠，眼如铜铃，体态魁梧，高达六米，左右两侧各有一位力士侍立，作双手合掌状，高约四米。

934~937年（明德年间）

阮知诲、张玫受后蜀高祖孟知祥命绘于大圣慈寺三学院置真堂，阮知诲独画孟知祥本人，而张玫则画文武臣僚。阮知诲，成都人，五代画家，官翰林待诏，御史大夫上柱国。工画女郎，笔踪妍丽，兼善写真。张玫，成都人，授翰林待诏。工人物，尤精写貌及画妇人。

赵德玄、赵忠义父子同于福庆禅院画东流传变相一十三堵。位置铺舒，楼殿台阁，山水竹树，番汉服饰，佛像僧道，车马鬼神，王公冠冕，旌旗法物，皆尽其妙，冠绝当时。赵忠义，赵德玄子也，自幼入蜀。及长，习父之艺，宛若生知。授翰林待诏，赐紫金鱼袋。

938年（广政元年）

后蜀宰相毋昭裔令张德钊等写、陈德谦刻《孝经》《论语》《尔雅》《周易》《毛诗》《尚书》《仪礼》《礼记》《周礼》《春秋左氏传》（至十七卷）等，置于成都学宫。入宋后又刻有《左氏传》十八至三十卷，《谷梁传》《公羊传》《孟子》以及《石经考弄》等，校刻精审、特色鲜明、质量较高。石经是以唐代《开成石经》为底本，成后为后蜀官方版本，亦是中国著名儒家石经。《蜀石经》，或称《孟蜀石经》，又称《广政石经》《石壁九经》《石本九经》《蜀刻十经》《蜀刻十一经》《蜀刻十二经》和《石室十三经》等。

何光远为晋州军事判官。何光远，字辉夫，东海人。生卒年均不详。好学嗜古。现在有记载和留存的有《鉴诫录》《广政杂录》及《宾仙传》。其中《鉴诫录》三卷，从各方面反映了巴蜀的社会风貌，是一部以提供历史借鉴为宗旨的历史琐闻类笔记。

后蜀铸铜钱"广政通宝"。后又铸铁钱，文同铜钱。

940年（广政三年）

六月，教坊部头孙廷应、王彦洪等为谋逆，勾结十二人，准备在宴乐之日，持仗为俳优，尽杀诸将而夺其兵。为其党赵廷规所告，尽擒而诛之。

孟昶命卫尉少卿赵崇祚收集当时诗客曲子词五百首，分为十卷，名为《花间集》，翰林学士欧阳炯为之作序。后人视为文人词曲之祖，对后世影响很大。《花间集》收录了温庭筠、韦庄等十八位花间词派诗人的经典作品，其中有十五位是蜀人或寓蜀的人（韦庄、薛昭蕴、牛峤、张泌、毛文锡、顾敻、牛希济、欧阳炯、孙光宪、魏承班、鹿虔扆、阎选、尹鹗、毛熙震、李珣），集中而典型地反映了我国早期词史上文人词创作的主体取向、审美情趣、体貌风格和艺术成就。

941年（广政四年）

五月，孟昶亲笔书写了一纸四言二十四句《令箴》，其中有"下民易虐，上天难欺。尔俸尔禄，民膏民脂"。宋太祖赵匡胤即位后，令诗人、书法家黄庭坚书写"尔俸尔禄，民膏民脂，下民易虐，上天难欺"并勒石铭，立于州县衙门大堂前面，让为官者晨夕接目，服膺莫记忘。《令箴》不仅在我国历史上政治影响大，也开创了"箴"这种文体。

孟昶诏令史馆编辑《古今韵会》五百卷。已失传。

942年（广政五年）

永陵，即王建墓建成。墓室由十四道石券构成，分前、中、后三室，室与室之间有木门间隔。王建的棺木置于中室棺床上。棺床的东、西、南三面石壁上刻有乐伎二十四人，分别演奏琵琶、筝、鼓、笙、钹、箜篌等乐器，人物造型优美，神态逼真。后室的御床上安放有一尊石刻王建坐像。造像头戴幞头，身着帝王服，腰系玉带，神态安详。永陵对研究唐及五代时期宫廷乐队的建制、音乐史、乐器史等都有很高价值。

943年（广政六年）

丘文晓、令宗在净寿寺绘天王、祖师及诸高僧，竹石花名二十余堵。丘文晓，广汉人，工道释，亦工山水。成都广汉间，其笔迹尤多，亦喜画牧牛，又工画花雀、人物、佛像。令宗，僧，广汉人，工画佛像人物及山水，相传兴国寺浴室院有其画达摩西来人物图妙绝。成都大圣慈寺三学院并揭谛堂有其画壁。

944年（广政七年）

大理国太祖段思平去世，其子段思英即位，次年改元文经。文经二年（946），段思平之弟段思良联合相国董迦罗发动政变，逼段思英退位出家，并自立为帝，改元至治。

黄筌奉命在偏殿墙壁上画六鹤图。所画之鹤造型准确，颇能乱真。画成后，这座殿因此被称为六鹤殿。

947年（广政十年）

正月，辽灭后晋，原晋雄武节度使何重建杀辽使，以秦、阶、成三州降后蜀。四月，后晋凤州防御使以州降后蜀，于是后蜀尽有秦、凤、阶、成之地，复前蜀疆土。

八月，刘保乂卒。刘保乂，一作保义，五代后蜀词人，青州（今属山东）人。蜀广政初，官户部郎中，充诸王侍读。《尊前集》存其词一首。

947年前后（广政十年前后）

毛熙震在世。毛熙震，字、生卒年不详，蜀人。曾为后蜀秘书监。善为词，辞多华丽，今存二十九首。王国维辑有《毛秘书词》。

948年（广政十一年）

徐光溥拜中书侍郎，兼礼部尚书、同平章事。徐光溥，生卒年不详，蜀人，翰林学士。有辩才，博学善诗歌。《全唐诗》存诗二首，《全唐诗补编·续拾》补缺一首。

以李昊为门下侍郎兼户部尚书、同平章事，监修国史。李昊先后主持修《前蜀书》《后蜀高宗实录》三十卷、《后蜀主实录》八十卷。李昊（约891~约965），字穹佐，生于关中。前蜀王衍时，任彭州、导江（今甘肃临复）令，历中书舍人、翰林学士。孟知祥建后蜀，擢为礼部侍郎、翰林学士。孟昶即位，官至左仆射，凡章奏书檄多出自其手。后蜀亡，随孟昶入宋都，拜工部尚书，不久病卒。

949年（广政十二年）

欧阳炯除为翰林学士。欧阳炯（896~971），华阳人。少事前蜀王衍，为中书舍人。蜀亡，归后唐，为秦州从事。孟知祥镇成都，欧阳炯返蜀。后蜀时官至门下侍郎，兼户部尚书、同平章事，兼修国史。后随孟昶归宋。工诗文，特别长于词，又善长笛，是花间派重要作家。其词多写艳情，有的流于淫靡。

但也有少数词作，内容与格调远出于艳词之上。所作词四十八篇。又为赵崇祚所编《花间集》作序。今存文两篇，见《全唐文》《唐文拾遗》。今存诗五首。

950年（广政十三年）

八月，孟昶游浣花溪。御龙舟观水嬉。时百姓饶富，夹江皆创亭榭，都人士女倾城游玩，珠翠罗绮，名花异卉，馥郁十里，望者有若神仙之境。此时的后蜀是当时中国最繁荣安定的地方。

十二月，后蜀主孟昶命于成都罗城上遍植芙蓉。芙蓉九月盛开，望之皆如锦绣。"二十四城芙蓉花，锦官自昔称繁华"，自此成都名之曰芙蓉城。

孟昶广植芙蓉，张立作《豳风》《七月》刺之。广政末，朝政乱，复作诗规讽，国人称为"诗谏"。张立，新津人，生卒年不详，五代后蜀诗人，号皁江渔翁。善吟咏，性直无忌。曾荐之孟昶，不赴。《全唐诗》存其诗二首。亦能墨竹，蜀中画迹甚多，成都大慈寺灌顶院有其所画墨竹画壁。

952年（广政十五年）

黄居寀于彭州栖真观壁画水石一堵，自未至酉而毕，观者莫不叹其神速且妙也。黄居寀（933～993后），字伯鸾，成都人，黄筌季子。擅绘花竹禽鸟，精于勾勒，用笔劲挺工稳，填彩浓厚华丽，其园竹翎毛形象逼真，妙得自然。怪石山水超过其父，与父同仕后蜀，为翰林待诏。尝合作殿廷墙壁、宫闱屏幛，不可胜记。入宋仍任翰林待诏，尤得太宗看重，授光禄丞，委以搜访名画、鉴定品目。居寀与其父画格均富丽浓艳，适合宫廷需要，故黄氏在画院居于主持地位。黄筌另有二子（黄居实、黄居宝），均继承家学，在绘画上颇有造诣。

953年（广政十六年）

五月，后蜀宰相毋昭裔请镂版印《九经》以颁郡县，后蜀后主从之。继之，昭裔自出百万在成都、华阳建学馆。

黄筌画野雉于八卦殿。有五方使呈鹰于壁殿之下，误认雉为生，掣臂者数四。蜀主甚喜，命翰林学士欧阳炯撰写《壁画奇异记》以志。

954年（广政十七年）

彭晓卒。彭晓，生年不详，唐末五代著名道士，本姓程，字秀川，号真一子，西蜀永康人。少好修炼。后蜀时，曾任金堂令，修炼于县内飞鹤山，自称"昌利化（二十四治之一）飞鹤山真一子"。常以篆符为人治病，号铁扇符。倡导性、命双修，在修炼养生、阐发内丹思想方面有引人注目之处。在青城山研修道学，注《阴符经》《参同契》。今存其炼丹著作有《周易参同契分章通真义》三卷、《鼎器歌》一篇，另撰《还丹内象金钥匙火龙水虎论》。

955年（广政十八年）

十月，后蜀请和于后周，后周不许。后蜀加紧边备，募兵既多，国用不足，始榷境内铁器铸铁钱。

956年（广政十九年）

陵州、荣州僚反叛，后蜀以弓箭库使赵季文讨平之。

958年（广政二十一年）

周世宗谋伐蜀。十月，以高防为西南面水陆制置使，李玉为判官。十二月，周将李玉攻蜀归安镇（今陕西安康县北），蜀将李承勋据险截击，斩李玉，李玉所率部队全军覆没。

昌州（今大足）僚又反，杀巡检使赵汉琼等，后蜀左界巡检使申彦瑭讨平之。

960年（广政二十三年）

冯鉴编成《续事始》。《续事始》记载了三百五十六项内容，除生产、生活、科学仪器外，还大量记载军事武器的发明创造及其在战争中的运用。生产上涉及农业、水利、手工业、建筑、交通运输等各方面。生活上记述吃、穿、用、玩都比较完备。对军事工业记载尤为详细，陆战有刀、枪、箭、戟、土山、发石车；水战有舟、楫；设伏有铁菱角和转关桥；攻城有云梯、冲车、井栏、尖头木、垂墙、地道；守城有火箭、雉尾炬、绳连石磨。这些资料，对研究中国科学技术史也具有相当高的参考价值。冯鉴为后蜀梓州射洪县令。

935～960年（明德二年至广政二十三年）

韩保升等编著《蜀本草》。《蜀本草》计有二十卷，是在《新修本草》基础上增补注释的，尤其是对药物图形的解说，更详于以前。韩保升，潞州长子人，广政年间任翰林学士。精于医，并深知药性。生平籍贯史书无载。

963年（广政二十六年）

可朋卒。可朋（885~963），出生于丹棱县。二十岁在本县栅头镇九龙山净众寺（今竹林寺）削发为僧，后任住持。可朋酒量过人，自号"醉髡"，世称"醉酒诗僧"。可朋平生工诗，有《玉垒集》传世。

964年（广正二十七年）

十一月，宋太祖伐蜀。十二月，王全斌等克取兴州（今陕西略阳）。与此同时，刘光义、曹彬率师攻取夔州城。

春节前夕，后蜀主孟昶令幸寅逊题对联"新年纳余庆，嘉节号长春"，开我国春联之先河，并形成春节贴对联的传统。

965年（广政二十八年　乾德三年）

春正月，宋将王全斌进攻益州，蜀主孟昶出降。后蜀亡。后蜀据蜀三十三年。宋迁孟昶入汴梁（今河南开封），封秦国公。同年，孟昶卒。孟昶（919～965），字保元，孟知祥第三子，在位三十一年。即位之初，励精图治，兴修水利，注重农桑，实行"与民休息"，国势增强。境内少有战事，经济发展。在位后期，沉湎酒色，不思国政，生活荒淫，奢侈无度，朝政十分腐败。孟昶爱好文艺辞赋，《全唐诗》存其《木兰花》词一首。孟昶通晓音律，让人制作《唐音》。《唐音》后流传到福建，形成"南管"音乐。南音界崇奉后蜀主孟昶为乐神，南音始祖，尊称"郎君大仙"。

黄筌病卒。黄筌（？～965），字要叔，成都人。从刁光胤习竹石花鸟，又学孙位画龙水、松石、花雀，学李升画山水竹树等。后自成一体，与南唐徐熙并称"徐黄"，形成五代、两宋花鸟画两大流派。主持西蜀画院，先后达四十年之久。黄筌画派居西蜀画院统治地位。黄筌父子发展了勾勒彩晕的画法，成为工笔画的先驱。其用笔工细，用墨浅淡，再以丰富而浓艳的色彩染成，因此工整细腻、富丽堂皇,当时世称"黄家富贵"。造型严谨、工整细致、淡雅清新、色彩浓艳、富丽堂皇的工笔花鸟画就是在此基础上逐步完善和发展起来的。

李文才于大圣慈寺华严阁写诸亲王文武等真,画未毕,后蜀亡,尽除毁。李文才,华阳人,前蜀画家,工画松石,兼长写貌。事孟蜀为翰林待诏。广政中,荆南高王令人入蜀,请文才写《义兴门街双笋石》并其故事。又尝写蜀主并名臣真像于大慈寺,亦有图轴传于世。

938～965年(广政年间)

幸夤逊仕后蜀,为茂州录事参军。幸夤逊,夔州云安人,一说成都人。仕后蜀,累官至工部侍郎,知简州。入宋,授右庶子。太祖开宝五年(972),为镇国军行军司马。年九十余而卒。幸夤逊性颖悟,善属文,曾参与修《前蜀书》。所著有《王氏开国记》,已佚。亦能诗。后蜀孟昶尝于岁除日令其作桃符诗献上,此为楹联之始作。今存诗一首及断句一联,文一篇。

蒲师训受命画江渎庙、诸葛庙、龙女庙。事毕,授翰林待诏,赐紫金鱼袋。广政年间青城山山水泛溢,冲损数堵,蜀主命师训重绘。蒲师训,蜀人,生卒年不详。

蒲延昌进画,授翰林待诏,赐绯鱼袋。蒲延昌,蒲师训养子,笔力遒健,甚得师法。工画佛道鬼神外,尤精狮子,行笔劲利,用色不繁。

程承辩在世。程承辩,眉州彭山人。其画技与蒲师训、蒲延昌、赵才不分伯仲,兼善雕刻机巧,人物鬼神、怪异禽兽之类,奇绝当时。

韦縠编选《才调集》。韦縠,生卒年、字号及籍贯不详,曾在后蜀任临察御史,迁尚书。《才调集》是今存唐人选唐诗中选诗最多最广的一种,共十卷,每卷一百首,共一千首。所选署名诗人一百八十多人,自初唐沈佺期至唐末五代的罗隐等,广涉僧人、妇女及无名氏。

周行通善画。周行通,成都人,多髯,故蜀人称曰"周胡",工画人物、鬼神、番马、戎服、器械、毡帐、鹰犬、羊缟之类及川源放牧,尽得其妙。有《李陵送苏武图》《夺马图》《三困图》《射雕图》《阴山七骑图》等传于世。

孔嵩于广福院画龙一堵,蜿蜒怪状不与常同,逼视远观,势欲飞跃,时人异之。孔嵩,蜀人,幼攻花雀,时刁光胤入蜀,孔嵩师其笔法。在蜀公侯门四十余载,图画甚多,深受器重。

蜀人杨九龄撰《蜀桂堂编事》二十卷，纪广政试举事，载诗、赋、策题及知举、登科人姓氏。

高从遇在世。高从遇，高道兴之子，五代画家，袭成父艺，事后蜀为翰林待诏。曾于蜀宫大安楼下画《天王》，队仗甚奇。后遭兵火废绝。

毗卢洞石刻造像开凿。毗卢洞位于资阳市安岳县石羊镇塔子山上，距安岳县县城百里。凿成后，各代都进行了培修、补刻。毗卢洞曾是五代至北宋年间四川佛教密宗的主要道场之一。塔子山现存龛二十个，碑刻题记三十二处，大小石刻造像四百四十六躯，造像集中于毗卢洞、千佛洞和观音堂内，构图丰满，造型别致，雕刻精细，其中以观音经变窟中的观音像（俗称"紫竹观音""水月观音""风流观音"）造像最为精美。

907～965年（前后蜀时期）

顾敻在世。顾敻，五代词人，生卒年、籍贯及字号均不详。前蜀通正时，以小臣给事内庭，后擢茂州刺史。入后蜀又事高祖，累官至太尉。善填各种结构迥然不同的词，词风绮丽却不浮靡，意象十分清新生动，情致极其悱恻缠绵，有些词作还化用口语，朗朗上口，增加了谐趣和可读性。《花间集》收其词五十五首。王国维辑有《顾太尉词》一卷。

618～965年（唐五代时期）

巴蜀戏剧发展到最为盛之期，出现了"蜀戏冠天下"的局面。这一时期常演的剧目有《刘辟责买》《麦秀两歧》《灌口神》等，并出现了中国戏曲史上最早的戏班，即《酉阳杂俎》中所载的干满川、白迦、叶硅、张美和张翱五人所组成的戏班。

宋元

960年（建隆元年）

正月初一，后周朝廷风闻契丹和北汉联兵南下，宰相范质等人不辨真假，匆忙派遣赵匡胤统率诸军北上抵御。军队行至陈桥驿，赵匡胤发动兵变，登皇帝位，轻易地夺取了后周政权，改封柴宗训为郑王。由于赵匡胤在后周任归德军节度使的藩镇所在地是宋州（今河南商丘），遂以宋为国号，仍定都开封，改元建隆，史称"宋朝""北宋"。

赵匡胤（宋太祖）建立宋朝，制定了"先取西川，统一全国"的战略。

961年（建隆二年）

五月，蜀以翰林学士承旨、吏部侍郎华阳欧阳炯为门下侍郎，兼户部尚书、平章事，毋昭裔及范仁恕致仕。

陈尧叟生。陈尧叟（961～1017），字唐夫，阆州阆中（今四川阆中）人。端拱二年（989）进士第一，历官秘书丞、河南东道判官、工部员外郎。淳化四年（993），陈尧叟出使交州，不辱使命。咸平元年（998），真宗诏令各路督课民人种植桑枣，尧叟上疏，言所管之地多山石，宜因地制宜，种植苎麻，得真宗赞许。天禧元年（1017）卒，谥文忠。著有《请盟录》三集二十卷。

964年（乾德二年）

十一月，宋太祖命王全斌为四川行营都部署，率兵六万，军分两路伐蜀：一路由王全斌、崔彦进统领，取道剑门（今四川剑阁北）入蜀，一路由刘光义、曹彬统领，由归州（今湖北秭归）出发，溯江入蜀。

十二月，王全斌攻取兴州。蜀主烧绝栈道，退保葭萌。王全斌以蜀人断栈，大军不得进，分兵修栈，进击金山寨，又破小漫天寨，而全斌亦以大军由罗川至深渡。都统王昭远、都监赵崇韬三战三败，退保剑门。

孟昶以王昭远为西南行营都统，左右卫圣步军都指挥使赵崇韬为都监，山南节度使韩保正为招讨使，洋州节度使李进为副招讨使，率兵拒战。昭远好读兵书，自比诸葛亮，颇以方略自任，始发成都，称取中原如反掌。

965年（乾德三年）

正月，王全斌率兵破剑门，兵至汉源。王昭远、赵崇韬被俘。王全斌率兵直攻成都城下。王全斌等至升仙桥，蜀主备亡国之礼，见于军门。蜀主孟昶与其官属挈族归宋。自全斌等发京师至昶降，才六十六日。凡得州四十六，县二百四十，户五十三万四千二十九。

三月，宋兵两路人马会师，四川归宋版图。

六月庚戌，孟昶卒。上为辍五日朝，赠尚书令，追封楚王，谥恭孝。昶母李氏不哭，称"汝不能死社稷，贪生至今日。吾所以忍死者，为汝在耳，今汝既死，吾安用生！"绝食而卒。

八月戊申，诏伪蜀将士妻子并发赴阙，官给舟乘，县次续食，有父母者别给钱五千。

后蜀士兵聚众至十万，拥全师雄在绵州反宋，称"兴蜀大王"。分兵绵、汉州，断剑阁，缘江置寨，自是邛、蜀、眉、陵、简、雅、嘉、东川、果、遂、渝、合、资、昌、普、戎、荣十七州并随师雄，邮传不通者一月有余。

本年，川峡四路人口共五十三万户。

966年（乾德四年）

十月丙子，改阆州保宁军为安德军。

孙逢吉至成都收集后蜀图书法物。五月乙亥还朝，所上法物，悉命焚毁，图书付史馆。

丁未，诏西川转运使沈义伦于成都写金银字《金刚经》。

967年（乾德五年）

正月辛丑，赐西川诸州民当年夏租减半。

十月初一，置绫锦院以安置蜀中锦工。此前，平蜀时得锦工数百人。宋代官造丝绸沿袭自唐制，东京（开封）绫锦院专供赵宋宗室及百官织物。太祖乾德四年（966）以平蜀所得二百人，置内绫院；太祖太平兴国二年（977），分东西二院；太宗端拱元年（988）合为一，以京朝官、诸司使、副内侍三人监，领兵匠千三十四人，有锦绮织机四百余；太祖太平兴国六年（981）废湖州织绫务，二十余名工匠进京城入绫锦院；神宗熙宁六年（1073）裁减绫锦院，以织工四百人为额。

968年（乾德六年　开宝元年）

孙光宪卒，年六十八。孙光宪（901～968），字孟文，自号葆光子，陵州贵平（四川省仁寿县）人，后唐陵州判官。后唐天成初年（926）避地江陵，高季兴署为从事。累官荆南节度副使，检校秘书兼御史中丞，后劝高继冲归宋，在宋为黄州刺史。著有《北梦琐言》《荆台集》《橘斋集》等，仅《北梦琐言》传世。

969年（开宝二年）

为鼓励蜀中士子参加科举考试，宋朝廷于此年诏令：四川举子赴京应试，由官府供给沿途食宿费用。

在渠江县境秀屏山（亦称翠屏山、银顶山）下的浓洄镇置军，取"广土安辑"之意，命名为广安军。隶属梓州路，领渠州之渠江、合州之新明、果州之岳池三县。"广安"之名由此始。

970年（开宝三年）

七月壬子，诏令西川管内州县以户口为标准，裁减冗员，天下州县官宜依西川例省减员数。

诏令雅州百丈县置监，铸铁钱，禁铜钱入川。

971年（开宝四年）

我国第一部佛教大藏经是始刻于北宋开宝四年的《开宝大藏经》，略称《开宝藏》。这一刻版因为刻在益州，所以通称为"蜀版"；又因它是朝廷所刻，也称"北宋官版"，是历代汉文雕版大藏经之祖，对我国北宋以后历代刻本《大藏经金藏》《高丽藏》等影响深远。而在汉文大藏经的影响下，后来又有藏文、蒙文、满文版的《大藏经》刊印。宋太祖命张从信到成都监雕《大藏经》。

欧阳炯卒。欧阳炯（896～971），益州（今四川成都）人。少事前蜀王衍，为中书舍人。蜀亡，归后唐，为秦州从事。孟知祥镇蜀替号，又为中书舍人。广政十二年（949），除翰林学士。累拜门下侍郎，兼户部尚书，同平章事，监修国史。后随孟昶归宁，历翰林学士，转左散骑常侍。工诗文，长于词，是花间派重要作家。

972年（开宝五年）

成都平原五谷丰登，诏修崇德庙，扩大庙基，增塑了李二郎像。

974年（开宝七年）

七月，诏川、峡盐斤减十钱，以惠远民。

改封李冰"广济王"，定为每年祭祀一次，宋代中期改为春秋二祭。宋代的祭祀活动，规模宏大。

977年（太平兴国二年）

宋太宗幸成都，敕以金泥书佛经一藏，遣送五台山菩萨顶供养。

四川合江李羲载进士及第，为宋代蜀中第一名进士。

蜀僧令宗绘成都浴室院六祖画像。令宗，广汉（今四川广汉）人。

始分西川为东西两路，各置转运使、副使。兵部郎中许仲宣为西路转运使，考功员外郎滕中正为东路转运使。

980年（太平兴国五年）

正月癸卯，司天监学生张思训所创新浑仪制成，置文明殿东南之钟鼓楼，命名为"太平浑仪"，以思训为浑仪丞。张思训，四川巴中人，北宋天文学家。曾是司天监学生，张思训造出以水银（避免温度变化影响）为动力流体的水运"浑象"。

峨眉山茂真禅师奉诏入朝，太宗命他回山重兴六大寺庙，并派遣大臣张仁瓒携带黄金三千两，于成都铸普贤铜像，运至万年寺供奉。

苏易简中状元。

982年（太平兴国七年）

八月，诏川、峡诸州市买院、织造院，除供军布帛外，其余锦绮、鹿胎、透背、六铢、欹正、龟壳等匹段，自今不须买织，民间有织卖者勿禁。于是废东川转运使并属西川。

983年（太平兴国八年）

《开宝藏》雕刻完成，刻板十三万余块，历时十三年竣工。这是我国佛教史上第一部官刻藏经，通称《开宝藏》。

985年（雍熙二年）

阆中大佛寺新建千部华法经藏楼，敕名永安禅院。大佛旁有观音像两尊：一为南海观音，一为送子观音。大佛右侧有石窟两龛，内有经幢和佛像，为唐宋摩崖造像五尊、陀罗尼经幢一处，另有唐宋元明清历代石刻二十四处，凿崖五穴墓一处，风化摩崖石刻不可辨认者尚有十余处，共延展一百五十余米。摩崖石刻中现存宋徽宗御批敕牒、碑记等石刻。

989年（端拱二年）

陈尧叟中状元。

陈抟卒。陈抟（？~989），字图南，号扶摇子，赐号希夷先生，普州崇龛县（今重庆潼南）人，一说西蜀崇龛（今四川安岳县）人。五代北宋道士、道教学者。创立"先天易学"，著有《无极图》《先天图》《易龙图序》《正易心法》等。

991年（淳化二年）

十月，翰林学士承旨苏易简献《续翰林志》二卷。皇上赐诗二章，纸尾批云："赐诗之意，因卿进《翰林志》，美卿居清华之地也。"

993年（淳化四年）

王小波、李顺在青城发动农民起义，提出"均贫富"口号。

黄居寀出使成都府，在成都圣兴寺新禅院绘《龙水》《天台山》《水石》等壁画。黄居寀，字伯鸾，成都人，五代十国名画家黄筌季子。擅绘花竹禽鸟，精于勾勒，用笔劲挺工稳，填彩浓厚华丽，其园竹翎毛形象逼真，妙得自然；怪石山水超过其父，与父同仕后蜀，为翰林待诏。尝合作殿廷墙壁，宫闱屏幛，不可胜记。

994年（淳化五年）

李顺攻占成都，建立大蜀政权，号称"大蜀王"，改元应运。

诏令降成都府为益州。

张咏到成都赴任。张咏（946~1015），字复之，号乖崖，濮州鄄城（今山东省菏泽市鄄城县）人。北宋太宗、真宗两朝的名臣，尤以治蜀著称。卒，谥忠定。有《张乖崖集》传世。

997年（至道三年）

苏易简卒。苏易简（958~997），北宋官员，字太简，四川梓州铜山（今四川省德阳市中江县）人。宋太宗太平兴国五年进士第一，状元。为将作监丞、升州通判、翰林学士承旨，历知审官院、审刑院，迁给事中，拜参知政事，至道元年，出知邓州，移陈州。以文章知名，有《文房四谱》《续翰林志》及文集。

998年（咸平元年）

十一月，为估算少数民族等进贡马匹的价值，置估马司，川峡益、黎等七州军，都建有市马务，遣派官员主持。

1000年（咸平三年）

正月，益州戍卒拥王均为首，发动兵变，占成都，号大蜀，改元化顺。

十月，置西川及峡路安抚使，分别由翰林学士王钦若、知制诰梁颢担任，另设安抚副使、同勾当安抚事为副，处置王均兵变善后事宜。

陈尧咨中状元。陈尧咨（970~1034），字嘉谟，阆州阆中（今四川省阆中市）人，北宋著名书法家。陈省华第三子，陈尧叟、陈尧佐弟。景祐元年卒，追赠太尉，谥康肃。

1001年（咸平四年）

三月辛巳，诏分川峡转运使为益、梓、利、夔四路（益州路总益、绵、汉、彭、邛、蜀、嘉、眉、陵、简、黎、雅、维、茂、永康凡十五州、军，梓州路总梓、遂、果、资、普、荣、昌、渠、合、戎、泸、怀安、广安、富顺凡十四州、军、监,利州路总利、洋、兴、剑、文、集、璧、巴、蓬、龙、阆、兴元、剑门、三泉、西县凡十五州、府、军、县,夔州路总夔、施、忠、万、开、达、渝、黔、涪、云安、梁山、大宁凡十二州、军、监),四川由此得名。

从王钦若之请,朝廷减免东川水灾地区的田赋和陵州(今四川仁寿)所欠盐课三万多斤。

1003年(咸平六年)

十二月,田锡卒。田锡(940～1004),初名田继冲,字表圣,嘉州洪雅(今属四川省眉山市)人,祖籍京兆(今陕西省西安市),祖上定居四川眉州洪雅(今槽渔滩镇)。北宋初期著名谏臣、政治家、文学家,曾祖父、祖父均为家乡名士。太平兴国三年(978)进士,官至右谏议大夫。在宋初的政坛和文坛享有较高的声誉,深为宋初士大夫所景仰。著有《咸平集》五十卷。《宋史》卷二九三有传。

成都阙守,张咏再知益州。市民闻张咏再至,皆欢庆鼓舞。

1004年(景德元年)

正月、二月,益(今四川省成都)、黎(今四川省汉源县)、雅(今四川省雅安市)三州地震。

1006年(景德三年)

以枢密使陈尧叟之请,真宗赐名南部般若院为"积庆院"。积庆院在南部县西二十里之富井镇,原为本地冯家功德寺。

1007年(景德四年)

欧阳修生于绵州(今四川绵阳)。当时其父欧阳观任绵州军事推官。欧阳修(1007～1072),字永叔,号醉翁,晚号六一居士,吉州庐陵(江西吉安)人,生于绵州。北宋著名政治家、文学家、史学家。苏轼称他"事业三朝之望,文章百世之师"。

1008年(景德五年 大中祥符元年)

江津知县冯忠创办五举书院,这是重庆地区最早的书院。

休梦法师五世法嗣延美禅师住持昭觉寺。昭觉寺在成都市北郊，素有"川西第一丛林"之称。

1009年（大中祥符二年）

内江培修圣水慈寺。圣水慈寺又名圣水寺，位于内江市中区城西，沱江之滨，称"中川第一禅林"，始建于唐咸通年间（860~873）。

苏洵生。苏洵（1009~1066），字明允，号老泉，眉州眉山（今四川省眉山市）人，北宋著名文学家，唐宋八大家之一，与其子苏轼、苏辙合称"三苏"。有《嘉祐集》传世。

1011年（大中祥符四年）

蜀中交子始以三年为界（流通期限）。

朝廷下令赈济剑、利、集、璧、巴等州饥民。

1012年（大中祥符五年）

十二月，宋立刘皇后。刘氏（969~1033），益州华阳（今属四川省成都市）人，初随蜀人龚美（刘美）入京。真宗深重之，由是渐干外政。卒，谥庄献明肃，后改章献明肃。刘后称制凡十一年，号令严明，史称"章献垂帘"。

敕名遂宁石佛寺为广利禅寺。位于四川省遂宁市城西三里许的卧龙山，建于唐朝，原名石佛寺，大历二年（767）更名为保唐寺，大历十三年（778）敕名禅林寺，德宗建中初年（780）敕名善济寺，昭宗天复三年（903）敕名再兴禅林寺。

1014年（大中祥符七年）

二月，从知益州凌策之请，诏令西川别铸祥符大铁钱，并许兼用旧钱。

七月庚子，因四川地处偏远，学者众多，诏益州举人荐送定名外，别解三人，以示优待。

十一月，户部尚书陈尧叟上《汾阴奉祀记》三卷。

1017年（天禧元年）

四月，陈尧叟卒，赠侍中，谥文惠。

1019年（天禧三年）

王珪生。王珪（1019～1085），字禹玉，成都华阳人。北宋宰相，政治家，文学家。庆历二年（1042）以榜眼及第，出欧阳修门下。元丰八年（1085）卒，追赠太师，谥文恭。

1020年（天禧四年）

三月癸酉，诏川峡、广南诸州有艺业可取者，悉取荐送。

四月癸卯，利州路转运使李防请雕印《四时纂要》《齐民要术》，以勖民务，从之。

1021年（天禧五年）

二月，宋真宗去世，遗诏刘皇后为皇太后，负责处理一切军国大事。

1023年（天圣元年）

十一月，以益州知州薛田之请，在成都设置益州交子务，统一管理交子的发行与流通。这标志着纸币发行机构的正式成立。

1026年（天圣四年）

三月壬申，诏修西川阁道。

1027年（天圣五年）

六月，诏令西川威、茂、黎三州转运使、提点刑狱举本路官为知州。

1029年（天圣七年）

六月癸卯，增川峡四路进士解额，益州四人，梓州二人，余州军下及三人者听解三人。

1030年（天圣八年）

正月，集贤院校理彭乘以亲在蜀，恳求便官。诏乘知普州。蜀人得乡郡，自乘始。

范百禄生。范百禄（1030~1094），字子功，成都华阳（今属四川省成都市）人。有文集五十卷，已佚。《宋史》卷三三七有传。

1033年（明道二年）

十月甲辰，诏令两川岁贡绫锦罗绮、透背花纱等，其以三分之二易为绸绢，以供军需。

朝廷遣使安抚两川饥民。

1034年（景祐元年）

五月丁卯，禁民间织锦背、绣背及遍地密花透背，西川岁织上供者亦罢。
六月，徙益州路提点刑狱司廨舍于眉州。

1035年（景祐二年）

十二月，禁益、梓、夔、利路民夜聚晓散传习妖教。

1038年（宝元元年）

三月辛酉，范镇礼部奏名为第一。后为翰林学士，与欧阳修、宋祁共修《新唐书》。

1041年（庆历元年　康定二年）

北宋仁宗庆历、皇祐年间（1041~1054），四川井盐凿井工艺出现了卓筒井。卓筒井目前在遂宁市大英县境内还保留有四十一口，分布在方圆六千米范围内。当地的大顺灶，是卓筒井工艺仅存的一处还能生产的盐灶，可以说是无价之宝。

1044年（庆历四年）

富顺人李文渊在当地建柳沟书院。
富顺文庙建成，称文宣王庙。
遂州太守廖询重建张九宗书院。张九宗书院在四川遂宁，又名书台书院。唐贞元初刺史乔琳创学宫于城南，后三十年张九宗就基址建书院，故名。张讲学其中，亲植柏樟。后毁于五代末孟知祥之战。

1047年（庆历七年）

二月己酉，诏取益州交子三十万于秦州，时议者谓蜀商多至秦。

1048年（庆历八年）

苏舜钦卒。苏舜钦（1008～1048），字子美，梓州铜山（今四川省中江县）人。北宋诗人、书法家，"铜山三苏"之一，与梅尧臣齐名，人称"梅苏"。有《苏学士文集》传世。

1051年（皇祐三年）

五月辛亥，眉州彭山县上瑞麦图，凡一茎五穗者数本。上曰："朕尝禁四方献瑞。今麦秀如此，可谓真瑞矣！其赐田夫束帛以劝之。"

1053年（皇祐五年）

八月戊午，以蜀之城池久废不治，诏益、梓州路转运使司渐修筑诸州军城池。益州知州程戡重筑成都罗城。

诏黎、雅州自今后宜择武臣诸司副使以上知黎州，仍益屯陕西兵三百人，雅州二百人，置驻泊都监一员。

1054年（皇祐六年　至和元年）

苏舜元卒。苏舜元（1006～1054），字子翁，一作才翁，梓州铜山人，苏易简之孙，与苏舜钦一起，祖孙三人并称为"铜山三苏"。官至尚书度支员外郎，三司度支判官。

1056年（嘉祐元年）

十一月，周敦颐到达合州（今重庆市合川区）。周敦颐（1017～1073），字茂叔，号濂溪，有《太极图说》《通书》等传世。在蜀四年，其学术活动对宋代四川理学的兴起和发展产生了重要影响。

1057年（嘉祐二年）

苏轼、苏辙兄弟应试及第，轰动京师。

1058年（嘉祐三年）

朝廷征召苏洵入京，苏洵以病辞，作《上皇帝书》。

1059年（嘉祐四年）

十月，复益州为成都府。

1060年（嘉祐五年）

周敦颐任满离蜀。

1061年（嘉祐六年）

闰八月乙酉，复以成都府为剑南西川节度。

1064年（治平元年）

赵抃知成都。赵抃（1008～1084），字阅道，宋衢州西安（今浙江衢州市）人。景祐元年（1034）进士，任殿中侍御史，弹劾不避权势，时称"铁面御史"。累官至参知政事，以太子少保致仕，卒后谥清献，苏轼曾为之作《清献公神道碑》。曾后先后四次入蜀，政绩卓著。

1066年（治平三年）

苏洵卒。苏洵（1009～1066），字明允，自号老泉，眉州眉山（今属四川省眉山市）人，北宋文学家，与其子苏轼、苏辙并以文学著称于世，世称"三苏"，均被列入唐宋八大家。苏洵擅长于散文，尤其擅长政论，议论明畅，笔势雄健，著有《嘉祐集》二十卷及《谥法》三卷。

1067年（治平四年）

清远禅师生。清远禅师，临邛（今四川邛崃）人。临济宗杨歧派五祖法演门下嗣法弟子，与同门佛果克勤、佛鉴慧勤并称"演门二勤一远"，被誉为"丛林三杰"，又称"南堂三佛"。

敕修阆中永安寺。永安寺位于阆中市水观镇东五里的黄泥岗上（今水观镇永安寺村），始建于唐。

1071年（熙宁四年）

三月，赐交子十万缗为梓州路常平籴本。

1073年（熙宁六年）

周敦颐卒，蒲宗孟为作《濂溪先生墓志铭》。

1074年（熙宁七年）

在成都设置都大提举成都府路茶场，在秦州设置都大提举熙河路买马司，办理榷茶买马事宜。此举正式开始了我国的官营茶马贸易。

朝廷遣李杞入蜀，经略买茶事宜。

陈知俭在济源县西北"三陈"肄业的龙潭佛寺创建陈氏四令公祠堂，祠陈省华及其子尧叟、尧佐、尧咨，司马光撰记。

1075年（熙宁八年）

十一月，以渝州南川县铜佛坝为南平军。

冯楫生。冯楫（1075～1152），遂宁府小溪县（今遂宁市）人，字济川，自号不动居士。

1077年（熙宁十年）

三月，诏川峡四路转运、提点刑狱、提举常平官，不得兼用川峡人任职。

九月己酉，提举成都府等路茶场司李稷申请本司职务措置、申请、辞讼等事，他司毋得干预。

本年，成都府商税额为十七万一千贯，仅低于杭州（商税额十七万三千贯），居全国第二位。

1078年（元丰元年）

正月，诏提举成都府等路茶场司李稷相度置场买茶。

神宗赐名剑阁龙华禅院为觉苑寺。觉苑寺是剑西武连镇的一座著名古刹，始建于东晋，唐时名弘济寺，宋初名龙华禅院。

全国诸路州府共设学官五十三名，其中四川设置六名。

1079年（元丰二年）

二月甲辰，诏威、茂、黎三州罢行义仓法。

御史何正臣上表弹劾苏轼，奏苏轼移职湖州到任后谢恩的上表中，用语暗藏讥刺朝政。御史李定曾也指出苏轼四大可废之罪。案件先由监察御史告发，后在御史台狱受审。御史台，因官署内遍植柏树，又称柏台；柏树上常有乌鸦栖息筑巢，乃称乌台。所以此案称为乌台诗案。

文同卒。文同（1018～1079），字与可，号笑笑居士、笑笑先生，人称石室先生，北宋梓州梓潼郡永泰县（今四川省盐亭县）人。宋仁宗皇祐元年（1049）进士，迁太常博士、集贤校理，历官邛州、大邑、陵州、洋州（今陕西洋县）等知州或知县。元丰初年（1078），文同赴湖州（今浙江省湖州市吴兴区）就任，世人称文湖州。元丰二年（1079）正月二十日，文同在陈州（今河南省淮阳县）病逝，未到任而卒，享年六十一岁。他与苏轼是表兄弟，以学名世，擅诗文书画，深为文彦博、司马光等人赞许，尤受其表弟苏轼敬重。

1080年（元丰三年）

三月甲戌，命王珪提举修两朝国史。

四月庚申，赐梓州路转运司坊场钱五万缗，绢布各万匹，增备边务。

闰九月壬子，诏梓州复称剑南东川。

十月，诏应川峡人连任四路知州者，不得过三任。

本年，四川人口一百七十九万户。

1081年（元丰四年）

九月己亥，王珪上《国朝会要》三百卷。仁宗时修《会要》，自建隆元年（960）至庆历三年（1043）一百五十卷。熙宁初，珪请续之，凡十二年乃成，止熙宁十年（1077），通旧增损成三百卷。

王灼生。王灼（1081～？），字晦叔，号颐堂，四川遂宁人。著有《颐堂先生文集》五卷、《颐堂词》一卷、《碧鸡漫志》五卷、《糖霜谱》一卷等，佚文十余篇。《碧鸡漫志》论述了上古至唐代歌曲的演变，考证了唐乐曲得名的缘由及其与宋词的关系，品评了北宋词人的风格流派，是从音乐方面研究词调的重要资料。

1083年（元丰六年）

成都府锦院创办，专门生产丝织制品。

蜀人唐慎微完成药学巨著《经史证类备急本草》（简称《证类本草》）。本书除了系统地集录自《神农本草经》以下唐宋各家医药名著外，还收辑《经史传记》《佛书道藏》中有关药物的资料，编为三十卷，载药一千五百五十八种，附方三千余首，有图和炮制方法。本书可谓集宋以前本草学之大成，不仅具有很高的学术价值和实用价值，还具有很大的文献价值。

1085年（元丰八年）

僧人淳德募修荣县大佛，四川荣县大佛及千佛崖开凿。大佛坐落在四川省荣县城郊大佛山（亦称真如岩）山麓，佛身通高36.7米，头长8.76米，肩宽12.67米，膝高12米，脚宽3.5米，是世界第一大释迦牟尼佛（现世佛），第二大石刻大佛，仅次于乐山弥勒大佛。

1086年（元祐元年）

范祖禹《唐鉴》十二卷成书。其书论唐高祖至唐昭宗时史事，体例参考《资治通鉴》，凡三百零六篇，以议论为主，意在为帝王提供借鉴，故名《唐鉴》。

神宗皇帝赐封十一子赵佶为遂宁郡王。赵佶为后来的宋徽宗。

1088年（元祐三年）

范镇卒。范镇（1008～1088），字景仁，华阳人，谥忠文。仁宗时，知谏院。尝请立太子，前后上章十九次，待命百余日，须发为白。后为翰林学士，论新法，与王安石不合，致仕。累封蜀郡公。著有文集及《东斋记事》，凡百余卷。苏轼评价说："熙宁元丰间，士大夫论天下贤者，必曰君实、景仁，其道德风流足以师表当世，其议论可否足以荣辱天下。"

1089年（元祐四年）

十月戊申，苏辙奏进《神宗皇帝御制集》九十卷。诏于宝文阁收藏。

1091年（元祐六年）

范祖禹完成《帝学》八卷进呈。其书将帝王之学与道统之道结合，述自伏羲至宋神宗历代帝王事迹。

蜀人马涓为状元。马涓（？～1126），北宋阆州南部县（今四川省南部县）人，字巨济，元祐六年（1091），授承事郎、签书雄武军节度判官。绍圣中，迁承议郎、通判遂州。元符中，为监察御史。崇宁初，安置吉州，入元祐党籍，其文集印板遭焚毁。宣和中，累官至应天府少尹。靖康中，授起居舍人，未及赴任而卒。

1092年（元祐七年）

啸台崖壁还有唐宋摩崖造像、西方极乐世界、十八罗汉，其中罗汉群龛引人注目，龛高3.4米，宽4.6米，深0.46米，内刻六尊罗汉，其中三尊头部已毁。六劈罗汉中间浮雕一株桃树，枝上悬一仙桃。靠仙桃的罗汉，一尊双手交叉平放在胸前，悠闲自在；另一尊面朝仙桃，似无动于衷。造像表现了他们超脱凡尘，不为利禄所动的神态。

1093年（元祐八年）

蒲宗孟卒。蒲宗孟（1028～1093），字传正，阆州新井（今属四川省南部县）人，是周敦颐入蜀期间交往较多的学者之一，仁宗皇祐五年（1053）进士，调夔州观察推官。治平年间，发生了水灾和地震，蒲宗孟上书斥责朝中的大臣、后宫和宦官。神宗熙宁元年（1068）召试学士院，为馆阁校勘。六年，进集贤校理，同修起居注、知制诰，转翰林学士兼侍读。

1094年（绍圣元年　元祐九年）

黄庭坚入蜀。黄庭坚因事被贬涪州别驾，黔州（今重庆彭水）安置。

范百禄卒，赠银青光禄大夫，谥文简。范百禄（1029～1094），字子功，成都华阳（今属四川省成都市）人，北宋名臣范镇之兄范锴之子。元祐元年（1086）为刑部侍郎，后改吏部侍郎，兼侍读、翰林学士。不久后以龙图阁学士知开封府，勤于民事，狱无系囚。元祐七年（1092）拜中书侍郎，次年罢知河中府，徙河南府卒，年六十五。

大足县石门村圣府洞道像开造。

1096年（绍圣三年）

文惟简凿四川大足石门山释迦龛。石门山摩崖造像为宋代摩崖石刻，位于重庆市大足区石马镇石门山上，为佛、道、儒三教兼容的摩崖造像，是大足石刻的重要组成部分。文惟简，晋州岳阳（今属山西省洪洞县）人，四川大足石篆山石窟佛龛，有其及儿子居安、居礼、居用雕刻的如佛教释迦牟尼、儒教孔子、道教老君及圣母等造像。

1097年（绍圣四年）

苏轼被贬为琼州（今海南海口南）别驾，安置昌化军（今海南儋县西北）。

程颐入蜀。程颐（1033~1107），字正叔，世居中心，后徙为河南府洛阳（今河南省洛阳市）人，世称伊川先生。北宋理学家、教育家。程颐与其兄程颢同学于周敦颐，共创"洛学"，为理学奠定了基础，世称"二程"。其著作有《周易程氏传》《遗书》《易传》《经说》等。

1098年（元符元年　绍圣五年）

范祖禹卒。范祖禹（1041~1098），字淳甫，一字梦得，成都华阳（今属四川省成都市）人。著有《唐鉴》十二卷、《帝学》八卷、《仁宗政典》六卷。因《唐鉴》深明唐三百年治乱，学者尊之，目为"唐鉴公"。

1099年（元符二年）

程颐在涪州完成其《伊川易传》。

1101年（建中靖国元年）

苏轼卒。苏轼（1037~1101），字子瞻，又字和仲，号东坡居士，眉州眉山（今四川省眉山市）人。苏轼在文、诗、词三方面都达到了极高的造诣，堪称宋代文学最高成就的代表。而且苏轼的创造性活动不局限于文学，他在书法、绘画等领域内的成就都很突出，对医药、烹饪、水利等技艺也有所贡献。苏轼典型地体现着宋代的文化精神。

1102年（崇宁元年）

九月，宋徽宗又要中书省进呈元祐中反对新法及在元符中有过激言行的大臣姓名。于是蔡京以文臣执政官文彦博、吕公著、司马光、范纯仁、韩维、苏辙、范纯礼、陆佃等二十二人，待制以上官苏轼、范祖禹、晁补之、黄庭坚、程颐等四十八人，余官秦观等三十八人，内臣张士良等八人，武臣王献可等四人，共计一百二十人，分别定其罪状，称作奸党，并由徽宗亲自书写姓名，刻于石上，竖于端礼门，称为"元祐党人碑"。

本年，四川人口一百九十八万户。

1103年（崇宁二年）

四月，诏令将苏洵、苏轼、苏辙、黄庭坚、张耒、晁补之、秦观、马涓的文集，范祖禹所著《唐鉴》，范镇所撰《东斋纪事》，刘攽所著《诗话》及释文莹所著的《湘山野录》等书的印版全部焚毁，禁止流传。

1104年（崇宁三年）

六月，徽宗又下令重新籍定元祐、元符党人及上书反对绍述的官员，合为一籍，共三百零九人。徽宗还亲自书录这些人的姓名，将其刻在石碑上，立于文德殿门的东壁。蔡京的手书刻石则立于全国各州县，颁布天下。

七月乙亥，淮西提刑霍汉英言建议毁除天下苏轼所撰碑刻。

法演卒。法演（1024~1104），俗姓邓，绵州巴西（今四川省绵阳市）人，北宋临济宗杨岐派僧。少年出家，先在成都学习《唯识》，后归禅游方各地，历时十五年，最后得法于白云守端。住白云岩和浮山，有礼远公塔偈一首。法嗣有圜悟克勤、太平慧勤、佛眼清远、道宁等人。

1106年（崇宁五年）

宋毁元祐党人碑。相继叙用元祐党人曾布等一百五十二人。

1107年（大观元年）

郎依长子夏秦尼波创建刚来卜大寺，并广招门徒，形成了阿坝县历史上最早的宗教团体。寺又名郎依寺院，位于阿坝县哇尔玛乡洞沟村果尔洼山顶，是阿坝县最早建立的本波教寺院之一，也是川西北涉藏地区乃至整个涉藏地区规模最大的本波教寺院。

改交子为钱引。

1108年（大观二年）

李石生。李石（1108～？），字知几，资州（今四川省资中县）人。少负才名，既登第，任大学博士，出主石室，就学者如云。

1109年（大观三年）

佛果克勤禅师住持宝光寺，并拓展寺庙规模，请宋徽宗敕赐宝光寺名大觉寺。

1111年（政和元年）

张商英拜相。张商英（1043～1121），北宋后期书法家，北宋后期官僚，四川蜀州新津（今四川省成都市新津区）人，字天觉，号无尽居士，宋徽宗朝官至右相（尚书右仆射兼中书侍郎）。作品有文集一百卷已佚，《友松阁遗稿》一卷。《宋史》卷三五一、《东都事略》卷一〇二有传。

圆悟克勤南游湘鄂，在荆南（今湖北江陵）与张商英辩论《华严经》要旨。张商英对克勤大为佩服，以师礼待之，并请他住持澧州（今湖南澧县）夹山灵泉院。

1112年（政和二年）

苏辙卒。苏辙（1039～1112），字子由，眉州眉山（今四川省眉山市）人，自号颍滨遗老，谥文定。唐宋八大家之一，与父洵、兄轼齐名，合称"三苏"。苏辙生平学问深受其父兄影响，以散文著称，擅长政论和史论，苏轼称其散文"汪洋澹泊，有一唱三叹之声，而其秀杰之气终不可没"。其诗力图追步苏轼，风格淳朴无华，文采稍逊。苏辙亦善书，其书法潇洒自如，工整有序。著有《诗传》《春秋传》《栾城集》等。有《栾城集》《春秋集解》《诗集传》《古史》《龙川略志》《龙川别志》《老子解》等作品传世。

文孟周开凿四川大足福安桥毗卢洞造像。

1115年（政和五年）

十二月，诏升遂州为遂宁府。

李焘生。李焘（1115～1184），字仁甫，号巽岩，眉州丹棱（今四川省眉山市丹棱县）人，唐宗室曹王之后。著有《巽岩文集》《四朝通史》《春秋学》等五十多种，大多失佚。今存《续资治通鉴长编》五百二十卷、《六朝制敌得失通鉴博议》十卷、《说文解字五音韵谱》十卷。

1117年（政和七年）

彝族阿永部首次贡马一百一十二匹，朝廷赠以锦帛。此后，阿永部每岁贡马，并率商队自江门寨浮筏而下，至泸州进行马、盐等物资互市。

1118年（政和八年）

清远禅师获赐号"佛眼禅师"。清远是宋代杨岐派禅师，嗣法法演，与佛果克勤、佛鉴慧勤同为法演高足，世称之为"三佛"。清远与注重评说参究公案而著《碧岩录》的克勤不同，他重实参实悟。《古尊宿语录》收录清远语录达八卷之多，即可说明其影响之深远。

1121年（宣和三年）

张商英卒。张商英（1043～1122），字天觉，号无尽居士，蜀州新津（今四川省成都市新津区）人。历监察御史、右正言、左司谏、工部侍郎、中书舍人、刑部侍郎、翰林学士等职。

荣州刺史宋昌宗主持绘制《九域守令图》，立石。石长宽各一米多，图中对山东半岛和海南岛的形状刻得极其相近，并对四川水系刻绘得相当详尽。这是我国现存最早以县为基层单位的全国行政区域图，也是中国现知立世最早的石刻地图。

1123年（宣和五年）

苏过卒。苏过（1072～1123），字叔党，别号斜川居士，苏轼第三子。能诗能文，擅长书画，有乃父之风，故时人以"小坡"誉之。

敕建大匡山李太白祠。

1124年（宣和六年）

十月，宋徽宗再次下诏，重申禁毁苏、黄之文。对苏、黄之文不得收藏学习，违反者以大不恭论罪。

1125年（宣和七年）

邵伯温入蜀，出知果州（今南充），由此举家迁蜀。邵伯温（1055~1134），字子文，洛阳人，邵雍之子。宣和末出知果州，绍兴四年（1134）卒于利路转运副任上。著有《邵氏闻见录》《易学辨惑》《河南集》等。

1126年（靖康元年）

伏元俊等开凿四川大足北山弥勒经变窟、地藏窟和孔雀明王窟。
潼南大佛开雕佛身。

1127年（建炎元年　靖康二年）

成都知府卢法原奉诏修缮罗城。
在黎州（今汉源）、叙州（今宜宾）、南平军（今綦江）、长宁军（今长宁）四处设茶马司，以盐、茶、锦、帛与少数民族折换战马，进行易货贸易。
宋高宗赐号克勤"圆悟禅师"。
金灭北宋。赵构即位，是为高宗，史称南宋。

1128年（建炎二年）

六月乙卯，成都府转运判官靳博文权罢邛州铸铁钱，因其岁用本钱二十一万缗，而所铸十一万缗，得不偿费。

1129年（建炎三年）

设四川宣抚司，张浚为川陕宣抚处置使，统管四川四路军民财政。置官设署总管四川四路政事自此始。
在成都之应天、北禅、鹿苑三寺分置锦厂，大量生产蜀锦。
赵开任川陕宣抚处置使司随军转运使。为筹集军费，赵开大变酒法，罢去官府卖酒，实行隔槽酒法。隔槽酒法，即将酒槽由官府主办，并由官府提供酒曲和酿酒器具。

1130年（建炎四年）

川陕宣抚处置使张浚调集陕西五路宋军共四十万人，在陕西向金军发动富平之战，全军覆没。部将吴玠、吴璘兄弟率残兵退守宝鸡西南的和尚原，控扼金兵入蜀。从此四川处于抗金前线。

本年，四川酒课达六百九十万缗，约占全国酒课的一半。

1131年（绍兴元年）

五月，吴玠率军与金兀术战于和尚原。以和尚原大捷为转折点，宋金战争由此进入了战略相持阶段。

四川大足宝顶山摩崖开凿。宝顶山石刻造像以大佛湾为中心，东有小佛湾、倒塔、龙头山、殊始山、黄桷坡，南有高观音，西有广大山、松林坡、佛祖岩，北有岩湾、龙潭、对面佛等。其中以大佛湾石刻造像规模最大。

1132年（绍兴二年）

尹焞入蜀。尹焞（1071~1142），字彦明，一字德充，号和靖，河南洛阳人。张浚为川陕宣抚处置使，尹焞门人吕稽中为参议官，延请尹焞馆于阆中。尹焞在川的活动，进一步扩大了程氏理学及易学在四川的影响。

1134年（绍兴四年）

三月辛亥朔，川陕宣抚司都统制吴玠败敌于仙人关。金军统帅宗弼率十万余众攻陕西凤县与略阳交界处的仙人关，再次被吴玠、吴璘打败，从此金军不敢大举攻蜀。

四月庚辰朔，制授吴玠川陕宣抚副使。上赐以所御战袍器甲，且赐亲笔：朕恨阻远，不得拊卿之背也。

五月，命赵鼎为监修，范冲为修撰，删修《神宗实录》。

六月壬辰，诏川陕合赴省举人，令宣抚司于置司州置试院。

尹焞在涪州北岩辟三畏斋居住，研究理学。

邵伯温卒，年七十八。葬四川犍为城南大山坡黄花冲。

1135年（绍兴五年）

十二月甲寅，刑部员外郎杨迈知夔州兼本路安抚使。渡江后，由朝士出为川陕帅臣者始此。

诏令川陕类省试合格第一名，依殿试第三名例推恩，余并赐同进士出身。

圆悟克勤卒。圆悟克勤（1063～1135），俗姓骆，字无著，法名克勤。崇宁县（今成都郫县唐昌镇附近，北宋末年属彭州）人。先后弘法于四川、湖北等地，晚年住持成都昭觉寺。著有《碧岩录》。

涪州太守李赡在程颐讲学地、黄庭坚题名的钩深堂建成伊川先生祠堂。

1136年（绍兴六年）

正月，范冲删修《神宗实录》成书，共二百卷，并别为《考异》一书。

八月，遂宁府教授程敦厚应诏上书，献所著《经世十论》，曰：畏天、恤民、量敌、核实、正俗、练兵、生财、专任、广听、审虑。

尹焞离蜀。从绍兴二年（1132）到绍兴六年（1136）九月离开涪陵，尹焞共在四川滞留四年。在蜀其间，讲学授徒，编著《师说》一书，为理学在巴蜀的传播推广起到了重要作用。

1140年（绍兴十年）

诏令复置四川诸州学官员。南宋初年，因为战争原因，巴蜀州县学官多不存在，遂有此诏令。宋代学官一般有三大职责：讲授儒家经典和皇帝训示教诲，提升管理考核所属生员；掌握经费开支；负责文庙春秋两际的祭祀。

知成都府张焘培修杜甫草堂。这次培修从八月起，至十二月止，历时四个月。

1141年（绍兴十一年）

范冲卒。范冲（1067～1141），字元长，华阳（今属四川省成都市）人，范祖禹长子。登绍圣进士第。高宗即位，召为虞部员外郎，俄出为两淮转运副使。绍兴中诏修神、哲两朝实录，为宗正少卿兼直史馆。冲之修《神宗实录》，为《考异》一书，明示去取，旧文以墨书，删去者以黄书，新修者以朱书，世号"朱墨史"。及修《哲宗实录》，别为一书，名《辨诬录》。冲性好义乐善，司马光家属皆依冲所，冲抚育之。为光编类《记闻》十卷奏御，请以光之族曾孙宗召主光祀。又尝荐尹焞自代云。十二月卒于婺州，年七十五。

1142年（绍兴十二年）

朝廷下令成都府路购买蜀锦，以准备礼物使用。

1144年（绍兴十四年）

十二月，知资州杨朴献《礼部韵拾遗》。

井度刊刻"七史"。七史，即《宋书》《齐书》《梁书》《陈书》《魏书》《北齐书》《北周书》，全以国子监本为底本刻印，称为蜀刻大字本，又称"宋蜀刻七史"。井度，字宪孟，河南南阳人，南宋著名藏书家，人称南阳公。

文仲璋等凿四川大足妙高山三教窟。大足妙高山摩崖造像第二号三教合一窟，刻释迦、老子、孔子于一窟。正壁为释迦结跏趺坐，左右侍立迦叶、阿难。左壁为老子垂足端坐，左右各立一侍者。右壁为孔子，头戴冕旒，垂足端坐，左右各立一弟子。这是宋代三教融合的珍贵实物资料。

1145年（绍兴十五年）

四月庚子，省四川都转运司，以其事归宣抚司。
七月乙巳朔，罢夔路军兴以来所置酒店，以宽民力。
冯檝培修泸州城。

1146年（绍兴十六年）

十二月，四川宣抚副使郑刚中奏减两川米脚钱三十二万缗、激赏绢二万匹，免创增酒钱三万四千缗。戊戌，诏以四川总制钱五十万缗以备边费。

1147年（绍兴十七年）

十二月庚戌，都大提举川秦茶马监收公事韩球始至成都。

1148年（绍兴十八年）

八月，权礼部侍郎沈该乞四川类省试合格不赴殿试人，第一等并赐进士出身，余人同出身，从之。

泸州安抚使冯檝创建报恩塔。报恩塔高三十二余米，呈八方形，每边长四米，七层、双檐，坐西向东而立，塔内共有八十二龛三百六十余尊石刻造像，分别为佛教、民间中的传说故事，雕塑精密细腻，颇有南宋秀丽工致风格，外面全部呈白色，故此又名为"泸州白塔"。

1149年（绍兴十九年）

王灼在成都完成《碧鸡漫志》一书。王灼，字晦叔，号颐堂，遂宁小溪（今遂宁市船山区）人，宋代科学家、音乐家、文学家，著有《碧鸡漫志》《糖霜谱》等。其中《糖霜谱》是世界上第一部完备地介绍糖霜生产和制造工艺的科技专著。

1151年（绍兴二十一年）

七月壬寅，都大主管成都等路茶马监牧公事符行中总领四川财赋军马钱粮。

潼南大佛全像竣工。潼南大佛大像殿内，是依崖而凿的一尊释迦牟尼佛坐像，像高18.43米，胸围8.35米，是我国第一大金佛，世界第七大佛。佛首凿于唐咸通元年（860），成于广明元年（880）。而佛身的开凿竟跨越五代乃及北宋，时间长达二百五十多年，直到宋靖康元年（1126）始初成。此后，按佛首比例展开佛身，又用了二十六年的时间，于南宋绍兴二十一年（1151）才完全凿成。整座佛像开凿前共历时二百九十多年。

1152年（绍兴二十二年）

冯檝作《南禅寺记》《大中祥符院大悲像并阁记》。前者对重庆潼南县定明山大佛寺（又名定明寺、南禅寺、大像阁）的摩崖大佛造像的凿修始末作了记叙。后者记叙了成都府圣寿寺内敕赐大中祥符院千手千眼观音塑像和修建佛阁的情况。

冯檝卒。冯檝，字济川，四川蓬溪人。晚年信佛修行，有语录行世。

1153年（绍兴二十三年）

四月乙酉，诏利州岁铸钱以九万缗为额，视旧额减五分之二，仍并铸折二钱。

1154年（绍兴二十四年）

秋七月壬戌，诏四川制置、总领司许于茶马司宽剩钱内拨取，以宽民力。

王灼撰《糖霜谱》，此书是最早关于种蔗、制糖和成品功用的农书。

1156年（绍兴二十六年）

十月乙亥，诏令蜀监司、帅臣各举知县资序以上堪充郡守者二人，制置、总领、提举茶马各举三人。

宋廷以蜀锦回赐三佛齐国贡使。三佛齐，古名干陀利。刘宋孝武帝时，常遣使奉贡。宋名三佛齐，修贡不绝。

1157年（绍兴二十七年）

三月，诏减三川对籴米十六万九千余硕、夔路激赏绢五万匹、两川绢估钱二十八万有奇，又减茶引钱九十五万余缗。

1159年（绍兴二十九年）

二月丁酉，诏蠲四川折估籴本积欠钱三百四十万缗。

七月戊戌，翰林学士、修国史周麟之荐知双流县李焘著《续皇朝公卿百官表》九十卷。诏令札录，付史馆。

虞允文率军在采石、瓜州大败金军，使南宋朝廷转危为安。

朝廷规定四川类省试的监试、考试官及类省试别试院的监试、考试官由朝廷选派，余官仍由制置司选差。并诏今后四川类试，九月十五日锁院。

1162年（绍兴三十二年）

本年，四川人口二百六十六万户。

1163年（隆兴元年）

夔州知州王十朋在夔州府治建静晖书院。王十朋（1112~1171），字龟龄，号梅溪，温州乐清人。绍兴二十七年（1157）状元，南宋著名诗人、政治家。乾道七年（1171）年去世，年六十，绍熙三年（1192）追谥忠文。有《梅溪集》传世。

1164年（隆兴二年）

张浚罢相，出判福州，卒于道中。张浚（1097~1164），字德远，汉州绵竹（今四川省绵竹市）人，唐朝名相张九龄弟张九皋之后，父张咸，乃南宋宰相、抗金派领袖、民族英雄。宋徽宗政和八年（1118）进士，历枢密院编修官、侍御史、知枢密院事、川陕宣抚处置使、尚书右仆射同中书门下平章事兼知枢密院事都督诸路军马等职。隆兴元年（1163），封为魏国公。隆兴二年八月，病卒，葬宁乡，赠太保，后加赠太师。乾道五年（1169），谥忠献。著有《紫岩易传》等。

至尊噶玛巴一世活佛曲吉迪松钦布创建冷谷寺。冷谷寺坐落在格聂圣山和肖扎神山这两座雪山的谷地之中，是当地最古老的白教（噶举派）寺庙。

1167年（乾道三年）

八月，李焘任国史编修官，主持修撰《钦宗帝纪》。

四川宣抚使吴璘卒，虞允文入蜀继任四川宣抚使。吴璘（1102~1167），字唐卿，德顺军陇干县（今甘肃静宁）人，南宋初年名将。早年随其兄吴玠抵御西夏、抗击金兵，以勇略知名。卒后追赠太师、信王，谥武顺，位列七王之一。

1168年（乾道四年）

四月，李焘主修《钦宗帝纪》成书。

在成都旧廉访司洁己堂新创锦院，合府治锦厂为一。自此蜀锦制造生产规模益宏，花色日多。

1169年（乾道五年）

十二月，李焘接替汪大猷，主持编修《乾道续四朝会要》（神宗、哲宗、徽宗、钦宗四朝会要）。

1170年（乾道六年）

五月，李焘主修《乾道续四朝会要》成书。全书共三百卷，记神宗初至靖康末六十年间事。

陆游入蜀，任夔州通判。陆游（1125～1210），字务观，号放翁。越州山阴（今浙江绍兴）人。著有《老学庵笔记》《剑南诗稿》《渭南文集》《放翁逸稿》《南唐书》等。

1171年（乾道七年）

十一月，策制科，李焘入第四等，赐制科出身。

1173年（乾道九年）

春，陆游出任蜀州通判。

张栻在长沙主持岳麓书院。张栻（1133～1180），字敬夫，一字钦夫，又字乐斋，号南轩，世称南轩先生，南宋汉州绵竹（今四川绵竹县）人，中兴名相张浚之子。与朱熹、吕祖谦齐名，时称"东南三贤"。著作经朱熹审定的有《南轩文集》四十四卷刊行于世，还有《论语解》十卷、《孟子说》七卷，后人合刊为《张南轩公全集》。

1174年（淳熙元年）

虞允文卒。虞允文（1110～1174），南宋隆州仁寿（今属四川眉山市仁寿县）人，字彬父，一作彬甫，绍兴进士。乾道五年（1169），为相。他在采石之战中大败金军，后收复陕西数处州郡，世称"虞雍公"，历任左丞相、四川宣抚使等。虞允文去世后，追赠太师，谥号忠肃。他的作品有《辨鸟赋》《诛蚊赋》，传世墨迹有《适造帖》等。

1175年（淳熙二年）

六月，罢四川宣抚，复制置使。

范成大入蜀，为四川制置使、知成都府。范成大（1126～1193），字至能，号石湖居士，平江吴郡（郡治在今江苏省吴县）人。南宋文学家、政治家、书法家，与杨万里、陆游、尤袤合称南宋"中兴四大诗人"。有《范石湖集》传世。

因成都制置使范成大的奏请，朝廷赐名青城山宁封视祠为"会庆建福宫"，简称建福宫。

李焘上神、哲两朝《续资治通鉴长编》，记治平四年三月尽元符三年正月事。

本年，四川人口为二百六十四万户，七百五十一万余人。

1176年（淳熙三年）

四川制置使范成大重建筹边楼。

李焘编成《绍兴日历》一千卷进呈。

1177年（淳熙四年）

二月，四川总领所乞降度牒二千五百道措置备边。

李焘进呈重修《徽宗实录》一百零二卷、《考异》二十五卷、《目录》二十五卷。

诏赠虞允文太傅，谥忠肃。

四川类省试改由制置使主持。

孝宗命李焘主持编修《四朝国史》。九月，完成《地理志》。

1178年（淳熙五年）

陆游奉诏离蜀东归。

魏了翁生。

1179年（淳熙六年）

僧人赵智凤在四川大足宝顶山开宗传教，号称"六代祖师传密印"，并开龛造像。赵智凤（1159～1249），法名智宗，南宋昌州（今重庆市大足区）人，绍兴二十九年（1159）七月十四日生于大足县米粮乡，大足宝顶石刻创刻者。

李舜臣《易本传》三十三卷成书。

1180年（淳熙七年）

二月初二，张栻卒，年四十八。

1181年（淳熙八年）

八月，赵雄罢相，出知泸州。赵雄（1128～1193），字温叔，四川省资中县文江渡人。宋孝宗时官至右丞相。光宗时，进封卫国公。他直言敢谏，御国，终遭诽谤而去职。

李舜臣重修《裕陵玉牒》。

李舜臣卒。李舜臣，字子思，隆州井研（今四川省井研县）人，所著有《群经义》八卷、《书小传》四卷、《文集》三十卷等。卒，赠太师，追封崇国公。

四川江油建造云岩寺飞天藏殿。飞天藏在窦圌山，身高10.8米，直径7.5米。作为道教转轮经藏，全国目前则仅存江油窦圌山云岩寺飞天藏一座。

崇州建九莲山观音寺。观音寺址在九莲山，始建于南宋。现存毗卢殿左右两壁绘十二菩萨，有明成化四年（1468）的题记。

诏久任四川监司，郡守之人与东南交换差遣。

1183年（淳熙十年）

三月戊辰，李焘上《续资治通鉴长编》一千零六十三卷。该书于正史、实录、政书之外，凡家录、野记，广征博采，校其同异，订其疑误，考证详慎，多有依据。该书自宋孝宗隆兴元年（1163）至淳熙四年（1177），分四次上进。淳熙十年，重编定为九百八十卷，并上《举要》六十八卷，《修换事总目》十卷，《总目》五卷，总计一千零六十三卷，前后历时四十年。此书是中国古代私家著述中卷帙最大的断代编年史。

1184年（淳熙十一年）

李焘卒。葬于丹棱县杨场镇境内九龙山丞相湾。

1187年（淳熙十四年）

五月，成都大火，所燔七千家。

1189年（淳熙十六年）

宋光宗先封恭王，后即帝位，自诩"双重喜庆"，遂将恭州升格命名为重庆府，重庆自此得名。

1191年（绍熙二年）

二月庚寅，前利州路转运判官致仕孙松寿除直秘阁。孙松寿，郫县人。年九十余乃卒，蜀人号为"牧斋先生"。

1192年（绍熙三年）

七月壬午，泸州骑射卒张信等作乱。

丘崈入蜀，任四川安抚制置使兼知成都府。丘崈（约1135~1208），字宗卿，南宋江阴军人，宋隆兴元年（1163）进士。

1194年（绍熙五年）

是夏，始厘正东、西两川牒试之滥。

1196年（庆元二年）

李心传赴进士不第，绝意不复应举，闭户著书。其代表作《建炎以来朝野杂记》《建炎以来系年要录》的写作，约始于此年。

1197年（庆元三年）

度正从四川到福建问学于朱熹。度正（1166~1235），字周卿，合州巴川（今重庆市铜梁）人。少从朱熹学，淳熙元年进士。历官国子监丞，屡迁礼部侍郎致仕。

知绵州王沇上书"乞置伪学之籍"。十二月，置伪学逆党籍。禁锢赵汝愚及朱熹等著名理学人物五十九人。宰执四人：赵汝愚、留正、王蔺、周必大；待制以上，朱熹、彭龟年、薛叔似等十三人；余官刘光祖、叶适等三十一人；武臣和士人十一人。

1199年（庆元五年）

成都府转运判官兼提举学事蒲叔献集雕工一百四十人，镂刻《太平御览》。

四川安抚使袁说友主持编纂《成都文类》。《成都文类》是一部有关成都诗文的分类纂次的总集，共五十卷。所收作品上起西汉，下至宋孝宗淳熙年间，共一千余篇，内容则为历代文人对蜀中尤其是成都山川风物、文物古迹、风土人情的咏赞。此书搜采范围颇为广泛，保存了大量当时所能见到的珍贵资料，其涉及范围遍及全蜀，具有很高的文献价值。

1201年（嘉泰元年）

二月，言者请四川制置司遇类省试年份，仿礼部附试学官，许有出身人具所业赴制置司陈乞，委有出身通判或教授看详。是岁，就试者四人而取二人，蜀人试教官自此始。

吴曦为兴州都统制兼知兴州。吴氏世职西陲，威行四蜀，列圣皆留其子孙于中朝。曦久蓄归蜀之志，朝廷不许。韩侂胄欲握兵权，遂遣曦还蜀，为诸军都统制。开边之祸始此。

1202年（嘉泰二年）

十月，李心传《建炎以来朝野杂记》甲集二十卷成书。此书于庆元二年（1196）动笔写作，历时七年成书，记南宋前期高、孝、光、宁四朝典章制度。

转运使王勋、遂州知州赵善宣迁张九宗书院于书台山麓，易名"书台"。

1203年（嘉泰三年）

八月戊申，置四川提举茶马二员，分治茶马事。
十二月丙辰，命四川提举茶马通治茶马使事。

1204年（嘉泰四年）

八月甲辰，赐范祖禹谥正献。

1206年（开禧二年）

南宋四川宣抚副使兼陕西河东抚使吴曦降金叛宋，十二月癸酉自称蜀王，全蜀大震。

李心传在家乡井研主持重修东岳庙。

德阳孔庙开建。德阳孔庙是我国西南地区保存完整、规模最大的一座孔庙。

1207年（开禧三年）

正月甲午，吴曦僭位于兴州，下黄榜于四路，以安丙为丞相，权行都省事，安丙称疾不出。

二月乙亥，安丙等诛吴曦，四川平。

李壁参知政事，荐蜀士有声望者十二人于朝廷。

1208年（嘉定元年）

十一月庚午，四川初行当五大钱。

李心传《建炎以来系年要录》二百卷成书。是书采用编年体，记南宋高宗一朝三十六年史事，起自建炎元年（1127），迄于绍兴三十二年（1162），上承李焘《续资治通鉴长编》，与《长编》堪称姊妹篇。

华阳县知县受四川安抚制置使兼知成都府吴猎之托，在成都汉文翁石室故址建三先生祠堂，祠周敦颐及二程。魏了翁撰《成都府学三先生祠堂记》。

1210年（嘉定三年）

魏了翁在蒲江建鹤山书院成，开门授徒。

1213年（嘉定六年）

宇文绍节卒。宇文绍节（？～1213），广都（今四川省成都市双流区）人，为宇文时中之孙、宇文师说四子、张栻外弟。由于宇文虚中及其子师瑗都死于金国，无子，宋孝宗命绍节过继为师瑗之子，继承虚中香火，并补官仕州县。绍兴九年（1139）进士。历任宝谟阁待制知庐州，宝文阁待制知镇江府，湖北京西宣抚使兼知江陵府，端明殿学士签书枢密院事。嘉定六年正月甲午卒，谥忠惠。

第一部编年体苏轼诗注著作——施元之、顾禧《注东坡先生诗》四十二卷在淮东（治所在今扬州市）刊行。

1215年（嘉定八年）

李道传辑廖德明等三十二人所记朱子言论为《朱子语类》四十三卷，刻于池州。

1216年（嘉定九年）

李心传《丙子学易编》十五卷、《建炎以来朝野杂记》乙集二十卷成书。《建炎以来朝野杂记》甲、乙集共四十卷，"上自帝系、帝德朝政、国典，下及见闻琐碎皆录之，盖南渡以来野史之最详者"。

魏了翁上书宁宗皇帝，为周敦颐与程颐、程颢兄弟请谥。

1217年（嘉定十年）

李心传《丁丑三礼辩》二十三卷成书。

李道传卒于归蜀道中，年四十八。李道传（1170～1217），字贯之，隆州井研（今四川省井研县）人。父舜臣，尝为宗正寺主簿。道传少庄重，稍长，读河南程氏书，玩索义理，至忘寝食，虽处暗室，正襟危坐，肃如也。庆元二年（1196）进士，调利州司户参军，徙蓬州教授。

1218年（嘉定十一年）

七月辛卯，蠲四川关外诸州税役。

1219年（嘉定十二年）

闰三月，兴元军士张简、莫福等以红巾为号反宋。至七月，被宋军平定。

1221年（嘉定十四年）

十一月，安丙卒。安丙（1148～1221），字子文，南宋广安军（今属四川省华蓥市）人，孝宗淳熙年间进士，宁宗开禧、嘉定年间先后出任四川宣抚副使、四川制置大制使和四川宣抚使，镇治巴蜀十年之久。

李心传著《西陲泰定录》九十卷书成。此书记述四川吴曦叛乱及削平始末，初为二十七卷，起于嘉泰元年（1201），止于嘉定四年（1211）。其后又增修至嘉定十四年（1221）冬，共九十卷。

朝廷向各路下《举遗逸令》，权夔宪度正上书荐李心传、苏振文等人。

知南部县陈闲在县城西门外修建三元桥，以纪念南部陈尧叟、陈尧咨、马涓三状元。

本年，在册的四川道士多达四千六百余人。

1222年（嘉定十五年）

刘光祖卒。刘光祖（1142～1222），字德修，号后溪，简州阳安（今简阳）人，乾道五年（1169）进士。卒，谥文节。有《后溪集》十卷。

李壁卒，年六十四，谥文懿，墓在丹棱县杨场镇境内九龙山丞相湾。李壁

（1159～1222），字季章，号石林，又号雁湖居士。眉州丹棱（今四川省眉山市丹棱县）人，南宋历史学家李焘之子，李埴之兄。

1223年（嘉定十六年）

本年，四川人口二百五十九万户。

1224年（嘉定十七年）

李心传著《道命录》五卷成书，记述程子、朱子进退始末。

1226年（宝庆二年）

以魏了翁、崔与之、许奕、度正等二十三人交章奏荐，李心传以布衣应诏，差充秘阁校勘，奉诏增辑中兴以来旧闻。

魏了翁因事被贬靖州（今属湖南），筑鹤山书院，授徒讲学。

虞刚简卒。虞刚简（约1163～1226），字仲易，一字子韶，学者称沧江先生，仁寿县（今属四川省眉山市）人，虞允文孙。尝与魏了翁辈讲学蜀东门外，得程朱微旨。以郊恩任官，再举礼部，监郫县犀浦镇酒税。历知华阳县，通判绵州。宁宗嘉定八年（1215）由知万州任罢。十一年，起知简州。十五年，擢夔州路提点刑狱，改利州路。理宗宝庆二年卒，年六十四。事见《鹤山集》卷七六《利州路提点刑狱主管冲佑观虞公墓志铭》，《宋元学案》卷七二有传。

1227年（宝庆三年）

四月，成吉思汗遣师取金和西夏，蒙军入宋境，攻克阶州，此为宋、蒙之间第一次武装冲突。

1230年（绍定三年）

九月，张忠恕卒，年六十二。张忠恕（1168～1230），字行之，学者称拙斋先生，南宋汉州绵竹（今四川省绵竹市）人，后迁居衡阳。

魏了翁《周易集义》六十四卷成书。

1231年（绍定四年）

十月，以焕章待制、知遂宁府李埴为焕章直学士、四川安抚制置使兼知成都府。

蒙古军借道灭金，逾大散关，分兵西进。绍定四年（1231），蒙军攻克凤翔后，窝阔台召集蒙古诸王大臣商议灭金。最终通过如下决议：拖雷率右路军自凤翔过宝鸡，渡渭水，迂回四川后沿汉水东下，进入河南，从背后攻击金军，而窝阔台率中路军自白坡渡黄河，斡晨那颜率西路军由济南西下。

1232年（绍定五年）

无准师范奉敕住径山。无准师范（1179～1249），名师范，号无准，俗姓雍氏，四川梓潼（绵州梓潼县治）人。

1233年（绍定六年）

无准禅师入慈明殿说法，宋理宗深为感动，赐"佛鉴禅师"之号，且赐银绢，作为径山寺的修缮之资。

李心传修《四朝帝纪》，甫成其三，为言者所劾，离临安归蜀。

1234年（端平元年）

三月丁未，诏以李心传为著作佐郎兼四川制置司参议官，修国朝会要，令成都府给笔札之费。李心传被诏在成都修《十三朝会要》，辟高斯得、牟子才为检阅文字，一同修史。此书是宋代唯一一部在京师之外辟官设局而修的会要。

金朝被宋蒙联军灭亡。七月，蒙古遣达海绀卜率军攻蜀，命曲出率军攻襄汉，正式发动了对南宋的战争。在此之后，四川地区经历了长达半个世纪的宋蒙（元）战争，四川成为南宋抗蒙战争的主战场之一。

1235年（端平二年）

十一月乙丑，诏礼部尚书魏了翁为端明殿学士、同签书枢密院事、督视京湖军马。

蒙古军兵分三路侵宋，阔端率西路军攻四川，关外五州相继陷没。

度正卒。度正（1166~1235），字周卿，合州巴川县（今重庆市铜梁县）人。少从朱熹学，淳熙元年（1190）进士。历官国子监丞，屡迁礼部侍郎致仕，《宋史》有传。

1236年（端平三年）

阔端率五十万大军破武休关、阳平关，入汉中，进四川，破成都。四川制置使兼知成都府丁黼战死。全蜀五十四州俱陷破，独夔州一路及泸、果、合数州仅存，此后全蜀残破，常遭蒙古军侵掠。

李心传《十三朝会要》成书。此书又名《嘉定国朝会要》或《国朝会要总类》，共五百八十八卷。记自太祖建隆元年（960）至孝宗淳熙十六年（1189）凡二百三十年史事。

1237年（嘉熙元年）

魏了翁卒，谥文靖，累赠秦国公。魏了翁（1178~1237），字华父，号鹤山，邛州蒲江（今四川省蒲江县）人。庆元五年（1199）进士。曾创鹤山书院，授徒讲学。学术成就甚高，与时人真德秀并称"真魏"，被称为宋代蜀学集大者。有《鹤山全集》《九经要义》《周易集义》等著作传世。

1238年（嘉熙二年）

以李心传为秘书少监、史馆修撰，专修高宗、孝宗、光宗、宁宗四朝国史、实录。荐高斯得、杜范、王遂等为史馆检阅。

李埴卒。李埴（1161~1238），眉州丹棱（今四川省丹棱县）人，字季允，一作季永，号悦斋，史学家李焘第七子，李壁的弟弟。光宗绍熙元年（1190）进士。宁宗庆元三年（1197），除秘书省正字。嘉定四年（1211），除成都府路提刑。嘉定六年，为国史院编修官、实录院检讨官，除秘书少监、起居舍人。理宗绍定四年（1231），为四川制置使兼知成都府。嘉熙二年（1238），以同签书枢密院事督视江淮京湖军马，同年卒。御批"难得人才"。著作颇丰，著有《皇宋十朝纲要》二十五卷存世。另有《悦斋集》，已佚，《宋元学案》卷七一、《宋史翼》卷二五有传。

1239年（嘉熙三年）

五月，李心传《道命录》成书。是书记载宋代一百三十年间道学三起三落的兴废命运，记载了程颐、朱熹等人的进退始末，备录其褒赠、贬谪、荐举、弹劾之文。

税与权编定《师友雅言》二卷。

宋筑江安三江碛，以御外侮。

宋筑泸州合江榕山城。榕山距合江县城约二十千米，距离长江水道约十千米，是合江境内长江水道的一处制高点。

1240年（嘉熙四年）

宋筑泸州合江安乐城。

孟珙任四川宣抚使兼知夔州，四川制置使陈隆之筑城成都，四川制置副使彭大雅筑重庆城，加强四川防务。

1241年（淳祐元年）

蒙军再次攻蜀，破成都。四川制置使陈隆之被俘遇害。南宋被迫将四川首府迁往重庆。

1242年（淳祐二年）

四月癸亥，仓部郎官赵希墍进对，言蜀自易帅之外，未有他策。

十二月，权工部侍郎、四川宣谕使余玠权兵部侍郎、四川安抚制置使兼知重庆府。丁卯，诏余玠任责全蜀，应军行调度，权许便宜施行。余玠整肃军政，恢复经济，建立城寨防御体系，多次打败蒙军进攻，史称"余玠治蜀"。

李心传《四朝帝纪》成书。

余玠筑钓鱼城。钓鱼城位于合川城东五千米处、嘉陵江左岸的钓鱼山上。

南宋政府将夔州州治自奉节城迁至白帝城，以镇守瞿塘峡口。

1243年（淳祐三年）

李心传卒。李心传（1166~1243），字微之，隆州井研（今四川省井研县）人。著有诗文一百卷、《建炎以来系年要录》二百卷、《学易编》五卷、

《诵诗训》五卷、《春秋考》十三卷、《礼辨》二十三卷、《读史考》十二卷、《旧闻证误》十五卷、《朝野杂记》四十卷、《道命录》五卷、《西陲泰定录》九十卷、《南迁录》一卷等。

四川制置使余玠筑万州天生城成，迁万州州治于此。天生城，又名天城。相传三国蜀汉昭烈帝刘备伐吴时，曾屯兵于此，故又名天子城。淳祐元年（1241），余玠在此修筑，三年筑成。之后淳祐十二年（1252）、宝祐五年（1257）、咸淳二年（1266），屡经修培。从淳祐三年到景炎元年（1276），南宋军民在此抗战三十三年之久。

四川制置使余玠始筑金堂云顶山城，以遏制蒙古军队。

四川制置使余玠命知泸州曹致筑神臂城。神臂城又名老泸州城，坐落在焦滩乡老泸村境内的神臂山上，海拔三百米，地形十分险峻。

1244年（淳祐四年）

五月，神臂城修筑完成，宋将泸州州治迁到神臂城。在此后的三十多年中，宋蒙双方在此展开了激烈的争夺战。

1246年（淳祐六年）

道隆禅师东渡日本传法。道隆禅师（1213～1278），十三岁出家于大慈寺，学成之后率徒东渡日本，在日本三十二年，弟子众多，其名望可与唐代鉴真和尚相比。道隆住持日本国相模州常乐禅寺。后为日本临济宗建长寺派开创人。

1247年（淳祐七年）

数学家秦九韶撰成《数书九章》。《数书九章》又名《数学九章》，全书共十八卷，分为大衍、天时、田域、测望、赋役、钱谷、营建、军旅、市易等九大类，每类用九个例题来阐明各种算法，共列算题八十一问。全书采用问题集的形式，并不按数学方法来分类。题文也不只谈数学，还涉及自然现象和社会生活，成为了解当时社会政治和经济生活的重要参考文献。该书在数学内容上颇多创新，是对《九章算术》的继承和发展，它概括了宋元时期数学的主要成就，标志着中国古代数学的高峰。书中最突出的成就是"大衍求一术"（一次联立同余式解法）和高次方程的数值解法，二者均比西方数学研究成果领先了五百余年。

1248年（淳祐八年）

高斯得刊刻李心传《丙子学易编》《诵诗训》于桐江。

1249年（淳祐九年）

僧人赵智凤营建四川大足宝顶山密宗道场完毕，刻石以记。

赵智凤卒。赵智凤（1159~1249），大足宝顶石刻创刻者，法名智宗，昌州（今重庆市大足区）人。

四川制臣余玠请交引以十年为界，诏从之。

1251年（淳祐十一年）

魏克愚刊刻《鹤山集》《九经要义》《周易集义》等于徽州紫阳书院。魏克愚（？~1269），字明已，号静斋，邛州蒲江（今四川省蒲江县）人，魏了翁之子。

1252年（淳祐十二年）

游似卒。游似，字景仁，号克斋，南宋南充人（一说岳池人）。嘉定十四年（1221）进士，官大理寺司直。淳祐五年（1245）拜右丞相。

《北涧居简禅师语录》刊行。《北涧居简禅师语录》一卷由北涧居简撰。北涧居简（1164~1246），潼川（今四川三台）人，为南岳下十七世佛照德光法嗣，历住台州（今浙江省台州市）般若院、湖州（今浙江省湖州市）铁观音寺、安吉州（今浙江省安吉县）圆觉寺、平江府（今江苏省苏州市）慧日寺等十一处道场。

1253年（宝祐元年）

六月，余玠卒。余玠（1199~1253），字义夫，号樵隐。金水芳山（今浙江开化）人。南宋名将，曾受任于南宋危难之际，竭力经营巴蜀，构筑了后世闻名的山城防御体系（钓鱼城防御体系），为守蜀抗蒙做出了巨大贡献。

以余晦为司农卿、四川宣谕使。

1254年（宝祐二年）

六月，蠲利、阆、隆庆、潼川、绵州赋役。

1255年（宝祐三年）

二月，诏拨封桩库十八界会二百万专充四川行使。

宋筑凌霄城，作为防御蒙入侵的据点。凌霄城，又名拱极城，位于兴文县西南与长宁县交界处，海拔一千零八十米，三面峭壁，是南宋后期抗击元军的重要城池。

1257年（宝祐五年）

蒙古军进驻成都平原，重新修葺宋军废弃的成都城的楼堞隍堑，由此奠定了有元一代蒙古统治成都的城防基础。

1258年（宝祐六年）

正月癸亥，诏出封桩库银一万两付蜀阃。

蒙哥汗率蒙军主力攻蜀，于年底受阻于钓鱼城。宋将王坚击退蒙军，蒙哥汗病死军中，蒙军被迫北撤，史称钓鱼城之战。

1259年（开庆元年）

七月戊午，诏令四川选人应关升、磨勘、改官、铨审，守臣申辟，倅、令可从旧隶宣司审量。

王坚领导合州军民在钓鱼城凭险抗蒙。蒙哥汗受伤死于军中，蒙军撤离四川。蒙哥（1209～1259），蒙古帝国大汗，追封元宪宗，谥号桓肃皇帝。

魏了翁《重校鹤山先生大全文集》一百一十卷在成都刊刻。

1260年（景定元年）

忽必烈置东川都元帅府，驻青居山（今南充市南），以都元帅钦察和总帅汪惟正镇守。设成都经略司。

1261年（景定二年）

封张栻为华阳伯，从祀孔庙。

1262年（景定三年）

十月乙卯，诏蠲四川制总州县醝酤榷利三年。

1263年（景定四年）

蜀锦作为礼品，由元朝廷送给高丽国王。
设四川行枢密院，由阿脱、商挺统领。

1266年（咸淳二年）

十二月，改四川行枢密院为行中书省，赛典赤、也速答儿等佥行中书省事。

1267年（咸淳三年）

发巩昌、凤翔、京兆等处未占籍户一千，修治四川山路、桥梁、栈道。
阳枋卒。阳枋（1177～1267），字正父，原名昌朝，字宗骥，合州（今重庆市铜梁区）人。居字溪小龙潭之上，因号字溪。早从朱熹门人度正、暖渊游，学者称大阳先生。

1268年（咸淳四年）

七月，立东西二川统军司，以刘整为都元帅，与阿术同议军事。

1270年（咸淳六年）

全真道传入四川。此后，全真道逐渐排挤了青城山天师派（正一道），于是，一部分天师派转为全真道，一部分转至山下，成为火居道。后来因为全真道在教理辩论中败北，青城山的道教迅速衰落。

1271年（咸淳七年）

八月，迁成都统军于眉州。
九月癸未，诏四川民力困弊，免茶盐等课税。

忽必烈建立元朝，随即在四川攻城略地。

1272年（咸淳八年）

忽必烈遣第三子安西王忙哥剌节制四川兵司，并开始在吐蕃与西川交界之地立宁河驿。

设东、西川行枢密院，以合剌行东川枢密院，汪良臣行西川枢密院。皇子西平王奥鲁赤、阿鲁帖木尔、秃哥及南平王秃鲁所部与四川行省也速答儿部下等同征建都。

虞集生。虞集（1272～1348），字伯生，号道园，人称邵庵先生，四川仁寿县人。南宋名将虞允文五世孙。文宗即位，累除奎章阁侍书学士。领修《经世大典》，著有《道园学古录》《道园遗稿》。虞集素负文名，与揭傒斯、柳贯、黄溍并称"元儒四家"；诗与揭傒斯、范梈、杨载齐名，人称"元诗四家"。

1273年（咸淳九年）

西蜀都元帅也速答儿与皇子奥鲁赤攻降建都蛮。

1274年（咸淳十年）

正月壬辰，立四川屯田经略司。

史绳祖卒。史绳祖（1192～1274），字庆长，眉山（今四川省眉山市）人。从魏了翁学。尝为江西提举，官终秘书监。著有《孝经解》一卷、《学斋佔毕》四卷。

甘孜建汉人寺（德贡波）。德贡波，俗称汉人寺，位于康巴哲霍地区，现属甘孜镇德巴村。古代把这一带叫哲雪曼扎罗布塘，它是通往内地与西藏各地的交通要道，也是历代兵家必争之地。德贡波在汉地与西藏政治、经济、文化等方面的交流中曾经起到过重要作用。

1279年（南宋祥兴二年　元朝至元十六年）

正月壬戌，立成都等路四道宣慰司。

二月乙巳，立四川道提刑按察司。

元灭南宋。四川元军攻下重庆，四川制置使张珏被俘，川东诸城寨相继被元军攻占。

元朝分川蜀为四道，以成都等路为四川西道，广元等路为四川北道，重庆等路为四川南道，顺庆等路为四川东道。

1280年（至元十七年）

二月，敕东西两川发蒙古、汉军戍鱼通、黎、雅。讨罗氏鬼国（今贵州贵阳），命以蒙古军六千、哈剌章军一万，西川药剌海、万家奴军万人，阿里海牙军万人，三道并进。

1281年（至元十八年）

全真教在元朝主持的教理辩论中被佛教击败，开始衰败。南宋时期，产生了道教新教派，主要有全真教、净明教、太一教、真大教等。其中，全真教最强大，由于受到元蒙皇室的高度尊信，全真教教派势力扩大到北方广大地区。

1282年（至元十九年）

四川民户约十二万户。

1283年（至元二十年）

药剌海戍守亦奚不薛（今黔西北），都元帅也速答儿驻军成都。右丞也速答儿招抚川南筠连州（今筠连县）等处蛮。割黎、雅、碉门、鱼通、长河西属陕西行中书省吐蕃招讨司。

1286年（至元二十三年）

元朝在成都设置四川等处行中书省，简称四川行省，省下设道、府、州、县。四川立行枢密院。始置四川行省，署成都，统有九路、五府。元朝开始在四川少数民族地区实行土司制度。

1288年（至元二十五年）

五月癸丑，移四川行中书省于重庆，旋复徙治成都。

吴梦炎重刊魏了翁《周易集义》《周易要义》于紫阳书院。

1289年（至元二十六年）

四川蒙古都万户也速答儿选所部军万人西征。

1290年（至元二十七年）

三月，移四川行中书省于成都。
八月丁亥，复移四川南道宣慰司于重庆。

1291年（至元二十八年）

九月乙卯，复置四川行枢密院，治成都。

1293年（至元三十年）

总帅汪惟和所部军三千征吐蕃，又发陕西、四川兵万人，以行枢密官明安答儿统率征西番，明安答儿招抚茂州寨官归附。

1294年（至元三十一年）

马湖土官总管汝作，在府东半里处首建马湖路儒学。

1297年（大德元年）

家铉翁卒。家铉翁（约1213～1297），号则堂，南宋末年大臣，元初隐士，眉州（今四川省眉山市东坡区）人。家铉翁身长七尺，状貌奇伟，威严儒雅。以荫补官，累官知常州，迁浙东提点刑狱，入为大理少卿。咸淳八年（1272），权知绍兴府、浙东安抚提举司事。后官至端明殿学士兼签书枢密院事。《宋史》有传。著述有《则堂集》六卷。

1298年（大德二年）

并吐蕃碉门安抚司、运司，改为碉门鱼通黎雅长河西宁远军民宣抚司。

1299年（大德三年）

二月丁巳，罢四川、福建等处行中书省，陕西行御史台，江东、荆南、淮西三道宣慰司，立四川、福建宣慰司都元帅府，陕西汉中追肃政廉访司。

1303年（大德七年）

拨碉门四川军一千人镇罗罗斯。至大二年（1309），以八儿思的斤为茂州宣抚司达鲁花赤。兀良合台镇大理时，罗罗斯各部降，后又叛。元世祖忽必烈时平服后，设罗罗斯宣慰使司都元帅府总辖其地，治建昌，隶四川行省。

1309年（至大二年）

七月壬辰，改四川松、潘、威、茂等州安抚司为宣抚司，移治茂州汶州县。

1311年（至大四年）

富顺知县任显忠，补修文庙，建立戟门，安置礼器，补修大成殿。

1316年（延祐三年）

光禄大夫行四川平章政事赵世延捐俸于绵竹城北张栻读书堂遗址建紫岩书院。

1328年（致和元年　天顺元年）

四川行省平章囊加台自称"镇西王"，不受大都朝命，本省平章宽彻有异议，杀之。以左丞脱脱为平章政事，前云南廉访使杨静为左丞，烧绝栈道。教授杜岩肖闻元文宗已立，劝其罢兵入朝，囊加台以为妄言惑众杖一百七，禁锢之。

邓文原卒。邓文原（1258~1328），字善之，一字匪石，人称素履先生，绵州（今四川绵阳）人，迁寓浙江杭州。又因绵州古属巴西郡，人称邓文原为"邓巴西"。历官江浙儒学提举、江南浙西道肃政廉访司事、集贤直学士兼国子监祭酒、翰林侍讲学士，卒谥文肃。其政绩卓著，为一代廉吏，其文章出众，也堪称元初文坛泰斗，《元史》有传。著述有《巴西文集》《内制集》《素履斋稿》等。擅行、草书，传世书迹有《临急就章卷》等。邓文原与赵孟頫、鲜于枢齐名，号称元初三大书法家。

1330年（至顺元年）

六月，四川孛罗以蒙古渐丁军五千往云南建昌，败撒加伯于芦古驿（今冕宁泸沽）。

十一月，四川省臣塔出、脱帖木儿等在乌撒（今贵州威宁、赫章）败禄余等兵万余。

封李冰为圣德广裕英惠王,封二郎为英烈昭惠灵通显仁佑王,俗称"八字王"。

1331年(至顺二年)

正月,彻里铁木儿、孛罗败乌撒蛮兵。三年三月,赐钞四万锭给征乌撒、乌蒙所调陕西、四川蒙古军及渐丁万人。

1333年(元统元年)

四川阆中永安寺正殿兴建。

1336年(至元二年)

襄汉流民聚居宋之绍熙故地(今荣县等地)至数千户,私开盐井,自相部署。

1342年(至正二年)

朝廷为保护青羊宫宫观,下旨免其赋税,禁止侵占。

追谥杜甫文贞。纽怜随元宪宗(1251~1259在位)入蜀,后官拜大监,他作为帅蜀的最高地方长官,倡议在草堂建立书院,并为杜甫请谥。

1347年(至正七年)

虞集卒,年七十七。获赠江西行中书省参知政事、护军、仁寿郡公,谥号文靖。

1349年(至正九年)

射洪知县周廷望在金华山麓陈子昂读书处建金华书院。元至正元年(1341),监县柏延呈请建拾遗书院以祀陈子昂,旋因离任未成。九年,知县周廷望捐俸倡建。

1351年(至正十一年)

成都人文允中为左榜状元,授翰林院编修,出任四川儒学提举官。

1357年（至正十七年）

四川行省右丞完者都、左丞哈林秃募兵重庆，重庆兵寡弱，湖北红巾军徐寿辉部下明玉珍乘机进军重庆，完者都率部下走果州，哈林秃出战被虏，明玉珍据重庆。

1358年（至正十八年）

二月，完者都从果州率兵至嘉定，谋复重庆。

明玉珍破嘉定城，完者都据守大佛寨达半年，明玉珍克成都后，攻下大佛寨，擒完者都及参政赵资，杀于重庆。至此，明玉珍尽有川蜀之地。

1361年（至正二十一年）

七月，明玉珍在重庆称"陇蜀王"，仍奉"宋"为国号。

1362年（至正二十二年）

明玉珍受刘桢等人拥立称帝，国号大夏，以恢复汉族王朝的统治为号召，建元天统，都重庆。明玉珍立妻彭氏为皇后，子明升为太子。效周制，设六卿，以刘桢为宗伯，分蜀地为上川西道、下川西道、上川北道、下川北道、上川东道、下川东道、上川南道、下川南道共八道，更置府州县官名。万胜从兴元（今陕西汉中）进兵刺踏坎，大败元军，俘获人马万余，击退元平章侯普颜达失。

1363年（至正二十三年）

明玉珍派万胜由叙南（今四川宜宾）界首，邹兴由建昌（今四川西昌），芝麻李从八番（今贵州惠水）分三路进攻云南。万胜孤军深入，攻占云南首府中庆路（今云南昆明），迫使梁王逃到金马山。

1366年（至正二十六年）

明玉珍病故，子明升即位，改元开熙。明玉珍时期，四川蒙古军主力被摧毁，一部分回北方，其余的归顺明玉珍，他们及家属都留在四川。

明代

1368年（洪武元年）

崇州人士为了纪念曾在此地为官的陆游和赵抃，在罨画池畔修建了赵陆二贤祠，祠门悬"琴鹤梅花"四字匾额。

1370年（洪武三年）

本年，四川人口八万四千余户。

1371年（洪武四年）

七月，曹国公李文忠奉明太祖之令入蜀，抚绥军民，修筑成都新城。十月，平定川蜀各地，筑成都新城，并派兵驻守诸郡要害。

明太祖派兵讨伐大夏，攻陷重庆，大夏灭亡。四川归明统治。明代在成都设四川承宣布政使司、都指挥使司、按察使司，合称"三司"，分掌行政、军事、司法。在少数民族地区仍袭元制，推行土司制度。

在雅安名山设茶马司。朝廷在秦（甘肃天水）、洮（甘肃临潭）、河（甘肃临夏）和雅（四川雅安）设了四个统管茶马交易的茶马司，设在雅安的茶马司在名山。

了恩主持重修什邡罗汉寺，植柏三千。罗汉寺始建于唐中宗景龙三年（709），毁于元末（1368）。罗汉寺，是佛教禅宗临济宗的主庙，是禅宗第八代祖师道一禅师的出家处和晚年居住处，盛名传诸海内外。

松江儒士钱恕知遂宁，与州同陈善授捐俸重修张九宗书院。新绘七十二贤及历代道学宗儒奉祀其中。

1372年（洪武五年）

诏改马湖路为府，以安齐为知府，世袭其官，隶属四川布政司，属川南道。此为明代最早的土官。

设置永宁、雅州茶局。雅州茶局地点在碉门（今四川天全）。初，雅州茶局岁收茶四十一万一千六百斤。

1373年（洪武六年）

降开州为县，开县之名自此始。
富顺知县钟铉重整庙坛，兴建学校。

1374年（洪武七年）

日本刊行北磵居简的《北涧全集》，包括语录、外集、诗集、文集等。

1378年（洪武十一年）

正月甲戌，明太祖朱元璋封其第十一子朱椿为蜀王。朱元璋称他作"蜀秀才"。朱椿（1371～1423），明第一任蜀王。永乐二十一年（1423）卒，年五十三，谥曰献。有《献园睿制集》。朱椿入蜀后聘大学者方孝孺为老师，积极鼓励蜀人好学。修建了形制宏大的蜀王府（民间俗称皇城），还帮助那些贫困的读书人。朱椿治家严明，家风极好，要求子孙后代勤于政事，后世的蜀王大都获得了蜀人的好评。

松潘建小河古城。小河古城位于松潘县小河乡谷地，背靠青山，面临涪江，是至今保存最完好的一座古城。

1381年（洪武十四年）

置四川水马驿二十处，分布于成、叙、重、夔各府。
本年，四川人口约一百四十六万。外地移民，特别是湖广移民占了这一时期所增加人口的主要部分。

1382年（洪武十五年）

三月，明朝把建昌地区设为建昌府（今西昌市）、德昌府（今德昌县）、会川府（今会理县）、柏兴府（今盐源县）。十月，把这几个府划属四川。
置马驿五处，通往贵州少数民族地区。

1383年（洪武十六年）

设永宁茶马司，拟与川南夷、僚等少数民族进行茶马互市。永宁茶马司，明代茶马交易官署名，治所在今四川叙永县永宁河西，设大使、副使各一员。十九年革，分置雅州、碉门两茶马司。主要同大、小金川及康定等地进行少数民族贸易，易法与河州茶马司相似。

1387年（洪武二十年）

朱元璋命蜀献王迎接智润禅师任昭觉寺住持，并扩建寺庙。

1389年（洪武二十二年）

二月己未，蓝玉练兵四川，督修成都城池。蓝玉（？~1393），明朝开国名将，有胆有识，勇猛善战。洪武二十六年（1393），以谋反罪被杀，牵连致死者达一万五千人，史称"蓝玉案"。

1390年（洪武二十三年）

蜀王府宣告竣工。蜀王府北起东西御河，南到红照壁，东至东华门，西达西华门，周长二千五百多米，面积三十八公顷多，其建筑规模可与北京故宫媲美。

1391年（洪武二十四年）

安州（今安县北永安镇）知州也先帖木儿子达失不花来朝贡马及方物。

1392年（洪武二十五年）

四月癸丑，建昌卫指挥使月鲁帖木儿、绎忽乐等叛，合建昌、德昌、会川、迷易、柏兴、邛部（今越西县）并西番土军杀官军男女二百余口，掠屯牛，烧营屋，劫军粮，率众万余攻城。明太祖命凉国公蓝玉总兵讨伐，以都督聂纬、徐司马、四川都指挥使瞿能为副，率所部及陕西步骑、云贵川三都司军马征讨。

凉山创建解结寺。解结寺位于四川省凉山彝族自治州德昌县六所乡，是德昌县境内规模最大的一处寺院，至今已有六百三十多年的历史。解结寺位于六所山麓，第四世杨祖师（今冕宁县宁山寺开山祖师）在此修成正果，为四川省凉山州名山胜景、佛门圣地。

1393年（洪武二十六年）

十二月，蜀王朱椿重建杜甫草堂，方孝孺作碑记。

1397年（洪武三十年）

朱元璋为保证政府对茶叶储运，在成都、保宁、重庆、播州设置四大茶仓，以备易马换粮之用。

1407年（永乐五年）

明成祖封噶玛巴第五世活佛德银协巴为大宝法王。

1412年（永乐十年）

户部尚书夏原吉上奏："潼川州安岳县古迹竹筒小井及椅滨竹筒小井，比旧井有增。已遣官核实，宜令开煎。"

宗喀巴大师的心传弟子绒青更登坚木赞在阿坝县茸安乡创建茸贡格尔登寺。格尔登寺全称"格德勒喜林"，意为"噶丹善说洲"。

阿旺扎巴大师在麦昆乡蚕木扎村创建曲尔登甲寺。曲尔登甲寺是格鲁派大师阿旺扎巴在安多倡建一百零八座寺院的第二座寺院，法名弥勒大乘洲，因该寺建在一座佛塔状的山上，故称曲尔登甲，藏语意为佛塔之顶。该寺由原曲尔登甲寺和扎西泽坚两寺合并而成，是该地最早建立的藏传佛教格鲁派寺院之一。

1413年（永乐十一年）

心空和尚在新都宝光寺内建造尊胜陀罗尼咒石经幢。

1414年（永乐十二年）

察柯·阿旺扎巴在马尔康创建察柯寺，赐名"甘丹达尔基伦"。

察柯·阿旺扎巴在马尔康创建大藏寺。大藏寺位于马尔康县大藏乡，为黄教寺庙，规模宏大。大藏寺的全名是甘丹大藏恒周林（GadanDhe-Tsang Lhundrup Ling），即"兜率信满任运成就洲"之意。大藏在藏文中是"圆满的信心"的意思。

1428年(宣德三年)

都督陈怀修浚成都城。陈怀(？～1449),合肥人,明代初年名将。正统十四年(1449)随明英宗北征,死于土木之变。追封平乡侯,谥忠毅。

1433年(宣德八年)

潼川主簿王祥重修岳阳书院。岳阳书院在安岳县南门龙泉山麓,宋时已有。

1435年(宣德十年)

成都大圣慈寺大火。

蹇义卒。蹇义(1364~1435),字宜之,初名瑢,巴县(今重庆市渝中区)人。太祖喜其诚笃,为之更名义。历仕明太祖、建文帝、明成祖、明仁宗、明宣宗、明英宗六朝重臣,官至吏部尚书、少师、太师。蹇义为人质朴正直,仁孝并忠于朋友,善于处理与同僚朋友的关系,不曾以一语伤人。明代内阁首辅、政治家杨士奇曾说:"张咏的不近玩好,傅尧俞的待人以诚,范景仁的不设城府,蹇义兼而有之。"蹇义卒后获赠特进光禄大夫、太师,谥号忠定。

1436年(正统元年)

绵阳县阜民泉改名圣水寺。绵阳圣水寺位于四川省德阳市城西涪江右岸的塔子山南麓,自古以龙泉圣水闻名。寺初建于唐广明年间,唐永徽中,名"甘泉",元曰"阜民泉"。

1440年(正统五年)

平武报恩寺开建。报恩寺位于四川省平武县境内,由明代龙州宣抚司土官佥事王玺、王玘父子建造,始建于明正统五年(1440),竣工于天顺四年(1460)。寺中壁塑、壁画、藻井、雕刻等,无不呈龙的形象,有形态各异的龙九千九百九十九条,故有"山中龙宫"之誉。

1447年(正统十二年)

德阳创建龙居寺。龙居寺位于广汉市城西八千米新丰镇龙居村,相传为唐代禅宗八祖大寂禅师马祖道一创建的佛寺。

1448年（正统十三年）

德格家族第三十六代博塔扎西生根和西藏香巴噶举名僧唐东杰波主持首建了位于司根龙的经堂，以唐东杰波名字取名为汤甲经堂。此为更庆寺前身。

叙州人刘新（洪禹）创建东坡书院。东坡书院，在嘉定（今乐山市）城东龙泓山。

1450年（景泰元年）

赵弼卒。赵弼（1364~1450），重庆府巴县（今重庆市巴南区）人。永乐元年（1403）以明经修行荐举入仕，历任新繁、资县、汉阳三县儒学教谕。宣德八年（1433）七十岁致仕，家汉阳。正统中曾寓居麻城，卒葬汉阳。永乐中至宣德三年创作《效颦集》，后又续补，约正统元年（1436）定稿。宣德七年修《汉阳府志》。致仕后著《雪航肤见》十卷、《事物纪原删定》二十卷。

1453年（景泰四年）

重修匡山中和大明寺，江油教谕饶旭撰文。

1462年（天顺六年）

崇州重建九莲山观音寺。
潼川教谕颜公辅重修岳阳书院。
僧心显重建邛崃白鹤山鹤林寺。

1464年（天顺八年）

德阳赵铎于孝泉乡起义，聚众数千人，称赵王。赵铎（1405~1465），德阳人，明代四川农民起义首领。被人诬告通盗，受官吏迫害，于天顺八年（1464）起义。川中小部起义军，如天涧沟杨瓒、汉川僧悟瓒、花溪陈焕章、连山河黄鹞子，都受其领导。他称赵王，设置安将军、席评事等官，进行流动作战，主要活动于以川北为主，南到内江、东到湖广的荆襄一带。

1465年（成化元年）

三月庚戌，四川都掌蛮乱。

观音岩创建明代悬空寺。

1466年（成化二年）

四川蓬溪宝梵寺壁画绘成。宝梵寺位于四川省蓬溪县宝梵镇宝梵村境内，始建于北宋，称罗汉院。宋英宗赵曙赐名，意为"佛中之圣，梵中之宝"。明景泰元年重建。建筑面积为一千八百五十二平方米，大雄殿气宇轩昂，蔚为壮观，建国后古建筑学者赞其"设计精细，结构严谨，形式美观，基础牢固"，誉为明代中期建筑的佳作。

德阳龙居寺壁画绘成。龙居寺殿壁有壁画十二幅，面积八十六平方米，内容以佛教故事为题材，绘佛像、十二回觉菩萨、护法诸天、七十二门徒、供养人等。笔法灵巧，线条柔和细腻。菩萨面有胡须，表现真实生动。所绘楼台亭阁，辉煌壮丽。

1473年（成化九年）

江渊卒。江渊（1400～1473），字时用，号定庵，别号竹溪退叟，明重庆府江津县人。明宣宗宣德五年（1430）进士，入选翰林院庶吉士，授编修。明英宗正统十四年（1449），协助大臣于谦等击退了瓦剌军，保卫了京师。明代宗时期先后任刑部左侍郎兼翰林学士、太子太师、工部尚书等职。曾督修雁门边防有功。天顺元年（1457），英宗复辟后，被贬谪辽东。明宪宗成化元年（1465），被昭令平反，官复原职，并钦书"北极勋臣府，西川相国家"对联赐予。明宪宗成化九年（1473），病逝于江津县城，朝廷赐御葬，葬于故里九龙铺临峰山下。江渊工于诗，著有《锦荣集》《观光集》及江津前八景、后八景诗。今江津尚存江渊享堂。

1476年（成化十二年）

马湖知府安鳌开始于泥溪长官司建私第为治，并建造庙宇、书楼等。

1482年（成化十八年）

叙州知府陆渊在宜宾城西之翠屏山腰建翠屏书院。翠屏书院，位于四川宜宾。清嘉庆六年（1801）署知府宋鸣琦迁建于城内大南街。光绪二十七年（1901）改为尚志学堂，三十一年（1905）又改为叙州府中学堂。

1483年（成化十九年）

眉州知州许仁主持镂版印《三苏先生文集》七十卷。全书共十四册七十卷，有文章六百六十篇。其中有老泉先生十一卷，文六十八篇；东坡先生三十三卷，文二百八十篇；颖滨先生二十六卷，文三百一十二篇。

1485年（成化二十一年）

重庆绍隆寺创建。绍隆寺位于北温泉后山幽谷之中，为缙云山八大寺庙之一。

1486年（成化二十二年）

广安知州王舆、同知秦升等助资创修甘棠书院，以为邑人吴伯通讲学之所。书院格局按周敦颐《学圣要诀》规制，又刻嵌朱熹《白鹿洞学规》于壁，以为学则。

南京明孝陵受灾，朝廷命部使吴湜取木于马湖。这是古代马湖彝众为培修南京孝陵殿所做的一大贡献。

1488年（弘治元年）

周洪谟告老还乡，回到叙州府，致力于办学和修志，兴建了翠屏书院，倡导和主纂完成了《叙州府志》。周洪谟（1421～1492），字尧弼，号箐斋，又号南皋子，谥号文安，四川长宁县人。明正统十年（1445），进士及第，殿试榜眼，并授翰林院编修一职，后修《环宇通志》。历官翰林院侍读学士、国子监祭酒、礼部右侍郎、左侍郎、礼部尚书，后加任加封太子少保、资政大夫。一生著述甚丰，修过《环宇通志》《英宗实录》《宪宗实录》《箐斋读书录》《群经辨疑录》，有《箐斋集》五十卷、《南皋集》二十卷、《叙州府志》十二卷等。

1489年（弘治二年）

二月癸巳，振四川饥。八月丁酉，复四川流民复业者杂役三年。

1490年（弘治三年）

崇州九莲山观音寺竣工，共建殿十二重。九莲山观音寺在新津县永兴镇，原为北宋丞相张商英故宅。明英宗朱祁镇天顺六年（1462）开始重建，工程绵延达二十八年之久，到孝宗朱佑樘弘治三年（1490）方竣工。

1491年（弘治四年）

邹智卒。邹智（1466~1491），字汝愚，号立斋，又号秋困，四川合州（今重庆市合川区）人。年十二，能属文。家贫，读书焚木叶继暑者三年，成化二十二年（1486）乡试第一。弘治四年（1491）因病卒于官。熹宗天启初年，追谥忠介。邹智诗文多发于至性，不加修饰。著有《立斋遗文》五卷。

1492年（弘治五年）

周洪谟卒，年七十二。周洪谟（1421~1492），字尧弼，叙州长宁（今四川长宁县）人。明正统十年（1445）榜眼，授翰林院编修。曾修《环宇通志》《英宗实录》《宪宗实录》等。卒，谥文安。

1496年（弘治九年）

新安卫千户刊李心传《道命录》。

1499年（弘治十二年）

户部给事中、金华知州刘秋佩辞官回乡，于武隆白云关佛寺创建白云书院，招收生徒讲授佛家经典，并致力于传授王守仁"致良知"与"知行合一"学说。

1500年（弘治十三年）

四川巡抚都御史钟蕃、四川巡按御史姚祥倡议重修杜甫草堂。杨廷和作《重修杜工部草堂记》。

1506年（正德元年）

西藏萨迦派"甲"喇嘛阿旺更尕求迫抵达上阿坝安斗、措周部落弘扬萨迦佛法。

1507年（正德二年）

十二月壬辰，开浙江、福建、四川银矿。

1508年（正德三年）

西藏萨迦派"甲"喇嘛阿旺更尕求迫创建阿坝县第一座萨迦派寺院"甲寺院"，此为德格寺的前身。德格寺位于阿坝县城以西十三千米平坦的阿曲河畔的德格乡德格村，是这里规模最大的藏传佛教萨迦派寺院。

1511年（正德六年）

杨慎状元及第，授翰林院修撰，参与编修《武宗实录》。

1517年（正德十二年）

御史卢雍重修蒲江鹤山书院。蒲江鹤山书院由南宋理学家魏了翁创建于嘉定三年。

1518年（正德十三年）

巡按御史卢雍与邛州知州吴祥建公合议，建魏了翁祠于城西善政街，题额"鹤山书院"。

巡按御史卢雍命保宁知府胡雍修葺南部三陈书院。三陈书院是明朝地方官在南部状元洞陈氏遗迹的旧址上修建的一所学府。

熊相编《四川志》三十七卷。熊相，字尚弼，江西高安人。

提学王廷相建大益书院于府城东北。

洪雅知县杨麒在县北山下建遗直书院。

1519年（正德十四年）

新宁县（今开江县）知县杨桧于文庙西建龙池书院。

峨眉县知县吴廷璧改县城东岳庙建峨山书院。

李壁改建兼山书院于城东北，彭泽撰记。兼山书院，位于四川剑阁。始建于城南，以宋礼部尚书黄文叔之别号"兼山"为名，详情无考。

1521年（正德十六年）

赐名遂宁广利禅寺为广德寺。

1522年（嘉靖元年）

成都府丞尹兖建在汉州（今广汉市）建南轩书院。
活字本《重校鹤山先生大全文集》一百零九卷在江苏刊行。
夹江知县程洸建㵲江书院。

1524年（嘉靖三年）

四川巡抚许廷光增修成都大益书院，范永鸾等置学田于双流，岁收租谷四百六十余石。
杨慎以"大礼议"事件触怒世宗，被杖责罢官，谪戍云南永昌卫。

1525年（嘉靖四年）

富顺知县周夔于富顺读易洞旧址建学易书院。

1527年（嘉靖六年）

席书卒。席书（1461～1527），字文同，号元山，四川省蓬溪县吉祥乡人。明弘治元年（1488）中举，三年（1490）中进士，授任山东郯县（今山东省郯城县北）知县。正德中，历河南按察司佥事、贵州提学副使、右副佥都御史，巡抚湖广。世宗即位，"大礼议"起，他揣帝意，草疏以宋英宗入继大统为例，议尊皇父兴献王为皇考兴献帝，疏成，以示桂萼，萼遂上其疏，合帝意，赐召见，特旨授礼部尚书，自此世宗倚为亲信，眷顾隆异，虽辅臣不敢望。嘉靖六年（1527）二月初五日进武英殿大学士致仕，赐第京师。三月十一日卒，年六十七，赠太傅，谥文襄。有《大礼集议》。

1529年（嘉靖八年）

杨廷和卒。杨廷和（1459～1529），字介夫，号石斋，四川新都人。十二岁时乡试中举，正德二年（1507）入阁，历仕宪宗、孝宗、武宗、世宗四朝，为武宗、世宗两朝宰辅。后因"大礼议"事件与世宗意不合，被削职为民。嘉靖八年，卒于新都。明穆宗时复官，追赠太保，谥号文忠。著有《杨文忠公三录》。

僧宝峰补修阆中永安寺。自唐敕建永安寺以来，宋英宗治平四年（1067）奉敕褒修，至元明宗至顺三年（1332），规模始大。

1530年（嘉靖九年）

御史邱道隆建鹤山书院于眉山城西南隅民寺，以纪念宋儒魏了翁。王元正撰记。

遂宁知县郑重威重建张九宗书院。

1531年（嘉靖十年）

御史邱道隆按州创建合宗书院祠宋周子（周敦颐）。合宗书院在合州（今重庆合川）南津街，即濂溪书院。

1533年（嘉靖十二年）

巡按熊爵在嘉定府治（乐山）东南凌云山拥翠峰顶倡建九峰书院。

眉州知州杨煦主持刊刻《三苏文集》。全书共二十八册，七十一卷并卷首。卷首有欧阳修撰《老泉先生墓志铭》和苏辙撰《东坡先生墓志铭》，收文计六百六十一篇，包括论三百零三篇，策一百四十三篇，书四十三篇，记二十二篇，状二篇，札子一篇，奏议一篇，事十篇，解三十四篇，序十三篇，进读八篇，评史四十九篇，颂一篇，字说三篇，杂书四篇，杂说十二篇，赞一篇，碑一篇，铭四篇，墓志铭二篇，东坡先生拾遗四篇。

1534年（嘉靖十三年）

四川巡抚熊爵等重修成都大益书院，左布政使陆深有记。

江西布政司重刊《东坡集》。

1535年（嘉靖十四年）

根据按察使刘璋建议，在四川推行"一把连"征派之法。

1537年(嘉靖十六年)

泸州兵备佥事薛甲主持修造泸州钟鼓楼。
成都知府邵经济又对草堂进行增建。

1541年(嘉靖二十年)

刘大谟编《四川总志》十六卷。刘大谟,字远夫,河南仪封人。此《四川总志》由刘大谟主持,王元正、杨慎、杨名等修,周复俊、崔廷槐重编。
杨慎《全蜀艺文志》六十四卷成书。

1542年(嘉靖二十一年)

井研知县韩邦如在治西城龟山上建崇正书院(四李祠),祀乡贤、宋代著名学翱李舜臣及其三子心传、道传、性传。取名"崇正",意为崇正学。

1543年(嘉靖二十二年)

四川巡抚刘大谟又对草堂加以扩修,改"存梅亭"之名为"草堂别馆",并亲作《草堂别馆记》记其始末。

1546年(嘉靖二十五年)

春三月戊辰,四川白草番乱。
四川巡抚张时彻对草堂又再加扩修。

1549年(嘉靖二十八年)

马湖府府丞漆登修建楼山书院。楼山书院,在屏山县书楼乡,明薛文清公随父宦游,筑室讲学于此。

1551年(嘉靖三十年)

高翀主持刊行魏了翁《鹤山集》一百零九卷于邛州。全书合《渠阳集》《朝京集》《自庵类稿》三集而成。魏氏深于经术,造诣甚深,所作诗文醇正有法,而纡徐宕折,出乎自然。

1553年（嘉靖三十二年）

知州陈叔美重修剑阁兼山书院。

杨慎在黔国公沐朝弼的帮助下，举家迁往四川，寄寓江阳（今泸州）。后被人举报，于嘉靖三十七年（1558）被押回永昌。

1556年（嘉靖三十五年）

杨慎选编《绝句衍义》。《绝句衍义》是杨慎亲自选评唐人绝句的重要辑本，共选评诗家六十九人，诗作一百零四首。

1559年（嘉靖三十八年）

杨慎卒。杨慎（1488~1559），字用修，号升庵，四川新都（今成都市新都区）人，祖籍江西庐陵。正德六年（1511），殿试第一，授翰林院修撰。参与编修《武宗实录》，禀性刚直，每事必直书。武宗微行出居庸关，上疏抗谏。世宗继位，任经筵讲官。嘉靖三年（1524），谪戍云南永昌卫。嘉靖三十八年（1559）在昆明病逝，时年七十二岁。临终时，他还以"临利不敢先人，见义不敢后身"勉励后人。杨慎去世后，沐朝弼等人前往吊祭，当时巡抚云南的右副都御史游居敬命人为其殡殓入棺，还葬故乡新都。

1564年（嘉靖四十三年）

成都刘大昌重刊《华阳国志》，杨经作序，刘大昌后序。

1567年（隆庆元年）

叙州知府余良翰在叙州府治西北师来山（在宜宾县西北三里）建三台书院。

马湖府府丞吴宗尧重修楼山书院。

1569年（隆庆三年）

黄峨卒，与杨慎合葬。黄峨（原作"峨"，后亦作"娥"）（1498~1569），字秀眉，明代女文学家，四川遂宁县（今四川省遂宁市安居区西眉镇）人，杨慎的妻子，世称黄安人、黄夫人。父亲黄珂官至尚书，自幼博通经史，能诗文，擅书札。正德十四年（1519）与杨慎结婚不久，慎谪守云南长达三十年之久，长期留居夫家新都县，管理家务。在天各一方的离别期间，以《寄外》诗闻名当世。

1573年（万历元年）

四川巡抚曾省吾调兵围攻都掌蛮，拓地四百余里。

绵竹知县赵时胜重修紫岩书院，邑人国子监助教杨淮为记。

1574年（万历二年）

夔州知府郭斐改原静晖楼建为仰高书院。仰高书院，在奉节县（今重庆市奉节县）北。

四川巡抚曾省吾平乱回宜宾，命当地郡守修建真武山玄祖殿，供奉真武帝君神像。真武帝君乃宋真宗对玄武祖师尊封的称号，故名玄祖殿。

蓬溪知县李建中于东门外丰泽庙左建蓬莱书院。

1576年（万历四年）

赵贞吉卒于内江，赐谥文肃。赵贞吉（1508~1576），字孟静，号大洲，四川内江桐梓坝人。生前与杨慎、任瀚、熊过并称"蜀中四大家"，是明代著名政治家、思想家、文学家，南宋右丞相赵雄之后。著有《赵文肃公诗文集》。

1578年（万历六年）

邛州知州鞠文谷在西汉武帝时邛崃儒者胡安故宅点易洞处建讲易书院。王廷节撰《新建汉儒胡先生讲易书院记》。

1580年（万历八年）

第三世喇嘛索南嘉措创建长青春科尔寺。长青春科尔寺又称理塘寺，是康区历史最悠久、规模最大的藏传佛教黄教寺庙。"长青春科尔"为藏语译音，"长青"意为弥勒佛（即未来佛），"春科尔"意为法轮，"长青春科尔"意为弥勒佛法轮（标志着法轮常转、妙谛永存）。

1584年（万历十二年）

王圻刊刻魏了翁所撰《古今考》。

木里创建第一座大寺——瓦尔寨大寺，黄教在木里开始兴起和发展。

1585年（万历十三年）

岳池创建凤山书院。凤山书院，在岳池县治北街凤山上（光绪《岳池县志》卷七《学校志》作"在治城小南街试院左"）。

1586年（万历十四年）

陈以勤卒。陈以勤（1511～1586），字逸甫，号松谷，别号青居山人，四川南充人，北宋宰相陈尧佐之后，明朝中期名臣。嘉靖二十年（1541）进士。选庶吉士，授检讨，后为裕王讲官，迁修撰，进洗马。裕王曾书"忠贞"二字赐之。嘉靖四十三年迁侍讲学士掌翰林院事，总核《永乐大典》。后进太常卿，领国子监。擢礼部右侍郎，寻转左，改吏部，掌詹事府。卒后，谥文端。著有《青居山房稿》。

1587年（万历十五年）

成都提学郭子章改建大益书院为大儒祠，知府耿定力有记。

邛部（今越西）彝酋撒假举义，自称"西国平天王"，与黄琅安兴（安宇后裔）、雷波长官司杨九乍联合反明，号称"凉山三雄"。

1588年（万历十六年）

张佳胤卒。张佳胤（1526～1588），明兵部尚书，重庆铜梁人。世宗嘉靖二十九年（1550）进士，授滑县令（今河南省滑县）。为"嘉靖七子"之一，与谢榛、王世贞、卢楠、陆光祖等关系友善。卒后，获赠少保，谥襄宪。著有《崌崃集》六十五卷，补《华阳国志》一卷，并有奏议二十二卷。

1593年（万历二十一年）

余一龙建洪济桥。洪济桥又名九眼桥、锁江桥。

任瀚卒。任瀚（1501～1592），字少海，号忠斋，又称固陵先生，自号五岳山人、无知居士，四川南充人。嘉靖八年（1529）进士。选翰林院庶吉士，任翰直词绝识，名冠海内。后为左春坊左司直（东官僚属），例选名儒充任，是清要之选。任瀚多次提出辞官，于1540年回到老家，从事教育、著述，在栖乐山研读《易经》。著述甚富，有《春坊集》《钓台集》《河关留著集》《任文逸稿》《任诗逸草》《海鹤云巢对联》《少海文集》等。与陈束、王慎中、唐顺之、赵时春、熊过、李开先、吕高合称"嘉靖八才子"；又与杨慎、赵贞吉、熊过并称"蜀中四大家"。

本年，四川人口在三百一十万以上。

1596年（万历二十四年）

宜宾旋螺殿开建。旋螺殿又名文昌宫，位于李庄镇南二千五百米处的石牛山上，殿内曾供奉文昌帝君，故又名文昌宫。殿因其藻井状如旋螺而得名。

1599年（万历二十七年）

明王朝平定播州宣慰使杨应龙大规模武装叛乱。此后，明朝将杨应龙所据播州改土归流，分属黔、蜀管辖。

来知德完成《周易集注》一书。

1600年（万历二十八年）

峨眉山重修万年寺。万年寺初建于晋，名普贤寺。唐末改称白水寺，北宋初改名白水普贤寺，明神宗赐名圣寿万年寺，是峨眉山中有名的最大寺院。宋太宗曾赐经书、袈裟、七宝冠、宝环等物，并赠金三千两购买赤铜，铸造普贤骑象像。

1601年（万历二十九年）

赛翁波和更尕云丹勒珠在哇尔玛乡洞沟村果尔洼创建了县内最早的觉囊派果尔洼寺，也称为赛桑寺或旧赛格寺。赛格寺院位于阿坝县城以东一千米成（都）阿（坝）公路南侧的哇尔玛乡铁穹村，是阿坝县和整个川西北涉藏地区规模最大的觉囊派寺院。

1602年（万历三十年）

华阳县令何宇度对杜甫草堂加以维修。

1604年（万历三十二年）

来知德卒。来知德（1526～1604），字矣鲜，别号瞿塘，明夔州府梁山县（今重庆市梁平区）人，明代理学家、易学家、著名诗人。万历三十年（1602），被特授翰林院侍读。他是继孔子后，用象数结合义理注释《易经》取得巨大成就的独一人，后世尊其为"一代大儒""崛起真儒"，建来公祠以祀。代表著作有《周易集注》等。

乃登·崔称桑布主持修建木里康坞大寺。克翁德瓦金索南达吉林（俗称康坞大寺或格鲁大寺）位于康坞山顶，海拔三千六百五十米，是木里的第二大寺院。

1612年（万历四十年）

本炯和尚在峨眉山修建仙峰寺。仙峰寺位于四川省峨眉市西南峨眉山腰，传有九仙修行于此，故而又称九老洞。寺古名慈延寺，元代修建。

1615年（万历四十三年）

明光道人在峨眉伏虎寺右的虎头山下创建会宗堂，取儒、释、道三教会宗的意思。

1618年（万历四十六年）

林茂之主持刊修曹学佺《蜀中名胜记》三十卷。曹学佺（1574～1646），字能始，号雁泽，福州府侯官人。万历二十三年（1595）进士，明代著名学者、诗人、藏书家。万历三十七年（1609）任四川右参政，后任四川按察使。《蜀中名胜记》三十卷，多记四川山水名胜，是研究四川历史地理、人文风俗的经典之作。

1621年（天启元年）

永宁宣慰使奢崇明举兵叛明，攻占重庆，进逼成都。石柱土司秦良玉率士兵参与平叛。

梁从义重建渠县文庙。渠县文庙建于宋代嘉定以前，在渠县城内西隅石子岗顶，元代大德年间（1297~1307）重修；明代洪武年间（1368~1398），邑人梁从义移建于县城南外西岩侧，明天启元年（1621）邑侯邸居正又于南郊将文庙迁回旧址。

1625年（天启五年）

洪雅知县陕嗣宗将洪雅县城外修文山麓田锡读书处迁到县城青云街文庙左，改建为修文书院。牟光大撰记。

1626年（天启六年）

苍溪崇霞宝塔建成。崇霞宝塔通身洁白，又名白塔。

蓬溪知县杨学孔建石鱼书院。石鱼书院位于蓬溪城东石鱼山，因修建祠宇，凿石得石鱼鳞甲，故名。

成都府李一公重刻《华阳国志》于成都。

1629年（崇祯二年）

四川总督朱燮元平定永宁。永宁改土归流。

1631年（崇祯四年）

峨眉山洪椿坪创建。洪椿坪古称千佛庵，位于天池峰下。

1638年（崇祯十一年）

五世达赖派德莫活佛到巴塘，仿照拉萨哲蚌寺洛色林修造康宁寺，此为该地著名的黄教寺庙之一。

1640年（崇祯十三年）

闰正月，张献忠在枸坪关被左良玉击败，率部突入四川。

法国耶稣会士利类思司铎入川传教，是为天主教传入四川之始。

1644年（崇祯十七年）

八月初九日，张献忠农民军攻克成都。明藩成都王朱至澍、太平王朱至渌自杀，四川巡抚龙文光、巡按御史刘之渤、按察副使张继孟等明朝派驻四川的主要官员因拒不投降，均被农民军处死。初，李自成使马珂入川，攻陷顺庆。九月，命将马珂据守绵州，张献忠派艾能奇往攻之不克，亲自去指挥，马珂败走汉中。十月，李定国攻克保宁；孙可望下龙安，使王运行守之，又率兵攻茂州，克之。接着，艾能奇又攻克雅州。至此，四川大部地区被张献忠的农民军控制。

"十二五"国家重点图书出版规划项目

四川建设西部文化强省重点项目

章玉钧 谭继和 主编

巴蜀文化通史
巴蜀文化大事记【二】

张 彦 陈德言 王 林 彭东焕 编著

四川人民出版社

目 录

清　代 / 287

中华民国 / 331

中华人民共和国 / 423

后　记 / 561

清代

1644年（顺治元年）

11月16日，张献忠成都称帝，建立大西政权，年号大顺，辖有四川大部，设置左右丞相、六部尚书等文武官员。颁行《通天历》，设钱局铸"大顺通宝"行用。开科取士，选拔三十人为进士，任为郡县各官。宣布对西南各族百姓蠲免边境三年租赋。

1646年（顺治三年）

春，张献忠率众十万退出成都，顺江而下，在彭山江口遭遇明参将杨展阻击，张献忠战船被焚，沉没过半，载有金银珠宝亦悉数沉入江底。之后，北进汉中，企图与清军争夺西安。大西军前锋部将刘进忠叛变降清，引清军豪格部、吴三桂部间道入西充。在西充、盐亭二县间的凤凰坡，张献忠被清兵射杀。经张献忠之乱，蜀地基本为之一空。

1648年（顺治五年）

秦良玉卒。秦良玉（1574~1648），字贞素，四川忠州（今属重庆忠县）人，明朝末年著名女将，戎马一生，是中国历史上唯一单独载入正史将相列传的巾帼英雄。马千乘去世后，秦良玉代领夫职，参加了抗击清军、奢崇明之乱、张献忠之乱等战役，战功显赫，被封为二品诰命夫人。

1649年（顺治六年）

吕大器卒。吕大器（1598~约1649），字俨若，号先自，遂宁北坝人。晚明重臣，为官清廉，疾恶如仇。卒，谥文肃。著有《东川文集》《抚甘督楚疏稿》等。《明史》卷二七九有传。

1653年（顺治十年）

清廷准四川荒地官给牛种，听兵民开垦。四川布政使管承泽说："查川省当日地广人稀，招民开垦。一时来川之民，田亩任其插占，广开四至，随意报粮。彼时州县，惟恐招之不来，不行清查。"

1661年（顺治十八年）

破山禅师创建双桂堂于梁平县。双桂堂为清初著名寺院，号称"蜀中丛林之首"。双桂堂位于梁平县城西三十里之双桂乡，后经两百多年的增补扩充，至光绪十八年（1892），规模大定。寺院占地七十多亩，置大殿五重，主要殿堂全用石柱。

1664年（康熙三年）

总督李国英重建文庙于重庆，文庙内的学宫是办府学的地方，这标志着重庆府学的恢复。

1665年（康熙四年）

四川巡抚张德地始设贡院于成都明蜀王府旧址，作为乡试之地。经乾隆、道光、咸丰、同治各朝增修，到同治年间，房舍达一万三千九百三十五间，居当时各省城贡院前列。

四川巡抚张德地倡修康熙《四川通志》，并由蔡毓荣（川湖总督）、罗森（四川巡抚，后叛降吴三桂）、钱受祺（成都知府）续成，共三十六卷，卷首一卷。凡星野、形胜、山川、建置、城池、公署、学校、贡赋、名宦、科第、人物、流寓、风俗、屯田、水利、茶法、盐法、钱法、兵制、驿传、木政、筹边、艺文等类，又有附图。其中艺文卷多有残缺。

1668年（康熙七年）

四川巡抚张德地奏准，鼓励外省客籍"无业游民"入川立户。

1672年（康熙十一年）

王士禛撰《蜀道驿程记》。王士禛奉命入川主试四川壬子科乡试，根据沿途见闻，撰著游川散文《蜀道驿程记》，记述了蜀中山水风光、风土民俗、城池、名胜古迹、人物事件等。其文笔流畅，文史价值皆备，为清人诸种川行游记中的佳作。又著有《陇蜀余闻》。王士禛，字贻上，号阮亭，又号渔洋山人。顺治十四年（1657）进士，官至刑部尚书。一生著述达五百余种，作诗四千余首，主要有《渔洋山人精华录》《蚕尾集》《池北偶谈》《香祖笔记》《居易录》《渔洋文略》《渔洋诗集》《带经堂集》《感旧集》《五代诗话》。

1681年（康熙二十年）

四川巡抚杭爱察巡都江堰离堆古道，见该堰荒废已久，便拨发帑金四百，委任通判刘用瑞等人疏浚。之后，杭爱撰《复浚离堆碑》。

1694年（康熙三十三年）

清政府颁布《康熙三十三年招民填川诏》。此诏颁布后，川省开始了大规模的移民。此次移民持续时间长达一百余年，入川人数一百多万人，其中以湖北、湖南两省人数最多，几占一半，因此又称"湖广填四川"。

1696年（康熙三十五年）

罗马教廷在四川设立宗教代牧区。此后，外国传教士陆续入川，传播基督教，招募教徒。四川主要府县、城镇，都有传教士踪迹。四川成为清代中前期天主教在中国最大的教区。

1701年（康熙四十年）

费密卒。费密（1625~1701），字此度，号燕峰，四川新繁人，明末清初著名学者、诗人和思想家，费经虞子。奉父流寓泰州，其父邃于经学，尽传父业，工诗文，究心兵农礼乐等学，以教授、卖文为生，当道拟举鸿博，荐修《明史》，皆为辞。费密守志穷理，讲学著述，在文学、史学、经学、医学、教育和书法等方面都有很高的造诣，与遂宁吕潜、达川唐甄合称"清初蜀中三杰"。后代学者评论说："蜀中自杨升庵外，唯密著作最富，论说精辟，对后世颇有影响。"

1702年（康熙四十一年）

四川第一座天主教堂光华楼教堂由巴黎传教士在重庆建立。

1703年（康熙四十二年）

康熙据佛经中"报国主恩"，御赐峨眉山"报国寺"名。报国寺最初名会宗堂，明代万历四十三年（1615），明光道人建于伏虎寺右的虎头山下，取儒、释、道三教会宗的意思。清初会宗堂迁至现址，顺治九年（1652），行僧闻达重修。

1704年（康熙四十三年）

唐甄卒。唐甄（1630～1704），初名大陶，字铸万，号圃亭，四川达州人，清顺治十四年（1657）举人。曾在山西长子县担任知县，因与上级意见不合被革职。后曾经商失败流寓江南。宗王阳明"良知"之学，反对空谈而不讲事功，主张植桑养蚕、发展家禽。唐甄与遂宁吕潜、新都费密合称"清初蜀中三杰"，与王夫之、黄宗羲、顾炎武并称明末清初"四大著名启蒙思想家"。一生著述颇丰，《潜书》是其主要代表作。梁启超曾将《潜书》视为中国历代圣人思想的一个总结，认为它凝聚着东方哲人智慧的精华，是"醒人之良药，逆耳之忠言"。

四川按察使刘德芳在文翁石室旧址上建锦江书院，挑选秀才以上生员进学。教学要求先经义而后时文，先行谊而后进取。采宋王安石"三舍之法"，实行正课、附课和外课。锦江书院是清代四川地区延续最长的官办省级书院。

1706年（康熙四十五年）

泸定桥竣工。该桥于1705年开始修建，康熙取"泸水"（即大渡河旧称"沫水"，康熙错以为"泸水"）、"平定"（平定西藏准噶尔之乱）之意，御笔亲书"泸定桥"。泸定桥从此成为连接藏汉交通的纽带，泸定县也因此而得名。

1712年（康熙五十一年）

清廷主张鼓励外省移民入川垦荒，规定入川者，将地亩给为永业，五年起才征税。并谕令四川"滋生人口，永不加赋"，要求移民原籍地官府和入四川定居地官府配合移送核实，安排上户籍、编入保甲。

1718年（康熙五十七年）

康熙令礼部禁止天主教，此后，雍正、乾隆、嘉庆、道光历朝，都多次发布谕旨，严审禁教。四川数任总督都严厉打击教会和教民的活动。

1720年（康熙五十九年）

七世达赖喇嘛在布达拉宫行坐床礼，年十三，统领黄教。七世达赖喇嘛，法名格桑嘉措，四川理塘人，乾隆二十二年（1757）卒。

1726年（雍正四年）

清廷在四川少数民族地区推行改土归流，改土司制为流官制，将原隶属四川的乌蒙、镇雄、东川三土府划归云南。鄂尔泰派游击哈元生领兵摧毁了叛乱的乌蒙土知府禄万锺、镇雄土知府陇庆侯的势力，改设乌蒙府（后改称昭通府，今云南昭通）、镇雄州。

1727年（雍正五年）

清政府开始在四川清丈土地。明代四川鱼鳞图册刊载的耕地数字是四千三百六十万亩，清初田土荒芜，数字缺载，直至雍正五年清政府对四川土地进行清丈，才有较为翔实的记录。清代前期，四川地区经过大量耕殖，农地数量大为增长。据雍正《四川通志》载，雍正七年（1729）清查全川土地后，新旧田地合计达四百五十万二千七百八十四亩。

1729年（雍正七年）

德格印经院创建。德格印经院又称德格吉祥聚慧院，由德格四十二世土司却吉·丹巴泽仁（1689～1750）创建，总占地面积约五千平方米。全院有书版二十一万七千五百余块，总字数约二亿六千万，规模甚大，藏书甚丰。有佛教经典、天文、地理、医学、历史、文学、音乐、美术、工艺技术等二百多部，其中还有一些珍本、孤本。

1732年（雍正十年）

四川巡抚宪德奏准设宝川局于成都。宝川局为清代四川铸钱局名。清代四川有两府设局，一为宝川局，在成都府；一为宁远府局。宝川局局址在成都府贡院内西边，有炉八座，至同治元年基本停铸。光绪二十七年（1901）至二十九年（1903），开铸银圆和无孔铜钱，设立四川银铜圆总局，宝川局遂废。

1733年（雍正十一年）

雍正八年始撰，由四川总督黄廷桂、巡抚宪德、成都锦江书院掌教张晋生等修撰的雍正《四川通志》成书。凡四十七卷，卷首一卷。分设建置、户口、田赋、学校、武功、蠲政、水利、盐法、茶法、钱法、木政、榷政、屯田、边防、土司、西域、兵制、驿传、山川、古迹、公署、职官、选举、风俗、物产、艺文等，共四十七类，并图考。

1736年（乾隆元年）

陕西籍盐商开始兴建西秦会馆，历时十六载竣工。馆址原是清代陕西籍盐商为联络同乡、聚会议事而修建的同乡会馆，故称西秦会馆，主贡关羽，名关帝庙，俗称陕西庙。该馆设计精巧，造型奇特，融清代宫廷和民间建筑风格为一体。整个建筑群落结构繁复，层层加高，各抱地势，步移景异，对于研究建筑艺术具有极高的价值。

周于仁编撰《澎湖志略》。周于仁（？～1736），字纯哉，号仙山，清朝安岳县人。康熙四十七年（1708）举人。于雍正十一年（1733）上任澎湖厅通判，主理民刑，兼管海务。著《澎湖志略》二十篇，是记述澎湖历史、地理、物产、风俗民情最早的史籍。倡修凤山书院，亲自讲学。又主撰康熙《安岳县志》三卷，有《澎湖志略》《渡海屿记》《暮游集》等著作。

1740年（乾隆五年）

渝州书院建成。乾隆三年（1738），重庆知府李厚望倡修，乾隆五年（1740）八月建成，位于府治治平寺藏经阁左侧。委原任翰林院编修易简为山长，有《易简渝州书院记》。乾隆二十三年（1758），川东道宋邦绥迁移至洪崖坊，加以扩建，更名为东川书院。

1747年（乾隆十二年）

华阳县知县安洪德倡建潜溪书院于成都外东静居寺，因明初文学家宋濂，号潜溪，葬于静居寺，立潜溪祠，故名。道光十三年（1833），华阳知县高学濂因书院离城远，就学不便，复迁至城内梨花街。清末更名为华阳县中学堂。

1749年（乾隆十四年）

岳钟琪说降大金川土司沙罗奔，金川平定。岳钟琪（1686～1754），字东美，号容斋，四川成都人。加太子少保，授兵部尚书衔，继任四川提督，赐号威信。汉族大臣拜大将军，满洲士卒隶麾下受节制，唯他一人。高宗称之为"三朝武臣巨擘"。乾隆十九年，于镇压陈琨起义时，病死于四川资州（今四川资中），谥襄勤。著有《姜园集》《蛮吟集》等。

1757年（乾隆二十二年）

周煌出使琉球国回京，撰奏《琉球国志略》十六卷。《琉球国志略》主要记载琉球国的历史和地理概况。周煌（1714～1785），字景桓，号绪楚，又号海珊（一作海山），为清代重庆府涪州（今重庆市涪陵区）人。另有《海山诗稿》等近十种。

1758年（乾隆二十三年）

前渝州书院更名为东川书院，为川东道设书院，院址在重庆炮台街洪崖坊，为清代川东地区的最高学府。首任山长周开丰。课程为四书、五经及制艺，之后增设经古专斋。1903年东川书院改为重庆府中学堂。

1759年（乾隆二十四年）

重庆湖广会馆建立，为湖北、湖南在渝商人的聚会之所。

1760年（乾隆二十五年）

什邡张宗法撰《三农纪》成稿。《三农纪》为农学书，共二十四卷，分天时、地理、自然灾害、备荒、谷类植物栽培、畜牧、农田杂务、农村习俗、农副产品加工等类目，约三十三万字。全书内容丰富，体系完整，强调因地制宜，具有鲜明的地方特色。

1762年（乾隆二十七年）

清溪县知县官德倡建崇文书院于汉源镇（今汉源县九襄镇）。初置学田六十二亩，后陆续增置，至光绪时，学田岁收租谷九十余石。每年月课仅四次，院生按考试成绩酌助膏火银。

1766年（乾隆三十一年）

唐乐宇中进士。唐乐宇（1739～1791），字晓春，号九峰，别号鸳港，四川绵竹人，清代诗人。任职贵州平越府期间修建了墨香书院，礼聘浙江名士叶梦麟执教。著有《南笼遗稿》《黔南诗存》多种刊行于世。

1769年（乾隆三十四年）

李化楠卒。李化楠（1713～1769），字廷节，号石亭、让斋，四川罗江人。乾隆六年中举，乾隆七年连捷进士，历官浙江余姚、秀水知县，嗣权平湖，迁沧州、涿州知州，宣化府、天津北路、顺天府北路同知。任上颇有政声，被誉为浙江第一循良。其工吟咏、喜藏书，邻宗祠造醒园，筑书楼，以川中书少，多购诸江浙，航来于家贮之。所著有《醒园录》二卷，《石亭诗集》十卷，《石亭文集》六卷。《醒园录》共分上下两卷，内容乃记古代饮食、烹调方法等。

1776年（乾隆四十一年）

金川广法寺修建。乾隆四十一年平定大小金川后，为扶持振兴黄教，乾隆特敕修建广法寺，为清代四大皇庙之一。御书"正教恒宣"匾额，悬于殿堂，聚僧曾达两千余众，嘉绒佛教徒凡欲进西藏深造，无广法寺所授名号，入藏无果，有则能优厚晋级。

1779年（乾隆四十四年）

彭端淑卒。彭端淑（1699～1779），字乐斋，号仪一，四川眉州丹棱（今四川丹棱县）人，清朝官员、文学家，与李调元、张问陶被后人并称为"清代四川三才子"。彭端淑与其弟彭肇洙、彭遵泗在当时都以文才知名，时称"三彭"。其有《白鹤堂文集》四卷、《雪夜诗谈》二卷、《粤西纪草》一卷、《曹植以下八家诗选》若干卷、《蜀名家诗抄》二卷以及《晚年诗稿》《碑传集》《国朝文录》《小方壶斋舆地丛书》《广东通志》等存于世。

1781年（乾隆四十六年）

李调元开刻《函海》。为保存巴蜀之书，李调元将多年所收集整理和记录的书籍编纂成册，共集图书一百五十多种，合编为四十函、八百五十二卷。内容涉及魏晋六朝及唐宋元明清等朝代，包括历史、考古、地理、农学、医学、文学、方言、音韵、民俗、姓氏、川剧、川菜等很多方面的研究成果。《函海》是清代的一部大型综合性丛书，堪称古代巴蜀文化的百科全书。

1797年（嘉庆二年）

5月，王聪儿、姚之富率领襄阳义军分三路入川，与四川起义军会师于东乡，按青、黄、蓝、白分号，设掌柜、元帅、先锋、总兵等职，确立了各路义军的建制，声势更为浩大，控制了川东川北二十余州县。

1798年（嘉庆三年）

白莲教义军"巴州白号"主要首领罗其清在巴州方山坪被俘。1798年，罗其清分兵攻打营山县，与通江蓝号冉文俦部合师，据守营山箕山。后与王廷诏、李全等退据大鹏寨。清兵四路围困，他率部与清军激战，与弟罗其书同时被俘，押解到北京遇害。部众由鲜大川等领导继续斗争。

1800年（嘉庆五年）

1798年王聪儿、姚之富在湖北遇难后，四川起义军成为反清主力，其中由冉天元、徐天德所率义军最为强大。1800年1月，冉天元率领通江蓝号义军与清军大战于苍溪，血战竟夜，击败清军主力，打死清军副将以下军官二十四名。

1802年（嘉庆七年）

魏长生卒于北京。魏长生（1744~1802），字婉卿，四川金堂人。因排行第三，故人称魏三。著名秦腔旦角演员。1779年在京演出《滚楼》一剧，引起轰动。一时观者而六大班竟无人过问，或至散去。

1803年（嘉庆八年）

李调元卒。李调元（1734～1803），字羹堂、赞庵、鹤洲，号雨村，晚岁自号童山蠢翁，四川罗江人。乾隆二十八年（1763）中进士，选庶吉士。与从弟鼎元、骧元并著诗名，时称"罗江三李"。历任吏部员外郎、广州学政，累官直隶通永兵备道。乾隆四十七年（1782）得罪权臣和珅，被流放伊犁，后以母老赎归。家居二十余年，专事著述之业。喜好藏书，家有"万卷楼"，号为"西川藏书第一家"。收罗汉代至明代蜀人著述一百五十种，汇辑为《函海》一书。一生纂著宏富，有《童山诗文集》《蜀雅》《郑氏尚书古文证讹》《仪礼古今考》《春秋左传会要》《十三经注疏锦字》《夏小正笺》《月令气候图说》《古算经》《雨村曲话》《雨村剧话》等。

1808年（嘉庆十三年）

九世达赖喇嘛在布达拉宫行坐床礼。九世达赖喇嘛为邓柯（今四川石渠县）人，法名隆安嘉措，春科土司家庭出身。嘉庆二十年（1815）卒。

1814年（嘉庆十九年）

张问陶卒。张问陶（1764～1814），字仲冶，号船山，清代名相张鹏翮玄孙。张问陶号称清代蜀中诗冠，是清代一流诗人和诗学理论家，诗、书、画三绝奇才，为性灵派后期的主将和代表人物。著有《船山诗草》及《补遗》，共二十六卷。

1816年（嘉庆二十一年）

四川总督常明、布政使方积、会典馆总撰杨芳灿等修撰的嘉庆《四川通志》付梓，凡二百零四卷，卷首二十二卷。设天文、舆地、食货、学校、人物、经籍、纪事、西域、杂类等共十二分志。

1819年（嘉庆二十四年）

四川学政聂铣敏就西汉扬雄洗墨池遗址（今成都市青龙街）修建墨池书院，置有学田百余亩。清光绪二十九年（1903），改为成都县小学堂。光绪三十二年（1906）改为中学堂。

1821年（道光元年）

合州大河坝仁、义、礼三堂袍哥推管事徐狗耳朵为首创办川剧班社"燕春班"，在川东北一带巡演，颇负盛名，是为重庆最早的川剧班社。

1822年（道光二年）

8月，十世达赖喇嘛在布达拉宫行坐床礼。十世达赖喇嘛为四川理塘人，法名楚臣嘉措，道光十七年（1837）卒。

1826年（道光六年）

知县刘衡奉四川总督令，劝谕巴县各乡场捐资设义学，县立义学自此始。道光年间，巴县一口气建了至少十五所义学，原重庆府境内则建了八十九所义学。

1828年（道光八年）

新繁知县马裕霖在新繁城南建费公祠，以纪念费密。1922年，新繁知事刘咸煊将费公祠移建于东湖，扩大其规模，更名为四费祠，以纪念费氏四代六位乡贤。

1835年（道光十五年）

盐都自贡凿成世界上第一口超千米（1002.42米）深井——燊海井，创造了世界钻井新纪录。自贡燊海井坐落在大安区阮家坝山下，占地面积三亩，井位海拔341.4米。该井历时十三年方凿成，既产卤，又产气。

1841年（道光二十一年）

川军约六千人分三批开赴广东、浙江、江苏参加抗英战争，击退登岸的数百名英军。后歼敌十余人，使"远近传布"，"共为心快"。在镇海之役中，川籍将领谢朝恩奋勇抵抗，壮烈殉国。浙江民众将他与抗英牺牲的"定海三总兵"葛云飞、郑国鸿、王锡朋并称"四镇"。

1842年（道光二十二年）

十一世达赖喇嘛于布达拉宫行坐床礼。十一世达赖喇嘛为四川乾宁（今道孚县）人，法名凯珠嘉措。咸丰五年（1855），皇帝命令其亲政，但是不到一年，他就在布达拉宫突然去世，时年十八。

1851年（咸丰元年）

为镇压太平天国，清廷定四川为协济省，调军粮计五千石往广西。至1854年，向各省调拨饷银达三百余万两，四川库藏为之一空。

1852年（咸丰二年）

何绍基任四川学政。何绍基（1799~1873），字子贞，号东州，晚号蝯叟，清书法家，湖南道州（今道县）人。道光十六年（1836）进士，官编修。工经术词章，尤精说文考订之学，旁及金石碑版文字。书法自成一家，草书尤为一代之冠。晚年以篆、隶法写兰竹石，寥寥数笔，金石书卷之气盎然。著有《惜道味斋经说》《说文段注驳正》《东洲草堂诗钞》《东洲草堂文钞》等。

川人陈洪义在昆明设立大帮信轿行，经营客运。因其脸上有麻子，被称"麻乡约"。麻乡约不仅往返于川、黔、滇三省，且一度往来滇越、滇缅。麻乡约所设立的民信局，遍及川、黔、滇三省境内各主要州县，凡托交的函件，虽穷乡僻壤，亦可送到。陈洪义，又名陈鸿仁，外号陈跑通、陈麻乡，重庆綦江县号坊乡陈家坝人。

1853年（咸丰三年）

川盐接济楚岸食盐。太平军定都南京，淮盐运道被阻，两湖缺盐。经湖广总督奏请，以川盐接济楚岸食盐，川盐自此大规模越岸运销两湖，夺取了淮商世袭的引岸。而两湖市场的开辟使四川盐务的专商引岸制度逐步为自由运销制所取代，促使井盐商品经济获得迅猛发展，自贡"盐都"的地位因之奠定。

1855年（咸丰五年）

刘沅卒于成都。刘沅（1768~1855），成都双流人，世称"槐轩先生"。刘沅早年中了举人，但其后会试三试落第，返蜀后又连遭厄运，随即潜心修道，著书授业。刘沅一生著述甚丰，现存著作逾二百卷，《槐轩全书》收录了其主要著述。

1856年（咸丰六年）

4月，法国天主教将四川本部划分为川西北和川东南两教区，主教分驻成都、重庆，并兼管西藏教区。川西北教区管辖成绵、龙安、潼川、保宁、顺庆五个府，茂州、邛州、天全三个州，加上松藩厅共六十一县（州、厅），马伯乐任主教，座堂设在彭县；川东南教区管辖重庆、绥定、夔州、叙州、雅州、嘉定、宁远七个府，泸州、忠州、酉阳三个州，以及石柱厅，共八十六县（州、厅），范若瑟任主教，座堂设在巴县。

1858年（咸丰八年）

《天津条约》签订，准许传教士入中国内地传教，"地方官务必厚待保护"，外国传教士加快了在四川传教的步伐。之后，随着教务的发展、教众人数的增多，新教区不断增加。

1859年（咸丰九年）

云南昭通破产农民李永和、蓝朝鼎等在家乡牛皮寨聚众起义。当年秋，李、蓝率义军六七百人由滇入川，连克筠连、高县、庆符（今高县北）诸县。起义提出了"推满复汉，打富济贫"的口号，震动朝野，深得四川人民拥护，队伍迅速发展到数千人。

1861年（咸丰十一年）

8月，石达开命丞相傅、检点李领兵为前锋，经贵州平远、毕节、大定，由婺川进入四川綦江县境，这是太平军首次进入四川。秋，石达开聚众数万出广西，由桂南北上，取道湘西山路，于次年初进军至湖北来凤，与前队傅、李部太平军顺利会师。之后，大军分三队向四川挺进。

凤岗书院在巴县石岗场创办。

1862年（同治元年）

粤商开办重庆第一家玻璃作坊，以珊瑚坝上的白色鹅卵石为原料进行烧制，所烧制玻璃制品包括窗玻璃、亮瓦及鸦片烟灯罩等。

1863年（同治二年）

3月，因法国传教士范若瑟强行拆除长安寺，修建真原堂，此举侵及附近民产民居，重庆民众将其捣毁，第一次重庆教案发生。

6月，石达开在石棉县安顺场归降四川总督骆秉章，经双方谈判，由太平军自行遣散四千人。剩余两千人保留武器，随石达开进入清营。但其后石达开被解往成都杀害，所率部众亦无幸免。

1865年（同治四年）

乡人张寿黔、张瑞同在巴县东里惠民乡兴建育才义学。1906年更名为辅仁书院，为当时重庆的十七所书院之一。1937年更名为惠民乡中心国民学校，后改为文联小学，20世纪80年代改回惠民乡中心小学校。2009年更名为巴南区惠民中心小学校，至今已有一百多年的历史。

民众因反对强迫入教，结伙打毁教堂，第一次酉阳教案爆发。同年夏，民众再次反教，大书"诛灭天主教，斩草除根"的标语，打死教士冯弼乐。

1868年（同治七年）

永宁道觉罗恒保废文昌宫建川南书院。光绪二十七年（1901）道尹黄立鳌呈请以书院经费改办学堂。同年秋，书院始更名川南经纬学堂，为四川改书院设学堂之滥觞。现为梓潼路小学。

团首何彩率团民及群众万余人入城打教，击毙传教士李国安及教民三十九人，团民亦死伤六十八人，第二次酉阳教案爆发。天主教中国教士覃辅臣乘民团解散之机，指挥教堂武装枪杀民众一百四十五人，打伤七百余人，并纵火烧毁民房。

1869年（同治八年）

川东道姚觐元在浮图关建蚕神祠，引种湖桑，劝民种桑养蚕。姚觐元从浙江运来良种，聘请浙人前来指导，在关外隙地种桑养蚕示范。是年，巴县成立蚕桑局。

1873年（同治十二年）

张之洞任四川乡试副考官，同年，又简放四川学政。张之洞到川后，着手改革教育，振兴蜀学，培养人才，创办了尊经书院，对四川学界产生了极大影响。

法国传教士在四川黔江强建教堂，扩大传教，民众奋起抵制，殴毙教士二人，黔江教案发生。事后，清政府处死民众四人，将知县革职，赔银四万两结案。

团练往教民杨明玉家中搜捕窃匪李大春，双方发生冲突，引起民教纠纷，巴中教案发生。

1874年（同治十三年）

美商公泰洋行在重庆设立分行，是为外国在川设立的第一个洋行。

传教士纵容教民欺凌平民，守备高武三、文生萧用谦倡言打教，聚众数千人，将教堂打毁，击毙教士一人，引发南充教案。

时任四川学政张之洞，为指引学生读书而编撰国学推荐书目《书目答问》，推荐历代流传的重要典籍二千二百种，开启了近代推荐书目的潮流。

1875年（光绪元年）

5月，东乡县以袁廷蛟为首的农民二三人，联合私盐贩马洪仑、哥老会吴凤山等，聚农民七百余人于县城南州河对岸观音崖树立"粮清民安"大旗，要求清算粮账，号召民众群起抗粮。乡民饿坐三天，增至二千余人，迫使绥定知府易荫芝答应清算粮账和减赋。但东乡知县孙字扬扣押清账代表，诬袁聚众滋事，上奏清廷发兵剿办。清军杀戮手无寸铁的男女老孺一千余人，酿成震惊朝野的东乡血案，为当时全国三大冤案之一。

尊经书院在成都建成开学。薛焕为首任山长。生徒由省内各府按比例在秀才、贡生中选送，分院按品学考选，择优录取。首批从全省三万名生员中选拔，仅得一百余名。又至湖南延请著名学者王闿运到尊经书院主持教学。书院引导学生钻研传统典籍，培养了一大批四川近代名士。戊戌志士杨锐，史学家张森楷，维新派学者宋育仁、吴之英，经学家廖平等皆出自尊经书院。

营山县试时童生往观教堂被阻，引起众怒，童生及民众七八百人围攻教堂，将教堂夷为平地，营山教案发生。

内江群众不满教民为非作歹，杀害教民六名，拆毁教堂，打毁屋舍，引发教案。

1876年（光绪二年）

9月13日，英国以"滇案"为借口，迫使清政府签订了中英《烟台条约》，其中规定英国可向重庆派驻领事。

邻水教民王同兴杀人越货，为非作歹，激起众怒，民众将各处教堂拆毁。民教互有命案，毁教堂、教民屋舍八九十处，以赔教会银二万三千两结案。

江北厅绅士陈子春、聂钦斋指挥四十八场乡民入城，打毁教堂，引发江北厅教案。先后毁掠城内外教堂、医馆九处，教民屋舍二三百家，戕害教民二十六名，三千多教民流离失所。

张在初等人发动涪陵教案，各乡众劫毁教堂十余处，千余人拥入州城打教，毁掠一百多家教民，并有数人殒命。

邻水、江北厅、涪陵的反洋教斗争波及巴县、彭水、丰都、长寿、云阳、南川、秀山、荣昌、垫江等十余县，各县民众纷起打教，以致"凡川东所辖附近州县无不闻风效尤"。

1877年（光绪三年）

四川机器局在成都创建，开办资本七万七千元，进口机器设备，所制枪、炮、弹药主要供省内及川边，亦接济滇、黔军需。1879~1880年停办。1881年复业，并添设火药厂。1905年川督锡良奏准扩充，从德国订购新式机器，建设新厂。1909年新厂建成，称兵工总厂，原机器局称兵工分场。辛亥革命后，统一改称四川兵工厂。

1879年（光绪五年）

经四川总督丁宝桢五次函约，礼聘王闿运入掌成都尊经书院。王氏入川后一反八股试帖，提倡经史实学，以"通经致用"号召生徒，蜀中文风为之大变。王闿运主持尊经书院达九年，一时人文蔚起。

1880年（光绪六年）

江蕙《心香阁考订中星图》刊刻出版。全书共绘二十六幅图，首末两幅为《紫薇垣图》《月行九道图》，其余二十四幅按一年二十四节气绘制，其节气与天象对应相符，极具天文学价值。江蕙，清代女天文学家。幼年随父隐居江津。自幼习天文，能识《步天歌》。咸丰元年（1851），因考校古星图与实际天象未尽吻合，亲绘小图，取名《天文扇》，对《步天歌》进行修正补注。

1881年（光绪七年）

美以美会组织"华西大会"，内地会辟成都为宣教地，划分为川东、川西两教区。美以美会是1844～1939年在美国北方的卫理公会所使用的宗派名称。该会属于基督新教的一个较大的宗派——卫斯理宗。内地会成立于1865年，1872年在上海设立总部，创始人为戴德生，是外国来中国传教的最大团体。内地会是跨宗派的传教团体，对中国基督教的影响很深。

1882年（光绪八年）

吴之英赴京参试优贡选拔，名列第二。吴之英（1857～1918），字伯朅，号蒙阳渔者，雅安名山人，曾任资州艺风书院及简州通材书院讲席、灌县训导、成都尊经书院都讲、锦江书院襄校、国学院院正。曾响应康梁变法，组织蜀学会创办《蜀学报》，并自任主笔。有《寿庐丛书》七十二卷著述传世。

1883年（光绪九年）

资州知州高培谷以资州文风简陋，为弘扬"古文六艺"之学，将原城北之栖云书院改建为艺风书院，倡捐购置图书一百零八万余册，聘请蜀中著名学者宋育仁、吴之英、廖平等先后入院主讲。四方来学者甚众，时有"文风甲川南"之誉。

1884年（光绪十年）

经十一年苦心钻研，唐宗海《血证论》成书。该书集血证诊治之大成，创止、消、宁、补之要法。唐宗海（1846～1897），字容川，四川彭州三邑人，中医七大派"中西医汇通派"创始人之一。著有《中西汇通医书五种》，包括《中西汇通医经精义》《伤寒论浅注补正》《金匮要略浅注补正》《血证论》《本草问答》等。其中，《血证论》《中西汇通医经精义》为其主要代表著作。

1885年（光绪十一年）

隆法和尚建重庆罗汉寺。该寺始建于北宋治平年间，原名治平寺。寺因罗汉洞而建。清乾隆十七年（1752），因前殿坍圮，改建龙神祠。清光绪十一年（1885），隆法和尚重修庙宇，并仿新都宝光寺建罗汉堂，泥塑五百阿罗汉，方改名罗汉寺，又称古佛岩。

1886年（光绪十二年）

7月，第二次重庆教案发生。美、英耶稣教传教士在重庆附近险要地带强修教堂和房屋，群众联名向巴县官吏控告，要求停建教堂不成，于是聚众反教。群众焚毁美国教堂和英法房屋三处，并围攻恃教为非作歹的教民罗元义住宅。重庆民众三千余人愤起焚毁城内外天主教堂、英国领事馆、法国天主教会学校。事后，美、英、法向清政府施加压力，清政府派四川总督刘秉璋查办，将罗元义和民众首领石江同时处死，以赔款三十三万两结案。

四川第一条电报路线自汉口经沙市、荆门、宜昌、巴东、夔州（今奉节）、万县达重庆，再经泸州到成都架设完成。沿线设报房若干，并于成都设电报局。

1887年（光绪十三年）

川江轮船公司在重庆成立。立德乐为公司量身定制了"固陵"号轮船，为首航川江做足准备。在英国驻华公使的帮助下，立德乐向清政府申请并取得了经营宜昌至重庆航线的执照，但由于当时沿岸官民的强烈抗议，暂时作罢。

1889年（光绪十五年）

成都望江楼在市东锦江畔建成。清光绪初，成都马长卿以回澜塔毁后，县中科举衰竭，创议于薛涛井前造崇丽阁。楼高三十多米，共四层，下两层四方飞檐，上两层八角攒尖，朱柱碧瓦，宝顶鎏金，十分壮观，登高眺望，江天风物，一目尽览，并于其旁建吟诗、濯锦两楼及浣笺亭、五云仙馆、流杯池、泉香榭等。

1890年（光绪十六年）

6月，余栋臣组织煤窑、纸厂工人及挑贩数百人起而打教，清廷急派桂天培带兵到大足查办，余栋臣率众退至西山。四川总督刘秉璋以缉捕凶手、赔银五万两结案。

四川官报书局创办，局址设在成都东玉龙街。成立之初由上海购得设备，并聘用日本技师数人。当其盛时，雇佣工人达三百余人。除印行《四川官报》外，还印制各种政府文件、表报、契税收据。1921年厂内设备、财产被军阀势力拆散、瓜分。

《烟台条约续增专条》（又称《重庆通商条约》）签订，重庆即准作为通商口岸无异；英商自宜宾至重庆往来装载货物，或雇佣华船，或自备华式之船，均听其便。这一条约的签订使得英国人正式取得了在重庆开埠通商的特权。

1891年（光绪十七年）

3月，重庆海关成立，关址设在重庆朝天门糖帮公所，标志着重庆正式开埠。1905年迁到太平门顺城街。

英国领事馆在重庆设立，这是西方国家在重庆设立的第一个领事馆，其管辖范围为四川全省及贵州地区。随后，法国、日本、美国于1896年3月、5月、12月先后在重庆设立了领事馆。

"领事巷"划设。1896年3月，法国设领事馆于巷内；12月，美国设领事馆于紧邻的五福宫前；1900年，英国领事馆迁来巷内；1904年，德国领事馆驻节桂香阁侧。如是，原本僻静狭窄的街巷，因外国使节机构的入驻，而名领事巷。抗战时期，随着国民政府迁渝，相关国家的大使馆随迁重庆，最开始也在领事巷与领事馆合署办公。

富顺人宋育仁发表《时务论》，系统地阐述了他在经济、政治、军事和文化方面的维新主张。该书体现出宋育仁先于时代的敏锐洞察力和最本源的变法思想。

1892年（光绪十八年）

7月，万县海关成立。

重庆洋务学堂创办，其课程以英语、数学为主科，除国文外，增设科学，这是四川省内将教育的重点转向现代学科内容的第一家官办学校。其后，官立中西学堂也开设了中、外文课程。

1894年（光绪二十年）

赵熙中进士，殿试列二等。次年，应保和殿大考，名列一等，授翰林院国史馆编修。赵熙（1867～1948），字尧生，号香宋，四川荣县人。蜀中五老七贤之一，世称"晚清第一词人"，工诗，善书，间亦作画。诗篇援笔立就，风调冠绝一时。偶撰戏词，传播妇孺之口。一生作诗三千余首，有《香宋诗钞》《香宋词》等著作。曾主持修撰《荣县志》。

刘光第撰写《甲午条陈》，请代奏皇上，以备朝廷采择。《甲午条陈》是刘光第维新变法的政见主张，是改革弊政的宣言书。

1895年（光绪二十一年）

5月，成都民众将恩光堂教堂、教士住宅及附设的诊所一并捣毁，是为成都教案，其影响迅速扩大到全川二十多个府州县。

康有为率同梁启超等数千名举人联名上书清光绪皇帝，反对《马关条约》。四川举人积极响应，"公车上书"中实际署名六百零三人，四川举人则有七十一人，约占总人数的十分之一。

骆成骧殿试第一，授翰林书院修撰，是清代四川唯一一名状元。骆成骧（1865～1926），字公啸，四川资中人，成都尊经书院肄业。光绪二十四年（1898）曾与杨锐等在北京创设蜀学堂，讲求新学。辛亥革命后，因不满袁世凯执政，携眷返蜀，被推为四川省临时省议会议长。不久辞职，从事教育活动。一生清廉自守，为振兴教育、培养人才竭尽心力。著有《清漪楼遗稿》等。

麻哈金矿在冕宁创设，创办资本三十万两银，其中官本银十五万两，余则招商集股。1897年底用机器开采，1899年又添购电气钻机。每月在藩库领款四千两作为日常经费开支。因管理不善，毫无成效，1900年停办。1911年重新招商采办。

1896年（光绪二十二年）

3月，宋育仁在重庆主办商务局，提倡兴办实业，提出"各公司不招洋股，不借洋款，不动官款"等主张，兴办洋烛、煤油、煤矿、玻璃、白蜡、卷烟、药材等公司。

3月，法国在重庆设立领事馆。1896年2月，清政府与法国议定，允许法国在重庆设立领事馆。3月，法国驻渝领事馆正式开建，任命原驻汉口副领事哈士为重庆首任领事。当时的法国驻渝领事馆负责管辖四川、贵州、甘肃、新疆、青海、西藏等地区的通商和法国侨民等事务。1898年，法国驻渝领事馆完工。

7月，日本领事馆在重庆成立，首任驻渝领事加藤义三。馆址初设城内小梁子伍公馆，后迁至临江门大井顺城街。中日双方按《马关条约》第六条要求，在北京签订《中日通商行船条约》二十九款，约文规定，日本在华与欧美诸国同样享有领事裁判权，并在其他一切方面享有和列强同等的最惠国待遇。

10月，清政府与日本签订《中日公立文凭》，其中第一条规定"添设通商口岸，专为日本商民妥定租界，其管辖道路以及稽查地面之权，专属该国领事"，此规定成为日本向清政府强索在重庆设立租界的法律依据。

四川官办成都中西学堂创立，学制五年，每期招收三十人，十五名学英语，十五名学法语，并开设习字、经史、策论、算学、舆地、外国史策等课程，分别由华文教习和洋文教习讲授。

1897年（光绪二十三年）

大清邮政官局在重庆海关寄信局基础上扩充成立，是为四川第一个正式的官办邮局，辛亥革命后改称东川邮政管理局。开办了函件、包件、印刷品、储蓄、汇兑等业务。有两条邮船在川江航行，十余辆邮车来往成都、贵阳等地，并有了航空邮件。

钟琦《皇朝琐屑录》刻成。《皇朝琐屑录》分正集和续集，分别有四十四卷和二十卷。根据清代邸报、《清通志》、《清通考》等典籍，加其亲自闻见，汇辑记叙有关清代政治、军事、经济、文化等各方面的史料，对咸丰至光绪年间四川地区的军务、田赋、盐政、茶政、民生、风俗、掌故等记载甚详。

宋育仁在重庆创办《渝报》，以潘清荫、梅际郇分任正、副主笔，杨道南为协理。该报为旬刊册报，每册约三十页，设有上谕恭录、总署奏折、译文择要、各省近闻、本省近闻、外国近闻、渝城物价表等栏目。

川东副使在渝兴办中西学堂，川东各县办学堂之风迅速兴起，影响全川。

1898年（光绪二十四年）

年初，宋育仁受聘出任成都尊经书院院长。

3月，四川维新派人士刘光第、杨锐等在京创立以"讲新学、开风气，为近今自强之策"为宗旨的蜀学会，并与成都的尊经书院同学联系，在成都也组织了蜀学会，主张变法维新。杨锐又集巨资与刘光第等在北京观善堂旧址创设"聘请中西教习，讲求实务之学"的蜀学堂。蜀学堂是各省在京开办的第一所新式学堂，影响颇大。

4月，旅京四川人士成立保川会，主要从事维新活动。

5月，宋育仁等在成都创设蜀学会，创办《蜀学报》，以吴之英为主笔，廖平为总纂。蜀学会订立章程二十八条，刊发《蜀学报》，昌明蜀学，开通邻省，亦载学会讲义、会员心得。

9月28日，杨锐、刘光第等"戊戌六君子"在北京菜市口就义。杨锐（1857~1898），字叔峤，又字钝叔，四川绵竹人，清末维新派，戊戌变法六君子之一。以举人授内阁中书，参加强学会、保国会，倡立蜀学会，光绪帝实行维新变法后，杨锐出任四品军机章京，参与新政。1898年与谭嗣同、林旭、刘光第、杨深秀、康广仁等六君子一同殉难，年四十一岁。著有《杨叔峤诗文集》《说经堂诗草》以及《隋史补遗》《晋书注》等。刘光第（1859~1898），字裴村，四川自贡富顺人。1883年任刑部主事。1898年入保国会。在百日维新中受到光绪帝召见，赏四品卿衔，在军机章京上行走，参与新政。有《衷圣斋文集》和《衷圣斋诗集》存世。

1899年（光绪二十五年）

5月7日，借重庆开埠辟通商口岸之名，英国军舰"山鸡""山莺"号由宜昌侵入万县境江面。此后，两军舰派驻川江，常年不离渝港。

昌圆法师在金龙寺落发。释昌圆（1879~1943），俗姓伍，法号道静，郫县人。1899年于郫县金龙寺披剃落发，1910年任金龙寺住持。倡议成立郫县佛学社、觉觉佛学社，创办成都爱道学校、成都地藏庵尼学校、温江爱道学校等。后任全国佛教协会副会长、四川省佛教协会会长，创办四川佛学院。初宗

"华严""弥陀",晚年专修"净土",持戒精严,得戒弟子七千余人,为蜀中之冠。

1900年(光绪二十六年)

10月,重庆府札令各州县刊发湖广总督张之洞所编《劝学篇》内《非攻教》。

1901年(光绪二十七年)

2月,《华西教会新闻》在重庆复刊。《华西教会新闻》原创办于1899年1月,由华西各传教士在重庆举行的第一次宣教大会通过决议,联合组织差会顾问部,成立华西圣教书局,刊印《华西教会新闻》。1900年初因反洋教激烈而停刊。

8月,川剧旦角演员谭云仙在成都组建翠华班,邀请徐德斋、黄乐瑞、陈泽洲、唐双双等人入班。1912年翠华班与长乐班(1906年由宾乐班改组)、宴乐班(1902年组建)组成"三庆会"(庆祝三个班社团结、合作之意),后颐乐班(1908年组建)、太洪班(道光年间成立)、彩华班(1908年创建)等陆续加入。

9月,川东兵备道兼重庆关监督宝棻与日本驻渝领事山崎桂签订《重庆日本商民专界约书》,允许日本在重庆王家沱设立租界。

10月,川南经纬书院改办为川南经纬学堂,在泸州成立,周善培任学堂教务长,特聘赵熙为监督,主持教务。吴玉章、谢持、黄树中等均曾在该学堂从习。川南经纬学堂后改名为川南师范学堂,辛亥革命后更名为川南师范学校。

11月,海关总税务司派汉口邮政局供事杨开甲、彭辅钧及宜昌邮政局副供事钱贯祥、杨文榜在叙府开设邮政局,四川民用官办邮政网建立。12月24日,于成都署袜街创立大清邮政成都分局。时成都下辖州县均设邮务机构。

12月,《启蒙通俗报》创办。文稿采用白话文,其内容偏重教育,启民智、兴实业、强国家,在"地球纪事"的"本省""外省""外国"小栏中,大量刊登有关办学校、兴实业及国外科技新事等。曾多次易名,如《通俗报》《通俗日报》《通俗画报》等。

竹禅和尚圆寂。竹禅和尚(1824~1901),号熹公,俗姓王,梁平县人,梁平双桂堂第十代住持方丈,清代著名书画大师、佛学大师、古琴大师,以画孤竹怪石名噪一时。其书画作品收入《海上墨林》《益州书画录》等书中。著有《画家三昧》六卷传世。

1902年（光绪二十八年）

2月，合川县举人张森楷发起、集股创办的四川蚕桑公社正式成立。公社成立后，两次从浙江海宁引进良桑万余株，开展桑树、蚕种、养蚕技术的改良，推广两季养蚕，为四川历史上两季养蚕之始。公社还招收学生，开办蚕丝教育。次年，蚕桑公社经学部批准改为"民立实业学堂"。

4月，成都府蒙养师范学堂开始授课。原拟定开办的成都府师范学堂，改为先期开办蒙养师范学堂，赵藩任堂长。学堂招收学生三百零五人，六个月完毕。

5月，川督奎俊上奏清廷，将尊经书院裁撤，和锦江书院合并，并接纳中西学堂，改名为四川通省大学堂。本年12月30日，川督岑春煊改四川通省大学堂为四川省城高等学堂。

6月，由法国巴黎布道会法籍医师主持修建的大型医院在重庆开业。1877年，英国内地会牧师麦卡悌在巴县传教时设立了四川第一个教会医疗机构。1892年，美以美会医生马嘉礼又在重庆建立宽仁医院。1906年，一所由德国政府资助并由一名德国军医管理的医院开业。

7月，由重庆至保宁、成都、云南的邮路开通。截至1909年底，重庆邮政总局下辖总分局十处、代办所六十六处。1910年寄送轻重邮件八百五十万件、包裹九万三千件，共重二十八万四千千克，邮递速度亦大大加快。

8月，经川督奎俊奏准，四川武备学堂在成都东城昭忠祠动工兴建，次年元月竣工。

9月，法商雷达利投资二百万两白银，创办和成公司，与四川保富公司在成都签订开采巴县、万县油矿合同。后因保路事起，未及开采即行解散。

10月，四川省警务学堂获准开办，并于12月2日在成都正式创立，以培养开办警察的骨干。共训练了七班学员，毕业四百三十三人。

10月，四川游学公会在成都创设，其主要职责是筹款资助四川学生出洋留学。1901年，川督奎俊选派了青年学生二十二人官费赴日留学，是为四川派遣留学生之始。游学公会设立后，出国留学的人数逐年增加，1903年为五十七名，1904年为三百二十二名，1905年为三百九十三名，1906年达到八百余名。

全川基本每县都派有留学生，约占当年全国赴日留学八千余人的十分之一。

11月，川督岑春煊设立川省学务处，以督办全川学堂事宜，命张鸣岐为督办。1906年，根据清学部之令，川省学务处改称学务公所，由胡峻任议长。

12月，自贡竹编艺人龚爵五始创"龚扇"，成为蜀中竹编一绝。自龚扇创立后，龚爵五后代龚玉璋、龚长久父子又将其竹编工艺继承发展，享誉中外。

12月，傅樵村在图书局内设立阅报公社，陈列全国各地的报章杂志共六十二种，其中还有日本报纸两种，便民浏览。总督岑春煊亦刊出告示予以保护。

12月，四川人陈宛溪在潼川开办神农丝厂，是为四川近代第一家新式缫丝企业。此后全省其他地区如重庆、合川、嘉定、万县等地也陆续兴办类似的新式缫丝厂。据不完全统计，1902年至1918年间，四川共有近代丝厂十七家。

12月，李姓士绅在开县创办文伦书局，文伦书局是集出版、发行、印刷于一体的新型书店。1903年春，书局迁至成都卧龙桥街，有铅印和石印设备，先后印刷《启蒙通俗报》《蜀报》等报刊。到1910年，该局出版了大量书籍，计有《新政应试必读》六卷、《大清矿务章程》《军医规则》《速通国文教科书》《中等国文教科书》《御注孝经》《小学新唱歌》《中国商务志》《四书五经义》《中外舆地考》等一百三十六种。后因经营不善，于1926年结束。

岑春煊任四川总督。其督川期间，严肃吏制，建立警察制度，一举弹劾四十余名官员。人送绰号"官屠"，与"士屠"张之洞、"人屠"袁世凯并称"清末三屠"。

清廷学部废止八股文，并发布上谕，将全国所有书院改为学堂，分别建立大、中、小学堂和蒙养学堂。四川随之响应，并于11月设立川省学务处，督办全省学堂事宜。四川省近代教育体制自此开启。

黄吉安入戏曲改良公所，专事川剧的创作和整理。黄吉安（1836～1924），中国川剧作家。出生于安徽寿春（今寿县），后徙湖北江夏。晚年落籍四川成都，与川剧艺人和票友广泛结交，开始喜爱川剧。平生共创作川剧剧本八十多部，四川扬琴唱本二十余个，世称"黄本"。代表作有川剧剧本《江油关》《柴市节》《闹齐宫》。

巴县人杜成章在方家十字报恩堂创办正蒙公塾。

四川省城高等学堂创立。学堂仿京师大学堂办学模式，培养高级人才和中等以上学堂师资。学堂内分师范科、普通科、正科、体育科。曾开办半日学堂和附属中学堂。以"中学为体、西学为用"为办学方针。

商人魏子书创办四川最早使用机械采炼的铜矿彭县官铜局。该局位于彭县西北大宝山。次年该局收归官办，先后隶属于四川机械局、商矿局、矿政调查局、四川银圆局总局，均以土法采炼。宣统元年（1909），改设彭县官铜局，参考西法，改用新式冶炉设备。

1903年（光绪二十九年）

1月，义和拳女首领廖观音被捕。廖观音，人称廖九妹，金堂人，自幼习武。1901年，廖观音师从红灯教主曾阿义学"神拳"。她借宗教宣传反清灭洋，有大批信徒，操练习武，活动在金堂、华阳一带，被众拥戴为"观音"。反洋教运动后，廖观音在华阳石板滩起事。廖观音反对缠足，还编写了一首反缠足的民歌，在当地青年女子中广为传播。

3月，吴玉章随吴永锟、叔侄黄芝及同乡九人出川游学，抵东京后写《劝游学书》，并向四川学政使方旭去信建言每县官派一到两人到日本学习师范。

5月，四川巴县人邹容撰写的《革命军》在上海大同书局印行，共两万余字。

四川师范传习所开办，是为四川省师范教育之先声。到1905年，全省公开办一百一十所，传习所培养了大批小学教员。

热河都统锡良调任四川总督。锡良（1853~1917），字清弼，拜岳特氏（巴岳特氏），蒙古镶蓝旗人，同治十三年进士。历经同治、光绪、宣统三朝。1911年清帝逊位，解职居家至死。遗著有《锡良奏稿》。

陈开沚创建神农丝厂，博采新法，产品行销省外，影响遍及全川。陈开沚（1855~1926），四川三台人，字宛溪，号遇溪。自幼聪颖刻苦，十六岁中秀才，后入塾执教，以舌耕度日。1903年创建神农丝厂。后兴办华新丝厂，管理严格、注重质量，所产生丝远销美国，连挫意、日生丝，在国际公赛中两次获奖。著有《劝桑说》《蚕桑浅说》及《神农最要》等。

文学家钟祖芬被捕入狱，史称"江津粮案"。光绪二十八年（1902），钟祖芬结县绅上控地方官苛征钱粮，被县令武文源串通重庆知府张铎谋设谋，以"播乱民心，结党为奸"为由，于次年将钟祖芬逮捕入狱。钟祖芬（1847~1911），号云舫，江津人，有"联圣"之称，我国最长联一千六百一十二字的江津县临江城联，就出自他手。著有《振振堂诗文集》八卷，为研究四川教案和义和团及晚清四川财政经济的重要资料。又有《招隐居传奇》等。

官报书局设于成都东玉龙街。官报书局是清末成都地方官府为印制各类文件而开办的印刷工场，1903年开设于成都东玉龙街。初期完全承印各类官方文件，后增加了对外印书业务，旋改为官立印刷所。民国后改名为四川印刷局。

杨庶堪、梅际郁、童宪章、陈崇功、朱之洪等人秘密成立公强会，以"寻求救国强兵之道""启迪民智""树立革命思想"为宗旨。1905年8月14日，在东京的重庆公强会代表童宪章、陈崇功等人，由孙中山亲自主盟，加入了同盟会，成为重庆最早的同盟会会员。

重庆成立女学会，其目的为振兴女学，并制定《重庆女学会章程》。

川东书院改为重庆府中学堂，地址在重庆炮台街洪崖坊。该学堂设师范和正科甲、乙班。课程科目分修身、经学、国文、英文、历史、地理、数学、博物、物理、化学、图画、体操等。首任学堂监督杜少瑶。1909年起，中国同盟会重庆支部负责人杨沧白、张培爵分任监督和学监。该校成为重庆革命党人活动基地和领导中心。

由国内十七省在川会馆联合出资创办的四川客籍学堂设立，专收旅居四川的外省人子弟，校址设在成都玉泉街。辛亥革命后，外省人在四川当官和经商的人数减少，各省会馆日趋穷困。1903年前后，客籍学堂因学款支绌和学生太少而停办。

1903年基督教三育会在乐山创设的教会印刷所，于该年迁至成都四圣祠建厂，定名华英书局，是中国全国基督教会四大出版印刷厂之一。负责人文焕章。主要业务为印刷宗教书籍、刊物。新中国成立后，由人民政府接管，改为川西第二印刷厂。

1904年（光绪三十年）

1月15日，中英签订《承租打枪坝约》，规定重庆海关税务司每年仅付二百两租金，永远租借打枪坝。

1月22日，官办川汉铁路总公司在成都岳府街成立。该公司明确川汉铁路不招外股、不借外债，而由中国人自己集股筹建。此后，先后有十多个省效仿成立了铁路公司。

1月，官办东文学堂成立，以培养出国留学人才为主，校址在原成都中西学堂学馆旧舍。又设东游预备所，其办学内容专以研究东文为目的，以作游历日本的参考。

3月7日，《四川官报》在成都创刊发行。该报刊以刊登清廷和四川地方政府的文牍为主、新闻为辅，有谕旨、奏议、论说、新闻、专件等栏目。新闻除本省外，多采用自《北洋官报》《南洋官报》《新闻报》等几十种报刊。其内容有关发展工商业、改良吏治、兴办学堂等。该报为册报，月出三期，逢每旬一日出版。规定大县派购一百册，小县派购四十册。官报书局的人员，均由清政府委派官员担任。后根据四川咨议局的建议，四川总督批准，《四川官报》于1911年2月19日起改为五日刊，也叫作《四川五日官报》，内容分为公布和参考两大类。1911年11月6日，《四川官报》停刊。

4月25日，《广益丛报》第三十四号刊登署名为"中国之新民"的文章，文章题为"政治学大家伯伦知理之学说"。这是四川最早以文章的形式专述西方政治学。

5月26日，八旗高等小学堂在少城书院基础上扩建完成。学堂规模宏大，设备完善，为新式学校。八旗高等小学堂设有数、理、化、中文、英文及音乐、绘画、体操等科，教师旗汉并用，初时兼教满文。学生一律由学校供给伙食。汉族学生也有就学的，待遇和满族、蒙古族的学生一样。

6月，四川省学务处批准了华阳人吴中杰为保证自己开设的观书楼秩序而定的章程制度，并下令给予官方的保护。吴中杰是华阳县的五品候选官员，他在居所附近建成观书楼两座，将家里的藏书和新书陈列其中，供人免费抄阅。

7月，四川省城警察总局对辖区内的户口进行注册，加强人口管理。省城警察总局以"恐有漏户藏奸"为由，通知各街局正、甲长、牌首，按街牌号到该管警察分局注册辖区户口；对迁移、死亡、添丁等事，十日一报，听候复查；对迁出搬来之户，一律凭"迁徙票"搬迁。

8月，留学日本的陆慎言、陈仰天、张允士等创办淑行女塾，租成都名画家端午君在江渎庙侧的四合院作为校舍。女塾标榜培养贤妻良母，主要学习四书五经之类的课程，后又习写作知识。1907年，女塾改为淑行女子中等学堂。

9月，叙永创办师范学堂。到1909年，全省共有各类师范学堂三十六所，为各地新学的发展培养了大批的师资，加上历年留学生回国从事教育者，四川新学教师的数量在全国名列前茅。到1907年，四川省共有教员一万二千八百二十四人，占当年全国师资总数的20.08%，居全国第一。

10月17日，卞小吾在重庆方家什字麦家院创办四川第一家日报《重庆日报》。《重庆日报》宣传革命，倡导男女平等，具有反清思想。1905年，重庆官府逮捕了卞小吾，查封了《重庆日报》。卞小吾（1872~1908），名鼎，重庆江津人。他创办了东华火柴厂、东文学堂、女工讲习所等。所著《救危血》《呻吟语》及其他诸章，情词慷慨，传诵一时。光绪三十一年（1905）被捕后，于光绪三十四年（1908）被狱卒和囚犯刺杀。

11月3日，四川官报书局创办《成都日报》，与《四川官报》相辅并行。该报刊登社会、文化、科技诸方面的内容，前后共发行二千二百余期。辛亥革命后，《成都日报》被四川军政府接收，改为《四川军政府官报》。1912年3月，成渝两地军政府合并后，又改为《四川都督府政报》。

11月，商人邓惠川夫妇邀约永宁县二郎镇酒师李炳三做帮手，开办"絮志酒厂"，开始烤制曲酒、高粱酒。以酒质醇和、清香爽口、回味带甜而享誉一方，成为名酒。郎酒采用当地回沙工艺，并参二郎镇之名，又称"回沙郎酒"。

法国外方传教会川东教区创办机关报《崇实报》，并建立圣家书局，专门承担各种宗教书报的制作和发行，主要发行于川东地区并兼及湖北、云南、贵州。外国传教士在重庆创办了多所学校，有1891年美国基督教美以美会传教士鹿依士开办的求精中学，1895年开办的启明小学；1894年英国基督教会开办的广益中学；1898年法国教会开办的法文学堂等。

东川、经学、渝郡三书院合并成立重庆府中学堂。之后，合川、永川、铜梁、璧山、江北及川东各州县厅也相继建立官立学堂。民国初，改为联合县立高级中学校。县属城乡学院、义学均改名小学堂。

成都府中学堂在原成都锦江书院原址上建成，学制五年，学校首任山长林山腴。1905年成都府属的十六个州、县招收首届新生一百二十人。分甲、乙两班。以后每年招收两班学员。1912年更名为成都联合中学校。

樊孔周创办昌福印刷公司，由上海购回机器，铅印、石印、套印设备齐全，聘上海技工数人。除印制一般的文件外，还翻印书籍，印刷定期刊物《闲娱录》和《四川公报》，保路运动中曾印刷《保路同志会报告》。

四川总督锡良于成都庆云西街开办四川官弁学堂，训练绿营五官。课程分数、理、化、语文、修身、史、地等普通学科和典、范、令等军事学科，以普通学科为主。1911年夏停办。

四川成立劝工局，作为全省推行实业的总机构，主要从事各项工艺制造，以开全省风气之先。同年，分设劝工外局。四川各州县也相继仿办劝工局。

年底，省学务调查所成立，其职责是"已办者复核之，甫办者督催之，未办者咨请严饬之"。所内分五科：预修科、审定科、收发科、录事科、庶务科。除督促办学外，其他事务还有印行教科书、审定各州县审送的学堂章程和登记出洋留学人员姓名。

1905年（光绪三十一年）

2月4日，卞小吾在重庆创办东文学堂。学堂学制分本科、专科、预科和附属小学。本科学制三年，教学科目共有历史、地理、物理、化学、数学等十七个门类；专科学制二年，共有九科，并附设小学学制四年。此外，学堂还对毕业生开设了有关赴日留学的指南以及助学金制度等内容的课程。由担任《重庆日报》社长的日籍人士竹藤太郎讲授日语。

2月21日，启希贤联合数百家贵族富绅成立天足会，意欲打破陈规陋习，提倡女孩放足自新。此后，一些女学生和开明之家的女子，逐步兴起放脚新风。

4月3日，邹容因《苏报》案，被判刑两年，1905年死于狱中，葬于上海华泾。邹容，原名绍陶，又名桂文，字蔚丹（威丹），留学日本时改名为邹容，四川省巴县（今重庆巴南区渔洞）人。1903年，以"革命军中马前卒"写成《革命军》一书。辛亥革命成功以后，孙中山追赠邹容为"陆军大将军"荣衔，崇祀宗烈祠。

4月5日，巴塘教案发生。光绪三十年（1904），清政府在亚东设立靖西厅，增添同知一员，隶属四川总督。随后，清政府把驻藏帮办大臣衙门由日喀则东移察木多，扩大其权力，支持其积极活动。时驻藏大臣凤全前往处置巴塘事务，被杀。巴塘教案之后，清政府以巴塘为中心，在川边地区改土归流，推行郡县制。光绪三十二年（1906），四川总督锡良奏请设置川滇边务大臣，赵尔丰被任命为川滇边务大臣。

4月29日，在美国人毕启等人的筹备、组织下，华西各差会顾问部讨论通过了创办华西协合大学的计划草案。1905年11月，成立了"华西协合大学历史管理部"，开始筹建工作。1907年开始兴建校舍。1908年10月正式拟定了"华西成都基督教大学筹办方案"。1910年，华西协合大学正式开办，毕启为首任校长。

夏，巴县字水书院改为巴县医学堂，这是重庆第一所中医学校。两年后，该校迁五福宫，后迁桂香阁，易名重庆官立医学堂。

7月，泸州哥老会首领佘英东渡日本面见孙中山，之后加入同盟会。佘英（1874~1910），原名佘俊英，字竟成，四川泸县（今泸州龙马潭）人。哥老会舵把，有革命思想。1910年发动起义未成遇难，时年三十六岁。临刑前吟成就义诗一首："牡丹初放却先残，未捣黄龙死不甘。我本为民兼为国，拼将热血洒红毡。"1919年被孙中山追赠为陆军中将。

10月19日，四川官办银行"浚川源"开业，设总行于重庆，在成都设分行，后相继于北京、上海、汉口、宜昌、涪陵等地设立分行。隶于四川藩司，资本总额五十万两，颁发"四川官银行"印信，专备公文造册报销及股票、银票之用。主要业务为承汇公私款项，兼营私人存放业务。浚川源银行是四川地方最早的近代金融机构，又称四川官银行。辛亥年（1911）秋，成都兵变，浚川源成都总行库存银二十三万余两被洗劫一空，银行随之歇业。

10月，重庆地方政府将咸同年间设立的保甲局改组为警察总局。

10月，重庆总商会于重庆三忠祠成立。总商会设有商事公断处，负责处理各商帮纠纷，并创办《重庆商会公报》，该报创刊之初为旬报，每月出三册，到1908年改为周刊，每逢星期日出一册。设置栏目有公版、论说、商情、商史、小说、纪实等。

11月9日，省城各学堂运动大会在成都北较场四川武备学堂举行。这次运动会进行了一天，全省四十个学堂的三千二百八十一名运动员参加了普通体操、器械体操、兵式体操、正步四列和徒手竞走、蛇行竞走、武装竞走等三十五个项目的比赛。学务处总理方旭任大会会长，武备学堂总办沈炳堃和会办陈宧担任会场主任。

12月，学务综核所设立，由学务处各府、厅、直隶州设立，是介于省学务调查所和各州县劝学所（学务局）之间的机构，凡学务处发予调查所关于学务的文件，由综核所转发所属之劝学所（学务局），"庶免宕延"。各州县办学一切报告按月申送综核所，由综核所分别核实，按季汇送调查所。

官办重庆铜元局成立。该局采用德国和英国进口机器设备制造铜圆和银圆，后逐步扩充设备。由于铜圆利薄，加之当时军阀混战，急需军火，铜圆局被迫转向兵工生产，英厂生产弹壳，德厂生产弹头。

蜀中名医沈绍九建医馆，定时赴馆义诊，达三十年之久。沈绍九，浙江绍兴人，名湘。曾任彭县、金堂等县幕客，为成都四大名医之冠，以方药配伍巧妙、精于脉络之学闻名。著有《沈绍九医话》。

成都大慈寺住持圆乘开办佛教初级小学，这是四川丛林开办现代佛学教育之始。所学课程除佛学外，还有国文、史地、算学等。

教育研究所成立，专门研究有关发展教育问题。

成都开办彩票公司，在四川首次发行彩票。发行彩票的机构初称彩票公司，后改为票捐局。彩票开办的次年，川督锡良奏请开办"官彩"，所有盈余拨给练兵制械之用。

四川通省师范学堂创立，其校址位于成都旧皇城府试院内，培养中等学堂和初级师范学堂的教员、管理员。首任学堂监督徐炯。首届学员由省内各府、州、县保送，约三百名。学堂分设初级部、简易部、优级部三部。1908年附设高等小学堂，1909年增设手工专修科。学堂课程分文、理科，理科课程聘有日籍教师任课。1912年，学堂改名为四川优级师范学校。

成都花市增加商业项目，花市的规模愈大、游人愈多，民间从此不称为花市，而曰花会。成都花市自唐宋以后，历代相沿，地址在青羊宫。

四川铁道学院由商办川汉铁路公司创办于成都文庙街，专门培养铁道技术人员。首任学堂监督是公司总经理胡峻，首届学员由全省每县保送一人入学，三年毕业。学堂前后共招收三期，约三百名学员。1911年底，第三期学院毕业后，学堂停办。

1906年（光绪三十二年）

3月，四川通省师范学堂正式开学。川督锡良于上年奏请建立通省师范学堂，地址设在成都皇城贡院，后迁盐道街。学生由各州县保送，招生三百六十人，分简易、初级、公共、优级等班，优级班专门培养中学教员。此后四川各地兴办师范学校。1907年，全川共有二十九所师范学堂，学生二千三百五十四人。

4月，专门为在职司、道一级官员和成都府知府、在省城的候补道府一级官员设置的宪政讲习所开办。此讲习所设于总督衙门内，初为署内各"肄业讲贯之地"，后成为道、府以上官员"宪政体要"之讲习场所。

8月，四川总督锡良责成提学使方旭、候补道周善培，在仕学馆的基础上创办四川法政学堂。

9月，川籍留日学生雷铁崖与川籍留日学生屏山邓絜兄弟及董修武、李肇甫等在日本组建川汉铁路促进会，创办《鹃声》杂志，雷铁崖任主笔，宣传鼓动川汉铁路应由官办立即改为商办的主张。《鹃声》仅出两期就被迫停刊。1907年12月以《鹃声》为基础改出月刊《四川》，每册一百二十页，由吴玉章主持，刊物以"输入文明、开通民智"为宗旨，被誉为"西南半壁警钟"。该刊在东京出版，每期由革命党人秘密送回四川发行。1908年秋出至第四期，即遭日本政府查封。

9月，四川优级师范选科学堂成立。

11月，吴弼臣将咏霓茶社改成新式剧社可园，这是川剧进入剧场的开端。

12月，四川专门体育学堂开办。四川专门体育学堂由原四川省城高等学堂所附设的体育学堂扩建而成，创办人为川籍留日学生何庆余。附设的体育学堂于当年初创建，学期六个月，专门培养小学体操教习，分本科、附学、附操三班。当月改名为四川体育专门学堂后，学习期限分为四期，分别培养初小、高小、中学和高等学堂体育教员，入学年龄为十八至二十四岁。课程设有瑞典体操、普通体操、木棒、哑铃、球竿、单杠、双杠、木马、舞蹈、足球、兵式体操，以及国文、数学、生理卫生、修身、音乐等。

同盟会重庆支部成立，杨庶堪为主要负责人。

黄树中建立同盟会成都支部。

赵尔丰废除土司、头人（族长）等职官和寺庙僧人的政治、经济特权，改革土地制度、粮税制度、风俗习惯等，在川边厉行改土归流。制定了《巴塘善后章程》《乡城改革章程》《德格地方章程》等相应改革章程。

四川通省农政学堂创办，初名四川通省农政学堂，旋改名为四川中等农业学堂。校址初设成都皇城后子门，后迁至成都外东白塔寺侧。这是四川近代第一所专门性的农业学校。开办之初，以培养农政官员为主，学生由各县限额审送，设农别科、蚕别科，学制三年。辛亥革命后，扩大规模，升格改名为四川高等农业学校。

四川陆军小学堂创立，地址在成都北较场，每年招生一百人，三年毕业。课程分数、理、化、修身、史、地及中、英、法、德、俄、日语文等普通学科，以及典范、令等军事学科两科。辛亥革命后并入四川陆军学堂。

重庆士绅集资成立探矿保险公司，承保矿井的水、火、风三害，是为四川最早的民办保险事业。1891年，重庆辟为通商口岸后，英商太古洋行、怡和洋行在重庆设立分行，经营贸易、航运兼营保险业务。光绪十九年（1893），英商立德洋行在重庆设立川保险公司，另外，永明人寿保险公司、永久人寿保险公司均在重庆设立分公司。

留日学生蒲殿俊、胡骏、萧湘等三百余人在日本成立川汉铁路改进会。每月出版一期《川汉铁路改进会报告书》，并由蒲殿俊领衔，由邓榕、胡骏、邵从恩等四十四名留日学生联合署名，发表《改良川汉铁路公司议》。

西南地区第一家使用现代先进技术设备生产日用玻璃制品和高级美术玻璃器皿的重庆鹿蒿玻璃厂建成。该厂是全国第一批近代玻璃生产企业，其产品精良美观，曾获巴拿马国际博览会一等奖。

川省红灯教蜂起，四川地区民间秘密结社，以开县、万县红灯教规模最大。红灯教早期亦称灯花教、燃灯教，原本是白莲教的异名支派，由于白莲教遭到清政府的严厉镇压，遂以红灯教之名传教。

1907年（光绪三十三年）

2月，曾孝古在日本东京与戏剧家李叔同、欧阳予倩等人创办春柳社，开创了我国话剧运动的历史。春柳社创办的第二年，曾孝古将林纾译的美国作家斯陀夫人的小说《汤姆叔叔的小屋》改编成三幕话剧《黑奴吁天录》，并在东京"本乡座"（剧场）上演，引起中国留日学生和日本公众轰动。这是中国早期话剧的第一个剧本。

3月，华阳举人陆慎言创办四川淑行女学堂，招收能识字、书写的女子，分别讲授初、高中课程。1908年招收师范班，并附属开设小学、蒙学馆，在校生达三百余人。1914年春，改名为四川省立第一女子师范学校。

5月，四川设通省劝业道，由周善培主持，统筹川省农工商矿事业。劝业道令全川各州县普设劝工局，同时还设立了劝业员养成所、四川商业讲习所等。

5月，成都商人李念祖仿外人储蓄劝业银行办法，组织银钱总汇业，订立章程，公举总、副司理各一人，定名为成都信立钱业有限公司。业务范围为抵借、信贷、存放三部分。

7月，四川藏文学堂创设，以培养办理康藏边务通事人才为首。校址初设在成都昭忠祠街。首批学生约一百二十人，全由泸定厅选送。课程以藏语、藏文、文书和军训为主，学制两年。1907年改名为四川省城官立方言学校，教学重点转为外语（主要是英语）。

8月，广元学习日本储蓄银行，试办农村银行，以十元起，记日取息，到邮局积十枚印花为日币一角，满五元作为公债票。

10月，成都总商会董事马正泰发起、集资创办成都自来水公司。

12月，四川成立教育总会及分会，制定章程十五章四十七条。其职责是扶持利导全省教育事宜。据统计，到1909年，全省教育会有六十五处，会员九千余人。

四川教育官练习所建立，目的为教育行政官补充知识力，提高教育管理人员的水平。

重庆绅商尹德钧、李湛阳开办烛川电灯公司。

巴县中学堂、巴县速成师范学堂在重庆机房街创办。1908年，学校在会府街（今渝中区石灰市蜈蚣岭盲哑学校处）建成新校舍，学校由机房街迁往会府街，学生达到二百多人。1912年，更名巴县县立中学校。同年，巴县速成师范学堂在重庆机房街开办。1914年改为巴县国民师范学校。

罗绍康创办游艺女子学堂于保节院，招收女生学习技艺。两年后，其女罗怀清创办树坤女校于保节院侧。1925年，两校合并，更名为私立游艺树坤女子学校。

四川选科师范学堂创立。该学堂是成都第二师范学校（男师）的前身，只收男生，校址在成都旧皇城致公堂侧，分文、理两科，培养高等小学教员。1910年改名为川中师范学堂，1911年停办。

由劝工总局倡导、商人朱秉堃集资六万元创办的乐利造纸公司开业，仿西法造纸。早在1905年，梁山人李济川创办梁山造纸公司，对黄表纸"改良制造"；同年，陈崇功创办重庆富川造纸厂，专造火柴盒用纸。技术上仿效日本静冈纸厂模式，进口四十多英寸的单网双缸纸机和木浆生产纸张。一年后停产。

1908年（光绪三十四年）

2月，四川在原成都军事讲习所基础上开办陆军速成学堂，地址在成都北较场，重点培养四川新军的各级军官，分步、骑、跑、工、辎五兵科。四川陆军速成学堂共办两期，1909、1910年分别毕业。随着各正课学堂办成，陆军速成学堂于1910年停办。

2月，官商合办的川江行轮有限公司在重庆成立，这是川江上第一家华资轮船公司。1909年10月27日，该公司的第一艘轮船"蜀通"号在英籍船长蒲兰田的指挥下驶抵重庆。此后不久便开辟了重庆到宜昌的固定航班。

白鹿上书院竣工，该书院为培养全川神职人员的重要场所。光绪九年（1883），成都主教杜昂派谷布兰到白鹿重修备修院（俗称下书院），其后又在1895年动工兴建中修院，1908年竣工，历时十三年，定名领报书院（俗称上书院）。1932年，中修院改为神哲学院。

重庆巴县人石青阳在重庆南岸界石乡建成蜀眉丝厂，采用的是日本进口的蒸汽缫丝机。

四川留日学生在日本成立四川留日工商学生协会。该会以"吾川工商之发达"为宗旨，发表工商业改良意见，介绍国内外精美机器，报告国内外工商业情况，调查川省工商业事宜，帮助采购机器，为川省赴日考察之实业家、官绅提供方便等。

1909年（宣统元年）

2月，赵尔巽奏设高等巡警学堂，由原警务学堂改设，共招七十五人入学，皆从原绅班法政学堂具有两年学历的学生中选择，用一年时间补学警察课程，共三年毕业。

3月3日，成都劝业场开场。成都劝业场于清光绪三十三年（1907），由四川省劝业道周孝怀倡导、成都商务总会樊起鸿筹办，成都著名营造商江建廷设计施工，1908年7月破土。劝业场是通街式建筑，长近百丈，有店铺一百五十余家，为当时成都最大的新式商场。

8月，川省学务所令各地就劝学所设立私塾改良会，限三个月办成。各地私塾改良会召集私塾师考试，合格的才能收徒授课。距城不远的塾师每星期日要赴劝学所，由私塾改良会讲授教育和管理法。乡间则组织分会。寒暑假集中各塾师学习。改良得法、符合要求的，准予改称私立学堂。

8月，四川省咨议局在成都成立，议长蒲殿俊，副议长罗纶和萧湘。

傅崇矩《成都通览》出版。《成都通览》从当年9月至1910年6月由成都通俗报社陆续印出，又名《说成都》。举凡山川气候、风土人情、农工商业、饮食方言、凡百价目，均加记载。

喻培伦与汪精卫等组织暗杀团赴武汉谋炸端方，未果。喻培伦，字云纪，清光绪十二年（1886）生于四川内江。于1911年的广州起义中遇难，葬于广州黄花岗。1912年，孙中山临时大总统行文指令，以肇造民国元功追赠他为"大将军"，抚恤亲属，修建专祠。

戴季陶回国任《中外日报》《天铎报》主编。戴季陶（1891～1949），名传贤，字季陶，笔名天仇，晚号孝园，原籍浙江吴兴（今浙江湖州），生于四川广汉，中国国民党中央委员，国民党的理论家。早年留学日本，参加同盟会。南京国民政府成立后，历任国民政府委员、考试院院长、国民党中央宣传部长等职，长期充当蒋介石的谋士。1948年6月改任国史馆馆长，1949年2月在广州自杀。

劝业道设立劝业员养成所，令各府州县选送士绅送成都学习。第一班学员一百八十八人，毕业后分别回到各所在州县充当劝业员，计分布一百二十九个州县。为培养工商实业人才，1910年又设立四川商业讲习所。劝业员养成所和商业讲习所为巴蜀培养了大批优秀人才，推动了四川工商业的发展。

巴县设经征局，专收地丁、契税、津捐、厘金及烟、酒、油、糖、肉税，县官只负协察督催之责。

成都最早的商办电灯公司启明电灯公司创建。初有锅炉电机两部发电，以后又陆续添置设备。随着用电照明需求的增加，启明电灯公司在1910年至1911年间，相继购置安装了40千瓦、72千瓦火管式锅炉直流发电机组和75千瓦直立式引擎交流发电机组各1台，到1911年辛亥革命胜利后，启明电灯公司的总装机容量为194.5千瓦。业务范围包括供电、安装、立杆、架线。民国时期业务不断发展，曾垄断成都电业。

1910年（宣统二年）

5月，为补济商业传习所教育的不足，四川开设商业函授教育。在传习所设立商业学讲义部，由各科任课教师负责编写、所长负责发行，每月两册，每期收费六元。学完三学期，参加考试，成绩合格者发校外毕业证书。这是四川学校开办函授自学教育之始。

6月7日，《成都商报》在蓉创刊。该报月出三期，每册约三十双折页，由成都惜字宫街公记有限印书公司印刷。《成都商报》是成都商务总会的机关报，由商务总会会长廖用之创办。该报第一期"公牍"专栏刊登农工商部批发争睹商务总会呈宣统元年商号调查册文、布政使司照会成都商务总会请缓办印花咨询等。首期《成都商报》在卷首刊登了总督赵尔丰到商场讲演的照片，此为所发现的四川最早的新闻图片。1910年改为《四川商会公报》，由商会接办，主持人樊孔周，主编杨祖唐。1911年改为《四川公报》。

6月，巴县地方自治组织"县城会"和"城董事会"成立。

7月，四川提学使赵启霖在成都创办四川存古学堂。校址在外南簧门街国学巷。该学堂学生来源在举人、贡生、秀才、监生及新式中学堂毕业生中选拔，学制六年。学堂分经学、史学、词章学三门（课），课程有理学、经学、史学、词章、声韵、小学等主课。该学堂第一任监督（校长）为著名学者谢无量（兼理学教员），主要教师有张森楷、曾学传（经学）、杨赞襄（史学）、吴之英（词章学）、罗时宪（声韵、文学）等。存古学堂设立后，接收锦江、尊经两书院刻板五六万片约三百种，并在卧龙桥（后移青石桥）设存古书局，整理刊印，以广流通。1912年下半年与四川军政府成立的国学院合并，改称国学院。院址仍设在国学巷。

8月，《蜀报》在成都创刊，由成都文伦书局印刷。这是四川第二份以"蜀报"名称发行的报刊。新出的《蜀报》是四川咨议局的机关报，由议长蒲殿俊任社长。

9月，巴县议事会和参事会成立，分别为代议机关、监督机关。

10月，清朝中央设立资政院，由各省咨议局按定额从本局议员中选出，共九十八人（定额一百人，缺新疆二人）。四川资政院议员有李文熙、高凌霄、张政、刘伟、刘策勋、万慎等六人。

10月，四川总督批准四川巡警、劝业道报告，准予开办省城电话。有磁石交换机四台，并在设于华兴街的电话局内安装，预定安设电话用户已有百余处。翌年7月17日，在总府街附近的育婴堂内安装了四川省第一部手摇式磁石民用电话机。

10月，省城举办正规足球赛。19世纪末，现代足球运动传入四川，最先在重庆出现。1903年，重庆广益中学建成四川第一个足球场，并开设了足球课，此后便有了"广益学堂足球好"的俚语。1905年之后，成都华西坝相继筹办的教会学校也有了正规的足球场，各校都以课外活动的方式开展足球运动，吸引了大批青年参加。1906年开办的四川体育专科学堂也设有足球课。自1910年起，正规的足球比赛开始出现。

12月，四川省学务当局为推广小学教育，把各乡场分为四等。其中五百至一千户为最繁，应设四年级小学三四所、三年级小学五六所；一百至五百户为繁，应设四年级小学两所、三年级小学三四所；六十至一百户为中，应设三年级、四年级小学各一所；五十户以内为简，应设三年级小学一所。

12月，樊孔周在成都集股创办昌福印刷公司。公司设于成都学道街，拥有石印、铅印、套色等齐全的印刷设备，能套印彩色。该厂承印了《四川官报》等多种报刊书籍。

12月，护理四川总督王人文奏陈筹建四川省城及重庆商埠各级审判、检察厅，地址为成都市正府街。

12月，美国、英国、加拿大三国的五个基督教会在成都联合创办华西协合大学。在西方著名教育家波尔顿、张伯伦的指导下，华西协合大学的组织方案、专业设置、课程计划、教育管理等都采用了当时英美较为先进的方式。所实施的教育以西学、神学为重，其教员大多来自英、美、加三国。

赵尔丰奏请以工布江达为川、藏分界线，为西康建省奠定了基础。

小学教育研究所由学务公所设立，以研究"初高两等小学进行之方法"为目的。为使研究与教学结合，在所内设小学一班，以便所内研究院实行讲习。该所对川省的小学教育提出了许多合理建议。

整理刊印和发行国学类书籍的官办书局存古书局创立。书局先后修刊发行《国学杂志》《国学荟编》约三百种，参与过审定乡土志、续修四川地方通志等，曾在成都城内卧龙桥设存古书店（后移青石桥）开展发行业务。

1911年（宣统三年）

1月18日，全川美术展览会在成都成立。

2月，川滇边务大臣赵尔丰推广关外学务。关外学务局设立，负责重建各地学校和教育事宜。关外办学使边地文明开化，赵认为"骤然变野蛮而归文化"都是办学的功劳。因此提出在江卡、乍丫、察木多、三岩、贡觉等处加以推广，由边务经费下拨库六万两平银作为办学推广资金。

3月4日，原四川总督赵尔巽奏报提前裁撤绿营，改练边防。

3月12日，川滇边地推行流官制度。1911年春，川边地区已经设立巴安府、康定府、登科府三个府和德化州、盐井县、河口县、三坝厅等十多个州、县、厅，并向得荣、江卡等十多个地方派出委员。至此，川滇边务大臣的辖区已包括了今天四川的甘孜藏族自治州和西藏的昌都市、林芝市的一部分。

3月30日，赵尔丰奏请川、边、藏分段兴修川藏大车路。

4月，赵尔丰在"边务经费项下拨库平银六万两"，用来推广川边办学。赵尔丰奏称"关外巴塘一隅，男女学生四百余名，体操、国文、算术试验成绩大有可观。初等小学堂学生皆能演绎白话，解释字义，骤然变野蛮而归文化，是皆办学各员及教习等善于训导，成效昭著"。

6月17日，四川铁路公司在成都召开大会，到会代表超两千人，宣告成立四川保路同志会。以"保路废约"为宗旨，举蒲殿俊、罗伦为正、副会长，下设总务、文书、交际、游说四股。之后四天内，成都地区十万人入会。女子保路同志会、学界保路同志会、商界保路同志会、小学生保路同志会等各行各业各阶层的保路协会相继成立。成都以外地区的保路同志会也蜂拥而起。

7月12日，赵尔丰示谕甘孜僧俗将孔撒、麻书、白利、东科、灵葱等土司归并为甘孜县。

8月2日，成都女界保路同志协会成立，号召广大女界人士支持保路运动。

8月23日，四川保路运动全面爆发。川汉铁路公司通过全城罢市、罢课之议。川路股东审查会议召开，股东们临时召开会议，商讨对付清政府强行收路的办法。次日，《西顾报》《四川保路同志报告会》共印发六万份，掀起了四川保路运动的高潮。

9月7日，"成都血案"发生。保路运动爆发后，清廷谕令川督赵尔丰对运动进行镇压。该日，赵尔丰将保路运动领导人蒲殿俊、罗伦、邓孝可、江三乘、张澜、王铭新等人请到督署。民众闻听纷纷前往都督府请愿，要求释放诸人。赵尔丰下令向请愿群众开枪，当场打死三十余人，制造了血案。

9月25日，受同盟会总部派遣回川的吴玉章在荣县学署衙门主持召开各界大会，宣布荣县独立，自理县政，成立荣县军政府，脱离清政府，在全国率先建立资产阶级革命政权。

9月，同盟会会员王天杰、龙名剑在荣县"托名保路，布告起义"，随即组织民军攻打省城。

9月，四川保路同志军起事后，松潘、茂州、汶川的藏族及凉山的汉、彝、回族群众也纷纷响应。西昌张耀堂、王西平领导群众起义，占领西昌城。

11月22日，清政府四川官府和立宪派在成都寰通银行签订"四川独立条约"三十余条，赵尔丰仅交出"总督"虚衔。

11月25日，重庆蜀军政府创办《皇汉大事记》，后改为《国民报》，作为蜀军政府的机关报。由燕翼（子才）、周文钦（家桢）任正、副总编辑，温少鹤任主笔，文伯鲁等为编辑。

11月27日，蜀军政府诛杀端方。重庆成立蜀军政府后，清王朝钦差大臣、暂署四川总督端方率鄂军驻扎在资州。蜀军政府联合鄂军革命党发动起义，诛杀端方。鄂军起义后，推举党人陈镇藩为统领，大军过内江，协助内江独立。在抵达重庆后，受到蜀军政府欢迎。

12月8日，成都发生兵变。大汉四川军政府于11月27日在成都成立。赵尔丰于当月企图利用其清朝旧军队，在成都东较场发起哄抢、射击。都督蒲殿俊、副都督朱庆澜出逃。9日，改组大汉四川军政府，推举尹昌衡为正都督、罗纶为副都督。12月22日，尹昌衡派兵包围督署，擒获赵尔丰，并将其枭首示众。

12月17日，《大汉国民报》在成都创刊，作为大汉四川军政府的机关报。

吴虞因抨击儒教，几遭清廷逮捕。吴虞（1874~1939），字又陵，号黎明老人，四川新繁人。早年留学日本，归国后任四川《醒群报》主笔，鼓吹新学。1910年任成都府立中学国文教员，不久到北京大学任教，并在《新青年》上发表《家族制度为专制主义之根据论》《说孝》等文，猛烈抨击旧礼教和儒家学说，在"五四"时期影响较大。胡适称他为"中国思想界的清道夫""四川只手打孔家店的老英雄"，著有《吴虞文录》等。

中华民国

1912年1月

4日，四川田赋用作军需。

15日，孙中山急电四川资州军政府释放因随幕端方而被拘于资州的刘师培。刘师培获释后，留于成都四川国学院讲学，后任国学院校长。

22日，重庆蜀军政府与入川滇黔军及四川军政府协商共组大军北伐。公推张培爵为北伐军总兵站官，夏之时为北伐军司令官。重庆蜀军政府都督张培爵、副都督夏之时联名致电孙中山等，要求取消南北议和，联合各省军队北伐。而孙中山南北和议之意已决，北伐之举未能实现。

1912年2月

27日，四川高等工业学校成立，由清末设立的原四川高等工业学堂改为四川高等工业学校。1914年又改称为四川公立工业专门学校。

1912年3月

1日，同盟会四川支部成立，部长由熊克武担任，川籍代表李肇甫、吴玉章当选为中国同盟会干事。

4日，《国民报》报道，四川教育司发令停止在学校读经，禁止清学部的教科书。高初等小学加授缝纫课，高小改中国文为国文，中国史为本国史，格致课改为理科，增设英语，又饬注意体操、音乐、图画、手工等科。

6日，大汉四川军政府副都督罗纶在成都创办《进化白话报》，用白话文代替文言文，力图"启迪民智"。

11日，成都大汉四川军政府与重庆蜀军政府合并，组成四川都督府，川政统一。蜀军政府都督张培爵电请孙中山等人，推举尹昌衡为四川军政府正都督，自任副都督，罗纶由大汉四川军政府副都督转任军事参议院长，夏之时任重庆镇抚府总长。

23日，蔡锷电告入川滇军返滇。1911年10月，云南宣布独立后，滇军以

"北伐""荡平匪患"为由派谢汝翼、李鸿祥两团入川。入川滇军侵扰川南叙府、自流井一带，与蜀军政府川南军发生冲突。

四川私立法政专门学校成立。

四川推行县行政长官举荐制。

1912年4月

6日，驻藏川军与藏兵发生战事，川军败退大昭寺，固守抵抗。四川都督尹昌衡、副都督张培爵致电北京中央政府，请示治藏方略。袁世凯大总统于5月发布命令，任命钟颖为西藏办事长官，处理藏务。7月，钟颖及其所属川军被藏军全部缴械并逐出西藏。

9日，四川都督府正式颁布《法院编制暂行章程》。《法院编制暂行章程》有审判通则、地方审判厅、控诉院、上审院、司法年度及事务之分配等共十五章一百三十七条。6月2日，颁布了《司法司书记官登用章程》，有总则、考试、学习、候补及补缺次序、附则等五章二十九条。

22日，成都《中华国民报》与《四川公报》合并出版，定名为《国民公报》。该报在《国民公报出世宣言》中明其宗旨："自今后如有窳陋之政治、败坏之风俗出现于社会，本报不惜排万险，冒万难以监督之、改良之。"

1912年5月

28日，四川国学院成立。四川国学院前身是宣统二年（1910）创办的存古学堂。后来为了扩大学府，从各方面培养人才，设立近代学科教学，遂于1912年更名为"四川国学院"，谢无量恭推吴之瑛为校长，自己做副校长。课程增加天文、工程学和地方志等。邀请廖平、曾瀛、李尧勋、释园乘等三十余人加入。

四川军政府都督尹昌衡改革四川军制，改镇为师，改统制为师长。将四川陆军第一至第四镇改编为师制。原蜀军政府所辖蜀军第一师改为四川陆军第五师。至此，川军有五个师。

尹昌衡西征平叛。康藏叛乱侵袭川边，袁世凯电令川、滇两省派军赴康藏平乱。6月7日，尹昌衡在成都召开西征会议，组建西征军，尹昌衡自任总司令，任命政务处参赞周卓为西征军军需总长，邵从恩为参赞部总长，张宣为参谋总长。8月，西征军出征，节节获胜。月初抵达康定，平息动乱。9月16日，赴藏的西征军占领昌都。

1912年7月

四川通省师范学堂改名为四川优级师范学校,由原来的简易、初级、优级变为只设置优级,重点培养中学和中师师资。

四川临时省议会在成都纯化街成立,选出骆成骧为议长,议员计二百八十九人,原立宪派占多数。此后各县相继设立临时议会。临时省议会直至翌年3月底筹备第一届省议会时结束。

1912年8月

吴玉章在成都与朱芾煌、沈与白、黄复生等发起成立了留法俭学会四川分会。在四川少城济川公学筹办留法预备学校,以留法俭学会名义动员青年赴法留学。"拟兴苦学之风,广辟留欧学界,欲造成新社会的新国民。"

四川教育司据教育行政会决议,设立四川编译局。

1912年9月

四川同盟会会员根据国民党总部指示,组成国民党四川支部,将支部机关设于成都帘官公所街。由董修武、张培爵任支部部长,下设六部,即党务部、交涉部、文书部、财务部、庶务部、评议部。同时创办《四川民报》,宣传该党政见,由谭创之任总编辑。此外还办有"共和大学"。国民党支部建立后,在川内活动,以成都为活动中心。

1912年10月

20日,四川图书馆在成都少城公园建立,林思进任该馆馆长,馆址楼前有八十株松树,别号"八十松馆"。基本藏书为四川都督府接管清朝四川提学使衙门学务局所存书籍,同时多方采购官本、私家精刻及西方书籍,并拟定《四川图书馆章程》。

1913年1月

四川省依北洋政府公布的《文官考试法草案》《文官甄别法草案》实施文官考试、甄别制度。文官考试分高等、普通两类,考试程序分甄别录试、初试、大试三种。初试及格者,由国务总理咨送省行政公署学习两年,然后由省行政长官呈请大试。

四川省立第一中学成立。第一任校长钟书传，校址先为成都市上翔街，后迁往西胜街（现成都市第二十八中学校址）。1928年2月16日，国民党镇压学生运动，发生"二·一六"惨案，死师生十四人；24日，国民党省教育厅颁布训令，勒令学校停办。

1913年2月

由四川法政学校改名的四川公立法政专门学校建立。该校最初由原清末四川官立官班法政学堂、四川官立绅班法政学堂合并而成。年度经费由省府拨支。新的四川公立法政学校设法律、政治、经济本科和预科，另有法律别科。学制本科三年，预科一年，别科三年。

1913年3月

曾孝谷在成都创办春柳剧社，上演话剧。春柳剧社成为四川最早的话剧社团。曾孝谷，成都人，早年留学日本，曾与李叔同、欧阳予倩在日本组织"春柳剧社"，编演话剧。在成都创建春柳剧社后，他自任社长，多次组织学生参加公演。因多是反帝反封建的反映社会时事的新剧，剧社因此受到地方势力的百般压制、迫害。1915年春柳剧社解散，曾孝谷离开成都。

1913年4月

5日，四川省第一届省议会在纯化街举行。议员共一百四十人，国民党占七十席，共和党占六十席，进步党占十席。2月26日选举议长，国民党推杨庶堪为议长候选人，共和党推朱大镛，进步党推胡骏。选举结果，杨庶堪和朱大镛各得五十四票，胡骏得十票，几次选举结果均一致。

1913年5月

31日，四川省道教总会成立。总会成立后，因种种原因长期未开展任何活动，直到1943年2月才召开道教会员代表会议，改称四川省道教会支部。

1913年6月

6日，尹昌衡电告川边已肃清，将大队撤回打箭炉。11日，四川省议会以是否欢迎尹昌衡回任川都督为题开会，但无结果。17日，川边经略使尹昌衡通电声称被解职。22日，尹昌衡由打箭炉启程返蓉。同月，尹昌衡在四川倡议"尊孔读经"，并致电袁世凯令全国学校尊孔读经。

1913年7月

5日，四川省议会召开特别会议，决议请尹昌衡暂任四川都督。同日，尹昌衡通电兼领川边经略使。

1913年8月

国立成都高等师范学校招生。

1913年9月

17日，四川西充教师在文庙集会纪念孔子诞辰。

19日，王天杰遇害。王天杰，四川辛亥革命元老，1906年加入同盟会。1911年，四川保路运动爆发，王天杰与龙鸣剑在荣县聚集三千余人，会攻成都。回师荣县后，他与吴玉章建立全国第一个由同盟会掌控的县级政权——荣县军政府。后又参加"二次革命"，重新召集旧部讨袁，于白石铺与敌激战被害。

1913年11月

四川国学院改为四川国学学校。1914年5月正式启用"国学学校"关防。1917年经四川省长公署批准，1918年改经学、史学、词章三门为哲学、历史、国学科，并定名为"四川公立国学专门学校"。

1913年12月

四川都督兼民政长胡景伊筹建自成都至灌县的马路。这是四川省由官府正式兴修的第一条公路。同年，胡景伊委戴洪畴勘测成渝公路，但进展缓慢。

各县纷设"孔教会"。四川各县孔教会支会向国会请愿，要求把孔教定为国教。

刘师培辞去四川公立国学专门学校校长之职，廖平接任校长一职。

四川废除县行政长官举荐制，实行考录制。全川组织人员参加县知事试验，应试对象为现任知事、拟任知事和最高行政长官"保荐文"人员。参试者分别参加甄录试、第一试、第二试、口试。考试成绩分为甲、乙、丙三等。

四川进行政区改革。袁世凯为恢复帝制，又按其预订的"废省改道"计划，利用清王朝的道来控制地方，以道统县，实行省、道、县三级制。全川划分为川西、上川南、下川南、川北、川东和川边的边东、边西等七道。

中华佛教总会四川支部成立，设于成都文殊院，首任会长为文殊院住持德风，副会长为成都昭觉寺住持道钦、草堂寺住持道慧。

1914年1月

30日，四川省立第一师范学校成立，由四川川中师范学堂改名为四川省立第一师范学校。

1914年4月

25日，重庆总商会创办《商务日报》，作为自己的机关报。其发刊词称其宗旨为"在于扩张商务，利国利民，命意立言，不涉党派，不尚偏激"。

1914年5月

24日，四川巡按使陈廷杰主持四川省第一届警官考试。录取了甲等九十四名、乙等一百一十五名、丙等一百六十名。

北京政府内务部下令，正式设置川边特别行政区。划康定县以西为川边特别区，归川边镇守使管辖，仍受四川省节制，并裁边东、边西道。时川边特别区辖三十余县。

1914年6月

2日，北京政府制定各省所属道区表，四川省分为西川道、东川道、建昌道、永宁道、嘉陵道共五道。每道之下，管辖一定区域的县。

14日，北京国使馆馆长请准任命川人、清状元骆成骧为纂修，川人宋育仁为协修，参与国史修撰工作。

1914年8月

财政总署发行当年国内公债一千六百万元，开始向四川摊销。四川派募债券总额为一百万元，由财政厅设国内公债经理处专职办理。

1914年9月

为纪念四川保路运动中牺牲的烈士而修建的保路死事纪念碑在少城公园落成，此碑由王楠、黎汉平、杨健潭、李雨苍设计，胡炳森监工建造。

音乐教育家叶伯和出任乐歌体育专修学校音乐科教授。叶伯和设计、开设的音乐课程开中国高等学府新音乐教育之先河。

1914年10月

重庆巨商刘子如在重庆创建的第一所教养兼施的私立孤儿院举行开学典礼。孤儿院教授历史、地理、语文、英语等课程，开展工业知识教学，让孩子们有一技之长。

川剧艺人庶庄作《理想之新戏目序》，为川剧改良戏曲宣言书。

1914年11月

18日，川路轮船公司总经理刘声元，联合其他公司向北京政府申报审批川江航道整治报告，力争获取川江航道整治权。次年12月21日获批准成立"修浚长江水道事务委员会"。刘声元被任命为修浚川江宜渝险滩处处长，重点整治了清滩、泄滩、兴隆滩、涪滩等四处。

29日，海关总税务司派英籍海务副巡工司麦尔乘"蜀亨"号考察川江航道。麦尔、蒲兰田考察后，认为川江必须筹办的事项有：建立机构，订立船章，设立号战、标杆、浮桩、水表及轰炸各处暗礁等。

1914年12月

全国试行新邮区制，共划分二十一个邮区，取消正副邮电界及正副总局；成都邮界改为四川邮区，设四川邮务管理局于成都；重庆、万县改设一等邮局；全省各等邮局、代办所均由四川邮务管理局管辖。1923年，四川鉴于辖区过大、局所渐多，将全区划为东川、西川二邮区，分设邮务管理局于重庆、成都。

成都佛教居士刘朱源等在少城公园成立成都佛学社，成为成都居士组织之始。成都佛学社以"研究佛教、流通经典、弘扬利生"为其宗旨。

留日医生池龙珠、张心如在成都老玉沙街开办民生医院。此为四川最早的私立西医医疗机构。

四川省图书馆第一任馆长林思进编制《四川图书馆书目》十五卷，廖季平为书目作序。林思进（1874～1953），男，汉族，字山腴，晚年自号清寂翁，成都华阳人，晚清举人。曾任内阁中书，成都府中学堂监督，四川省立图书馆馆长，华阳县中校长，成都高等师范学堂、华西大学、成都大学、四川大学教授，四川省通志馆总纂。1949年后任川西区各界人士代表会代表、川西行署参事。1952年任四川省文史研究馆副馆长。著有《中国文学概要》《清寂堂诗集》《清寂堂文录》《吴游录》《华阳县志》（编纂）等书。

川剧业余艺人组成的进化社在成都勾头巷成立。进化社注重声腔研究，尤其是在胡琴戏方面很有造诣。进化社成立以后，整理和新编川剧剧本四十余种，使不少流传于老艺人之口的剧目得以保存。

1915年1月

23日，成都《国民公报》被查封，主笔潜走。

1915年2月

5日，川东道民众集资为已故川东道黎庶昌立祠，并电请将其在官事实付清史馆立传。

8日，署四川巡按使陈廷杰报请设立都江堰水利工程局，并请北京政府内务部拨款，大修都江堰。本年4月6日，内务部水利局批复拨三十万元大修费并委西川道道伊王章祜兼任都江堰水利工程局直接负责人。都江堰大修工程于次年4月1日全部完成。

1915年3月

4日，骆成骧因不满袁世凯称帝辞国史馆纂修获准，后专心致力于办学。

1915年4月

28日，四川存古学堂监学罗时宪所著书籍受到北京政府的褒奖。

在美国旧金山召开的巴拿马万国博览会上，中国展馆展品中来自四川的特产有"洋记""鸿记""李洪顺"三种工艺麻布获博览会名誉奖。泸州老窖、宜宾五粮液、阆中"崇新长"醋坊酿制的保宁醋、合川的三江牌合川桃片等产品获金奖。此次四川参赛产品共有三十九种获得奖项。

四川巡按使陈廷杰呈请招募精糖股款，设精糖公司，并拨公款补助，重振糖业。因外糖的输入，四川制糖业日渐衰微。故四川省准备设立糖厂，应用新法制糖，以振兴糖业。

1915年5月

9日，成都高师学生筹资翻印日本大东亚侵略计划七千册散发，并成立宣讲队在市内和郊区宣传。

1915年6月

13日，北京政府交通部委员与川路公司代表胡俊、刘声元、陈邦达等续订关于川汉铁路国有化中款项问题协议。至此，川汉铁路国有化完成。1912年5月，北京政府交通部代表同川路代表程德全、赵熙、刘声元、熊成章等商定该路让归国有事宜协议七条。1914年4月1日，交通部接收川汉铁路四川段完毕。本日，历时三年的川汉铁路国有化最终完成。

1915年8月

17日，万县下距宜昌347.4千米的狐滩嘴南岸正式建立川江航道有史以来的第一座标杆信号。这是川江航道有史以来正式设立的第一座江上助航标志——岸标。

1915年12月

蔡锷、唐继尧、任可澄、李烈钧、戴戡联名各省，宣布云南独立，建立讨袁护国军，发布讨袁檄文。四川声援，四川省总司令卢师谛改任四川护国军第四师师长率部讨袁。王蕴滋、刘伯承、石青阳等也响应。四川成为护国运动主战场。

1915年

交通银行在重庆设立分行，其业务开始进入四川。次年又在泸县设行，因战争影响，当年又撤销。交通银行设立于1908年，总行在北京，本年定为国家银行。

川人刘庆恩试制成功中国自制的第一支半自动步枪，并受到北京政府的嘉奖。此后，刘庆恩又在极其困难的情况下，自筹经费试制大炮。经过数十个日夜的努力，终于试制出两门大炮。大炮试验成功，被命名为"庆恩炮"，名扬中华。

1916年3月

蔡锷、陈宧停战谈判。蔡锷于3月22日下令暂停进攻，通过北洋将领雷飚、冯玉祥迫使陈停战。陈宧在各方的压力下宣布停战谈判，于5月22日正式宣布四川独立。护国运动取得初步胜利。

1916年6月

川盐取消专卖。政府在重庆设运盐公署，取消官督商办，改由私商自由贩运，但名不副实。

1916年10月

四川政府遵行北京政府公布的《勋章令》和《颁给勋章条例》，颁发奖章，奖励官员。

1916年12月

3日，四川省通过省长咨文，决议在国立成都高等师范学校基础上，改办国立四川大学。

1917年1～2月

谢无量著作《王充哲学》出版。谢无量（1884～1964），原名蒙，字大澄，号希范，后易名沉，字无量，别署啬庵，四川乐至人，近代著名学者、诗人、书法家。著有《佛学大纲》《伦理学精义》《老子哲学》《中国古田制考》等；出版的书法集有《谢无量自写诗卷》《谢无量书法》上下册，诗集有《青城杂咏》。

1917年3月

16日，北京政府决定由重庆海关在万县水井湾设立海关分关。万县为川东重镇，盛产桐油。万县开埠后，国内外商贾在万县造油池、建仓库、修码头，也引来周围各县乃至鄂、湘、黔、陕等五省共四十五个县的桐油运往万县销售，万县成为全国重要的桐油集散市场。

1917年6月

四川教育会曾鉴、廖平、宋育仁等二百九十余人联名上书北京政府，要求尊孔读经，以正人心，以明国教。

1917年7月

黔军总司令戴戡与川军刘存厚激战于成都，戴戡兵败自杀。此役，成都市民群众深受其害，死伤六千余人，烧毁民房三千余间，数万人无家可归。

1917年8月

唐继尧发出通电，组织"靖国军"，自任总司令，以"拥护"护法讨伐刘存厚为名，派滇军入川，欲控制四川。唐继尧亲自督师，率大军在贵州毕节与川军刘存厚部展开激战。

1917年11月

张澜出任四川省省长。本年8月24日，北京政府任命张澜为四川省长，因为驻川之滇、黔军与川军第二师在成都交战，张当时并未就任。

1917年12月

林则在华西协合大学设立的牙科专业是中国最早的牙科专业，华西协合大学是中国第一个高等口腔医学教育基地。林则也成了中国现代牙医学之父。

1918年2月

20日，靖国军川、滇、黔联军攻占成都，"靖国战争"结束。唐继尧"控川之战"基本结束。唐继尧以拥护孙中山护法为幌子实现入川计划。

1918年4月

成都留法勤工俭学预备学校正式开学，吴玉章为名誉校长，张春涛为校长。分为四个班，课程以法文和法语为主，另外还开设数学、几何、物理、美术等课程。

1918年6月

13日，章太炎于峨眉山受戒，宣言不再问世事。

14日，日本继任特派员草正吉"奉本国电令"，在成都擅自开设日本领事馆，并用"在成都日本帝国总领事之印"行文四川省政当局及省垣各机关团体，"九·一八"事变后被迫撤销。

1918年8月

30日，川边镇守使代表刘赞廷与西藏地方军队议定停战、退兵条约四款，规定停战一年。停战条约在10月10日甘孜绒坝岔签字，从本年10月17日起双方退兵。此外规定川藏交界地方，不得驻扎过多军队，巴安及甘孜限驻军二百名；昌都及宁静限驻兵二百名。

1918年9月

纳溪人为朱德立德政碑。护国运动结束后，朱德率部驻防泸纳地区，与地方民团配合进行清匪。经过半年多的清剿，匪患平息，人民得以安居乐业。为颂扬朱德功绩，纳溪人为朱德立"救民水火"碑。12月，泸州人为朱德立"除暴安良"德政碑。

1918年11月

8日，什邡县开办"蚕务展览会"。

1918年12月

全川最大的佛教居士团体——重庆佛学社成立。该社由涪陵天宝寺僧人佛源和居士孙道修、龚辑熙、谢子厚等人发起成立，以研究佛乘、弘法利生为宗旨。社址设在重庆长安寺，佛源社长主持社务。

1919年1月

1日，孙少荆发表《成都报界回想录》，为第一篇系统回顾总结成都报刊发展历史的专文。

1919年2月

16日，北洋政府据原四川省省长张澜呈请，下令嘉奖合川县绅士张森楷，以表彰他在合川创建的蚕桑学校为四川的蚕桑实业做出的重大贡献。

1919年3月

四川督军熊克武在成都南较场开办四川陆军讲武堂，培养四川陆军人才。该校由熊克武自兼讲武堂堂长，以涂伯文为监督，负教育、训练全责。讲武堂分步兵、骑兵、炮兵、工兵四科。后因川滇黔战争再次发生，学员于1920年7月提前毕业。

1919年4月

成都少城公园举办古代美术展览会。

1919年5月

26日，早前孙中山致函熊克武，望提倡实业，今日廖仲恺奉孙中山令入川洽谈。

熊克武到郫县望丛祠，为望、丛二帝题立墓碑，并令地方筹资修补祠宇。

1919年6月

8日，四川学生联合会与成都总商会联合成立成都商学联合会，颁布抵制日货规则，以统一领导抵制日货。动员商人抵制日货，号召市民拒用日货。会后开展了广泛的宣传，开始对其进行检查登记。

22日，川、滇、黔靖国军进驻成都后，为维持稳定，在重庆成立川、滇、黔三省俱进会，发布《川滇黔俱进会成立宣言》，称该会宗旨是："谋三省永久之结合，促共同利益之发展。"

1919年7月

13日，少年中国学会成都分会创办《星期日》周刊。《星期日》旗帜鲜明地宣传新思想、新文化，宣扬社会主义是"人类的福星"。该刊在全国影响较大，与《每周评论》《晨报》齐名。1920年4月以后，由星期日周刊社接办，出刊至五十二期停刊。

1919年8月

30日，川军第二混成旅教练冷寅东抵达犍为城，镇抚雷波叛乱，安定川南。

1919年10月

《四川农会会报》刊印，该刊由四川农会在成都创办，社址在成都藩库街四川省农会内，每月出一册，总编辑为汪书祥，以"讨论学理，提倡改良，发展四川农业"为宗旨。

1920年1月

成都幼孩教养工厂在鍪华寺成立。该厂收养孤儿，办义务学堂，专为贫苦幼孩而开办。该厂于1922年划归成都市公所管辖。

1920年3月

16日，田叔府、陈雨苍、曾握化等人在重庆召开筹备会，准备创办《平民日报》。该报的宗旨是促进文化发展，提高平民思想意识。

1920年5月

8日，雷铁崖因病在四川自贡家中去世，享年四十七岁。雷铁崖1905年东渡日本求学，在孙中山介绍下加入同盟会。9月，在东京创办《鹃声》杂志。1912年任南京临时政府总统府秘书，同年代理《民主报》总编，兼任京师女子学堂教员。1914年在新加坡担任《国民日报》主笔，鼓吹反袁。1919年回川休养，病情加剧，不幸英年早逝。

23日，经四川督军熊克武及省长杨庶堪批准，四川通志局成立，并开始筹备编修《四川通志》。通志局初开，聘请宋育仁为总裁、陈酉生为助理，编纂有陈酉生、龚煦春、张森楷等。特聘杨森为"监理"。1924年，杨森任四川军务督理后，改立"重修四川通志局"设于陕西街，着手编修《四川通志》。1931年宋育仁去世，由陈钟信等辑补。1936年编修成稿共计三百余册三十万字。

29日，华西协合大学内附的协合女子师范学校校委员会通过联合女教会建立女子学院的筹建计划。

1920年8月

1日，成都公立外国语专门学校的学生吴先优、张拾遗等人在成都创办《半月》期刊，以"传播文化，改良社会"为其宗旨，提出了"民主""自由""大联合"的口号，热烈宣扬"十月革命"。主张个性自由和妇女解放，反对军阀混战。1921年7月，《半月》因反对当局"不准女子剪发"的禁令而被查封。

27日，邓小平和留法勤工俭学预备学校的同学八十四人从重庆太平门登上法商聚福洋行的"吉庆"号客轮，准备东下。11月11日，邓小平和其他同学一起在上海转乘"鸯特莱蓬"号前往法国。

1920年10月

7日，《国民公报》报道，巴县学界拟成立巡回图书馆，购买普通书报巡回分发，以开民智。

四川民族企业"宝元通"开办。公司经营铁锅、毛铁，实行多种经营，进而又投资工业生产。其机构由宜宾逐步扩大到省外昆明、上海、南京等地，并先后在香港、印度、缅甸、巴基斯坦、越南设有贸易机构。

1920年12月

10日，川军将领刘湘、但懋辛、刘存勋等在重庆举行会议，提出四川自治主张，分电刘存厚、熊克武。刘湘在电文中陈述了"自治四条"的主要观点。

四川省已有邮政局及其代办处八百四十三所，保有三万余千米的邮递路线和两千余千米的邮船路线。至此，全川邮政网络基本形成。

1921年1月

10日，川省"自治四条"出台，宣告"自治四条"为：一、四川省委中华民国合法政府成立以前，完全独立自治，不加入南北政争，无论何种官职，都不受南北政府任命。二、废除督军及类似督军之制度。三、实行裁兵，全川军费不超过四年度之预算。四、民选省长，以实现民治之初步。

19日，北京政府委派陈其英担任四川印花税处处长，标志着四川省财政开始进入全国统一财政体系。四川印花税有独特的地方特色。四川税收有许多与中央政府不协调的地方，有的在长城图案上加盖各种地方的章戳。这时期的社会财税状况从四川纷繁杂乱的"印花"上可以反映出来。

21日，蒋介石致书陈炯明，指出四川地位之重要，认为四川乃西北与西南的中心，为根本解决中国问题之重点。1918年10月，供职于陈炯明部的蒋介石曾由四川省长杨庶堪荐任四川警务处处长，后因重庆势力的反对而被迫离开四川。此后蒋介石一直寻机进入四川，但因四川军阀排斥，直到1935年利用刘湘统一了四川，其势力才得以进入四川。

1921年4月

3日，四川省自治联合会成立大会在重庆召开，有一百多个县代表参加，吴玉章、叶秉诚、熊克武、刘湘到会发言。大会宣布《全川自治联合宣言》以"建设平民政治，改造社会经济"为总目标的十二条纲领。15日，四川省自治联合会在重庆召开第一次会议，吴玉章当选为自治会主席。

1921年6月

19日，巴金进《半月刊》编辑部工作。

1921年10月

13日，陈毅等三十五名川籍留法学生被囚禁二十多天后，被冠以从事布尔什维克活动、宣传马克思主义的罪名，由法国里昂的武装警察押至马赛船上，遣送回国。1922年1月29日，陈毅发表《留法勤工俭学生被迫归国后宣言书》，陈述留法爱国学生因反对北洋军阀政府以川、滇、粤、桂四省采矿建路权及全国印花税为抵押向法国秘密借款的罪行而遭到官方迫害的事实，呼吁各界追究政府，支持爱国学生。

恽代英至川南师范学校任教务主任，继任校长。恽代英很快就融入学校教育改革活动之中，在校内积极传播马克思主义革命思想，并迅速成立了"马克思主义研究小组"，还购置《新青年》等进步报刊及外国进步文学名著。

1921年12月

22日，川鄂议和，刘湘与北洋军阀签订《川鄂联防草约》，持续数月的川鄂对峙暂时告停。

1921年

四川最早的武术团体积健武术社成立。社章中写道：古语"积健为雄"，国人体魄强壮可"强种、强国"，授徒概不收学费。一时川北数县及成都不少喜武者前往学艺，会员最多时达千人以上。优秀门徒有大弟子黎汉章及林暄等人。创社人宝鼎有三子，也都极爱武术。

1922年1月

1日，四川各县设地方税收支所，凡地方一切附加税，统归各所独立收支。这是四川县地方财政独立之始。

1922年4月

四川在全国率先提出将劝学所改为教育局，得到中央政府采纳。1925年，省长公署公布《四川各县实施义务教育规程》，各县都实行教育局制。

1922年9月

4日，吴玉章任成都高师校长。吴到校后，实行教育改革，推行新思潮，宣传俄国十月革命，亲自给学生教授"马克思派社会主义"等课程。一反高师重文轻理的积习，聘请物理学家郭鸿銮代替贺孝齐任教导主任。同时还派人出国留学、出省考察，汲取教学经验，促进教育改革。重视社会实践，鼓励学生到兵工厂、丝织作坊、教会学校参加革命活动。1924年4月，被解除成都高师校长一职。

书业巨子周达三去世，年六十七岁。周达三生于1856年，十三岁弃学经商，投奔王述斋"志道堂"门下，苦心钻研目录版本学，熟悉《四库全书总目提要》。王将"志道堂"改为"志古堂"委托周达三打理。"志古堂"在周达三的支持下，出书五百多种。特别出版了《盛世危言》《劝学篇》等鼓吹变法的书，对四川学子产生极大影响。张之洞任四川学政时，出资要周达三亲自校刻《许氏说文》，取得成功，"志古堂"名声大噪。

1922年10月

22日,孙中山在回复但懋辛的函中指出,四川连年军阀混战,民不聊生,深受其害。川中地大物博,甲于中国,实业家用心开发,必能为国造福不浅。孙中山要求四川当局请专家实地调查,相与计划,提出"既乏资本,又缺知识,故非借助外资与外才不可"的指导思想,指出这种中外合办实业"若有成效",可向全国推广。

1922年11月

经张申府、周恩来介绍,朱德加入中国共产党。1922年8月,朱德到上海先后会见孙中山、陈独秀等,并向陈独秀提出加入中国共产党的请求,遭到拒绝后,和孙炳文离沪赴欧洲考察。10月,在德国柏林会见周恩来。

时任四川通志局总纂的宋育仁创办《国学月刊》,以"述先圣先师之言"、宣传孔孟之道为宗旨。宋育仁在刊物中编发大量学术著作和社会时评,参与当时国学话语讨论,使西南成都俨然成为近代国学运动的重镇之一。

1922年12月

美国籍的牧师夏时雨等在成都打金街创办社会服务团盲童学校。这是四川第一所盲哑人学校。社会服务团盲童学校开办后,到1928年,共培训盲生十三人。同时开办盲残教育师资训练班,办了四期,共毕业二十六人。

1923年1月

14日,四川女界联合会在成都成立,并发表宣言,要求男女平等,女子有言论、集会、结社的自由,并享有选举和参政等权利。女界联合会向省宪法制定委员会提出请愿:一、规定一切义务权利应使男女平等;二、省宪法草案非经女子团体选出的审议人员承认,不得成立;三、省宪法非有女子加入总投票决定,其宪法无效。

1923年4月

1日,交通部邮政总局决定撤销四川邮务管理局,另外分别设西川邮务管理局于成都,设东川邮务管理局于重庆。

1923年5月

1日，成都成立劳工联合会。各工界选派代表在会上散发恽代英、蒋雪撰写的《人日宣言》《劳动五一纪念游行大会宣言》传单。本日下午，成都劳工联合会召开了纪念五一国际劳动节代表大会。

刘伯承率部在青川歼灭入川之甘军，打破了吴佩孚欲以甘军占领成都的计划。

1923年8月

留日、留美学生范天笃、罗绍州、吕一峰等归国后在重庆创办《四川日报》，约请四川江防司令黄隐之弟黄子谷任董事长。翌年1月，中国国民党第一次全国代表大会召开，大会的宣言即作为《四川日报》的指导思想。该报大力宣传三民主义，反对军阀，反帝反封建，抨击社会不良现象。

1923年10月

王右木从社会主义青年团中选拔出童庸生等优秀分子，秘密组建中共成都独立小组，直属党中央领导。新建的成都党小组由王右木任书记，下设工人组和学生组。1924年9月，王右木经贵州赤水县土城地区返川时被军阀周西成杀害。成都党团骨干分子大部分转到外地活动，全省革命中心转移至重庆。

1923年11月

5日，《国民公报》发表《重庆浮图关战场记》，实录了四川军阀混战中浮图关战场的惨状。

1924年1月

私立四川美术专门学校在成都成立，这是成都最早成立的一所现代私立艺术专门学校。该校由上海美术专科学校四川籍学生所组织的"四川美术研究社"筹建，其师资实力和教学条件在当时的成都几所艺术专门学校和各高校艺术专科中名列第一。该校教学仿照学习西方学院教育制度，十分重视西画科，重视西方绘画的素描、色彩教学和现实美术风格的户外写生创作。

1924年2月

加拿大传教士李芝田在成都创办《希望月刊》。该刊将宗教与世俗生活相结合，有利于在大众中传播。《希望月刊》一直发行到1951年1月，后改为成都市各教会合作刊物出版。1954年7月停刊。

1924年3月

16日，中华平民教育促进会四川分会在成都成立。该会由杨伯钦等组织筹划。四川平民教育促进会成立不到两年，读平民千字课的学生已达到一万七千多人，已经毕业的有八千余人。同时该会还在各县推广平民教育。

1924年4月

13日，社会主义研究会在成都成立。吴玉章、杨闇公等组织的社会主义研究会也称为马克思研究会。

1924年5月

1日，中国Y·C团和成都社会主义青年团在成都联合举办追悼列宁的群众大会。这次会议在成都影响很大，杨森下令通缉吴玉章、杨闇公等策划领袖。许多革命志士转移出川，四川革命运动中心遂由成都转移到重庆。

1924年8月

8日，杨森继熊克武之后，续办四川陆军讲武堂。本月，讲武堂正式开学，又接收部分军官及其亲友入学，共收编九个区队，分步、炮、工三科。1~5区队还加授日语、英语。翌年6月，由于四川统一战争爆发，该学堂学员提前毕业。

筹建历时五个月的成都通俗教育馆建成并举行开馆仪式，正式对外开放。成都通俗教育馆内分博物馆、图书馆、体育部、音乐部、讲演部、出版部、游艺部、事务部。该馆与各商订约，将馆内空余场地租给各商，经营各种事业。

1924年9月

7日，华西协合大学开始招收首批八个女学生，实现了男女合校，在全国属较早开办。首批入校的八名女生，有学医的，也有学文、学理的。1932年，医科的乐以成毕业，成为最早毕业于华西协合大学医科的女性，也是中国西南地区第一位医学女博士。

1924年

四川各军阀纷纷加紧扩充军备，以致川军数量骤升，居全国各军之首。截至本年底，川军共有二十一个师、十三个混成旅、两个总司令（边防军、江防军），共计两万人以上。军队之多，甲于全国各省。

1925年1月

9日，华西大学基督教年会在成都开幕，有中西人士四百余人参加，年会主要讨论川、滇、黔三省份教会的推行及兴革事宜。

18日，中共重庆团地委发起成立国民会议促进会，成都、泸州、涪陵、綦江等地也相继成立了促进会，这是中共支持孙中山提出召开国民会议在四川的具体活动。杨闇公当选为重庆促进会总务部副主任。重庆学联会出版了《国民会议》特刊。

1925年3月

30日，张闻天在重庆指导川东师范进步学生创办《南鸿》周刊，并任主编。《南鸿》创刊后，张先后发表政论、杂文八篇，猛烈抨击封建势力，宣传革命思想，影响较大。

四川各界追悼国父孙中山。3月12日，孙中山逝世的消息传到四川，重庆、成都、南充的中共组织、国民党组织都举行盛大的追悼纪念活动。四川悼念活动持续月余。

1925年4月

7日，西南体育专门学校在重庆正式开学。这是西南第一所体育类的专门高校，董时进任名誉校长。

1925年5月

6日，西藏班禅额尔德尼电告四川军阀，要求他们停止相互争斗、交战，呼吁和平，制止军阀混战。

1925年6月

国立成都大学筹办。成都大学本来准备在成都高师的基础上创办，但遭到成师师生的强烈反对，出现了高师、成大之争。刘湘占据四川后，聘任张澜为成大校长。刘湘从盐款中拨付六十万作为办学经费，但成大、高师之争不息。经教育部决定，11月成都高师、国立成都大学分别办理，张澜为国立成都大学校长。

1925年8月

19日，吴玉章受国民党中央党部委派，在重庆主持改组国民党四川支部，建立国民党左派组织。吴玉章以省党部组织部长身份到宜宾、江津、内江、荣县、江北、巴县、綦江、南传、长寿等县（市）筹建县党部，隶属左派党员达八千余人。在此基础上选出了国民党全国代表吴玉章、杨闇公、童庸生、廖竹筠、唐德安、黄复生、谷醒华等，其中中共党员和"左派"占大多数，初步改变了右派控制的局面。

1925年9月

16日，以提倡妇女解放、反对封建压迫为主旨的《妇女日报》在成都正式出版发行，由胡蕴瑜任主编。

1925年10月

2日，私立西南美术专门学校在重庆举办开学典礼。

9日，国民政府发表《告川军将士书》，以此来勉励川军将士要服从革命政府，以三民主义为最高思想。

31日，成灌马路总局订购了一辆英制奥斯汀小轿车，在望江楼设宴招待各界人士，以造声势。同时引刘文辉和田颂尧各自从泸州、潼川赴成都，入城乘坐奥斯汀小轿车，小轿车所到之处受到空前欢迎。

北京佛教藏文学院院长大勇法师到成都向僧众、居士宣讲《佛教前途之悲观及其救助办法》，反响热烈。本月大勇法师率二十余名学生组织赴藏学法团与四川名僧能海法师会合入藏，入藏前在成都大慈寺、文殊院、草堂寺、昭觉寺、宝光寺等处设坛传法，受到信众欢迎。

1925年11月

1日，四川联成剧部成都中城公园古方图书馆宣告成立。四川联成剧部由成都悦来、群仙、万春、中城等剧团联合组成，其宗旨是改良戏曲、普及教育、鼓吹文明、提高平民道德。剧部成立后，又决定创办剧部学校、剧部医院、剧报等。

1925年12月

1日，四川省学生联合会第一届代表大会在四川成都高等师范学校致公堂举行。

1925年

由我国工程技术人员自己设计、施工建造的济和水力发电厂在泸州建成并投入生产。这是四川第一座水力发电站。

1926年1月

1日，四川第一条公路——成灌马路通车典礼在成都举行，一辆十六座美制福特汽车由成都驶向灌县。同时，成灌马路长途汽车公司在成都西门、郫县、灌县三处设置了四川最早的一批客运站。川内交通现代化由此启动。

1日，由营山士绅何羽仪等人集资十万元，向上海怡昌洋行订购福特汽车七辆而筹组的四川第一家私营汽车公司——华达公司在成都营业，开行全省最早的公共汽车。华达公司设于实业街，将成都四门及市中心分为东、西、南、北、中区一、中区二共六条线路。东、西、南、北四条线路分别从四个城门洞发车，到达相对应的城门洞，将成都四门连接起来；中区一、中区二两线路，分别从市中心最繁华地段——商业街前、后门发车，到实业街和槐树街。共设五十三个站，每人每站车费为铜圆一百文。3月后因士绅反对而被取缔。

四川《国民公报》报道，四川省长公署训令各县知事，查禁裸体画，以维持风化。

成都人张秉文、曾砺斋等在县属西门外文公庙组织蜀西培本慈善会、孤儿养教院。到院来宾，包括该院发起人员共约五百人，吴笠仙、周玉珊分别担任正、副院长。

国民党临时省党部成立。国民党中央党部委员会根据二届一中全会关于彻底改组四川执委会的决议,决定解散原执委会,另委杨闇云、陈宣三、张克勤、邓劼刚、李筱亭(均系共产党员)和原执委中的邓懋修("左派")、郭云楼、唐德安等八人,在重庆组成新的临时省党部,以杨闇云、李筱亭、邓劼刚三人为常委。

1926年4月

1日,重庆各界妇女联合会在巴县图书馆召开成立大会。到会妇女代表共三百多人,选举缪淑云为常务主任、游曦为宣传部主任、丁道秀为组织部主任。

美国人小罗斯福兄弟进入宝兴县陇东上赶沟盗猎到一只大熊猫,并偷运回美国,致使大熊猫死亡。小罗斯福兄弟最后只好将大熊猫制成标本陈列于芝加哥自然历史馆。

1926年5月

四川遂宁人敬隐渔1920年赴法国留学,将《阿Q正传》译成法文,于1926年分两期在《欧罗巴》杂志上发表。杂志主编罗曼·罗兰称赞该译本是"规矩的、流畅的、自然的"。国际文化界称赞这个译本"是当代中国人所写的被广泛译成外国文字不多的作品之一"。

1926年8月

桑蚕实业家陈宛溪病殁。桑蚕实业家陈宛溪在嘉州逝世,享年七十一岁。陈宛溪,名开,字以行,1855年出生于四川三台县,近代著名企业"神农丝厂"创始人。1906年,他购进意大利式铁缫车一百四十辆,先后两次安装蒸汽铁机,为川丝采用世界先进生产技术开了先河。陈宛溪先后撰写了《神弄撮要》《蚕桑浅说》《丝厂俗歌》《劝桑说》等著作。

因当地豪绅借修庙宇之名大敛民财,旅省灌县青年学生约集本地小学教师和回乡军人将石羊场城隍庙、药王庙、文昌宫、观音堂神像通通打碎。

1926年10月

7日,华西协合大学组成退学团,声援万县"九·五"惨案。10月1日,学生参加全市反英示威游行，被校方威胁开除学籍，为此学生组成退学团，并通过多项宣言，提出反对文化侵略、收回教育主权的宗旨，先后举办新闻、学界等各界人士参加的招待会。成都高师、四川农业专门学校发出《援助华西大学退学团宣言》。《国民公报》《四川日报》大力宣传报道，使退学团获得社会各界支持。

由民族实业家卢作孚创办的民生实业股份有限公司（简称民生公司）在合川县成立。

1926年12月

27日，四川省市政讲习所在成都开办，专门培养市政人才，先后共招收两班学生。1927年，第二期学生毕业之后，市政讲习所停办。

28日，东方艺术研究会在成都通俗教育馆举行成立典礼，黄逸民、方鹤斋为会长。

1926年

成都出现摩托车。"马裕隆"是成都于1907年成立的最早、最大的一家百货店。本年，上海"马裕隆"为成都店订购了一辆英国"哈雷"牌巡警用双缸、十二匹马力大型摩托车。

康定第一次点亮电灯，群众为之轰动，参观者络绎不绝。

1927年2月

8日，西川邮务总工会在成都成立，要求收回邮权，取消不平等条约。3月，在国民党左派和民众的声援下，代理邮务长、法国人儒福立被迫书面承认工会，并签署同意邮务工会提出的工会职员在任期内不得调遣的合约；对邮局的一切弊端，工会有告发弹劾权；取消邮局一切不平等待遇等六项决议。

1927年3月

书法家颜楷辞世。颜楷，字雍耆，华阳县人，清建威将军后裔。1902年中举，1904年中进士第六名。1905年被派赴日本东京帝国大学攻读法政，1911年回成都。值保路事起，出于爱国爱川热情，参加铁路股东会议，先后被选为川汉铁路公司特别股东大会会长和四川保路同志会干事长。民国以来，他不问政治，仅在1914年主办四川法政学校，1918年辞职。颜楷精通书法，名满蜀中，成都少城公园内的"辛亥秋保路死事纪念碑"留有其遗墨。

1927年4月

张凌高出任华西协合大学首任华籍副校长。因上年"万县惨案"引致华西协合大学学生抗议,后经多方斡旋,学生和校方达成协议,"华大校务,应由华人参加管理"。张凌高遂被华大理事部聘为副校长,4月赴任。

1927年5月

1日,国民党四川党员通电全国,请求"清党",并制造共产党"罪状"二十二条。5月18日,以卢师谛等九人为委员的南京国民党四川登记委员会重庆办事处成立,开始大规模"清党反共"运动。国民党在配合四川军阀的"清党反共"运动中,对党、政、军、团等机构社团组织进行了严厉的搜查,还专设特务机构,建立反省院。在此次运动中,军阀扣捕、杀害共产党员、共青团员及国民党左派和爱国人士达一千七百余人。

《民力日报》在成都创办。该报每天出版两大张,副刊公开讨论社会问题,研究学术。《民力日报》是社会民主党机关报,以"提倡民治"和"提倡地方自治"为办报宗旨。该报曾经发表孙倬章写的社论《评国共之争》,攻击共产党,袒护蒋介石。共产党人张秀熟当即在《新川报》发表《读孙先生评国共之争》一文,对其论点逐一给予批驳。这是四川报刊舆论上一场有名的关于"国共之争"的论战。

1927年8月

四川省长公署决定,将四川的法政、国学、工业、农业、外国语五所专门学校合并改组为公立四川大学。原五所专门学校,分别改为川大的五个学院,即法政学院、中国文学院、工科学院、农科学院、外国文学院。由五院学长(即院长)组成"大学委员会",共同代行校长职权。第一届大学委员会由向楚(中国文学院)、杨吉甫(外国文学院)、刘昶育(法政学院)、伍应垣(工科学院)、邓崇德(农科学院)组成。

1927年12月

民办社团刊物《烈日》在成都创刊。《烈日》由成都健行社宣传部主办出版，主办者是一些抱着书本然而生活不安定的青年。他们认为马克思主义、俄国十月革命的影响"不如托尔斯泰几个穷困的小说家"，"中国共产党的机关报《向导》不如《洪水》《幻洲》等能激起不安的青年的暴动性"，因而，他们在"关注一些国民党根本改造社会的计划，和现社会需要彻头彻尾地改革的原理"。《烈日》不仅在北京、南京、上海等大城市发行，还在重庆、武昌、广州、开封设置代售处。

1927年

嘉渠马路总局岳池分局制发《嘉渠马路总局岳池护路工程处简章》（以下简称《简章》）。《简章》规定："马路上禁止放牧牲畜、晾晒物体、放置物品；横过马路防水，不得挖毁路面，两旁水沟不得挖毁……新栽树木不得任意损毁攀折；雨天及绵雨后三日内，一律禁止载重车辆及牛马骡驼通过。"

1928年2月

10日，中共四川临时省委在巴县铜罐驿周贡植家召开扩大会议，正式选举产生了中共四川省委。傅烈任书记兼军委书记，周贡植任组织局主任，牛大鸣任秘书长，张秀熟、郑佑之、刘成辉、周敦婉等为委员。选举刘愿庵为出席中共六大的代表，刘披云、刘远翔为候补代表。会议还根据1927年中共中央政治局扩大会议精神，着重讨论了组织四川全省春节"暴动"问题，制定了《四川暴动行动大纲》。

1928年5月

新文化运动时期"只手打孔家店的老英雄"吴虞发表演讲，再次反对祀孔。上年，蒋介石提倡尊孔读经，要求青年学生对国民党尽"忠"尽"孝"。《新四川日刊》辟专栏讨论尊孔读经、祀孔的"真理之所在"，意图将五四时期已被批判的孔子和儒家教条重新搬出来。面对这样的形势，吴虞本月发表了《对于祀孔问题之我见》的讲演，坚持五四时期批判孔学和旧礼教、旧道德的立场，以资产阶级的世界观和方法论批判旧礼教和文化专制主义。

1928年6月

27日，成都人力车夫联合起来成立成都人力车总工会组织，要求减少车租，以进一步维护和争取工人的合法权益。

重庆无线电报站在重庆大官坪公开营业。重庆无线电报站是川、云、黔三省的发报中心，为满足业务需要，还在成都和万县设立了附站。

1928年8月

8日，张森楷病逝于北京。张森楷（1858~1928），字元翰，号式卿，后改号石亲，合川人，早年就读于尊经书院和锦江书院。1902年在合川太和镇创立蚕桑公社，开办四川民立蚕桑中学堂，大力推广新法栽桑养蚕。1925年执教于成都大学。张森楷平生著作颇丰，多达一千二百八十四卷，其中代表作是被称为三大史学巨著的《通史人表》《二十四史校勘记》和《史记新校注》以及一部被称为近代最优秀的地方史志的《合川县志》。

1928年9月

1日，成都建市，第一任市长黄隐就职。1922年建立的市政公所，已远不能适应成都城市发展的需要。据1926年度调查统计，成都、华阳两县人口达三十一万，已符合建市条件（按内政部规定，人口三十万即具备建市条件）。新建的成都市，把成都、华阳两县的城区部分合并为市，而成都、华阳两县则只辖乡区。这一变革改变了一千多年来两县分治一城的格局。

19日，"筹备国立四川大学讨论委员会"成立，省教育厅代厅长向楚为主席。筹备委员会讨论通过了《筹备国立四川大学的议决案》七条：一、就川大、成大和高师三所大学现有校地校产及一切设备，统筹改组划归国立四川大学；二、依大学院学制系统条例，设文、理、法、农、工、医六科；三、所有现在各校预科学生，一律归入附中肄业；四、各专门部办至现有学生毕业为止，不再招新班；五、在新大学的教育系附设师范专修科；六、对现有学生，一律甄别编班；七、将三大学经费统划给合并后的国立四川大学。由于一、七两条遭到成大和师大的反对，张澜提出拨经费、建分校的建议未被军阀采纳，后中华民国大学院院长蔡元培去职，大学区制遭到反对，被迫废止。三大学第一次合并之议，暂被搁置。这是南京国民政府成立以后，中央与地方为争夺教育权的一次交锋。

1928年11月

民生公司在江北县青革坝创办民生机器厂,这是四川省第一家轮船修理厂。截至本年,民生公司已有"民生""民用""民望"三条轮船,每次大、中、小修任务较重。民生公司为了加速轮船的使用效率、缩短修理时间、降低修理费用,决定自办轮船修理厂。民生机器厂后在抗战时期修造航行川江的各种船舶,还制造后方需要的蒸汽机和各种生产设备,成为大后方最大的民营机器厂。

1929年2月

15日,重庆建市。根据国民政府《市组织法》,重庆正式建为四川省直辖的市,并成立重庆市政府。1927年11月,潘文华以重庆商埠督办为北洋政府所核定为由,请改重庆商埠为重庆市,并改督办为市政厅。第二十一军军部准其所请,并委潘文华为重庆市市长。1928年8月,国民政府颁布《市组织法》后,潘文华召集各局、处长及市参事召开联席会议,拟成立重庆市政府。1929年2月15日,经批准,重庆市政厅正式更名为"重庆市政府",定为省辖之"普通市"。潘文华任首任市长,下设秘书处、财政局、工务局、公安局、教育局、土地局、团务局、市金库、南岸管理处、江北管理处。本年重庆市区内的人口共计二十三万二千九百九十三人、四万五千零三十八户。

邹昕楷在双流中和场创办四川农村第一个小型水电站——化龙桥电站。1928年,邹昕楷在双流创办"中和民有水电股份有限公司",集股修建小型水电站,站址设在化龙桥。该水电站于1928年7月动工,本月完工,并试车供电成功。

1929年3月

《川康日报》在重庆创办。这是四川国民革命军第二十四军军长刘文辉和他的师长张志和出资在重庆办的机关报。《川康日报》每日出版对开一大张,分中外要闻、省内新闻、本市新闻、副刊四个版。该报于1931年9月停刊。

四川省政府成立,主席刘文辉和委员邓锡侯、田颂尧、向传义在蓉宣誓就职;委员刘湘在渝宣誓就职。

四川中医界响应上海中医界通告,强烈抗议废止中医议案。2月24日,国民政府召开第一次中央卫生委员会,通过余云岫等人提出的"废止旧医以扫除医事卫生之障碍案"等四个提案。主要内容为：限期停止中医登记，禁止开办中医学校，制止中医中药宣传，限制发行执照等。各提案经合并成为"规定旧医登记案原则"。本月，上海中医协会通电全国各省市中医药团体，建议3月17日在上海举行联合大会，统一行动，反对废止中医。四川各地受到反对废止中医的通知、通电后，纷纷响应。成都医民联合会、神州医学会等中医团体召开大会，强烈抗议并愤怒声讨废止议案，声援上海中医药界的斗争。重庆得到通电后立即成立全国医药总联合会重庆分会，并代表重庆市中医药界参加南京请愿。同时，出版《重庆国医周刊》，驳斥余云岫等人的"废止论"。在各地中医药界的强烈抗议和社会舆论抨击下，国民政府终于被迫于当年取消实施废止中医议案。

华西协合大学美籍校长毕启迫于中国政府和学校爱国师生的催促，向大学院理事部提出，根据教育部规定设立临时校董会，并将校董会章程送回纽约董事部。早在1928年5月，国民政府教育部便规定凡私立学校呈请立案时，应由该校校董会备文；校董会中须有半数以上中国人充任。而华西协合大学此前却以种种借口拖延，拒不执行以上规定。

1929年4月

中共川东特委领导人梁伯隆创办的新型学校重庆高中开学。该校由刘湘任校长，梁伯隆任副校长实际负责校务。学校采用大革命时期黄埔军校的教学方针，公开讲授和组织学习《社会进化史》《社会科学概论》《通俗资本论》《唯物主义史观》《共产主义ABC》等书籍。全校教师中有中共党员十多人，学生中有共青团员三十多人，成为党组织活动和培养干部的重要据点。

中共四川省委军委主办的《新社会日报》在渝创刊。主办人张志和，总编辑罗承烈，编辑苏幼农、罗静予，记者蒋阆仙，日出对开报纸两张。报纸在创刊宣言中声明，要"抱着大无畏的精神，站在时代的前头"，成为"被压迫民众痛苦呼吁的总机关"。

1929年5月

刘师亮在蓉创办进步刊物《师亮随刊》。该刊以发表谐文、谐诗、谐联为主，内容严肃。刊载的《东西派》《革命招牌》《仁民代表》等作品，于嬉笑怒骂之中抨击时政，文笔犀利，讽刺深刻，是四川最有影响力的文艺刊物之一。

中共四川省军委负责人车耀先在成都三桥南街开办"努力餐"。餐厅粉壁上贴有供应"革命饭"的字条。每年青羊宫花会期间，车耀先均贴出广告语："花会场，二仙庵；正中路，树林边；机器面，味道鲜；革命饭，努力餐。""革命饭"和"努力餐"的命名取自孙中山先生遗嘱"革命尚未成功，同志仍需努力"的首尾两个词。

1929年8月

重庆第一条城区公路中区干道经一年多时间的施工，于本月筑成。重庆的市政建设始于1921年，由工务局统一规划和管理。1929年，重庆当局拟定修一条城区公路。路线由通运门外七星山岗，经观音岩、两路口、上清寺达曾家岩，全长3.5千米，道路平均坡度为3%，路面宽度均为20米，以碎石、石灰铺压或泥结石路面。

1929年9月

成都《新新新闻》创办，日出四开十六版，社址设在春熙路中段35号。该报以第二十八军第七师（师长马毓智）政治部的《革命三日刊》为基础扩大而创办。

四川省首次核发机动车驾驶执照。成都市政府鉴于汽车行驶市区屡肇事端，规定自用或营业汽车司机须经试验合格，领取执照后方能驾车行驶。其考试类别分别为初考、复试和审验。申办驾驶执照者必须进行初考，考试合格后核发机动车人员准驾凭证，即驾驶执照。

1929年10月

12日，重庆大学在菜园坝杨家花园正式开学。校方发表了《重庆大学筹备会成立宣言》和《重庆大学宣言》，在陈明创办意旨后，强调指出："吾川成渝两地，大学并立，西南人才渊薮，国家百年大计，实利赖之。"23日，重庆大学筹委会常务委员会推选刘湘为校长（由李公度代理校务），沈懋德为教务长，吕子方为斋务长，杨芳龄为事务长，彭用仪为图书馆主任。重庆大学初创时，仅设文、理两预科，但在重庆市教育史上开创了新的篇章。

巴金的第一部中篇小说《灭亡》由开明书店出版印行。巴金于1927年1月15日赴法国留学，留法期间开始创作《灭亡》，并在断断续续中得以完成。该小说先在1929年的《小说月报》一至四期上连载，本月正式出版。小说《灭亡》反映了巴金对无政府主义的推崇和对正义的渴望。

1929年12月

由川人合股开办的成都第一家西药房——华洋药房开业。药房设在上中东大街58号，它的业务以销售西药为主，还经营原料药品、中外西药及制剂、化学试剂、医疗器材、卫生材料、化妆用品、玻璃制品、西药配方，以及照相器材等。

1930年3月

14日，卢作孚下令拆重庆火焰山东岳庙神像改建博物馆，同时将周围林地、荒坡、坟山及部分农地六十余亩辟为北碚火焰山公园。

1930年6月

历时六年，长六十八千米的成（都）简（阳）马路完工。成简马路是成渝公路的西段，1924年由中华全国道路建设协会四川分会倡议，以商办形式修建石桥公路。1925年川局初定，组成成简马路汽车有限公司。1926年元旦，成简马路在成都牛市口破土动工。

1930年7月

被誉为"川剧圣人"的艺人康芷林在重庆病逝。康芷林，邛崃县人。幼年曾习中医，后改行学川戏，擅长文武小生，尤其以表演细腻、唱腔优美的文生见长。拿手戏有《三变化身》《八阵图》等。除高超的川戏技艺外，康芷林还喜欢读书、绘画、武术。

1930年8月

卢作孚集资十五万元在重庆创设中国西部科学院，自任院长。该院初设工业化验所、农事试验场、博物馆和兼善中学，后来相继成立了理化、生物、地质、农林等四个研究所和博物馆、图书馆。自成立以来至20世纪40年代，在调查研究川康等地的地质资源及其开发利用上，做了大量工作，仅化验各种工业原料、矿物标本即达五十四种以上；采集动植物标本达十万种以上；在引进培植农、林、果木和家禽等优良品种实验上也获得很大成效。该院同时刊印理化、生物、地质、农村、民族调查报告书共四十余种。中国西部科学院的主要出版物有：《中国西部科学院年度报告》《中国西部科学院月度报告》《气象月刊》《地质丛刊》《地质研究所丛刊》《四川产业索引》《四川煤炭之实用分析》《中国植物分类检索表》《四川省雷马峨屏调查记》等。为扩大财源，该院还委托张博和创办兼善公司，该公司开办了西山坪农场、兼善公寓、兼善餐厅、石灰厂、面粉厂等。1950年，中国西部科学院与中国西部科学博物馆合并组成西南人民科学馆，从事科学技术普及工作。

1930年9月

卢作孚到上海等地考察纺织工业后，购买回柴油引擎两台、铁轮机二十台、电动织机六台、织袜机二十台及捻纱机、导纤机、印花机等机器设备，并派人到上海学习染织技术和管理。10月，重新组装机器设备后的庙嘴工场正式更名为三峡染织厂，成为四川第一家使用动力的机器织布厂。

1930年10月

美国蒲路大学教授钱柏森携带两部有声电影机抵蓉，在成都中华基督教青年会放映电影四十余部。1903年10月，从日本游学归来的成都图书局主人傅樵村带回四川第一架幻灯式电影机，放映电光戏，电影开始进入四川各地。1918年2月，重庆率先开设"涵虚电影场"，为四川拥有固定电影场所之始。1921年，成都第一家"新明电影院"开业，其后又有智育、大光明等一批电影院。

1930年12月

四川省公布《中华民国民法·亲属编》，推行新式婚姻，对婚姻制度做出新的规定：男未满十八岁，女未满十六岁，不得结婚。若未成年结婚，应得到法定代理人同意。结婚应有公开仪式和二人以上的证人。有以下情况者禁止婚姻：直系血亲与直系姻亲、旁系血亲、辈分不同的旁系姻亲；已有配偶者；相奸者；离婚后六个月内的女方；监护关系存续者。该新婚姻法规定，夫妻两人愿离婚，可以自行离婚，但应以书面为之，并有二人以上证人签名。夫妻中一方，可根据以下十种原因，向法院请求离婚，经判决胜诉，解除婚姻关系：重婚；通奸；夫妻一方不堪虐待；妻对夫之直系尊亲虐待；妻受夫之直系尊亲虐待；夫妻一方恶意遗弃他方；有不治之恶疾或不治之精神病；生死不明超过三年；被判三年以上徒刑或因犯不名誉之罪被判刑者等。

1931年1月

5日，重庆市民银行成立。该银行主要依靠印行一角、五角两种辅币获利。其发行的辅币券人称"市钞"。1934年8月改组为重庆银行，1941年更名为重庆商业银行。

11日，《济川公报》创刊。该报由二十一军核心组织"武德学友会"筹备，以"对川事有利，对川民有福"之意取名。该报每日出两大张，共八个版面。后来，又增设《济川副刊》《公众话刊》等。

14日，四川省教育厅厅长向楚下令整饬学风。该令除对课时、考试等作出规定外，还强调应注意对学生进行操行考核；学生应服从学校管理，不得干涉学校事务、闹罢课等。

21日，国民政府公布《四川善后督办公署暂行组织大纲》，规定全省军队归督办负责处理，但不得对所辖区域之地方行政、党务、司法及财政进行干涉。

25日，刘湘组织裁厘筹备委员会。国民政府是年元旦下令裁去全国厘金及类似厘金之捐税。

1931年2月

24日，南京政府任命刘湘为"四川善后督办"，刘文辉仍任省主席。

1931年3月

20日，南溪人马伯希在南溪东门外三千米的大桥附近，发现南北朝时期的梁朝墓葬和北宋墓葬各一座。梁墓已被盗，宋墓则保存完好，墓室有石门，锁之甚坚。

1931年5月

华西协合大学任命华人张凌高为校长。张出任校长后，龚向农、李培甫、庞石帚、魏时珍、周太玄、毕天民、沈嗣庄、李思纯、朱少滨等一批著名学者纷纷来到华大。抗战爆发后，又一批著名学者如陈寅恪、蒙文通、顾颉刚、钱穆、徐中舒、梁漱溟、何鲁之等人也在张凌高的邀请下来到华大。华大学校规模亦不断扩大，图书馆、教育学院、育德宿舍、女子宿舍、制药厂相继建成；文学院、理学院、医学院陆续成立，学校又增设了农业、染色、制革等专业；《华大校刊》《华西边疆学会杂志》《华西学报》等刊物也纷纷问世。

陈叔敬、陈敦川兄弟创办重庆牛奶场。场址在土湾，鼎盛时牛群达四百头。奶场逐渐由一个总场发展到石马河、山洞、高滩岩、盘溪、清水溪五个分场，职工最多时达二百八十人。

1931年7月

美国植物学家、探险家约瑟夫·洛克在《美国国家地理杂志》首次向世人介绍了位于四川省稻城与云南省中甸之间的一个与世隔绝的村落，其所拍摄的一批图片，令世人为之瞩目。1933年，英国作家希尔顿·詹姆斯根据洛克发表的报告写下了《消失的地平线》，使得香格里拉更负盛名。

1931年9月

16日，中共早期领导人、全国学生运动领袖李硕勋因被叛徒出卖被捕，在海口东较场牺牲，年仅二十八岁。李硕勋（1903~1931），四川符县（今属高县）人，中共早期党员，李鹏之父。

18日，重庆市、江北、巴县各民众代表举行收回王家沱日租界运动筹备会。到会各民众团体七十八个，代表计一百余人，筹备成立四川各级民众自动收回王家沱日租界运动大会。是日，日本发动了震惊中外的"九·一八"事变。

24日，王家沱日租界租期届满（1901年9月24日清朝川东道尹与日本订约将王家沱租与日本，为期三十年），全市数万民众罢工、罢课、罢市，并举行示威游行，强烈要求收回王家沱主权。

1931年10月

3日，成都师范大学拥护师范教育独立大会向省政府的请命，要求维持师范教育，请求当局收回将其并入四川大学的成命。

10日，市政府上年筹建的重庆电话所改称电话总所，首批七百门供电式电话总机开始使用。

10日，《川报》在成都创办，该报系由四川省主席、二十四军军长刘文辉资助的《四川日报》《新四川日报》《成都晚报》《新川报》等四家报社合并而成，为第二十四军的机关报。

13日，国民政府第二十军军部下令，从下月初起，辖区内所有男子一律改穿短服，并限用中国布料和样式制作衣服。男子着短服于生产和生活更为便利，也促进消费国货，促进民族工业。

21日，中航公司开辟汉口至重庆空中航线通航。直到抗日战争爆发时，中航公司仍有四架飞机由汉口经宜昌飞抵重庆、成都，并携带邮件。

24日，政府当局军警接管了王家沱租界。同时，国民政府外交部、四川省政府以事关外交问题为由，强迫解散了各反日民众团体。次年，日本又以看守财产为名，经国民政府同意，派侨民再次回到王家沱租界。直到抗日战争开始后，又才由重庆市政府接管租界财产，日领事下旗回国。

31日，重庆"申票大王"石建屏经营的"建记字号"被迫倒闭，酿成重庆金融界的巨大风潮。

南充经广安至渠县的公路通车。该公路西起南充县，经岳池同兴、石龙、酉溪、白庙，过岳池县城，穿过石垭、红庙、广门、广安县城、协兴、悦来、花桥进入渠县界，因公路路质很低，到1931年才开始通车。

1931年11月

9日，国立成都大学、国立成都师范大学、公立四川大学正式合并，定名为"国立四川大学"。国立川大的组建过程中，原三所大学除公立川大工、农两院独立建校外，其余各院系合并组建为文、理、法、教育四个学院，中文、英文、史学、政治、法律、经济、数学、物理、化学、生物、教育等十一个系，体育、艺术两个专修科。新成立的国立四川大学是全国十三所国立大学之一，也是整个西南、西北地区唯一的国立大学。

28日，交通部批准中国航空公司沪渝航线延长至成都，成都能够更加便利地抵达东部沿海。

1931年12月

巴金的小说《激流》（后改名为《家》）在上海《时报》开始连载，在社会上激起巨大反响。1933年，开明书店将《激流》汇编，改名为《家》出版。巴金原名李尧棠，现代文学家、出版家、翻译家。巴金晚年提议建立中国现代文学馆和"文化大革命"博物馆。其代表作有"激流三部曲"《家》《春》《秋》，"爱情三部曲"《雾》《雨》《电》。

1931年

潼南县组成考试医生委员会，中西医均进行考试，及格后经批准得执业证，此为四川西医考试之始。继潼南考试之后，成都市亦于1932年举行西医考试。

四川人顾鹤皋、杨月然等创办了一家小规模油漆厂，命名为重庆油漆厂，开始生产油漆，主要产品为飞凤牌油漆。1936年，因日货倾销而倒闭。

1932年1月

1日，南京中央研究院气象研究所派黄逢春到重庆接洽拟在渝、万设立气象测候所等事宜。

1932年2月

1日，重庆市自来水公司在模范市场成立。组织监察委员会十一人代行股东职权，以赵资生为主任、康心如为经理、税西恒为工程事务所所长兼总工程师。3月，重庆市自来水公司设水站十处，正式开始售水。

20日，王兆荣担任川大校长。国民政府任命王兆荣为国立四川大学校长。王兆荣曾留学日本东京帝国大学，担任川大校长直到1935年。

25日，成渝铁路开始踏勘。3月16日，成渝铁路路线踏勘初步完成，线路由成都经资阳、资中、内江、永川，绕青木关至北碚到重庆。这是巴蜀地区建构交通网络的重要一步。

1932年3月

7日，成都少城公园召开万人抗日大会，坚决反对日军侵犯淞沪，声援上海抗日。

10日，重庆各界民众三万多人举行四川各界民众督促川军出兵救国请愿大会。

21日，四川省抗日救国义勇军敢死队成都第一队赴昆山抗日。本年1月成立的四川省抗日救国义勇军敢死队成都第一队抵达南京，参加十九路军，开赴昆山前线参加抗日工作。

25日，刘湘宣布任命范绍增为第二十一军第四师师长，率部东下，受王陵基指挥，出川抗日。

28日，由中共四川省委创办的地下刊物《工人之路》周刊印行。其宗旨是为工人"说几句公道话"，周刊内容广泛，以反映工人现状、心声，指导工人斗争为主。

29日，四川省抗日救国大会发表黄花岗七十二烈士殉国纪念宣言。

大华生丝贸易公司在重庆成立，这是四川丝绸业首家"托拉斯"企业。本年1月，四川省善后督办公署联合金融业、丝绸业人士，在重庆成立了"川丝整理委员会"，谋求振兴制丝业。此后，川丝整理委员会于本月联合全省十一家企业，在重庆设立大华生丝贸易公司。公司实行原料统收统配，各厂按分配任务加工，统一运销，联合经营，控制了全川蚕丝业。

1932年4月

1日，重庆市政府奉四川善后督办刘湘命令，秘书处与社会局合并为总务处；秘书处之审计科改隶市金库；财政、工务、教育三局均改为处；公安局改处直隶警备司令部同时受市府指挥；南岸、江北两处撤科。缩编后，所辖各级科员裁汰甚多，财政支出亦较前减少25%。

2日，四川医师公会、四川医民联合会奉令合并为成都市国医公会，四川中医团体开始统一。该会有会员千余人，主办有《医药特刊》，他们以"研究中医医药，增进公共福利，发展中医医药事业"为宗旨，解决医药纠纷，组织学术讲座，参加一些社会公益医疗活动。

20日，重庆证券交易所开业，资本二十万元。证券交易所开业表明四川地区随着工商业的发展，融资需要增加，投机资本也开始增多。

1932年5月

9日，吴芳吉在江津寓所辞世，年仅三十六岁。吴芳吉，字碧柳，自号白屋吴生，世称白屋诗人。吴芳吉十三岁时在两小时的作文课上写出以诗论文、豪放严谨、名噪全川的《读外交失败史书》后，被誉为神童。1919年秋赴上海，任上海右文社《章氏丛书》校对、上海《新群》诗歌编辑，其间发表了《婉容词》《两父女》等诗作，后担任过上海中国公学、湖南长沙明德中学教师，西安西北大学教师，辽宁沈阳东北大学教师。1927年受聘为成都大学中文系教授兼系主任、四川大学教授等。1929年参与创办重庆大学,任文科预科主任。1931年受聘为江津中学校长。"九·一八"事变后,他创作了抗日诗作《巴人歌》并多次到重庆等地朗诵演讲。

1932年6月

2日,民生公司开辟渝申航线,该航线全长二千四百八十九千米,是长江最长的一条直达航线。至1936年,民生公司经常在此航线航行的船只已有十五艘。

5日,廖平病逝。廖平(1852~1932),四川井研县青阳乡盐井湾人,经学大师。清同治十三年(1874)参加院试,录取为第一名。光绪二年(1876)进入成都尊经书院,钻研《春秋》经学。光绪五年(1879)中举。光绪二十四年(1898)创办《蜀学报》。受聘四川军政府枢密院院长。清宣统三年(1911),任《铁路月刊》主笔。1921年兼成都高等师范学校、华西协合大学教授。1924年回井研,以多病之故,钻研医术,写成医书二十多种。廖平一生著述甚丰,计一百多种,主要辑为《六译馆丛书》《知圣篇》《辟刘篇》等。

1932年7月

还珠楼主的首部武侠作品《蜀山剑侠传》面世。还珠楼主(1902~1961),原名李善基,新中国成立后又更名为李红,中国武侠小说大宗师,其毕生著有武侠小说三十六部。还珠楼主代表了民国武侠荒诞怪异的一派,融合神话、志怪、剑仙、武侠于一体,进行高度哲理化、艺术化的想象发挥,尤其是各种剑仙神术、奇幻法宝,显示了天纵奇才的大气魄,为中国小说界的千古奇观,对后世武侠作家影响巨大。

1932年8月

1日,成渝公路在重庆举行通车典礼。同时改渝简马路总局为成渝路政总局。

1日,中央研究院气象研究所在峨眉山千佛顶设高山测候所,其目的是配合国际气象会议的测候活动。

21日,太虚在重庆缙云寺创建中国第一所高等综合佛学院汉藏教理院。太虚是全国佛教界领袖,于1931年入川,在重庆创办了世界佛学院汉藏教理院,提出"研究汉藏佛学,沟通汉藏文化,团结汉藏精神,巩固西陲边防,并发扬汉藏佛教，增进世界文化"的宗旨。

28日，美国人布尔沙、藏猛士携助手孟吕等四人在贡嘎山进行大规模探险，其中藏猛士及孟吕二人到达高达七千五百五十六米的主峰，开始了对四川地区高山的探险活动。

重庆大学开始招收本科大学生。重庆大学创办于1929年，校址最初设在重庆市菜园坝，1933年迁至重庆市沙坪坝嘉陵江畔，1935年为四川省立大学，1942年成为国立大学；截至1949年新中国成立前夕，已发展成为一所具有文、理、工、商、法、医等六大学院的国内外知名综合性大学。著名学者马寅初、吴宓、李四光等曾在此执教。

川江轮船公司宣告破产。川江轮船公司创办于1908年，在四川劝业道周善培的倡导下成立。

1932年9月

刘咸炘在成都病逝。刘咸炘（1896~1932），字鉴泉，别号宥斋。十八岁时从兄刘咸焌受业，开始研究古文的格调并详细研究班固的《汉书》，随后又研读章学诚的《文史通义》，二十二岁时，写成《汉书知意》四卷。后又著成《太史公书知意》《后汉书知意》《三国志知意》三部书。先后任敬业学院哲学系主任、成都大学教授、四川大学教授，著述甚多，计已成书的共二百三十六部四百七十五卷，总名《推十书》。已刻印的有十之七八。

1932年10月

1日，"二刘"大战爆发。至12月，刘文辉惨败，尽弃川东、川南防区，退到川西一隅。是时，张国焘、徐向前率红四方面军约两万人入川北通江、南江、巴中各县，建立苏维埃政权。蒋介石严令"二刘"停战。川中战争，暂成相持局面。以重庆为中心的刘湘的第二十一军势力大为膨胀。

国民政府建设委员会组织工程师考察三峡，由恽震率领水利工程师曹瑞芝、扬子江水利委员会技术处长宋希尚、美籍测量工程师史笃培等人，自宜昌溯江而上考察了葛洲坝、三斗坪、黄陵庙、万县、长寿等地，提出开发三峡和葛洲坝规划，这是川江最早的水电考察和规划。

1932年11月

驻防成都的刘文辉与田颂尧于10月下旬开始构筑工事，本月14日，田派兵进攻红牌楼一带刘文辉部。16日，两军战斗由郊区扩大到城内。19日，刘文辉在援军的帮助下，将田部包围，两军使用大炮，暑袜街一带民房被夷为平地，双方的巷战更加激烈。22日，经邓锡侯调停，双方休战。24日，田颂尧由北门撤出成都。至此，激战月余的巷战结束，双方共死伤七千余人，民众死伤二千五百余人，房屋、财产损失不计其数。此次巷战是成都历次巷战中规模较大的一次，对成都城市造成了严重破坏。

1932年12月

29日，红四方面军在通江县城成立川陕省临时革命委员会，旷继勋任主席。

31日，四川省教育厅发表1932年内核准成立的中小学统计：公立中学一所、小学六所，县立中学九所、小学七十八所，私立中学二十七所、小学三十九所，共计一百六十所。

潼南凿成世界最大的石刻卧佛。该卧佛是释迦牟尼"涅槃"上半身横卧像，开凿于1930年，佛身长三十六米，头长九米，面阔五米四，胸宽七米五，手掌长二米四五，为世界上最长的石刻卧佛。

蚕桑专家张振华代表中国出席世界细菌学会会议。张振华早年求学于成都女子蚕桑学校，1921年赴法国勤工俭学，1933年被法国巴斯特学院授予蚕桑学博士学位，成为四川第一位获取博士学位的女性，后曾担任四川大学教授。

1932年

冬，奉第二十一军军部令，经内政会议议决，由军部，江北、巴县两县团务委员会，市团务局及有关各区坊长会同踏勘数月，重新划定市区区界。计巴县划入市区的场镇为两路场、姚公场、南城坪、海棠溪、弹子石及县城全部；江北县划入市区者计有弋阳、宝盖、金沙、上关、樱花、上石梁、下石梁等七厢及县城与溉澜溪、香国寺两码头。计江北划入市区面积为三百七十五公顷，巴县划入四千三百公顷，共计四千六百七十五公顷。

重庆大学图书馆委员会成立。1930年10月，重庆大学图书馆成立。1932年自城区迁沙坪坝，新建专馆，是为本市第一个大学图书馆。

重庆第一家私营广播电台建立并开播。

1933年1月

12日，由国民党改组派发起的《社会日报》在成都创办，该报由刘静修、宋大鲁任正、副社长，主要以专访特写形式报道重要国际新闻、本省市新闻、大事，以消息快捷、翔实为特征，受到了普遍欢迎。

23日，红军通江、南江、巴中根据地形成。红四方面军在击溃田颂尧的八个团后，进占巴中县城。红军于上年底大规模入川后，解放了巴中县城，本年2月1日，解放了南江城。随着解放区的扩大，红军将通江、南江、巴中三县分为五县，分别成立中共县委和苏维埃政府。通南巴一带逐步形成中共重要的革命根据地。

1933年2月

7日，中共川陕省第一次代表大会在通江召开。大会选举了袁克服、吴永康、曾中生等三十七人为委员，袁克服任川陕省委书记，余洪元任组织部长，刘瑞龙任宣传部长。

17日，川陕省第一次工农兵代表大会在通江召开。大会正式成立了由熊国炳任主席的川陕省苏维埃政府。8月，省苏维埃政府迁往巴中。

蒋介石调兵"围剿"川陕红军。自川陕革命根据地建立后，蒋介石任命田颂尧为"川陕边区剿匪督办""进剿"红军。田颂尧率六万兵力分三路对革命根据地发动围攻。同时，蒋又调胡宗南部、刘茂恩部、杨正恒部、王志远部对根据地进行更大范围的包围。但红军不仅突破了田颂尧的围攻，粉碎了蒋介石的"围剿"，还扩大了根据地。

重庆开明书店开业，与上海开明书店订约并投资，在全国经销开明出版的教科书和一切书刊，并为生活书店、现代书局、上海杂志公司、良友图书杂志公司等几家上海出版社的特约经销处。1937年抗战初期，总经销上海海燕社印行的《西行漫记》《两万五千里长征》《西安半月记》等小册子。1938年，上海开明书店迁到重庆，改名为重庆开明图书局。

1933年4月

27日，四川省政府通令全川"废两改元"，所有公私款项的支付、交易中，不得再以银两作为支付手段，从即日起一律以"元"为收付单位。

川陕苏维埃政府建立后，在内务委员会下设婚姻登记处，负责全省所属各县有关婚姻方面的管理工作，并于本月制定了《川陕省苏维埃婚姻条例》。条例包括：男女婚姻自由，废除一切包办、强迫、童养媳等规定。

1933年5月

8日，由南京中央大学地质系、全国经济委员会、中央地质调查所联合组成的四川地质考察团一行八人入川进行考察。该考察团考察了嘉陵江地质、石油沟煤油，涪陵、彭水、成都、自流井、峨眉等地的地质和矿产，综合分析了各地的地质结构、矿产种类、储量，矿产的开采等事项，为以后的科学开采准备条件。

1933年6月

1日，长江水警总局四川分局成立，何北衡为四川分局局长。

4日，沪蓉航空线全线开通。中国航空公司的"蚌埠号"飞机自重庆飞抵成都，沪蓉航线全线通航。自1931年3月1日，国民政府筹建的沪蓉航线由上海分段通到宜昌后，因四川军阀反对而未能实现。本日，航线延伸至成都，飞机首次飞抵成都。至此，沪蓉航线全线开通。

上海至重庆轮船邮路开通。该邮路的开辟对四川快速了解外部世界，加强对外交流有很重要的影响。

1933年7月

7日，刘湘被任命为四川"剿匪"总司令。行政院国务会议议决，任命刘湘为四川"剿匪"总司令，节制川中各军。刘湘准备统率各军向川北红四方面军大举进攻。

10日，四川财政清理委员会成立。四川善后督办公署为整理四川财政，组织四川财政清理委员会，委员长由刘湘自兼，内部分为田赋、税捐、总务、经理四组。

21日，"二刘"岷江决战，四川大局初定。刘湘集中各部进军成都，刘文辉退守岷江，双方随后在岷江两岸展开大战，刘文辉全军瓦解，一百余团兵力仅剩约七团，退守邛崃、雅安一线，刘湘控制了四川局势。至此，经过十七年的军阀内战，四川局势初步明朗，大规模的军事行动暂时告一段落，四川局势相对安定，形式上有了一个统一的局面。

1933年8月

25日，叠溪发生7.5级大地震。下午3时50分，四川茂县、松潘、理番发生7.5级地震，较大余震持续五天。此次地震波及全省，远至陕西的西安、云南的昭通等地。地处震中的茂县叠溪镇，以及附近二十余村庄纵横三十余里、南北十余里全部沉陷，死伤不计其数。10月9日，叠溪堰塞湖溃决奔腾而下，所到之处尽成泽国。

1933年9月

20日，重庆市公共汽车股份有限公司成立。第一辆柴油客车开始在曾家岩至七星岗间行车营业。同年12月5日进入旧城区行驶，至小什字为终点。

1933年10月

1日，四川平民教育促进会在江津县成立，高显鉴担任董事长。平民教育促进会的成立促进了教育事业的发展，有助于民智的开启，为全民文化素质的提高打下了基础。

1933年12月

中国首次引进卡介苗。留学法国的王良得到她的老师、卡介苗的发明者卡尔迈及介兰的支持，携卡介苗菌株两管回到重庆，首次在国内给婴儿接种，并集资在重庆建立微生物实验所，创设了中国第一个卡介苗实验室，进行卡介苗及其他防疫制品的制造和接种工作，为预防儿童肺结核做出了积极的贡献。

1934年2月

8日，川藏冲突再起。川康边防军代表和西藏代表在矮达举行谈判，但仍未达成协议，川藏之间再起冲突。

1934年3月

三星堆文物初现于世。华西协合大学博物馆开始对广汉三星堆遗址进行首次发掘。广汉三星堆在1929年春被燕道成父子无意间发现，本月1日，华西协合大学博物馆馆长葛维汉和馆员林名均主持开始对三星堆的发掘。三星堆是中国西南地区的青铜时代遗址，上承古蜀宝墩文化，下启金沙文化、古巴国，前后历时约两千年，是我国长江流域早期文明的代表。

1934年4月

4日，重庆庆祝儿童节。重庆市举行第一次儿童节庆贺大会，到会两万余人。儿童节的庆祝表明社会开始对少年儿童权益给予更多关注。

中国工程师学会考察团入川。应四川善后督办公署的邀请，中国工程师学会组织的四川考察团一行二十五人，抵达重庆进行考察，对四川进行了为期两个月的调查。6月15日在川考察近两月后，各组团员考察事毕。

四川首开铁路运营。四川省第一条建成运营的铁路——北川窄轨铁路全线贯通。该铁路早在1927年就已开始筹建，由民生公司总经理卢作孚主管。1928年邀请丹麦工程师负责勘测和设计，1929年10月部分建成，本月全线建成通车。北川铁路修筑在重庆北碚区境内，起于土地垭，终于白庙子，全长约十六千米，主要以运煤为业，同时兼营旅客和货物运输业务，是四川境内的第一条铁路。

1934年6月

成都教师开始"六腊之战"。成都市各学校教师利用暑期在少城公园的绿天、鹤鸣、浓荫三所茶社进行激烈的角逐，竞争上岗。因成都市中学教师的待遇一向是以实际授课时数来计算，因此寒暑假到来，他们倍感拮据，为维持生活，他们便寻找一个适中的地点，定时碰头以"互相通报"，时称"六腊之战"。这深刻反映了国民政府时期，初级教育工作者收入的微薄。

1934年7月

20日，重庆大溪沟发电厂举行厂房落成典礼暨发电仪式。1932年四川善后督办刘湘令重庆市政府成立"重庆电力厂筹备处"，开始筹建电力公司；本日，从国外订购的三台1000千瓦汽轮发电机组同时供电，电力公司正式建成投产。1936年又对电力公司进行了扩建，1938年该厂装机容量增至12000千瓦，成为三四十年代四川设备容量最大的电厂。该电厂的建成，有效地解决了重庆市用电的需求，使全市基本照明条件得到了改善。

重庆新市区启用通电路灯。新市区自曾家岩、大溪沟、两路口至通远门一带路灯通电。其后，城区自七星岗经较场口、都邮街、新街口、陕西街、第一模范市场、新丰街，直至镇守使署及仓坪街、大梁子一带在1934年12月通电；上清寺至李子坝一带1935年2月通电。

重庆电力炼钢厂建立。重庆电力炼钢厂在沙坪坝区磁器口开始建厂，这是西南地区建设的第一个近代炼钢企业。

1934年8月

28日，四川省最早的病虫害实验研究机构——植物病虫害科在四川省农业中心建立，这是四川第一个专门研究植物病虫害的机构，在农业病虫害的防治中起到了积极的作用。

1934年9月

中国西部科学院雷马峨屏考察团进入凉山。本年5月，由重庆赴凉山进行考察的中国西部科学院雷马峨屏考察团常隆庆等人进入凉山重镇昭觉县。11月结束了第一次行程，1935年4月发表了《四川省雷马峨屏调查记》，首次科学地揭示了凉山这个与世隔绝的世界，引起了国际社会的高度关注。

1934年10月

28日，辛亥革命后首任大汉四川军政府都督的蒲殿俊在北京病逝。蒲殿俊（1875～1934），字伯英，四川广安人。资产阶级立宪派领导人，德宗光绪间进士，曾留学日本。1909年回川，后与罗纶等成立保路同志会，被推为会长。1911年"铁路风潮"发生，任四川"保路同志会"会长，他只求保路，反对人民起义。10月"武昌起义"后，"大汉四川军政府"在成都成立，他任都督，宣布四川独立。1917年反对张勋复辟，曾出任段祺瑞政府内务部次长。后来创办和主持北京《晨报》。

1934年12月

21日，省政府改组，四大军阀被免职。国民政府根据本月18日行政院会议决议，明令公布改组四川省政府的委任名单。刘文辉、邓锡侯、田颂尧、杨森四大军阀被免职。改组后的四川省政府在国民党中央的直接干预下，着手筹备四川军政统一诸事。

1935年1月

12日，参谋团入川。蒋介石命令国民政府军事委员会委员长行营参谋团一行七百六十余人，在该团主任贺国光的率领下抵达重庆。此次参谋团入川的任务是：制定四川的"反共作战计划"；指导各军军事行动；督察各军官兵勤惰，厉行奖惩；督导并指导与"反共"有关的政策设施；等等。蒋介石通过派遣参谋团入川，直接干预并进而控制四川军政大局。参谋团入川是中央势力进入四川的开始，也是抗战大后方营建的开端。

1935年2月

10日，军阀防区制结束，川政统一。刘湘在重庆正式就任四川省政府主席，当日即以第二十一军军长名义，训令本部防区各县县长，将昔日代管之一切政务完全交归省政府，随即军阀邓锡侯、田颂尧、杨森、罗泽洲、李家钰等也先后通电，表示拥护省政府，交出所属防区内各县政权。至此，萌发于1916年军阀罗佩金督川之时，形成于1918年督军熊克武督川期间，为祸四川近二十年的军阀防区制宣告结束，使四川局势真正得到了统一。

1935年3月

2日，蒋介石在重庆表示要以四川为民族复兴根据地。国民政府军事委员会委员长蒋介石由汉口飞抵重庆。4日，蒋介石出席四川党务特派员办事处扩大纪念周大会，并在会上表示：此次入川除督促进攻红军外，即是统一川政，表示要以四川为民族复兴根据地。

19日，胡庶华担任重庆大学校长，兼川西实业调查团团长。胡庶华（1886～1968），我国著名冶金专家。1913年考取公费留学德国，先入柏林矿科大学，后转柏林工科大学。1920年获铁冶金工程师学位，成为第一个获此学位的中国人。1922年回国从事教育工作，曾任湖南公立专门学校教授、武昌大学代理校长、江苏省教育厅厅长。从1926年起，先后任上海炼钢厂厂长、汉阳兵工厂厂长、南京政府农矿部技监兼农民司司长和烈山煤矿局局长。1929年，任同济大学校长，从此毕生致力于教育事业。后还担任过湖南大学、重庆大学、西北大学校长。

23日，全川新生活运动促进会在重庆青年会召开成立大会，蒋介石到会并讲话。

25日，中央银行重庆分行正式成立。这是国民政府为统一四川金融币制的一项重大措施。中央银行重庆分行的成立使得四川地区的金融业逐步纳入了中央的统一管理。

尹良莹自江南携带蚕种两万张、部分拨款和几位助手入川，招收学生，办讲习所，推广指导等。尹良莹留日学成归国后，被委任为四川省蚕桑改良场场长，负责建场事宜。

重庆市立通俗图书馆在中央公园内成立。1938年8月改为重庆市立图书馆，新中国成立后更名为重庆市人民图书馆。

1935年4月

川江华轮公司最大的船只"万流"轮由沪驶返重庆。"万流"轮为英商太古公司的一艘千吨级轮船。1932年5月31日，该轮由渝向下游行驶，在长寿县触礁沉没，一些外国打捞者查勘后认为水情复杂无法打捞，随后太古公司以低价卖给民生公司，1933年5月19日，民生公司成功地使其浮出水面。后经八个月修整，将其修复，1934年10月试航成功，随即开到上海整修舱面，取名"民权"。

1935年5月

17日，为了防御红军攻城，川康边防军司令刘元璋以"亮城"为名，即日起连续三个晚上焚烧西昌附城房屋，使一千五百余人无家可归。当红军先头部队到达距离西昌三十里处时，刘元璋下令火烧西昌府城最繁华的商业区以守住西昌。

22日，中央红军先遣司令刘伯承在冕宁与彝族果基家首领小叶丹歃血为盟。

25日，中央红军在四川石棉县安顺场强渡大渡河成功，并于29日强夺川、藏要道上的泸定索桥。泸定桥位于泸定县城西的大渡河，是四川通往康藏地区的咽喉要道，也是红军跳出国民党军队包围圈的重要通道。

1935年6月

12日，红一方面军与红四方面军会师懋功。26日中共中央在懋功两河口举行了政治局会议，确定了会师后的形式，决定北上建立川陕甘根据地。

19日，川黔公路竣工通车，并在重庆海棠溪举行通车典礼。川黔公路是四川省修建的首条省际干线公路，起自重庆海棠溪，经巴县、江津，在崇溪河出川，然后经桐梓到达贵阳。

国民政府军事委员会委员长蒋介石在峨眉山开办军官训练团。军官训练团的开办是蒋介石暨四川防区制结束后开始整编川军的一个举动，调集了川、康、滇、黔等省军官和部分地方人员进行短期强化培训。

1935年7月

2日，《新新新闻》以"四川教育的一大缺点"为题，报道四川青年学生体格都很瘦弱，注重"教"而忽略了"育"，提出"教与育必须并重"。

教育部根据入川视察教育的特派员的汇报，制定四川各大学院校整理办法。经过此次整顿，川大、重大等院校科系有所变动，四川大、中学教育状况得到了改善。

1935年8月

13日，四川省政府为推行义务教育，令全省各县市开办短期小学，招收九至十二岁儿童入学，经费由中央、省及地方分别承担，开始实施义务教育。

1935年9月

10日，国民政府布告收销四川地钞及收兑四川杂币的办法，并定期实施，四川货币渐与全国统一。

重庆大学正式获得教育部批准改为省立大学。重庆大学创办后，未曾取得南京政府教育部门的承认，本年5月8日，重大专门报告四川善后督办刘湘提出亟待解决的学校性质和经费等问题。同月21日省政府开会通过决议改为省立。

1935年10月

5日，张国焘在松岗卓木碉白莎喇嘛寺召开高级干部会议，公开宣布成立"中国共产党临时中央委员会"，自任主席。

1935年11月

3日，国民政府颁布《法币政策实施办法》，规定自4日起，所有完粮纳税及一切公私款项收付，概以法币为限，不得使用银圆，违者全部没收。法币发行时，对法币流通不足的边远地区，准予暂时保持市面原有的货币使用习惯。

都江堰进行大修，第一次采用水泥改建堰首鱼嘴。1933年10月，岷江叠溪洪水冲毁了都江堰堰首水利设施，同年修复，1934年7月再度被冲毁，本月，四川省府拨专款进行大修，将鱼嘴位置西移二十余米，并采用混凝土浇筑，同时加固了百丈堤、内外金刚堤、飞沙堰等处，该工程于1936年4月8日竣工。

1935年12月

11日，全川学生声援"一二·九"运动。"一二·九"北平学生爱国运动爆发的消息传到四川，全川各大中城市的学生纷纷响应、声援。重大学生组成"学生救国会"，宣传抗日，声援北平学生。川大师生于13日举行全校大会，声援北平学生。

成都华西协合大学哲学系美籍教授费尔朴及其妻子，费时四年将清末黄绶芙、谭钟岳等编著的《峨眉山图谈》译成英汉对照本，经四川大学哲学系教授黄方刚修订后印行，向国外宣传。

川籍地质学家常隆庆率先在攀枝花地区发现了煤、铁等矿物质，打破了"西南无矿藏"的历史定论。本年春，常隆庆带领考察队进入攀枝花等地，发现了煤、铁，并写出了《马边、盐源、华坪、永胜等县矿产调查报告》。1934~1942年间，常隆庆先后八次进入攀枝花、西昌等地进行调查，陆续发现了磁铁矿、赤铁矿等矿藏。1937年他发表了《宁属七县地质矿产》调查报告，向世人披露了攀枝花地区的矿产资源。

1935年

重庆推行联保制，以联保制取代厢坊制。全市分为六个区、三十七个联保（辖三百四十五个保）。区设区长，联保设主任。

1936年1月

12日，王光祈在德国波恩病逝，年四十五岁。王光祈（1891~1936），四川温江人，1920年赴德国留学，研习政治经济学，1923年转学音乐。1927年入柏林大学专攻音乐学，1934年以《论中国古典歌剧》一文获波恩大学博士学位。他开东方民族音乐之先河，是我国和东方"比较音乐"的开拓者和奠基人，代表作有《东方民族之音乐》《欧洲音乐进化论》《论中国古典歌剧》等。

四川省高等法院制定了第一部全省统一的办结案件标准条例——《各级法院庭长、推事办结案件标准》。

四川省禁烟特派员分署成立，专职掌管四川全省的禁烟禁毒工作。

川湘公路川境内黔江段动工。该公路由川黔路上的綦江站，经酉阳、秀山到湖南茶洞镇，川境长六百九十八千米。这是继川滇、川陕公路以后的第三条出川公路。

1936年2月

25日，上海—西安—成都—昆明航线试飞成功，并将于4月1日正式开航。

日本外务省为进一步明确长江流域之军事、政治、交通等情况，在成都、重庆等地建立特务机关，并计划在成都设立领事馆。日本驻重庆领事糟谷廉二在与省府主席刘湘会晤而未得到任何答复的情况下，便将总领署牌子挂在其住处。国民政府外交部以"无条约根据"为由，电令四川省政府严加拒绝，使其阴谋失败。

中国水利专家李仪祉考察了都江堰，根据对都江堰设施的考察，提出用活动闸代替杩槎工程。这一建议不仅可以提高都江堰工程的安全性，同时也使灌溉的面积增加了一百七十万亩。

1936年3月

30日，四川省蚕丝改良所和内江甘蔗试验场在成都建立。此为四川最早的自然科学研究机构，是四川自然科学机构发展之始。

由南开大学经济研究所熊觉良、叶谦古、谷源田、张锡羊等四人组成的四川经济调查团抵达重庆。该调查团将对四川的地方概况、土地人口、农业制度、商贸、交通、地方财政、都市商埠等进行调查。

1936年4月

19日，国立四川大学举行了首届运动会。这也是自建校以来项目最多、规模最大、运动员和观众人数最多的一次。

"四川省嘉陵江三峡乡村建设实验区署计划"出笼，该试验区由巴县北碚乡，江北县文星镇、黄桷镇、三岩镇和璧山县澄江镇共五个乡镇组成。

1936年5月

5日,"博巴人民共和国中央政府"成立。"博巴人民共和国中央政府"经选举产生,德格县的多德为主席,甘孜县的达结、孔撒为副主席。

5日,成都新闻学会成立。

四川银行在中央运用辅币未足额前,赶印五角、二角、一角三种辅币,在全省通用。

经四川省政府呈请,行政院决定重庆市为四川省政府直隶市。这一行政区划的变迁,为后来的陪都奠定了基础。

1936年6月

6日,张国焘在中共"中央"纵队活动分子会上作报告,宣布取消"中央"名义。后经党中央批准,其领导的红二、四方面军组成中共中央西北局。

26日,四川大学校长任鸿隽、华西大学校长张凌高、重庆大学校长胡庶华等发出通电,表示拥护国内和平统一政策,反对内战。

川康公路正式开工。川康公路为川藏公路首段,由成都至康定,全长三百七十千米,其中成都至雅安段已于1932年初通车。

1936年7月

2日,红二、六军团与红四方面军在甘孜举行会师大会,后红二、六军团正式组成中国工农红军第二方面军,红二、四方面军随即北上,于本年10月在甘肃会宁与红一方面军会师,标志着红军长征的胜利结束。

26日,四川旅沪同乡会反对日在蓉设领事馆。上月,日政府未经我国同意,单方面决定在成都设立领事馆,并任命驻华使馆中国情报部的岩井英一为领事。本月26日,日本驻华大使馆发言人宣布,岩井已定于8月2日由沪入川履任。对此,四川旅沪同乡会通电反对,并派周君实等为代表赴南京请求外交部予以制止,又电达四川各界不许岩井入川。

1936年8月

7日,《四川日报》在重庆出刊,该报宗旨是"唤起民众,努力救国"。该报的出刊对启发民众、宣传抗日救国思想起到了重要作用。

7日，全国第一条自建汽车邮路——重庆至成都自办汽车邮路组建完成。该邮路全程四百五十千米，联系二十个邮局，重庆端又衔接了轮船邮路，极大地方便了与省外的邮路联系。

19日，日舰"保律"号在重庆江面撞沉我货轮四只，毁伤8号囤船。事件发生后，重庆、江北、巴县各界民众分赴国民政府重庆行营、重庆市政府及国民党重庆党部请愿，号召反对日本侵略。

27日，四川省政府拨出一百五十万元，扩建重庆市，主要用于公路的扩修、轮渡的设置等基础设施建设。

四川省水利部门开始在岷江、嘉陵江布设四川省第一批水文观测站。

1936年9月

16日，成都广播电台正式建成播音。成都广播电台发射台和成都国际之台发射台址同选定在南郊的华西后坝。开播的节目有"新闻述要""时事评述""省府讲座"等。

27日，《新新新闻》报道，滇黔公路修筑完成，至此，滇黔川湘桂五省公路交通网初步形成，而公路总局拟在西南商定五省公路联运规约，实施五省联运。

四川省政府公布《管理脚踏车暂行章程》，各种脚踏车使用前，经登记检验合格后发给照证，并按年征收车捐。

国民政府重庆行营令四川省政府：四川各地公安局自1937年元旦起，一律改称警察局。

1936年10月

12日，重庆市政府社会科发表该市登记合格的报社，包括《国民公报》在内共计十七种。

四川成立以青年学生为主的青年自强读书会，一大批妇女也逐步加入该行列。

四川省在蓉举行第一届政府职员普通考试，考试类别为教育行政、财务行政、警察行政等。

1936年11月

19日,国民政府决定四川善后督办公署和四川"剿匪"总司令部同时撤销,成立川康绥靖公署,刘湘为主任。

26日,成都召开声讨国民党镇压抗日运动大会、声援上海救国会七领袖的群众大会。

1936年12月

18日,刘湘通电,提出和平解决"西安事变"的四项主张,号召拥护中央,团结一致,释放领袖,共抗外辱。

世界掀起第二次"熊猫热"。美国人露丝在四川捕获一只大熊猫幼崽,并带回美国展出,这是大熊猫首次亮相美国,在美引起极大的轰动。而这也是继1869年法国神父戴维第一次将大熊猫带回国后,大熊猫再次掀起的世界"熊猫热"。

1937年1月

8日,兵工署重庆炼钢厂(筹备处)正式投产,这是西南地区第一个现代炼钢企业。

17日,由车耀先任社长,周敏、胡绩伟任主编的《大声周刊》在成都出版。该刊物是一份宣传抗日救亡的进步刊物。

24日,四川省政府与川盐、美丰、川康、重庆、江海、四川商业、四川省银行等七家银行合组的利济财团在渝成立,其业务为控制鸦片销售,推行烟土公卖。

中日双方签订协议,"大川饭店事件"告结。1936年8月,成都民众抗议日本在蓉设立领事馆而引发的打死打伤日本设领人员的"大川饭店事件"发生。"大川饭店事件"发生后,中日双方共同对事件进行了调查。上年12月30日,双方换文,主要协议内容有中国外交部向日本政府道歉;中国政府向死者遗族和伤者赔偿九万八千元;对事变当地负责人予以处分;对凶犯依法惩办。5日,刘湘按照中日双方达成的协议,将赔款汇外交部转交日本,成都大川饭店事件宣告结束。

成都市政府改组为市政委员会,省民政厅长嵇祖祐任主任委员。同年11月四川省又决定撤销市政委员会，恢复市长制。

1937年2月

9日，天津《大公报》川籍记者范长江到达延安，成为第一个以正式记者身份进入延安采访的中国人。随后，范长江回到上海，写成《动荡中的西北大局》一文登于《大公报》，轰动了全国。

1937年3月

14日，由成都市救国联合会、文化界救国会、大声周刊社等三十六个团体联合组成的"成都市各界救国联合会"在北门十方堂召开成立大会，大会通过了纲领和简章，并倡导政府立即出兵抗日。

21日，由成都至重庆的成渝铁路正式开工修筑。到1939年，重庆至江津间68.15千米筑路工程基本完成。

实业部联合浙、皖、赣、闽、湘各茶区的省府及上海、汉口、福州等处茶商共同在渝投资组建中国茶叶公司。

1937年4月

四川水泥厂在重庆建成投产，是为四川首家水泥厂。

1937年5月

16日，重庆文化界救国联合会召开成立大会。

28日，世界教育会会长、美国教育家孟禄博士来华考察教育，本日由武汉飞抵成都。

南充所产丝绸在纽约万国博览会上荣获万国博览会东方美人奖。

四川蚕丝改良场开始自行培育原种，结束了四川省长期依靠江、浙供应原种的历史。

1937年6月

4日，山东邹平乡村建设研究院院长梁漱溟在磁器口四川教育学院作了关于乡村建设运动的讲演。他认为中国的问题"实为以文化再造根本问题"，他提出，中国今天只有两个可能的结果，"一为民族生命随文化动摇崩溃而灭亡；

一为民族生命随新文化之创生而复兴。中华民族已到最后关头，有无前途，全看文化能否再造"。他再次阐述了其"由农业引发工业，从乡村的进步而繁荣都市"的观点。

9日，四川大学新校址选定成都望江楼旁原农学院部分地方，由代校长张颐主持破土开工典礼。16日，川大新校址举行奠基典礼，图书馆、数理化、化学馆同时破土动工。

28日，蒋介石任命何应钦为川康整军委员会主任，入川整编川康军队。29日，国民政府军事委员会颁布《川康军事整理委员会组织大纲》，其中规定川康军事整理委员会的职责为：根据整军方案，研讨川康整军办法与实施步骤；备军委会在川康整军方面之咨询；关于川康整军资料之调查征集；监督指挥整军办法之实施及点验。后因七七事变发生而终止。

1937年7月

14日，刘湘通电抗战。刘湘电蒋介石，痛陈国事利害，请蒋早定抗敌大计，并通电全国，呼吁各省将领急起抗战。

"四川省各界抗敌后援会"正式成立。全民族抗战爆发前四川已经成立了"重庆救国会""成都学生救国联合会"等组织，分别以秘密或公开的方式进行各种活动。在该组织的影响下，又成立了"成都华北抗战后援会"。

1937年8月

7日，四川省政府主席刘湘奉国民政府电令，飞抵南京参加最高国防会议。会上刘湘请缨出川抗日，提出"决以四川人力物力贡献国家"。淞沪抗战爆发后，国民政府军事委员会任命刘湘为第七战区司令长官，并兼任二十三集团军总司令，随后川军分路开赴抗日前线。

7日，四川各界抗敌后援会成都市民大会在少城公共体育场举行，会议要求中央发动全民抗日。该会议决定，彻底抵制日货，如再运购日货，一律没收，并严惩贩运仇货的奸商。

25日，朱德就任八路军总指挥。

29日，由国民党四川省党部、省政府和川康绥靖公署合办的《国难三日刊》创刊发行。该报是我省各界抗敌后援会主办的报纸，该报实行"对外抗日，对内民主"的办报方针。该刊物同年12月即被国民党当局查封，后经过改组,继续出版,但不敢再登进步言论,用户减少,于1939年6月自动停刊。

29日,"四川漫画社"成立。该社是一个自发的民间抗日美术团体,采用多种方式进行抗日宣传,如大字标语、张贴漫画等。

1937年9月

5日,四川各界民众于少城公园集会,热烈欢送川军出川抗战。

18日,"星芒通讯社"在成都创办了《星芒周刊》,该刊物是一份宣传抗日救亡的期刊。在创办《星芒周刊》的同时,"四川青年救国会"创办了《救亡周刊》,两个组织本着共同的抗日宗旨,将二刊合并,出版了《星芒救亡联合周刊》。

21日,四川三家私营银行——川康殖业银行、重庆平民银行、四川商业银行合并改组为"川康平民商业银行"。

四川省政府拟定《四川后方国防基本建设大纲》。全面抗战爆发后,四川成为全民族抗战的大后方,政府计划加速西部开发国防建设。此次拟定的建设要目包括:开发五大资源(动力、化学、粮食等);创立、扩充八大工业(炼钢厂、炼铜局、兵工厂等);修筑、完成三大铁路(修筑成昆、成宝路,完成成渝路)。

1937年10月

8日,四川省教育厅遵照教育部电令,呈报成渝各大学可容战区大学生来川借读人数:川大六百五十人,重大八百一十五人,华西大学四百人,四川教育学院一百二十人。

10日,成都文化界救亡协会成立,张秀熟、李劼人、车耀先、沙汀等负责。该组织12月20日被国民党勒令解散。

杨森率领的川军第二十军编入第六集团军战斗序列,进入淞沪战场。11日接防淞沪大场镇阵地的川军第四十三军第二十六师与日军激战七昼夜,完成了阻击日寇的任务,战斗中全师官兵伤亡约七成,该师被评为淞沪战役中战绩优异的五个师之一。

"双枪老太婆"陈联诗本月被营救出狱。陈联诗(1900~1960),又名陈玉屏,四川岳池县人。1928年加入中国共产党,1931年调回岳池筹备川北第二次武装起义。1935年2月其夫被捕殉难后,重组华蓥山游击队,1936年接中共重庆地方领导指示，准备绕道上海赴苏联学习，在万县换船时被捕。本月被营救出狱，出狱后继续参加革命工作。

影剧界人士会聚山城。抗战爆发后上海、南京等地相继沦陷，影剧界人士大量内迁。本月16日，由川人夏云瑚护送白杨、陈白尘等组成的"上海影人剧团"抵渝，此后相继还有熊佛西带领的"农村抗战剧团"，赵丹、魏鹤龄为首的"上海业余剧人协会"，余上沅率领的南京"国立戏剧专科学校"以及中国电影制片厂所属"怒潮剧社""中电剧团"等内迁四川，并在成渝公演了《塞上风云》等影片。

1937年11月

8日，四川学生实行军训。国民政府任命四川省主席刘湘兼任四川学生军训部总队长，王陵基、杨芳毓、蒋志澄为副总队长。

12日，国民政府中央研究院迫于抗战形势西迁重庆。全国的文化重心转移到大后方。

14日，中共中央派邹凤平、廖志高、于江震等六人分别从延安启程回川，恢复和重建四川党组织。邹凤平、廖志高赴成都筹建中共四川省工作委员会；于江震赴南充筹建中共川北工作委员会，属省工委领导。12月邹凤平、廖志高到达成都后着手整理四川党的关系，设立省工委机关，省工委书记由邹凤平担任。次年3月中共成都市委建立，同月，中共中央作出《关于大量发展党员的决议》，省工委决定以大力发展党员和扩大组织为中心工作。

26日，国民政府主席林森率政府主要办事机构及人员乘船抵达重庆。12月1日，国民政府在曾家岩重庆高级工业学校正式开始办公。1938年10月武汉失守前后，由蒋介石率领的国民政府军事委员会及其他机构也陆续迁至重庆。1940年9月，国民政府发布命令，正式定重庆为中华民国陪都。

1937年12月

1日，抗日将领饶国华为国捐躯。饶国华（1894~1937），字弼臣，四川资阳人。1911年辛亥革命爆发后，即投身于新军，由伙夫升为班长、排长。1917年升至川军连长。1935年10月升任第一师师长，后改任第一四五师中将师长。抗战爆发后，奔赴抗日前线，壮烈牺牲。国民政府追赠他为陆军上将。1983年9月四川省人民政府追认他为革命烈士。

6日，四川大学教授黄宪章、学生康乃尔因组织学生到省府请愿，要求改善凤凰山修筑机场民工的待遇被当局逮捕。重庆行营电令川康绥署，以煽动民工、破坏国防工程罪，法办黄宪章、康乃尔。

16日，渝港航空线开通。上海沦陷后，为沟通与英美的联系，中国航空公司于本年11月开始筹备重庆至香港航线。此航线与美国泛美航空公司经由太平洋至美洲的国际航线相衔接。该航线经停桂林、广州两地，全程为一千三百余千米。

19日，生活书店重庆分店成立，店址位于重庆市武库街。生活书店是著名爱国人士邹韬奋在上海创建的，该书店出版的图书主要以社会科学为主，兼及文艺书籍和大众通俗读物、青年读物。抗战爆发后总店迁往武汉。1938年7月武汉失守后总店搬至重庆，其成都分店设于1938年1月。

重庆市举办了建市以来的第一次运动大会。

张善子在武汉受全民团结抗战之形势所感，历经数月创作了抗日宣传名画《怒吼吧，中国》。张善子（1882~1940），名泽，字善，一作善子，又作善之，号虎痴，四川内江人。张善子是现代名画家张大千的二哥，中国画虎大师。

1938年1月

1日，国民政府在重庆改组，蒋介石辞去行政院长兼职，由孔祥熙继任行政院长一职。

1日，四川公路局取缔商客运输，全省公路客运由四川公路局独家经营。收回线路时，部分商车即一并收购，未被收购的商车，则采取出租、自购、劳资合伙等形式自谋出路。

7日，马寅初博士应邀到重庆民生公司演讲，其题为《日本终必败亡》。

20日，刘湘因病不治，在汉口万国医院逝世。22日，国民政府明令褒扬刘湘，追赠为陆军一级上将，其生平事迹存备国史馆，随后明令国葬。2月5日在成都举行追悼会，因修建墓园需时，故其国葬延至1939年9月1日举行。刘湘（1888~1938），字甫澄，法号玉宪，四川大邑人，川康绥靖公署主任、四川省政府主席、第七战区司令长官。

25日，成都至贵阳长途电话线上装用德国西门子E1型单路载波电话机，开创了四川第一条长途采用载波技术的电路。

1938年2月

6日，成都《华西日报》全文刊载美籍作家史沫特莱撰述的长篇通讯《八路军之战绩》，该文比较全面地介绍了共产党领导的八路军抗战以来对日作战的战绩。

7日，国民党四川省党部发起反侵略运动宣传周活动，从本日起全面展开宣传活动。2月13日成都市各界民众在少城公园举行反侵略大会，响应伦敦国际反日援华会议。会议通过了拥护国际反侵略运动、通电慰劳前线抗敌川军、立即实行战时教育等八项议案。

13日，由成都各界人士张澜、车耀先、李劼人、张志和等发起组织的中苏文化协会四川分会在成都成立。

14日，成都各界举行了火炬示威大游行，抗议日本对中国的侵略。火炬游行大会在少城公园举行集会。

18日，日本飞机第一次空袭重庆，在广阳坝机场投弹十二枚，炸伤四人，炸毁房屋两栋。

25日，故宫文物运抵重庆。故宫七百多箱文物运往重庆存放，堆放楼房因不堪重压而垮塌，文物损失较多。七七事变后，故宫文物几经波折南下，再分别由南、中、北三路迁到四川巴县、乐山、峨眉、重庆等地。

1938年3月

16日，刘湘病逝后，蒋介石任命张群为四川省政府主席，遭刘湘旧部反对和抵制，彭焕章率领留川将领联名致电请蒋收回成命，引发百日政潮。蒋介石遂不得已任命王瓒绪为四川省政府主席。

17日，第四十一军代军长兼一二二师师长王铭章坚守滕县孤城，抵御日军猛烈攻击三个昼夜，不幸中弹阵亡。王铭章（1893～1938），字之钟，汉族，四川新都人，1914年毕业于四川陆军军官学校第三期步科。七七事变后，王铭章所率川军一二二师亦开赴前线作战。王铭章牺牲后，被国民政府追赠陆军上将。

1938年4月

9日，成都市各界隆重举行大会，成都民众在少城公园集会庆祝台儿庄大捷，会后举行了盛大游行示威。

郭沫若任第三厅厅长。郭沫若任职后，领导一大批进步人士，积极进行抗日宣传。在此期间，郭写下了《告全国国民书》《甲申三百年祭》等著名抗战文章。

1938年5月

21日，《西南日报》在重庆创刊。该报名誉董事为重庆行营主任顾祝同。《西南日报》表面上以民间报纸的姿态出现，实际上鼓吹"一个领袖、一个政府、一个主义"，因其办报宗旨的狭隘性，读者范围和数量有限，不久停刊。

1938年6月

25日，《时事新刊》在成都创刊。该刊物主要用于介绍国际国内的政治和抗战形势，采编人员大多是共产党员和进步人士。1940年3月28日被国民党当局查封。

30日，四川省政府通令各中等学校，把抗战宣传作为暑期中心工作。

1938年7月

7日，国民政府规定，每年7月7日为抗战建国纪念日。

重庆大学师生举行集会，成立挽胡会，反对曹四勿接掌重大。上月，重大校长胡庶华以"三年为期"为由向四川省政府提出辞职。消息传出，重大师生当即成立挽胡会，坚决要求挽留胡庶华继任校长。本月2日重大师生派出代表向国民政府教育部请愿，要求挽留胡庶华，不发表新人选。当6日曹四勿到校接任时，胡庶华已经离渝，并将校务交由教务长、事务长、训育主任和理工两院院长共同处理，使曹无法接任视事。

1938年8月

14日，四川省政府在成都、重庆、万县、绵阳、广元五地分别设置救济战区难民婴孺寄托所，收养五岁以下儿童，预定收养五千人。

21日，动物学家、东吴大学教授刘承钊，率领师生五十余人，前往峨眉山采集动物标本，在打峨寺后草丛中发现"胡子蛙"雌雄各一只，后定名为峨眉髭蟾，以新属新种编入学典，西文学典则称之为"刘承钊蛙"。

27日，国民政府在重庆举行祀孔典礼。其祭祀程序如下：一、主祭就位；二、陪祭就位；三、与祭就位；四、肃立；五、奏乐；六、献花；七、恭读祭文；八、向孔子遗像行三鞠躬礼；九、奏乐；十、礼成。

国民党四川省党部通令全川，禁止民众组织任何抗日救亡团体和集会游行，并宣布战时图书杂志审查办法和标准。本月23、28日，当局先后查封了复刊的《大声周刊》《星芒报》等宣传抗日救亡的报刊，并派特务捣毁了由潘文华出资经营、中共地下党员参与编辑的《华西日报》报馆。9月8日，国民政府军事委员会政治部制定了《非常时期新闻检查规程及违检暂行办法》，规定所有报刊所发全部稿件必须在发表前一日送检，违者罚令停刊一日至一周甚至永久停办。10月1日，国民党中央宣传部、社会部、行政院教育部、内政部、军事委员会政治部联合组成的"中央图书杂志审查委员会"在渝成立。

1938年9月

28日，四川土地陈报办事处成立，职能为整理地籍。该办事处负责办理成都等五县市土地简易丈量。

1938年10月

10日，国民政府拨款两万元设立西南经济建设委员会，以统筹规划西南的开发建设。次年1月，"为研究开发西南各省资源"的西南经济研究所正式成立。

25日，《新华日报》在渝出版。《新华日报》由中共中央长江局直接领导，是中共在国统区唯一公开发行的机关报。其总馆设在重庆，成都和桂林设有分馆。

八路军驻重庆办事处成立。

中共战时保育会迁驻重庆，在中共南方局妇女组领导下开展工作。该会由邓颖超、沈钧儒、郭沫若、李德全、刘清扬等联络国民党等各党派以及社会各界知名人士，联名发起筹建。

"中华全国文艺界抗敌协会""中华全国戏剧界抗敌协会""中国青年新闻记者协会"等全国性的抗日爱国文化团体相继迁川。在此期间，郭沫若、曹禺、老舍、夏衍、田汉、赵丹、白杨等一大批文化界的著名进步人士云集四川，同时也带来了一大批影响较大的文艺刊物。

1938年11月

6日，欧亚航空公司同越南商定开辟重庆经昆明至河内的航线，这是四川民航开辟的第一条国际航线。

8日，日机十八架分两批首次对成都进行了空袭，其主要目标是凤凰山军用机场和外南机场等地。

21日，中共四川省工委在成都召开扩大会议，总结了省工委成立以来的工作，部署了今后的工作，同时决定不再成立省委，分别成立川东、川西特委，川东特委建立在重庆，川西特委在成都，原重庆市委和成都市委也撤销，两个特委均直属中共南方局领导。

1938年12月

刘文辉在西康境内辖地宣布废除"乌拉"。"乌拉"差徭，是旧时川边地区藏族封建农奴主强加于人民的一种无偿劳役。废除乌拉后，刘文辉对征用运输制定了两项措施：第一，改善乌拉差徭办法，这个办法颁布后，建省委员会并设立"乌拉差徭监察室"，委派差徭监察员，授以特权，率领兵士，督促执行；第二，开设西康牧运公司。

国民党副总裁、国民党中央政治会议主席、国民参政会议议长汪精卫，与其妻陈璧君、秘书长曾仲鸣等，秘密由重庆起飞，前往越南河内。20日，汪精卫、周佛海、陶希圣、陈公博等亲日分子在河内会合。29日，汪精卫公开发表"艳电"，再次声明"惟欲按照中日平等之实现"，表示"对此主张应在原则上予以赞同"。他要求重庆政府"以此为根据，与日本政府交换意见，以期恢复和平"。

四川开始大规模生产酒精。抗战后，因进口汽油中断，军事、交通所需动力要以酒精为燃料，本年后，酒精销售量不断增加，一批酒精厂纷纷出现。

中国的"敦刻尔克"大撤退，即宜昌大撤退。本年底，在日本侵略军的轰炸中，民生公司利用川江枯水期到来前的六十天时间，将拥塞在宜昌港的十万多人、九万吨器材抢运至重庆，完成了相当于战前1936年全年的运输总量，创下了世界航运史上的奇迹。

1939年1月

1日，筹备已久的西康省政府正式成立，刘文辉任主席。

13日，中共中央南方局在重庆正式成立，由周恩来任南方局书记，全面领导四川及长江以南地区中共的各项工作。

21日，国民党在重庆召开五届五中全会，蒋介石在会上作了《唤醒党魂，发扬党德，巩固党基》和《整顿党务之要点》的讲话，该讲话表明其政策的重点逐渐从对外转向对内。

1939年3月

5日，蒋介石核定《国民参政会川康建设期成会组织规则》，以国民参政会议长为会长，正式成立川康建设期成会。该会是抗战时期国民参政会内设的关于川康两省经济建设和社会治理的专题咨询机构。期成会建立后分赴川康各地视察，拟定川康建设方案，编成约九十万字的《川康建设视察团报告书》。

11日，在重庆召开的国民参政会第一届第三次会议上，蒋介石代表国民政府宣读了《国民精神总动员纲领》。12日，《国民精神总动员纲领》及《国民精神总动员实施办法》正式颁布。该纲领称此次国民精神总动员的宗旨为：集结全国国民精神与共同的目标，使全体国民确立同一救国道德，坚定同一信仰，每一国民都能根据同一道德观念为同一信仰而奋斗牺牲。

1939年4月

1日，重庆炼铜厂生产出中国首批电解铜，含铜量高达99.93%，标志着我国炼铜业已经发展到了世界先进水平。1911年，彭县铜矿局采用高炉冶炼法，炼出99.5%的精铜，开四川近代炼铜的先河。1938年，重庆炼铜厂的叶渚运用国外技术和设备，结合国内实际条件，把粗铜、紫杂铜装入酸性炉衬的反射炉中熔炼，并用"推耙法"把部分铜中杂质氧化，所得精铜含铜99%以上，再经电解精炼。

10日，国民党中央监察委员会委员谢持在重庆病故。谢持（1876～1939），原名振心，字铭三，又字慧生，四川富顺人。1907年加入同盟会，1917年参加护法运动，1924年1月在国民党第一次全国代表大会上被选为广州国民政府委员，后来成为"西山会议派"领头人。1935年，在国民党第五届全国代表大会上被选为中央检查委员和国民政府委员，1937年抗战爆发后，由上海回四川，为抗日奔波。

10日，重庆电话局投入使用由南京电信局拆运来的美国"史端桥"式自动电话交换机一千门，这是重庆首次使用自动电话。

1939年5月

3日、4日，日军连续出动轰炸机群，对重庆进行了大规模的轰炸，共炸死三千九百九十一人，伤两千三百二十三人，损毁建筑物四千八百八十九栋，致使约二十万人无家可归。"五四"大轰炸造成了世界轰炸史上空前的惨案。

1939年6月

8日，重庆国民政府发出明令，全面通缉汉奸、卖国贼汪精卫。

29日，苏联援助中国抗日战争的空军大队到达成都，驻扎在太平寺机场。此外，两个苏联航空志愿队歼击机大队进驻重庆防空司令部辖区。

1939年7月

10日，由胡子昂等创办的中国兴业股份有限公司成立。该公司1938年开始筹备，由华联钢铁股份有限公司、中国无线电业公司和华西兴业矿业公司合并扩大而成。厂址位于重庆江北相国寺，资金由官商合股，其管理体制为董事会大会领导下的总经理负责制，其董事长为国民政府行政院院长孔祥熙。兴业公司是抗日战争时期官商合办的最大的钢铁联合企业。

20日，陶行知创办的育才学校在重庆北碚开学。陶行知（1891～1946），原名文濬，安徽歙县人，后受王守仁"知行合一"思想的影响，改名为知行，又改名行知。他是中国历史上伟大的人民教育家、民主革命家，其逝世后毛泽东亲笔写了"痛悼伟大的人民教育家陶行知先生千古"的悼词。

25日，国际援华物资的重要输送线滇缅公路通车。滇缅公路打通了一条国际援华物资的生命补给线，该公路线是抗战时期重要的军民用物资供给线，在抗战时期起到了关键性的物资补给作用。

中国边疆研究学术会在重庆成立。该研究会主要以调查研究中国边疆省份的经济、政治、社会、文化等事务为主。

1939年8月

5日,由彭焕章领衔的川军将领发出联合通电,要求撤销王瓒绪省政府主席职务,并发动了武力驱王。本月19日,国民政府正式发布改组四川省政府令,其省政府主席职务由蒋介石兼任。

23日,印度国民大会党主席尼赫鲁访华抵达重庆,成为抗战以来第一个访问中国的外国政党首脑。毛泽东也致电尼赫鲁,对他的访华表示欢迎,并力邀他到访延安。尼赫鲁在做了短暂访问之后,于9月5日回国。

1939年9月

1日,自贡市正式成立,直隶四川省政府。这是继重庆、成都之后,四川设置的第三个省直辖市。

道孚瓦日全区集会,筹商读书儿童来源的租雇问题。早在清代,政府在当地办的教育因未能尊重少数民族的信仰和习俗,遭到当地群众的反感。本月,县政府秘书王卓在瓦日地区的孟坨寨设立瓦日保国民学校,当地藏族头人请求免设,未获批准。于是当地人民集体强烈要求减少学生名额,王卓只得在原定三十名的数目内减少十名。本日集会,会议决定以每年六十元至一百元的藏银价格雇儿童读书,二十名学生的雇金由全区人民负担。

1939年10月

31日,成都市举行了建市以来首届市民运动会。

1939年11月

25日,中国第一口旋转机井在巴县出气。在井深1402米的三叠系嘉陵江组钻获天然气,最大井压达10.6兆帕,日产天然气1.5万立方米,这也是中国第一口使用旋转钻机钻成的天然气井。

著名戏剧教育家熊佛西创办的"四川省立戏剧音乐学校"在郫县开学。该戏剧学校设置戏剧、音乐两科,戏剧有本科、高职科,音乐仅有高职科,学制三年。1941年被查封,后合并到四川省理技艺专科学校,改名为"省立艺术专科学校"。

1939年12月

27日，四川省高级工艺职业学校在成都成立，该学校主要从事美术、工业工艺等教学，训练培养具有高级工艺技能的专门人才。

27日，西南化学工业制造厂在重庆南岸建立，拉开了我国麻纤维大规模生产的序幕。

《论持久战》在渝出版。

中华基督教会边疆服务部创办。该部是基督教社会服务机构，先后成立了川西服务区、川康服务区、云南服务区，工作人员多为步行，深入山村山寨，开办医疗机构、诊所，创立小学，举办农场、手工艺培训班，宣传时事等。

1940年1月

6日，《新华日报》首次在头版上版面留出空白，被称为"开天窗"。此前，国民党重庆新闻检查所规定《新华日报》出版前必须送检，通过后方可出版发行。本日的《新华日报》在刊印前按规定送检，但被国民党以该期一篇社论不合适而扣住不放，该报只好另找一篇社论代替，国民党却仍然以相同理由不准发行，无奈下中共决定该报照常发行，空出该社论登载之版面。

31日，我国著名画家张善子赴西欧举办《张善子、张大千兄弟画展》。这是中国画家首次赴西欧展出作品。

四川各界声讨"日汪密约"。上年12月30日，汪精卫与日本秘密签订的卖国条约《日支新关系调整纲要》被披露后，在全国引起巨大震动。本月27日，重庆各界群众团体联合发出通电，呼吁"一心一德"，抗战到底。

1940年2月

8日，四川省农业改进所在成都市青羊宫举办"劝农大会"，会期三天。"劝农大会"是省农业改进所为鼓励农民改良农业、推广先进农业技术、增加生产，每年春季花会期间举办的宣传、动员活动，活动期间，还分别陈列各县农业推广所提供的各类农业产品。

28日，四川省省立图书馆正式开馆，成为中华图书馆协会团体成员。该图书馆系由四川省政府出面，组织社会资金筹建的。原计划以皇城四川大学旧址二十亩为馆址，但因经费问题，暂将馆址设在城守街。

1940年3月

1日，四川省政府颁布《四川省各县级组织纲要实施计划》，要求年内完成各县级机构的调整，实施"新县制"。省政府的调整方案规定，县为地方自治单位，区为辅助机关，县以下各乡镇建立保甲制度。县长必须是国民党员，乡镇长、保长经训练及格者才能担任。乡镇保长兼任各级国民兵队队长和乡镇中心学校校长。

11日，宋氏三姐妹及"南洋华侨回国慰劳团"先后抵渝慰劳军民。随后26日，南洋著名华侨领袖陈嘉庚率南洋华侨回国慰劳团一行四十四人也抵达重庆，对广大抗战军民进行了慰劳。

14日，成都"抢米"引发大冤案。奸商囤积居奇，造成成都食米恐慌，价格不断上涨，且难以购买，最终引致南门米市市民哄抢大米事件，政府当局借此发布《为本市发生抢米事件加强防范的通令》，遂逮捕了大批中共党员，查封了《新华日报》成都分馆，并枪杀了在现场采访的《时事新刊》记者、共产党员朱亚凡。

18日，重庆汉藏教理院倡导组织了"僧伽救护队"，队列整齐，多次开赴市中区及邻近乡镇，开展救助活动。

1940年4月

1日，"中国万岁剧团"在重庆宣布成立，该剧团隶属于国民政府军委政治部，由政治部第三厅厅长郭沫若任团长。该剧团的中心任务是从事抗战宣传演出。

1940年5月

28日，重庆各界悼念张自忠。抗日将领张自忠遗体由宜昌运抵重庆，蒋介石、冯玉祥等到储奇门迎灵。张自忠（1891～1940），字荩忱。1937年抗日战争爆发后，任国民革命军第五十九军军长，加上将军衔，率部转战鲁、皖、豫等各省，多次取得重大胜利，后升任第三十三集团军总司令兼第五战区右翼兵团总司令。本月，日军十余万人第二次进攻襄樊，张自忠奉命渡河攻击日寇，15日在方家集受敌南北两路夹击，身陷重围，16日转战至宜城，所部伤亡殆尽，张自忠壮烈殉国，年仅五十岁。本年7月7日，国民政府追晋其为陆军二级上将军衔。他是第二次世界大战中同盟国牺牲的最高将领。

《妇女之路》在重庆正式创刊,该刊物是《新华日报》开辟的副刊之一,也是中共南方局妇女委员会直接指导国统区妇女解放运动的妇女刊物。

1940年6月

24日,国民党特务在国立四川大学、华西大学逮捕进步学生十余人,华西大学外籍教授魏露诗等在其开办的英文刊物《成都新闻》上联名发表抗议文章。

1940年8月

1日,国立中央图书馆在重庆成立,并由蒋复璁担任代理馆长。

4日,重庆举行鲁迅六十周年诞辰纪念会,《新华日报》发表社论《我们怎样来纪念鲁迅先生》。

30日,"平民教育家"晏阳初在重庆北碚歇马场创建"中国乡村建设育才院",后扩建为"中国乡村建设学院"。学院提倡民主进步、团结自立、勤学奋发、艰苦朴素的校风,抵制了国民党规定的"三民主义"必修课,并宣布不许国民党、三青团在校内设立机构。

1940年9月

28日,国民政府教育部颁发《推行家族教育办法》,并决定在四川白沙、重庆北碚两地设实验区。

1940年11月

11日,川籍天文学家刘子华的论文《八卦宇宙论与现代天文——一颗新行星的预测,日月的胎时地位》在巴黎大学通过答辩并在法国出版,引起轰动。1919年在法国巴黎勤工俭学期间,他运用太极、八卦、河图原理,论证出太阳系存在第十大行星,这颗经他发现命名的行星为木王星,与法国天文学家琴斯的太阳演化论不谋而合。1981年,美国合众国际社报道,美国天文学家发现太阳系存在的第十颗行星。刘子华(1899~1992),出生于四川省简阳县,1919年赴法留学,是中国最早赴法留学人员之一。

1940年12月

1日，自贡市久大自贡制盐厂副产品厂正式投产营运，这是我国第一个利用井盐副产物卤巴、卤水生产盐化工产品的化学工厂。该厂不仅先后生产出了氯化钾、硼酸、硼砂、碘素、碳酸镁、牙粉等色美质优的化工产品，还对很多稀有元素进行了定量分析及定性分析。其产品主要用于医药厂家及医院，也为军工企业提供了不少原料。

重庆中央大学艺术系教授、著名花鸟画家张书为祝贺罗斯福继任美国总统，特绘制《百鸽图》一幅，作为国礼由"飞剪号"飞机送罗斯福总统。《百鸽图》赴美，轰动了陪都，张书成为"声誉喧闹国际"的新闻人物。

陈礼江在璧山县创办国立社会教育学院，并任首任院长。该学院设置了社会教育行政、社会事业行政、电化教育、社会艺术教育等专业。该学院是抗战时期国内唯一完备的成人教育最高学府，专门培养社会教育人才。

韩国光复军在渝成立。韩国临时政府是一个在中国长期坚持反日独立运动的流亡政府，1919年4月在上海成立。

江苏无锡人陆秀在四川主持开办了省立成都实验幼稚园，并首创婴儿部。

1941年1月

17日，《新华日报》准备发表揭露"皖南事变"真相的报道和驳斥国民政府军事委员会《通电》的评论被重庆新闻检查所扣押之后，周恩来在《新华日报》的头版上为皖南事变的死难者题词，"为江南死国难者志哀"，"千古奇冤，江南一叶。同室操戈，相煎何急！？"以此昭告山城民众。

1941年2月

9日，全国和陪都发起战时公债劝募活动。这次劝募公债主要有两种：一是军需公债（从1940年起），数额为国币十二亿元；二是建设金公债，总额为一千万英镑、五千万美元。

美国总统私人代表、经济顾问克劳林·柯里博士和秘书代普莱抵达重庆，与蒋介石、林森军政首脑召开了一系列会议。会议根据美国国会通过的"租界法案"，商议对华援助问题。1942年6月，中美签订了《抵抗侵略互助协定》，约定双方在战争期间相互提供防卫用品、防卫兵力及防卫情报。美国援军也开始大批抵达中国。

1941年3月

19日，中国民主政团同盟成立大会在重庆上清寺"特园"秘密召开，形成国共两党之外的第三方面势力。其纲领是坚持主张彻底抗战，反对中途妥协；主张党派团结，反对分裂内战，要求民主自由，反对一党专政。黄炎培当选为主席。

以原四川大学博物馆筹备处为基础加大充实的四川博物馆正式成立，冯汉骥担任第一任馆长。

1941年4月

4日，中国滑翔总会在成都成立，由蒋介石担任会长，教育部部长、航空委员会主任及三青团书记任副会长。在成立大会上进行了滑翔表演，韦鼎烈、韦鼎峙驾驶中山、中正号滑翔机，由成都至重庆长途滑翔成功，创造了远东第一的新纪录。同月30日，《中国滑翔》在重庆创刊。

20日，《华西晚报》在成都创刊，该报社是在《华西日报》的中共地下党员田一平、李次平等人发起下建立起来的。该报在1947年6月1日被迫停刊。

24日，四川省政府规定粮食管理五项办法：第一，粮食买卖，必须集中在指定市场，未获得批准的商人属于违法营销。第二，粮食运输，由绥署及沿途警察、保安团队保护。第三，所有粮食，必须登记。第四，凡由县派令出售粮食供应市场之粮户、农户，必须照量出售。第五，凡隐藏不登记粮食，一经查实，予以没收。

1941年5月

30日，由中华全国文艺界抗敌协会发起的首届"诗人节"庆祝会举办，郭沫若、阳翰笙、老舍、方殷等四百余人参加。"诗人节"是为纪念古代大诗人屈原、推动抗战文艺的发展而设立的。于右任被推为大会主席。

1941年6月

5日，日机分批夜袭重庆，较场口隧道因设备不好、管理不善，发生大隧道惨案，九百九十二人死亡，其中妇女、儿童占七成以上，伤数千人（实际上伤亡远远不止此数）。

25日，国民政府续定重庆市为《非常时期违反粮食管理治罪暂行条例》施行区域。

1941年7月

21日，日本继上年实施的"101号作战"后，再次部署了"102号作战"，对重庆实施了轮番轰炸、月光轰炸、疲劳轰炸，又称为"第三次战略轰炸"。1941年第三次战略轰炸，历时五十天，出动二千一百八十架次飞机，投弹五千八百一十一枚。市区房屋七千五百二十七栋被炸毁；市民二千四百六十九人遇难，七千五百六十九人受伤。

1941年8月

30日，蒋介石在重庆南岸的黄山官邸被炸。蒋介石正在黄山官邸召开军事会议，突然遇到日机空袭。呼啸而至的炸弹在云岫楼及其附近爆炸，当场炸死卫士两人，四人受伤。蒋介石与参会人员忙躲入防空洞，才幸免于难。

美国援华空军组建"飞虎队"。"飞虎队"经国民政府军事委员会批准，以"中国空军美国志愿航空队"名称加入中国空军部队。在抗日的实际作战中，共击落日军飞机二百九十六架，自损了三十四名飞行员。

1941年9月

1日，重庆大学驱逐梁颖文进校任校长职务，30日，梁氏被迫提出辞职。至10月1日，四川省主席张群任张洪元为重庆大学整理委员会主任委员，于1942年3月任命张元洪为重大校长。

本月17日至10月8日，日寇强渡新墙河，长沙会战开始。川军第二十七集团军杨森部予敌以迎头痛击。但会战开始不久，第九战区司令部突然与蒋介石大本营失去联系，蒋介石急令第九战区部队由杨森指挥。杨森接令后，即令第二十军攻击敌后续部队，并且切断敌后勤供应。26日，敌兵分两路，企图合围长沙。双方激战于长沙城下。28日，日寇一部曾攻入市区，守军拼死抗击，击退敌人。9月30日，中国军队发起总攻，敌不能支，突围而逃，沿途遭到中国军队攻击，10月8日，日寇败退回原阵地。是役，击毙敌四万一千余人，缴获各种武器数千件。

国民政府进行盐税改制，将盐税分为场税（产税）和销税，规定云南、川北两区为产税区。同时在9月9日，行政院通过《战时食糖专卖暂行条例》，从翌年1月15日起在川、康两省开始对食糖采取专卖政策。为获取专卖收入，国民政府规定专卖方式为"商制、官购、商销"，政府从中攫取利润。

1941年11月

达州河市机场竣工。达州河市机场是国民党政府于1940年征地六百一十二亩修建的战时野外简易机场，当时为草皮跑道，长一千一百米，宽三十米。机场无地面设施，建成后仅起降一架次C-47型军用运输机。

1941年12月

8日开始，川军第二十七集团军、三十集团军一道担任聚歼攻击长沙日军主力的任务。翌年1月，在长沙攻防战中，川军又给日军以沉重打击，为这次会战的胜利做出了重大贡献。

9日，国民政府在重庆发布由国民政府主席林森签署的文告，正式对日宣战；同时宣告对德、意处于战争状态。12月10日，蒋介石发表《告全国国民书》，宣告将与英、美、苏并肩作战，举国一体完成抗战目的。

14日，国际文化团体反侵略大会在重庆举行。下午2点，在重庆的新运模范区广场，约十万爱国人士参加此次会议。会议由国民党中央秘书长吴铁城主持，中国共产党代表周恩来、董必武、邓颖超等参加大会。出席会议的还有美国驻华大使高思、英国驻华大使卡尔、苏联驻华大使潘友新。大会通过了拥护国民政府对日、德、意宣战的决议。

18日，中、美、英军事代表会议在重庆召开，通过"远东联合军事行动初步计划"。

1942年1月

1日，国民政府正式实行食盐专卖制。采取民制、官收、官运及就仓官卖的政策，同时鼓励增产赶运。川康盐局乃着重研究布置引盐在岸之就仓官卖及票盐之在场收购与发售事宜。另行制定了富荣场行销近场地带盐斤（票盐）就场官卖暂行办法。

1942年3月

4日，中印缅战区美军司令史迪威中将抵渝，就任盟军中国战区联军参谋长兼中缅印战区美军司令。随后赴缅甸指挥中国远征军作战；5月，缅甸战役失败，率一百一十多人徒步走出缅北丛林。史迪威在华任职期间，充分认识到无论从政治、经济还是军事方面来看，都很难依靠国民党去战胜日本侵略者。同时，他认为中国共产党代表中国的新兴力量，对共产党给予同情。

9日，四川省主席张群及省保安处处长刘兆藜特派保安团队第二、四两团开赴靖化、懋县等县，办理禁政和肃清匪患。

29日，国民政府颁布《国家总动员法》，共三十二条法规。同年5月5日起施行，目的是保证国民政府在战时集中运用全国的人力、物力，加强国防力量，进行抗日战争。自此，重庆的战时经济体制最后确立。

国民政府交通部在重庆成立公路总局，以重庆为中心，陆续开办了重庆至广元、重庆至宝鸡、重庆至兰州，以及川鄂、川湘公路的客货联运。

航空委员会空军监察总队在成都成立，负责综合管理侦察破译日本空军情报业务。

1942年4月

綦江铁路开工兴建，主要为解决土台、南桐至大渡口的矿石、焦煤运输。先筑猫儿沱至五岔一段，1947年8月全线竣工。

1942年5月

26日，国民政府公布《战时食盐专卖暂行条例》，对食盐的产、制、运、销，均严行统制。

1942年6月

1日，交通部下令将"川湘联运处及嘉陵江运输处"的创办者招商局及民生公司股本退还，全部交由国家经营，正式成立"川湘、川陕水陆联运总管理处"。

1日，康定银行公会成立，中央、西康省、农民、重庆、济康、和成、川康等银行代表参加成立大会。

19日，四川省二十九年度捐献军粮委员会发出《关于举办汇献军粮及给奖典礼的公函》。

1942年9月

15日，前蜀皇帝王建墓"永陵"在成都西郊被发现。在四川教育厅厅长郭有守从教育经费中拨专款资助下，冯汉骥主持四川博物馆和华西大学博物馆联合发掘五代前蜀王陵。

资源委员会公布该会同各大学合作奖励工矿技术的暂行办法，以利用高等院校的科技力量促进工业技术的发展。

1942年10月

10日，四川商会联合会成立，王剑鸣当选为理事。
13日，蒋介石在重庆官邸会见林彪。
28日，成都各界举行防空节筹备会，发动防空节献金运动。

1942年11月

5日，军政部部长何应钦向各省军、师管区发出了著名的《成微役募》电，转达了蒋介石征集十万知识青年的手令，下达各县配额为三百名，可抵本年壮丁额，并说明征集办法另案颁发。

5日，四川农业公司成立。

1942年12月

14日，周恩来在中共南方局办事处重庆党员大会上报告国共关系问题。指出，目前是"空气缓和"，"关系恢复"，趋向好转，但能否解决具体问题，尚"在两可之间"，南方局当前的任务是促使蒋介石转变其对中共的方针。基本方针仍是坚持抗战、团结、进步和民主。

17日，国民政府公布《限制物价办法》。

1943年1月

1日，川康公路通车。川康公路建设于20世纪30年代，是成都通往西康省省会雅安（今四川雅安）的省际公路。

11日，中英、中美新约分别在重庆、伦敦、华盛顿签字。中美两国关于取消美国在华治外法权及处理有关问题之条约与换文在华盛顿签字；中英两国关于取消英国在华治外法权及其有关特权的条约在重庆签字。此日，英美宣布放弃在中国领水航行和留泊的特权；其经营的一切有关航运的财产为中国政府所有。

1943年2月

"国民党民主同志联合会"成立，作为国民党中的反对派，开始了反蒋活动。这个组织后来成为"中国国民党革命委员会"的重要组成部分。

1943年3月

10日，由蒋介石署名、陶希圣代笔的《中国之命运》一书在重庆问世。这部集蒋介石政治历史伦理道德观点之大成的著述，成为抗战后期整个国民政府军政方针的指导思想和政策依据。

20日，四川省政府社会处成立防空服务大队。

24日，中国史学会在重庆成立，顾颉刚任理事长。大会通过了《中国史学会会章》。

27日，中华全国文艺界抗敌协会在重庆文化会堂举行第五届年会。主席邵力子致辞，郭沫若、茅盾等发表演说，通过致前方将士电及演剧募捐、严禁盗印、救济贫穷作家生活等提案，并改选理、监事，选出臧克家、罗荪、陈白尘、黎烈文、黄芝冈、张骏祥、葛一虹等十二名候补理事。

29日，黄炎培到重庆曾家岩50号访周恩来、董必武、林彪，共同讨论有关世界局势的若干问题。

1943年4月

1日，财政部东川、西川两税务局同时成立。东川局设重庆，西川局设乐山并兼办西康税务。

2日，西康省财政部函，规定西康省银行发行藏币券每元折合法币0.448元。

21日，四川省管制物价联合办事处在成都成立。1944年元月，又把物价管制联合办事处改组为四川省物价管制委员会，厅长任委员，全面负责川省的物价管制工作。

1943年5月

1日,中美特种技术合作所在重庆歌乐山下正式成立,戴笠任主任,梅勒斯任副主任。中美特种合作所成立后,与军统集中营在地理位置上连成一体。抗战胜利后,中美合作所成为专门关押政治犯的地方,著名的有渣滓洞、白公馆等关押地点。

在鄂西会战中,驻重庆白市驿机场的第四大队队长李向阳率队飞赴长阳、宜昌一带空袭日军。

1943年6月

8日,峨眉县城发生重大火灾,全城除八十余家外,悉化为灰烬,史称"6·8"火灾。县城内外原有禹王宫、文昌宫、天上宫、紫云宫、万寿宫等殿宇,大部分在火灾中被焚。在修复时,城墙被拆。

1943年8月

1日,国民政府接收滇越铁路,交川滇铁路公司兼管。

1日,国民政府主席林森遇车祸后,医治无效死亡。当晚蒋介石宣布代理国民政府主席。

11日,四川省政府根据省参议会议定,拨专款编辑《四川文献丛书》,并指定四川省立通志馆、省立博物馆、省立图书馆承办编辑事宜。

28日,中共川东特委撤销。特委书记廖志高调回南方局,旋返延安,川东特委撤销,分设上川东、下川东特委,直到1944年3月撤销。

1943年9月

李宗吾卒。李宗吾(1879~1943),名世楷,字宗儒,富顺人,四川高等学堂毕业。著作有《厚黑学》《中国学术之趋势》《考试制度之商榷》《心理与力学》等,理论自成一家,影响极大。

1943年10月

1日,川湘(重庆至常德)、川鄂(重庆至恩施)公路通车。

10日,天府煤矿自制的中国战时大后方第一部火车头正式行驶,被当时国民政府经济部部长翁文灏称为"开创了中国机械制造业之先猷"。

1943年11月

1日，成都市筹募1942年度同盟胜利公债，总额八千二百四十七万七千元。

5日，四川省军管区接到蒋介石限四川在一个月之内征集知识青年四万五千人，飞赴印度补充远征军的命令。

7日，重庆布匹、食盐限价，白宽布每匹由一千三百五十元改定为二千六百五十元，各色布及漂白布则比照规定另加漂染费；食盐价格每斤调整为十六元七角。

8日，国民节约献金救国运动总会会长冯玉祥自渝出发，沿途倡导节约献金救国运动。

18日，蒋介石夫妇离开重庆飞赴开罗与罗斯福、丘吉尔举行开罗会谈。中、美、英三国政府首脑在开罗举行会议，讨论如何处理日本等政治问题。会议结束后发表的《开罗宣言》明确宣告：在战争结束后，日本必须将东北三省、台湾和澎湖列岛等归还给中国，并使朝鲜独立。

20日，川军第四十四军师长许国璋在常德会战中为国捐躯。许国璋为保卫常德，率部与日军展开血战。当部队处于被日军包围的危急关头，亲临前线，率领官兵与敌人展开拼搏。在重创日军之后，身负重伤，举枪自戕，壮烈殉职。国民政府追赠其为陆军中将。

1943年12月

四川省政府在成都召开紧急会议，执行修建机场的"特种工程"。奉令督办这批机场修筑任务的四川省政府，电召温江、绵阳、内江三个专员公署的专员和所辖共二十九个县的县长到成都开紧急会议。会议由省主席张群亲自主持。

1944年1月

8日，重庆强制失学儿童、民众入学。重庆市教育局根据国府通过的法案，规定各地失学儿童及民众普遍入学；由县（市）长督促办理该项事宜。

14日，眉山当局在城乡强征民工一万五千七百八十五人。

16日，郫县征调民工一万人参加扩建新津机场。

1944年2月

3日,成都市首批赴印远征军在昆明登机飞抵印度。1944年3月初,日军纠集八万兵力进攻印度英帕尔英军基地,英帕尔吃紧危及整个东南亚战局。中国驻印军占领孟关,消灭日本最精锐的第十八师团的主力,缴获其军旗、关防、大量文件及各种武器。继而又乘胜进军,一鼓作气,攻占缅北重镇孟拱,再次告捷。

1944年5月

16日,自上年冯玉祥倡导节约献金运动以来,四川十四个县(市)共献金一亿三千九百六十八万元。

17日,美国总统罗斯福对重庆人民在日机的疯狂轰炸下所表现出来的英勇不屈的精神表示敬意,特致书一封以鼓舞之。

21日,川军第三十六集团军总部在河南陕县东南地区与日军主力遭遇,总司令李家钰亲率总部官员和特务连官兵与敌反复冲杀,毙敌众多,不幸在转移陕县秦家坡时,中弹身亡。6月22日,国民政府追赠李家钰为陆军上将,举行国葬。

中旬,修建机场的"特种工程"如期完成,并通过美国工程人员的验收。5月下旬,美国空军第一批B-29型轰炸机从印度加尔各答近郊的基地出发,飞越喜马拉雅山,安全降落在成都南面的新津机场。

1944年6月

10日,成都记者公会成立。

16日,四十七架美军B-29轰炸机从成都起飞,轰炸了日本本土的钢铁中心八幡市。八幡钢铁厂是日本最重要的钢铁中心,约占日本钢铁年产量的四分之一,炼钢炉数量占日本的四分之三。当日,美国轰炸机群突然飞临八幡市上空,日本毫无防备,直到美机第三批轰炸机飞抵轰炸时,日机才仓促应战。不过B-29的炸弹、燃油、配件全部需要经驼峰航线运来,供给非常有限。在随后的一年里,这些B-29仅仅执行了十二次对日轰炸任务,轰炸成果也乏善可陈。

17日,蒋介石致电四川省临时参议会,称赞四川同胞对抗战的杰出贡献。电文中表示:"故我四川同胞,不惟在抗战史上恪守其国民之天职,无愧为贯彻胜利之基础;即在全世界反侵略战争之阵容中,亦具有卓越光荣之贡献!"

1944年7月

7日，四川省各界在成都举行纪念抗战七周年大会，公祭抗战阵亡将士，开展献金运动。

13日，军政部教导第二团第一期远征军飞印度，成都市各界在少城公园举行欢送大会。

22日，自贡市节约献金运动大会举行，共献金一亿两千万元，献金总数打破四川省纪录。

1944年8月

7日，成都市民夹道欢送军政部教导三团收训的远征学生军一千余人乘飞机赴印度。

1944年9月

9日，西康省第三届国民体育运动大会在雅安举行。

19日，中国民主政团同盟在重庆召开全国代表大会，决定改称中国民主同盟，由团体会员制改为个人申请参加。同年10月，发表《对抗战最后阶段的政治主张》，响应中国共产党提出的建立民主联合政府的号召。

1944年10月

14日，"一寸河山一寸血，十万青年十万兵"，蒋介石在渝号召广大青年从军。直到1945年2月，四川一百二十九个县、市、局登记从军之知识青年为二万九千一百五十七人。

17日，四川当局奖励民间开掘金矿。

25日，美军轰炸机再次从四川出击，奔袭日本。七十八架B-29轰炸机轰炸了九州的大村飞机制造工厂，给日本军机带来沉重打击。然而，因为距离的原因，B-29轰炸机从成都出发后作战半径不能完全覆盖日本主要城市。

31日，成都市发生"市中事件"。"市中事件"是抗战时期大后方群众运动从沉寂走向高涨的转折点。成都各界青年学生在"民协"的组织与动员之下，与国民党当局进行了顽强、持续的斗争，最终迫使国民党当局答应了学生的部分要求，斗争取得了初步胜利。

1944年11月

14日，蓉城主要学校在成都华西坝举行青年从军大会，各校师生踊跃报名。

1945年1月

10日，四川省政府决定，本年度征兵总额共计三十四万人，限三个月征集完毕。

国民政府停止盐专卖制度。23日，国民政府行政院临时会议通过"调整税制简化机构"案，决定停止盐专卖制度，照案改行征税，在同一税章之地，自由销售，不加限制。

1945年2月

10日，国民政府任命王缵绪为重庆卫戍总司令，免去刘峙此职。国民政府决定原重庆卫戍总司令刘峙调任第五战区司令长官。

1945年3月

8日，东南亚盟军总司令蒙巴顿将军到达重庆，与蒋介石会谈两战区军事合作问题。

22日，川军第二十二集团军邓锡侯、孙震所部第四十一、四十五、四十七军，分别投入豫西、鄂北会战。

1945年5月

1日，成都市地方法院受理外国人驾车碾死我国公民范致权一案。

1945年8月

5日，美国第十四航空队司令陈纳德将军抵蓉，省主席张群接待，并赞誉他在抗战前就能够以平民资格与中方携手合作抵制日本侵略者。

28日，中共谈判代表以毛泽东为首，还有周恩来、王若飞，应国民政府的邀请从延安飞赴重庆，参加国共谈判。

1945年9月

2日，日本签署投降书。至此，三个法西斯轴心国中的最后一个国家日本正式投降，第二次世界大战以法西斯轴心国的失败和反法西斯同盟国的胜利而告结束。

20日，川军第二十二集团军总司令孙震以第九战区受降副主官身份，在漯河举行受降礼，接受日军投降。

1945年10月

10日，经过四十三天的艰苦谈判，周恩来、王若飞、王世杰、张群、张治中、邵力子等在重庆桂园签署了《政府与中共代表会谈纪要》，简称"双十协定"，双方就"和平建国基本方针"达成共识。

1945年12月

16日，黄炎培、胡厥文、章乃器、杨卫玉等人以中华职业教育社、迁川工厂联合会成员为骨干，在重庆白象大厦举行了中国民主建国会成立大会。民建创办《平民周刊》为机关刊物，主张发展民族资本，反对官僚资本，调和国共对立，要求政治思想民主、经济自由发展。该会于1949年参加中国人民政治协商会议，参与制定共同纲领。

1946年1月

10日，政治协商会议在重庆召开。参加政治协商会议的包括国民党、共产党、民盟等团体，共三十八人。会议的主要内容是对改组政府、施政纲领、军队、国民大会、宪法草案等五个问题进行讨论，由于各方观点立场的不同，围绕着几个问题展开了激烈争辩。本月31日政协会议结束，通过了相关决议，同时国民党允诺释放廖承志和叶挺。

11日，国共双方代表张群、周恩来在重庆怡园签署了《关于停止国内冲突的命令和声明》，并正式公布。同日国共双方分别由蒋介石和毛泽东下达了自本月13日午夜生效的停战令。

25日，重庆学生"一·二五"大游行。重庆的大中学生一万多人举行了大游行，到国民政府礼堂向正在举行的政协会议提出了包括和平、民主、团结、统一为主要内容的七项要求。

1946年2月

1日，中国民主同盟机关报《民主报》在重庆创刊。它与《新华日报》一起，被人们誉为国民党统治区的"两把火炬"。

10日，重庆各界二十多个团体一万多人，在重庆较场口举行庆祝政协会议成功大会。主席团成员李公朴、郭沫若、马寅初及新闻工作者六十多人被国民党特务打伤，制造了"较场口事件"。

1946年3月

6日，边疆音乐舞蹈大会在重庆青年馆举行。大会由中国民间舞蹈研究会、新疆同乡会、中央大学边疆研究会、西藏文化促进会举办，由著名舞蹈演员戴爱莲主演，首次将中国边疆少数民族的音乐和舞蹈搬上了舞台。

1946年4月

8日，中共政协代表等一行十三人，在由重庆飞回延安途中因飞机失事全部遇难。该飞机搭载了包括前新四军军长叶挺及其夫人，中共要员王若飞、邓发、秦邦宪等人。

30日，国民政府颁发了"还都令"，定于5月5日自重庆还都南京，并决定将重庆作为国民政府永久的陪都。

30日，周恩来在重庆召开中外记者招待会，宣布中共在四川设立省委，并介绍了中共四川省委政府书记吴玉章、王维舟。

1946年5月

3日，西康掀起"倒刘"运动。蒋介石派特务朱静泉去西康发动"倒刘"运动，企图以张笃伦取代刘文辉。由于刘文辉迅速组织力量进行反击，消灭了这些反对势力，平息了动乱，"倒刘"运动随之销声匿迹。

1946年6月

6日，为使东北停战十五天转为长期和平，民建重庆分会和中小工商联合会发起争取和平、反对内战的签名运动，该运动迅速扩展到重庆各界及四川各地。

1946年7月

1日，北碚图书馆开馆。该馆是由民生公司图书馆、中国西部科学图书馆、北碚管理局民众图书馆合并而成，是当时全国最好的公共图书馆之一。

华西协合大学牙医学院创办了我国第一份牙科学术刊物——《华西牙医学》杂志。该刊物用中、英两种文字出版，发行于国内外。1948年底更名为《华大牙科杂志》。

1946年8月

4日，重庆文化界及教育界各社团组织举行追悼大会，悼念人民教育家陶行知先生。陶行知（1891～1946），徽州歙县人，中国人民救国会和中国民主同盟的主要领导人之一，与晏阳初等人发起成立中华平民教育促进会总会。在各地开办平民识字读书处和平民学校，提出了"生活即教育""社会即学校""教学做合一"三大主张。

"李、闻惨案"在川引起强烈反响。本月成都召开"追悼李、闻大会"，各界人士和群众团体共两千多人到会。上月11日和15日，民盟中央执委李公朴、闻一多在昆明因策划组织"昆明各界争取和平反对内战委员会"及发起签字活动，先后被国民党特务暗杀。

1946年9月

29日，渝响应"美军退出中国周运动"。

1946年11月

30日，四川大学等高校学生在校园内举行声势浩大的游行，反对《中美友好通商航海条约》的签订。此条约使中国领土均向美国开放，美国企业在华享有种种特许的待遇，使中国部分地丧失了关税自主权、沿海及内河航行权，被称为"新二十一条"。

1947年1月

成渝两地上万大中学校学生举行大规模集会游行，抗议美军在华的暴行。

1946年12月24日，北平发生了美军士兵强奸北大学生沈崇事件。本月5日，以四川大学、华西协合大学学生为主，汇集省艺术专科学校、金陵大学同学会、蜀光学友会等二十七个单位的学生代表一千余人，在川大礼堂召开了抗暴大会，要求美军立即退出中国，会后上街游行。本月3日，重庆三十一所大中学校学生，成立了"重庆学生抗议美军暴行联合会"，举行示威游行，要求美军立即撤出中国。

1947年2月

28日，中共四川省委、新华日报社于凌晨被国民党军警宪兵突然包围、搜查，二百四十九人被软禁。国民政府采取强硬手段，迫使中共人员撤离重庆。27日，国民政府通知中共在重庆担任谈判联络工作的代表全部撤离，并要求在渝中共人员3月5日前撤离。川康绥靖公署也发出命令，要求各县市中共人员停止活动，于3月5日前撤离完毕。这是国民党决心内战的开始。中共电示四川省委，除可隐蔽及疏散人员外，其他人员全部撤回延安。3月7日至9日，中共在渝人员分批撤离重庆。

省立图书馆分别致函中国驻苏联和法国的大使馆、上海《申报》馆、国立中央图书馆出版品国际交换处等单位，征集海外出版物，并以《图书集刊》《老子义疏》《李荣老子注》等书与之交换。不久，法国巴黎国民图书馆即回赠《敦煌卷子》书影四十五张、《大英百科全书》一部。随后苏联、美国等也与中国建立了图书交换关系。

1947年3月

四川省政府决定联合周边各省严查偷种烟苗，并派出查禁烟毒辅导团分赴川内各地督导禁毒，并制定根据查禁成绩予以奖励的办法。9日，省政府特电陕、甘、湘、鄂、渝、黔等省市政府约定，遵照合订联合防治偷种查剥烟苗办法，立即定期肃清烟毒。19日，四川省政府组织查禁烟毒辅导团，并制定了具体肃清计划。

1947年4月

国民政府改组，原四川省政府主席张群接任行政院长。张群（1889~1991），四川省华阳县人。1908年在日本加入同盟会，1917年任孙中山大元帅府参军，1926

年任国民革命军总司令部总参议兼军事委员会委员。自1928年起，历任国民革命军总参议、国民党军政部常务次长兼兵工署长、同济大学校长、上海特别市长、湖北省政府主席、外交部部长、国民党中央政治会议秘书长兼外交专门委员会主任委员、军事委员会参谋长、行政院副院长、国防最高委员会秘书长等职。1940年至1945年任成都行辕主任兼四川省政府主席。

1947年5月

10日，罗斯福图书馆在重庆原中央图书馆重庆馆址正式对外开放。该图书馆是为了纪念美国已故总统罗斯福而筹备兴建的。

1947年6月

1日，四川国民党当局出动大批军警宪兵，对新闻、教育、文化、工商等各界进步人士及学生运动骨干分子实施了空前的大逮捕。重庆拘捕人数居全国之首，达二百六十人。此后中共重庆市委领导成立了"六一社"，作为领导川东地区青年运动的骨干组织，1948年冬，"六一社"改名为"新民主主义青年社"。

1947年7月

《挺进报》作为中共重庆市委的机关报，在重庆创立并秘密发行，该报在中共四川省委和《新华日报》撤走后，在渝作为机关报，继续宣传中共的革命及反对内战、争取民主的思想。

1947年8月

根据中共上海局指示，在原中共成都工委的基础上建立了川康特委，以领导西康、川西、川南和川北部分地区中共党组织的工作。特委成立后的首要任务便是领导和组织群众开展"反饥饿，反内战，反迫害"的斗争，并积极为农村工作输送干部。川康特委恢复后，还积极开展统战工作，并同刘文辉、邓锡侯、潘文华建立了联系，为以后西南的解放做好了铺垫。

1947年9月

12日，邛崃城郊发现石刻经幢、浮屠、金刚、护法、观音、番僧造像和铜铸佛像等物品，这批物品上有开成四年、会昌三年、咸通三年等年号，属唐代物品。

1947年10月

10日,《西方日报》在成都创刊,此报是在西康省政府主席刘文辉的支持下创办的。刘文辉提出报纸"中间偏左"的方针,报纸在政治上坚持民主、反对独裁,在军事上报道国民党军队在内战中节节败退的真相,在经济上报道国民党经济政策不利于人民群众的实质,为人民群众的起码生活权利呼吁。1949年4月22日该报被迫停刊。

22日,中国航空公司训练的第一批空中小姐首次到达重庆,进入中航重庆航班。

1947年11月

经济部在原中央工业试验所重庆办事处的基础上,组建了以轻工业科学技术研究为主的经济部重庆工业试验所,主要进行燃料、酸碱、油脂、机械、皮革、化学等的实验和研制,下设六个实验厂。

1948年2月

7日,四川省政府成立了戏剧歌曲编审委员会,负责审定本省戏剧暨民间歌谣。

18日,四川省参议会出面通过决议,建议省政府制止各校学生运动,引起学生请愿抗议。因内战持续,物价上涨,学费提高,许多学生上学难、吃饭难,中共成都市委便提出了"要吃饭,要和平,要自由"的口号,先后发动华西大学、四川大学学生开展助学运动,以义务劳动、义卖、义演和劝募等多种形式筹集经费,资助贫寒学生。

1948年3月

成都快利机动三轮车有限公司开业,有机动三轮车十辆,主要运输线路为成都至新都之间。

四川省测候所改名为四川气象所,统一管理四川气象信息事业。

1948年4月

9日,中共川康特委和成都市委组织学生上街游行,到省政府请愿,要求配发平价米以解决学生伙食的困难,新任四川省政府主席王陵基却下令镇压学生运动,逮捕和打伤学生数百人,酿成了轰动全国的"四·九"血案。

1948年5月

四川省政府在全省范围内发放居民身份证,民政厅对全省发放居民身份证的情况进行了说明,部分城市已经颁发,其他地区还在筹办。四川省从1947年初开始对居民发放身份证,身份证内容包括本人基本情况、特征、全家姓名和称谓、地点、担任公职等二十余项。

1948年7月

四川省电话管理处与无线电总台合并,成立了省电信管理局。四川的电信事业创始于1886年成立的官督商办电报局,此后全省电信事业逐步发展起来。

资源委员会与台湾糖业公司订立协议,成立了"四川省糖厂筹备处",共同筹建全机制白糖厂。1949年筹备处全部设备运到了四川,同年12月成立了四川糖业有限公司。

1948年8月

同盟会老会员、辛亥革命元老黄复生病逝。黄复生(1883~1948),原名位堂,字明玉,内江市隆昌县龙市镇人。1905年加入同盟会,成为首批同盟会的成员,任同盟会四川主盟人兼《民报》经理,深得孙中山先生的赞赏,称其为"第一个睁眼看世界的隆昌人",后被推举为同盟会四川分会会长。1917年在川响应护法,组织四川国民军,被任命为总司令,不久改任四川靖国联军总司令。1918年3月受孙中山任命代理四川省长,1922年后主持国民党四川党务兼渝关监督。1926年任国民党第二届中央执行委员,参加西山会议派。1927年后历任国民党中央候补委员、候补执行委员、立法委员等职,专办四川党务工作。

1948年9月

27日,著名学者赵熙辞世。赵熙(1867~1948),四川荣县人,1892年中进士，1894年再次进京参加保和殿大考，名列一等，授翰林院国史编修，1909年任御史，宣统年间，先后上疏弹劾军机大臣奕劻、四川总督赵尔丰和邮传部尚书盛宣怀等人。1912年归蜀后，不再做官，主要从事书籍写作与编辑，分别有《香宋词》《花行小集》《慈香小集》等作品。

1948年10月

张鼎铭获授剑桥大学数学博士学位，是我国获取该校该学科博士学位的第一人。张鼎铭（1900~1985），字世勋，四川阆中人。1921年考入北京师范大学数理系，1925年升入该校数学研究所深造。1946年初，他赴英国剑桥大学数理研究院进修，取得优异成绩，于1948年10月获博士学位。1948年应爱因斯坦主持的美国普林斯顿高级研究院聘请赴美，任该院研究员。1949年夏回国，任四川大学教授。此后一直在四川大学任教，并任四川数学学会副理事长。1949年，他在美国《数学会汇刊》上发表《论线性积分方程奇值与特征值的分布》一文，国内外专家认为其奠定了研究迹类算子奇值与特征值关系的基础，至今仍是一篇经典文献。

中华人民共和国

1949年10月

1日，中华人民共和国成立。

1949年11月

本月1日至12月27日，解放军第二野战军发起解放西南战役，11月30日，重庆解放；12月27日，成都解放。

1949年12月

3日，重庆市军事管制委员会正式成立。

10日，中共中央西南局机关报《新华日报》在重庆创刊。

25日，由中共地下党员田一平等主持的《西川人民日报》在成都创刊发行。

27日，《川西日报》《川南日报》分别在成都、自贡创办。杜心源、陈阵分任两报社长。

川籍编剧阳翰笙根据张乐平的漫画改编的故事片《三毛流浪记》公演。

1950年1月

1日，川东行政公署在重庆市成立，阎红彦任行署主任，魏思文、余际唐于8月底任副主任。下辖璧山专员公署（1951年1月移驻江津改称江津专员公署）、大竹区专员公署、万县区专员公署、涪陵区专员公署和酉阳区专员公署，直辖万县市、北碚市。

1日，川南行政公署在自贡市成立，张国华任行署主任，郭影秋、刘披云任副主任。下辖泸县（隆昌）、内江、乐山、宜宾四个专员公署和自贡市人民政府。7月增设泸州市（县级），同年8月设立市人民政府，隶属于川南行署。2月，川南行署区资中专区更名为内江专区。

1日，成都市军事管制委员会成立。

1日，重庆人民广播电台开始试播音，4日正式播音。重庆人民广播电台是中华人民共和国成立后四川境内最早建立的电台。

2日，成都市军管会开始接管国民党四川省、成都市机构。对教育部门采取原封不动、整套接管的方针，"一面接收，一面复课"，并逐步废除其反人民反科学的制度和内容，取消中学训导制度，停止公民、军训、童训、伦理等课程。同时接管报社、电台。9日，成都市军管会查封《新新新闻》《成都晚报》《小夜报》。2月13日，成都市军管会文教接管委员会出版处牵头，以新华书店为主体印刷发行川西地区春季中、小学课本。全市军管工作至3月底结束。

8日，南充市军事管制委员会成立。

23～29日，重庆市第一届各界人民代表会议召开。会议通过了有关建设新重庆的二百一十二件提案，产生了重庆市第一届协商委员会，陈锡联任主席，曹荻秋、胡子昂、何鲁任副主席。

中国人民解放军第十八兵团司令部、成都市军管会联合发布命令，由军管会垫款五万元，开始都江堰水利岁修工程。岁修工程由民工和解放军驻军承担，于4月2日胜利完成，并举行新中国成立后第一次开水典礼。

1950年2月

1日，雅安市军事管制委员会成立。

7日，川西行政公署在成都市成立。李井泉任行署主任，阎秀峰任副主任。8月，增任钟体乾为副主任。下辖温江、绵阳、眉山、茂县四个专区共三十三个县，直辖成都市。

20日，重庆市军管会文艺处召开文艺界座谈会，成立重庆市文联筹委会。26日，川西军管会文艺处在成都召开成都市文艺界座谈会，一百六十多位文艺界人士参加。1951年1月7日，西南文联筹委会在重庆成立，任白戈任主任，沙汀、艾芜任副主任。

22日，解放军西南军区在重庆正式成立。

24日，川北行政公署在南充市成立。胡耀邦任行署主任，秦仲方任副主任。3月和10月，又先后增任刘聚奎、裴昌会为副主任。下辖南充、遂宁、剑阁、达县四个专区，直辖南充市。

1950年3月

16日，成都市第一届各界人民代表会议召开，出席会议的有成都市各界代

表三百零一名。大会通过了八十六项决议案,选举产生了由三十二人组成的成都市第一届各界人民代表会议协商委员会,李宗林任主席,米建书、黄宪章任副主席。

22日,中共川北区委员会机关报《川北日报》在南充创刊,张永青任社长。

30日,川西行署成立支援进藏委员会,在新津设立办事处,在邛崃和雅安分设联络站,随后又在成都设办事处,在眉山专区及新津、邛崃、彭山等县建立支援委员会及粮草供应站,为进藏部队提供大量物资。

1950年4月

2日,成都市文联筹委会成立,沙汀任主任,常苏民、陈翔鹤任副主任。

26日,西康省人民政府成立,廖志高任主席,先后任命张为炯、格达(藏族)、夏克刀登(藏族)、果基木古(彝族)、鲁瑞林、刘聚奎、白认、康乃尔为副主席。西康省人民政府隶属于西南军政委员会,1954年4月后,因西南军政委员会撤销而直属中央人民政府。西康省下辖雅属、宁属、康属地区共四十九个县、四个设治局;原西康省所属金沙江的地区,新中国成立后由中央人民政府直接领导,之后划归西藏自治区。

1950年5月

1日,西南人民广播电台在重庆建成,本日开始播音。

4日,新华社川西分社在成都成立,社长由《川西日报》总编辑杨效农兼任。

30日,成都音乐界座谈会在新闻大厦举行,会上成立了成都音乐工作者协会筹委会。

1950年6月

13日,中华全国音乐工作者协会成都分会成立,常苏民任主任,李兆鸿、丁孚祥任副主任。

15日,成渝铁路开工修建。次年9月,重庆至永川段建成通车。1952年7月1日实现了全线通车,它是新中国成立之后兴建的第一条铁路。

28日,中央人民政府批准任命贺龙、邓小平、熊克武、龙云、刘文辉、王维舟六人为西南军政委员会副主席(1949年12月中央人民政府任命刘伯承为西南军政委员会主席），于江震、王近山、宋任穷、李井泉等八十七人为委员，同时任命了西南军政委员会所属各部、会、署、局、院的负责人。

1950年7月

15日，私立川北大学与川北文学院合并，在南充建立公立川北大学。

16日，格达活佛为和平解放西藏，从甘孜县白利寺启程赴藏。24日，他抵达昌都，继续宣传他的主张，却受到英美帝国主义分子及上层官方的反对，并被暗下毒药，8月22日以身殉国，年仅四十七岁。

22日，成都文协分会主办的《川西文艺》创刊。

27日，西南军政委员会第一次全体委员会议在重庆隆重举行，标志着西南军政委员会的正式成立，行使地方人民政府的职能。

《西南青年》杂志在重庆创刊。《西南青年》后迁成都，于1955年改名《四川青年》杂志，1956年改为《四川青年报》，四开周二刊，以农村青年为主要读者对象，同时单独出刊城市版——《青年生活》。

1950年8月

1日，《西康日报》在雅安创刊，李亚群任社长。

1950年9月

1日，《川西说唱报》在成都创刊。

1950年11月

17~24日，西康省藏族自治区首届各族各界人民代表会议召开，选举成立西康省藏族自治区人民政府，桑吉悦西（藏族）任主席，夏克刀登（藏族）、苗逢澍、阿旺嘉措（藏族）、洛桑顷巴（藏族）任副主席。1955年3月，自治区更名为甘孜藏族自治州。

文化部陆续发出通知，禁演某些具有严重封建毒素的旧戏，包括川剧《目连传》《南华堂》《五子告母》等。

1950年12月

著名川剧表演团体三庆会与启群、蜀声、蜀育三个川剧团联合组成成都大众川剧院，院长为贾培之、熊金铭。

1950年

四川的公私立高等学校开始了初步改造与调整，先后将原国立女子师范学院与省立教育学院合并，成立西南师范学院；将原自贡工业专科学校与泸县高级工业职业学校合并，成立川南工业专科学校；将原省立教育学院、华西协合大学及私立相辉学院的农艺、农学系合并，成立西南农学院；将私立乡村建设学院、私立南林学院、白屋文学院及辅成学院合并，改建为川东教育学院；以原西北艺术学院为基础，成立西南人民艺术学院；将私立川北大学与私立川北文学院合并建为公立川北大学。对办学条件较好，设有国家急需的财经专业的私立成华大学、相辉学院、重华学院、中国公学大学部、求精商学院、辅成学院、正阳学院、重庆艺术科学校八校，由西南文教部补助经费，设立人民助学金。由于各种原因自动申请停办的私立高等学校有勉仁文学院、群治学院、中华戏剧专科学校、新中国艺术专科学校。私立汉藏教理学院、私立东方文教学院改按宗教团体对待。私立长江文理学院、大川学院因政治情况复杂，分别由重庆和成都市军管会查封。

成渝等地的川剧团为了庆祝解放，先后上演了老解放区的剧本，如《白毛女》《王贵与李香香》《刘胡兰》《小二黑结婚》《三打祝家庄》《赤叶河》《闯王遗恨》《逼上梁山》等剧，给川剧舞台带来了崭新的面貌。

年底，民航局驻渝办事处在重庆成立，主持西南地区民航业的发展。

1951年1月

1日，全省第一个国营剧团"重庆实验川剧院"成立，以后各地相继建立国营剧团。

6日，川南人民广播电台在泸州建成并开始播音。

13日，成都市军管会发布命令，对华西协合大学、仁济护士学校、华西边疆研究所、求精商学院等接受美国津贴的文化教育机构实行军事接管。军管会派员对上述机构进行管理，接受了所属资产。

20~24日，重庆市第二届各界人民代表会议第一次会议代行人民代表大会职权，选举产生了市人民政府委员会，委员共三十三人，曹荻秋任市长，罗士高、胡子昂任副市长。

成都市文教局制定《私立中小学补助经费暂行办法》，并在公私立中学建立了人民助学金制度。中共成都市委制定了《成都市人民政府工农干部业余文化补习学校实施办法》。

1951年2月

1日，川西人民广播电台在成都建成并开始播音。

川北区、川南区、川西区、川东区土改开始。

1951年3月

5～11日，川南区召开首届民族代表会议。

西康省土地改革开始。

在成渝铁路资阳车站以西约一千五百米的黄鳝溪桥梁工程中，于地下八米处的黑泥层内，发现女性头骨化石一件、脊椎一件和大量共存的动物化石群。这是在四川首次发现的人类化石，被命名为"资阳人"。

1951年4月

8日，音协重庆分会成立，分会主办的《西南音乐》随后创刊。

21日，美协重庆分会成立，柯璜任主席。

1951年5月

1日，《川东报》在重庆创刊，为周三刊的四开小报，是中共川东区党委的机关报，李半黎任总编。

2日，成都市劳动人民文化宫揭幕，这是四川境内第一座劳动人民文化宫。文化宫原为中山公园，更名后成为广大职工群众政治、文化、教育、艺术、体育、休闲娱乐等活动中心。

4日，重庆市第一届文学艺术工作者代表大会召开，市文学艺术界联合会正式成立，任白戈任主席。

22日，川西区公安厅、成都市公安局在全市各区联合举办"一贯道"罪恶巡回展览，发动群众和道徒揭露反动会道门组织"一贯道"的罪恶本质。6月1日成都市人民政府发布布告，正式取缔"一贯道"。

政务院发布《关于戏曲改革工作的指示》，提出"改戏、改人、改制"

的号召。四川东、南、西、北四区成立戏曲改进会，工作重点是改制、改人、改戏，改戏重点是将解放区的作品移植改编为川戏，并派干部下剧团实行"三改"。许多剧团移植演出《白毛女》《血泪仇》等革命新戏，并开始创演《红杜鹃》等一批现代川剧。

1951年6月

1日，西南民族学院在成都成立，西南民族事务委员会主任王维舟兼任院长。该校是西南地区第一个民族教育的高等学校。

重庆人民大礼堂动工修建，于1954年建成。由建筑师张家德等负责设计，建筑总面积1.85万平方米。

1951年7月

2日，川北区文联筹委会在南充成立，段可情任主任。川北美协、音协、剧协、曲协筹委会也相继成立。美协筹委主任凯宇，音协筹委主任罗松柏，剧协筹委主任徐达，曲协筹委主任黄士诚。

10日，川西人民行政公署发出《关于本年度招收工农子女入学的通知》，要求各地扩大招收工农子女入学。规定在大城市中，高中工农子女应占15%，初中应占30%，其他地区高中应占20%，初中应占50%。

1951年8月

7～11日，西南区各省市文联联席会议召开，同意创刊《西南文艺》，同时停办各省（区）市的刊物。

29日，重庆市剧协筹委会成立。

1951年10月

12日，新中国第一支专业体工队建立。

中央人民政府文教部批准接办华西协合大学，并改名为华西大学。

1951年11月

西南军政委员会文教委员会召开第三次扩大会议，布置教师队伍的思想改造工作，强调教师思想改造是改革旧教育的关键；正确地开展批评与自我批评，是思想改造的唯一正确途径。

1951年12月

5日，西南区第一次戏曲工作会议在重庆召开，会期六天。出席会议的西南区川剧艺术的代表人物首次聚在一起，切磋技艺，交流川剧"三改"（改人、改制、改戏）的经验和成绩。会上，川剧派出了两个观摩团，向大会汇报演出了现代戏《夫妻赶场》《红杜鹃》和优秀传统戏《柴市节》《反徐州》《踏伞》等。出席会议的四川戏曲界代表和观摩演出人员共六百余人。

20日，郭沫若获苏联"加强国际和平斯大林国际奖金"。该项奖金是为表彰郭沫若在任中国人民保卫世界和平委员会主席和世界和平理事会副主席中所做的工作。翌年4月9日，郭沫若才到莫斯科接受奖金。回国后，他将这笔十万卢布的奖金全部捐献给了抗美援朝。

1951年

竹琴表演艺术家贾树三（1894～1951）因肺痨久治不愈逝世。贾树三为成都人，三岁时双目失明，人称贾瞎子，他从小倾心于学习各种曲艺、戏剧的唱腔和说白，四处学艺卖唱，1923年回成都开始专唱竹琴，经过艰苦努力找到了革新竹琴的道路，即废除传统的合唱形式，独唱全剧，在逐步的创新发展中"贾派"竹琴得到社会认可，名声大噪，胡愈之、巴金、冯玉祥等名人都曾听过他的竹琴。成名后，他仍虚心求教，博采众长，把竹琴艺术从单调枯涩中发展进步，成为成都曲坛上既高雅又通俗的一门艺术。

1952年1月

蒲松年去世。蒲松年（1871～1952），双流人，川剧名丑，擅演《拾黄金》《请长年》《审百案》《活捉》等戏。1951年任内江市文联主席、内江市川剧团团委会主任。

1952年3月

10日，成都市军管会对美商米高梅、华纳、雷电华、福斯、联美五家影片公司驻成都办事处的全部财产实行管制，并按外交部指示令其向成都市工商局办理歇业手续。

1952年4月

6～13日，西康省第一届体育运动大会在雅安市人民广场举行。雅安市、雅安专区、西昌专区和西康藏族自治区的一百一十九名运动员参加比赛，运动员由来自藏、汉、彝、回四个民族的工人、军人、机关干部、教员、学生和市民组成，比赛项目有田径、篮球、排球。大会期间，少数民族演员表演了弦子舞、藏剧等有民族特色的文体节目。大会经过比赛选拔出代表西康省参加西南区运动大会的运动员。

10～22日，川东区第一届体育运动大会在北碚举行。

1952年5月

4日，西南区第一届人民体育运动大会在重庆开幕。参加这次运动会的有云南、贵州、西康省和川东、川南、川西、川北行署以及重庆市、西南一级机关、西南军区、铁路共十一个代表团，运动员共一千一百八十四人。比赛项目有男女篮球、排球、田径、体操、自卫竞赛，表演项目有体操、垒球、拔河和男子足球。重庆市代表团获团体第三名。

14日，重庆市职工业余教育委员会召开全委会，决定大力推广速成识字法，全川逐渐兴起扫盲新高潮。

成都识字速成班开学授课。成都市二十二个工厂、二千四百余人在文化宫联合举行速成识字班开学典礼。4月，政务院文教委员会给"速成识字法"的创造者祁建华颁发了奖状，并在全国推广速成识字法。采用此法可在约一百五十课时内，使一般文盲和识字不多的人初步会认、会用一千五至两千个汉字。

1952年6月

1日，成都戏改讲习会开学，第一批十一个剧目整理基本完成，有《三击掌》《铡侄》《探窑》《审子》《踏尸》《评雪辨踪》《杀惜姣》《拜月赐环》《打銮》《射白鹿》《书馆悲逢》。

26日，中央人民政府内务部批准，将奉节县的龙门、楠杨、柏杨三乡划归湖北省利川县管辖。

29日，川北区大中学校教师近三千人进行思想改造学习。

教育队伍的思想改造在各地逐步展开。四川大学、华西大学首先于当月开始试点。

1952年7月

1日，成渝铁路全线通车。铁路全长五百零五千米，东起重庆，西至成都，中间经过八个县市。次日，天（水）成（都）铁路开工典礼在成都举行。

华西协和神学院正式撤销。华西协和神学院的前身为四川基督教各教派合办的华西大学宗教选科组，20世纪30年代初创办。1937年秋正式成立华西协和神学院。

1952年8月

5日，《重庆日报》在重庆《大公报》的基础上创刊，陈伯林任总编辑，雷勃任编辑主任，杜宏任采访主任。《大公报》本日起停刊。

7日，中央人民政府委员会第十七次会议决定成立四川省人民政府，并于该省人民政府成立后撤销川东、川南、川西、川北人民行政公署。四川省人民政府主席为李井泉，副主席为李大章、阎红彦、钟体乾、余际唐。1953年中央人民政府又增任李筱亭为四川省人民政府副主席。恢复后的四川省辖二市、十六专区、一百三十八县，共五千八百二十一万人，省会为成都市。

1952年9月

1日，《四川日报》创刊，杜心源任社长。《川西日报》《川南日报》《川北日报》和《川东报》于前一日终刊。1952年8月，川西、川南、川北、川东四个行政区合并成立四川省后，根据中共四川省委决定，四个行署区党委的机关报停办，合办《四川日报》。1954年西南大区撤销，1955年西康省与四川省合并时，原《新华日报》和《西康日报》部分人员也并入《四川日报》。

1日，西康省人民广播电台在雅安建成并开始播音。

25日，西康省凉山各族各界人民代表会议在昭觉召开，10月7日闭幕。会议选举产生了西康省凉山彝族自治区人民政府，瓦渣木基任主席，王海民、张荣、周全杰任副主席。1955年4月，自治区更名为自治州。凉山彝族自治区的建制于当月30日经中央人民政府政务院批准。

各行署区、省、市第三期土地改革相继结束。至此，除少数民族聚居区及个别山区边远乡外，全川汉族地区土地改革任务全部完成。

成都蜀锦厂正式成立。新中国成立前夕，蜀锦生产已陷入绝境，1951年3月，四十七名失业的蜀锦工人在政府支持下，建起了丝织业工人临时自救工场，后又成立了丝织生产合作社，并在此基础上扩建为蜀锦厂。

川南、川西、川北人民出版社合并，成立四川人民出版社。

1952年10月

1日，《四川农民报》创刊。

1日，四川人民广播电台开始播音。四川人民广播电台由川西、川南、川北人民广播电台合并组成。

6～14日，文化部在北京举办第一届全国戏曲观摩演出大会。川剧代表团向大会汇报演出的剧目是：《柳荫记》《五台会兄》《秋江》《评雪辨踪》《踏伞》《议剑》和《反徐州》等。《柳荫记》获剧本奖；《秋江》《评雪辨踪》《五台会兄》获演出二等奖。演员贾培之、张德成、周慕莲获荣誉奖；陈书舫、周企何获演员一等奖；许倩云、刘成基、阳友鹤、曾荣华、袁玉堃、吴晓雷获演员二等奖；陈淡然、戴雪如、谢文新获演员三等奖。这是川剧首次推向首都北京，在全国产生很大影响。此后，在调演节目中选摄了川剧舞台纪录片《川剧集锦》，在各地广为上演。

中共四川省委党校成立，李井泉任校长。

四川高等院校院系开始调整，于1953年结束。这次调整，在原川北大学的基础上于南充成立四川师范学院；在原西南工业专科学校基础上，合并重庆大学、川北大学等院校土木建筑系（科）于重庆成立重庆土木建筑工程学院；在原川南工业专科学校基础上，于泸州成立四川化工学院；在原乐山技艺专科学校基础上，于乐山成立四川纺织工业学校；重庆大学的文学院、医学院、商学院、法学院分别并入四川大学、华西大学和西南人民革命大学，其工学院部分系科分别并入云南大学和北京铁道学院，该校从综合大学改为多科性工科大学；华西大学的文学院、理学院部分系科并入四川大学和四川财经学院等校，由综合性大学改为多科性医科大学；四川财经学院由成华大学、川北大学、重庆大学、重庆财经学院部分系科及华西大学经济系合并建校；四川大学部分系科分别并入四川师范学院、西南师范学院、西南人民革命大学、北京航空学院和四川化工学院，并将重庆大学、华西大学部分系科调入四川大学，使之成为省内院系调整后唯一的综合大学。

1952年11月

川北区文学艺术工作者代表会议召开，选举产生川北区文联，段可情任主席，袁毓明任副主任，高扬任秘书长。

1952年12月

5日，中共四川省委制定《四川省农业生产互助合作运动的五年发展计划（草案）》。

21~29日，四川省藏族自治区第一届各族各界人民代表会议在刷金寺召开，选举产生四川省藏族自治区人民政府，桑吉悦希任主席，张承武、索观瀛任副主席。自治区于1955年更名为四川省阿坝藏族自治州，1987年更名为四川省阿坝藏族羌族自治州。

1952年

省委、省政府开始组织力量，编制四川省发展国民经济第一个五年计划。编制"一五"计划的工作历时两年多，至1955年才全部完成，当年11月经四川省第一届人民代表大会第三次会议通过。

1953年1月

19日，四川省贯彻《婚姻法》运动委员会成立，省人民政府制定《贯彻婚姻法的方针与步骤》，发布《关于贯彻执行婚姻法的指示》，决定自3月开始在全省除少数民族聚居区外的地区开展贯彻《婚姻法》运动。

23~29日，四川省首届文学艺术工作者代表大会在成都召开，总结新中国成立以来的文艺工作，讨论贯彻为工农兵服务的文艺方针，选举成立四川省文艺界联合会（8月改称文学艺术工作者联合会），选出委员五十九人，候补委员十人。

31日，省文联第一次全委会选举出常委二十一人，沙汀为主席，李劼人、陈翔鹤、段可情、常苏民为副主席。

西南人民艺术剧院、四川省话剧团、重庆市话剧团先后成立。之后，成都、雅安、自贡、泸州、南充、乐山、宜宾、内江、绵阳等地相继成立了国营剧团。

1953年2月

14～24日，四川省第一届人民体育运动大会在成都举行，全省地、市、州和四川军区、西南空军、省级机关、西南铁路共二十三个代表团的一千二百四十三名运动员参加，全省各地参加选拔赛的有二万八千多人。运动会设田径、篮球、排球和器械体操四个大项共三十二个单项比赛，另组织一万一千二百人进行了体操、武术、军事、杂技、马术等四十四次集体表演。中华全国体育总会体训班篮球、排球、足球队，西南体育会篮球、排球队到会进行表演赛，西南军区田径队也参加了大会。男子篮球、排球第一名均为西南军区队，女子篮球、排球第一名均为四川军区队。八十多万人次观看比赛和表演。

1953年3月

12日，中央人民政府政务院批准重庆成为中央直辖市。

川、康、渝各地开展了历史上第一次规范完整的人口普查工作。人口调查以1953年6月30日24时为标准时，经过宣传、登记、复查三个阶段，分两批进行，于1954年初结束。四川省（不包括西康省、重庆市）此次调查人口总数为六千零一十一万六百零五人。

1953年4月

5～10日，西南文联筹委会在重庆召开文学艺术工作者代表大会，西南文联宣告成立。会议期间还分别成立了西南文协、音协、美协。西南文协主席沙汀，副主席艾芜、邵子南；西南音协主席常苏民，副主席郎毓秀；西南美协主席柯璜，副主席李少言、刘艺斯。

四川省科学普及协会筹委会在原川西、川北科普协会基础上成立。

1953年5月

5日，西南川剧院在重庆成立，李长路、朱丹南等十五人组成临时院委会，贾培芝、张德成等二十七人组成艺委会。

1953年6月

四川省文物管理委员会成立，成为统一管理全省文物事业的机构。省文管会成立之后，组织人力对全省文物进行了全面调查，在此基础上，编写出《四川省文物简目提要》，为省内首次编制较为完整的文物书目。

1953年7月

四川民族出版社成立。

1953年8月

西南川剧院附设实验川剧学校在重庆成立。1958年迁成都，更名为四川省川剧学校。

灌县石羊乡广播站成立。这是四川第一个农村有线广播站。

1953年9月

20日，西南政法学院在重庆正式挂牌建立。

1954年1月

3～10日，省工商联筹委会召开扩大会议，组织工商界代表人物学习对私改造政策，接着在工商界广泛进行了总路线、对私改造政策等宣传教育。

1954年2月

15～20日，四川省第一届学生代表大会在成都召开，选举成立了四川省学生联合会。

四川省第一届中医代表会议在成都召开。

1954年3月

西南师范学院体育科一部分和贵阳师范学院体育科并入成都体育专科学校，学校扩建为西南体育学院。1957年，更名为成都体育学院。

1954年4月

由西南音协编辑的《西南音乐》杂志在成都公开出版。

重庆巴县冬笋坝发现巴人船棺葬墓群。本次发掘清理之船棺墓，均为土坑直下竖穴。棺具形如一独木舟，故称"船棺"。棺内人骨架均腐朽，葬式不明，但出土大量铜器、陶器和少量铁器等，据墓葬分布和随葬品分布，推测其入葬时期在公元前4世纪末的战国时期。

1954年5月

西南行政委员会文化局、西南音协、重庆市文化局、重庆文联在重庆举行"全国群众歌曲评奖西南及重庆市获奖歌曲授奖大会"，获奖作品有《张老汉增产多捐献》等十四首。《歌唱二郎山》（洛水、时乐蒙曲）获一等奖。

1954年6月

6日，为修缮杜甫草堂并收集和整理有关文物，成都市人民政府聘请有关专家和省、市有关机关负责人共十五人，组成杜甫纪念馆筹备委员会。经过近一年的筹备，由文化部批准，杜甫纪念馆于1955年5月4日正式建立，位于成都浣花溪草堂公园内。纪念馆收藏有杜甫的文物资料数千件，是我国研究杜甫的资料中心。

1954年7月

1日，重庆市正式并入四川省建制。

1954年8月

1~7日，西康省第一届人民代表大会第一次会议在雅安举行，会议选举出了出席第一届全国人民代表大会的代表。

1~8日，四川省第一届人民代表大会第一次会议在成都举行，会议选举出了出席第一届全国人民代表大会的代表。

15日~9月12日，西南美协主办的《西南区美术作品展览》在重庆劳动人民文化宫展出。这是新中国成立后举办的第一个大型综合性美展，征集作品一千二百余件，展出八百二十七件。

16日，西康省文联筹委会成立。

31日，《新华日报》因大区撤销终刊。

四川大学工学院独立建校，定名成都工学院。

西南文教局在成都召开高等学校教学经验交流会，总结进行教学改革的经验，同时在四川大学举办了西南区高等学校教学改革展览会。

1954年9月

5日，西南人民广播电台停播。

1954年11月

1日，中共中央西南局和西南行政委员会停止办公，宣布撤销。

西南文协改为中国作家协会重庆协会，文协刊物《西南文艺》归重庆作协领导。

1954年

舞台纪录片《川剧集锦》由北京电影制片厂摄制完成。其中包括陈书舫、周企何合演的《秋江》；曾荣华、许倩云合演的《评雪辨踪》；吴晓雷、陈淡然合演的《五台会兄》。

1955年1月

14～18日，四川省第一届人民代表大会举行第二次会议，选举成立四川省人民委员会，李大章为省长，邓锡侯、阎红彦、任白戈、钟体乾、余际唐为副省长，王叙五等四十九人为委员。

15～19日，西康省第一届人民代表大会第二次会议在雅安举行，选举产生了西康省人民委员会，廖志高为省长，白认、桑吉悦希、康乃尔、张为炯、果基木古、夏克刀登为副省长，委员二十二人。21日，西康省人民委员会举行第一次会议，宣布西康省人民政府改为西康省人民委员会。

1955年2月

9日，民盟中央主席张澜在北京病逝，终年八十三岁。张澜（1872～1955），南充县人。1903年留学日本，1911年组织发起四川保路运动。民国初年曾任四川省省长、成都大学（后四川大学前身）校长。1937年全民族抗战爆发后，受聘为国民参政员，参加党政活动。此后，张澜参与筹建中国民主政团同盟，1941年被推为民盟主席，并终身连任。1949年6月，张澜参加中华人民共和国成立的筹备工作。9月出席了中国人民政治协商会议第一届第一次会议，当选为中央人民政府副主席。1954年，当选第一届全国人民代表大会常务委员会副委员长。同年还当选为第二届中国人民政治协商会议副主席。著有《说仁说义》《四勉一戒》和《墨子贵义》等。

重庆市体育馆建成。这是四川第一座设施较好、规模较大的体育馆，能容纳观众四千余人。

西南美协改为中国美协重庆分会。

1955年3月

重庆大学地质系教授乐森璕在江油县首次发现三亿年前的古生物节甲类鱼化石，这种鱼被命名为"乐氏江油鱼"。

1955年4月

西南音协撤销，成立中国音协成都分会。

1955年5月

四川省川剧传统剧目鉴定委员会成立，成渝两地分别设立办公室开展工作。文化部和全国文联派作家赵树理，戏剧家赵慧深、晏甬、张东川，音乐家沙梅等组成工作组赴川指导。

四川省川剧院成立。

1955年6月

中国科学院学部委员会成立，学部委员中有四川大学柯召、四川医学院刘承钊、西南农学院侯光炯、重庆大学乐森璕。

1955年7月

30日，第一届全国人民代表会议通过关于撤销西康省的决议，将其行政区域并入四川省。10月1日起，西康省人民委员会停止行使职权。

1955年8月

四川化工学院并入四川工学院。

歌唱演员范裕伦在华沙第五届世界青年联欢节民歌演唱比赛中获金奖。

1955年9月

30日，著名作家陈炜谟逝世。陈炜谟（1903～1955），四川泸县人。1927年毕业于北京大学英语系。历任北京中法大学孔德学院英文讲师、重庆大学教授、四川大学外文系教授，1949年后任四川大学中文系教授及系主任；任成都市人民代表、政协委员，并担任过成都市文联、川西文联筹备委员，四川省文联常委。20世纪20年代开始发表作品，1955年加入中国作家协会。著有短篇小说集《信号》《炉边》，论文集《论文选集》，译著中篇小说《老屋》《当代英雄》《在世界上》《我的大学时代》等。

1955年11月

24日，著名作家邵子南逝世。邵子南（1916～1955），原名董尊鑫，字聚昌，作家，四川省资阳市雁江区凉风乡人，1937年加入中国共产党。1938年4月至1944年6月，邵子南历任西北战地服务团干事、专职团委文艺队长等职。创作了《告诗人》《英雄谣》等诗和《李勇大摆地雷阵》《阎荣堂九死一生》等作品，参与写作了现代戏剧史上的名著《白毛女》。曾任延安鲁艺教员、《新华日报》采访部主任、新华通讯社晋绥分社副社长。1950年到1954年间，他创作了《木工做机器的故事》《哥哥回来了》和《赵巧儿送台灯》等作品。历任新华社西南总分社副社长、重庆广播电台台长、中共中央西南局宣传部文艺处处长、重庆市文联副主任兼秘书长、西南文学工作者协会副主席等职。

1955年12月

25～31日，中共四川省委召开讨论知识分子工作会议，根据中共中央有关指示，强调知识分子是劳动人民的一部分，并对高级知识分子的工资问题、在知识分子中发展党员问题、处理知识分子的历史遗留问题和安排使用问题等提出了初步意见。

水电部成都勘测设计院成立，该院主要承担四川省大中型水电站的勘测设计任务。

1955年

根据国务院决定，将沿海一些高等学校的专业、系科迁至四川组建新校，并对省内原有高等院校进行了适当调整：将上海交通大学、华南工学院、南京工学院及其他院校的电子类学科（系）的教师调到成都，组建为成都电讯工程学院；以重庆大学、西北大学、南京大学地质系的部分教师为基础，抽调北京地质学院、东北地质学院少数教师，在成都建立地质勘探学院；将上海第一医学院部分专业系及教师迁至重庆，成立重庆医学院；将四川大学农学院迁至雅安，建立四川农学院；将四川师范学院由南充迁至成都，以余下的专修科为基础建立南充师范专科学校；建立成都中医学院；建立成都城市建设学院；将西南体育学院更名为成都体育学院。此外，还建立了一批中等专业学校。

川剧表演艺术家张德成主演的《单刀会》《渡蓝关》《孝孺草诏》由北京电影制片厂拍摄成艺术教学片。

1956年2月

重庆大田湾体育场建成。这是省内第一座钢筋混凝土结构的大型体育场，能容纳观众四万余人。

1956年3月

1日～4月5日，文化部在京举办第一届全国话剧观摩演出。周恩来、陈毅观看演出并作重要讲话。四川省话剧《四十年的愿望》获创作二等奖，《一个木工》获创作三等奖。演员纪慕弦、田广才、刘曦、杨次禹、高伯功、高群获表演二等奖。

1956年5月

1日，经中共四川省委批准，成都《工商导报》改组为中共成都市委机关报《成都日报》，至1961年3月15日改为《成都晚报》。

13～20日，西南文协更名为中国作协重庆分会，并召开第一届会员大会。大会选举沙汀为主席，李劼人、蹇先艾、邓均吾、曾克为副主席。

1956年6月

10～25日，美协重庆分会在渝举办"墨西哥版画展"。

1956年7月

重庆的《西南文艺》更名为《红岩》，成都的《群众文艺》更名为《草地》。

1956年8月

四川省科普协会第一次会员代表大会召开，正式成立省科普协会，选举刘为涛任主席，谢立惠、杨允奎、杨开渠、樊培禄、张铨、郑衍芬、董舒培任副主席。

1956年9月

成都电讯工程学院和成都中医学院成立。四川大学农学院迁雅安独立建校，定名四川农学院。四川师范学院本科部由南充迁成都，专科部留南充成立南充师范专科学校（1958年扩充为南充师范学院）。

1956年10月

自19日起，以王维舟为团长，桑吉悦希、阿旺嘉措、果基木古、郭林祥等为副团长的中央慰问团，到四川少数民族地区慰问各族人民，宣讲中国共产党的政策。慰问活动至次年3月结束。

1956年11月

23日，四川省人民代表、农业专家杨开渠，在省人民代表大会第一届四次会议上作了书面发言，列举科学数据，说明全省大面积推广双季稻是违反生物发育规律和客观条件的。他建议在条件未具备、产量不稳定和经验不足的地区只进行试点。他的这一正确意见，当时未被采纳。

四川省戏曲剧团青少年演员演出观摩大会在成都举行。九个单位获集体奖，一百人获演员奖。获一等奖的有李家政、刘世玉、刘卯钊、唐少林、冯玉芬等，获二等奖的有张巧凤、周学如、赵又愚、秦淑惠、邓学莲、刘克莉、陈元清、颜树等。

省文化局、音协四川分会联合举办"四川省群众歌曲创作奖"活动。评出一等奖《太阳出山》《祖国在飞跃向前》《望一眼都要心醉》等五首，二等奖八首，三等奖二十二首。

1956年12月

6日，重庆第一届戏曲会演开幕。参加会演的有十二个专业团体，演出十三场共三十一个剧目。

本月9日一直到1957年1月9日，美协重庆分会在渝举办"西南第一届国画展"，展出作品五百五十五件。

1957年1月

1日，《星星》诗刊创刊，白航为编辑部主任。

《园林好音乐月刊》（原为《西南音乐》）在成都创刊。

1957年2月

24日~3月20日，美协重庆分会在渝举办"英国版画展览"。

文化部公布第一批得奖戏曲剧目十八个中有川剧《彩楼记》。

1957年4月

19日，四川省科学工作委员会成立。1959年更名为四川省科学技术委员会。

四川省卫生研究所成立，这是全省第一个独立医学科研机构。1964年该所调整任务，改名为四川省寄生虫病防治研究所。

合川县太和镇发现一个巨大恐龙化石，经专家鉴定，是迄今为止在中国发现的最大、最完整的蜥脚类恐龙化石，是世界上还没有发现过的一个新种。这个恐龙化石复原后长22米、高3.5米、重1765千克，是生活在距今约1.4亿年前的巨大动物，被命名为"合川马门溪龙"，送上海市博物馆收藏展示。

1957年5月

整风运动在省级机关、大专院校和大型厂矿的党组织开展，从6月开始，扩大到县一级。整风的方法，计划要求以"和风细雨"的方式进行，只限于召开人数不多的座谈会和小组会。5月10日起，省委统战部开始邀请各民主党派及无党派民主人士座谈，帮助党组织整风。各民主党派及无党派民主人士先后发表了很多关于处理人民内部矛盾问题的意见。此后，成都、重庆两市委及成渝两地党政机关、群众团体、教育、科技、文艺界也纷纷召开类似座谈会，征求党外人士对党组织的意见。

1957年6月

4日，省文联召开座谈会，对文艺领导工作上的问题提出意见。

29日，在成都四川剧场第一次举行"王永梭谐剧表演会"，共演出九场。王永梭（1914~1990），安岳县龙台镇（今黑滩村）人。他创造的谐剧，既具有综合性强的戏剧一般特点，又具有不受表演场地限制的优越性。王永梭在20世纪40年代常到重庆及各县进行义演，1950年曾在龙文中学（今龙台中学）教书，后来加入战旗歌舞团，他自编自演的谐剧节目在省内外和朝鲜战场上受到广大工农兵的热烈欢迎，他被誉为"东方卓别林"。他所著《王永梭谐剧选》深受文艺界的好评。

1957年7月

21日，著名川剧演员陈书舫与梅兰芳、周信芳、程砚秋、袁雪芬、常香玉、郎咸芬等七位全国人大代表向全国戏曲界发出了"提高戏曲质量，不演坏戏"的倡议。他们的倡议得到全国戏曲界的热烈响应，"不演坏戏，多演好戏"也从此成为川剧界的口号。如泸州市戏曲界还专门做出了"不演坏戏"的决定。1957年9月13日《重庆日报》以"演好戏不演坏戏"为题，要求在整理、发掘遗产过程中，"要加强政治、艺术思想领导和新文艺工作者的密切合作，对传统剧目要郑重、负责，演出前多作研究，并召开各方面的专家、观众座谈会，广泛地听取意见，以便得到提高和修正错误"。

1957年8月

李月秋、熊青云等参加在莫斯科举行的"第六届世界青年联欢节"。四川清音《小放风筝》获金质奖章一枚。

四川省机械工业厅研究设计院（后更名为四川省机械研究设计院）成立。

1957年9月

7日，中共四川省委制定《关于贯彻中央关于整风和进行社会主义教育指示的计划》。从10月起，省级机关抽调一千余名干部，组成十四个工作团，分赴各地参加农村社会主义教育工作。

18日，用彝族拼音文字编写的小学教材出版发行。

23日，四川省政协主持创办的四川省政治学校在成都开学，程子健任校长。

1957年10月

31日，《四川日报》报道，中共四川省委负责人在中共内江地委召开的农业高产座谈会上讲话，号召"总结丰产经验，批判右倾保守思想，组织生产高潮，争取明年农业生产的大跃进"。这是四川报纸上首次出现"大跃进"的口号。

1957年

著名川剧演员廖静秋主演的《杜十娘》由北京电影制片厂拍为戏曲艺术片。

李劼人重写长篇小说《大波》。长篇小说《大波》上中下三册初于1937~1940年由中华书局出版。艾芜的《百炼成钢》由作家出版社出版。艾芜的短篇小说集《夜归》、散文特写集《初春时节》，沙汀的短篇小说《卢家秀》《过渡》等相继发表和出版。

1958年1月

2日，中华全国自然科学专门学会联合会四川分会召开会员代表大会并宣告成立。

6日，高教部在成都召开四川省高等学校校（院）长会议，讨论高校培养工农干部的规划。7月8日，省人民委员会发出关于工人、农民、干部和老干部保送入高等学校的通知。

1958年2月

四川省委机关报《四川日报》发表社论，号召"战胜"自然规律，强行推广双季稻。

1958年3月

8日，四川省、成都市召开"反浪费、反保守、促生产"誓师大会，七万多职工参加。发言代表竞相提出"跃进指标"。1月20日，省委提出要在1962年使全省地方工业总产值赶上农业的目标。2月，省委下发文件和召开动员大会，布置全省工矿企业以"大鸣、大放、大字报、大辩论"的方式促进生产。同月，重庆市六千名财贸职工在市政人民大礼堂举行"大跃进誓师大会"，提出"破常规、争上游、赶天桥、赛米市"（天桥、米市为当时北京的财贸先进单位）。随后，重庆市各单位纷纷开始表示"跃进"决心。

8~26日，中共中央在成都召开中央有关部门负责人和各省、市、自治区党委第一书记参加的工作会议。会期前后，毛泽东、刘少奇、周恩来等中央领导人视察了成都、重庆等地的一些工厂和农业生产合作社。

12日，文艺界五百余人在省文联集会，举行"文艺大跃进"誓师大会。

13日，省高教局、省科委、省科联召开座谈会，邀请成都地区二百余名教授、工程师、科研人员讨论如何实现科技界的"文化大跃进"问题。

1958年4月

中共四川省委发出关于搜集民歌、民谣的通知。

四川省高等学校在"反浪费、反保守"运动中，开始在师生中进行"自觉革命""向党交心""红专大辩论""教育方针大辩论"和批判资产阶级教育思想、资产阶级学术等一系列"兴无灭资"的思想斗争，一批知名专家、教授和教师以及少数学生被作为"白旗"或"走白专道路"的典型受到批判。

在成都市第二届人大第四次会议上，决议立即拆除城墙，市人委随即发出通知，发动各机关、学校、部队、团体、企业、建设单位、街道居民和农民，分段划片，包干拆除，并特意叮嘱挖掘时注意保护城墙旧砖，集中统一使用。经此全民运动，成都老城墙所存无几。

1958年5月

美协重庆分会在街头画窗、画廊举办"宣传总路线诗画展览"，在重庆、温江等地组织创作火柴盒版画、水印信笺谱等。

《成都日报》创办《工农兵》文艺周刊，专门刊登工农兵作者的作品。

1958年6月

24日~7月1日，西南三省农业书记汇报会议在成都召开。会议提出了1959年和1962年三省农业生产指标，其中四川人均产粮应于1959年达到五百五十千克、1962年达到七百五十至一千千克。会议还要求今冬明春在农村普遍展开社会主义教育运动，通过宣传"今年农产品总产量将要达到古今中外史无前例的大增加"，"大讲社会主义合作经济的优越性"，"彻底批判一部分富裕农民的自发资本主义倾向"，以巩固农村社会主义阵地。

按照中共中央关于企业、事业单位和技术力量下放的规定，国务院将各部管理的四十六个企业、事业单位和九所大专学校下放给四川省管理。

四川贯彻中央发出的《关于挖掘废钢铁运动的指示》，在全省开展了群众性的回收废钢铁运动。1958年"大跃进"以来，四川迅速形成了全省性大规模的大办钢铁群众运动，高峰时期有八百万人上山炼钢。这次回收废钢铁运动，除政府有关部门计划收购外，各地、各部门也组织回收，把积存在社会上的破铜烂铁基本上都清了出来；后来，又号召"工业抗旱"，动员群众献出废铜废铁，有的地方把群众家中用的锅也砸了拿去炼钢。

1958年7月

27日，峨眉电影制片厂在成都开始筹建，至1959年7月1日正式成立，朱丹南任厂长。

1958年8月

四川省文化局分别在成、渝两地举行戏曲表现现代生活座谈会；同时以成、渝两地的戏曲剧团为主，举办现代剧目联合公演，演出现代剧目五十一个，其中《宜宾白毛女》《刘胡兰》《丁佑君》等获得好评。

1958年9月

7～11日，中共四川省委第一届八次会议（扩大）在重庆举行，传达贯彻中共中央政治局北戴河扩大会议的精神。会议通过了《关于贯彻执行"中共中央关于在农村建立人民公社问题的决议"的决定》，规定立即展开社会主义教育运动，当月搭好人民公社的架子，10月1日全省统一宣布实现人民公社化。会议还通过《关于1958年钢铁生产的紧急指示》，会后，全省掀起了全民大办钢铁和人民公社的运动。

13日，四川运动员刘兴玉在罗马尼亚国际田径赛上以5.83米的成绩打破女子跳远的亚洲纪录。这是四川运动员首次打破亚洲纪录。

《四川日报》报道：郫县友爱乡第九农业社中稻并秧移栽亩产八万二千余斤，这是四川当年报出的产粮最高的浮夸纪录。

为配合川中油区的开发、培养石油工业所急需的专业技术人才，四川石油学院在南充成立，为石油工业部直属院校，学院设三个系、七个专业，当年招生六百四十三名。学院后改名为西南石油学院。

1958年10月

1日，《四川日报》报道，全省农村实现了人民公社化。截至9月30日，共建人民公社四千八百二十一个，入社农户占总农户数的96.69%。同日《四川日报》报道，9月29日，全省生铁产量破一万吨，成为全国日产铁万吨省之一。当天，钢产量也超过五千吨。

2~9日，第二届四川省运动会在成都市举行，有二十个地、市、州和成都部队共二十一个代表团参加。运动会设田径、体操、举重、自行车、武术、篮球、排球、足球、乒乓球、羽毛球共十个大项、一百二十二个单项的比赛。有六十四人、九十五次打破二十八项省纪录，一人一次破一项全国纪录。获团体总分前八名的是重庆、成都、泸州、自贡、成都部队、宜宾、内江、南充。有五十多万人次观看比赛。

28日，《四川日报》报道，截至10月中旬，全省农村已建立公共食堂六十一万多个，实现了公共食堂化。

1958年11月

13日，省人委作出《关于成立中国科学院四川分院的决定》，1962年7月，中国科学院四川、云南、贵州三分院调整合并为中国科学院西南分院，院设成都，首任院长李斌。原属四川科分院的哲学社会科学研究所，改为四川省哲学社会科学研究所。根据四川省人委的决定，中国科学院四川分院正式成立，副院长为马识途、邓止戈。四川科分院采取新建、接收、合并等方式，建立起采矿冶金、机械动力、农业生物、化学化工、水工电力、地质、石油、林业、数学、物理、电子学、半导体、自动化、中医中药、民族和哲学社会科学共十六个研究所（1960年发展到二十四个）。

四川省科联和科普协会合并，成立四川省科学技术协会，本月召开社员代表大会，选举产生科协第一届委员会，刘承钊任主席，刘为涛、谢立惠、柯召、金锡如、侯光炯、杨允奎、周泽昭、李守先、陈麦波任副主席。

四川省戏曲研究所成立，《四川戏曲》（月刊）创刊，1959年底《四川戏曲》与四川省文联主办的《草地》合并。

1958年

随着"大跃进"的开展，四川各地兴起了"大办教育"的热潮。在国家拨给的教育经费大幅下降的情况下，新建了大批高等学校和中等专业学校。其中新建高校四十所，兴办"业余红专大学"八百多所，农村兴办的职业中学招生达二十五万余人。全年各类学校在校生人数从上年的七百零九万人猛增至一千零四十四万人。

李劼人的经过修改后的长篇小说《大波》第一部由作家出版社出版。第二部于1960年出版；第三、四部分别于1962、1963年出版。

1959年1月

25日，全省民间文学研究会成立，李亚群任会长，邓均吾、戈壁舟任副会长兼秘书长，帅雪樵为办公室主任，常苏民、羊路由、肖崇素、方赫为委员。

成都市川剧院青年川剧团成立，9月赴京参加国庆十周年献礼演出。之后，巡回上海、南京、西安、郑州、开封、无锡、广州、海南岛演出，均受观众好评。

1959年3月

重庆邮电学院成立。学院前身为1953年建立的重庆电信学校。

黄河水利委员会与中国科学院决定在四川进行南水北调引水路线的查勘工作，来川调查的除黄河水利委员会的四个勘测队外，还有中国科学院的高级技术人员。在省内工作地区有西昌、雅安、温江、甘孜、阿坝等地。

1959年5月

20～24日，四川省第一次科技情报工作会议在成都召开，宣布建立四川省科技情报研究所。

26日，四川美术学院成立，其前身一为贺龙倡议在山西临汾创办的西北人民艺术学校第二部，1950年7月改建为西南人民艺术学院；一为著名美术家李有行等于1938年在成都创办的中华工艺社，后改名成都艺术专科学校。1953年两院校美术系科合并，为西南美术专科学校。

四川外语学院成立。学院前身为建立于1953年5月的西南俄文专科学校。

中共泸州地委召开县委书记会议，决定解散公共食堂。

1959年6月

西南音乐专科学校更名为四川音乐学院，校址仍设成都。四川音乐学院主要培养音乐表演、音乐创作及音乐师范人才，首任院长常苏民。学院前身为1939开办于郫县的戏剧音乐实验学校，1940年并入省立艺术专科学校，四川解放后更名为隶属于川西行署的成都艺术专科学校。

9～29日，四川省专业艺术团体观摩会演在成都举行。交响曲《浣溪纱》《胜利》、声乐曲《峨嵋组歌》《川北红军根据地组歌》《领工资》《取名字》《选出最好的礼物献给毛主席》等作品受到欢迎。

27日，四川运动员王建业在六省区跳伞比赛中与两名省外运动员合作，以平均距靶心2.99米的成绩，打破男子1000米集体定点跳伞的世界纪录。这是四川运动员首次打破世界纪录，也是中国运动员首次打破这项世界纪录。

29日，四川运动员王素珍、赵成英与另一省外运动员合作，以平均距靶心7.003米的成绩，打破女子600米集体定点跳伞的世界纪录。这是四川女运动员首次打破世界纪录。

1959年7月

1日，峨眉电影制片厂自1958年7月开始筹建，1959年7月1日在成都正式成立。厂长为原四川省文化局副局长朱丹南。1962年5月因故停建，1965年恢复建立。

7～12月，由陈书舫、周裕祥、袁玉堃、许倩云、杨淑英、李笑非等组成的中国川剧代表团一行六十四人在明朗、朱丹南率领下出访东欧波兰、捷克、保加利亚、民主德国等国。演出了大戏《焚香记》《谭记儿》《芙奴传》《穆桂英》等，以及折子戏《柜中缘》《秋江》《拦马》《金山寺》等，出访历时一百四十二天，在四十个城市演出六十九场，同八万国外观众见了面。首次把川剧艺术介绍给欧洲观众。

1959年8月

20日，作协重庆分会更名为作协四川分会，会址迁成都，与省文联合署办公。同时,《红岩》《草地》终刊,综合性文学月刊《峨嵋》创刊。

30日,中共四川省委在成都举行第一届第十一次全体扩大会议。9月13日移至重庆继续开会,9月26日结束。会议传达贯彻中共八届八中全会精神,开展了"反右倾"斗争,对邓自力、张戟等五十多名领导干部进行了揭发批判。9月26日,会议通过《关于贯彻执行党的八届八中全会"为保卫党的总路线、反对右倾机会主义而斗争的决议"的决议》《关于泸州地委以邓自力为代表的右倾机会主义错误的决议》。这次会后,"反右倾"运动在全省普遍展开。

1959年9月

13日~10月2日,在北京举行的第一届全国运动会上,四川运动员共夺得三十七枚奖牌,其中金牌十枚,金牌数列全国第十一位。获得金牌的项目包括:女子跳远、女子五项全能、举重次重量级、伞塔脱钩跳伞、中级滑翔起落(乙组)、滑翔团体总分(乙组)和男子篮球等。此次运动会四川共派出四百人参加比赛,其中女子一百五十人。运动会闭幕式上还首次向中华人民共和国成立以来打破世界纪录和获得世界冠军的四十多名运动员颁发"体育荣誉奖章"。

四川农学院林学系独立建校,名为四川林学院,至1973年撤销,重新在四川农学院恢复林学系建制。

"四川省首届摄影艺术展览"在成都举办,展出的一百七十二幅作品,是从一千八百五十二件应征作品中评选出来的。展览还到省内其他城市巡回展出,并精选部分作品印成专册,以供交流。

1959年10月

大邑地主庄园陈列馆正式对外开放。庄园位于安仁镇,由南、北两大建筑群组成。南为川西大地主刘文彩的公馆,北为其弟刘文辉的公馆。两公馆共有房屋五百余间,是一座保存较完好的典型的川西地主庄园。1980年,庄园被定为省级文物保护单位。

1959年11月

在莫斯科举行的第七届世界青年联欢节国际美术展览上,四川入选作品八件。吴凡的版画《蒲公英》获二等奖。

1959年

在四川省专业艺术团体观摩会演中,凉山彝族自治州歌舞团演出的彝族集体舞《快乐的罗嗦》获得一致好评。《快乐的罗嗦》由冷茂弘编导,杨玉生作曲。舞蹈表现彝族男女青年获得新生活的欢快、愉悦之情,具有较强的民间特色和彝族风格。

1960年2月

8日,四川省农业机械研究所成立。

四川省文化局举行全省川剧老艺人示范演出大会。参加演出的老艺人共六十余人,其中来自成都的有陈禹门、杨云凤、梅春林、周企何、董少书、黄开文等,来自重庆的有周慕莲、唐彬如、张洪恩、周裕祥、胡裕华、陈淡然、姜尚峰、琼莲芳等,来自川东的有刘学智、金文品、廖盛奎、李天文等,来自川南的有龚兆麟、唐惠珍、黄奎龙、李惠仙、王荣光、李筱君、刘玉珊、杨松林等,来自川北的有周海滨、曹湘石、萧荣华、赵鹤琴、何春山、雷知春、满海如、易桃园、陈华新等。演出大会前后历时二十余天,演出拿手好戏六十多部,为各地川剧团选派的二百名观摩代表作了精彩的示范演出。

1960年3月

10~19日,省文联召开文艺创作座谈会,讨论"文艺创作如何反映和歌颂总路线、大跃进、人民公社"等问题。

四川农业机械学院成立。

1960年5月

1日,成都电视台建成,本日晚试播。

1日,自贡人民广播电台开始播音。

由作协四川分会主办的文学月刊《峨嵋》改名为《四川文艺》。

1960年6月

1日,四川省省志编辑委员会成立,李大章任主任,张秀熟任副主任。省志编委会随即组织省内专家和领导干部三百余人着手试纂总志一卷,分志十三种。"文化大革命"开始后被迫停纂,省志编委会亦于1969年被撤销。1981年10月,中共四川省委决议设置四川省地方志编纂委员会。

1960年7月

1日,峨眉电影制片厂与八一电影制片厂合拍的故事片《嘉陵江上》上映,编剧为沙汀。此片为峨影第一部作品。

14日,国务院批准撤销泸州专署,所辖市县划归宜宾专署管辖。

1960年8月

重庆邮电学院建校。

1960年9月

1日,经四川省人民委员会批准,省粮食厅发布《关于发行新的四川省地方粮票、料票和废除旧的地方粮票、料票的通告》,作废了四千八百万公斤粮票。

1960年10月

根据中共中央《关于增加全国重点高等学校的决定》,四川大学、重庆大学和成都电讯工程学院被增列为全国重点高校。

1960年

四川民间文艺研究会更名为中国民研会四川分会。这期间,民研会先后与各方面民间文学作者搜集、整理、出版了《蓝鸟》《金佛山下的传说》《康藏民间故事选》《青蛙骑手》《草地情歌》等民间文学集。

1961年1月

28日,四川省中等专业教育工作会议召开,2月6日结束。会议着重研究贯彻"调整、巩固、充实、提高"的方针问题。会后,全省中等专业学校即开始调整,学校数量(不包括中等师范学校)由上年的二百七十七所降为九十六所,1962年又降为七十所。

中国科学院四川分院根据调整方针缩减、合并所属科研机构,由上年的二十四个降为十五个，次年再降为十个。

1961年2月

11～13日，中共四川省委在重庆召开第十四次全会，传达贯彻中共八届九中全会精神，初步总结"大跃进"以来的经验教训。

1961年3月

4日，国务院颁布除台湾省以外的第一批全国重点文物保护单位。四川有十四处：泸定县泸定桥、重庆红岩村及曾家岩的八路军重庆办事处旧址、广元县皇泽寺摩崖造像、广元千佛岩摩崖造像、大足县北山摩崖造像、大足县内的宝顶山摩崖造像、渠县东汉冯焕阙、绵阳东汉平阳府君阙、渠县东汉沈府尹阙、雅安县东汉高颐墓阙及石刻、成都清代武侯祠、成都清代杜甫草堂、峨眉山圣寿万年寺铜铁佛像、成都五代前蜀王王建墓。

9日起，四川省文联先后召开了七个小型座谈会，讨论在文学艺术工作中贯彻"双百方针"的问题，百余名文艺工作者参加了会议。

12～16日，四川省高等学校党委书记、党员校（院）长会议召开，研究对高等学校定任务、定规模、定专业、定编制的调整工作。全年学校数由上年的七十三所调整为四十七所，专业由四百七十二个调整为三百三十五个，次年进一步调整为二十八所学校和二百零八个专业。

1961年4月

《星星》诗刊合并于《四川文学》。

1961年5月

16～23日，中共四川省委召开各地、市委负责食堂试点工作干部的座谈会，研究试点工作的情况和问题。

1961年6月

根据高缨小说改编的故事片《达吉和她的父亲》完成拍摄。王家乙导演，刘莲池、朱丹南主演，由峨眉电影制片厂拍摄。因电影比较真实地反映了人性人情，上映后在全国引起较大反响，也引起文艺界关于情感表达等问题的争论。

1961年7月

8日，根据中共中央压缩城镇人口的指示，中共四川省委发出指示，在本年1～4月已经压缩六十余万人的基础上再压缩八十一万人。压缩的重点是全民所有制的县属工业、城乡人民公社社办工业、中等学校。

9日，省委就贯彻执行中央《关于精减职工工作若干问题》的通知，对精减对象、精减人员的待遇和安置工作等发出补充通知。

1961年10月

四川人艺上演四川方言讽刺喜剧《抓壮丁》。《抓壮丁》是由吴雪、丁洪、陈戈、戴碧湘等人集体创作的反映民国时期四川华蓥山地区抢抓壮丁参军的故事，原是四川旅外剧人抗敌演剧队1938年创作演出的幕表戏。

罗广斌、杨益言创作的长篇小说《红岩》由中国青年出版社出版，发行后在国内外受到广泛赞誉，重印一百一十三次，册数则超过了一千万。后改编为电影《烈火中永生》。

《文艺报》第十期发表综述《讨论〈达吉和她的父亲〉》。

1961年11月

在全国群众业余创作歌曲比赛中，《好姑姑》获一等奖，《新嫂嫂》等四首获二等奖。

1961年

马识途的长篇小说《清江壮歌》在《四川文学》上连载。

1962年1月

14日，四川、云南、贵州三省省委主管科技工作的书记、科委及中国科学院三省分院的负责人在成都举行（西南）大区科学工作会议，讨论贯彻执行中央批转的《聂荣臻同志关于调整地方科学技术机构的请示报告》及《科研十四条》等问题。

四川省民委在成都召开羌族历史讨论会。

1962年3月

四川省戏曲研究所并入四川省川剧学校。

1962年4月

4～10日,四川省十二年优秀美术作品展在重庆展出,5月1日又移至成都展出。展品有二百一十五件,其中有在1949年莱比锡世界版画比赛中获金奖的套色木刻《蒲公英》。

1962年6月

5～16日,中共四川省委召开第十三次宣传工作会议,学习和讨论周恩来于3月所作《论知识分子问题》的报告。会后,省委宣传部就反右派斗争以后历次运动中错误批判斗争的知识分子的甄别向省委写了报告,省委于7月21日批示并转发了这一报告,要求各地做好知识分子的甄别工作。

20日,中共四川省委颁发关于进一步调整教育事业和精简职工的方案,决定进一步调整高等学校、中专和中师,精减教职工四万八千人。

1962年9月

14日,四川省佛教、道教协会成立。

1962年12月

25日,李劼人逝世。李劼人(1891～1962),生于四川成都,祖籍湖北黄陂,中国现代具有世界影响的文学大师之一,也是中国现代重要的法国文学翻译家,知名社会活动家、实业家。原名李家祥,常用笔名劼人、老懒、懒心、吐鲁、云云、抄公、菱乐等。1912年发表处女作《游园会》,1919年赴法国留学。二十三岁任《四川群报》主笔、编辑,《川报》总编辑。新中国成立后曾任成都市副市长、四川文联副主席等职。代表作有《死水微澜》《暴风雨前》和《大波》。另外,发表各种著译作品几百万字。"三部曲"(即《死水微澜》《暴风雨前》《大波》)既独立成篇,又相互连贯,规模巨大,结构恢宏。他自觉而忠实地采用法国"大河小说"的体式,以完整的社会生活和文化风俗叙事,开创了寓社会政治史于文化风俗史中的新的现代历史小说的创作模式。

美协重庆分会正式更名为中国美术家协会四川分会。

1962年

川剧《乔太守乱点鸳鸯谱》由峨眉电影制片厂拍摄成戏曲片在国内外发行。

1963年1月

12日，成都市川剧院的新编历史剧《燕燕》在北京公演。

25日，成都市灯会在青羊宫开幕。灯会分水池菜圃、百花园、睡莲池、二仙庵、八角亭五个展区。

1963年2月

四川省音协、省文化局举办"四川青年小提琴、二胡比赛"，胡维民、杨通六（小提琴）、舒昭、刘平安（二胡）获奖。

1963年3月

10～24日，"四川绵竹年画、汉画像砖拓片、皮灯影观摩展"在中国美协展览馆展出。

1963年6月

中国戏剧家协会四川分会正式成立，朱丹南任主席。

1963年8月

17日，中共四川省委精简委员会报告，全省精简职工和压缩城镇人口任务结束。从1961年1月至本年6月，全省共精简全民所有制企业、事业职工二百六十二万人，吃商品粮人口减少三百五十八万人。

1963年10月

18日，四川省民委在成都召开学术讨论会，研究凉山彝族的族源、奴隶制形成及彝族社会性质等问题。

中共四川省委成立计划生育领导小组。11月10日经省委批准下发了《关于开展计划生育的意见》。废除了原来规定的多子女补助办法，提倡实行计划生育；要求此项工作以大中城市的厂矿、机关和学校为重点，在农村则先搞试点再稳步推广。四川省以城市为重点的计划生育工作从此开始。

四川省音协、省文化局举办"四川省民歌、笛子比赛会"，罗瑞新获民歌演唱第一名，翁曰甲获第二名，孙绍清等五人获第三名。王其书获笛子演奏第一名，胡洁续获第二名，杨天胜、谢高翔获第三名。

1963年11月

《四川歌选》更名为《四川音乐》。

由陈云先绘制、唐耕云说明、万斌等人供稿，四川省戏曲研究所编选的《川剧脸谱》由上海文艺出版社出版。

1964年2月

15日，中共四川省委批转省委宣传部《关于坚决贯彻执行"推陈出新"的方针，对戏曲、曲艺进行社会主义改造的意见》。根据省委宣传部的调查，在全省二百五十二个艺术表演团体中，旧戏曲表演团体有二百二十二个，占88%；全省每天约有二十多万观众观看旧戏。文件认为旧戏曲对于广大观众和曲艺队伍本身特别是青年演员"起着严重的腐蚀作用"，因此要求对旧戏曲、曲艺进行社会主义改造，大力提倡演现代戏。此后，大批表演团体转演现代戏，表演团体数目也开始下降，自当年底的二百五十八个，降为次年的二百四十二个，再降为1966年的二百三十六个。

1964年3月

中国舞蹈工作者协会四川分会在成都成立，杜天文任主席。

1964年6月

"三线"建设拉开序幕。

四川农学院试办半农半读。西南农学院、重庆师范专科学校和四川医学院药学专业也于1965年起陆续试办半农（工）半读。部分全日制中等专业学校和中学改为半工（农）半读学校，部分工厂和农村也举办了这类学校。到1965年，全省这类学校达四千多所，学生近四十万人。

1964年7月

1日，根据中共中央、国务院《关于第二次全国人口普查工作的指示》，以1964年7月1日0时为调查标准时间，全省于1～15日开展人口普查。普查结果显示，全省总人口六千七百九十五万六千四百九十人。

中国美协、省美协主办的四川雕塑展览在重庆开幕，展出四川三十三位作者近几年的一百件雕塑作品。该展次年送北京、上海展出，获得一致好评，标志着四川雕塑创作达到新水平。

1964年9月

1日，四川省农科所改名为四川省农业科学院。

1964年10月

10日，孙传琪、巫方安等四百余名成都知识青年到大、小凉山和西昌专区落户，帮助少数民族人民建设山区。四川组织城市青年上山下乡的工作始于1954年，当时限于个别动员；1957年以后开始成批组织；1961年以后，动员的市、县增多，下乡的数量增大。

1964年11月

高教部提出报告，根据以大小"三线"为中心、以国防建设为重点的方针，调整全国高等学校的布局，将唐山铁道学院搬迁至四川峨眉，华东工学院到四川自贡建分院，清华大学迁部分系科至四川绵阳建分校。次年起三校开始迁建，唐山铁道学院1972年更名为西南交通大学并开始招生。清华大学分校和华东工学院分院于1978年撤销。

大型泥塑《收租院》完工。全组作品由一百一十四座人像组成。

1964年

举行话剧会演，参演剧目有：重庆市话剧团的《比翼齐飞》，四川人艺的《哑巴说话了》《山湾小景》，成都市话剧团的《为了明天》等。

本年至1965年夏，成都市百花潭中学内清理了一批战国土坑墓。其中，第十号墓保存较完整，遗物丰富。墓坑为竖穴，呈狭长方形，葬具已朽，仅在坑底发现少量木痕，墓底两侧微斜，略成弧形，状似独木舟底，葬具可能为"船棺"，骨架下肢被扰乱，故葬式不明，随葬品四十八件，除尖底盏形陶器一件外，余均为铜器，计有戈十一件，矛六件，削、斧、凿、勺各四件，奁形器、刀、钺、鍪和铜片各二件，剑、鼎、甑、壶各一件，其中，以通体用金属嵌错图像的铜壶制作最为精美，出土铜器多数饰有花纹图案和"巴蜀图语"符号，其纹饰有兽面、虎、鸟、蝉、手、蒂、云等。

1965年2月

25日，中共中央、国务院批准设立攀枝花特区。3月22日，中共攀枝花特区委员会和特区建设指挥部正式成立，徐驰任党委书记，李非平任副书记。特区实行计划单列。

冶金部成立了以西南钢铁研究院为主，包括全国各地十四个科研设计部门、生产单位、高等院校的一百零八名科技人员组成的科研工作组。

1965年4月

23日，由王素珍等7人组成的四川女子跳伞队在成都举行的女子日间1500米7人集体定点跳伞比赛中，着陆后距离"靶心"的平均成绩是着陆点距离"靶心"4.062米，打破了由苏联选手保持的4.74米的世界纪录。

1965年5月

省级机关内部进行了开展"文化大革命"的动员。地、市、州委也开展了对文教队伍的摸底排队，为开展运动做准备。

1965年7月

四川美协与中国美协在中国艺术馆联合举办四川雕塑展览，王宫乙的《小八路》、郭其祥的《百万农奴站起来》、叶毓山的《毛主席像》、龙德辉的《方腊》《青年建设者》、赵树桐的《不屈的人》等二十三件作品分别被中国美术馆和中国军事博物馆收藏。

四川汽车研究所建立，1983年更名为中国汽车工业公司重庆重型汽车研究所，是当时国内唯一的重型汽车研究机构。

1965年9月

1～6日，四川省首届少数民族运动会在凉山州昭觉县举行。此届运动会定名为"四川省六单位民族摔跤运动会"，甘孜州、阿坝州、凉山州及西昌、乐山、雅安地区六个单位的四十三名运动员参加了比赛。

10日，邮电部第九研究所从北京迁成都，从1977年起开始研究光纤通信技术与设备。

西南区话剧、地方戏剧观摩演出大会在成都举行，历时四十天，到会代表共一千七百多人。云、贵、川三省和成都部队、昆明部队、西南铁路工程局等三十个单位参加。我省参演的主要剧目有：省川剧院的《急浪丹心》、四川人艺的《十二颗红心》、成都市话剧团的《柜台内外》《向阳路上》、市川剧院的《许云峰》、重庆市话剧团的《比翼齐飞》等。

在北京举行的第二届全运会上，四川运动员破五项纪录，重庆籍运动员李白玉在举重次重量级比赛中，以143.5公斤成绩破全国推举纪录；高联珍在女子1500米个人定点跳伞比赛中，以3.175米成绩破全国纪录；姜永华在女子田径800米比赛中，以2分11秒7的成绩破全国纪录；贺祖芬在女子田径200米比赛中，以24秒3的成绩破全国纪录；陈家全在男子100米比赛中，以10秒2的成绩破全国纪录。

1965年10月

24日，在重庆为陈家全、贺祖芬举行的专场表演比赛上，陈家全以10秒的成绩平了世界纪录，在中国田径史上写下光辉的一页。

1965年12月

1日，西南化工研究院建立。其前身为1958年建立的化工部化工设计院西南设计研究分院。

10日，西南电子技术研究所建成，从事航天、航空、地面和舰船电子系统工程和设备，各种雷达和通信设备的研制。

中国医学科学院输血研究所自天津迁成都建所。

1965年

现代戏《金钥匙》由长春电影制片厂拍摄成电影。

1966年2月

西南局、四川省"文化革命"小组成立,其主要任务是根据中央《二月提纲》精神,领导和部署西南和四川地区的学术批判和文化革命。3月,又组成了学术批判领导小组。

1966年5月

23日,四川举重运动员邓国银在北京举行的新兴力量举重邀请赛上,以145.5公斤的成绩打破轻量级推举的世界纪录。

30日~6月10日,中共四川省委召开扩大会议。会议学习讨论中共中央5月16日通知和西南局关于贯彻执行中央通知精神的决定,研究全省开展"文化大革命"的部署。6月10日,省委发出文件布置在全省普遍开展"文化大革命",要求所有大专院校一律停课参加运动。

31日,经中共中央西南局批准,中共四川省委重新组成"文化大革命"小组。

1966年7月

根据中共中央、国务院发出《关于改革高等学校招生工作的通知》,从本年起,全省高等学校停止招收大学生和研究生。

1966年8月

成都市数万人在人民南路广场集会庆祝"文化大革命"掀起高潮。
成都红卫兵分赴街头、工厂、企业,开展"破四旧"的行动。

1966年11月

在柬埔寨金边举行的第一届亚洲新兴力量运动会上,邓国银、陈家全、贺祖芬、刘德翠四人夺得田径、举重冠军;中国男排获冠军,队员有四川运动员邓若曾。四川运动员共获金牌九枚。

1966年12月

12日，吴玉章在京逝世。吴玉章（1878~1966），原名永珊，自贡荣县人。1903年留日，1906在日本东京参加同盟会，任评议部评议员。次年秋在东京主办《四川杂志》，1910年回国，从事广州起义失败后回川。1911年9月在荣县建立了中国第一个资产阶级县级政权。1913年因反对袁世凯专制独裁遭通缉，被迫流亡法国，与蔡元培等组建华法教育会。1916年冬回国，次年在北京开办留法勤工俭学会预备学校。1918年被派往广州参加护法运动。1919年回成都，设立留法勤工俭学分会和预备学校。1922年8月任成都高师校长。1922年与杨闇公等创建中国青年共产团，同年5月被迫出川。1925年4月，在北京加入中国共产党，先后参加了顺泸起义和南昌起义。1927年被派往苏联研究改革中国文字，参加新文字方案的起草，著有《中国新文字的新文法》《中国文字的源流及其改革方案》等书。1938年回国，先后任新文字协会会长、鲁艺学院院长、延安大学校长、中共四川省委书记、华北大学校长等职。新中国成立后，任中国人民大学校长、中国文字改革委员会主任、社会主义学院院长等职。

30日，川棉厂两派群众组织发生冲突，五冶等厂"造反派"上万人前往支援。经过一天多的武斗，"造反派"攻破"产业军"大楼，这是"文革"中成都地区发生的第一起武斗事件。

1967年1月

1日，四川高僧能海法师在五台山圆寂。能海（1886~1967），俗名龚学光，绵竹县人。1905年考入四川陆军学堂，1909年到云南讲武堂任教，1915年赴日本学习，1924年在涪陵天保寺出家。为了沟通汉藏佛教文化，能海分别于1926年、1928年两次赴康藏，把当地佛教的显密两宗经文、仪轨以及寺庙制度等带入内地，并同汉传佛教相结合，丰富和发展了汉藏佛教文化。新中国成立后，能海积极致力于西藏和平解放事业，并会同喜饶嘉措致电西藏地方当局，规劝其完成和平解放大业。1951年能海出席全国政治协商会议，1952年出席中国佛教协会筹备会议。"文革"开始受到批斗，本年1月圆寂。

4日，四川人民广播电台被部分造反派进驻夺权。6日，成都军区根据中共中央指示，对电台实行军管，并决定只转播中央台节目，停播自办节目。

12日，《四川日报》改版的《红色电讯》被迫停刊。8月14日，四川省革命委员会筹备小组接办《四川日报》。

19日,四川省委机关的造反派在红卫兵和工人造反组织的支持、配合下,封了省委的印,宣布夺权。紧接着,成都市的党政机关也被造反派夺权。在省内各市、地、州以及省级单位相继发生造反派夺权事件。21日,群众造反组织查封攀枝花特区党委、建设指挥部并宣布夺权。24日,重庆市四十多个群众组织的代表组成的"重庆无产阶级革命造反联合委员会筹备会"夺了中共重庆市委、市人委和市级党政机关的一切权力。省内各市、地、州以及省级机关相继发生造反派夺权事件。

21日,成都军区成立了"支左办公室",并派出领导参加地方"抓革命促生产委员会"的工作。驻川各军、师、军分区机关均设立"三支两军"办公室,开始介入地方工作。对部分政府部门、工矿企业、各类仓库、铁路、车站等重要单位实行军事管制,成立军管会;各军、师、军分区均由一名副职领导干部负责本地军管工作;同一地区设总代表。省革命委员会成立后,各级革命委员会领导人员按"三结合"(军队干部、地方干部和群众代表)组成。成都军区先后共派出六千余名干部参加各级革委会和办事机构工作。

1967年2月

28日,四川省公安厅发出关于坚决镇压反革命活动的布告,并开始在全省各地逮捕造反派头头、骨干及其"后台",被称为"二月镇反"。

小说《红岩》作者之一罗广斌含冤去世。罗广斌(1924~1967),四川省成都人,重庆市青联副主席。1948年入党,1948年8月,到成都对其长兄原国民党军第十五团司令罗广文做统战工作。由于叛徒出卖在成都被捕,先后被囚禁于重庆渣滓洞、白公馆集中营。后从白公馆集中营越狱脱险,先后任共青团重庆市委常委兼统战部部长、重庆市青联副主席。曾先后与刘德彬、杨益言合写回忆录《圣洁的血花》《在烈火中永生》。1958年至1961年,与杨益言合写长篇小说《红岩》,深受广大读者欢迎,一再重版,先后发行三百五十万册,并翻译成十九种外文发行,后又改编为电影《烈火中永生》和豫剧《江姐》等,1962年调重庆市文联从事专业创作。

1967年4月

1~3日,中央连续三次召开会议解决宜宾问题。在会议上,江青、王力等人表示坚决支持刘结挺、张西挺，对省委和宜宾地区的负责人进行了严厉的批评。4日，中共中央发出《关于四川省宜宾地区刘结挺等平反的通知》。通知公布后，宜宾地区支持刘、张的一派取得压倒优势，反对刘、张的一派受到打击和迫害。

1967年5月

7日，中共中央作出《关于处理四川问题的决定》（即"红十条"）。《决定》中宣布李井泉、廖志高、黄新廷（成都军区司令员）、郭林祥（原成都军区政委）等人是"四川省党内走资本主义道路的当权派"，决定撤销李井泉的中共中央西南局第一书记和成都军区第一政委的职务；由新任成都军区第一政委张国华、司令员梁兴初和刘结挺、张西挺负责组成四川省革命委员会筹备小组，以张国华为组长，梁兴初、刘结挺为副组长。

16日，中共中央发出《关于处理重庆问题的意见》，决定撤销任白戈中共中央西南局书记处书记、中共重庆市委第一书记和重庆军分区第一政委的职务，由驻军7788部队副政委兰亦农、副部队长白斌、重庆军分区司令员唐兴盛组成重庆市革命委员会筹备小组。

1967年10月

14日，中共中央、国务院、中央军委、中央文革小组联合发出《关于大、中、小学复课闹革命的通知》，要求全国各地的大、中、小学一律立即开学。11月15日，省革委筹备小组生产指挥部发出《关于贯彻中共中央、国务院、中央文革小组"关于大、中、小学复课闹革命的通知"的通知》，由于派性的影响，大学复课基本上没有实现。

1968年3月

15日，中共中央和中央文革负责人在北京接见四川省革筹、成都军区和解放军50军、54军负责人，在讲话中强调，要按中央处理四川问题的"十条"决定办事，不许打倒刘结挺、张西挺，并指出"目前在全国右倾翻案是主要危险"。4月中旬，全川开始反击所谓"右倾翻案风"，一大批反对刘、张的干部、群众，被错误地作为"小爬虫""变色龙"，遭到打击迫害。

中共中央在北京为四川举办约五千人参加的学习班，解决实现四川群众组织大联合以及"三结合"和尽快成立省革命委员会问题,学习班于5月底结束。

1968年5月

4日,经省革筹、成都军区批准,成都市革命委员会成立。

28日,经中共中央批准,四川省革命委员会成立。省革委设办事组、政工组、生产指挥组、人民保卫组。

1968年6月

2日,经省革委、成都军区批准,重庆市革命委员会成立。

四川大学教授、著名经济学家、历史学家蒙文通逝世。蒙文通(1894~1968),名尔达,盐亭县人,曾就学于四川存古学堂和四川国学院,1927、1929、1930年为成都大学教授。1937年以后,执教于国立四川大学,师从廖平,并与章太炎深交,文史兼工,兼通于佛,在三个学术领域都有极深的造诣。1949年后任华西大学、四川大学教授,兼任中国科学院历史研究所一所研究员、学术委员,并先后任成都市人民代表、市政协委员、中国民主同盟成都市委和四川省委委员。其一生著述甚多,主要著作有《经学抉源》《周秦民族史》《中国史学史》《古地甄微》《越史丛考》等。

1968年7月

23日,周太玄逝世。周太玄(1895~1968),成都人,原名周焯,号郎宣,后改名周无,号太玄。1930年从法国学成归国,执教于成都大学,1931年起执教于四川大学,1939年去职,1943年返回四川执教,1953年调北京科学出版社,著有《动物心理学》等七部生物学专著,《古动物学》《人的研究》《物种》等十一部译著。

1968年8月

27~28日,省革委组织工人毛泽东思想宣传队分两批进驻四川大学、成都工学院等十三所院校。之后,全省各地相继组成"工宣队",进驻各种学校及文艺、卫生、新闻等上层建筑重要部门,促进"大联合""三结合",领导"斗、批、改"。此后不久,农村的学校也进驻了贫下中农毛泽东思想宣传队(即"贫宣队"),"工宣队"进驻学校以后,立即解散红卫兵组织,红卫兵运动宣告结束。

1968年11月

24日，四川省革命委员会、解放军成都部队"毛泽东思想胜利万岁"展览办公室发出通知：原定兴建在人民南路南段一环路口附近的展览馆，决定改建工程移至人民南路广场。

1968年12月

1日，一座始建于1385年明太祖时的建筑蜀王府（俗称"皇城"）被彻底拆除，开始了改建"毛泽东思想胜利万岁"展览馆（老百姓俗称"万岁馆"）和毛泽东巨像的工程。

26日，省革委根据毛泽东"知识青年到农村去，接受贫下中农再教育，很有必要"的号召，召开了"动员组织知识青年到农村去"的工作会议。

省革委决定，在金堂、名山百丈和米易县原劳改农场举办"五七"干校。1969年年初，省级机关约九千多名干部，先后分批下放到上述干校，进行劳动改造，搞本单位的"斗、批、改"。这一年，全省各地普遍办起了类似的"五七"干校，1970～1971年，省"五七"干校陆续分配了四千多人参加工作。到1972年12月，省革委决定，将在校的五千多人大体按业务归口，按系统、按单位对口分配完毕，这类"五七"干校的历史就此结束。

1969年1月

7日，省革委发出《关于分配城市知识青年和脱离劳动的城镇居民到农村去的通知》，要求1966年、1967年、1968年的初高中毕业生，一律到农村去插队落户。到10月，全省到农村安家落户的城镇知识青年已达二十万人。这以后每年都组织知识青年上山下乡。

30日，省革委在成都召开人民保卫工作会议，提出"彻底砸烂旧公、检、法"的口号，确定公安、检察、法院只留少量的人工作，其余的人都进"五七"干校劳动，或参加学习班学习。

1969年2月

24日，省革委在成都召开了教育革命座谈会，会后发出了座谈会《纪要》，决定农村公办小学下放到大队去办，实行民办公助；农村公办小学教员原则上就地下放，插队落户，实行评工记分加补助的办法。城市中小学试行办校或工厂、街道、社队联合办校。原办在县区的中学（包括师范学校）大部分教职员下放到社队去"接受再教育"，把中学办到社队去，城市中学提倡下放一部分到农村去办，会议于3月18日结束，《纪要》下达后，各地相继执行，结果教学质量普遍下降。

1969年6月

张颐逝世。张颐（1887～1969），叙永县人，字真如，1907年加入同盟会，1913年赴美国密执安大学攻读哲学，对西方古典哲学尤其是黑格尔哲学有精深研究，被誉为中国哲学界专门研究西洋古典哲学的先驱。著有《黑氏伦理研究》《黑格尔与宗教》《圣路易哲学运动》等，曾先后执教于北京大学、厦门大学、四川大学、武汉大学等高校。

1969年10月

20～31日，全省卫生工作会议召开，布置落实毛泽东发出的"把医疗工作的重点放到农村去"的"六·二六"指示，动员城市医务人员到农村安家落户，大办合作医疗，大力培养"赤脚医生"。这项工作持续时间长，到1976年底，全省有约九成的大队办起了合作医疗，"赤脚医生"发展到十九万二千多人。国家重点装备农村区、社卫生院所三千多个，农村病床由1965年的三千五百多张，增加到一万八千九百张。全省一千二百八十六个区和八千五百零八个公社办起了卫生院（所），形成了以区、社卫生院为基地，上联县级医院，下联大队合作医疗站的三级卫生网。有五千多名城市卫生工作人员和一万七千名大、中医药院校毕业生到农村安家落户。从1968年起，每年平均有六千名以上的城市卫生工作者到农村巡回医疗。

1969年11月

5日～12月27日，四川省革委、成都军区和驻川部队、省军区、军分区及各地区主要负责人在北京参加中央召开的解决四川问题的会议。会议检查了工作中的错误，特别是批判了刘结挺、张西挺的严重错误，各自进行了自我批评，总结了经验教训。

1969年

年底,西南物理研究所建成,四川核工业形成科研生产系统。四川的核工业系统主要包括中国工程物理研究院、西南反应堆研究设计院和西南物理研究所及七个工厂、两个建筑安装公司和一所医院。

1970年4月

明代朱悦燫墓开始发掘清理。位于成都市北郊凤凰山南麓的朱悦燫墓,是目前发现的明代王侯墓中规模最大的一座,为三个砖筑的纵列式筒卷建筑,全长三十三米。墓室由大门、前庭、二门、正庭、正殿、中庭、圜殿及后殿左、中、右三室组成。该墓随葬品有各类釉陶俑五百多件,陶马、象辂、瓶、罐、碗、碟、盆、凳、案、高足杯、椅、屏等陶器二百多件,陶仓、陶库模型各一件。此外,还出土有残冕、铁盔、铁弓、铁刀、玉圭、玉璧和小玉珠八百颗。墓棺椁系楠木制成,均髹朱漆。其棺床四角和前面正中地面上,各置一素面铜镜,斜立于石质镜台上,正照棺床。这种葬俗,在考古发掘中还是首次发现。

1970年9月

1日,西昌卫星发射中心开工。中心主体工程于1983年竣工,1985年11月15日通过国家验收。

2日,全国人大常委熊克武病逝于北京。熊克武(1885~1970),字锦帆,四川井研县人,先后参加过同盟会、中华革命党、国民党、中国国民党革命委员会。曾组织过泸州起义、广安起义,参加过广州起义、护国战争、北伐战争,担任过蜀军第一师师长、四川陆军第五师师长、讨袁军总司令、四川督军等职,还参加编撰了《四川国民党史》。新中国成立以后,他出任西南军政委员会副主席,随后出任民革中央副主席、全国政协委员、全国人大常委等职。

17日,"205微波工程"四川省内全段电路接通。该工程是由陕西经四川、贵州至广西的600路微波工程,是北京沟通西南和华南的国防战备通信工程,具有大容量的电报、电话电路,可传送广播电视节目。9月23日,试通北京至成都、重庆的电视传送。

重庆改革高等院校的招生制度,上大学不用考试。根据中央统一部署,重庆的高等院校招生采取"自愿报名，群众推荐，领导批准和学校复审相结合"的方式，废除考试制，主要从有实践经验的工农兵中选拔学生。"工农兵学员"的任务是"上大学，管大学，用毛泽东思想改造大学"。当年全市十所高校招收工农兵学员二千四百八十八人。

1970年10月

23日，范长江逝世。范长江（1909～1970），四川内江人。1927年参加南昌起义，1934年任天津《大公报》记者，是第一个向全国报道西安事变、红军长征及中共主张的人。1939年加入中国共产党，在新闻界开展抗日救亡运动和进步新闻活动，积极报道抗日战争的情况，并于1941年在香港创办《华商报》。新中国成立后，历任新华社总编辑、解放日报社社长、全国新闻总署副署长、人民日报社社长、全国科协党组书记、全国政协委员。

1970年

国内一批高校迁入四川。哈尔滨工业大学迁重庆，占用西南师范学校址，改名为重庆工业大学（1973年迁回，恢复原校名）；北京农机学院迁入四川（1978年复迁江苏徐州，改名为中国矿业学院）。此前，北京矿业学院已于5月29日迁到华堂山矿区的合川县三汇镇，改名四川矿业学院。西南师范学院迁往梁平县（1973年8月以后，迁回原址）。

1971年1月

15日，中共四川省革委核心小组发出《关于进一步开展农业学大寨群众运动的决定》。《决定》指出，由于各种原因，为改变四川"农业学大寨群众运动步子缓慢，声势不大，农业生产长期处于落后状态"，提出"学大寨，赶昔阳，苦战三年跨《纲要》，誓把四川建设成为祖国一个可靠的战略基地"的口号。

四川省成立教育领导小组，负责管理全省高等教育和普通教育的工作。

1971年3月

成都市发掘清理位于市北郊磨盘山南麓后蜀孟知祥夫妇墓——和陵时，有重要发现。和陵建筑风格独特，分墓道及宝城两部分。墓道有青砖砌成的阶梯，通达墓室甬道。甬道为卷拱，下有闸门、双扇石门及覆马槽式排水沟一道。墓室用青石砌成，呈并列的三个圆形穹窿顶结构，中室最高，为主室，两侧各有一耳室，三室有门互通，地面满铺石板，墓门为牌楼式建筑，上刻龙凤，龙首吻脊，彩枋四柱，东柱刻青龙，西柱刻白虎，柱的东西两侧，各有一圆雕守门武士，牌楼内侧两壁，彩绘男女官人像。2006年，国务院批准孟知祥墓列入第六批全国重点文物保护单位名单。

1971年5月

成都唱片厂正式投产，生产出唱片《东方红》。这是四川省第一家音像出版机构生产的第一张唱片，发行三万张。

1971年6月

25日，省革委决定在6月29日恢复《四川日报》与成、渝两报两台地方新闻系统，并决定成立由李大章等组成的省革委核心小组，在宣传组下设领导小组办公室。

1971年8月

按照全国教育工作会议讨论形成的《关于高等学校调整管理体制和专业设置的意见》的精神，四川部分高校进行撤并。西南农学院的农机专业与迁到重庆的原北京农机学院合并（西南农学院实际撤销）；重庆交通学院与重庆建筑工程学院合并；四川农学院、西南政法学院、成都大学撤销；重庆邮电学院改为工厂；成都体育学院改为中等专业学校。

1971年9月

1日，中共四川省委召开教育工作会议，强调要重视教师队伍的建设，搞好"教育革命"，普及小学五年教育，有条件的地区普及七年教育。

四川人民广播电台正式恢复藏语广播，确定节目服务对象是甘孜、阿坝两州的广大贫下中农（牧）民、基层干部和民兵。

1971年

为贯彻"中央文化革命小组"文艺组《关于整顿自负盈亏文艺团体的几点意见》，四川下达《关于对调整、重建文艺队伍请示报告中有关问题的意见》，全省一百七十二个自负盈亏的川剧团被解散，四川省川剧学校被撤销，国营剧团只能排演"样板戏"。

1972年1月

18日，省革委批发了省高教局《关于高等院校招生的请示报告》，同意全省十九所院校的一百一十七个专业招生，招收具有二至三年以上实践经验的工、农、兵（包括退伍军人和下乡、回乡知识青年）。招生办法是自愿报名，群众推荐，领导批准，学校复审。1972年共招生七千八百五十人，春季先招七千四百五十人。

1972年2月

2~4月，为纪念毛泽东《在延安文艺座谈会上的讲话》发表三十周年，美协四川分会在成都举办了四川美术作品展览，展出作品四百七十件，七件入选全国美展。

1972年3月

四川省第一次计划生育现场会在武胜县召开。会议制定了四川省"四五"期间人口规划，要求到1975年把全省人口自然增长率从26.92‰减少到15‰。

1972年4月

8日，省广播事业局峨眉山电视转播台（即703台）发生重大火灾事故，不仅烧毁电视转播台的全部机器设备，金顶华严寺的建筑及全部文物也同时烧毁。703电视转播台于1975年10月重新建成开播。

1972年5月

16~31日，为纪念毛泽东《在延安文艺座谈会上的讲话》发表三十周年，四川省在成都举行了全省文艺调演大会。调演分三批，均为移植"革命样板戏"的川剧。来自省内各地的文艺团体共计演出了一百个节目。

地质部第二地质普查大队的地质人员在自贡大山铺发现和发掘出世界罕见的恐龙群化石。这些标本经北京、成都、重庆、自贡四地的专家、学者研究后，仅鉴定命名的恐龙化石就达十二属十二种，其中九个新属十二个新种。

1972年9月

四川省高级人民法院恢复，各级法院也相继恢复。

1972年11月

19日，许可经逝世。许可经（1904~1972），原名许存孝，四川三台县人。1921年考入省立一中，1929年赴巴黎高等音乐师范学院学习，1933年回国后在川大艺术系任教。抗日战争爆发后，谱写了大量的抗日救亡歌曲，如《战到底》《回春之歌》《射击手之歌》等，在当时广为流传。新中国成立后，在重庆师范学院任教，创作了《淮河牧歌》《蒙古舞曲》《恬静的乡村》等作品。

1972年

国家发掘位于涪陵市小田溪的三座古墓。这三座长方形土坑木椁墓已残，棺椁及人骨架均朽，仅存少许漆棺木痕和残骸。这次发掘出土红陶、灰陶仅七件，铜器一百七十三件，包括生活、生产、用具及兵器等方面的器具，其中一些是四川首次发现的珍贵文物。

1973年1月

13日，经省革委政治部批准，四川省美术、摄影展览办公室成立。
《四川文艺》复刊，发表艾芜的小说《高高的山上》，但不久即被批判。

1973年6月

15日，四川省1973年高等学校招生工作领导小组成立，公布了当年新的招生办法。按《四川省高等学校1973年招生简章》规定，这次招生将对入学新生进行文化考核。但该年8月，因张铁生的"白卷"事件此项规定又被废除，工农兵学员继续以推荐的方式免试入学。

1973年7月

3日，四川新办恢复一批中等专业学校。新办攀枝花钢铁冶金工业学校、泸州天然气化工中等专业学校，批准恢复的是重庆市农业学校、成都市农业学校、内江市农业学校、四川省荣昌畜牧兽医学校、四川省南充蚕桑学校、四川省银行学校、成都第一机械工业学校、德阳机械制造学校、四川省财政学校、四川省银行学校、四川省计划统计学校、成都市财贸学校、万县地区商业学校等十五所中等专业学校。

1973年10月

1日，成都电视台开始试播彩色电视节目。

12日，由重庆市博物馆举办的长江上游水文考古展览开展。展览主要介绍了"文革"以来重庆市考古发掘及研究情况，其中包括对涪陵白鹤梁题刻的研究等。

1973年

四川省的川剧样板团"杜鹃山剧组"成立。1975年进京演出。

1974年2月

3日，蒙思明逝世。蒙思明（1908～1974），原名尔麟，又名弘毅，四川省盐亭县人，我国元史、蒙古学教育家。1944年春获美国哈佛大学远东语文系的奖学金，赴美求学，1949年夏获博士学位。新中国成立后回国，历任华西大学教授、哲史系主任，四川大学历史系教授等职。

1974年3月

3日，都江堰出土一尊东汉建宁元年雕刻的李冰石像。石像为灰色砂石大型圆雕，高2.9米，肩宽0.96米，前胸及两袖有题刻隶书文字："故蜀郡守李府君讳冰""建宁元年闰月戊申朔二十五日都水掾""尹龙长陈壹造三神石人□水万世焉"，为李冰创建都江堰提供了实物依据。

6日，重庆市博物馆及自贡市博物馆开始对自贡伍家坝的恐龙化石群进行系统发掘。伍家坝位于自贡市东约一千五百米处，这次发掘中比较完整的骨架有五具，其地质时代属于一亿三千五百万年前的晚侏罗纪。发掘出土的大型剑龙，全长约六米，被命名为"多棘沱江龙"，是公认的亚洲地区的第一具最完整的剑龙骨架标本。

1974年6月

2～9日，第三届省运会在成都、重庆两市举行，这是自1958年第二届省运会十六年后举行的全省综合性运动会。比赛有田径、游泳、体操、足球、篮球、排球、乒乓球、羽毛球八个大项。其中，田径、游泳、排球、羽毛球在成都举行；体操、足球、篮球、乒乓球在重庆举行。各市、地、州、省直机关、驻川部队、四川铁路系统共二十二个单位的二千五百余名运动员参加了决赛阶段的比赛。

1974年7月

四川清理了十座珙县麻塘僰人悬棺。麻塘僰人悬棺葬是宋至清时期墓葬群，在珙县洛表乡麻塘坝，分布于沿螃蟹溪两岸南北数千米的山崖上，距地表高者数十米，低者十余米。现存一百八十余具，多为依岩凿孔楥木置棺，少数利用天然石穴或凿石为穴置棺于内。棺为木质，形若长匣。发现随葬品多为麻、竹制品，还有明正德（1506～1551）、嘉靖（1522～1566）时期景德镇窑青花瓷器件。在悬棺岩壁上，还有不少红色彩绘壁画，内容有骑马、跳舞、杂技和各种动物、武器等，形象古朴生动。1988年麻塘僰人悬棺葬被公布为第三批全国重点文物保护单位。

克非的长篇小说《春潮急》出版。

1974年9月

截至本月，四川省少数民族地区各县都成立了广播站，有六百三十六个公社建了广播放大站。

在伊朗德黑兰举行的第七届亚洲运动会上，四川运动员宁小琳、朱华宇分别夺得体操、射击金牌各一枚。谢才明荣获男子三米板冠军。

1974年10月

考古工作者发掘了大邑县吴家墩子西汉土坑墓。出土各种器物近百件，另有五铢钱约二百枚。出土器具有马、鼎、釜、洗、钟、勺、灯、镜等二十件。出土的双耳陶罐，是"石棺葬文化"的代表性器物；扁圆腹圜底细绳纹陶罐，又具战国晚期巴蜀墓所出器物特征；陶仓、灶和井以及草纹铜镜等，则是西汉中期以后流行之物。其墓坑长度比例，亦具西汉中期墓葬的特点。

1974年

考古工作者挖掘整理了简阳市东溪园艺场元代墓葬。此墓是用红砂石板和石条砌成的单室墓，呈长方形，平顶，无墓门，由龛、棺台和排水沟组成。墓壁分为两层，前端用石条竖砌，石条之间和左右壁基用石条横砌。两壁基上，用石条竖砌，形成壁龛。棺台高出基底，用石板平铺。从残存的下肢骨和头骨看，为仰身直肢葬。此墓随葬品丰富，共有六百一十二件，瓷器最多，有五百二十五件，出土铜器十七种六十一件。此处还出土有石砚十七方和石方瓶、铁盒及宋代铁钱等。此墓结构简单而随葬品时代延续较长，且皆为实用器，加之种类丰富、多为精品，考古学者推断其墓主或为收藏家。

四川改建安澜索桥。安澜索桥是中国现存最古老的索桥，在都江堰市城西两千米的岷江上，古称珠浦桥，始建年代已无从考证。1964年，安澜桥为洪水所毁，重建时改为钢筋混凝土桥桩，扶栏仍用纤藤包缠。1974年，建外江水闸时，经国务院批准，将索桥下移一百米，改平房式桥头堡为大屋顶双层桥头堡，改单层金钢亭为藻井排檐的六角亭，并增建沙黑河亭，桥长二百六十一米。1982年安澜桥被公布为第二批全国重点文物保护单位。

1975年7月

19日，省革委在1975年高等学校招生工作会议上，决定招收"社来社去"学生。"社来社去"制度是创办于1970年的朝阳农学院创造的教育制度，其内容是从贫下中农中选拔学生，到学校学几年，毕业后再回到社队里去。1974年12月，国务院教科组、农业部召开学习辽宁朝阳农学院的现场会，此后，全国掀起了宣传、学习朝阳经验的浪潮。这一年，全省十三所学校的二十七个专业共招收"社来社去"学生一千一百九十人。其中两所农业院校全部实行"社来社去"，九所医学、师范院校部分"社来社去"，工科院校和综合大学在个别专业实行"社来社去"制度。

平武的背篼剧团来蓉汇报演出。

1975年8月

17日，李培甫逝世。李培甫（1885～1975），著名的文字、声韵学家，四川省垫江县人。早年接受新思想，进入成都高等学堂接受现代教育。同盟会四川支部成立后，他与同学率先入会。后进入早稻田大学学习，并面谒中山先生，参加反清斗争。他全力投身治学和教育事业，先后担任华阳中学、四川法政专门学校、四川外国语专门学校、成属联合中学等校教员，后来又做了成都高等师范学校、成都大学、四川大学、华西协合大学、成华大学等校教授，四川大学中文系主任，讲授声韵、文字等专门课程，旁及古典文学及史传作品，1962年任四川省文史研究馆馆员。

1975年11月

著名画家李斛逝世。李斛（1919～1975），号柏风，四川大竹人。1942年入中央大学艺术系，师从徐悲鸿、黄显之、吕斯百、傅抱石、谢稚柳等。他坚持用中国画的笔墨进行西洋画法的写生，在中国画技法上有着开创性成就。擅长"夜景"山水画，代表作有《长江大桥》《三峡夜航》、肖像画《关汉卿》《齐白石》等。

1975年

汶川县卧龙公社被国务院划为四川省珍贵动物保护区。卧龙公社位于汶川县中部正河流域，有以大熊猫为代表的珍稀哺乳动物六十多种。

1976年4月

9日，刘承钊逝世。刘承钊（1900～1976），原名承诏，字令擎。1927年毕业于燕京大学生物学系，获学士学位，1929年又获理学硕士学位。1934年获美国康奈尔大学哲学博士学位。长期执教于华西协合大学生物系，主持两栖爬行类动物的研究。新中国成立后，任四川医学院院长、中国科学院学部委员、四川省科学技术协会主席。

1976年5月

9日，省工交、国防、基建、教育、财贸、工会等系统的四百一十七名代表在川中石油矿区开会，总结、交流贯彻毛泽东关于上海机床厂培养工和技术人员的指示和全省开办"七二一"工人大学经验。至本月，全省已办工人大学二百八十所，学员一万一千二百人。

1976年7月

陈子庄逝世。陈子庄（1913~1976），原名福贵，别号兰园、下里巴人、石壶等，永川人。自幼随父研习画艺，曾得齐白石、黄宾虹指教，受石涛、八大山人作品启迪，其山水花鸟取材于平凡小景，独具风格，提出"因景生意，因意立法"及"意度"的主张。新中国成立后定居成都，1956年起任四川省政协委员。

1976年8月

16日，松潘—平武间发生7.2级地震；22日，发生6.7级地震；23日，松潘田家湾又发生了7.2级地震。这三次大地震的叠加震区在松潘的龙潭堡至丰岩堡一带，面积约三十万平方千米。毁坏耕地约八百万亩，损失粮食八千五百余吨，倒房五千余间，毁坏桥梁三十多处、涵洞二百多座。大震后余震十分频繁，据8月16日至9月30日统计，共发生二级以上地震达四千二百九十八次。

1976年9月

8日，吴棹仙逝世。吴棹仙（1892~1976），四川巴县人。1915年毕业于重庆存仁医学校，之后创办了巴县国医学校、重庆中医院等。1956年调成都中医学院，曾任医经、针灸教研室主任，省政协委员及人大代表等职。1955年以"特邀代表"参加全国政协会议，向毛主席献《子午流注环周图》。著有《子午流注说难》《灵枢经浅注》等作品。

1976年10月

21~22日，成、渝两地有百余万人自发上街游行，庆祝粉碎"四人帮"的伟大胜利。23日，四川省、成都部队、成都市召开了有八十万人参加的庆祝大会。省、市、解放军主要领导人以及在成都的中共中央委员、候补中央委员、各县群众代表出席了大会。到26日，省内各地党、政、军领导机关和全省广大群众、干部先后举行了盛大的集会和游行。

1976年

三线建设的主要工程基本结束。从1964年到1976年的12年间，中央和地方投入三线建设的资金达335.05亿元。其中，由中央直接投入的即达202.15亿元。

1977年3月

7日，考古学家、民族学家冯汉骥逝世。冯汉骥（1899~1977），字伯良，湖北宜昌人。20世纪30年代初冯汉骥赴美国哈佛及宾夕法尼亚大学攻读人类学，1936年获人类学哲学博士学位，次年回国。抗战期间受聘于四川大学历史系，新中国成立以后，任四川大学历史系考古教研室主任兼四川省博物馆馆长，多次主持西南地区的重要考古发掘和民族考察。主要著作有《王建陵墓的发现和发掘》《四川古代的船棺葬》，重译摩尔根的《古代社会》等。

1977年4月

四川省话剧团和成都市话剧团分别公演话剧《十月的风云》（根据雁翼同名电影剧本改编）和《战斗的篇章》。10月1日，峨眉电影制片厂摄制的故事片《十月的风云》在全省和全国各地上映。这是粉碎"四人帮"后，形象地反映党和人民与"四人帮"进行斗争的第一部故事片，受到了好评。

四川省乒乓球运动员杨莹与朝鲜民主主义人民共和国选手朴英玉合作，夺得在英国伯明翰举行的第三十四届世界乒乓球锦标赛女子双打冠军。这是四川乒乓球运动员首次荣获世界冠军。

1977年5月

23日，四川省在成都举办了粉碎"四人帮"以后的一次大型美术展览——纪念毛泽东同志《在延安文艺座谈会上的讲话》发表三十五周年四川省美术作品展览。这次展览展出了自1942年《讲话》发表以来四川部分优秀美术作品，分国画、油画、版画、雕塑等十三个种类，共三百八十六件。

23日~7月23日，由四川美展办公室发起的云、贵、川、藏少数民族美术作品展览在省展览馆展出，展出作品二百七十三件。

《四川音乐》复刊。

1977年8月

3日，中共四川省委召开有二百万人参加的广播动员大会，传达中共中央关于科学工作的重要指示，动员广大干部、职工向科技现代化进军。要求各科研部门围绕省委提出的1980年建成地方支农工业体系，基本实现农业机械化的目标，有计划有重点地开展科研工作。

1977年10月

29日，中共四川省委作出《关于贯彻执行中共中央〈关于办好各级党校决定〉的决定》，决定恢复中共四川省委党校。

1977年11月

24日，中共四川省委发出关于工宣队撤出学校的通知，并规定这项工作要争取在本年12月份内完成。工宣队是在"文革"期间，以工人革命宣传队伍的形式进入各大、中、小学校的，进校后，实际掌握了学校的最高权力。

四川省文艺创作会议在成都召开。会上，就川剧的恢复和发展问题进行了充分的讨论和研究。之后，各地被解散的川剧团先后恢复起来。

1977年

年底，按照国家的统一部署，全省高等院校恢复统一考试招收新生。10月，国务院发出通知，决定高等学校招生的原则为：面向应届毕业生和各界适龄青年，自愿报名，统一考试，择优录取。被废止的高考制度重新恢复，大学校门重新向求学之人敞开，当年全国约有五百七十万人报考，二十七万三千人被录取。高校贯彻德、智、体全面考核、择优录取的原则，使招生工作广开才路，保证了新生的质量，调动了广大青年学习科学文化的积极性，社会风气也为之大变，同时带动了中小学努力提高教学质量。

四川省科委组织省中草药资源普查协作组，开展全省中草药资源普查，至1980年结束。基本上摸清了四川中草药的种类、分布规律，发现了一些有经济价值和学术意义的中草药，收集了大量的民间秘方、单方，编写了《四川中草药名录》（初稿），提出了开发、利用、保护和发展四川省中草药资源的初步建议。

1978年1月

31日～2月2日，国务院副总理邓小平在成都观看川剧演出。随后开放了一批优秀传统剧目，即《拦马》《迎贤店》《拷红》《五台会兄》《拨火棍》

《别洞观景》《点将责夫》《柜中缘》《水漫金山》等。

1978年2月

17日，国务院转发教育部《关于恢复和办好全国重点高等学校的报告》，恢复"文革"前六十所全国重点高等学校，并增加二十八所高校为重点大学。四川大学、重庆大学、成都电讯工程学院、重庆建筑工程学院、四川矿业学院、西南交通大学、四川医学院和西南政法学院等八所院校，为四川第一批恢复和办好的重点院校。

20～24日，成渝两地文艺工作者举行座谈会，会上宣布成立省文联筹备组和各协会筹备小组，恢复文联和各协会的活动。参加座谈会的有文学、戏剧、电影、美术、音乐、舞蹈、曲艺、杂技、摄影工作者一百三十余人。

重庆市九所大专院校近五千名新生入学，成为粉碎"四人帮"后招收的第一届新生。

1978年3月

10日，中国科学院成都分院成立。

29日，四川省社会科学研究院成立。1983年4月14日，四川省社会科学研究院更名为四川省社会科学院。

四川省川剧学校恢复，原四川省戏曲研究所也同时恢复，并更名为四川省川剧艺术研究所。

1978年4月

10日，省委决定改变一些单位的领导体制和机构名，取消"文革"中产生的革命委员会、革命领导小组，县和县以上各级国家机关、人民团体凡是还没有建立党组的，应将原来设立的党委、核心小组改为党组。

1978年5月

恢复和改动了几个省市文艺团体名称：四川省话剧团恢复为四川人民艺术剧院，四川省川剧团恢复为四川人民川剧院，四川省曲艺队恢复为四川省曲艺团，成都市川剧团恢复为成都市川剧院。

省委组织部、省科委根据省委指示精神制发《关于组织用非所学科学技术人员归队的通知》，集中对相关科技人员进行工作调整。

1978年6月

12日，著名的文学家和史学家郭沫若逝世。郭沫若（1892～1978），原名郭开贞，字鼎堂，号尚武，四川乐山人，毕业于四川高等学堂分设中学，1914年赴日本留学，入九州帝国大学学习医学。五四时期开始创作新诗。1921年出版首部诗集《女神》，与郁达夫等组织创造社。1924年开始系统学习马克思主义理论，倡导文学革命。1927年投笔从戎，任北伐军政治部副主任。曾写出《请看今日之蒋介石》，产生重大影响。同年参加南昌起义，并加入中国共产党。1928年起流亡日本十年，从事甲骨文、金文和中国古代史的研究。第一个将马克思主义的观点、方法引入中国历史研究领域，出版《中国古代社会研究》《甲骨文字研究》等十一种著作。抗战爆发后，秘密回国，创办《救亡日报》。1938年12月到重庆，担任国民政府军事委员会第三厅厅长，领导陪都文化界进行抗日宣传。"皖南事变"后，他创作了《屈原》《棠棣之花》等历史剧。中华人民共和国成立之后，历任中央人民政府委员、政务院副总理兼文教委员会主任、中国科学院院长、中国文联主席等职。

四川按照中共中央统战部《关于爱国民主党派问题的请示报告》的要求，开始帮助民主党派、工商联恢复组织机构，重建各级领导班子。此后各民主党派及工商联陆续恢复了组织。到1984年，除台湾民主自治同盟外，全国的民主党派在四川都重建了省级组织。

省文化局公布第二批开放剧目，其中有现代戏《宜宾白毛女》《红岩》《急浪丹心》《龙泉洞》等十三个，传统剧《柳荫记》《御河桥》《焚香记》《芙奴传》《谭记儿》《乔老爷奇遇》等三十一个。在开放传统剧目的同时，峨眉电影制片厂拍摄了陈书舫、袁玉堃合演的《送行》以及周企何主演的《迎贤店》、许倩云和唐云峰合演的《柜中缘》等三出戏，定名为《川梅吐艳》，向全国放映。

1978年7月

1日，经国务院批准，撤销甘孜藏族自治州乾宁、邓柯、义敦三县建制。

20日，四川省科学大会召开。大会奖励了重大科研成果一千九百六十一项，表彰了先进集体和先进科学工作者，讨论了四川省科学技术八年（1978～1985）

规划。会后，省科协和近四十个自然科学学会陆续恢复或建立。

1978年8月

四川开展真理标准问题大讨论。8月开始，社科界先后召开了三次全省性的理论讨论会，随后，实践是检验真理的唯一标准问题在四川省干部、群众中被广泛讨论。各地组织了各种形式的学习班，结合本地实际进行学习，至1979年底，参加学习的总共约一百万人次。

1978年10月

3～12日，中共四川省委召开民族地区工作会议，着重讨论如何发挥民族地区的优势，加快民族地区的建设，特别是畜牧业、林业的建设问题。会议提出制定畜牧业发展的八年规划，还讨论了发展民族地区的"五小"工业有关的问题。

1978年11月

四川省文艺调演大会举行。参加调演的节目分两批，第一批为话剧、川剧、京剧，第二批为歌剧、音乐舞蹈、曲艺。经过四十二天四轮演出，推选出舞蹈《观灯》《为了永远的纪念》《喜雨》《新华报童》等节目参加全国演出。这是粉碎"四人帮"后全省第一次综合性的文艺调演。

1978年

国务院批准成立唐家河自然保护区。唐家河自然保护区位于青川县境内，面积四百平方千米。区内有高等动物三百一十种，国家重点保护动物有大熊猫、牛羚、绿尾虹雉等二十五种；高等植物一百八十科、九百属、三千一百种；国家重点保护珍稀植物有珙桐、水青树等近二十种。该区是以保护大熊猫、牛羚等珍稀野生动、植物及自然生态系统为主的国家级森林和野生动物自然保护区。

国务院批准九寨沟为自然风景保护区。1979年，又成立四川南坪九寨沟自然保护管理所（1983年改设管理处），负责景区保护和禁伐监管工作。1982年，国务院公布九寨沟黄龙寺风景区为国家第一批重点风景名胜区。

孔祥明在与日本女子冠军的三番棋较量中获胜，被誉为女子围棋世界的第一高手。孔祥明，四川成都人，自幼随父学棋，并得到诸家前辈棋手的指教、同辈男棋手的锤炼，形成了刚劲锐利、筹谋精深的棋风，获1978、1979、1984年全国女子冠军。

卧龙自然保护区管理局与南充师院合作，建立起世界上第一座大熊猫生态观察站——"五一棚"观察站及英雄沟大熊猫饲养场。

1979年1月

经国务院批准，同意四川省增设和恢复十二所普通高等院校：重庆交通学院、四川畜牧兽医学院、绵阳农业专科学校、西昌农业专科学校、内江师范专科学校、万县师范专科学校、西昌师范专科学校、达县师范专科学校、宜宾师范专科学校、绵阳师范专科学校、江津师范专科学校、阿坝师范专科学校。

宝光寺开放。宝光寺是1979年落实宗教政策之后四川汉族地区第一座开放的寺庙，也是第一座交由僧人自行管理的寺庙和首先实现"自养"的寺庙。

王建墓正式对外宾开放参观。位于成都老西门外三洞桥（现青羊区抚琴大街）的王建墓，是五代前蜀（891~925）皇帝王建的墓园，史称"永陵"。1961年国务院公布为第一批全国重点文物保护单位。

青川县出土战国时期的墓葬群。墓葬群分布面积三千三百平方米；为土坑竖穴、木棺、无墓道；随葬物品有器物四百多件，主要是生活用物，漆器一百八十二件，陶器一百二十四件，铜器五十八件，竹木器五十件。最为珍贵的是二方木牍，其中一方所载《为田律》尤为罕见。

1979年2月

6日，四川广播电视大学开学，校址在成都市一环路西三段。下辖二十四所市、地、州和系统电大分校，一百三十个县（市、区）、企业工作站，三千多个大、中专教学班教学点，附设四川广播电视学校。

16~22日，四川省计划委员会、省物价委员会和省社会科学院在成都举行关于价值规律的理论讨论会。会议提出要高度重视价值规律的作用，把计划经济同市场经济结合起来。这是四川省第一次价值规律讨论会，会议突破了生产资料不是商品、社会主义经济中不存在竞争等传统观念，提出了计划调节与市场调节相结合等新观点。

1979年3月

18日~4月1日，四川省第四届运动会在成都市举行。各市、地、州和省直机关、解放军驻川部队、四川铁路系统共二十二个单位的五千多名运动员参加了预、决赛阶段的比赛。在成都参加决赛的运动员、教练员和大会工作人员共计三千二百四十七人。这是粉碎"四人帮"，"文革"结束之后，四川召开的第一次省运会。

1979年6月

25日，宁江机床厂在《人民日报》刊登推销产品广告。这是全国第一家利用广告的方式推销自己产品的企业。

1979年7月

21日，常隆庆逝世。常隆庆（1904~1979），字兆宁，江安人。1924年北京大学预科毕业后，入北京大学地质系，1930年毕业。1934年到1942年间，先后八次入攀西地区进行地质调查，写出了《四川省雷、马、峨、屏调查记》《宁属七县地质矿产》等著作，第一次向世人揭示攀西地区丰富的矿藏资源及开发前景。

1979年9月

19日，四川省建立南川县金佛山自然保护区。保护区面积十万亩，后又扩至二十五万亩。金佛山自然保护区划定金佛、柏枝、箐坝三山一千四百米以上地区为保护区范围，内有小熊猫、猴子、银杉、珙桐等珍稀动、植物。

第四届全国运动会在北京举行。四川省代表团获女子排球等六个单项的冠军，其中游泳女将"小辣椒"俞平独得三项女子自由泳冠军，并七次打破四项全国纪录。

1979年10月

1日，四川广播电台举办彝语广播。

西陵峡朝天嘴遗址考古，发现了目前长江中游地区最早的原始文化遗存，发掘的文物说明至少在七千年前，长江中游地区的人们就开始了定居生活。中堡岛遗址发现,是三峡地区已知的面积最大、保存最好、文化内涵最为丰富的文化遗存,遗址各时代地层叠压关系十分清楚,被誉为长江中游地区的一部"通史"。

1979年12月

15日,经中央批准,恢复成立四川省人民政府。从1980年1月1日起,启用"四川省人民政府"新印章,"四川省革命委员会"印章同时停止使用。

四川省委、省革委在"十四条"的基础上,又制定了《关于进一步搞好地方工业扩大自主权试点工作的通知》(简称"十二条")。

1980年1月

《戏剧与电影》创刊发行。

四川省人民政府发出文件,在全省科研单位普遍试行扩大自主权的改革。改革的主要内容有:允许科研单位通过承接外单位科技项目,开展技术服务来组织经济收入;其他收入用于适合本单位的发展基金、基层集体福利和奖励基金;加强经济核算,建立岗位责任制和其他必要的管理制度。

经国务院批准,并经联合国教科文组织"人与生物圈"计划执行局通过,卧龙自然保护区加入世界生物圈保护区网。

1980年3月

省考古队发现并清理了新都马家场战国木椁墓。此墓为大型土坑木椁墓,正西向,有一平面梯形的斜道。墓坑长10.45米、宽9.2米,木椁长8.3米、宽6.76米,全由楠木做成。内置一独木棺,已被盗墓者砍成三段。棺的内底和外壁髹黑漆,内壁髹朱漆,外壁脚端处有金沙残痕,这是四川已发现先秦时期木质葬具中最华丽的一具。就此墓规模和葬制,结合文献研究,推测其墓主很可能是开明九世至十一世中的某一位蜀王,其时代当在战国中期。

《川剧艺术》创刊。

1980年4月

9日,四川中国女子国际象棋选手刘适兰获法国国际象棋赛第三名。

26日,郭沫若旧居正式对外开放。郭沫若旧居位于乐山沙湾镇正街中段,此处原是郭沫若之父郭朝沛经营"郭鸣兴达号"商号旧址,因郭沫若祖母寿高百岁,五世同堂,清光绪年间曾钦赐匾额褒其门曰"贞寿",故此处又有"贞寿之门"之称。

为加强对四川珍稀动植物的保护,省人民政府决定新建八个自然保护区,使全省自然保护区增加到十五个,管理面积由原来的十万公顷增加为五十一万公顷,占全省面积的0.9%。这十五个自然保护区分别为:以保护大熊猫及其自然生态系统为主的汶川县卧龙、宝兴县蜂桶寨、南坪县九寨沟、平武县王朗、青川县唐家河、北川县小寨子、松潘县黄龙寺、马边县、美姑县大风顶;以保护金丝猴及其自然生态系统为主的南坪县白家河;以保护扭角羚及其自然生态系统为主的天全县喇叭河;以保护四川梅花鹿及其自然生态系统为主的若尔盖铁布;以保护亚热带植被为主的重庆市缙云山;以保护银杉及其自然生态系统为主的南川县金佛山;以保护成片原生苏铁及其自然生态系统为主的攀枝花苏铁自然保护区。

1980年5月

四川省外国文学学会成立。

1980年6月

5日,成都画院成立。

12~25日,四川省第二次文艺工作者代表大会在成都举行。大会制定了新的文联章程,选举出了新的领导机构。文代会期间,作协四川分会及省剧协、音协、美协、舞协、民间文艺研究会也举行了第二次会员代表大会,选举产生了新的领导机构,同时新成立了中国电影家协会四川分会、曲艺家协会四川分会、摄影家协会四川分会。此后,中国书法家协会四川分会于1982年10月成立;中国电视艺术家协会四川分会于1987年4月成立。

1980年7月

德格印经院被列为四川省重点文物保护单位。该院建于1729年,收藏藏文大藏经、佛教各派经典和各类藏文典籍,被列为涉藏地区三大印经院之首。印经院工序管理严格,用料、制作考究,刻工高超、印刷精良。到清光绪年间,收藏书版达三十万块。从1979年起,印经院对磨损朽蚀印版进行修复,对流失的印版进行补刻。

彝海结盟纪念碑落成。1935年，中国工农红军长征经过凉山地区时，红军总参谋长刘伯承同彝族首领果基小叶丹在彝海湖北岸小山梁上以湖水当酒，"血酒结盟"，使红军顺利通过该地，被传为历史佳话。

文君井被省政府列为重点文物保护单位。文君井位于邛崃县城里仁街，为西汉著名文学家司马相如与卓文君开设"临邛酒肆"的遗迹。

三苏祠被省政府列为重点文物保护单位。三苏祠是北宋文学家苏洵、苏轼、苏辙故居，明洪武元年（1368）改宅为祠。祠内陈列展出有"三苏"著作的历代版本和苏轼的书法、绘画、拓本，以及"三苏"父子塑像。碑亭内有古碑数十通，包括苏轼亲笔书《马券碑》《乳母碑》《柳州碑》等。同年8月，全国苏轼研究学会在三苏祠成立，并召开了第一届学术研讨会。

1980年8月

《彝文规范方案》经国务院批准，开始在凉山彝族自治州推行。这个方案是从1974年开始，经有关部门和语文专家共同努力，在对原有彝文反复比较、整理和规范后制定，作为彝族的正式文字使用的。《彝文规范方案》后获得四川省哲学社会科学优秀成果一等奖。

1980年9月

9～10月，四川省文化局与文化部文学艺术研究院联合在成都为川剧名老艺人的代表剧目和表演艺术录像，参加录制的名老艺人有阳友鹤、梅春林、韩成之、陈全波、彭海清、戴雪如等，录制的剧目有《刁窗》《东窗修本》《水牢摸印》《秋江》《打红台》等折戏五十个。

1980年10月

10日，四川省文化局在成都举办首届戏曲编剧和导演进修班。此后，又连续举办四届戏曲编剧进修班、三届戏剧导演进修班。

四川音乐学院学生刘忆凡在国际第十届肖邦钢琴比赛中获诙谐曲独奏特别奖。

四川青年美术作品展览在省展览馆举行，五百零一件作品参展。此展选送参加第二届全国青年美展的作品中，罗中立的油画《父亲》获一等奖，周春芽等五人的作品获二等奖。

1980年11月

胡坤在芬兰举行的第四届西贝柳斯国际小提琴比赛中获第五名。

1980年12月

作协四川分会民族文学委员会成立。

1980年

三星堆遗址正式大规模发掘。三星堆古蜀文化遗址是现已发现的最大蜀文化古遗址，位于广汉市南兴镇三星村、真武村、回龙村和三星乡的仁胜村一带。1929年发现，1934年试掘。经过充分准备，1980年起正式大规模发掘。

1981年1月

1日，由成都市歌舞剧团排演的舞剧《花仙——卓瓦桑姆》在成都首演。《花仙——卓瓦桑姆》是根据同名藏戏剧目改编的，编导重华、吴显德、杨家政、刘世英、吴燕、范增妮，作曲郭身，主演张平、索郎斯丹增。剧中大量采用藏族传统民间舞蹈以及藏戏的伴唱和朗诵形式，具有浓郁的藏族特色。1982年获四川省优秀文艺舞蹈作品一等奖，1994年获中华民族20世纪经典作品提名奖。

15日，在第二届全国青年美展评选中，四川美术学院罗中立的油画《父亲》，以全票通过获得一等奖，成为新时期具有代表性的美术作品。画家在艺术上运用了超级现实主义的某些手法。

1981年4月

成都杜甫研究会首届年会在成都杜甫草堂举行。

1981年5月

10日，日本"北海道山岳联盟中日友好贡嘎山登山队"第一突击队在向七千五百五十六米的顶峰做最后百米突击时，被暴风雪袭击，八名队员全部遇难。

1981年6月

22日，成都市与法国蒙彼利埃市在蒙彼利埃市政大厅举行缔结友好城市仪式。这是中法两国间建立的第一对友好城市。

1981年8月

20日，四川省优秀文艺作品授奖大会在成都举行。获奖的各类作品共五百六十二件，其中文学作品九十五件，包括周克勤的长篇小说《许茂和他的女儿们》，音乐作品九十一件，美术作品八十四件，戏剧作品五十一件，舞蹈作品四十三件，电影电视作品三十六件，曲艺作品四十七件，民族民间文艺作品三十九件，摄影作品七十六件。

1981年10月

1日，重庆电视台正式播出节目。该台自办节目两套，每天播出各类节目十八小时以上。

15~19日，首届"蓉城之秋"音乐会在成都举行。共演出十二台节目、三十次专场音乐会，演出新作品四百三十二首，盛况空前。

21日，乐山市与日本市川市结为友好城市。

23日，中共四川省委同意四川省社会科学院党组《关于编纂四川省地方志实施方案的请示》，决定成立四川省地方志编纂委员会，负责全省地方志编修工作。1983年7月15日，省政府转发《全省地方志编纂工作会议纪要》，四川省地方志工作自此全面恢复。

川剧《四姑娘》赴京参加全国戏曲现代戏会演，获演出一等奖。

1981年12月

4日，重庆杂技团代表中国参加摩纳哥第八届世界马戏杂技节，在参加的二十三个国家中，重庆杂技团的《坛技》获得了"瑞士杂技俱乐部奖"。

8~12日，四川省哲学社会科学学会联合会第一次代表大会在成都举行。会议讨论通过了省社科联章程，民主选举产生了省社科联第一届理事会。

1981年

中共四川省委和省人民政府根据1980年12月中共中央、国务院《关于普及小学教育若干问题的决定》提出的全国除少数山高林深、人口特别稀少的地区外，在20世纪80年代基本普及小学教育的要求，作了部署并立即组织实施。省委、省政府从四川各地自然条件、经济和文化教育基础差异很大的实际情况出发，将全省划分为三类地区，确定不同的普及标准，提出了分步实现普及的时间：占全省人口十分之七的约一百二十个内地县（市、区），力争到1987年基本普及；有条件的盆周山区和少数民族地区的五十多个县，在1990年或稍后一点时间基本普及；少数条件太差的高寒山区和少数民族聚居区的三十多个县，力争在20世纪末基本普及。

川东地区及重庆市发现二十二处约五千年前的新石器时代遗址，分布在长寿县、江北县、巴县、江北区、南岸区、江津县和涪陵县境内，采集到六百七十件石器和两千多块陶器碎片。这些发现为研究川东地区先巴（巴人入川以前的土著居民）文化提供了实物资料。

1982年1月

四川绵竹年画展应邀赴香港文联书店展出。

1982年2月

17日，李德才逝世。李德才（1903～1982），成都人。他在扬琴事业中不断摸索，形成了自己独特的唱腔和琴技，在成都扬琴界独树一帜，人称"德派"。曾任中国曲艺艺术家协会副主席、中国曲艺艺术家协会四川分会副主席。1958年参加全国曲艺会演获奖。他的扬琴被誉为成都曲艺界的"三绝"之一。

国务院公布乐山唐代大佛、灌县都江堰为全国第二批重点文物保护单位。

1982年3月

在重庆市江北区老城重庆织布厂扩建工地，发现元末农民起义军领袖、大夏国皇帝明玉珍墓，出土丝织品、袍服、金银器皿多件和记载了明玉珍生平事迹的"玄宫之碑"一座。这是全国第一座发掘的农民起义领袖的古墓，后被确定为市级重点文物加以保护。

1982年4月

2日，著名川籍作家、中国作家协会主席巴金，获1982年"但丁国际奖"。"但丁国际奖"是意大利学院为纪念意大利中世纪伟大诗人但丁而设立的荣誉奖，主要奖励在文学方面有突出成就和贡献的人，每年评选一次。巴金获奖，为中国文学在世界上赢得了声誉。

16日，重庆市运动员赵济和在济南举行的全国"无线操纵和无线电遥控模型"比赛中以每小时200.055千米的成绩，打破了无线操纵模型飞机圆周竞速飞行的世界纪录。

21日，峨眉电影制片厂拍摄的故事片《被爱情遗忘的角落》获文化部授予的1981年优秀故事片奖。影片根据同名小说改编，编剧为张弦，导演为张其、李亚林，主演为沈丹萍、贺小书、杨海莲、李国华、张世会。

22日，重庆发电厂子弟校学生施卫画的《花工爷爷的家》，获日本第一届国际儿童画展金奖。

26～28日，四川省书法家第一次代表大会在成都召开，选举产生了理事和常务理事会、主席、副主席。

1982年5月

刘玉洲和秦泽伦代表成都蜀锦厂，带着一架手工梭花楼织锦机，随"中国古代传统技术展览团"赴加拿大多伦多市进行手工织锦技术操作表演。这台织机是1979年成都蜀锦厂仿照清道光年间成都机房织锦机制造的，长六米、高五米、宽二米五。

川剧《四姑娘》《易胆大》《点状元》获文化部、中国剧协联合举办的1980～1981年全国戏曲优秀剧本奖。

1982年6月

22日，在郑州举行的三国跳伞友谊赛中，四川省飞机跳伞运动员张建中以5.6秒的成绩打破男子2000米个人特技的世界纪录。

1982年7月

23日，中共四川省委转发省文化局党组的报告，提出了"振兴川剧"的口号和"抢救、继承、改革、发展"的方针，成立了省委直接领导的川剧小组，制定了振兴规划，得到了文艺界的热烈响应。9月6日，四川省在成都召开川剧工作座谈会，与会者一百七十余人围绕如何落实振兴川剧的"八字方针"及川剧艺术发展规律等问题进行了讨论。1983年到1984年，成都先后两次举行川剧会演，推出几十台新剧目。与此同时，四川先后录制了六十六名老艺人的优秀保留剧目一百一十四出，出版了一部分老艺人的专著。

1982年8月

四川人民出版社组织创作的年画《敬爱的元帅》（九件）自本年出版发行到1985年底，累计发行达八千多万张，并获1984年全国第三届年画展览一等奖、全国第六届美展金质奖。

1982年10月

12～17日，四川省首届杂技艺术工作者代表大会在成都召开，正式成立了中国杂技艺术家协会四川分会。

17日，四川省与美国华盛顿州建立友好关系。同年11月9日，与美国密执安州建立友好关系。

23日，为纪念李白逝世一千二百二十周年，江油县李白纪念馆正式开放。

四川省女子国际象棋运动员刘适兰在苏联第比利斯市举行的国际象棋世界冠军候选人区际选拔赛中，获得"特级大师"称号。

四川省音协、省文化厅联合举办四川省民歌调演大会。

四川省舞台美术学会正式成立。

1982年11月

8日，国家公布的首批"国家重点风景名胜"中四川有六处，它们是：峨眉山风景名胜区，长江三峡风景名胜区，黄龙寺—九寨沟风景名胜区，重庆缙云山风景名胜区，青城山—都江堰风景名胜区，剑门关蜀道风景名胜区。

1982年12月

10日，重庆市与法国图卢兹市建立友好城市关系。

15日，周克芹创作的长篇小说《许茂和他的女儿们》获首届茅盾文学奖。

《许茂和他的女儿们》讲述了1975年冬天四川一个偏僻农村的老农许茂和他的女儿们的生活故事,通过许茂家庭的变故和他们的精神状态,揭示已经走上合作化道路的农民群众,在历史发展的曲折道路上新的遭遇和生活状态。作品生动地概括了20世纪70年代中国农村所出现的新的矛盾斗争和新的社会风情,具有浓郁的乡土气息和抒情风格。

《文心雕龙校注拾遗》出版。本书是继1958年《文心雕龙校注》出版之后,杨明照的又一力作。

1982年

四川电视台录制的电视剧《乱世擒魔》获全国优秀电视剧(飞天奖前身)二等奖。

1983年2月

2日,四川省人民政府批准开办四所宗教学院:四川藏语佛学院、四川尼众佛学院、天主教四川修道院和基督教四川神学院。学院的主要任务是培养各教年轻的宗教职业人员。

8日,中共中央、国务院批准四川省委、省人民政府《关于经济体制综合改革试点意见的报告》,确定重庆市在全国大城市中率先开始城市综合改革。

1983年3月

18日,经国务院批准,在"熊猫之乡"卧龙建立特别行政区——卧龙特区。这是我国一百零五个自然保护区中的第一个特区。

25日,全国第一届优秀新诗(诗集)评选揭晓,我省诗人流沙河的《流沙河诗选》、傅天琳的《绿色的音符》获优秀新诗集奖。

1983年4月

2日,张大千逝世。张大千(1899~1983),字季爰,号大千,别号大千居士、下里巴人,斋名大风堂,四川内江人,幼年即习绘画,有神童之称。曾于上海松江禅寺为僧,大千即其法号。还俗后画名渐高,曾为中央大学国画教授。1941年赴敦煌临摹壁画,1944年由四川省美术家协会主持,在成都祠堂街首办该临摹壁画展。1947年《张大千临摹敦煌壁画》（第一集）在上海彩印出版，张大千画作展在上海展出。自20世纪50年代起，其在亚、欧、美诸多国家举办个人画展，声名鹊起。其中，1958年在纽约举办的世界现代美术博览会上，其力作《秋海棠》夺得国际艺术协会金牌奖，其人被该协会公选为"当代伟大画家"。其代表作有《荷花》《庐山图》等。1978年举家定居台湾。晚年技法大有创新，其凭记忆创作《资中八景》《蜀江图》《长江万里图》等巨屏和长卷，以寄思乡之情。

28日，"长征三号"运载火箭在西昌卫星发射中心完成合练任务，西昌卫星发射中心正式投入使用。

西南民族学院在安宁河流域发现建昌矮马种群。建昌矮马成年公马平均体高116厘米，平均体重100千克；母马平均体高114厘米，平均体重205千克。这一品种全系18块胸椎、5块腰椎，经查国内尚无腰椎为5块的群体。建昌矮马是中国独立马种之一，品种稀有，以其体形矮小，擅爬山路，乘、驮、挽兼用著名。

国务院批准青羊宫为全国道教重点宫观，并拨专款10万元进行维修。1984年，成都市将2.66公顷土地划归青羊宫，并归还5座殿堂、八卦亭及道士住房，国务院宗教局还先后拨款修缮。

高敏在成都举行的全国跳水冠军赛上夺得跳板冠军。同年8月，在新西兰举行的第四届世界分龄跳水锦标赛上夺得3米跳板和1米跳板两项冠军。

1983年5月

8日，经教育部批准，在四川省饮食服务学校的基础上创建四川烹饪专科学校。

23日~6月12日，成都举行全省川剧调演大会。由15个代表队分两轮演出了32台、15个大中小型剧目。参加演出人员共861人，省内观摩人员564人，省外来宾有中央及22个省、市、自治区共633人。演出了《王熙凤》《芙蓉花仙》《巴山秀才》《绣襦记》等12台戏、15个剧目。大会还进行了广泛的艺术交流活动，著名戏曲专家郭汉城、郑亦秋、张真、黄俊耀、胡沙、刘吉典、阳友鹤等在会上作了专题讲座。

对十方堂窑址进行发掘。邛窑为四川青瓷系的代表，其中以邛崃县十方堂窑址的面积最大、窑点最多、遗存最丰、烧造时间延续最长。这次在十方堂发掘的四座窑炉为斜坡式龙窑，出土各类器物上万件。经研究认为，邛窑创烧于隋，盛于唐，衰于南宋晚期。1988年，国务院将十方堂窑遗址定为国家级文物保护单位。

1983年6月

14~18日，阿坝藏族自治州首次文艺工作者代表大会召开，阿坝州文联正式成立。

重庆市与美国西雅图市建立友好城市关系。

1983年8月

巴蜀书社成立，这是西南地区唯一的以整理出版中国古代文史典籍为主的专业出版社。

1983年9月

1日，藏学专家张怡荪病逝。张怡荪（1893~1983），蓬安人，历任北京大学、北京女子师范大学、清华大学、山东大学、四川大学教授。从1928年开始致力于西藏文化研究，1945年编写了国内第一本《西康省分县地图集》，汇编成《藏汉大辞典资料本》，为1949年以前资料最为丰富的稿本。受命主持编撰《藏汉大辞典》，其间历经沧桑磨难，"文化大革命"中被批为"大毒草"。1977年底，张怡荪上书邓小平、方毅，提出恢复《藏汉大辞典》编纂工作。1985年，《藏汉大辞典》由民族出版社正式出版发行。全书收词五万三千余条，以词语为主，兼收百科，是我国第一部供阅读藏文典籍、研究藏学课题以及解决实际问题使用的大型综合工具书。

20日~10月24日，四川省歌舞团携《巴蜀歌舞》赴巴黎参加联合国教科文组织举办的"中国文化日"演出活动；后又到民主德国、匈牙利演出，受到称誉。

29日，四川省科学技术顾问团成立。顾问团由中共四川省委、省人民政府聘请的五百四十一名科技人员和管理人员组成。省科技顾问团成立后，先后又有十七个市、地、州和七个县也成立了科技顾问团，共聘请科技顾问两千七百多人。

9~11月，四川省振兴川剧赴京汇报演出团在北京演出《巴山秀才》《禹门关》《丑公公》《绣襦记》《易胆大》等剧目，受到热烈欢迎。

作协四川分会设立文学院，聘请有创作才能和创作实绩的青年作者短期脱产进行文学创作。

灌县成立大熊猫救灾领导小组。1979年以来，灌县及邻县境内各高山区箭竹相继开花后成片死亡，国宝大熊猫生存出现严重危机。大熊猫救灾领导小组成立以后，立即开展救灾工作。

1983年10月

6～9日，四川省郭沫若研究学术座谈会在成都举行，四川省郭沫若研究学会成立。

文化部召开表彰大会，表彰自贡市川剧团"出人、出戏、走正路"，三年创作出《易胆大》《四姑娘》《巴山秀才》三台好戏，为振兴川剧做出了贡献。

1983年11月

夹江县政府将经张大千亲自参与改进工艺的夹江图画纸正式命名为"大千书画纸"。

黄济人的《将军决战岂止在战场》获首届中国人民解放军文艺奖。

1983年

原成都第四中学恢复"成都石室中学"名称。石室中学历史可上溯到西汉光武帝建武十年，汉献帝时辟为益州学馆，五代时置学宫。清代又建为锦江书院，是当时四川省立最高学府，后改为"成都府中学堂"。辛亥革命后先后改名"成都联合县中学""成属联立中学"等，1949年后更名"川西石室中学""成都第四中学"。

四川电视台录制的电视剧《小佳佳游园》获第四届"飞天奖"儿童剧奖。

在全国第八届版画展中四川有二十九件作品入选，阿鸽的《三月》和邹常毅的《春》获优秀作品奖。

1984年1月

8日，重庆市綦江县农民版画展览在北京中国美术馆正式展出。1985年8月17日～11月22日，綦江县农民版画赴美国旧金山展出，共展出作品一百一十二件。

11日，国务院批准成都市重新编制的城市总体规划。

全国第三届音乐作品（民乐曲）评奖揭晓，四川省大型民族器乐曲《蜀宫夜宴》（朱舟、俞抒、高为杰作曲）、《达勃河随想曲》（何训田作曲）获一等奖，《阿诗玛叙事诗》（易柯、易加义、张宝庆作曲）获二等奖。

四川省第一部羌族民间诗集《小姐妹与斗安珠》由四川民族出版社出版。

《文谭》改名为《当代文坛》出版发行，《四川文学》改名为《现代作家》出版发行。

1984年2月

20日，阳友鹤逝世。阳友鹤（1913～1984），艺名筱桐凤，四川彭州人。八岁入金兰科社学艺并登台演出，专工旦行。他戏路宽广，文武兼备，闺门、青衣、鬼狐、刀马、花旦、奴旦皆能，唱腔朴实刚健、流畅舒展、韵味醇厚，独树一帜。他善于学习、吸取前辈川剧艺人和各剧种的长处丰富自己，所演剧目力求有独创的特色，在剧本、唱腔、表演、舞蹈等方面时有改革创新。1952年与周企何合演《秋江》，参加第一届全国戏曲观摩演出大会，获演员一等奖。代表剧目还有《刁窗》《金山寺》《八宝公主》《打神》《貂蝉》《别宫出征》《铁笼山》《打神告庙》等。曾任成都市川剧院副院长、中国文学艺术界联合会委员、中国戏剧家协会理事、中国戏剧家协会四川分会名誉主席，著有《川剧旦角表演艺术》一书。

1984年3月

26日，宜宾成立阳翰笙戏剧著作研究会。

四川省川剧艺术研究所改建为四川省川剧艺术研究院。

省政府发布振兴中医事业的决定。提出"七五"期间，四川中医中药事业要有一个较大发展，使中医中药在医疗、教学、科研和中西医结合等方面协调发展，形成一个比较完整的体系，走上健康发展的道路。接着，各市、地、州相继成立了振兴中医领导小组，配备中医担任领导职务，设立专管中医工作的办事机构。1985年6月，四川获得了卫生部授予的"振兴中医事业的先声"奖旗。

首届成都书市举行。书市由省出版工作者协会、省新华书店、出版社等十八个单位主办。共租用省展览馆三个大厅，展出图书二万一千余种，接待读者七十万人次，销售各类图书七十七万元。

1984年4月

8日,西昌卫星发射中心用长征3号运载火箭把中国第一颗地球静止轨道试验通信卫星送到预定轨道。

川剧演员晓艇荣获首届"梅花奖"。

省人民政府根据中央提高专家退休费5%～15%的规定,具体规定了四川有重大贡献的专家的退休费比例:国家自然科学奖和发明奖中的特等奖、一等奖、二等奖获得者,获全国劳动模范、劳动英雄、先进工作者等荣誉称号并保持荣誉者,提高退休费15%;国家自然科学奖和发明奖的三等奖、四等奖获得者,省科技成果奖特等奖、一等奖、二等奖获得者,获省劳动模范、劳动英雄、先进工作者等荣誉称号并保持荣誉者,提高退休费10%;省科技成果三等、四等奖获得者,提高退休费5%;其他在生产、科研、文教、卫生、管理等方面的社会科学、自然科学高级专家,有突出成就者,经省主管部门确认并经省政府批准,可酌情提高退休费5%～15%。

1984年5月

"四川《格萨尔》工作领导小组"成立,扎西泽仁任组长。

文化部、国家民委、中国民研会联合发出编辑、出版中国民间文学三套集成的通知,四川省成立了三套集成编委会,李致为主编,郝超、孙自强、黎本初为副主编。

1984年6月

6日,四川省新都县川剧团整理演出的川剧传统戏《芙蓉花仙》在北京公演,得到观众好评,本年初已由中央新闻电影制片厂拍摄成川剧艺术片。

川剧《巴山秀才》(魏明伦编剧)获1982～1983年全国优秀剧本创作奖。

四川电影电视评论学会成立。

1984年7月

23日,凉山大学举行开学典礼。这所大学是经省人民政府同意,由重庆市民主同盟和凉山州联合筹办的。学校属于民办公助性质,但招收学生纳入国家统一招生计划。

27日，四川省写作协会成立。

31日，省人民政府发出《关于设置镇建制的试行意见》，决定改革集镇管理体制，实行"乡镇（或区、乡、镇）合并，撤乡（或区）建镇，以镇管村"的体制。同时，对农村财政体制也进行改革，普遍建立乡、镇一级财政。

李玲娟在第二十三届奥运会射箭比赛中，以个人全能2559环的佳绩，为中国队夺得一枚银牌，成为中国第一位获得奥运会射箭奖牌的运动员。本届奥运会上，川籍运动员李玲娟打破四项奥运会纪录，还以694环的好成绩创造了30米双轮奥运会新纪录。

西藏、云南、青海、甘肃、四川五省区藏族文学（汉文）评奖工作在成都举行，评出优秀作品四十一篇，其中四川省十二篇入选。

1984年8月

10～22日，文化部在兰州举行全国第一届杂技比赛，四川省万县杂技团的《柔术滚杯》获银牌奖，重庆、自贡杂技团各有一节目获鼓励奖。

28日，四川省书协主办的四川省第一届书法篆刻展在重庆市展出，有两百件作品参展。

四川省首届市、县广播文艺节目评比会在渡口市举行，各地选送节目五十二个，评选出《土家族的山歌》（黔江县）、《甜的旋律》（内江市）、《周末文艺晚会》（达县）、《雏鹰展翅》（南充市）等一等奖八个，二等奖十三个，单项奖（业余广播文工团创作、演唱、编排艺术、录音合成、男女播音）六个。入选的部分优秀节目汇编成《巴蜀新蕾》一书。

1984年9月

17日，四川省与日本广岛县建立友好关系。

18日，四川省首次哲学社会科学研究成果授奖大会在成都举行。这次评奖活动对1978年12月至1983年5月公开发表的全省社会科学优秀科研成果进行评奖。从申报的一千多项科研成果中，评选出哲学、经济学、科学社会主义、教育学、社会学、法学、历史学、语言文学等十多个大学科和分支学科中的优秀科研成果七百五十八项，并为优秀科研著作的作者颁奖。

22日～10月7日，第二届振兴川剧会演在成都举行，共推出十六台戏二十七个剧目。

23日，甘孜州首届文学艺术工作者代表大会在康定举行，甘孜州文联正式成立。

24日，四川省第五届运动会在重庆市开幕。各市、地、州及驻川部队、四川铁路系统共二十个单位的五千二百八十四名运动员参加了田径、球类、游泳、航空模型等共十八个项目的比赛。此次比赛有十六个队的一百一十六人二百一十一次打破一百零八项各年龄组的省纪录，重庆选手赵济和打破一项航空模型的世界纪录。运动会选拔出一百七十多名运动员组成参加全国青少年运动会的队伍。

"中国环流一号"建成并顺利启动，在运转中取得很有价值的科研数据，有的项目达到世界先进水平。

第六届全国美术作品展览在北京举行。四川入选作品获得金质奖两项：汪健伟的油画《亲爱的妈妈》和樊怀章等八人合作的年画《敬爱的元帅》，获银质奖五项，获铜质奖十三项。

1984年11月

1日，四川尼众佛学院在成都正式开学。这是中国第一所培养出家女众的中级佛学院。

四川省诗书画院成立，12日举办了首次书画展览。

三峡工程与生态环境研讨会在蓉举行。

1984年

四川在七所高等院校开始试行校（院）长负责制，进一步扩大试点学校在扩大招生、毕业生分配、教育、科研以及人事、经费等方面的自主权，使学校领导进一步把工作重心转移到教学、科研上来。

考古工作者开始发掘炉霍县卡莎湖古石棺葬墓群，发掘面积六千平方米，清理各型石棺墓二百七十五座。

1985年1月

16日，重庆市话剧团、歌舞团等八家文艺团体进行体制改革新尝试，剧团与工厂建立经济文化联合体，文化部为此发来贺电。

《四川音乐》更名为《音乐世界》；《现代作家》编辑部创办综合性文艺

杂志《人世间》。

1985年2月

四川省歌舞团更名为"四川省歌舞剧院"。

四川文艺出版社在成都成立。

1985年3月

15日，刘雪庵逝世。刘雪庵（1905～1985），笔名晏如、吴青、苏崖，四川铜梁人。早年在成都美术专科学校学过钢琴、小提琴，并学唱昆曲和作曲，1930年在上海国立音专跟萧友梅、黄自等学作曲，1936年毕业于该校。抗战开始，他立即参加抗日救亡运动，先后曾在苏州社教学院、苏南文教学院、江苏师范学院、华东师范大学、北京艺术师范学院、中国音乐学院任作曲系教授。学生时期写有歌曲《飘零的雪花》《采莲谣》等，20世纪30年代写了钢琴曲《中国组曲》。主要作品有《何日君再来》《松花江上》《长城谣》《思故乡》等。

中共中央颁布《关于科学技术体制改革的决定》，四川省开始全面展开科技体制改革工作，主要内容有：改革拨款制度，改变科技工作的运动机制；开拓技术市场，促进科技成果商品化；发展科技与生产的横向联合，强化企业的技术吸收和开发能力；促进科技人才合理流动，更好地发挥科技人员的作用；推行所长负责制，进一步扩大科研机构的自主权；改革农村科技体制，发展农村科技推广服务体系。

由四川省佛教协会建立的四川藏语佛学院在康定县塔公寺成立。

1985年4月

泸州市文联成立。

四川电视台录制的《小佳佳的一天》获第三届大众电视"金鹰奖"优秀儿童剧奖。

1985年5月

1日，《重庆晚报》创刊。

12日，杨必纯获第三十届国际护士最高奖——南丁格尔奖。杨必纯是泸州红十字医院副院长，1958年自愿到凉山彝族自治州金阳县工作，长期工作在抢救病人第一线，挽救了许多病员的生命，在加强医院护理工作管理及开展治疗护理、生活护理、计划护理、责任护理等方面做出了贡献。

22日，青城山道教协会在天师洞举办"祈祷世界和平大法会"，祈愿世界和平，祝祷国裕民安。

23日，第五届中国电影金鸡奖、第八届大众电影百花奖授奖大会在成都举行。峨眉电影制片厂拍摄的《红衣少女》获本届金鸡、百花奖最佳故事片两项大奖。

29日，"红军飞夺泸定桥纪念碑"动工兴建。泸定铁索桥坐落于泸定县城西的大渡河上，为川藏交通咽喉。纪念碑占地720平方米，碑体高30.25米，由主体、底座铜像和底部梯式平面组成。1986年10月落成。

1985年6月

14日～7月15日，由六十人组成的川剧艺术团随中国艺术代表团参加西柏林艺术节，并在联邦德国、荷兰、瑞士、意大利演出二十二场，受到热烈欢迎。

1985年7月

24日，首漂长江的尧茂书在通往德格途中，不幸于通迦峡罹难。

由张怡荪主编的《藏汉大辞典》出版，当年获1985年四川省哲学社会科学一等奖。

四川舞协与省文化厅联合举办"全省民族民间舞蹈汇演"，有八十五个节目参演，颁发了一百三十八项奖。

1985年8月

17日～11月22日，綦江县农民版画赴美国旧金山展出，参展作品一百一十二件。1986年3月10日，日本日中艺术研究会向綦江县赠授了金杯奖，向该县文化馆农民版画辅导员李毅力赠授了功劳奖。1986年4月25～31日，綦江县农民版画展览在日本东京展出。

四川省设立郭沫若文学奖。

1985年9月

10日，四川省在成都市隆重集会庆祝第一个教师节。

18日，四川漫画学会成立。

25~27日，四川省鲁迅研究学会成立大会在成都举行，会议通过了《四川省鲁迅研究学会章程》，选举了第一届理事会。

服役国家队的飞碟双向运动员刘玲在意大利举行的世界飞碟锦标赛上，与队友合作夺得飞碟双向团体冠军、个人亚军，成为四川第一个射击世界冠军获得者。

作协四川分会与四川省文联分开，单列建制，省作协创研室也于本月成立。

张鼎铭逝世。张鼎铭（1900~1985），字世勋，阆中县人，历任政协四川省委员会常务委员、中国数学学会四川分会副理事长、四川大学教授。1948年获理学博士学位，是英国剑桥大学纯数学获得博士学位的第一位中国人。后应聘为美国普林斯顿高等研究院研究员。1949年离美假道香港回国后，一直在四川大学任教。张鼎铭证明、推广了杜勒斯哥、希尔、塔玛干等著名数学家的定理，从而建立了组合乘积核的理论，受到国内国际数学界的高度评价。特别是他的《论线性积分迹类箕子奇值与特征值的分布》一文，被公认为奠定了箕子奇值与特征值关系的基础。

1985年10月

7日，以铁道部第二勘测设计院为主勘测设计的"在复杂地质、险峻山区修建成昆铁路新技术"，获国家科学进步特等奖。

13日，中国科学院古脊椎动物与古人类研究所黄万波率领的长江考察队，在巫山县大庙区龙坪村发现古人类下颌骨和臼齿化石，经测定其生活年代在两百万年以前，是我国迄今发现的最古老的人类化石。

16日，美国副总统乔治·布什偕夫人及美驻华临时代办何若伟和夫人、副总统办公室主任费雷德里克·凯杜里等一百二十三人，来成都访问。同日，美国驻成都总领事馆开馆。

22~31日，为纪念抗日战争和世界反法西斯战争胜利四十周年，由中国剧协、中国艺术研究院、中央戏剧学院、上海市剧协、剧协四川分会、重庆市文联、重庆市文化局联合发起，由重庆市文化局承办的"重庆雾季艺术节"在重庆隆重举行，抗战时期在重庆从事抗战戏剧运动的曹禺、陈白尘等四十多位戏剧界前辈参加。四川省人艺的《棠棣之死》，重庆市话剧团的《蜕变》《陪都新闻》等剧目参演。

30日～11月7日，由省民委、省文联、作协四川分会联合主持的"五省（云南、西藏、甘肃、青海、四川）藏族文学创作会议"举行，并对评选出的五省区一百零四位藏族作者的作品进行了奖励。

1985年11月

成都市川剧艺术研究所成立。

1985年12月

国家民委、中国作协联合举办第二届（1981～1984）全国少数民族文学创作评奖活动，四川彝族诗人吉狄马加的《自画像及其他》获一等奖；藏族作家意西泽仁的《依姆琼琼》、羌族作家谷应龙的《飘逝的花瓣》和彝族作家杨阿洛的彝文作品《根与花》获短篇小说二等奖。

1985年

四川省彝文学校建立。彝文学校受四川省民族事务委员会和凉山彝族自治州人民政府的双重领导，与凉山彝族自治州民族干部学校共同办学，实行两块牌子、一套班子。

在北京举行的首届全国体育美术展览会上，四川参展作品数与获奖作品数均居全国第一。其中，朱成的射箭雕塑《千钧一箭》获特等奖，作品被送到瑞士洛桑国际奥委会总部体育博物馆永久陈列。

1986年1月

6日，四川省1985年"十佳"运动员正式揭晓，当选的运动员是：梁艳（排球）、陈龙灿（乒乓球）、刘玲（射击）、金浦（游泳）、李仁凤（射箭）、郑厚强（棒球）、罗欣（田径）、郭平（网球）、严红（游泳）、巫丹（排球）。

9日，舞剧《鸣凤之死》赴日本琦玉县参加第三届国际舞蹈比赛并荣获大奖"皇冠金奖"。编导：刘世英、岳世果、柳万麟；作曲：舒泽池；舞美设计：肖德全（景）、包国良（灯光）、赵志珍（服装）；主要演员：张平（饰鸣凤）、王春林（饰觉慧）。

1986年2月

6日，自贡恐龙博物馆开馆试展。博物馆占地约二万五千平方米，主馆建筑面积为六千平方米。该馆为埋藏有恐龙遗址陈列的专业性博物馆，填补了我国博物馆事业的一个空白。

22日，四川省首届青少年运动会在成都开幕。这次运动会设田径、游泳、球类等十五个项目。前期各项比赛分别在成都、重庆、乐山、绵阳、泸州、内江、攀枝花举行，3月14日至23日，主赛场移到达县。本次运动会共刷新了二十五项省青少年纪录。

青年诗人李钢的诗集《白玫瑰》获中国作家协会第二届（1983～1984）全国优秀新诗（诗集）奖。

由成都军区政治部主办的《西南军事文学》创刊。

1986年3月

5日，戈壁舟逝世。戈壁舟（1915～1986），成都人。1936～1939年先后参加中共地下党的多个外围组织。1939年到延安，1941年考入鲁迅艺术文学院文学系，1945年到伊克昭盟中央民族学院任教，1947年到新华社前线分社作随军记者。历任《群众文艺》编辑、西北文联创作室主任、西安作家协会秘书长等职。1958年回川。一生创作大量诗歌，在学习民歌和古典诗词创作新诗方面做出了成绩。曾创作《别延安》《青松翠竹》《沙原牧女》《延安诗抄》等诗集、诗剧十多部。

1986年4月

1日，四川省"纵横祖国五万里"摄影综合考察队启程。考察队由十二名摄影工作者组成，经云南、四川、西藏、新疆、内蒙、河北，穿东北三省，绕沿海各省，从广西、贵州于1987年6月25日返回四川。通过实地考察，积累了大量具有较高审美价值和社科文献价值的图文资料。

10日，省人民政府发布《四川省"七五星火计划"要点的通知》。总目标是：为中小企业，特别是乡镇企业的发展和农村建设的需要提供技术指导和支持。"七五"期间，要开发十类适用于乡镇企业的成套技术装备并组织大批量生产推广；建立一百六十个"星火计划"示范点，包括四十个农、牧、渔业技术示范性生产基地和一百二十个技术示范性乡镇企业和中小企业；建立五十五个技术培训基地，培训二十万名能掌握一两项本地适用先进技术的农村知识青年和基层干部。根据资源优势和技术优势，四川决定名优酒等十二个方面的系列技术开发，以大巴山、攀西两个地区为重点技术开发区，共安排了两百个项目。

受国家体委委托，由国际奥委会赞助，成都市成功地举行了成都国际马拉松比赛，有一万八千多人参加，其中还有同成都结为友好城市的南斯拉夫卢布尔雅那市以及在蓉的日本、美国、联邦德国、加拿大等国的长跑爱好者。

1986年5月

15日，由《科学文艺》《萌芽》联合举办的"中国科幻小说'银河奖'"在成都召开颁奖大会，有二十三篇科幻小说获奖。

26日，我国第一个全国性林业系统文学协会"林业文学工作者协会"在成都成立，国家林业部、四川省政府授予我省已故专业作家、诗人傅仇"森林诗人"的光荣称号。

由魏明伦编剧、自贡市川剧团演出的荒诞川剧《潘金莲》在南京、上海、北京等市演出，获得很大反响。

四川省川剧艺术研究院、四川省川剧学校、中国音协四川分会等单位联合在成都召开"四川省首届川剧声乐艺术研讨会"。会议就戏曲（川剧）演员声带病变、嗓音保健、发声方法、演唱技巧等问题进行了探讨，会议期间还举办了川剧演唱艺术欣赏会。

国务院批准自贡市为全国首批机构改革试点城市。

1986年6月

内江市文联成立。

省文化厅、省曲协举办"四川省第一届曲艺评奖"活动，参赛节目共五十多个，有二十七个获奖。

1986年7月

29日，邓稼先逝世。邓稼先（1924~1986），安徽怀宁县人，1935年考入志成中学。1937年北平沦陷后，他曾秘密参加抗日聚会。1941年考入西南联合大学物理系。1948年至1950年，他在美国普渡大学留学，获得物理学博士学位，毕业当年毅然回国。1965年起任在四川绵阳成立的中国工程物理研究院院长，1972年后任中国核武器研究院副院长、院长。邓稼先是中国核武器研制与发展的主要组织者、领导者，始终在中国武器制造的第一线，领导了许多学者和技术人员，成功地设计了中国原子弹和氢弹，把中国国防自卫武器引领到了世界先进水平。他是九三学社社员、中国科学院院士、著名核物理学家、中国核武器研制工作的开拓者和奠基者，为中国核武器、原子武器的研发做出了重要贡献。1982年获国家自然科学奖一等奖，1985年获两项国家科技进步奖特等奖，1986年获"全国劳动模范"称号，1987年和1989年各获一项国家科技进步特等奖，1999年被追授"两弹一星功勋奖章"。由于他对中国核科学事业做出了伟大贡献，被称为"两弹元勋"。

7～8月，发掘清理三星堆商周祭祀一、二号坑。一号坑出土器物三百多件。其中，青铜器有人头像、跪坐人像、人面像、爬龙柱形器、龙、虎、龙虎尊、缶、盘、戈、瑗和器盖等；金器有杖、面罩、虎、叶和料块等；玉石器有戈、璋、瑗、琮、斧、锛、凿、锄、珮等；陶器有盏、尖底盖和器座。此外，还有象牙、海贝和三立方米左右的烧骨碎渣。8月，开始清理二号坑。二号坑出土四百多件器物和大量海贝。金器有面罩、金箔鱼形饰和叶形饰；青铜器有大型人像、头像、跪坐人像、人面具、兽耳人面具、兽面、罍、尊、彝、戈、瑗、三角形车饰、车轮形饰和神树，以及神树上的龙、凤、鸟和花、果等附件；玉器有戈、璋、璧、瑗、环、斧、锛、凿、珠和管。

1986年8月

16日，年仅十六岁的四川籍运动员高敏夺得第五届世界游泳锦标赛女子三米跳板冠军，成为第一位夺得该项世界冠军的中国运动员。1988年、1992年，两次获得奥运会三米跳板冠军。

21日，四川省举行的首届青运会射击比赛中，自贡选手邓蔚以384环的成绩破世界青年女子气枪40发383环的纪录。

23日，任白戈逝世。任白戈（1906～1986），南充县（今南充市嘉陵区）人，1926年入党。土地革命战争时期，在上海从事党的地下工作和左翼文化活动，1933年任左联秘书长。抗日战争时期，在延安从事抗日军政干部的教育训练工作。解放战争时期，担任人民解放军第一野战军第十八兵团政治部宣传部长。新中国成立后，历任中共重庆市委宣传部部长、西南军政委员会文教部副部长、西南文联主任、四川省副省长、中共重庆市委第一书记、西南局书记处书记、四川省政协主席、中顾委委员。著有文艺评论《关于国防文学的几个问题》《现阶段的文学问题》等，译著有《列宁辩证法》《黑格尔辩证法》《机械论批判》等。

1986年9月

15～23日，首届四川省青少年运动会在达县举行，二十个市（地、州）的四千零七十一名运动员参加了田径、游泳、体操、武术、举重、摔跤、射击、射箭、击剑、跳水、篮球、排球、足球、羽毛球、乒乓球等十五个项目的比赛。本届运动会取得了一人打破和追平一项女子世界青年纪录，四十七人次破二十五项省青少年纪录的好成绩。从1986年起，四川将原定四年一届的以市（地、州）为参赛单位的四川省运动会改为四川省青少年运动会。

28日～10月21日，成都市东城区民间曲艺演出队应邀赴巴黎参加法国艺术节演出，演出扬琴合奏《将军令》《踏伞》《打金枝》《活捉三郎》《都堂会》《三罪陈世美》等六个曲艺节目。

四川省川剧领导小组、四川省文化厅在成都举行四川省川剧青少年比赛演出，来自省内各地的青少年演员参加了二十二台、六十五场、一百个折子戏的演出，评出青年主角表演一等奖十九人、二等奖二十四人、三等奖三十一人，少年主角表演一等奖五人、二等奖五人、三等奖三十一人，还评出领腔、鼓师、琴师、配角、演出及组织奖若干。

1986年10月

1日，中国散文诗学会四川分会成立。

10～15日，全国第一届何其芳学术讨论会在四川万县举行，全国各地专家学者五十余人参加，会上设立了何其芳青年文学评论奖励基金会。

卫生部考核组来川验收，确认四川省已基本消灭了丝虫病。

"巫山人"化石出土。"巫山人"出土地位于巫山县城西大庙镇龙坪村境内海拔八百三十米的三峡高地上。这次发掘清理出的早期古人类化石计有：带第四前臼齿和第一臼齿的左下颌骨一段、乳门齿二枚、刚萌出恒齿一枚，经中国科学院地质研究所进行古地磁测定，其年代距今二百零四至二百零一万年。

1986年11月

20日，四川省公布一批省级风景名胜区，它们是自流井—恐龙风景名胜区（自贡市）、大足石刻风景名胜区（大足县）、螺髻山—邛海风景名胜区（西昌市）、通江诺水河风景名胜区（兴文县）、黑龙潭风景名胜区（仁寿县）、鋆华山风景名胜区（什邡县）、蒙顶山风景名胜区（名山县）、朝阳湖风景名胜区（蒲江县）共八处。

27日，重庆歌乐山烈士群雕落成，作者叶毓山。该雕塑在首届全国城市雕塑评比中获最佳作品奖。

30日～12月2日，在第十二届欧洲乒乓球国际公开赛上，四川乒乓球队夺得男单（萧代利）、女单（冯楚琴）、混双（萧代利、冯楚琴）三项冠军，萧代利、尹庆获男子双打亚军。

1986年12月

6～9日，《星星》诗刊举办"中国·星星诗歌节"。评选出了"我最喜欢的当代中青年诗人"，依得票多少为序，舒婷、北岛、傅天琳、杨牧、顾城、李钢、杨炼、叶延滨、江河、叶文福等十位诗人当选。

1986年

四川为贯彻实施全国人大颁布的《义务教育法》，省政府制定了《四川省普及九年制义务教育实施方案》（以下简称《实施方案》）。《实施方案》把全省划作四类地区，其中一、二、三类地区要求分别于1990年、1995年、2000年普及初中，四类地区首先普及初小，有条件的地方可争取在2000年左右基本普及小学教育，在条件稍好的少数乡镇普及初中。

四川电视台录制的《编剧的困惑》获第六届飞天奖优秀电视短剧奖；《小佳佳与熊猫》获第五届金鹰奖优秀儿童剧奖；《长江第一漂》获第五届大众电视金鹰奖优秀单本剧一等奖、第七届飞天奖特别奖。自贡市电视台录制的四幕电视连续剧《冠军从这里起飞》获第六届飞天奖。

四川赴北京参加"全国第二届舞蹈比赛"的作品共获十六项奖。摄影家田捷民的《主人》获全国第十三届摄影艺术展览金牌奖。

1987年1月

15日，自贡恐龙博物馆正式开放。这是亚洲最大的、陈列恐龙化石最多的恐龙博物馆。

1987年3月

成都龙泉驿区举办第一届桃花会。

1987年4月

23日，四川承建的中国援建肯尼亚国家体育场项目圆满完成，举行了移交仪式。

锦城艺术宫竣工。锦城艺术宫在成都市人民东路，1980年7月始建，是四川省建设规模最宏伟、最大的多功能省级艺术演出、展览场所。

1987年5月

13日，应日本文化财团、朝日新闻社和NHK电视台邀请，李致、严福昌率川剧团去日本作为期二十四天的友好访问演出，带去的剧目是《白蛇传》。川剧在东京共演出十八场，戏票在川剧团未到达前已抢购一空，观众数在三万人次以上。

5～6月，四川省川剧艺术研究院、四川省文化厅录像室、南充地区文化局在南充联合录制川北灯戏的音像资料，南部县老艺人杜兰楼等参加演出。

1987年6月

7～12日，由四川省青年摄影家协会等单位组成的四川妇女自行车摄影考察队，行程三千三百多千米，翻越了大巴山、秦岭，越过黄土高原和毛乌素沙漠，深入"川陕""陕北""晋绥""晋察冀"四个老革命根据地进行摄影考察。

24日，李劼人故居"菱窠"经整修后对外正式开放。李劼人故居在成都市外东下沙河堡，因屋侧有一块占地约五亩的菱角堰，故主人自题其住屋为"菱窠"。1985年5月，成都市人民政府公布李劼人故居为文物保护单位。

1987年7月

2日,省人大通过并颁布《四川省计划生育条例》,将计划生育正式纳入法制化轨道。

11~13日,省政协组织的综合开发岷江上游专题研讨会在灌县召开。会议形成《长江上游—岷江综合开发不能再延误》的考察报告。

23日,重庆至香港的直航包机首航成功。

1987年8月

20日,翻译家罗玉君辞世。罗玉君(1907~1987),四川岳池县人,文学翻译家。早年留学法国,获博士学位。先后任山东大学、华西大学、四川省艺术专科学校、华东师范大学教授。译著较丰,有《红与黑》《安吉堡的磨工》《魔沼》《我们的心》《自由的玫瑰》《海上劳工》《红屋骑士》等十六部,并有外国文学评论文章数十篇。

全省一共有七万多名中小学教师参加"专业合格证书"考试,其中高中四千八百一十名、初中三万一千六百四十名、小学三十七万一千四百四十一名。

1987年9月

6日,四川籍选手刘寿斌在捷克斯洛伐克举行的第四十一届世界举重锦标赛上,以一百三十公斤的成绩获五十六公斤级抓举冠军,成为四川第十二个获得世界冠军的选手。

10日,在第六届世界技巧赛单项比赛上,四川籍选手陈刚、陈小伟、张世洪和马索夫获男子四人全能冠军,又在两套动作单项决赛中夺得两枚金牌。

16日,首届东坡文化节在眉山举行。

成都市川剧院根据布莱希特原著改编的川剧《四川好人》赴北京演出。改编刘少勿、吴晓飞,导演李六乙。改编删繁就简,用川剧的程式巧妙地体现了布莱希特的"离间效果",获得广泛赞誉。

1987年10月

成都市川剧院一、二联合团的《红楼惊梦》《田姐与庄周》及现代戏《活鬼》赴上海、无锡、北京等演出。1988年6月，成都市川剧院徐棻、胡成德创作的《田姐与庄周》获中国戏剧家协会主办的第四届全国优秀剧本奖。

1987年11月

"华协"建成了西南地区首家立体声电影院。

1987年12月

30日，一座西汉后期土坑木椁墓在重庆市中区临江支路市交电公司住宅施工现场被发现，出土铜器五十余件、可复原的陶器二十余件。

1988年1月

13日，国务院公布的全国重点文物保护单位中，四川共有三十三处，它们是：仪陇朱德故居、成都辛亥秋保路死事纪念碑、通江红四方面军总指挥部旧址、巴中南龛摩崖造像、安岳卧佛院摩崖造像、自贡燊海井、马尔康卓克基土司官寨、自贡西秦会馆、芦山樊敏阙及石刻、峨眉大庙飞来殿、江油云岩寺、重庆中美合作所集中营旧址、涪陵白鹤梁题刻、广汉三星堆遗址、邛崃十方堂邛窑遗址、乐山麻浩崖墓、珙县僰人悬棺葬（墓）、泸定桥、八路军重庆办事处、广元皇泽寺摩崖造像、广元千佛崖造像、大足北山摩崖造像、大足宝顶山崖造像、绵阳平阳府君阙、渠县冯焕阙、渠县沈府君阙、雅安高颐阙、成都武侯祠、成都杜甫草堂、成都王建墓、乐山大佛、灌县都江堰、峨眉山万年寺铜铁佛像。

14日，周企何逝世。周企何（1911～1988），成都人。八岁时父母双亡，后入太洪班拜花脸何玉山学戏，1926年加入戏曲改良的著名团体三庆会。主演《梅花簪》《做文章》《迎贤店》等剧，受到观众赞扬；先后参与整理的《御河桥》《彩楼记》《玉簪记》等，都有创新；1952年参加第一届全国戏曲观摩演出大会获得一等奖。1980年加入中国共产党。他刻画人物惟妙惟肖，表演生活气息浓郁又善于吸收姊妹剧种中的表演方法丰富演艺，深受群众喜爱。新中国成立后历任成都市川剧院副院长、省川剧院副院长等职。

1988年3月

西南交通大学总部从峨眉正式迁址成都,峨眉校区改为以大学专科为主的峨眉分校。新校址位于成都西北,占地一千余亩。

由卿希泰主编的《中国道教史》第一卷出版。

1988年4月

18日,丰都县利用当地是中国民间传说中的"幽冥之都"——世人死后的灵魂归宿地,首次举办了一年一届的"鬼城庙会",开展了"阎罗天子"出巡、"天子娘娘"游春、"十二生肖"赴会等大型化妆游行表演,以及"鬼城杯"武术散打擂台赛和有数百人参加的鱼蚌舞、龙狮舞等具有浓郁地方特色的街头游乐活动,同时邀请外地文艺团体在会期公开演出。

1988年5月

6日,川籍运动员高敏在加拿大国际跳水比赛中夺得女子跳板冠军。

14日,川籍运动员陈龙灿在日本第九届亚洲乒乓锦标赛上获男子团体、双打、单打冠军。

成都电讯工程学院更名为电子科技大学。

1988年8月

1日,国家又公布了一批国家重点风景名胜,其中四川共有三处:贡嘎山风景名胜区、金佛山风景名胜区、蜀南竹海风景名胜区。

25日,高敏在汉城举行的第二十四届奥运会女子跳板决赛中,夺得金牌;30日,陈龙灿与队友韦晴夺得第二十四届奥运会男子乒乓球双打冠军。

1988年11月

由徐中舒主编的《甲骨文字典》由四川辞书出版社出版。本书是一部囊括全部甲骨文字形,注解其字形结构,阐明其本义、派生义及其实际用例,集甲骨学研究之大成的工具书。所有甲骨文字按《说文解字》部首分类编排,每个甲骨文字都由"字形""解字""释文"三部分组成。其中,字形部分是在总揽每一个甲骨文所有不同写法基础上,选摹具有代表性的几个典范字例,以期读者从掌握基本字形入手，通晓全部字形。同时又对所录的字一一进行分期断代，为考察甲骨文字本身的发展面貌与规律提供必要的参考。解字部分在前人研究的基础上博采众家之长，分析审辨，总结科研成果，概括要旨，进行简要注解。对未释的甲骨文则经全面的考察与探索而提出自己的看法。释义部分则在综合考察有关字词在甲骨刻辞中所有用例的基础上，根据其本义和引申义分列义项，并举出典型辞例以为佐证。该书1990年获四川省哲学社会科学优秀科研成果荣誉奖，1995年获首届中国辞书奖。

1988年12月

15日，自贡灯会在广州越秀山公园开展，灯展历时六十天。

1988年

本年开始，四川从重点科技攻关计划中分离出高新科技部分的项目，形成"火炬计划"，并制定了《1989～1991年四川省火炬计划实施纲要》。这个计划优先支持的领域是生物技术、信息技术、机电一体化和新型材料的研究，同时支持微电子和计算机技术及产品、核应用技术及产品、激光技术及产品的开发。

四川第一个广播与电视综合业务刊物《广播电视天地》创刊，由四川省广播电视厅、四川省广播电视学会、四川人民广播电台、四川电视台联合主办。

1989年1月

10日，海灯法师逝世。海灯（1902～1989），原名范靖鹤，字无病，四川江油人，曾任梓潼七曲山大庙住持、河南嵩山少林寺国术教授。新中国成立后，在全国武术比赛大会上以"二指禅""梅花桩精拳""童子功"三大绝技享誉全国。1976年任江油观雾山极乐寺住持。20世纪80年代历任中国人民解放军总参谋部武术教官、江油市政协副主席、全国政协委员、省佛教协会常务理事、江油海灯法师武馆馆长。

1989年2月

冯建吴逝世。冯建吴（1910～1989），字太虞，别字游，四川仁寿县人。早年就读于四川美专、上海中华艺大，毕业于昌明艺专，为书画家吴昌硕的再传弟子，受到王一亭、王个簃、潘天寿等名家教诲，在诗、书、画、印各个方面奠定了坚实的基础。20世纪30年代在成都开设"浣花草堂书画社"，组织"书画会蓉社"，又在重庆组织"国光书画社"，多次举办书画展览。后参与创办成都东方美专，并任校长。新中国成立后，历任四川美术专科学校、四川美术学院教授，中国书法家协会理事，中国书法家协会四川分会副主席，重庆国画院副院长，四川省诗书画院副院长，省政协常委等。

1989年3月

任乃强逝世。任乃强（1894～1989），字筱庄，四川南充人，1920年毕业于北京农业专门学校。历任重庆大学、华西协合大学、四川大学等校教授，中国民族研究学会理事，四川省社会科学院特约研究员。新中国成立前，曾三次深入川边涉藏地区考察，并发起组织了我国第一个专门研究康藏的民间学术团体——康藏研究社，主编《康藏研究月刊》。一生著述甚丰，共出版专著二十三部、发表论文二百余篇，内容涉及历史、地理、民族、经济、文化、民俗、艺术等领域，其康藏研究的专著如《康藏史地大纲》《西康国经》，是康藏研究的重要文献。其代表作《华阳国志校补图注》受到国内外重视。

第一批地奥心血康面市。地奥心血康为治疗心血管疾病的植物性药物，是李伯刚带领中国科学院成都生物研究所六名课题组科技人员，从1983年3月着手研制，1987年通过中国科学院鉴定的。

1989年4月

7日，台湾佛光山星云法师率国际佛教促进会弘法探亲团七十二人到峨眉山朝圣。这是新中国成立以来从台湾到峨眉山朝圣的佛教人士最多的一次。

成都市从1985年12月动工的十二桥商代木结构建筑遗存发掘基本结束。十二桥遗址早期的年代，相当于商代早期；其中期，与殷墟一期相当；其晚期当在商末周初之际。其建筑遗存是十二桥古遗址的组成部分。据发掘和钻探资料推算，其木结构建筑面积达一万平方米以上。已发现的木结构建筑，其所使用的材料主要是圆木、方木、木板、竹篾、圆竹及茅草等。其建筑基础部分，采用地梁与打桩两种形式。

1989年5月

22~24日，"三江"（指金沙江、雅砻江、大渡河）考察综合论证会在成都召开。专家团部分水电专家提出，四川是罕见的高密度水能资源区域，四川可开发水电资源九千一百六十六万千瓦（其中"三江"占七千万千瓦）。目前全省水电开发仅占资源的3%。建议国家在四川建设强大的水电能源基地。

四川省体育馆竣工。四川省体育馆始建于1984年。建成后的体育馆占地四万平方米，主馆建筑面积二万四千平方米，附馆一千八百三十二平方米。

川剧电视艺术片《四川好人》在1989年第四届全国电视戏曲"攀枝花"奖中获得戏曲艺术片一等奖、优秀导演奖、优秀演员奖、集体表演奖。

1989年7月

19日，四川选手焦士华与队友李丹、郑义君合作，以1149环的成绩夺得在英国举行的世界弓弩射击锦标赛10米射击团体冠军。

泸县玉蟾山风景名胜区大型浮雕石刻《流民图》完工。石刻总面积达一百五十平方米，是国内最大型的现代人物画石刻。《流民图》为出生于泸州的著名国画人物画家、中央美术学院教授蒋兆和的代表作。

重庆永川中学学生罗华章和成都九中学生唐若曦在联邦德国第三十届国际数学奥林匹克大赛上分别夺得金牌和银牌。

1989年8月

23日，四川省人民政府又公布一批省级风景名胜。它们是九峰山风景名胜区（彭县）、天台山风景名胜区（邛崃县）、大邑县原始林风景名胜区（大邑县）、南山风景名胜区（重庆市）、四面山风景名胜区（江津县）、统井风景名胜区（江北县）、玉蟾风景名胜区（泸县）、小南海风景名胜区（黔江县）、南海山风景名胜区（达县市）、佛宝风景名胜区（合江县），共十处。

1989年10月

14~19日，第五届世界杯跳伞冠军赛在成都市太平寺机场四川省航空运动学校举行。该比赛参加者必须是所在国的飞机跳伞全国冠军或全国青年冠军。澳大利亚、比利时、丹麦、联邦德国、民主德国、意大利、日本、瑞士、泰国、土耳其、英国、苏联和中国共十三个国家参加比赛，美国、伊拉克派员观察和参加表演。中国队获得奖牌十三枚，其中金牌四枚；十三枚奖牌中有九枚为四川选手夺得，四枚金牌全为四川选手夺得。四川获四枚金牌的运动员是：赖晓莉（获女子成年定点和全能两枚金牌）、杨翼（获男子青年特技和全能两枚金牌）。

四川省川剧院赴匈牙利、捷克斯洛伐克、波兰三国进行访问演出。剧目有《花荣射雕》《柜中缘》《望娘滩》等，演出受到热烈欢迎，场场满座，观众达一万七千余人次，是川剧继1959年之后，再次饮誉东欧。

四川省广播电台、成都市广播电台、重庆市广播电台和德阳清酒厂联合举办的四川省川剧中青年演员"德宝杯"广播大选赛开幕。省、市、地的川剧院、团、校的中青年专业演员经过层层选拔参赛，喻丽勋、刘萍等分别获中青年各组最佳演员和优秀演员奖。

红军长征纪念碑在松潘县海拔3104米的元宝山顶落成。纪念碑通高41.3米，碑身高26.5米，三角立柱体，亚金铜贴面，上方各镶嵌直径1.8米的红五角星，象征团结战斗的三大主力红军。碑顶为高达14.8米的红军战士铜像。夕阳西下时，碑身通体放射出耀眼的金光，蔚为壮丽。

1989年12月

中国戏剧家协会、四川省振兴川剧领导小组、四川省川剧艺术研究院、四川省川剧学校等八家单位联合在蓉举办周企何先生艺术纪念展览，展出了记录周先生艺术生涯的图片、文字、字画、实物和音响资料等三百余件。

1989年

《汉彝词典》由四川民族出版社出版，主要作者是马黑木呷、沈伍己、马明、谢克礼。该词典是国家"六五"期间哲学社会科学研究规划重点项目《彝文规范方案》应用研究的主要成果，它的出版填补了彝族文化发展史上的一项空白。《汉彝词典》是一部融科学性、知识性和实用性为一体的综合性汉彝双语词典，共收词条五万三千多个，约二百四十多万字。

四川全面推行中小学校长负责制。实行校长负责制是学校领导管理体制改革的核心，四川省早从1984年秋季起，就在十三个地市州的六十二所区以上中学进行了试点工作。

1990年1月

17日，晏阳初逝世。晏阳初（1890~1990），四川巴中人。1913年赴香港圣保罗书院（香港大学前身）深造，后转美国耶鲁大学，主修政治经济。1918年毕业，获学士学位。1919年入普林斯顿大学研究院，攻历史学，获硕士学位。1944~1945年，美国锡拉丘兹等大学授予其荣誉博士学位。1920年回国后致力于发展平民教育，主持编著了附有注音符号的《平民千字课》。1923年主持成立了中华平民教育促进总会。1940年在重庆创建中国乡村建设育才院，并在北碚等地创设实验区。1943年被评选为"全球十位具有革命性贡献的伟人"之一。1950年受聘为国际平民教育委员会主席。

1990年4月

7日，我国长征三号火箭在西昌卫星发射中心成功地将美国制造的"亚洲一号"通信卫星送入太空。卫星成功发射，标志着我国航天技术已跻身世界先进行列，正式跨入了国际航天商业市场。此前，该中心已承揽执行了美国、法国、巴基斯坦等国不同型号卫星的十六次发射任务。

1990年5月

2日，施光南逝世。施光南（1940~1990），出生于重庆。1959年进入天津音乐学院作曲系学习，1964年毕业。早期作品有声乐套曲《革命烈士诗抄》、小提琴独奏曲《瑞丽江边》、抒情歌曲《最美的赞歌献给党》《打起手鼓唱起歌》《赶着马儿走山乡》等。粉碎"四人帮"后，他的创作进入一个成熟的、成就辉煌的阶段。仅用一夜时间就谱成的《周总理，你在哪里？》，一时传遍全国。1977年，调入北京中央乐团后，创作了《祝酒歌》《在希望的田野上》《洁白的羽毛寄深情》《吐鲁番的葡萄熟了》《台湾当归谣》等歌曲，赢得了全国人民的喜爱。施光南在二十多年的音乐创作生涯中共写出了千余首作品，他的歌曲家喻户晓，在国内外广为传唱，人民群众称赞他为"旋律大师"。

1990年6月

1日，四川省第一所希望小学在宣汉县花池乡中心小学挂牌。

苏葆桢逝世。苏葆桢（1916~1990），1939~1944年在重庆中央大学艺术系学习，受教于徐悲鸿、任伯年，擅长中国写意花鸟，毕业后一直从事教育工作。中华人民共和国成立后，历任四川北碚立新中国艺术专科学校校长、西南师范学院美术系教授。他以独特的花鸟画艺术风格蜚声中国画坛，尤其擅长彩墨葡萄。1980年参加人民大会堂四川厅美术设计工作，绘有《玉兰绫带》磨漆挂屏及《竹子》《喜鹊梅花》座屏画稿。1981年创作的《葡萄》获四川省文艺评奖优秀作品奖，并出版了《写意花鸟画技术法》《怎样画水墨葡萄》等著作。

四川省振兴川剧领导小组和省文化厅举办第五届川剧调演。分两轮进行，共推出十八台新创作的剧目，如《大佛传奇》《冰河血》《太后改嫁》《太君惊寿》《攀枝花传奇》《柳青娘》《许都行》《婚变案》《九美狐仙》等。

1990年8月

5日，周克芹逝世。周克芹（1936～1990），简阳人。1958年在成都农业技术学校毕业后回乡务农，先后当过农民、民校教师、生产队长、大队会计、农业技术员、公社和区干部。1963年发表第一篇短篇小说《井台上》之后，1973年以来陆续发表了《早行人》等二十余篇作品。1979年发表的长篇小说《许茂和他的女儿们》是对"文革"十年农村生活的深刻反思，在社会上反响很大，电影、电视和戏曲界纷纷改编成剧本，也因此获首届茅盾文学奖。他的另一部长篇作品《秋之惑》也因真切描绘农村十年改革受到好评。1979年调入四川省文联从事专业创作，1980年加入中国作家协会，1985年担任四川省作协党组成员，1990年任四川省作协党组副书记、常务副主席，兼任《现代作家》文学月刊主编。

1990年9月

11日，峨眉山华藏寺为新铸普贤菩萨铜像举了开光仪式。位于金顶的华藏寺于1972年4月8日毁于大火，1982年四川省政府决定重建华藏寺，1988年冬华藏寺建成。随着普贤菩萨铜像"开光"，华藏寺正式对外开放。

1990年10月

6日，国内首座脉冲反应堆西南反应堆工程研究设计院建成。

1990年11月

20日，四川省首届少数民族艺术节在凉山彝族自治州首府西昌市举行，来自省内十五个民族的近千名专业和业余文艺工作者参加了艺术节，共演出了八台十五场不同风格、各具民族特色的一百零八个音乐、舞蹈节目，展出了近八百幅美术、书法、摄影作品。获奖的舞蹈音乐作品有彝族民间舞《且格撒》、蒙古族锅庄舞《泸沽湖的女儿》、藏族《吉祥舞》、纳西族组舞《纳西人》、土家族摆手舞《欢乐的土家人》、苗族《场边情歌》、酉阳吹打舞《火祭》、阿坝州《九寨沟情思》等，还有二百三十余件美术、书法、摄影作品获奖。

1990年12月

由徐中舒主编的《汉语大字典》由四川辞书出版社、湖北辞书出版社出版。《汉语大字典》是世界收录汉字最多的字典。该书是国家"六五""七五"期间哲学社会科学研究规划重点项目的研究成果，由国内四百多位专家、学者历时十六载编纂而成。全书两千五百多万字，收楷体字头五万四千多个。

1991年1月

9日，徐中舒逝世。徐中舒（1898～1991），生于安徽怀宁。1926年毕业于清华大学研究院国学门，师从王国维、梁启超等著名学者。在此期间，他受到王国维先生的影响，树立了"新史学"的观念。以后更在实际的研究过程中，将古文字学与民族学、社会学、古典文献学和历史学结合起来，创造性地把王国维开创的"二重证据法"发展成为"多重证据法"。徐先生先后在复旦大学、暨南大学、中央研究院历史语言研究所、北京大学任教授、研究员。应中英"庚款"与四川大学的协聘，来到四川大学历史系，除短期在武汉大学、华西协合大学、燕京大学、中央大学兼课外，终身执教于此。中国科学院哲学社会科学学部委员、国家一级教授、四川大学历史系名誉系主任。他从事教学、研究活动七十多年，取得了卓越的成就。在历史学、古文字学、民族学和文献学等方面，发表了《周原甲骨初论》《史学论著辑存》《论巴蜀文化》等大量的论著，在国内外学术界产生了重大的影响。专著有《氏编钟图释附考释》

《史学论著辑存》《论巴蜀文化》《左传选》等，还主持编纂了大型辞书《汉语大字典》和《汉语古文字字形表》《殷周金文集录》《甲骨文字典》等多种工具书。

1991年2月

5日，按照《文物保护法》和《城市规划法》的规定和要求，四川省政府1月3日至2月5日批准公布了四川第一批省级历史文化名城。它们是：乐山、都江堰、巴中、通江、泸州、剑阁、资中、邛崃、崇庆、新都、松潘、江油、眉山和叙永。加上1982年和1986年国家批准的成都、重庆、自贡、阆中、宜宾五个国家历史文化名城，全省省级、国家级历史文化名城已达到十九个。

1991年3月

2日，广汉房湖公园举行一年一度的民俗活动"拉保保"，即幼小的孩子认干爹或干妈。该民俗源于清代嘉庆年间，据说这样做孩子可以健康成长。

1991年5月

21日，成都昭觉寺举行大雄宝殿开光典礼。

29日，四川省首届服装节在成都隆重开幕。省内二十三个代表团的六百多个企业参加了开幕式。

四川省巴蜀文艺奖正式设立。评奖范围包括戏剧、电影、电视、音乐、舞蹈、美术、摄影、书法、曲艺、杂技等十一个艺术门类，每三年评奖一次。

地处龙泉驿区洪河乡的明蜀王陵发掘有重大收获：该墓墓主是蜀昭王，随墓出土了大量珍贵文物。陵园总面积五十余亩，此次发掘面积为一千二百四十平方米，该墓为夫妻合葬，男女主人分葬东西厅室。据墓中汉白玉铭文记载，男主人为昭王朱宾瀚，系惠王长子，弘治七年袭封蜀王，正德三年去世。女主人是昭王之妻刘氏，死于正德十六年。从阶梯状和斜坡式主、侧墓道遗迹分析，男女墓主是先后两次入葬的，这在已发现的明墓中实属少见。

中国第一部系统研究毛泽东思想的产生、形成和发展的多卷本学术专著《毛泽东思想史》由四川人民出版社出版，主要作者为杨超、毕剑横。该书是国家社会科学基金和省哲学社会科学研究规划重点科研项目的研究成果。

1991年6月

20日，李劼人诞辰一百周年纪念会暨学术讨论会在蓉举行。

一批由孙中山先生和国民党元老廖仲恺等人亲笔书写的信函、电报稿等珍贵手迹在四川德阳被发现，并被四川省文史研究馆确认为真迹。这批文物一共三十九件。据查证，这批文物在《孙中山全集》等文集中尚未辑录。

1991年7月

四川德阳艺术墙主体工程竣工。艺术墙位于德阳市泰山路，全部采用乳白色和土红色石头筑成。

1991年9月

9日，第十一届金鸡奖及第十四届大众电影百花奖在北京揭晓。峨眉电影制片厂摄制的《焦裕禄》和焦裕禄的饰演者李雪健获得两个奖项：最佳故事片和最佳男主角奖。

12日，巴金国际学术研讨会在成都举行。

23日，由中共四川省委宣传部、共青团四川省委等单位联合举办的四川省首届"十大杰出青年评选活动"揭晓。

24～29日，中国四川国际电视节在成都市举行。美国、英国、法国、德国、印度等二十五个国家级电视台、影视制作机构的代表及国外著名影视公司和广播电视设备制造厂的负责人参加了电视节。这是中国内陆地区举办的首届国际性电视节。电视节设立"金熊猫奖"，奖项设最佳故事片（电视剧）、最佳纪录片、最佳男主角、最佳女主角四项大奖及二十四个提名奖。四川国际电视节每逢单年举办一次。这次评奖在报名期内共收到二十九个国家和地区的一百三十二个电视台、电影电视制片公司送来的参评片二百一十五部，其中，故事片（电视剧）七十七部、纪录片一百三十八部。终评委员会由来自法国、日本、中国、英国、美国等国家的十四位影视界专家组成。四川电视台、中央电视台联合摄制的《南行记大系列——边寨人家的历史》，西藏电视台、四川电视台联合拍摄的《藏北人家》分别夺得国际电视节目"金熊猫"奖最佳电视剧、最佳纪录片大奖。与电视节同时举办的还有国际电视节目交易会、国际广播电视设备展览会。

由隗瀛涛主编的《近代重庆城市史》出版。此书是哲学社会科学"七五"期间国家重点研究课题。

1991年10月

16日，彭山县举办首届"寿星节"。

《中国书法全集·苏轼集》由荣宝斋出版，主编刘正成。《苏轼集》共两卷，为《中国书法全集》总第三十三、三十四卷。其中汇集苏轼书法作品墨迹四十五件、刻石一百一十六件，还收入其父苏洵，弟苏辙，子苏迈、苏过，侄苏迟书法作品二十一件。1992年本书获四川省第五次哲学社会科学优秀科研成果二等奖。

1991年11月

7日，中国四川国际三国文化研讨会在广元结束。苏联、美国、英国、法国、日本和中国等一百多名著名专家、学者参加了这次大会，大会收到专著和学术论文四十多篇（部）。

19日，胡子昂逝世。胡子昂（1897～1991），曾用名胡鹤如，四川省巴县（今属重庆市）人，中国民主建国会创始人之一。1923年毕业于北京农业大学农业经济系。新中国成立前，曾任重庆市教育局局长，重庆华西公司、中国兴业公司总经理，川康兴业公司董事长，四川省建设厅厅长及国民参政会参政员，立法院立法委员等职。1949年出席中国人民政治协商会议第一届全体会议。新中国成立后，历任西南军政委员会委员，重庆市政协副主席，市工商联主任委员，全国工商联主席、名誉主席，第二、三、四、五届全国人大常委，第五、六、七届全国政协副主席。

1991年12月

为乐山大佛进行的历时两年半的全面"体检"和病情"会诊"结束。1989年，经国家科委和文物局决定，由我国各门类的专家和科研工作者二十三人组成"治理乐山大佛的前期研究"课题组，赴现场"会诊"。专家们运用现代先进科学技术，将乐山大佛的"五脏六腑"病变、病因全部做了透视诊断，为大佛的治理维修提供了充分的科学根据。

四川人口超过1亿。截至本年底，四川省人口总数为108867688人，居全国之首。

1992年1月

1日，"92中国友好观光年（四川）"开幕式在成都锦江宾馆举行。在观光年活动中，四川以"熊猫故乡游"为主题，向海外推出八条旅游线路、二十个专项旅游和四十一个民俗节庆活动。

7日，四川科技专家张涵信（中国空气动力学研究发展中心）、经福谦（中国工程物理研究院）、胡仁宇（中国工程物理研究院）、徐僖（成都科技大学）、刘宝珺（地质部成都地质矿产研究所）、沈志云（西南交通大学）六人新当选为中国科学院学部委员。至此，中国科学院的四川学部委员已增至十二人。

12日，全国首家省级新华书店开办的"四川图书音像批发市场"正式开业，市场设在成都东玉龙街52号。首批进入市场的有四川省店业务部门、部分市地新华书店、重庆发行所、省内部分出版社、其他国营书店和集体书店共四十八家。

18日，由四川省报纸副刊研究会主办的四川"十佳"演员评选揭晓，吴珊珊（女，成都市话剧团）、陈巧茹（女，成都市川剧三团）、吕晓琴（女，成都市音乐舞剧院）、宋庆吉（重庆市歌剧舞剧院）、李晓兰（女，撒尼族，重庆艺术学校学生）、卢奇（四川省人民艺术剧院）、程尊堂（攀枝花市川剧团）、王玉兰（女，四川省歌舞剧院）、王成惠（女，四川省歌舞剧院）、孙淳（峨眉电影制片厂）获"十佳"演员称号。

四川省委、省政府发布了《关于大力推进科技进步振兴四川经济的决定》（即"科技兴川五十条"），并制定颁布了十三个政策性配套文件和"知识分子工作二十三条"，在全国率先提出"科教兴省"战略。

1992年2月

22日，稀世珍贵文物"虎钮于"在秀山土家族苗族自治县境内发现。据有关专家、学者考证，这种文物是春秋战国时期古代巴人军事、祭祀所用器具，距今已有两千多年的历史。文物呈扁圆形、铜质，高51厘米、重达11.5千克，雕刻有巴人军事、围猎图案、符号和虎钮，为扁圆肩阔唇边"虎钮于"。"虎钮于"的发现，为研究中国西部巴蜀文化和土家族历史提供了极其重要的研究参考和实物资料。它已被定为"国家一级文物"。

1992年3月

6日,四川省学位委员会在成都成立。这是继江苏省之后,全国第二个经批准正式成立的地方学位机构。

长江三峡、九寨沟黄龙寺、峨眉山、蜀南竹海、大宁河小三峡、乐山大佛和自贡恐龙博物馆七处景区被列入"中国旅游胜地四十佳"。

1992年4月

7日,大渡河漂流队首批九名队员分乘四只艇下水,揭开了大渡河漂流的序幕。

22~25日,在四川省科技大会上,对四川经济发展做出了重大贡献的十名科技工作者——西南农业大学教授侯光炯,四川农业大学教授周开达、研究员黎汉云,中科院生物研究所副研究员李伯刚,成都科技大学研究员钟本和,银山磷肥厂高级工程师魏文彦,新都县钢窗厂高级技师詹庆富,长江挖掘机厂高级工程师张玉川,成都无缝钢管厂高级工程师殷国茂,长虹机器厂工程师莫烨给予重奖,奖金总额八十万元。

1992年5月

14日,聂荣臻逝世。聂荣臻(1899~1992),四川江津县人(今属重庆市)。1919年10月赴法国勤工俭学,1922年参加旅欧中国少年共产党。1923年加入中国共产党,1924年到苏联学习,次年9月回国,任黄埔军校秘书兼政治教官。1926年参加北伐战争,1927年参加南昌起义、广州起义。抗战时期,任八路军一一五师副师长、政委,中共中央晋察冀分局书记、军区司令员兼政委。解放战争时期,任晋察冀军区司令员兼政委,中共晋察冀中央局书记,中共中央华北局第三书记,华北军区司令员,中国人民解放军副总参谋长,平津卫戍区司令员,北平市军管会主任、市长。新中国成立后,历任中央军委秘书长兼中国人民解放军代总参谋长,国防委员会副主席,中央军委副主席,国务院副总理兼国家科委主任、国防科委主任。1955年被授予元帅军衔。他长期主管国防科技工作,组织研制中、远程导弹,原子弹,氢弹,是新中国科技事业的奠基人之一。

16日,成都市话剧团演出的话剧《死水微澜》、峨眉电影制片厂摄制的《焦裕禄》、四川电视台拍摄的电视剧《南行记·边寨人家的历史》(二集)

分别获得中宣部精神文明建设"五个一工程"优秀戏剧奖、优秀故事片奖和优秀电视剧奖。此外,《死水微澜》还获得文化部第二届文华大奖,《南行记》获得第十二届全国电视剧飞天奖中篇连续剧一等奖。

1992年6月

1日,四川又有石柱土家族自治县、宜宾县、南溪县、南充县、广安县、阆中市六县、市列入对外国人开放地区。

1992年7月

28日,在第二十五届奥运会巴塞罗那莫利特射击场上,中国女运动员张山夺得双向飞碟男女混合项目冠军。此次夺冠还打破了奥运会纪录。

1992年8月

3日,在第二十五届奥运会女子跳板决赛上,高敏继1988年奥运会获得冠军之后,再次夺得女子跳板金牌,成为第一个蝉联奥运会女子跳板金牌的中国女选手。

26日,由中国科学院古脊椎动物与古人类研究所、中国图书馆北京分馆和巫山县共同筹办的巫山猿人陈列馆,在巫山猿人出土地巫山县隆重开馆,巫山猿人学术研讨会在此同时举行。

1992年9月

9日,林业部批准在四川再建立八个森林公园,加上上年批的五个,总数已达十三个。这些公园是:南充地区金城山森林公园、綦江县古剑山森林公园、重庆铁山坪森林公园、重庆歌乐山森林公园、江津县四面山森林公园、崇庆县鸡冠山森林公园、都江堰市森林公园、南川县楠竹川森林公园、万县地区大垭口森林公园、达县铁山森林公园、广元市天台森林公园、内江市长江森林公园、宜宾县石头山森林公园。

18日,光亚学校开学。光亚学校是四川省第一所由公民个人创办的住读学校,位于都江堰市近郊。

23日,省委、省政府发出《关于振兴川剧繁荣文化的意见》,提出九条措施:一、继续深入贯彻"抢救、继承、改革发展"的方针,坚持"出人、出戏、出效益、赢得观众"的宗旨，走改革创新之路；二、实行考评定级制度，办好重点剧团；三、疏通人员进出渠道，加强队伍建设；四、鼓励专业剧团下乡演出；五、加快艺术改革步伐，提高川剧质量；六、深化剧团体制改革，调动演职人员的积极性；七、培养、争取观众，开拓演出市场；八、建立"四川省振兴川剧繁荣文艺基金"；九、加强振兴川剧工作的领导。

25日，应土库曼斯坦文化部邀请，"中国四川节"在土库曼斯坦首都阿什哈巴德开幕。这是四川首次在国外举办文化与经贸相结合的四川节，目的在于宣传四川，发展对外经贸，进一步扩大在独联体国家的影响，推动双方的交往与合作。

首届巴蜀食品节在成都举行。食品节荟萃了全省一千六百多个企业的七千多个产品。经过三百余名专家的品评，产生特别金奖七个、金奖四百个、银奖六百个。

张大千先生纪念馆在大千故里内江市开馆。纪念馆位于四川省内江市东桐路圆顶山，东西长约四百米，南北宽约七十五米，占地面积二万零九百七十三平方米。纪念馆共五个展区，以数百件照片、实物、诗笺、书信、画稿、画集、书籍及书画作品，分别展示了张大千的生平事迹、艺术进程、艺术特色、艺术成就及在世界艺坛的影响和地位。

1992年10月

10～18日，四川省第七届运动会在绵阳举行，全省三十三个代表团近四千名运动员参加了比赛。运动会期间，运动员共打破三项省纪录、五十七项省运动会纪录。

11～22日，四川省首次承办的全国第五届书市在成都体育中心举行，各项指标创历届全国书市之最：展厅面积二万多平方米，全国六百三十余家出版单位的六万六千余种图书（其中音像制品七千种）参展，一千家新华书店参加订货，入场购书读者一百一十余万人。书市期间，图书、音像制品零售订货总额一亿四千三百万元。

1992年12月

5日，艾芜逝世。艾芜（1904～1992），原名汤道耕，四川新都人。1921年考入成都省立第一师范学校，1925年因不满学校守旧的教育和反抗旧式婚姻而出走，漂流于云南边疆、缅甸和马来西亚等地，当过小学教师、杂役和报纸编辑。1932年加入中国左翼作家联盟。1949年后历任重庆市人民政府委员、文化局局长，四川省文联临时党组成员，省作协筹备组组长，四川省政协常委，全国第一、二、三届人大代表。1949年加入中国作家协会。著有长篇小说《丰饶的原野》《山野》《故乡》《百炼成钢》《夜景》《海岛上》《南行记续篇》《夜归》《春天的雾》，中短篇小说选《艾芜中篇小说选》《艾芜短篇小说选》，短篇小说集《南行记》《南国之夜》，个人集《艾芜文集》（十卷）等。他的作品大都反映西南边疆和缅甸等地下层人民的苦难生活及其自发的反抗斗争，开拓了新文学创作的题材领域。

14日，沙汀逝世。沙汀（1904~1992），原名杨朝熙，四川安县人。1926年毕业于四川省第一师范，后参加革命工作，与他人合办辛垦书店，1932年加入左联。曾在成都协进中学、延安鲁艺文学系任教，1932年底随贺龙去晋西北和冀中抗战前线。1940年沙汀在中共南方局的领导下从事重庆文化界的联络工作，任中华全国文艺界抗敌协会理事，重庆分会负责人。1949年后历任川西区文联副主任，西南文联副主任，西南文协主席，中国作协党组成员、创委会副主任，四川省文联主席，中国作协四川分会主席，中国社科院文学所所长，中国作协副主席，全国第一、二、三届人大代表，全国第五、六届政协委员，中国文联全委会委员。1932年开始发表作品，著有长篇小说《奇异的旅程》《淘金记》《还乡记》《困兽记》《青枫坡》，短篇小说集《航线》《土饼》《苦难》《播种者》《呼嚎》《兽道》《沙汀杰作选》等，长篇报告文学集《随军散记》，中篇小说《木鱼山》《红石滩》等。

14日，联合国教科文组织世界遗产委员会决定，将国家级风景名胜区黄龙、九寨沟列入《世界自然遗产名录》。

1993年2月

4日，四川体育报社和成都国泰琴行在成都锦江宾馆签订协议，双方将以投资参股方式合作经营《四川体育报》。《四川体育报》由此成为新中国成立后的第一家以股份制合营的报纸。

1993年3月

6日，第二批省级历史文化名城公布。至此，四川已有全国历史文化名城五座（成都、重庆、自贡、宜宾、阆中）、省级名城二十五座（乐山、都江堰、泸州、江油、邛崃、巴中、眉山、资中、松潘、通江、叙永、新都、剑阁、崇庆、广元、西昌、南充、绵阳、广汉、三台、会理、奉节、丰都、芦山、旺苍），以及省级名镇十八座（雅安市上里场、石棉县安顺场、双流县黄龙溪乡、新都县新繁镇、成都青白江区城厢镇、宜宾市李庄镇等）。

1993年4月

重庆生产资料交易所开业，成为我国西部第一家期货交易所。

省政府批准了第三批省级风景名胜区：小金县四姑娘山、盐源县泸沽湖、雷波县马湖、南江县光雾山、彭山县仙女山、崇庆县九龙沟、青川县白龙湖、安县罗湖山—白水湖、资中县重龙白云山、黑水县长龙沟、华蓥市华蓥山、宣汉县百里峡和三台县云台山十三处。至此，全省风景名胜区共达三十二处，居全国第一。

1993年5月

6日，在中国成都1993年国际熊猫节组委会召开的熊猫城市标志雕塑作品评审会上，经过专家评审，四川美术学院院长叶毓山的作品被选定为成都熊猫城市标志雕塑。整座雕塑高十米，将屹立于成都市蜀都大厦东侧三角地绿草坪中央。

8日，国家正式批准建立瓦屋山国家森林公园。瓦屋山公园总面积一百零四万亩，是中国最大的国家级森林公园。山上植被类型完整，自然垂直带谱明显，有杜鹃花科、报春花科、龙胆科、百合科、兰科、菊科、蔷薇科等观赏植物五百余种。

1993年6月

10日，阳翰笙逝世。阳翰笙（1902~1993），原名欧阳本义，字继修，四川省高县人。1920年进入成都省立第一中学学习，1924年秋，考取了上海大学社会学系。1925年加入中国共产党。1928年，应郭沫若请求，周恩来批准，阳翰笙到创造社做组织工作，兼办《流沙》周刊、《日出》旬刊。1930年3月，他参与组织成立"中国左翼作家联盟"，先后担任"左联"党团书记、文委书记，参加了党对电影戏剧工作的领导。1949年3月，他参加全国第一届文学艺术工作者代表大会的筹备工作，并在大会上被选为中国文学工作者协会、中国戏剧工作者协会全国委员，中国电影艺术工作者协会主席。新中国成立后，阳翰笙历任政务院文教委员会委员兼副秘书长，中国文联副主席、秘书长，中央国际活动指导委员会委员，对外文化协会副会长等职。在近半个世纪的历程中，他创作了两部社会科学著作、八部中篇小说、十余部短篇小说、十七部电影剧本、八部话剧剧本、近两百首新旧体诗歌、两部日记、数篇文艺论文、数十篇回忆录，代表作有《铁板红泪录》《中国海怒潮》《李秀成之死》《天国春秋》《草莽英雄》《万家灯火》《三毛流浪记》等。

12～20日，第十五届世界杯足球预选赛亚洲A组第二阶段比赛在成都体育中心足球场举行。这是中国首次承办的世界杯足球赛事，也是成都市首次直接承办的国际大赛。

1993年8月

24日，第七届全国运动会四川赛区闭幕。四川赛区自15日开幕以来，共决出金牌九十四枚，银、铜牌九十三枚，其中七人四队二十三次超十四项世界纪录，一人一次平世界纪录，八人三队创十六项全国纪录，有四十四个运动队获体育道德风尚奖。四川队所获金牌总数名列第三。

30日～9月5日，中国四川节在莫斯科举行。其间，四川省政府代表团与莫斯科州签订了友好合作协议书。双方将在工业、农业、科技、文化、教育、旅游、劳务、环境保护等方面进行广泛的合作。

1993年9月

24～28日，中国四川成都国际熊猫节在成都举行。国际熊猫节以"人—动物—大自然"为主题，开展了国际大熊猫保护学术研讨会、启动鞍子河大熊猫保护区、征集保护大熊猫世界名人签名、万名少年儿童书画大笔会等二十四项活动，两千多名中外嘉宾、两万多名境外旅游者会集成都，参加了熊猫节。

1993年10月

1日，四川有线电视台开机试播。

1993年11月

3日,四川全兴足球俱乐部正式挂牌。全兴酒厂在八年合同期内,每年向俱乐部注入一百万元资金进行职业足球队的经营。

11日,据《四川教育导报》报道,省政府近日确定省部级重点普通中专三十七所,包括成都航空工业学校、重庆煤炭工业学校、重庆电力学校、四川统计学校、四川省泸州化工学校、四川省邮电学校、四川省农业机械化学校、重庆机器制造学校、四川省重庆药剂学校、四川省南充农业学校、重庆河东学校、成都市工业学校、四川省温江农业学校、四川省绵阳财贸学校、四川省乐山卫生学校、四川省凉山卫生学校、四川省万县卫生学校、四川省万县农业学校、四川省物资学校、成都水力发电学校、重庆石油学校、内江铁路机械学校、四川银行学校、四川省建筑工业学校、四川省机械工业学校、四川省轻工业学校、四川省财政学校、四川省林业学校、四川省川剧学校、攀钢冶金工业学校、四川省水产学校、四川省宜宾农业学校、西南工业管理学校、四川省达县卫生学校、四川省宜宾卫生学校、四川省雅安卫生学校、四川省交通学校。

研究古蜀道的专家、学者经过长期考察研究认为,位于陕西汉中的褒斜栈道上的石门栈道,是世界上最早人工开凿的穿山通车隧道。

受国家文物局委托的中国社会科学院考古研究所、北京大学等十四家科研单位和大学的三百多名专业考古工作人员从11月底陆续进入四川、湖北两省,对三峡淹没区地下文物进行全面考古调查与勘探,并对部分重要遗址和墓葬进行发掘清理,以求获得准确资料,做好三峡工程地下文物保护规划。

1993年12月

1日,近日在武汉举行的现代戏曲年会上,戏剧界著名人物魏明伦、余笑予、裴艳玲、周本义四人被评为新时期全国"四大怪杰"。"巴山鬼才"魏明伦因在戏剧道路上大胆探索、勇于创新而获此荣誉。

31日,1993年人口统计工作结束。截至1993年12月31日,全省共有30974606户,110027710人,其中男性57176969人,女性52866741人,男女性别比为108.19:100。

1994年1月

1日,《成都商报》创刊。

18日,全国第四届少数民族文学奖川湘黔藏片区颁奖大会召开,四川吉狄马加(彝族)、阿来(藏族)、倮伍拉且(彝族)、何小竹(苗族)、陈川(土家族)、章戈·尼玛(藏族)、贾瓦盘加(彝族)七人获奖。

经国家教委批准,重庆建筑工程学院更名为"重庆建筑大学"。

1994年2月

8日,下午4时34分,西昌卫星发射中心成功地用"长征三号甲"运载火箭,将"实践四号"空间探测卫星和一颗模拟卫星送入地球同步转移轨道。

28日,四川又有二十八个县被列为对外国人开放的地区,它们是:垫江县、南川县、武隆县、黔江土家族苗族自治县、彭水苗族土家族自治县、高县、筠连县、屏山县、武胜县、大竹县、巴中县、泸定县、天全县、芦山县、宝兴县、小金县、若尔盖县、红原县、康定县、泸定县、会理县、万源市、渠县、平昌县、南江县、宁南县、普格县、布拖县。

国务院发布第三批国家重点风景名胜区和第三批国家历史文化名城。四川榜上有名的重点风景名胜区有三个:小金县四姑娘山、江津市四面山、大邑县西岭雪山。

1994年3月

6~8日,四川省科技大会召开。会议的中心议题是进一步动员和组织全省科技力量抓住机遇,大力发展科技第一生产力。会上,为四川经济建设做出了重大贡献和创造了重大社会效益的七位科技功臣分别获得十万元的重奖,并同时享受四川劳动模范待遇,他们是:南充地区农科所谭民化、四川农业大学杨凤、西南农业大学向仲怀、攀枝花钢铁公司籍可镔、卫生部成都生物制品研究所钱汶光、四川省化工研究设计院王天年、成都科技大学张铭让。

11日,1993四川"十大英才"评选揭晓。"十大英才"分别是张山(省陆上运动中心运动员、运动健将、世界冠军),倪润峰(长虹电器股份有限公司董事长、高级工程师),胡仁宇(中国工程物理研究院研究员、中科院学问委员),王国春(宜宾五粮液酒厂厂长兼党委书记),林凌(省社科院研究员、学术顾问），侯光炯（西南农大一级教授），蔡伟素（中国通力发展总公司总经理），赵忠玉（攀枝花钢铁公司总经理、高级工程师），刘永好（成都希望集团总裁），周开达（四川农大水稻研究所所长、教授）。

24日，《四川文学》推出一项重要举措：设立小说月奖和年终大奖。每月评出的优秀短篇小说，每篇奖一千元。年终评出的一等佳作，奖三千元。

四川大学与国内外有关单位组成联合勘探队，对处于三峡库区淹没线以下的云阳县"楚故陵"进行综合物探研究。"楚故陵"位于云阳县故陵镇，是一座大型"封土堆"，底部周长约五百米，高四十米，据文献记载和考古学家推测，它可能是楚国或巴国的国王陵墓。三峡大坝修筑后，它将全部被淹没在水中，因而必须进行抢救性发掘。

1994年4月

8日，四川大学和成都科技大学两校合并为四川联合大学。

24日，据新华社电，宜宾被命名为"全国园林绿化先进城市"。

四川科技体制改革方案被国家科委批准，成为国家加快科技体制改革的试点省。

1994年5月

16日，"大千纸坊"在夹江县马石堰村落成。抗战初期，著名画家张大千两次到夹江马村石堰山，在当地"连史纸"的基础上研制出拉力强、受润佳、耐潮染的"蜀笺"。1983年，夹江县政府把这种优良的书画纸命名为"大千书画纸"。

18~26日，乐山国际旅游大佛节在乐山举行，15个国家和地区的500多位外宾莅会，万余中外客商参加经贸交易和招商洽谈。经贸成交总额21.8亿元，招商引资正式签约19项，总投资金额9337万美元。

30日，省广播电视厅、省广播电视艺术委员会主办的四川省1993年度优秀广播电视文艺节目评奖在绵阳揭晓，评出特别奖两个（四川省电视台《二十世纪华人音乐经典综合》、成都电视台《东方绿舟》，一等奖十九个（其中包括重庆电视台《大进攻序曲》、峨眉电影制片厂《中国出了个毛泽东》、四川电视台《在其香居茶馆里》、四川电视台等《康巴汉子》、四川电视台《世纪之光》、重庆电视台《川东吹打》、四川人民广播电台《归去》、重庆人民广播电台《毛泽东颂》等），二等奖三十二个，三等奖六十四个。

四川师范大学分子生物研究所副所长方盛国在冯文和教授指导下，主持完成一项大熊猫（基因指纹技术）亲子鉴定研究课题，使我国成为同类科研中居世界领先水平的国家。

1994年7月

21日，"长征三号"运载火箭在西昌卫星发射中心成功地将通信卫星"亚太一号"准确送入空间预定轨道。

1994年8月

2日，四川省文学艺术界联合会组织主办的国际民间艺术节在成都隆重开幕。来自奥地利、希腊、德国、俄罗斯、以色列、墨西哥、美国、印度尼西亚、尼泊尔、朝鲜、比利时等国和东道主中国的云南、贵州、四川共十五个民间艺术团，在历时二十天的活动中共演出五十四场，观众达十二万人次。

5日，省第三届科技顾问团成立，三百四十一位顾问接受聘任。

1994年9月

10日，《四川日报》公布省委宣传部、省教委、省教育工会命名的"四川省十大优秀园丁"。他们是：四川联大教授徐禧，西南师大教授吕进，盐亭县宗海乡中心小学校长任久惠，德阳市罗江中学教师李文，苍溪县唤马乡小学校长牟学良，洪雅县炳灵乡长河村民办小学校长李万元，仪陇县文星乡高隆村小学教师罗清泉，遂宁中学校长徐诚，云阳县凤鸣小学教师李半黎、陈治民，西昌市第一小学党支部书记黄文才。

19～28日，四川省两名选手在北京举办的"中国国际钢琴比赛"中，分别获得少年组第一名和第三名。此次钢琴比赛是我国首次举办的国际性钢琴比赛，来自俄罗斯、美国、日本等十多个国家的选手参加了比赛。四川音乐学院附中学生陈萨（女），经过初赛、复赛和决赛三轮艰苦激烈的角逐，以卓越的表现获得少年组第一名，同时还获得中国作品演奏优秀奖；四川音乐学院附中学生吴驰（男）也以不凡表现获得第三名。

27日，四川省首届书市在成都体育中心开幕。本届书市有一百五十七家出版发行单位入场参展，一千四百家书店和购书单位看样订货，成交总额一亿八千五百九十万元,订货总额一亿六千二百万元,接待读者三百一十万人次。

1994年11月

4日,四川省三峡学院在万县市正式成立。三峡学院是三峡库区第一所新型综合型普通高等学校。

1995年1月

1月,由四川日报社主办的新型都市晚报《华西都市报》正式创刊。

6日,缪钺逝世。缪钺(1904~1995),江苏溧阳人。1922年考入北京大学文科,从1924年起执教,从教长达70余年。抗战胜利以后入川,受聘于华西协合大学,任中文系教授兼中国文化研究所研究员,同时兼任四川大学历史系教授。1952年院系调整,专任四川大学历史系教授。1981年,被国务院学位委员会批准为首批博士生导师,曾任国务院古籍整理出版规划小组、中国魏晋南北朝史学会、中国唐史学会、中国唐代文学会、中华诗词学会等学术团体和学术机构的顾问。缪钺先生从事中国古代史、中国古典文学、历史文献学的教学与科研工作70年,治学原以先秦诸子及古典文学为主,20世纪40年代中期以后转而钻研魏晋南北朝史,1980年以后致力于词学研究。主要著作有:《元遗山年谱汇纂》《诗词散论》《杜牧诗选》《三国志选》《读史存稿》《杜牧传》《杜牧年谱》《三国志选注》(主编)、《冰茧庵丛稿》《灵溪词说》(合著)、《三国志导读》(主编)、《冰茧庵序跋辑存》《冰茧庵剩稿》《词学古今谈》(合著)等。

1995年2月

科技兴川"千亿工程"正式全面启动。主要目标是:通过大力兴办科技产业和推广应用科技成果,到2000年使全省工农业产值新增一千二百亿元;将科技进步对经济增长的贡献率提高到50%,其中,科技产业实现产值四百亿元,推广应用科技成果实现产值八百亿元。

1995年3月

2日,四川省首届女职工科技成果展在成都举行,展览宣传了全省各地的女科技工作者八百九十六名,展出科研成果二千三百九十项,其中一些科研成果在国内外都具有领先水平，有二十三项科研成果获得国际奖励。

4日，大面积解决全省教师住房困难问题的"四川省广厦工程"正式实施。此项工程的目标是，到2000年全省中小学教师职工家庭人均居住面积达到8.5平方米，住房成套率达到75%；在1995年至1997年三年内，重点解决特困户、无房户和教职工住房问题，并使城市、县镇中小学教职工住房水平优先达此目标，三年内解决教师住房困难问题。

22日，黄汲清逝世。黄汲清（1904~1995），四川仁寿人。1921年考入天津北洋大学预科，1928年毕业于北京大学地质系，1935年获瑞士浓霞台大学理学博士学位。1936年黄汲清回国，被任命为中央地质调查所主任，率队进入赣、湘、黔、粤等地做了大面积的考察，发现了具有重要经济价值的湖南资兴煤田，取得重大地质成果。

经国家人事部全国博士后管委会批准，西南财经大学设立经济学博士后流动站。

经国家教委批准，成都中医学院更名为"成都中医药大学"。

省委、省政府决定，设立"四川优秀人才奖"，并发布实施《四川省优秀人才奖励条例》。

1995年4月

3日，成都市京剧团创作的京剧《少帝福临》、成都军区政治部话剧团创作的话剧《结伴同行》、重庆市歌舞团创作的舞剧《三峡情祭》荣获第五届文化部文华新剧目奖。

28~30日，四川省"五个一工程"重点作品话剧《沙洲坪》，应文化部艺术局邀请在北京首都剧场献演三场，受到观众热烈欢迎。

成都市考古队在十二桥路新一村发掘一处古蜀文化遗址，有从商周到隋唐各个时期依次叠压的文化层。

1995年5月

4日，成都蜀绣厂制作的国内面积最大的一幅蜀绣品完工，绣品将赠给联合国相关机构。

6日，国家文科基地和中华文化中心在四川联合大学文学院成立。

21日，广汉三星堆博物馆一期工程完成。

23日，四川省藏学研究会成立。

24日，三十名科技人员获四川省第三届青年科技奖。经四川省委组织部、省人事厅和省科协研究决定，从1995年起，将由省科协1990年设立的"青年科技奖"更名为"四川省青年科技奖"。

26日，西南政法学院更名为西南政法大学。

30日，中英学者联合编著的《英藏敦煌文献》共十五卷，经过八年编撰，由四川人民出版社全部出齐。列入国家"八五规划"重点科研、出版项目的《英藏敦煌文献》，是由中国社会科学院历史研究所、中国敦煌吐鲁番学会、英国伦敦大学亚非学院、英国国家图书馆合作编辑的，书中有六千六百六十九件极其珍贵的文献是第一次向全世界公布。

1995年6月

4日，闻名中外的大足石刻发生特大文物盗割案，其北山多宝塔内底层一尊宋代雕刻精美的释迦牟尼佛像头部被割。

12日，为了使散存在个人手中的对国家和社会有保存价值的档案资料得到有效的保护和利用，根据《中华人民共和国档案法》的规定，四川省档案馆发出公告，向社会各界人士征集档案资料。

21日，经四川省政府批准，合江县、叙永县、南部县、西充县、沐川县、丹棱县列入对外国人开放地区。至此，全省已有一百七十个县（市、区）对外国人开放。

1995年7月

1日，四川省首次"全国计算机等级考试"开始报名，西南交大、四川联大、西南政法大学、西南师大成为首批考点。

5日，由中央芭蕾舞团和大足县联合创作的大型芭蕾舞剧《大足石魂》在北京首演引起强烈反响。《大足石魂》由四个舞蹈小品和一个中型舞剧《大足观音》组成，均取材于深含文化底蕴的大足石刻民间传说。

10日，重庆行政学院成立。

12日，四川省新增十六位中国科学院和中国工程院院士。此次当选的院士是：乐嘉陵、涂铭旌、饶芳权、屠基达、叶尚福、胡思得、俞大光、姜文汉、黄尚廉、周光耀、殷国茂、罗平亚、周邦新、向仲怀、王正国、黎鳌。

19日，1995中国古琴艺术国际交流会在成都锦城艺术宫开幕。

7~11月，中国剧协、四川省人民政府在成都举办第四届中国戏剧节。四川省人民艺术剧院创作演出的大型纪实性话剧《辛亥潮》、四川省川剧院创作演出的大型川剧《和亲记》、自贡市川剧院创作演出的大型川剧《中国公主图兰朵》荣获优秀演出奖（一等奖）等多项大奖。

1995年8月

11日，为纪念中国人民抗日战争胜利五十周年，四川省美术作品展、全国版画展在四川省美术展览馆开幕。

11日，国画家王辛先生的作品《松苍鹤寿图》经中国故宫博物院院务会鉴定，正式作为国家艺术珍品收入故宫博物院。

22日，"朱德、刘伯承、陈毅、聂荣臻元帅抗战业绩展览"在省博物馆隆重开幕。这次为期六十天的四位元帅抗战业绩展，共展出他们在抗战时期的历史照片一百七十余幅，手迹、电报、战利品等文物一百四十余件。

23日，四川联合大学在国内首次试制成功用于血浆分离技术的医用醚中空纤维膜分离组件，并通过了由国家教委主持的专题验收。

30日，四川省纪念抗日战争暨世界反法西斯战争胜利五十周年大型文艺晚会在成都锦城艺术宫隆重举行。

1995年9月

5日，首届刘诗白奖励基金颁奖大会在西南财经大学举行，共评出一等奖一项、二等奖九项、三等奖十七项。

7日，1995年中国大足石刻艺术节开幕。

21~26日，1995中国四川国际电视节在成都举办，来自二十四个国家和地区的一百九十九部电视作品参加了本届"金熊猫"奖的角逐。经评选，最佳故事片奖和最佳导演奖被瑞士的《沉默的后面》及导演伊加尔·尼达姆夺得，最佳男女主角奖的桂冠分别被中国演员冯国庆（《吴福的故事》一片主角）、美国演员吉尔·艾肯伯里（《另一个女人》一片主角）摘得。

21日~10月20日，1995成都中国民俗文化节在成都举行。

25日，四川省全球信息高速公路骨干网Internet网络在成都正式开通。同时，国家科委在省科技情报所召开了"Internet网络四川节点现场演示会"。至此，四川进入可享用全世界信息资源的时代。

1995年10月

1日，四川民族广播电台"金桥之声"正式开播，这是全国第一个省级民族广播电台。

10～12日，中国科协第二届青年学术年会四川卫星会议在成都举行，会议的主题是"科技增强活力，青年开创未来"。会议通过了《肩负起科教兴川的历史重任——致全省青年科技工作者的倡议书》。

15日，1994年全国精神文明建设"五个一工程"作品评选揭晓，四川省报送的电影故事片《被告山杠爷》、电视剧《我的妈妈在西藏》、话剧《沙洲坪》、图书《巴蜀情——邓小平与四川》、文章《德阳市属国有工业企业七年无亏损调查》全部入选。

16日，第四届中国戏剧节开幕式暨第十二届梅花奖颁奖活动在四川省体育馆举行。

22日，第十五届电影金鸡奖、第十八届电影百花奖在京揭晓。峨眉电影厂摄制的故事片《被告山杠爷》获金鸡、百花奖最佳男主角（李仁堂饰）奖。该影片还获得两个金鸡奖项：毕必成、范元获最佳剧本奖，范元获导演处女作奖。

1995年11月

3日，《四川省义务教育条例》在《四川日报》公布。

4日，在第二届中国农业博览会上，四川省荣获一百三十六枚奖牌，其中金奖五十九枚、银奖五十五枚、铜奖二十二枚，名列全国第四位。

6日，1995年中国科学院院士增选工作结束，四川省刘应明、贺贤士、张景中名列五十九名新增院士之中。

10日，第五届全国民族运动会结束，四川省代表团以十金四银二铜的成绩名列全国第三。

20日，四川省1994年精神文明建设"五个一工程"评出，入选优秀作品二十二个，其中电影两部、电视剧（片）五部、戏剧五部、图书五部、理论文章五篇；荣誉奖两个，组织工作奖四个。

21日，巴蜀诗书画研究会会长岑学恭在马来西亚吉隆坡举办"巴山蜀水"画展。

30日，四川省彝学学会在成都成立。

四川省电影公司与中国电影公司联合成立西南影业有限责任公司。这是该行业全国首家以资本联结形式组成的影片发行有限责任公司。

1995年12月

9日，中国藏画家、十世班禅、画师尼玛泽仁从国外巡展归来。此次出国展出的六十幅作品以蓬勃的生命力、深邃的寓意和卓尔不群的画风在新德里全印工艺美术协会展厅、日内瓦联合国万国宫、维也纳皇宫、西班牙国家人类博物馆等世界艺术殿堂里引起了强烈反响。

17日，由西昌卫星发射中心研制的航天发射场大型实时应用软件系统在西昌通过专家鉴定。

21日，《川军抗战亲历记》获全国优秀文史资料图书奖。

1996年1月

8日，四川省首届"远大杯"导演、制片"双十佳"颁奖活动暨大型迎春文艺晚会在蓉隆重举行。荣获十佳导演的为峨影厂的范元、四川电视台的欧阳奋强、成都市话剧院的查丽芳、乐山川剧团的谢平安、重庆话剧团的戴克、战旗话剧团的雷羽、峨影厂的米家山、战旗话剧团的舒崇福、重庆电视台的张乙、四川电视台的倪绍钟。荣获十佳制片的为四川电视台的黄邛波、峨影厂的王小川、张川，重庆电视台的陈文诗，四川电视台的朱钦孝、张玉伟，重庆电视台的胡明国，成都电视台的谢淑萍，绵阳电视台的杨江源，成都经济电视台的李小虎。

10日，陈书舫逝世。陈书舫（1924~1996），直隶束鹿（今河北辛集）人。幼年时随父母所在的京班入川，1931年改唱川戏，学旦角兼反串小生。1940年左右，还演出过时装新戏《哑妇与娇妻》以及《茶花女》《悭吝人》等外国名剧。1952年10月，参加第一届全国戏曲观摩演出，以《柳荫记》（饰祝英台）荣获演员一等奖。1959年10月，随中国川剧团出访欧洲四国，以《秋江》名扬海外。陈书舫善于掌握自己音色醇美的一段音域，通过口腔与鼻腔的共鸣吐字行腔，唱腔高遏行云而运气卓有余容，以明快清爽获誉。擅演《柳荫记》《玉簪记》《陈三五娘》等戏。《柳荫记》中的《送行》与《玉簪记》中的《秋江》曾先后搬上银幕。录制《下游庵》，一人兼唱男女主角，荣获1989

年首届中国金唱片奖。历任四川省川剧院院长，四川省川剧艺术研究所所长，四川省川剧学校校长，中国文联第三、四届委员，中国剧协第三、四届常务理事，第二至六届全国人大代表。

12日，中国科学院成都生物研究所细胞非载体遗传操作室采用世界上首创的细胞工程技术培育出特优赛拓稻。

29日，由西南交通大学研制的我国第一台四吨载人常导磁悬浮车及其实验线在成都通过国家鉴定和验收。

1996年2月

2日，中国历史博物馆水下考古队经过潜水作业，在白鹤梁题刻密集区距水面约四米深的地方，发现一块清晰可见的石刻，长两米多，宽约一米，上刻有"南宋绍兴十五年正月二十八日晁公朔游涪陵白鹤梁观石鱼"的文字，碑文共有二十行，每行十二个字。专家们对这一新发现进行了水下摄像并作了文字记录。在碑刻附近，还发现其他几块较小的题刻和石鱼。这一新的发现，对丰富白鹤梁价值的研究提供了史料，同时也为研究长江水文情况提供了新的原始依据。

5日，第二届巴蜀文艺奖在成都颁发。全省有一百个包括电影、电视、戏剧、美术、音乐、舞蹈、曲艺、民间文艺、摄影、杂技、书法在内的优秀作品获奖。其中，峨影厂创作的电影《被告山杠爷》夺得本届所设的唯一大奖。

国家科委正式批复，将四川省列为深化科技体制改革试点省。

1996年3月

7日，四川省召开"八五"六大作物育种攻关总结表彰会，对完成任务好的攻关专题、课题和育成突破性品种的四十三个先进单位给予表彰和奖励。

1996年4月

6日，由重庆著名民营科技企业——重庆博达科技实业公司投资兴建的重庆天文台大厦正式奠基建造。大厦位于重庆市江北区，主楼二十五层，总建筑面积三万三千六百六十五平方米，第二十四、二十五层为天文台、天象馆、天文展厅。天文圆顶观测室直径十米，超半球圆顶高五米，内置四十厘米双筒折射望远镜、十五米天象仪。这是国内首家民建民营的天文台。

12日，西南交通大学人文社会科学学院成立。人文社会科学学院是该校近年来建立的第六个学院，由政治、文学艺术、国际贸易、经济法四个系，以及心理学、社科情报和伦理学三个研究中心构成，覆盖文、史、哲、经等社会科学主要学科。

23日，为期一周的沙汀、艾芜生平与创作大型图片及实物展览在省美术展览馆开幕。展览采用编年体形式，沙汀部分分为"社会大学堂""左翼一新人""光明与黑暗""长久的过渡""回归的沙汀"五个单元；艾芜部分分为"人生道路上的探索者""磨难与抗争中的作家""歌颂新时代的笔耕人""在最宝贵的时间里"四个单元。展览通过三百多幅图片、两百多册著作版本及部分手稿和实物，生动翔实地再现了两位文学大师坎坷勤奋的一生。

26日，四川省科协、省教委和团省委等部门共同举办的第八届四川省青少年发明创造暨科学论文竞赛活动在成都嘉好学校闭幕，二百零三个项目获奖。此次竞赛，共有二十二个市、地、州的七千多所中小学约一百五十万中小学生参加，申报的发明创造项目有一百三十七项、科学论文有一百九十六篇，作品涉及众多学科和领域。竞赛评委会经认真评选，评出一等奖二十四个、二等奖七十四个、三等奖一百零五个。

四川省1995年度科技进步奖揭晓，二百八十七项奖励项目已经省政府批准。水稻旱育秧技术、狂犬病疫苗株及抗体检测技术等十六项成果获一等奖。

第十五届中国优秀新闻摄影作品评奖在辽宁省盘锦市辽河油田揭晓，四川省获奖总数居全国之冠。省内有六位作者的作品获铜牌奖，另有二十五幅（组）作品获优秀奖。

1996年5月

8日，全国首届韬奋园丁奖在北京揭晓。四川联合大学新闻学院邱沛篁、张仁两位教授获奖。

24日，由文化部、四川省人民政府、成都市人民政府联合主办的第六届文华奖颁奖仪式在成都举行。本届文华奖共评出文华大奖四个，成都市川剧院一、二联合团的川剧《山杠爷》获大奖。

26日，四川省首届少年儿童艺术节在成都启幕。

1996年6月

18日,四川信息广播电台更名为四川妇女儿童广播电台,并向全省进行试播。

由四川省作家协会、四川省翻译文学学会举办的首届四川文学翻译奖在重庆颁奖。这次获奖的翻译家共二十三名,《爱伦·坡集》的译者曹明伦获特等奖;杜青钢、刁承俊、文楚安、赵洪定、罗悌伦五人获二等奖;另有九人获三等奖;杨武能、黄新渠、孙法理三位资深翻译家荣获"杰出成就奖"。

1996年7月

4日,重庆市科协获全国金桥工程优秀组织二等奖。

25日,由省司法厅、四川日报社、省律师协会、省新闻工作者协会联合举办的首届四川省十大律师评选活动揭晓。

1996年8月

5日,由中国四川电视台和美国熊猫电视台共同举办的1996中国四川电视周,在美国洛杉矶举行了开幕式。设在洛杉矶的美国熊猫电视台从当地时间8月6日开始,连续六天,每天播出四川电视台制作的电视节目约两小时。

7日,成都市川剧院一、二联合团父子剧作家谭愫、谭昕创作的大型现代川剧《山杠爷》,荣获1995曹禺戏剧文学奖。

9日,王小川在第八届国际信息学奥林匹克竞赛中,和三名队友一起以四块金牌的成绩勇夺团体总分第一。

11日,在二滩水电站和攀钢二期工程建设中做出突出贡献的十八名外国专家荣获四川省人民政府授予的"四川金顶奖"和省外事办授予的"四川金顶纪念奖"。

1996年9月

27日,邛崃市高何镇、石头乡等十一个镇(乡)被成都市委、市政府定为第二次国内革命战争根据地。

1996年10月

5~14日，四川省八运会在南充举行。全省有二十八支代表团参加。

26日，成都市庆祝首届环卫工人节。

四川阿坝藏族羌族自治州羌学学会在茂县正式成立，并召开了首届羌族文化经济研讨会。

成都市首批涉及饮食、酿酒、洗染、理发行业的二十九家老字号获得认证。全兴酒厂、文君酒厂、蜀风园餐厅、龙抄手、陈麻婆豆腐、赖汤圆、夫妻肺片、小吕宋洗染店、美琪美发厅等，正式挂上由国内贸易部授予的"中华老字号"匾牌。

1996年11月

4日，侯光炯逝世。侯光炯（1905~1996），又名侯翼如，上海市金山县人。1928年毕业于国立北平大学农学院农化系，1931年至1935年受聘于"中央地质调查所"任土壤研究室调查员、土壤研究室副主任；1935年出席在英国牛津召开的第三届国际土壤学会议，首次提出了"水稻土"这一特殊的土类名称和水稻土形成"三育"（即淹育、潴育、潜育）的特征，后来逐渐为世界各国土壤学者接受。1937年赴美学习归国，后任"中央地质调查所"土壤研究室主任、主任技师。抗日战争爆发后，随所迁来重庆北碚，继续从事土壤及土壤肥力研究；1942年至1946年兼任重庆大学、中央大学（南京大学前身）、川北大学教授。1946年后先后在四川大学、西南农科所土壤研究室、中国科学院重庆土壤研究室工作。1946年至1952年先后任四川大学、重庆大学、川北大学教授，兼任四川农业改进所土壤肥料系主任。1955年当选中国科学院学部委员、中科院生物地理学部常务委员。1956年加入中国共产党，当选为中国农业科学院学部委员会委员，任中国科学院重庆土壤研究室主任。1985年获全国"五一"劳动奖章。1989年被评为"全国先进工作者"。1952年至1953年两次率领师生赴云南西双版纳等地，完成国家橡胶宜林地考察规划，并实现了橡胶种植北移的世界性突破，获得国家科技进步一等奖。他提出用土壤黏韧曲线作为判断土壤肥力的方法。20世纪60年代末提出"土壤肥力的生理性"的观点，后发展成土壤肥力的"生物热力学"观点。他长期深入农村，运用他的观点研究"水田自然免耕"技术获得成功，在全国十多个省市推广，增产效果显著。

侯光炯为发展中国土壤科学做出了开拓性的贡献。

5日，电视剧《乘警李小咪》、川剧《山杠爷》、歌曲《山路上亮起一颗星》、图书《中国的妇女人权》、理论文章《社会主义市场经济条件下的农村思想政治工作》五项作品受到省委宣传部表彰。

19日，泸州老窖池被国务院正式列为"全国重点文物保护单位"。

27日，在国防空气动力研究基地，亚洲最大的跨声速风洞一次性通过了注水加压试验。该风洞自1994年7月动工建设。

1996年12月

3日，"西南交通大学磁悬浮工程研究中心"正式挂牌，同时，"西南交通大学磁悬浮列车与磁悬浮技术研究所"也正式启动。

6日，峨眉山—乐山大佛作为自然和文化遗产列入《世界遗产名录》。

1996年

四川数据通信网工程完工。1988年实施的一期工程，完成投资六千万元；1991年开始的二期工程，总投资七亿一千万元；1994年开始三期工程，总投资约四十二亿元。

"四川省贫困地区义务教育工程"全面启动。

1997年1月

四川省残联语言心理障碍康复研究院在成都成立。

1997年2月

19日，邓小平逝世。邓小平（1904～1997），四川广安人。早年赴欧洲勤工俭学，1922年夏，参加旅欧中国少年共产党。1924年加入中国共产党，1927年底任中共中央秘书长。1929年夏，前往广西领导起义，同张云逸等于12月和次年2月，先后发动百色起义和龙州起义，创建中国工农红军第七军、第八军和左江、右江革命根据地，任红七军、红八军政治委员和前敌委员会书记。1934年10月，随中央红军长征。年底，任中共中央秘书长。全民族抗战时期，任国民革命军第八路军政治部主任、一二九师政治委员，与师长刘伯承一起在太行山区开辟晋冀鲁豫抗日根据地。1945年在中共第七次全国代表大会上当选为中央委员。解放战争时期，任中国人民解放军晋冀鲁豫野战军、中原野战军、第二野战军政治委员，晋冀鲁豫中央局书记，中原局、华东局第一书记。1948年11月16日，中共中央军委决定由刘伯承、陈毅、邓小平、粟裕、谭震林组成总前委，邓小平任书记，指挥淮海战役，淮海战役共歼灭国民党军五十五万人。1949年9月，当选为中央人民政府委员。10月19日，在中央人民政府委员会第三次会议上，被任命为中国人民革命军事委员会委员。10月至12月，同刘伯承等率部进军西南，解放川、康、滇、黔等省。11月23日，任中共中央西南局第一书记。12月2日，任西南军政委员会副主席。1950年2月22日，任西南军区政治委员。1952年7月调往中央工作，任中央人民政府政务院副总理兼财经委员会副主任，后又兼任政务院交通办公室主任和财政部部长。1954年4月，任中共中央秘书长、组织部部长。9月，任国务院副总理、国防委员会副主席。1955年4月，在中共七届五中全会上增选为中央政治局委员。1956年9月在八届一中全会上，当选为中央政治局常务委员、中央委员会总书记，成为以毛泽东为核心的中国共产党第一代中央领导集体的重要成员。1959年9月，任中共中央军事委员会常务委员。在任总书记的十年中，协助中央主席、副主席主持中央的日常工作，为社会主义制度的建立和发展、为探索适合中国国情的社会主义道路，进行了卓有成效的工作。1966年5月，"文化大革命"开始，不久，受到错误的批判和斗争。1969～1973年间被下放到江西省新建县拖拉机修造厂劳动。1973年3月10日，中共中央作出《关于恢复邓小平同志的党组织生活和国务院副总理的职务的决定》。8月，在中国共产党第十次全国代表大会上当选为中央委员。12月，任中央政治局委员、中央军委委员。1975年1月，任中共中央副主席、国务院副总理、中央军委副主席和中国人民解放军总参谋长。他主持党、国家和军队的日常工作期间，全面整顿"文化大革命"造成的混乱局面，收到显著的成效，得到全国人民的衷心拥护。1976年10月，"四人帮"被粉碎，"文化大革命"结束。1977年7月，中共十届三中全会恢复邓小平原任的党政军领导职务。1977年8月召开的中共第十一次全国代表大会上，当选为中共中央副主席。1978年3月，当选为中国人民政治协商会议第五届全国委员会主席。他推动思想路线的拨乱反正，反对"两个凡是"的错误方针，支持开展真理标准的讨论，提出要尽快把全党工作重点转移到经济建设上来。1980年9月，辞去国务院副总理职务。1981年6月，中共十一届六中全会通过邓小平主持起草的《关于建国以来党的若干历史问题的决议》，决议彻底否定了"文化大革命"，实事求是地评价了毛泽东的历史地位，提出必须坚持和发展毛泽东思想。会议选举邓小平为中央军委主席。1982年9月12日至13日，中共十二届一中全会召开，选举邓小平为中央政治局常务委员，并任中央军委主席。9月13日当选为中央顾问委员会主任。1983年6月，在第六届全国人大第一次会议上，当选为中华人民共和国中央军事委员会主席。1989年11月在中共十三届五中全会上，他辞去了最后担任的中央军委主席职务。1992年初，他视察南方并发表重要谈话，对中国社会主义改革开放和现代化建设具有重要意义。1997年召开的中共第十五次代表大会，阐述了邓小平理论的历史地位，并在党章中予以明确规定。

1997年3月

14日，第八届全国人民代表大会第五次会议通过了关于批准设立重庆直辖市的决定，重庆市成为中央直辖市。1996年7月，中央决定将四川所辖的重庆市、万县市、涪陵市、黔江地区合并组建中央直辖的重庆市。本月，获得全国人民代表大会正式批准。

1997年4月

四川师范大学电影电视学院在成都成立。该学院由四川师范大学、四川电影电视艺术进修学院联合主办。

1997年6月

"天府热线"顺利完成了北京、上海、广州、浙江、湖南、黑龙江、成都七省市"中国公众多媒体通信网"联网工程，使"天府热线"成为邮电部"169中国公众多媒体通信网"全国八大中心节点之一。

1997年10月

26日，广汉三星堆博物馆正式开馆。1992年四川广汉三星堆博物馆开工建设。一期工程占地约八万平方米，中心博物馆建筑面积近七千平方米。

1997年

1997年中国科学院、中国工程院两院院士增选评审在京结束，四川有四人被增选为中国工程院院士。他们是西南交通大学的钱清泉、成都电子科技大学的李乐民、中国科学院成都分院的林祥棣、中国工程物理研究院的杜祥琬。至此，四川省已有两院院士三十八人。

全国第四届茅盾文学奖颁布，四川作家王火的长篇三部曲《战争和人》入选。此次获选的《战争和人》长篇三部曲（《月落乌啼霜满天》《山在虚无缥缈间》《枫叶荻花秋瑟瑟》）创作于20世纪80年代末90年代初，作品熔历史小说、政治小说、社会小说、家庭小说于一炉，塑造了童霜威等一批栩栩如生的典型人物，展现了抗日战争广阔、悲壮的历史画面。

1998年1月

22日，《四川日报》正式接通信息高速公路。《四川日报》上网后，全球任何一个国家或地区的读者都可以从网上调看。

1998年2月

19日，成都市中级人民法院知识产权审判庭正式设立。

中国作协"鲁迅文学奖诗歌奖"（1995～1996）在北京评出。四川诗人张新泉的诗集《鸟落民间》以独特的透视现实生活的视角和富于艺术个性的诗艺获奖。

1998年3月

考古工作者发现，三星堆遗址中部偏北的月亮湾土埂原为夯土城墙。该城墙呈南北走向，考古试掘结果表明，城墙全为夯土筑成，夯层清楚，每层厚度二十至三十厘米，夯层内包含大量的龙山时代陶片和红烧土块。考古专家推测月亮湾夯土城墙的年代至迟在商代前期，估计在距今三千五百年以前，将三星堆文明的历史向前推进了一千年。

1998年4月

成都市为保护川西平原耕地，减少城市压力，改善生态环境，正式确立了城市向东发展战略。成都市向东发展通道将依托成渝高速公路、改造老成渝公路形成综合性主干道，改造成洛公路形成主要交通性主干道和规划成龙交通主干道，使东部片区与中心城市紧密联通。

1998年9月

6日,"巴蜀鬼才"魏明伦编剧的川剧《中国公主杜兰朵》和著名导演张艺谋的意大利歌剧《图兰朵》在北京同时公演。全剧运用川剧独特的唱腔,融于剧情的吐火绝技、诙谐幽默的表演和极富美感的唱词倾倒了众多的首都观众。

1998年10月

29日~11月1日,蓬溪县首届民间民俗文化展演举行,来自全县二十六个乡镇的二百余件民间艺术藏品、二十七支代表队的近百个表演节目和一百余名民间艺术家,为平日宁静的丘陵沟壑、田间地头增添了节日的喜气。

电子科技大学教授唐小我获得第四届中国青年科学家奖。他是四川省获得该项奖励的第一个青年学者。

成都市三环路建设工程正式开工。

1998年11月

15日,由四川省人民政府主办的首届中国四川名酒文化节在宜宾举行。

1998年12月

1998年度中国大学生跨世纪发展基金·建昊奖学金在京颁奖。四川大学轻工学院皮革系1997级博士研究生林炜荣获特等奖;该校外语系本科生李舒荣获优秀奖。

1998年

锦江(府河、南河)工程获得"联合国人居奖"。1994年,府河、南河工程包括河道整治、棚户拆迁和文化景观三大工程全面动工,本年首期工程告捷:拆迁三万户,十万人入住二十四个新区,人均居住面积增加一倍多;千余家污染企业边迁边治;净化城区水面八百五十公顷,新增绿地二十五公顷。红星桥畔的活水公园是世界上第一座以水保护为主题的新概念公园,获得第十二届国际"优秀水岸奖"最高奖。

1999年1月

1日，成都市在全国率先完成了有线数字电视的实验性开通。此次开通，是国内电视技术的又一次革新。

7日，成都市、峨眉山市、都江堰市进入首批"中国优秀旅游城市"行列。峨眉山市、都江堰市还以优异的得分名列县级优秀旅游城市的第一名和第二名。

10日，据《四川日报》，省科委组织有关专家评选出了1998年度四川省十大农业科技成就：一、农作物育种攻关再创辉煌，共育成二十八个主要农作物新品种，增产一成以上的突破性新品种八个；二、星火计划再创佳绩，1998年共争取国家级星火计划项目三十五项，落实贷款一亿二千万元，促进了全省乡镇企业的技术创新；三、生物技术跻身全国先进行列，伪狂犬病基因缺失株、细胞融合杂交技术选用食用菌新品种、转基因优质小麦新材料等一批研究通过鉴定，并达到国际领先水平；四、灾害性气候测报理论和方法取得重大创新，国际首创的流体运动溃变理论及流体不连续运动结构分析方法，在上年长江流域特大洪灾暴雨预报中累立战功；五、规模化养猪实现历史性跨越，一批现代化养猪场脱颖而出，电脑信息管理技术被广泛应用，推动了养猪产业化发展；六、农业科技产业化示范成效显著，组织和发展了十四个贸技工农一体化的农业科技支柱型企业或企业集团，带动农民增收致富；七、水稻无融合生殖技术取得突破性进展，一批一系杂交稻进入多点试验，可望近期投入生产，其研究水平国际领先；八、棉花抗黄萎病多菌系研究获重大突破，抗病育种居全国领先水平，并荣获1998年国家发明奖；九、科技创先活动成绩卓著，全省分别有八个县（市、区）荣获国家科技部特殊奖励，十八个县（市、区）获省政府授予的"科技先进县（市）"称号，有力地促进了县域经济的发展；十、秸秆综合利用、高效节水技术项目正式启动，将为全省农业可持续发展和资源高效利用提供科技支撑。

20日，经国务院批准，四川省又新增加二十八个对外国人开放县（市）：岳池县、邻水县、华蓥市、宣汉县、开江县、石棉县、荥经县、汉源县、会东县、喜德县、甘洛县、越西县、道孚县、炉霍县、甘孜县、石渠县、德格县、白玉县、巴塘县、雅江县、得荣县、乡城县、稻城县、理塘县、新龙县、九龙县、丹巴县、色达县。

1999年2月

省文化厅、省文物局评出1998年四川文物工作十大成果：一、对外文物展览成绩显著——三星堆出土文物在日本展出、遂宁窖藏瓷器在日本展出、四川省博物馆馆藏龙泉窑瓷器在澳门展出；二、中、日文物专家联合发掘成都平原芒城遗址，郫县古城遗址发现大型房屋基址；三、四川民族文物精品展在蓉举办；四、三星堆博物馆三星堆出土文物陈列被认为是"全国十大精品陈列"之一；五、中华七宝摇钱树在全国发行；六、自贡市盐业历史博物馆获全国先进博物馆称号；七、全省文化系统开展文物知识竞赛活动；八、四川省文物考古研究所、成都市文物考古工作队、四川大学对口支援三峡考古发掘获重大成果；九、邓小平故居第一期维修工程竣工；十、世行援助项目——中意合作制定四川文化遗产保护规定。

1999年4月

14～16日，由四川、云南、贵州、广西四省区参加的彝族古籍工作第六次协作会议暨《中国少数民族古籍总目提要——彝族卷》编撰工作会在成都召开。

四川省九顶山自然保护区日前正式成立，这是四川省为保护大熊猫和其他珍稀动物新设的省级自然保护区。

1999年6月

5日，国家环境总局、中国科学院、青海省人民政府、四川省人民政府和国家测绘局联合在长江源头区建立的长江源环保纪念碑举行揭幕仪式。

10日，第七届国际环境科研项目奥林匹克竞赛在土耳其伊斯坦布尔落下帷幕。德阳中学的高一学生尚媛夺得金牌，她获奖的论文是《河流城市段DO和BOD的失衡与恢复》，并取得了全场排名个人总分第二名的好成绩；成都七中高二学生叶欣、江舒舟的论文《保护自然环境，拯救大熊猫》获得铜牌。

1999年7月

1日，教育部决定本年在全国扩大高校招生计划，四川省本年普通高校招生计划在教育部调整追加后有较大幅度增长。截至7月1日的统计，本年国家下达四川省普通高校招生计划的总计划（包括艺术、体育类、职教师资班、高职班、新高职班计划、扩招计划）共六万九千零五十八名，比上年同口径计划增加了一万四千三百零八名，扩招九千一百零五名。

1999年8月

16日，由人民文学出版社主持的"百年百种优秀中国文学"评选活动在京揭晓。评选中，除川籍作家郭沫若的《女神》全票当选外，另有四部川籍作家的作品入选，它们分别是巴金的《家》、李劼人的《死水微澜》、艾芜的《南行记》、沙汀的《小城风波》。

17日，首届四川科技杰出贡献奖颁奖，周开达、李伯刚、冯孝庭各获四十万元奖金。会上，省政府还对一百九十一项获1998年四川省科技进步奖的项目给予奖励，同时对成都市、攀枝花市等在科教兴川"千亿工程"中完成任务和成效显著的市、地、州给予了表彰。

1999年9月

11日，首届中国川剧节在成都举行。川剧节期间演出了包括川剧、话剧、音乐剧等在内的二十二台剧目。

16日，天府五十年——新中国成立以来四川省经济社会发展成就展览在省展览馆隆重开幕。

17日，四川省第三届巴蜀文艺奖颁奖大会在省文联隆重举行。本次特殊贡献奖有五个：川剧《山杠爷》《死水微澜》《变脸》，舞剧《远山的花朵》，电影《鸦片战争》；特别成果奖有歌曲《熊猫的摇篮》等十一个；一等奖有话剧《船过三峡》等十一个；二等奖和三等奖分别有四十一个和四十八个。

27日，《巴蜀文化图典》《四川50年图集》两部精装典藏大型彩色画册首发式在成都隆重举行。《巴蜀文化图典》的具体编撰任务，是由四川省社会科学院和重庆社会科学院牵头，组织川渝两百多位专家学者和摄影师共同完成的。《四川50年图集》的具体编撰任务，是由四川省社会科学院牵头，组织了全省上百位专家学者和摄影师共同完成的。

1999年10月

15日，四川省经济管理干部学院更名为四川省经济管理学院。

23～24日，1999年四川省科技进步奖评审会在蓉召开。评审会上，最后确定了两百零九项为拟奖项目，其中一等奖十五项、二等奖四十三项、三等奖一百五十一项。

28～31日，1999四川电视节在成都国际会展中心举行。

1999年11月

1日，中国羌族博物馆在茂县正式对外开展。场馆占地面积四千三百平方米，陈列面积八百平方米，分三部分：羌族文物精品展、羌族民俗风情陈列、红军长征过羌寨革命文物展览。

8日，国家人事部授予十名同志"杰出专业技术人才奖章"，给四十名同志记一等功。四川农业大学教授周开达、电子科技大学教授唐小我、成都飞机设计研究所研究员宋文骢三位同志获一等功奖励的殊荣。

1999年12月

12～13日，全省技术创新大会在成都隆重召开。

30日，《四川苗族古歌》近日由巴蜀书社出版发行。长达一百五十万字的《四川苗族古歌》是国家民委、国家民委全国少数民族古籍研究室、四川省民委、四川省少数民族古籍整理办公室列入"八五"少数民族古籍重点整理的项目之一。

30日，成都至攀枝花段762.49千米的成昆线电气化建设完成。

1999年

长宁县在开发旅游产业时，在蜀南竹海的相岭镇、万岭镇等二十余个乡镇发现大量东汉墓群，据初步调查，这些墓群有三十四处共一百五十五座墓。这一百五十五座汉墓石雕石刻艺术，生动地反映了两千多年前汉代民族的体育、农耕文化，对于研究川南古汉民族历史和历史文化具有极高的价值。

四川省又有十名优秀科学技术专家和优秀工程技术专家分别被增选为中国科学院院士和中国工程院院士。被增选为中科院院士的是：中国工程物理研究院研究员王世绩、西南电子电信技术研究所高级工程师朱中梁、电子科技大学教授陈星弼。被增选为中国工程院院士的是：中国核动力研究设计院研究员孙玉发，中国工程物理研究院研究员李幼平、武胜、彭先觉，信息产业部电子第29研究所高级工程师张锡祥，四川农业大学教授周开达，中国测试技术研究院研究员高洁。至此，四川已有两院院士四十五人，其中中国科学院院士二十二人、中国工程院院士二十五人，有两人j双院士。

2000年1月

7日，"郭沫若与新中国"学术讨论会在成都举行。

2000年2月

27日，艾芜儿童文学社在其故里新都县清流镇成立。

2000年3月

9日，四川省政府与中国科学院在北京签订科技合作协议，将在以生态环境保护建设、电子信息、软件开发、中药产业化为重点的高新技术研究与转化等八个方面开展合作，共同为实施中央西部大开发战略，加快四川经济社会持续发展，为把四川建成西部经济强省和长江上游生态屏障做出贡献。

29日，华盛顿州—四川省友好省州协会在蓉成立。

紫竹古城遗址开始发掘。紫竹古城遗址位于崇州市燎原乡紫竹村，在成都西南五十千米。经考古专家调查，城址面积约二十万平方米，平面形状为长方形，城墙分内外两层，呈"回"字形，以北城墙和东城墙保存较好，现存高度一米。目前发掘面积约一百二十平方米，清理出距今四千三百年左右的灰坑五个、红烧土堆积一处，还有当时的文化层堆积。据考证，紫竹古城遗址比中外闻名的四川广汉三星堆文化还早一千多年，是三星堆文化的起源地之一。

2000年5月

23日，四川省科技奖励大会在成都召开，颁发1999年度四川省科技进步奖。此次大会共奖励科技进步项目二百一十二项，奖励科技人员一千一百八十三人次。

2000年6月

1日，第十九届全国摄影艺术巡回展览在攀枝花市群众艺术馆展出。本届摄影艺术展共有三百五十幅佳作参展，获奖作品共五十幅。其中，攀枝花市市民李学智的《木场激战》被评为银奖，这也是全省在这次展览中获得的唯一一个银奖。

25日,"长征三号"运载火箭在西昌卫星基地成功地将"风云二号"气象卫星送入太空。

巴中市化成水库发现一百四十余座汉代崖墓、五处明代时期的岩刻画和一座镂空九龙神主碑等文物。巴中市化成水库于1958年建成,四十年来一直保持着高水位。2000年,巴中市发生特大旱灾,化成水库水位下降,这批文物才重见天日。这批汉代崖墓布局颇为集中,大多数崖墓呈四方形,二重六楣,墓室内壁造型别致、形态各异。其中,最大的墓达两平方米,内壁四面分别刻有前朱雀、后玄武、左青龙、右白虎,以及古人狩猎、捕鱼的图案等。

2000年7月

20~29日,首届中国西部书市在成都举行。

2000年8月

宣汉县罗家坝发现巴人遗址。该遗址总面积十八万平方米,一期发掘工作结束,仅两个探沟,面积五十平方米,共清理灰坑十七处、男女墓葬八座、灶一个、柱洞十九个,出土陶器、铜器、玉器、石器、骨器、铁器一百零六件,陶片两千多件。在此,学者首次发现了川东新石器时代至春秋战国的地层叠压关系、房屋遗址和墓葬形制。

2000年9月

6日,2000年"中国成都国际广告周"在成都会展中心开幕。此次活动由中国广告协会和成都市政府共同主办。

12日,四川日报报业集团正式挂牌成立。

28日,成都信息工程学院挂牌。该学院由原成都气象学院经省政府报请国家教育部批准改建。

29日,经国务院批准,四川大学与华西医科大学正式合并,组建成新四川大学。两校合并后的新四川大学学科优势互补,整体实力明显增强,全校教职工达一万二千余人,在校学生总数达四万二千余人。

2000年10月

16～18日，"21世纪城市建设与环境成都国际大会"在成都举行，与会代表一致通过《成都宣言》。《成都宣言》从八个方面阐述了搞好城市建设和环境保护的发展思路：一是城市的可持续发展战略和全社会广泛参与的总体规划；二是良好的城市管理；三是获得土地、资金和住房的途径；四是权力下放和加强地方政府职能；五是加强精神文明建设和文化活动的开展；六是向最佳范例学习；七是全球土地租赁保障和良好的城市管理；八是走向城市和住区可持续发展。

18日，乐山师范学院正式成立。

29日，中华人民共和国第四届农民运动会开幕式在四川省绵阳市吉盛体育中心隆重开幕。

31日，"长征三号甲"运载火箭在西昌卫星发射中心成功地将我国自行研制的第一颗导航定位卫星——"北斗导航试验卫星"送入太空。

2000年11月

20日，由文化部、中国作协、国家广电总局等七个部门联合举办的第八届中国人口文化奖在北京颁奖。四川共有十件作品分获一、二、三等奖，有四人分别荣获最佳导演、最佳作词、最佳编舞和最佳演员奖。由四川人民艺术剧院创作的少年儿童剧《未来组合》获得一等奖。

23日，在本日开幕的第八届全国文房四宝艺术博览会上，雅纸被评为全国文房四宝十大名纸之一，被誉为"国之宝"。

29日，青城山—都江堰列入《世界文化遗产名录》。

在核工业西南物理研究院中国环流器新一号装置物理实验中，兆瓦级中性束注入实验成功地达到了1.1兆瓦的离子束功率，使装置内等离子体温度提高了一倍以上，这标志着我国核聚变研究中性束注入技术取得了重大突破。

2000年12月

19日，四川交响乐团在蓉成立。

21日，第二颗北斗导航试验卫星在西昌卫星发射基地升空。

21日，西南科技大学成立庆典在绵阳市举行。

2000年

成都市商业街发现一战国墓葬,该墓为古蜀开明王国(约为战国早、中期)的大型船棺葬,距今约两千五百年,在四川同期的考古史上尚未见过。考古工作者从已知的墓葬情况推测出,墓主应是开明王国的王族或上层贵族。

四川藏族作家阿来的长篇小说《尘埃落定》获第五届"茅盾文学奖"。2018年8月11日,其中篇小说《蘑菇圈》获第七届"鲁迅文学奖",成为四川文学创作领域首位"双冠王"。

后 记

呈现在大家面前的这两本《巴蜀文化通史·巴蜀文化大事记》（典藏本），是由四川省社科院四位学者历经十六年完成的成果。十六年光阴荏苒，四位学者也从当年的中青年人变成了中老年人。回想这些年编撰《巴蜀文化大事记》的经历，从体例的讨论到内容的确定，从初稿的完成到定稿的打磨，经历了搜集资料、写作、修改，中间几经停顿，到最终修改完善，作者们付出了很多心血和劳动，也经历了很多曲折和艰难。

由于《巴蜀文化通史》起点高、要求严，我们课题组在编撰之初就面临许多困难。还记得当年审稿组的老专家们，针对我们的编撰体例进行认真讨论。德高望重的胡昭曦先生以他高度的责任心和深厚的学养对大事记的体例提出的建议，让我们印象深刻，也获益匪浅。其他专家也给予了许多宝贵的意见，使该书能蹒跚起步，曲折前行。在样稿出来后，专家们又多次展开讨论并提出修改意见。主编章玉钧先生和谭继和先生对本书关心备至、倾尽心血，不断鞭策我们完成编撰，修改完善。完稿后，他们都对本书进行了认真审读，并对内容和体例提出了进一步的意见，对本书帮助尤大。同时要感谢四川人民出版社谢雪编审和母芹碧编辑，她们逐条阅读，认真核对史料，酌情修改内容，使该书更加准确完善，她们认真负责的态度令我们感动。同时也要感谢川大的付志刚和社科院的李雪银、王一等同学，为本书做了很多资料性的基础工作。还要感谢社科院的领导，让我们能参与这一重大项目，使我们有幸亲历了这一盛大历史工程。

本书分工如下：张彦负责全书的组织工作和清代及民国大事记的撰写，陈德言负责旧石器时代至隋唐的大事记，彭东焕负责宋元明时期的大事记，王林负责新中国大事记。由于篇幅所限，本书仍有许多文化事件未能收入；由于涉及的时间长、范围广、内容复杂，书中难免错误；同时在编撰体例上，本书也还有待完善。不足之处，还望方家指正！

编者

2021年11月

图书在版编目（CIP数据）

巴蜀文化通史. 巴蜀文化大事记：共二册 / 章玉钧，谭继和主编；张彦等编著. —— 成都：四川人民出版社，2021.12

ISBN 978-7-220-10564-7

Ⅰ.①巴… Ⅱ.①章…②谭…③张… Ⅲ.①文化史—四川 Ⅳ.①K297.1

中国版本图书馆CIP数据核字（2017）第280107号

BASHU WENHUA TONGSHI
BASHU WENHUA DASHIJI

巴蜀文化通史 巴蜀文化大事记（共二册）

张　彦　陈德言　王　林　彭东焕　编著

出 品 人	黄立新
项目统筹	谢 雪　董 玲　谢 寒
责任编辑	母芹碧
封面设计	张 科
装帧设计	经典记忆　戴雨虹
责任校对	舒晓利
责任印制	祝 健
出版发行	四川人民出版社（成都三色路238号）
网　　址	http://www.scpph.com
E-mail	scrmcbs@sina.com
新浪微博	@四川人民出版社
微信公众号	四川人民出版社
发行部业务电话	（028）86361653　86361656
防盗版举报电话	（028）86361653
制　　版	四川胜翔数码印务设计有限公司
印　　刷	成都东江印务有限公司
成品尺寸	180mm×260mm
插　　页	14
印　　张	35.75
字　　数	633千
版　　次	2021年12月第1版
印　　次	2021年12月第1次印刷
书　　号	ISBN 978-7-220-10564-7
定　　价	188.00元（共二册）

■版权所有·侵权必究

本书若出现印装质量问题，请与我社发行部联系调换

电话：（028）86361656